개정판

Incoterms® 2020 반영

국제운송론

한 상 현 저

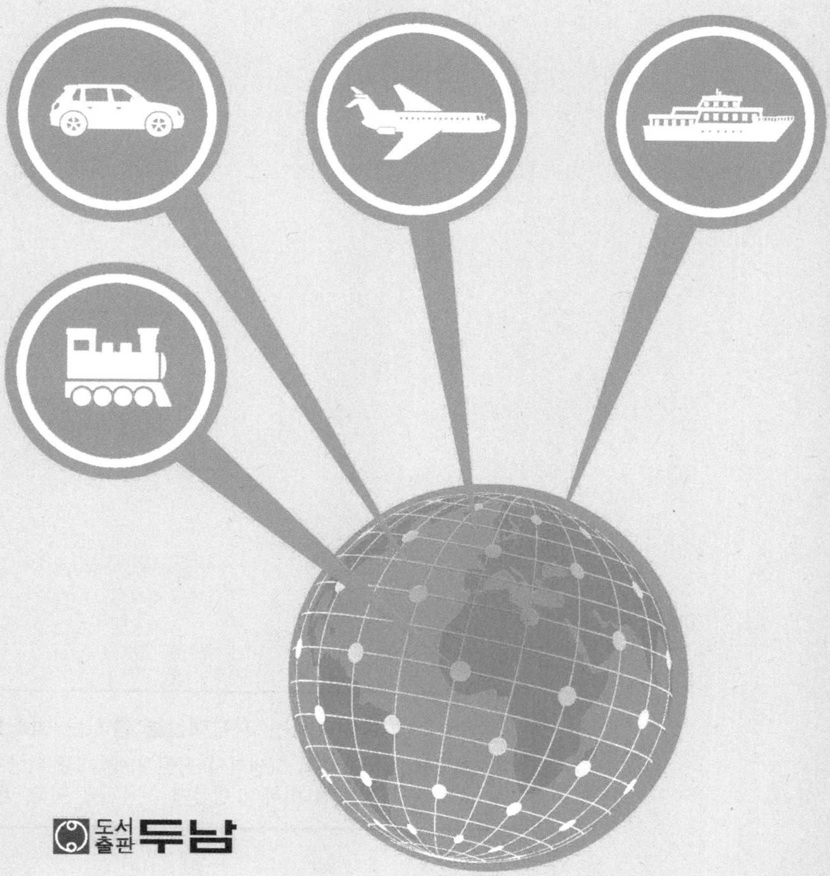

도서출판 두남

개정판을 내면서

본서가 무역학이나 국제통상학을 전공하는 학생들과 무역운송 업무를 담당하는 실무자들을 위해 출판된지 벌써 2년이라는 시간이 흘렀다. 그동안 부족한 본서를 활용하여 주신 독자들과 교수님들께 진심으로 고마움을 전한다.

시간의 흐름은 무역운송 환경의 변화와 함께 거기에 적합하도록 본문 전체를 다시 수정해야 한다는 필요와 요구들이 내 앞에 다가왔다.

첫째, 본서가 출판된 이후 정형거래조건에 대한 해석기준인 인코텀즈(INCOTERMS)가 인코텀즈 2010에서 인코텀즈 2020으로 개정되었기 때문에 개정된 주요 내용들을 본 교재의 해상운송과 항공운송 및 복합운송 부분에 관련된 내용을 새롭게 반영할 필요가 있었다.

둘째, 국제운송과 관련된 국제협약으로 해상운송과 항공운송 부문에서 로테르담 규칙(Rotterdam Rules)과 몬트리올 협약(Montreal Convention)이 각각 제정 및 개정되었지만 본 교재에는 이를 반영하지 못하였기 때문에 해상운송과 항공운송의 국제협약과 운송인의 책임 부분에 그 내용을 새롭게 반영할 필요가 있었다.

셋째, 본서를 참조자료로 활용하여 주신 독자들과 수업교재로 채택하여 주신 많은 교수님들이 조언해 주신 오류나 개선이 필요한 부분들, 그리고 어색한 문장이나 표현들도 완성도가 높도록 올바로 수정할 필요가 있었다.

나름대로 최선을 다하여 완성한 지금도 교재의 내용에 비난받아야 할 부분들이 아직도 많이 있을 것으로 생각된다. 이것은 전적으로 저자의 짧은 식견과 지식에 기인한 것을 자인한다. 앞으로 학계 선후배님들과 독자들의 비판과 질책을 토대로 지속적으로 수정과 보완할 것을 약속드린다.

어려운 출판환경에도 불구하고 개정판을 기꺼이 출간해 주신 도서출판 두남의 전두표 사장님과 성의를 다해 편집을 해 주신 직원 여러분에게 깊은 감사를 드린다.

2021년 2월

저 자

머리말

무역거래는 지역, 언어, 관습, 법, 제도 등의 제반환경을 달리하는 격지자간의 거래이므로 국내거래와는 달리 그 이행에 있어 물품운송이 특히 중요하다.

또한 무역거래에서 수출자인 매도인의 가장 중요한 의무는 매매계약에서 합의된 약정물품을 인도하는 것인데 이러한 의무를 원만하게 이행하기 위해서는 국제운송이 반드시 필요하다.

국제운송은 선박이나 항공기로 바다나 공로를 통하여 화물을 국제적으로 운송하는 해상운송과 항공운송이 주종을 이루고 있지만, 지역과 상품의 특성에 따라서는 철도나 자동차에 의한 육상운송도 이용되고 있으며 최근에는 컨테이너의 등장으로 복합운송방식도 널리 이용되고 있다.

그런데 전 세계 교역량의 80% 이상이 바다를 통한 해상운송으로 이루어지고 있는 가운데, 지형적으로 삼면이 바다로 둘러싸여 있는 우리나라의 경우도 물량을 기준으로 수출입 화물의 99.7%를 해상운송에 의존하고 있다. 이와 같이 수출입물류의 흐름에서 해상운송의 역할은 참으로 막대하다 할 수 있다.

국제무역환경이 변화되고 정보 및 과학기술이 발달함에 따라 국제운송의 흐름이나 내용들도 변화되기 때문에, 이 분야를 연구하는 학생들이나 실무 담당자들은 변화하는 시대에 적합한 국제운송을 체계적으로 이해하는 것이 무엇보다도 중요하다.

국제운송은 다양한 측면에서 연구될 수 있으나 저자는 무역학 분야에서는 무역학의 독자적인 학문영역인 국제상학 내지 무역상무의 접근방법이 필요하다는 인식하에, 운송서비스를 이용하는 수출입 하주와 운송업체의 계약관계에서 발생하는 권리 및 의무관계와 업무절차를 중심으로 연구하는 접근방법을 채택하였다.

이에 따라 본 교재에서도 우선적으로는 해상운송, 항공운송, 육상운송, 복합운송을 수출입 하주와 운송인의 계약을 중심으로 파악하여 분석하였고, 각각의 운송형태들이 무역매매, 대금결제, 해상보험과 어떠한 연관성을 가지는지도 분석하였다.

특히, 국제운송의 핵심을 이루고 있는 해상운송을 정기선, 부정기선, 컨테이너운송, 선하증권을 중심으로 상세하게 분석하였다.

국제운송은 크게 수요측면의 수출입 하주와 공급측면의 운송회사(선사나 항공회사 등)의 두 축이 있지만, 본 교재에서는 주로 수출입 하주들을 중심으로 기술하였다.

그 이유는 무역실무가나 운송물류 담당자들이 무역현장에서 곧바로 활용하는데 도움이 되도록 하는 것이 본 교재의 집필이유 중 하나이기 때문이다.

본서는 본인이 대학에서 본 과목으로 강의하고 연구한 것을 책으로 한번 엮어 보고 싶다는 생각과 기존 교재들이 매우 훌륭하지만 일부 순서나 내용들이 내 생각과는 다른 부분이 많아서 나 나름대로 강의하고 싶은 순서와 내용을 책에 담고 싶은 생각에 집필하게 되었다.

이러한 저자의 소박한 생각으로 탄생한 본 교재의 집필과정에는 이 분야와 관련하여 저자가 그동안 출판했던 교재나 논문들을 비롯하여, 이미 동일 혹은 유사제목으로 시중에 출판되어 있는 훌륭하신 교수님들이나 전공자들이 집필한 여러 교재나 자료들을 참조하였음을 밝혀둔다.

막상 원고를 정리해 놓고 보니 구성과 체제, 전개 및 서술방식 등에 있어 미비한 부분이 참으로 많다는 것을 느꼈다. 이는 학계 선후배들과 동료 및 독자들의 호된 질책과 고견을 토대로 향후 계속적인 연구를 통해 지속적으로 수정과 보완을 할 예정이다.

끝으로 지금까지 저자의 학문적 연구를 이끌어주신 은사님들과 강의와 연구에 지속적인 도움을 주신 선배 및 동료 교수님들께 감사를 드리며, 어려운 출판 환경임에도 불구하고 기꺼이 부족한 원고를 출간해 주신 도서출판 두남의 전두표 사장님에게 깊은 감사를 드린다.

2018년 8월

저 자

차례

제 I 부 국제운송의 기초

제 II 부 해상운송

제Ⅲ부 항공운송

제 I 부 국제운송의 기초

국제물류와 국제운송 제 1 장

제1절 물류와 국제물류

1. 물류의 의의와 구분

1) 의의

물류(physical distribution)는 물적유통(物的流通)을 간단하게 표현한 말로 상류(commercial distribution)를 지원하기 위해 생산자(공급자)와 소비자(구매자) 사이에서 존재하는 시간과 공간적 효율을 창출하는 '재화의 흐름'에 관한 활동을 말한다.

즉, 생산자에서 최종소비자에 이르는 재화의 이동을 연결해 주는 여러 활동들을 물류라고 하며 이는 운송, 보관, 하역, 포장, 정보의 활동들이 핵심을 이루고 있다.

여기에서 상류는 상적유통(商的流通)의 줄임말로 어떤 물품에 대한 생산(공급)과 소비(구매)의 유통과정에서 당사자 사이에 매매계약이 성립되어 일방 당사자는 약정물품을 인도하고 상대방은 그 대가로 대금을 지급하는 활동을 말한다.

이러한 의미에서 물류는 매매당사자간에 체결된 계약의 원만한 이행을 도와주는 상류의 '후방 지원부대'라고 할 수 있다.

2) 구분

운송실무에서 '물류'와 많이 혼용하여 사용하는 용어가 로지스틱스(logistics)이다.

이 용어는 병참(兵站)을 의미하는 프랑스 군사용어에서 유래된 것으로, 군이 작전을 전개하는데 있어서 전략물자(군인, 식량, 물자, 무기, 정보, 서비스 등)를 효과적으로 운송하기 위해 고안해낸 물자의 조달방식을 말한다.

그런데 물류와 Logistics는 거의 동일한 개념으로 인식되고 있다. 그 이유는 두 용어의 개념에는 모두 생산자(공급자)로부터 소비자(구매자)에 이르는 유통단계에서 사용되고 유형의 재화뿐 아니라 무형의 서비스도 포함되며 운송, 보관, 하역, 포장, 정보 등의 제반 활동을 내용으로 하고 이러한 활동을 종합적으로 계획하고 통제한다는 개념을 포함하고 있기 때문이다.

2. 물류의 목적과 역할

1) 목적

물류의 목적은 비용의 절감(cost down)과 서비스의 향상(service up)에 있다.

즉, 보다 낮은 물류비용으로 보다 차원이 높은 물류서비스를 제공함으로써 고객의 요구(needs)와 만족을 극대화시키는 것이 물류가 지향하는 궁극적인 목적이다.

그런데 비용의 절감과 서비스의 향상은 서로 부딪치는 상충관계(trade-off)에 있다. 왜냐하면 비용을 절감하고자 하면 서비스의 질이 떨어지게 되고, 서비스의 질을 향상시키고자 하면 비용이 증가되기 때문이다.

그럼에도 불구하고 기업으로서는 물류비용을 절감하고 물류서비스를 향상시키는 것은 제품의 국제경쟁력 증진과 매출액 증가 및 기업들의 순이익의 증대를 통해 기업을 발전시키는 원동력이 되기 때문에 두 가지의 어려운 목적이 동시에 달성될 수 있도록 최적화시키는 것이 매우 중요하다.

2) 역할

물류는 국민경제와 사회경제적인 관점에서 다음과 같은 역할을 담당한다.

첫째, 물류가 효율적으로 수행되면 생산자(공급자)에서 소비자(구매자)로 이르는 재화의 흐름과정에서 발생하는 비용을 절감할 수 있다.

둘째, 물류의 합리화는 자재나 자원의 낭비를 방지하여 국내외적으로 자원의 효율적인 이용을 촉진하는 동시에, 효율적인 물류체계의 구축은 지역경제와 국제경제를 발전시키고 지역이나 국가 사이의 균형 있는 발전을 촉진시킨다.

셋째, 물류의 촉진은 필연적으로 사회간접자본과 물류시설에 대한 투자를 증대시키고 이는 경제성장을 촉진시키는 원동력이 된다.

한편, 물류는 개별 기업들의 관점에서 다음과 같은 역할을 담당한다.

첫째, 물류는 생산(공급)과 소비(구매) 사이에 존재하는 시간과 공간적 간격을 극복시켜 줌으로써 기업들은 판매와 매출을 증대시킬 수 있다.

둘째, 기업들은 신속한 주문처리, 정확한 배송과 인도 등의 물류관리를 통해 재고량이 감소되고 물류비용의 절감으로 실질적인 이윤이 증대된다. 따라서 물류는 기업들에게 이익이 원천이 되며 기업의 경쟁력을 향상시키는 중요한 요소가 된다.

셋째, 기업들은 고객의 요구(needs)에 부응하는 최적의 물류서비스 제공을 통해 판매나 매매에서 경쟁력의 우위를 확보할 수 있고 물류의 효율화는 최소비용으로 고객에 대한 서비스를 극대화시킬 수 있다.

3. 물류의 활동영역

물류는 공급자로부터 소비자에 이르는 재화의 흐름(flow)에 관한 활동이기 때문에 생산된 재화를 공급자로부터 수요자에게 이동시키는 과정에는 운송, 보관, 하역, 포장, 정보 등 5가지의 제반 활동들이 포함되게 된다.

운송은 생산과 소비간의 공간적 격차를 극복하는 활동이며 보관과 하역은 시간적 격차를 극복하는 활동이다. 포장은 상품의 외형이나 단위를 변경시키는 활동이며 정보는 이들을 지원하기 위한 활동이다.

이러한 기능들이 얼마나 효율적으로 잘 수행되느냐에 따라 물류의 승패가 좌우된다.

1) 운송

운송(transportation)은 자동차, 선박, 항공기 등 수송수단을 통해 재화를 공간적으로 이동시키는 활동을 말한다. 운송은 물류활동이나 총 물류비 중에서 가장 큰 비중을 차지하며 운송을 통해 생산지와 수요지의 공간적 거리가 극복된다.

운송에는 수송(transport)의 기능과 배송(delivery)의 기능이 포함되어 있다. 수송의 기능은 공장 물류창고에서 물류센터로 움직이는 운송으로 주로 장거리 대량운송의 형태이며 배송의 기능은 물류센터에서 각 점포나 고객으로 움직이는 운송으로 주로 단거리 소량운송의 형태이다.

운송의 주된 형태는 해상운송, 육상운송, 항공운송 및 복합운송이 있다. 우리나라는 지형적으로 삼면이 바다로 둘러 쌓여있어 물량기준으로 국제화물운송의 약 99.7%를 해상으로 운송하고 나머지 0.3%만을 항공으로 운송하고 있다.

2) 보관

보관(storage, custody)은 물자나 재화를 창고나 야적장 등 보관시설에 물리적으로 저장하고 관리하는 과정과 그 과정에서 이루어지는 분류, 검품, 출고 등의 활동을 말한다.

물류의 활동영역에 보관이 있기 때문에 생산과 소비 사이의 시간적 차이가 조정되어 시간적 효용성이 창출될 수 있다. 즉, 생산시점과 소비시점의 상이함을 해결하기 위하여 보관을 하게 되므로 보관은 생산과 소비 사이의 시간과 공간적 차이의 극복을 통한 효율적인 재고관리나 수송과 배송 사이의 거점 역할을 수행한다.

보관활동은 크게 보관설비를 제공하는 활동과 그 설비나 시설을 이용하는 활동으로 구분되며, 최근에는 보관시설에 저장(stock)하는 기능으로부터 흐름(flow)의 기능으로 보관의 역할이 변화되고 있다.

3) 하역

하역(loading and unloading)은 운송과 보관의 양단에 걸친 화물의 취급활동으로 화물의 싣고 내리기, 적재와 양륙 등 물자를 상하좌우로 이동시키는 활동을 말한다. 운송과 보관과정에서 이루어지는 하역은 장비로 화물을 싣는 적재(loading)와 내리는 양륙(discharging, unloading, landing, 양하)의 개념을 포함하고 있다.

하역은 작업주체에 따라 사람이 손이나 간단한 보조도구를 사용하는 인력하역, 크레인이나 지게차 등을 사용하는 기계하역, 그리고 자동기계나 컴퓨터가 중심이 되어 이루어지는 자동하역으로 구분된다. 또한 하역은 철도, 자동차, 항공기 등의 화물에 대한 육상하역과 선박의 화물에 대한 항만하역으로 구분되며, 항만하역은 다시 부두 밖에서 이루어지는 하역과 부두나 안벽에서 이루어지는 하역으로 구분된다.

4) 포장

포장(packing)은 물품의 운송, 보관, 하역, 판매, 사용 등의 과정에서 그 물품의 품질이나 가치를 보전하고 취급을 용이하게 하며 그 물품의 정보를 정확하게 전달하는 동시에, 판매를 촉진시키기 위하여 적절한 재료나 용기 등을 이용하여 물품을 적절히 꾸미어 보호하는 일련의 활동을 말한다.

포장은 물류비를 절감하는 주요 수단이 되며 제품을 안전하게 보호해 주고 분류를 용이하게 도와준다. 어떠한 포장형태인가에 따라 물류의 형태도 달라지는데, 물류에서 주로 이루어지는 포장에는 종이박스, 골판지 상자, 플라스틱 용기, 스티로폼 박스, 나무상자, 유리용기, 금속용기, 비닐봉투 등에 의한 포장 등이 있다.

포장은 낱개포장(개별포장), 내부포장(속포장), 외부포장(겉포장)으로 분류되지만, 보통은 물품을 상자, 포대, 나무, 금속 등의 용기에 넣거나 용기를 사용하지 않고 그대로 묶고 그 화물의 외부에 하인(shipping marks)을 표시하는 외부포장을 의미한다.

5) 정보

정보(information)는 물류활동과 관련된 물류정보를 수집·가공·제공하고 운송, 보관, 하역, 포장, 유통의 기능을 컴퓨터 등 전자적 수단으로 연결하여 줌으로써 물류관리의 효율화를 달성하도록 하는 활동을 말한다.

정보의 주요 활동으로는 수주와 발주관리 정보, 재고관리 정보, 물품의 입하와 출하관리 정보, 배송관리 정보 등이 있으며, 그 외에 운송, 보관, 하역, 포장 등의 활동과정에서 발생하는 각종 데이터의 정보처리 활동도 여기에 포함된다.

4. 물류의 종류

1) 물류단계에 따른 구분

(1) 조달물류

조달물류(inbound logistics)는 제조, 생산 및 가공단계 이전까지의 자재나 상품의 흐름을 말한다. 즉, 물품을 제조하거나 생산하기 위해 필요한 원자재나 부자재를 조달하여 생산자의 보관창고에 입고하고 생산공정에 투입되기까지의 물류활동을 조달물류라고 한다.

조달물류는 기업의 공급을 요청받은 외주기업(협력업체)들이 원자재나 부품 등을 어떻게 포장(packing)하고 단위화(unitizing)하여 해당 기업의 자재창고에 어떤 방식으로 수송과 배송을 할 것인가, 그리고 자재창고에 보관이나 재고관리를 어떻게 할 것인가를 포괄하는 것으로 물류관리의 출발점(start-point)이 된다.

조달물류는 제품의 생산과 판매에 결정적인 영향을 미치게 되는 중요한 물류활동이며 국내 조달물류와 해외 조달물류로 구분된다. 기업들이 해외로부터 외화획득용 원자재를 수입(import)하는 행위가 대표적인 해외 조달물류에 해당한다.

(2) 생산물류

생산물류(output logistics)는 자재나 원료가 실제로 생산에 투입되는 시점부터 제품이 제조, 생산, 가공되어 나올 때까지의 물류활동을 말한다.

대표적인 생산물류에는 자재창고에서 출고하여 생산공정으로 운반과 하역, 그리고 생산공정에서 제조 및 생산, 가공까지의 과정 등이 포함된다.

생산물류에서는 이러한 과정들을 어떻게 단축시킬 수 있을 것인가가 주요 과제이기 때문에 운송, 보관, 하역시설이나 설비의 자동화가 중요한 관리수단이 된다.

(3) 판매물류

판매물류(marketing logistics)는 물류의 최종단계로 물자조달과 생산활동을 통해 제조나 생산된 제품이 소비자에게 인도될 때까지의 수송 및 배송활동을 말한다.

여기에는 판매촉진 활동, 수주관리 및 계약체결, 제품창고로부터 제품의 출고, 각 대리점이나 고객, 구매자에게 배송 및 인도되는 작업 등이 포함된다.

판매물류는 고객서비스의 접점(interface) 역할을 수행하며 일반적으로 흔히 불리어지는 물류는 판매물류의 영역을 말한다. 판매물류는 국내 판매물류와 해외 판매물류로 구분되는데 수출(export)이 대표적인 해외 판매물류에 해당한다.

2) 물류의 수행주체에 따른 구분

(1) 자가 물류

자가 물류(First Party Logistics, 1PL)는 하주 기업이 자신의 물류업무를 외부 업체에 위탁하는 등의 서비스를 받지 않고 자사 부서의 인력, 장비, 시설 등을 이용하여 물류업무를 직접 수행하는 것을 말한다. 자사가 모든 물류업무를 직접 처리하기 때문에 소규모의 업체들이 주로 수행하는 업무방식이다.

(2) 자회사 물류

자회사 물류(Second Party Logistics, 2PL)는 기업 내에서 발생한 물류업무를 처리하기 위하여 하주 기업이 물류업무를 담당하는 자회사나 계열사를 설립하여 그들이 물류업무를 수행하도록 하는 것을 말한다. 이 경우에는 사내에서 물류업무를 담당하던 부서가 독립하여 자회사를 설립하는 것이 일반적이며 자회사를 둘 정도로 규모가 큰 대기업들이 주로 채택하는 물류서비스 방식이다.

대표적인 국내기업으로는 현대자동차, LG그룹, 롯데그룹의 물류를 각각 담당하고 있는 현대글로비스, ㈜판토스, 롯데글로벌로지스㈜ 등이 있다.

(3) 제3자 물류

제3자 물류(Third Party Logistics, 3PL)는 하주 기업이 회사에서 발생한 물류업무를 자회사나 계열사가 아닌 외부의 전문 물류기업에게 운송, 보관, 하역, 포장, 정보 등 물류업무의 전부나 일부를 위탁하여 물류업무를 수행하는 것을 말한다. 이것은 1980년대 중반에 등장한 것으로 '제3자 물류관리 서비스(TPL)'라고도 부른다.

3PL을 활용하면 기업들은 주력 업무에 경영자원을 집중함으로써 핵심역량을 강화시킬 수 있고 전문기업에 위탁함으로써 신속하고 정확한 업무처리를 통해 물류비용을 절감시킬 수 있다. 대표적인 국내기업으로는 CJ 대한통운, 한진, 롯데글로벌로지스㈜가 있고 국외기업으로는 DHL, FedEx, UPS 등이 있다.

(4) 제4자 물류

제4자 물류(Forth Party Logistics, 4PL)는 제3자 물류가 한 단계 더 발전한 물류형태로 물류기업이 기존의 3PL에 하주 기업에게 정보기술(information technology, IT)과 컨설팅 분야 등을 제휴하거나 융합하여 서비스를 제공하는 것을 말한다.

제4자 물류에서는 제3자 물류업체, 물류컨설팅업체, 정보시스템업체 등이 조직을 형성하여 물류공급체인 전반에 걸친 통합서비스(total service)를 제공한다.

제2절 국제물류와 국제운송

1. 국제물류의 의의와 기능

1) 의의

국제물류(international physical distribution, global logistics)는 생산과 소비가 2개국 이상에 걸쳐 이루어지는 경우, 그 생산과 소비의 시간과 공간적 차이를 극복하기 위하여 재화나 물자를 국제적으로 이동시키는 활동을 말한다.

2) 기능

국제물류는 2개국 이상에서 이루어지는 물류활동이므로 국제간의 운송, 보관, 하역, 포장 및 정보의 기능들을 포함한다. 이러한 기능들이 적절히 통합되고 각 기능들의 상호작용이 효율적으로 이루어져야만 물류의 효율화가 이루어질 수 있다.

국제물류의 가장 핵심적인 기능은 국제운송(international transport)이 담당하고 있으며 보관, 하역 등 이외의 여러 활동들은 부수적인 기능을 수행한다.

현재는 항구에서 항구(port to port)까지 수송을 담당하는 해상운송, 최근 급속하게 성장하고 있는 항공운송, 문전에서 문전까지(door to door) 종합서비스가 제공되는 복합운송이 국제운송의 대부분을 담당하고 있다.

2. 국제물류의 중요성과 비교

1) 중요성

국제물류는 국제상품시장을 발전시키는 토대가 되며 국제적인 상품경쟁력을 높이는 요인이 된다. 또한 기업들은 국제물류를 통해 물류비용의 절감과 서비스의 향상을 도모할 수 있으며 국제물류의 활성화는 곧 수출입 규모의 증가를 가져온다.

2) 국제물류와 국내물류의 비교

국제물류는 물류를 국제적인 영역으로 확장한 것이기 때문에 국내물류와 달리 원료조달, 생산 및 제조활동이 동일 국내가 아닌 국경을 초월하여 이루어진다.

또한 국제물류는 물품의 이동이 관세영역을 통과하여 국가 간에 이루어질 뿐 아니라 물품 이동과 관련된 복잡한 수출입수속, 관련 서류, 통관절차 등으로 인하여 물류관리가 국내물류보다 훨씬 복잡하고 제약 요인들이 많다.

3. 국제물류와 국제운송의 연구영역

1) 국제물류와 국제운송

국제물류는 2개국 이상 국가 간에 수행되는 재화나 물자의 흐름이기 때문에 그 핵심을 이루고 있는 것은 당연히 국제운송(international transportation)이 된다.

국제운송은 한 국가의 범위를 넘어 다른 국가로 이동한다는 점에서 동일 국내에서 이루어지는 국내운송(domestic transport, internal transport)과 구별된다.

국제운송은 국제간의 공간적 거리 극복과 장소적 이전을 가능하게 하는 수단이 된다. 그러나 국제운송은 재화가 국경을 넘어 이전되기 때문에 반드시 수출입 통관절차를 거쳐야만 한다. 국제운송에서 주도적인 운송수단은 해상운송이 담당하고 있다.

2) 국제운송의 접근방법과 연구영역

국제운송은 연구자에 따라 기술과 산업 및 공업적 접근방법, 경제 및 경영학적 접근방법, 국제상학 내지 무역상무적 접근방법 등 다양한 측면에서 연구될 수 있다.

첫째, 기술과 산업 및 공업적 접근방법은 선박이나 항공기의 제조, 시공, 설계 등과 함께 조선 산업과 우주항공 산업의 양태를 공학적으로 분석하는 연구영역이다.

둘째, 경제 및 경영학적 접근방법은 운송서비스의 수요와 공급, 시장구조 등에 대한 연구와 함께 선사 등 운송업체의 경영상태나 실적을 분석하는 연구영역이다.

셋째, 국제상학 내지 무역상무적 접근방법은 운송서비스를 이용하는 수출입기업과 운송업체와의 운송계약관계에서 발생하는 권리 및 의무를 분석하는 연구영역이다.

이러한 접근방법 중에서 무역학 내지 국제통상학 분야에서는 무역학의 독자적인 학문영역인 국제상학 내지 무역상무의 접근방법이 필요하다.

이에 따라 본 교재에서도 우선적으로는 해상운송, 항공운송, 육상운송, 복합운송을 수출입 하주와 운송인의 계약을 중심으로 파악하여 분석하였고 각각의 운송형태들이 무역매매, 대금결제, 해상보험과 어떠한 연관성을 가지는지도 추가로 분석하였다.

특히, 국제운송의 핵심을 이루고 있는 해상운송을 정기선, 부정기선, 컨테이너운송, 선하증권을 중심으로 상세하게 분석하였다.

또한 국제운송은 크게 수요 측면의 수출입 하주와 공급 측면의 운송회사(선사나 항공회사 등)의 두 축이 있지만, 본 교재는 주로 수출입 하주들을 중심으로 기술하였다.

그 이유는 무역실무가나 운송물류 담당자들이 무역현장에서 곧바로 활용하는데 도움이 되도록 하는 것이 본 교재의 집필 이유 중의 하나이기 때문이다.

국제운송의 기초 제 2 장

제1절 국제운송의 의의와 기능

1. 국제운송의 의의

운송(transportation)은 물품이 생산된 장소와 이를 수요로 하는 장소 사이에 존재하는 공간적 거리를 사이에 두고 물품을 이동시키는 행위를 말한다.

그러한 의미에서 국제운송(international transport)은 사람과 재화(물자)의 공간적인 효용성을 높이기 위해 사람과 재화의 이전현상이 국가와 국가 사이에서 이루어지는 국제활동을 의미한다.

국제운송은 국제간 사람의 이동보다는 재화나 물자의 수송에 초점을 맞추기 때문에 일반적으로 무역운송(trade transport), 국제물품운송 또는 국제화물운송이라고도 부른다. 국제운송은 통관절차를 수반하는 운송형태이기 때문에 한 국가 내에서 이동되는 국내운송에 비해 위험이 크고 절차도 매우 복잡한 특징을 가지고 있다.

2. 국제운송의 기능

1) 물품의 국제적 이동 촉진

어떤 국가이든지 기후, 자원, 노동력, 기술수준 등에 차이가 있기 때문에 그 국가가 필요로 하는 모든 재화를 자체적으로 생산한다는 것은 거의 불가능한 일이다. 따라서 그 국가에서 생산되지 않는 재화는 다른 국가에서 반입할 수밖에 없다.

저렴한 운송수단(vehicle)이 없다면 그 국가는 높은 운송비를 감당할 수 있는 재화만을 다른 국가로부터 반입하고 그 외의 재화는 자급자족을 해야 한다.

그러나 저렴한 운송수단이 있게 되면 재화의 국제적 이동으로 소비자에게는 재화의 사용 기회가 확대되고 생산자에게는 시장을 확대시켜 주는 역할을 한다. 따라서 국제운송은 물품의 국제적 이동이라는 가장 기본적인 운송의 기능을 담당한다.

2) 지역적 분업과 전문화 촉진

저렴한 운송수단의 이용은 지역의 비교우위 요소를 특화시킨 지역적 분업과 전문화를 통해 경제적 효율을 증대시킨다.

그 이유는 여러 지역이 지역적 분업을 통해 얻은 이익은 각 지역이 비교우위를 가진 부문에 전문화하여 최소의 자본과 노동 등의 부존요소를 투입함으로써 최대의 이익과 산출을 얻을 수 있기 때문이다.

지역적 분업과 전문화란 각 지역이 제한된 종류의 제품만을 생산하는데 전문적으로 종사하는 생산제도를 의미하며, 이와 같은 지역적 분업과 전문화는 저렴한 운송수단의 발달을 토대로 지역 간에 재화의 이동이 원활하게 이루어지는 것을 전제조건으로 하고 있다.

지역적 분업화는 생산된 제품의 판매시장을 확보할 수 없고 필요한 물품을 다른 국가로부터 구입할 수 없다면 불가능하게 된다. 또한 특정 국가가 가지고 있는 생산우위는 높은 운송비 부담으로 결국은 생산비가 높아져 상쇄될 수도 있다.

그러므로 지역적 분업과 전문화는 시장의 크기에 의해 제한을 받고 시장의 크기는 운송비에 의해 결정되기 때문에 저렴한 국제운송은 지역적 분업과 전문화를 촉진하는 요인이 된다.

3) 대량생산과 가격인하 촉진

재화나 물자의 국제적 이동이 대량으로 이루어지면 대량의 원재료나 완제품의 원거리 이동이 가능해지기 때문에 단위당 운송비가 저렴해지고 대량생산 체제도 구축될 수 있다. 이것은 규모의 경제(economies of scale)를 가져옴으로써 국가 간에 이동되는 재화의 가격이 상대적으로 인하되는 효과를 가져오게 된다.

4) 산업연관 효과의 발생

저렴한 국가간 운송비는 국가 간의 교역을 발달시키고 이는 국가간 교역관계와 깊은 관련이 있는 조선업, 무역업, 창고업, 가공업, 포장업, 도매업, 금융업, 보험업, 항만산업, 국방산업 등 관련 산업들을 더불어 발전시키는 효과를 가져온다.

5) 국가간 경제발전과 세계통합의 촉진

국제운송의 발전은 해양의 거리적 장애를 극복하고 재화나 물자를 용이하게 이전시킴으로써 국가간 경제발전을 촉진하는 동시에 정치, 사회 및 문화의 확산과 발전을 통해 세계를 한 가족으로 통합하는 기능도 수행한다.

제2절 국제운송의 형태와 운송인

1. 국제운송의 형태

수출입 하주들은 상품의 종류나 특성, 운송거리와 시간, 운임과 수송비, 운송의 안정성, 무역조건(trade terms), 운송업계의 여건 등을 종합적으로 검토한 후에 거래에 적합한 국제운송의 형태를 선택하게 된다.

국제운송은 선박이나 항공기를 이용한 국제해상운송과 국제항공운송이 주종을 이루고 있지만, 지역과 상품의 특성에 따라서는 국제육상운송도 이용되며 최근에는 컨테이너의 등장으로 복합운송방식도 이용되고 있다. 무역운송은 당연히 국제운송을 의미하기 때문에 본 교재에서는 이를 간단히 해상운송, 항공운송, 육상운송이라고 부른다.

1) 해상운송

해상운송(marine or sea transport, carriage by sea, ocean shipping, 해운)은 선박으로 바다를 통해 화물을 국제적으로 운송하는 방식이다. 해상운송은 운송공간인 '바다', 운송수단인 '선박', 그리고 운송대상인 '화물'이 존재해야 한다.

해상운송은 대량화물이나 운송이 급박하지 않은 화물, 상품가격에 대하여 고액의 운임을 부담할 수 없는 저렴한 운임으로 운송하고자 하는 경우에 주로 이용되고 있다.

해상운송에서 운항하는 선박의 형태는 크게 운송경로와 운임이 미리 정해져 있는 정기선(liner)과 운송수요에 따라 운행되는 부정기선(tramper)이 있다.

정기선의 대부분을 차지하는 것이 컨테이너선(container ship)이다. 화물의 컨테이너화는 항구나 기타 시설에서 컨테이너 환적을 빠르게 하고 하역작업을 신속히 처리함으로써 정기선 운행스케줄을 계획대로 진행시키는데 중요한 역할을 수행하고 있다.

2) 항공운송

항공운송(air transport)은 항공기로 공로를 통하여 화물을 국제적으로 운송하는 방식이다. 제2차 세계대전 때 군용기로 군수품이 운반되면서 항공운송의 개념이 정립되었고 1960년대에 들어 본격화되었다.

1970년대 들어 제트기(jet plane) 등 대형 항공기의 등장으로 항공화물의 대량 및 고속 운송시대를 맞이하였고, 최근에는 화물전용기의 출현으로 국제간 항공운송이 더욱 발전하고 있다. 항공운송은 긴급 및 소량화물, 고부가가치의 전자제품, 신선도가 필요한 활어, 어패류, 꽃 등을 운송하는데 주로 이용되고 있다.

항공운송은 신속성, 긴급성, 정시성(定時性, just in time)이 크게 확보될 수 있는 장점이 있는 반면, 선박에 의한 해상운송에 비해 대량수송이 어려우며 단위당 운임이 상대적으로 비싸다는 단점이 있다.

항공운송도 해상운송과 같이 정기 항공화물운송과 부정기 항공화물운송이 있다.

3) 육상운송

육상운송(overland transport)은 철도(railway)나 자동차(automobile, truck)라는 운송수단을 이용하여 육로로 국제간에 화물을 운송하는 방식이다.

철도운송은 자동차 운송에 비해 운임이 저렴하여 대량화물의 원거리 운송에 적합하며 안전수송이 가능하다. 또한 정시성을 유지할 수 있고 저공해성으로 환경 친화적 운송수단이다. 그러나 자체완결성이 부족하고 고정비가 많이 소요되는 단점이 있다.

자동차 운송은 운송의 시작과 도착을 마감하는 중요한 운송수단으로 자체 완결성에 의한 문전 처리능력이 우수하며 철도운송의 보조적인 수단으로 소량화물의 수송에 주로 이용되고 있다. 철도운송보다 신속하고 해상운송과 연계할 때도 많이 이용된다.

4) 복합운송

복합운송(international multimodal transport)은 단일 운송계약하에 복합운송인이 복합운송증권을 발행하고 전 운송과정에 대해 하주에게 단일책임을 지는 동시에, 각 운송구간에 대해 하청운송인 내지 실제운송인에게 각각의 운송수단에 의한 운송을 위탁하여 이루어지는 국제간의 운송방식이다.

복합운송은 ① 단일 복합운송계약 ② 복수의 다른 운송수단의 결합 ③ 복합운송인에 의한 전 운송구간 일관단일책임(single liability) ④ 단일운임(through rate) ⑤ 단일 복합운송증권의 발행이라는 요건을 갖춘 운송방식이다.

복합운송은 선박, 철도, 항공운송 등 서로 다른 2가지 이상의 운송수단이 조합되어 운송되는 특성을 가지고 있기 때문에 한 가지 운송수단에 의한 운송계약의 이행이나 일관운송책임이 결여된 운송은 복합운송이 될 수 없다.

복합운송은 1960년대 들어 세계 무역량이 확대되고 해상운송에서 문전에서 문전까지의 운송서비스(door to door service)를 가능하게 하는 컨테이너라는 혁신적인 운송용구의 등장으로 급속히 발전하게 되었다.

컨테이너운송과 복합운송은 보통 같은 의미로 이해되고 있다. 왜냐하면 오늘날 컨테이너화가 가장 효과적으로 사용되고 있는 시스템이 복합운송이고 복합운송의 장점을 극대화시킬 수 있는 운송수단이 컨테이너이기 때문이다.

2. 국제운송의 운송인

무역화물의 국제간 이동은 운송인(carrier)이 담당하고 있다. 운송인은 국제간 무역화물을 수송하는 개인이나 회사(철도, 트럭, 항공, 선박회사 등)를 말한다.

운송인은 여러 기준에 따라 분류할 수 있으나, 가장 일반적인 분류는 운송 형태에 따른 분류와 운송인의 성격에 따른 분류이다.

1) 운송 형태에 따른 분류

운송인은 운송 형태에 따라 다음과 같이 해상운송인, 항공운송인, 육상운송인 및 복합운송인으로 분류된다.

(1) 해상운송인

해상운송인(ocean carrier, sea carrier)은 좁은 의미에서는 해상운송의 주체자를 말하고 넓은 의미에서는 해상운송사업을 영위하는 자를 말한다.

우리나라 해운법상 해상운송사업은 해상여객운송사업, 해상화물운송사업, 해운중개업, 해운대리점업, 선박대여업, 선박관리업으로 분류한다.

이중에서 좁은 의미의 해상운송인은 해상여객운송사업자와 해상화물운송사업자를 의미하고 나머지는 해운부대업에 해당한다. 해상운송사업 중 수출입 하주의 운송업무와 가장 관계가 깊은 업종은 해상화물운송사업과 해운중개업 및 해운대리점업이다.

해상화물운송사업은 정기선 운항업과 부정기선 운항업으로 구분되는데 보통 이들을 선박회사(shipping company)나 선사라고 부른다.

그리고 해운부대업의 하나로 소위 해상화물운송주선업을 영위하는 해운중개업자를 포워더(forwarder) 또는 국제물류주선인이라고 부른다.

(2) 항공운송인

항공운송인(air carrier)은 항공기로 공로를 통해 화물을 국제적으로 운송하는 사업을 영위하는 자를 말한다. 항공운송사업은 국내항공운송사업, 국제항공운송사업 및 소형항공운송사업으로 구분된다.

국제항공운송사업은 타인의 수요에 맞추어 항공기를 사용하여 유상으로 여객이나 화물을 수송하는 사업으로서 국제 정기선편 운항과 국제 부정기선편 운항으로 구분된다.

국제 정기선편 운항은 국내공항과 외국공항 사이 또는 외국공항과 외국공항 사이에 일정한 노선을 정하고 정기적인 운항계획에 따라 항공기를 운항하는 것이고, 국제 부정기선편 운항은 전자 이외의 항공기 운항을 말한다.

(3) 육상운송인

육상운송인(overland carrier)은 철도나 자동차라는 운송수단을 이용하여 육로로 국제간에 화물을 운송하는 자를 말한다.

우리나라 상법 제125조에서는 육상운송인을 육상, 호천(湖川) 및 항만에서 물품이나 여객의 운송을 영업으로 하는 자라고 규정하고 있다.

(4) 복합운송인

복합운송인(Multimodal Transport Operator, MTO)은 전 운송구간에 걸쳐 복합운송계약을 책임지는 인수자이며 복합운송계약상 권리와 의무의 주체자를 말한다.

복합운송인은 반드시 실제운송을 수행하는 운송인이 되어야 하는 것은 아니기 때문에 운송주선인(forwarder, 국제물류주선인)과 같이 화물이나 운송수단의 수배자적인 성격을 지닌 자도 복합운송인이 될 수 있다. 복합운송인에는 다음과 같은 유형이 있다.

① 실제운송인

실제운송인(actual carrier)은 자신이 직접 일부 운송수단(선박, 트럭, 항공기 등)을 보유하면서 복합운송인의 역할을 수행하는 운송인을 말하며 'Carrier형 운송인'이라고도 부른다. 실제운송인은 선사, 철도회사, 트럭회사 및 항공회사 등이 될 수 있다.

그런데 복합운송구간 중에는 해상구간이 차지하는 비중에 가장 중요한 것을 고려할 때 선사가 실제운송인이 되는 복합운송형태가 가장 일반적이다.

② 계약운송인

계약운송인(contracting carrier)은 선박, 트럭, 항공기 등의 운송수단을 직접 보유하지 않으면서도 실제운송인처럼 운송주체자로서의 기능과 책임을 다하는 운송인을 말한다. 계약운송인은 실제운송인에게는 하주의 입장에서, 하주에게는 운송인의 입장에서 책임과 의무를 수행하는 운송인이다. 이러한 유형의 운송인으로는 국제물류주선이 있으며 이들은 운송 성격에 따라 해상운송 국제물류주선인(ocean freight forwarder)과 항공운송 국제물류주선인(air freight forwarder) 등으로 구분된다.

③ 무선박일반운송인

무선박일반운송인(Non-Vessel Operating Common Carrier, NVOCC)은 자기 스스로가 선박을 직접 소유나 운항하지 않지만 자기 명의로 운송증권을 발행하여 운송서비스를 제공하는 자를 말한다. 이들은 국제물류주선인형 복합운송인을 법적으로 실체화시킨 것으로 계약운송인의 일종이며, VOCC(Vessel Operating Common Carrier)에 대해서는 하주의 입장이 되고 하주에게는 Common Carrier의 입장이 된다.

2) 운송인의 성격에 따른 분류

(1) Merchant Carrier

Merchant Carrier(상인운송인, 상인선주)의 어원적인 의미는 자기의 화물을 자기의 운송수단으로 운송하는 사람을 말하며 Private Carrier라고도 부른다.

국제운송의 의미에서는 무역업을 하고 있는 사람이 자기가 취급하는 상품을 자기 선박으로 직접 운송하는 자를 Merchant Carrier라고 부르고 있다.

이러한 형태는 중세에 만연하였던 운송형태이지만, 19세기에 들어 타인의 상품을 운송하는 일반운송인(common carrier)이 등장하면서 해운업계에서 거의 사라졌다.

20세기에는 산업자본이 해운경영에 진출하면서 특수 화물들을 전문적으로 수송하는 산업운송인(industrial carrier)이 등장하였다.

(2) Common Carrier

Common Carrier(일반운송인)는 불특정 하주에 대하여 운송서비스를 제공하는 운송인으로 일반 공중(公衆)의 수요에 응하여 일반 대중에게 대가를 받고 운송을 하겠다고 공표하고 운송서비스를 공급하는 운송업자를 말한다.

대표적인 일반운송인으로는 정기 선사나 컨테이너 선사가 있다. 이들은 철도나 버스와 같은 대중교통의 의미를 가지고 있기 때문에 General Carrier, 공적운송인, 공중운송인(public carrier)이라고도 부른다. 실무에서 수출입 하주가 접하는 대부분의 운송인은 일반운송인이다.

영미법에서는 운송인을 Common Carrier와 Private Carrier로 분류하기 때문에 Common Carrier는 영미법에서 사용되는 개념이고 공중운송인의 동의어이다.

일반운송인은 ① 보수(영리)를 목적으로 하는 운송인이어야 하고 ② 특별한 사유가 없는 한, 고객을 선택하거나 운송인수를 거절하지 않아야 하며 ③ 안전운송을 보장하고 운송과정의 손해에 대해 배상책임을 부담해야 한다. 이들은 다음과 같이 구분된다.

① VOCC

VOCC(Vessel Operating Common Carrier, 선박보유일반운송인, 유선박운송인)는 자기 자신이 운송수단인 선박을 직접 소유하고 있는 운송인을 말한다.

② NVOCC

NVOCC(Non-Vessel Operating Common Carrier, 선박무보유운송인, 무선박운송인)는 스스로 선박을 소유하지는 않지만 하주에 대하여 자기의 요율로 운송계약을 체결하고 자기의 증권(House B/L)을 발행하여 운송을 인수하는 자를 말한다.

NVOCC는 선박보유일반운송인(VOCC)에게 하청하여 운송을 의뢰하므로 VOCC에 대하여는 하주의 역할을 하고, 하주들에게는 운송인의 지위로 책임을 부담한다.

(3) Contract Carrier

Contract Carrier(계약운송인)는 앞에서 설명한 Common Carrier(일반운송인)과는 반대로, 특정 고객을 선택하여 운송계약을 체결하고 운송의 책임을 부담하는 운송업자를 말한다. 즉, 특정기업이나 기업그룹의 한정된 종류의 화물을 인수하는 자로서 Private Carrier와 Industrial Carrier로 구분된다.

① Private Carrier

Private Carrier(사적운송인, 자가운송인)는 Common Carrier(일반운송인)의 상대어이다. 자기의 화물을 자기 자신의 선박으로 운송하는 자 또는 특정의 하주와 개별적으로 운송계약을 체결하여 운송서비스를 제공하는 운송인을 말한다.

회사가 자사 제품을 수송하기 위하여 자가용차를 이용하는 경우나 전세버스와 전세항공기와 같이 특정개인이나 집단을 위해 전세운송을 하는 것과 성격이 동일하다.

그러한 의미에서 사적운송인은 계약운송인이라 부르기도 한다. 주로 부정기선 운송이 여기에 해당하며 운송계약의 증빙으로 용선계약서가 작성된다.

역사적으로 보면 처음에는 상인과 생산자가 자기소유의 운송수단으로 운송을 행하는 이와 같은 운송형태가 일반적이었다. 그러나 자본주의적 생산기술의 발전과 상품유통이 증대하고 수송수단이 대형화되고 기계화되면서 운송능력에 여력이 생김으로써 타인의 화물을 운송하는 Semi-Public Carrier가 등장하였다.

이후에는 이 형태가 더욱 발전하여 타인을 위해 운송을 맡아 주고 대가를 받는 전문운송업자인 Public Carrier가 나타나게 되었다.

② Industrial Carrier

Industrial Carrier(산업운송인)는 자기의 화물 또는 자기와 관계가 있는 기업의 화물(석유, 자동차, 철강 등)만을 전담하여 운송하거나 용선운송계약을 통해 특정 하주의 화물만을 운송하는 전용선 업자를 말한다.

제2차 세계대전 이후, 석유나 철강회사 등과 같은 생산회사가 탱커(tanker)나 광석용 전용선(ore carrier) 등 특수선을 보유하는 경향이 나타나게 되었는데, 이와 같이 생산기업이 자기 선박으로 해상수송을 전담하는 것이 Industrial Carrier이다.

탱커를 운송하는 Standard Oil Co., 냉동선을 운송하는 United Fruit Co., 원광선(ore carrier)을 운송하는 U.S. Steel Corp. 같은 기업들이 대표적인 산업운송인들이다.

제 II 부 ┃ 해상운송

해상운송의 기초 제 3 장

제1절 선박과 항만 및 화물

1. 선박

1) 선박의 개념과 법적 성질

(1) 선박의 개념

국제협약이나 상법 등 운송 관련 법규에 규정되어 있는 선박의 정의를 종합해보면 선박(ship, boat, vessel)은 '사람이나 화물을 싣고 해상을 통하여 공간과 장소적 이동을 수행하는 운송수단'이라 할 수 있다.

국제운송에서 선박의 개념은 상선 중에서도 영리를 목적으로 주로 화물을 수송하는 화물선(cargo ship)으로 인식되고 있다. 선박은 크기에 따라 대형선은 Ship, 중형선과 소형선은 Boat, 이를 합쳐서 Vessel이라고 부르고 있다.

선박이라는 구조물이 되기 위해서는 첫째, 선박 고유의 속성으로 물위에 뜬다는 부양성(浮揚性)을 가져야 하며 둘째, 화물이나 여객을 실을 수 있는 적재성을 가져야 하고 셋째, 적재된 것을 목적지로 운반함으로써 위치적으로 전환시킬 수 있는 이동성 혹은 운반성이라는 운송의 3가지 요소를 모두 갖추어야 한다.

최근에는 해운업의 관점에서 위의 3가지 요소에 영리성을 추가하는 경우도 있다.

(2) 선박의 법적 성질

선박은 구조물(부동산)이지만 법 적용에서는 동산의 성질도 동시에 가지고 있다.

즉, 영국 해상보험법(MIA) 제90조는 선박을 동산에 포함시키지 않고 등기를 하고 임차권이 인정되는 등 부동산에 준하는 취급을 하고 있다. 그러나 우리나라 민법(제9조)에는 선박은 이동 가능한 수단으로 동산에 해당되는 것으로 규정되어 있다.

그런데 상법 제743조 선박의 등기, 민사소송법 제678조~제687조 선박의 강제집행과 경매, 형법 제164조~제166조 건조물 방화죄의 규정에서 확인할 수 있는 것처럼 선박은 부동산적 측면도 동시에 가지고 있다.

2) 선박의 중요성과 우리나라 조선업

(1) 선박의 중요성

옛날부터 바다를 장악하는 것은 전략 교통로를 얻는 것이고 항해력을 갖추는 것은 가장 효과적인 물류정보망을 가지게 되는 것으로 인식되어 왔다.

전 세계 교역량의 80% 이상이 바다를 통한 선박으로 이루어지고 있고, 삼면이 바다로 둘러싸인 우리나라는 수출입화물의 대부분을 해상으로 운송하고 있다.

이와 같이 선박은 수출입물류의 흐름에서 반드시 필요한 운송수단이며 조선업 및 해운업의 발전과 국가안보와도 직결되어 있는 중요한 자원이다.

(2) 우리나라 조선업

선박과 조선업 및 해운업의 발전이 우리나라 경제에서 차지하는 중요성은 매우 크다.

2020년 현재 우리나라는 선박발주량 세계 1~2위, 선박보유량 세계 6위를 차지함으로써 세계적인 조선강국으로 성장하였다. 또한 선박은 우리나라 대표 수출품목으로서 업종별 수출에서도 반도체, 기계, 자동차, 석유화학에 이어 5위를 차지하고 있으며 금액으로는 전체 수출의 7% 정도를 차지하고 있다.

또한 조선업에 종사하는 종업원 수는 약 30만 명으로 제조업 전체 고용의 7%를 차지하고 있고, 생산액은 약 64조 원으로 제조업 전체의 4% 정도를 차지하고 있다.

그러나 최근 원자재 가격의 하락과 세계경제의 침체, 중국 조선업의 급성장 등으로 우리나라 조선업의 불황이 매우 심각한 상황이다. 조선업의 불황으로 인한 관련 산업에서 고용의 급감은 우리나라 조선업 생산액의 93%를 차지하고 있는 5대 권역(경남, 울산, 전남, 부산, 전북)의 심각한 경제침체로 이어지고 있다.

최근 IMO(국제해사기구)가 선박과 관련된 다양한 국제환경규제를 도입함에 따라 친환경과 고효율 선박의 수요가 전 세계적으로 확대되고 있다.

또한 글로벌 기업들은 제4차 산업혁명에 따라 2035년경을 목표로 자율운항과 무인선박개발을 위한 프로젝트를 착수하고 단계적 기술개발에 박차를 가하고 있다.

이러한 상황에 대응하여 침체기에 있는 우리나라 조선업은 수주경쟁력 확보를 위해 원가절감 등 자구계획의 이행을 가속화해야 한다. 더불어 기술개발 등을 통해 초대형 상선, LNG 선박, 해양플랜트 등 주력 선종별로 특화된 경쟁력을 확보하고 공정관리 통합 등 조선소 운영을 효율화해야 한다.

또한 원가 경쟁력과 생산성을 제고하는 동시에 친환경·스마트 선박수주와 전후방 산업과의 상생을 통한 조선업 선순환 생태계 조성을 통해 환경규제에도 대응해야 한다.

3) 선박의 분류

선박은 크게 공선(public vessel)과 사선(unofficial ship)으로 구분되며 용도(사용목적)와 선형, 추진방식, 구성재료 등에 따라 다양하게 세분화된다.

특히, 상선은 용도에 따라 여객선(passenger ship)과 화물선(cargo ship)으로 구분되며 화물선은 운송화물의 특성에 따라 건화물선과 탱커로 구분된다.

건화물선(dry cargo ship)은 컨테이너와 잡화 등을 주로 운송하는 일반화물선, 광석이나 석탄, 곡물, 과일, 자동차 등과 같은 특정 화물을 운송하는 전용선, 여러 종류의 화물을 복합적으로 운송할 수 있도록 설계된 겸용선, 냉장화물이나 중량화물과 같은 특수화물의 운송에 적합한 특수선으로 구분된다. 탱커(tanker)는 원유를 수송하는 유조선과 액화가스 등을 수송하는 특수 액체 운반선 등으로 구분된다.

(1) 일반화물선

일반화물선(general cargo ship)은 컨테이너와 일반화물을 운송하는 전형적인 화물선을 말하며 컨테이너운송이 본격화되기 전까지 해상운송의 주종을 이루어왔던 선박이다.

일반화물선은 정기선과 부정기선으로 구분된다. 정기선은 컨테이너나 잡화를 대상으로 하고 원활한 하역작업을 위해 2층이나 3층 갑판에 하역장비가 설치되어 있다.

부정기선은 살적화물(break bulk cargo, 비단위화물)이나 곡물, 비료, 시멘트, 목재 등의 산화물(bulk cargo)을 주로 운송하며 1층이나 2층 갑판에 하역장비가 설치되어 있다. Break Bulk Cargo는 단위화하지 않고 낱개로 운송되는 화물을 의미이다.

일반화물선은 컨테이너 전용선의 등장으로 지금은 '재래선(traditional or conventional vessel)'으로 불리고 있다. 합판이나 철재 등 컨테이너화가 어려운 화물이나 아프리카 등 컨테이너 하역시설을 갖추지 못한 지역에서는 지금도 운행되고 있다.

(2) 전용선

전용선(specialized ship, special cargo ship)은 특정 화물만을 적재하여 운송할 수 있도록 설계 및 건조되어 있는 화물선을 말한다.

전용선은 특정한 화물을 전문으로 수송하는 선박이므로 대부분 적재 항구까지는 빈 배로 간 다음 화물을 적재하고 회항하는 것이 보통이며 효율적인 운송과 하역을 고려하여 특수한 구조, 설비, 선형을 갖추고 있다.

전용선에는 광석 전용선(ore ship), 석탄 전용선(coal ship), 자동차 전용선(car ship), 목재 전용선(log ship), 곡물 전용선(grain cship), 액체 전용선, 컨테이너 전용선(container ship) 등이 있다.

(3) 겸용선

겸용선(combination ship)은 공선(空船)의 항해비율을 줄이기 위해 한 척의 선박에 복수의 화물을 적재할 수 있도록 설계된 선박을 말한다.

탱커나 벌크선박들의 공통적인 문제점 중의 하나는 대부분의 경우 편도 수송이며 왕복화물을 쉽게 구할 수 없다는 점이다. 이러한 문제점을 해결하기 위해 유류와 건화물을 함께 수송할 수 있도록 1960년대 중반에 개발된 것이 겸용선이다.

광석과 원유를 수송하는 O/O선(ore/oil ship), 광석, 산화물, 원유를 수송하는 O/B/O선(ore/bulk/oil ship), 자동차와 산화물을 수송하는 C/B선(car/ bulk ship), 컨테이너와 산화물을 수송하는 C/B선(container/bulk ship) 등이 있다.

(4) 특수선

특수선(special service ship)은 특수화물의 적재나 특수업무에 적합하도록 설계된 선박을 말한다. 여기에는 육류, 어류, 과일 등 냉동화물의 운송에 적합하도록 냉동장치가 설비되어 있는 냉동선(refrigerated ship), 발전기나 기계설비 등 중량화물의 운송에 적합하도록 설계된 중량물 운반선(heavy cargo ship), 살아있는 동물의 운송에 적합한 동물운반선, 로로선(Roll-on/Roll-off Vessel), 부선(浮船, lighter, barge)에 화물을 적재한 채로 본선에 적재하거나 운송하는 LASH선(lighter aboard ship), 여러 화물을 운송하는 만능선(omni ship), 대형 플랫바지(flat barge)에 화물을 얹어 싣고 예인선(tug boat)으로 끌거나 밀게 하는 방식의 Tug-barge 선박 등이 있다.

(5) 탱커

탱커(tanker, tanker ship)는 원유, 액화가스, 화공약품 등 액상화물의 운송에 적합하도록 제작된 유조선을 말한다. 선박 안을 여러 구획으로 나누고 액체화물을 적재하여 운송할 수 있도록 설계된 선박을 총칭하며 '탱커선'이라고도 부른다. 탱커선은 원유와 정제유조선을 중심으로 최근 크게 발달하고 있어 세계 선박의 약 45%를 점유하고 있다.

탱커선에는 원유나 정제도가 낮은 중유를 운반하는 원유유조선(dirty tanker)과 정제도가 높은 휘발유, 경유, 석유를 운반하는 정제유조선(clean tanker)이 있다.

또한 부식성, 인화성, 유독성 등을 지닌 액상화공약품을 Drum 등의 용기에 넣지 않고 운반하는 화공품운반선(chemical tanker), 액화석유가스(liquefied petroleum gas)를 운송하는 LPG Tanker, 액화천연가스(liquefied natural gas)를 운송하는 LNG Tanker, 그리고 아스팔트, 피치(pitch), 보일러용 벙커유 등 일정한 온도를 유지해야 하는 정유잔류물 운반선과 당밀운반선(molasses tanker) 등 특수 액체운반선이 있다.

그림 3-1 ▬ 선박의 분류

- **상선**
  - 여객선
    - 여객선(passenger ship), 화객선(cargo-passenger ship)
    - 이민선(immigration ship), 순례선(pilgrimage ship), 카페리(car ferry)
    - 유람선(pleasure ship), 전시선(exhibition ship)
  - 화물선
    - 건화물선
      - 일반 화물선
        - 정기선
          - 컨테이너선(container ship)
          - 재래정기선(general cargo ship)
        - 부정기선
          - 일반부정기선(tramper)
          - 산물선(bulk ship)
      - 전 용 선
        - 광석 전용선(ore ship)
        - 석탄 전용선(coal ship)
        - 자동차 전용선(car ship)
        - 목재 전용선(log ship)
        - 곡물 전용선(grain ship)
      - 겸 용 선
        - 광석·원유겸용선(ore/oil ship)
        - 광석·산화물·원유겸용선(ore/bulk/oil ship)
        - 자동차·산화물겸용선(car/bulk ship)
        - 컨테이너·산화물겸용선(container/bulk ship)
      - 특 수 선
        - 냉장선(refrigeration ship)
        - 동물운반선(livestock ship)
        - 중량물운반선(heavy cargo ship)
        - RoRo선(roll on/roll off ship)
        - LASH선(lighter aboard ship)
        - 만능선(combi or omni ship)
        - 터그·바지선(tug-barge ship)
    - 탱커
      - 유 조 선
        - 원유유조선(crude oil tanker)
        - 정제유조선(clean tanker)
      - 특수액체 운 반 선
        - 화공약품운반선(chemical tanker)
        - LPG탱커(LPG tanker)
        - LNG탱커(LNG tanker)
        - 당밀운반선(molasses tanker)

LPG선

LNG선
(Moss형)

LNG선
(Membrane형)

Clean Tanker
(정유운반선)

Dirty Tanker
(원유/중유운반선)

Chemical Tanker
(화학물운반선)

PPC(Pure Car Carrier)
(자동차 전용선)

Ore Carrier
(광석 전용선)

Log Carrier
(목재 전용선)

Coal Carrier
(석탄 전용선)

Heavy Lift Ship
(중량화물 운반선)

Bulk Carrier
(벌크선, 산적화물선)

4) 선박의 톤수

선박의 크기는 용적(measurement)뿐 아니라 중량(weight)으로도 표시되며, 특히 화물선은 선박이 적재할 수 있는 화물의 용적과 중량으로 그 크기를 표시하고 있다. 국제적으로 널리 사용되고 있는 톤(ton)은 용적으로는 $40ft^3$(=$1.1327m^3$), 중량으로는 2,240Lbs를 단위로 많이 사용하고 있다.

상선의 톤수 측정은 선박에 부과되는 각종 세금의 징수 목적에서 시작되었다.

선박의 톤수를 측정하는 방법은 각국의 법률마다 다르게 규정하고 있는데 우리나라에서는 '선박톤수의 측정에 관한 규칙'에 의거하여 측정하고 있다.

(1) 용적톤수

용적톤수(space tonnage)는 선박에 한정하여 사용된다. 선박의 용적을 톤으로 환산할 때에는 $1m^3$($1\times1\times1m=35.3147ft^3$)을 1톤으로 산출한다. 용적톤수로 표시하는 것으로는 총톤수와 순톤수가 있다.

① 총톤수

총톤수(Gross Tonnage, G/T)는 선박 내부의 총 용적량으로서 상갑판 이하의 적량(모든 공간)과 상갑판 이상의 밀폐된 정도의 적량을 합한 것이다.

이 경우 총 용적에는 선박의 안전과 위생 항해 등에 이용되는 장소는 제외된다.

일반적으로 상선의 크기를 말할 때는 총톤수로 표시한다. 총톤수는 선박의 수익 능력과 각국의 보유선복량(해운력)을 비교할 때 이용되며 각종 통계를 비롯하여 관세, 등록세, 소득세, 도선료(pilotage), 각종 검사료 및 모든 세금과 수수료의 산출 기준이 된다.

일반화물선에서 총톤수를 100으로 할 때 보통 순톤수는 65, 배수톤수는 210, 재화중량톤수는 150이 된다.

② 순톤수

순톤수(Net Tonnage, N/T)는 여객이나 화물의 운송 용도로 제공되는 선박 안의 장소의 크기를 나타내는 지표이다.

선박의 총톤수에서 선박 운항에 이용되는 부분(기관실, 선원실, 조타실 및 해도실, 선용품 창고 등)의 용적을 제외한 나머지 부분을 톤수로 환산한 것이며 여객이나 화물 수송 등 상행위에 직접적으로 사용되는 수용 용적이다.

순톤수는 보통 총톤수의 약 65% 정도에 해당하며, 단위는 100입방피트를 1톤으로 산출한다. 순톤수는 직접 상행위를 하는 용적이므로 항세, 톤세(tonnage tax), 운하통과료, 등대사용료, 항만시설 사용료의 세금을 산출하는 기준이 된다.

(2) 중량톤수

중량톤수(weight tonnage)는 배수톤수와 재화중량톤수가 있으며 해수 1㎥의 무게로 측정한다. 톤의 종류에는 Long Ton(LT), Short Ton(ST), Metric Ton(MT)이 있다. 이중에서 Long Ton이 국제적으로 가장 널리 사용되고 있다.

① 배수톤수

선박의 중량은 선체 수면아래 부분의 용적에 상당하는 물의 중량과 같은데 이 물의 중량을 배수톤수(displacement tonnage)라고 한다. 그러므로 배수톤수는 선박의 전체 중량을 의미하며 배수량이라고도 한다.

빈 배의 총 중량에 화물, 선용품, 연료, 물 등의 중량물을 채웠을 경우 선박이 배제하는 물의 중량을 나타내기 때문에 이와 같은 명칭을 사용하게 되었다.

배수톤수는 화물의 적재 상태에 따라 다르므로 어떤 선박의 배수톤수라고 하면 만재상태에서의 선체의 중량을 말하는 것이 일반적이다. 그러므로 상선의 크기는 일괄적으로 배수톤수로는 나타낼 수 없다.

그러나 군함에서는 선박이 건조된 후 무기, 탄약, 화약, 승무원, 식량 등을 탑재하므로 군함의 대소를 표시하는 경우에는 배수톤수를 국제적으로 통일하여 사용하고 있다. 따라서 배수톤수는 주로 순양함이나 군함의 경우에 주로 사용된다.

② 재화중량톤수

재화중량톤수(Dead Weight Tonnage, DWT)는 적재화물이나 연료, 선용품, 청수(clear water) 등 선박이 적재할 수 있는 화물의 최대 허용중량을 말하는 것으로 영업상 가장 중요시되는 톤수이다. 재화중량톤수는 주로 선박의 매매나 용선료를 산출하는 기준이 되며 만재중량톤수라고도 부른다.

재화중량톤수에서 연료, 청수, 식량, 선용품, 선원과 승객 및 이들이 소지하는 물품 등을 제외한 중량을 순 재화중량(net dead weight) 또는 수송능력이라고 하는데 이것이 실제로 선박에 적재 가능한 화물의 최대중량이 된다. 순 재화중량은 대개 산물선은 95%, 유조선은 96% 정도의 무게에 해당한다.

(3) 운하톤수

지중해, 홍해, 인도양을 연결하는 수에즈 운하와 남아메리카와 북아메리카 대륙을 연결하는 파나마 운하에서는 그들 특유의 측량법에 따라 적량을 측정하여 운하 통과료를 부과하고 있다. 이 톤수를 각각 수에즈 운하톤수(Suez-canal tonnage)와 파나마 운하톤수(Panama canal tonnage)라고 한다.

5) 선박의 흘수

(1) 흘수의 의의

흘수(draft, 吃水)는 선박이 수중에 떠 있을 때 안전하게 물속에 잠겨있는 부분의 깊이(선) 즉 선체의 가장 하단부분에서 선박 중앙부의 수면까지의 수직거리를 말한다.

이를 끽수(喫水)라고도 하며 이때 배가 수면에 접하는 분계선을 흘수선이라고 한다. 배에 화물을 과적하면 흘수는 깊어져서 흘수선이 상승하기 때문에 당연히 그만큼 배가 침몰할 위험성도 높아지게 된다.

(2) 흘수와 건현

① 전흘수

전흘수(keel draft)는 수면에서 선저의 최저부까지의 수직거리를 말하며 보통 흘수라고 하면 이 전흘수를 의미한다.

② 만재흘수

만재흘수(full load draft)는 허용된 최대 적재량을 실은 선박이 물속에 잠기는 깊이를 말한다. 만일 수면이 이 만재흘수를 넘어서까지 올라와 있으면 그 선박은 출항할 수 없다. 만재흘수선은 만재흘수를 표시해 놓은 선이다.

만재흘수는 선박의 형상과 강도를 기준으로 산정하여 표시되므로 선박의 종류에 따라 다르고, 같은 선박도 최대 만재흘수는 개별적으로 지정되므로 서로 상이하다.

③ 건현

건현(乾舷, free board)은 배의 중앙에서 측정한 만재흘수선에서 상갑판 위까지의 수직거리(높이)를 말하며 배의 깊이에서 흘수 부분을 뺀 길이이다.

흘수와 건현의 상호관계는 상반적이다. 선박이 해상을 안전하게 항해하기 위해서는 화물의 지나친 적재로 너무 깊이 침하해서는 안 되며, 상당한 예비부력도 가져야 한다. 이때 선박의 예비부력은 수중에 잠기지 않는 수면 위의 선체 높이인 건현의 높이로 표시한다.

선박이 완성되면 선박 만재흘수선 규정에 의거하여 선형과 구조 등에 따라 건현과 만재흘수선이 결정된다. 건현이 크면 선박의 예비부력이 커지게 되므로 선박의 안정성이 높아지게 된다. 건현의 지정은 만재흘수선을 지정하는 것과 같은 의미이므로 적재로 배가 잠기는 깊이를 법적으로 제한한다는 뜻이 된다.

건현의 목적은 만재흘수선이 충분한 복원성을 확보하도록 고려되어 있다는 가정 아래, 그 선박에 필요한 최소 건현을 지정하여 거친 바다 위에서도 내항성을 확보하기에 충분한 예비부력을 보유하도록 하는데 있다.

6) 선박의 구성 요소와 국적

(1) 선박의 구성 요소

선박이 가지고 있는 고유한 기능을 중심으로 살펴볼 때 선박을 구성하고 있는 요소는 첫째, 선체(Hull) 둘째, 기관(Engine) 셋째, 기기(Machinery)이다. 선체와 기관 및 기기는 선박의 종류와 크기에 따라 차이가 있으나 기본적으로는 유사하다.

그중에서 선체는 선박의 외형과 이를 지탱하기 위한 모든 구조물을 말하며, 기관은 선박에 추진력을 부여하는 주 기관 및 발전기를 말하고 기기는 하역기기 등 기타 선박의 기능을 원활히 수행하기 위한 각종 기계류들을 말한다.

보다 세분하면 ① 선체자체(hull) ② 추진기의 회전 동력장치인 주 기관(main engine)과 보조기관(auxiliary engine) ③ 선박을 추진하는 프로펠러(propeller) ④ 선박을 조종하는 방향키(rudder, 타) ⑤ 방향키를 움직이는 조종시스템(maneuvering system) ⑥ 선박의 계류장치(ship mooring system)와 하역설비(cargo handling system)나 기기 ⑦ 발전기와 각종 기계류 등이 선박의 선체와 기관 및 기기를 구성한다.

(2) 선박의 국적

모든 선박은 1958년 공해 협약 및 선박법에 의거하여 반드시 국적을 취득해야 한다. 선박의 국적(nationality of ship)은 선박이 어느 국가에 소속하는가를 나타내는 것으로 선박이 등록된 국적(flag)을 말한다.

이것은 1651년 영국의 올리버 크롬웰(Cromwell)이 선포한 항해조례(Navigation Act)에서 유래되었다. 당시 크롬웰은 자국(영국) 해운을 보호, 육성, 지원하기 위한 정책의 하나로 영국의 국적을 지닌 선박만이 영국의 식민지로부터 화물을 운송할 수 있다는 운송권한을 선포하였다.

선박의 국적은 국제법, 행정법 및 해상법상 매우 중요한 의미를 지니고 있는데 오늘날 선박의 국적은 1 선박 1 국적주의를 원칙으로 하고 있다.

그러므로 우리나라 선박은 원칙적으로 우리나라의 국적을 취득해야 하며 국적을 취득하면 그 선박은 선박법에 따른 권리와 의무를 이행해야 한다.

우리나라에 국적을 등록한 선박은 우리나라 국기를 게양할 수 있는 권한과 불개항장에의 기항권 및 연안 무역권의 특권을 가진다. 왜냐하면 한국 선박이 아니면 대한민국 국기를 게양할 수 없으며 불개항장에 기항하거나 국내 각 항구 사이에서 여객이나 화물을 운송할 수 없기 때문이다. 반면에 우리나라 선박은 등기와 등록의 의무, 국기게양 및 표시의무를 부담해야 한다.

7) 편의치적과 제2치적제도 및 선급제도

(1) 편의치적제도

① 의의

선박에는 재산세와 소득세 등 각종 세금이 부과되고 운항도 선원법 등의 규제를 받게 된다. 이러한 이유로 선주들은 세금이 싸고 운항 규제가 심하지 않은 라이베리아, 파나마, 바누아투 등 이른바 조세피난처(tax heaven)에 현지법인을 설립하고 이 법인을 선주로 하여 국적을 그 국가로 옮기게 된다.

편의치적(便宜置籍, Flags of Convenience, FOC)은 선주가 소유하고 있는 선박을 자국이 아닌 제3국에 등록하는 제도를 말한다.

즉, 선주가 속한 국가의 엄격한 요구조건과 의무부과를 피함으로써 세금을 줄이고 값싼 외국인 선원을 승선시키기 위해 선주가 소유하고 있는 선박을 자국에 등록하지 않고 편의상 라이베리아나 파나마 등 제3국의 국적을 취득하는 것이다.

편의치적은 그리스, 미국, 일본 등 주로 선진해운국의 선주들이 하며, 주요 편의치적국은 라이베리아, 파나마, 온두라스, 바하마, 필리핀, 싱가포르 등이다.

편의치적은 16세기경 영국 선박이 스페인에 치적하면서 시작되었다. 당초의 편의치적은 높은 세금을 피해 세율이 낮은 국가로 옮김으로써 세제상의 혜택을 받는데 그 목적이 있었다. 그러나 오늘날에는 주로 선진국의 고임금과 노동조합 때문에 후진국의 저임금과 노조가 없는 곳으로 선원문제의 해결을 위해 편의치적을 한다.

② 장단점

선주들이 편의치적제도를 이용하게 되면 다음과 같은 장점이 있다.

첫째, 고임금의 자국 선원을 승선시키지 않아도 되기 때문에 선원 공급을 자유롭게 선택하는 자유재량 권한을 가지게 된다.

둘째, 편의치적국은 자국에 등록할 때 납부해야 하는 등록세(registration tax)와 매년 징수하는 소액의 톤 세 이외에 선주의 소득에 대해 일체의 조세를 징수하지 않기 때문에 선주들로서는 조세를 회피할 수 있다.

셋째, 편의치적국들은 선박의 운항이나 안전기준 등에 대하여 거의 규제를 하지 않기 때문에 간섭을 받지 않는 등 운항의 융통성을 가질 수 있으며 운항 및 안전기준의 이행도 회피할 수 있다.

그러나 편의치적국의 입장에서는 명목상 선복보유국일 뿐 저렴한 등록세와 재산세의 취득 이외에는 아무런 소득이 없다. 이렇기 때문에 자국의 해운산업 육성에 노력을 기울이고 있는 개발도상국들은 이러한 편의치적제도에 크게 반발하고 있다.

(2) 제2치적제도

① 의의

1970년대 오일 쇼크와 1980년대 세계 해운업의 구조적 불황과 해운경쟁이 격화되면서 그리스, 미국, 일본 등 선진 해운기업들은 자유재량권의 확대와 비용절감을 위해 보유한 선박들을 대부분 편의치적국에 국적을 등록하였다.

이에 따라 자국에 등록하는 선박들이 없어질지 모른다는 위기감에 유럽의 해운 선진국들은 대량의 국적이탈(flagging out)을 방지하고자 편의치적국과 동일한 수준의 편익을 제공하는 선박등록제도를 만들었는데 이것이 제2치적(second registry)제도이다.

제2치적제도는 편의치적국과 동일한 수준의 편익을 제공하는 선박의 등록제도로, 자국령이지만 자국 선원노조의 영향을 받지 않는 일정지역을 치적지로 삼는 것이다.

즉, 자국선대(自國船隊)의 해외 이적을 방지하기 위하여 자국의 자치령이나 속령에 치적할 경우 외국인 선원고용의 대폭적인 자유 허용과 세금에 대한 과감한 감면을 허용하는 제도이다. 이것을 제2선박등록제도, 역외치적(flagging out), 제2선적제도 또는 국제개방치적(international open registry)이라고도 부른다.

제2치적제도는 ① 기존의 등록지와 다른 곳에 등록을 하고 ② 자국기를 게양하면서 외국 선원의 고용을 허용하고 ③ 각종 세금을 경감해 주고 ④ 선박안전 등에 관한 사항은 자국적선과 동일하게 적용하며 ⑤ 등록선박에 대한 관리체제가 잘 정비되어 있는 장점이 있다. 그러나 이 제도는 큰 성과는 없는 것으로 평가되고 있다.

그 이유는 편의치적과 똑같은 대우를 한다면 등록국의 실익이 무엇이냐는 의문이 나오고, 조금이라도 부담을 주면 선주들은 아무런 간섭이나 부담이 없는 편의치적국를 찾아가 버릴 수도 있기 때문이다.

② 우리나라

우리나라도 국적선 등록제도만으로는 제2치적과 정부의 보조를 받는 선진해운국들의 경쟁에 대처할 수 없다는 판단 하에 1997년에 제2치적제도를 도입하였다.

즉, 우리나라 해운업은 1980년까지 법인세와 지방세 등을 전면 면제받는 지원업종이었으나 1981년부터 과세업종으로 전환됨에 따라 조세부담이 늘어 경쟁력을 상실하는 요인이 되었다. 선박취득시 편의치적선에 비해 106배의 조세를 부담하였고 선박소유에 대한 조세부담도 연간 136배에 달하였다. 따라서 선대의 경쟁력 강화를 위해 기존의 선박등록제와 별도로 1997년에 제2치적제도를 도입하였다.

우리나라는 유럽의 해운 선진국과 달리, 특정지역을 치적지로 지정하지 않고 해양수산부에 국제선박으로 등록하면 편의치적선과 같은 혜택을 누릴 수 있도록 하였다.

표 3-1 세계 선박보유량(2024, UNCTAD, deadweight tonnage)

순위	국가	보유대수			Dead-weight tonnage			
		국적기	외국적기	총계	국적기	외국적기	총계	전체 비율
1	Greece	580	4,406	4,992	49,985,667	344,971,148	394,977,181	16.9
2	China	6,600	2,772	9,418	130,737,555	178,336,427	309,870,897	13.3
3	Japan	959	3,142	4,104	38,689,931	203,666,970	242,366,672	10.4
4	Singapore	1,350	1,445	2,824	67,827,285	78,156,951	146,047,319	6.3
5	Hong Kong	869	1,104	2,000	76,961,461	57, 939,090	135,586,887	5.8
6	Korea	826	852	1,688	19,896,324	77,045,428	97,020,891	4.2
7	Germany	172	1,918	2,091	7,492,926	66,931,088	74,427,230	3.2
8	Taiwan	144	928	1,043	5,826,691	54,846,644	60,735,889	2.6
9	England	334	928	1,267	9,070,489	47,538,887	56,980,416	2.4
10	Norway	936	898	1,836	17,331,399	36,441,844	53,980,416	2.3
11	Bermuda	0	420	420	–	52,293,715	52,293,715	2.2
Top 35		23,620	27,318	51,155	615,959,613	1,579,361,821	2,199,328,358	92.2
World total		26,692	30,135	58,173	650,553,871	1,650,129,515	2,334,036,650	100

표 3-2 주요 등록국가(2024, tonnage, UNCTAD)

순위	등록국가	선박수	세계 선박 비율 (%)	재화중량톤수 (DWT, 1,000dwt)	재화중량톤수 세계비율(%)
1	Liberia	5,215	4.8	408,369	17.3
2	Panama	8,338	7.7	379,833	16.1
3	Marshall Islands	4,273	3.9	308,501	13.1
4	Hong Kong	2,487	2.3	200,378	8.5
5	Singapore	3,245	3.0	141,013	6.0
6	China	9,530	8.8	133,747	5.7
7	Malta	1,867	1.7	102,467	4.4
8	Bahamas	1,266	1.2	72,438	3.1
9	Greece	1,211	1.1	56,279	2.4
15	Korea	2,162	2.0	21,221	0.9
Top 35		81,524	74.9	2,211,094	93.9
World total		108,789	100	2,353,899	100

(3) 선급제도와 선급협회

선박의 내항성(耐航性)은 선박의 선체나 기관에 이상이 없고 선장 이하 선원에 결원이 없으며 연료나 청수(淸水) 등 항해 준비를 모두 갖춘 상태를 말한다. 이를 선박의 감항성(seaworthiness)이라고도 한다.

선박이 내항성을 갖추었는지 여부는 선주, 하주, 보험회사 등 모든 이해당사자에게 매우 중요한 관심사항이지만, 내항성의 기준이 객관적으로 명백하지 못하여 항상 분쟁의 소지가 있어 왔다. 이에 따라 선박의 내항성을 객관적이며 전문적으로 판단하기 위하여 선급제도(Ship's Classification)가 만들어졌고 이를 담당할 기관으로 선급협회(Classification Societies)가 설립되었다.

선급제도가 최초로 마련된 것은 1760년 보험의 인수 여부와 보험료 결정을 위하여 1760년에 'Green Book'이라는 선박등록 명부를 만들면서 시작되었다.

그러나 이 선급은 보험업자들만이 활용할 수 있는 기구이었다. 이에 상대적으로 불리해진 선주들은 그들끼리 단결하여 새로운 선급을 출범시키게 되었다.

1834년에는 위의 두 선급을 통합하여 오늘날의 로이드선급(Lloyd's Register)이 탄생하게 되었다. 선급이 하나로 통합된 후로는 엄격한 선급규칙(Book of Rule)을 제정하여 이 규칙에 따라 선급을 결정하고 있다.

선급협회가 규정한 선박의 등급은 선박의 매매, 용선, 선체와 적하의 해상보험료 등을 산정하는 기준이 된다. 세계적으로 명성이 있는 선급협회는 로이드선급협회로 영국 선박의 약 80%와 세계 총선박의 약 30%가 이 협회의 선급을 가지고 있다.

그 외 미국의 American Bureau of Shipping(AB), 일본의 일본해사협회(NK) 선급 등이 있다. 우리나라도 독자적인 선급제도의 필요성을 느껴 1960년에 한국선급협회(Korea Register of Shipping, KR)를 창설(1987년 한국선급으로 개명)하였고, 선박안전법에 따라 한국선급을 선박을 검사하는 국가대행기관으로 지정하였다.

우리나라는 1988년에 중국과 함께 국제선급협회(IACS, International Association of Classification Societies)의 정회원이 됨으로써 선진 해운국인 것을 대내외적으로 인정받게 되었다. IACS의 정회원은 우리나라를 비롯한 11개국이다.

선박이 특정 선급을 얻기 위해서는 선급 검사관(surveyor)의 엄격한 감독 하에 선급규칙에 맞추어 건조되어야 하는데, 우리나라의 경우 현재 선박의 총 등록톤수가 100톤 이상인 항양선(ocean-going vessel)은 한국선급의 감독 하에 건조되고 있다.

또한 선급을 계속 유지하기 위하여 매년 일반검사(survey)를 받고 4년마다 정밀검사(special survey)를 받도록 하고 있다.

8) 해운의 남북문제와 자국선 우선주의

(1) 남북문제

남북문제(south-north problem)는 공업화 등을 통해 이미 고도성장을 이룩한 미국과 유럽 등 선진국가(北國)와 제2차 세계대전 이후에 독립하여 뒤늦게 경제개발에 착수한 아시아, 아프리카, 중남미 등 저개발국(南國) 사이에는 현격한 경제적 격차가 존재하고, 그 격차는 축소되지 못하고 오히려 더 확대되고 있다는 현실 인식에서 대두된 정치·경제·사회적 격차 문제를 총칭하는 말이다.

대부분의 선진국들은 지리적으로 북반구에 위치하고 있는 반면 비록 남반구에 위치하지만 선진국으로 분류되는 호주와 뉴질랜드를 제외한 대부분의 후진국과 개도국은 주로 적도 인근이나 남반구에 집중되어 있는 현실을 반영하여 생겨난 용어이다.

(2) 남북문제와 UNCTAD

제2차 세계대전 이후 많은 식민지들이 독립하였으나 경제사정은 식민지 시대보다 더 악화되었다. 그 이유에 대해 선진국들은 후진국의 경제발전단계가 성숙되지 못한 결과이며 선진국과 경제협력을 강화해 나간다면 점진적으로 격차가 해소될 것이라고 주장하는 반면, 후진국들은 세계경제의 주도권을 가지고 있는 선진국이 교묘한 방법으로 주변국인 후진국을 착취하고 있기 때문이라고 주장하였다.

이 문제는 급기야 UN에서도 관심을 갖게 되어 이 문제를 해결하기 위한 전문기구로 UNCTAD(United Nations Conference on Trade and Development, 유엔무역개발회의)가 1964년에 탄생되었다. 이 기구는 다양한 방법으로 남북문제의 해결을 위해 노력하였으나 지금까지도 뚜렷한 개선효과는 거두지 못하고 있는 실정이다.

(3) UNCTAD와 해운의 남북문제

해상운송 분야에 있어서도 남북문제의 발생은 예외가 아니다. 개도국들은 외화획득과 외화절약을 통한 경제발전을 이룩하고자 해운업에 주목하였으나 결과는 당초의 기대와는 달리 큰 효과를 거두지 못하였다.

이러한 현상에 대해 개도국들은 선진국들이 자기에게 유리하도록 만들어 놓은 국제해운질서가 개도국 해운이 발을 못 붙이도록 해 놓았기 때문이라고 주장하고 있다.

이에 선진국들은 개도국이 해운업에서 부진한 이유는 자본과 전문가 부족, 해운업의 하드웨어인 선박과 항만시설 및 그 운영체제의 미숙, 숙련선원의 부족 등이 원인이므로 해운업의 발전을 위해서는 미비한 부분들이 보완되어야 한다고 주장하고 있다.

이러한 논의 과정에서 개도국들은 개선방안으로 ① 해운자유의 원칙, 특히 해운동맹에 의한 선진국 해운기업의 시장과점상태 해소와 개도국 해운기업에의 진입금지 ② 선주에게 유리하고 하주에게 불리한 국제해상운송 관련 법제의 개선 ③ 편의치적선제도에 의한 선진국 해운기업 선대의 편법적인 등록 제한 등을 제시하였다.

이에 대하여 해운 선진국들은 ① 해운자유의 원칙만이 최선의 국제운송서비스를 제공할 수 있고, 해운동맹제도는 해운자유의 원칙으로 인한 부정적인 기능(과당 경쟁)을 최소화하기 위한 가장 효율적인 수단이 되기 때문에 그대로 유지되어야 하며 ② 선주에게 유리하도록 되어 있는 법과 제도는 해상운송의 특성상 불가피한 것이라고 주장하면서 ③ 개도국의 해운업 발전에 필요한 해운전문가 및 선원양성에 대한 선진국의 적극적인 지원과 개도국 수출입발전의 장애요인인 항만개발에 대한 선진국의 적극적인 경제협력의 강화를 제시하였다.

(4) 해운의 남북문제와 정기선동맹 행동헌장조약

해운의 남북문제는 1984년 정기선동맹 행동헌장조약(UNCTAD Code of Conduct for Liner Conferences: Liner Code 또는 UNCTAD Code)의 채택과 발효를 통해 정점에 도달하였다.

Liner Code는 정기선에서 선진국과 개도국의 격차가 더욱 심해지자 이를 개선하기 위해 개도국이 중심이 되어 채택한 정기선해운의 동맹헌장이다.

수에즈 운하가 개통된 후에 주로 결성되어 세계 정기선시장을 독과점 체제로 이끌어 오던 정기 선사들의 해운동맹제도는 해운시장의 안정화 기여 등 업계의 긍정적인 평가에도 불구하고, 독과점 체제의 폐해로 손해를 보고 있다는 하주와 하주 세력이 강한 미국과 개도국 등으로부터 많은 비난을 받아 왔다.

이에 개도국들은 Liner Code를 통해 선진국 선사들이 만들어 놓은 시장질서, 특히 해운동맹제도가 개도국의 국제해운업 진출을 가로막고 있는 가장 큰 장애물로 인식하는 동시에, 선진국들이 만들어 놓은 기득권 보호위주의 시장을 개편해야 한다고 주장하면서 운임결정 등의 과정에서 하주 단체들과 협의절차를 거칠 것을 구체적으로 명시할 것 등을 골자로 하는 조약을 발효시키자고 주장하였다.

이러한 주장은 1960년대 후반에 UNCTAD가 제기한 이후 거의 10여 년의 논의 끝에 1974년에서야 조약으로 채택되었으나 발효요건에 미달되어 1984년에 겨우 발효되었다.

그러나 이때는 해운동맹 자체의 존립기반이 크게 흔들리고 있었기 때문에 발효되어 법적으로는 효력을 발생하였으나 실무에서 그 기능을 제대로 발휘하지 못하게 됨으로써 Liner Code는 역사의 뒤안길로 사라지게 되었다.

(5) 해운의 남북문제와 국기 차별정책

해운의 남북문제에서 북반구의 해운 선진국들은 해운자유의 원칙을 고수하였고, 남반구의 개도국들은 자국선 우선주의(principle of cargo reservation) 또는 자국화 자국선주의(自國貨 自國船主義)를 주장하였다.

이것은 선진 해운국가들이 독점하고 있는 해운시장에 후진 해운국가들이 해운자립을 목표로 하여 내세운 해운시장에 대한 강력한 도전정책으로, 개도국들은 해운 선진국들이 해운동맹을 통해 개도국의 신규가입을 배제하려는 경향에 불만을 표시하면서 대항한 일종의 국기 차별정책(flag discrimination)이다.

여기서 국기 차별정책은 자국 해운을 진흥시키기 위해 선박의 선택을 수출입자들의 자유로운 선택에 맡기지 않고 정부의 지시에 따라 선정하도록 하는 조치이며, 법령이나 조약, 행정조치에서 외국선에 불리한 대우를 하는 차별조치를 말한다.

이 정책의 핵심은 화물운송에서 상업상의 배려는 무시하고 강제적으로 화물을 자국 선박으로 운송하도록 하는 것이다. 이것은 '자국화 자국선주의'를 의미한다.

외국 선박의 사용에 대한 차별조치의 구체적인 예로는 ① 수출입 화물을 자국의 선박에만 적재하도록 하는 유형 ② 자국 항만에 입항하는 외국선에 대하여 차별적인 항비나 세금을 부과하는 유형 ③ 특정 종류의 화물을 외국 선박에 싣는 경우 자국 선박을 이용할 때보다 고율의 차별적인 수입관세를 부과하는 유형 ④ 자국 선박의 입항에 관하여 우선권이나 기타의 편의를 제공하는 유형 등이 있다.

차별조치의 또 다른 유형에는 자국 화물의 자국선에 대한 유보제도(cargo reservation system)와 자국화물의 우선 적취제도(cargo preference system)이다. 이 두 가지는 같은 효과를 나타내는 것이지만 그 내용은 엄격하게 구별되는 것이다.

즉, 전자는 자국 화물에 대하여 자국 선박을 우선적으로 이용하도록 하는 조치로서 자국 선박에 대한 권리의 부여이고, 후자는 자국 선박으로 하여금 자국 화물을 우선적으로 적취하도록 하는 조치로서 자국 선박에 대한 의무의 부여이다.

자국 화물의 자국선에 대한 유보제도는 자국선이 화물의 적취를 포기하거나 불가능한 경우에만 외국선을 사용하여 운송하도록 하는 국적선 불취항증명제도(waiver system)로 운용되는 것이 일반적이다.

우리나라도 모든 수출입 화물은 한국 국적선박을 이용하는 것이 원칙이지만, 국적선 배선이 없거나 선박이 부족할 때나 선적기간이 맞지 않는 등 부득이한 경우에만 대한선주협회(KSA, 현 한국해운협회)로부터 Waiver를 발급받아 외국국적 선박에 적재할 수 있도록 하는 국적선 불취항증명제도를 운영하였다. 그러나 해운시장의 개방화와 국제화 추세에 부응하고자 우리나라는 1999년 1월부터 이 제도를 폐지하였다.

2. 항만

1) 의의와 중요성

항만(harbour, harbor)은 해상과 육상운송의 교차점으로 선박이 안전하게 출입하고 정박할 수 있도록 화물의 원활한 적재와 양륙을 위한 시설이 갖추어진 상태로 산업활동이 이루어지고 있는 일정한 장소를 말한다. 일반적으로 항만은 선박이 풍파를 피해 비교적 안전하게 피난하거나 정박할 수 있는 내항을 의미한다.

항만은 주로 해상교통과 육상교통의 접속지 역할을 하기 때문에 해륙(海陸) 양면으로 입지조건이 좋아야 하고 항만시설 외에도 교통시설, 보관시설, 공장시설, 수륙연락시설 등을 충분히 갖추고 있어야 한다.

2) 항만과 항구의 구분

일반적으로 항만은 항구와 동의어로 사용된다. 그러나 항만(harbour)은 선박이 입출항하고 화물의 하역과 보관, 처리 및 정박을 위한 충분한 수심과 넓은 접안시설, 하역장비와 창고, 화물장치장과 육상교통과의 연계, 입출항에 필요한 세관과 검역시설, 화물의 조립·가공·포장·제조 등 부가가치 창출을 위한 여러 부대시설들이 갖추어져 있는 장소이다. 이에 비해 항구(port)는 접안시설을 중심으로 한 부두구역으로 여객의 승강과 화물의 적재와 양륙에 필요한 시설을 구비한 장소이다.

이렇듯 항만은 항구보다 큰 개념이다. 즉, Harbor는 넓은 항만구역을 의미하는데 비하여 Port는 접안시설을 중심으로 한 좁은 부두구역이나 선박이 입·출항하는 항의 입구를 의미한다.

과거 항만은 천연적으로 지형조건을 갖춘 포구를 중심으로 발전되었지만 최근에는 자연적 조건뿐 아니라 인공적 시설을 충분히 갖춘 항만들이 많이 개발되고 있다.

3) 기능

항만은 조선업과 해운산업을 발전시키고 무역거래를 증진시키며 항만과 관련된 산업들이 발전하는데 직접·간접으로 기여하고 있다.

그리고 승객이나 물동량 수송을 위한 해상과 육상의 연결지점을 담당하면서 자원의 세계적 배분을 위한 국제간 연결지점의 역할을 수행하고 있다.

또한 수송비의 절감과 적재와 양륙의 효율성을 통하여 자국 상품과 수송의 국제경쟁력을 확보시켜 준다. 이외에도 항만은 교통, 배분, 고용창출, 국위선양, 국방, 도시개발, 관련 서비스산업을 발전시키는 기능들도 수행하고 있다.

4) 종류

항만은 사용목적, 법률, 성립원인, 성립요건(건설방법), 지형, 결빙 여부, 지질, 개폐 여부 등에 따라 다음과 같은 종류가 있다.

표 3-3 ━ 항만의 종류

구분	종류	내 용
사용목적에 의한 분류	상업항	• 무역거래나 국내 상거래를 하는 항구 (부산항, 인천항, 평택항, 목포항, 제주항 등)
	공업항	• 공업원자재나 원료의 수출입을 주로 담당하는 항구 (울산항, 목포항, 창원항 등)
	어 항	• 어획물의 양륙을 주로 하는 항구
	군 항	• 군사적 목적을 주로 하는 항구(진해항)
	피난항	• 예기치 않은 해상에서의 위험을 면하기 위해 혹은 선박의 수리나 연료충전 등과 같이 항해를 지속할 목적으로 기항하는 항구
	검역항	• 전염병 등의 감염 여부를 조사하기 위해 지정한 항구
법률에 의한 분류	개 항	• 외국 무역선의 입출항이 자유로운 항구
	불개항	• 국내 선박만이 출입할 수 있는 항구
	자유항	• 중계무역이나 가공무역을 진흥하기 위해 관세를 부과하지 않고 선박의 입출항 등을 자유롭게 허용하는 항구(홍콩)
성립원인 (건설방법)에 의한 분류	천연항	• 섬, 암초 등에 둘러싸여 자연적으로 형성된 항구(목포항, 원산항)
	인공항	• 주로 방파제 등에 의해 인공적으로 건설된 항구(부산항, 묵호항)
지형에 의한 분류	연안항	• 해안에 연한 항구(거의 대부분의 항)
	하구항	• 하구에 있는 항구(신의주항, 군산항)
	호 항	• 호수에 있는 항구(미국 바포르항)
	하천항	• 하천에 형성된 항구(런던항, 함부르크항)
결빙 여부에 의한 분류	동 항	• 결빙되는 경우 사용하지 못하는 항구
	부동항	• 결빙의 영향을 받지 않는 항구
지질에 의한 분류	사빈항	• 해저 기반이 모래로 되어 있는 항구(포항항)
	암반항	• 해저 기반이 단단한 바위로 되어 있는 항구
개폐 여부에 의한 분류	개구항	• 조차가 크지 않아 항상 항구가 열려 있는 항구(거의 대부분의 항)
	폐구항	• 조차가 커 갑문을 설치한 항구(인천항)

5) 항만시설

항만시설은 수역시설, 외곽시설, 계류시설, 보관시설, 항만후생시설, 선박건조와 수리시설로 대별되지만 대표적인 것은 수역시설, 외곽시설, 계류시설이다.

좁은 의미의 항만시설은 계류시설 중 부두, 안벽, 잔교 등과 항만 하역장비를 의미한다.

(1) 부두

부두(wharf)는 화물의 적재와 양륙, 여객의 승선과 하선을 위해 석재나 콘크리트로 물 밑에서 수직으로 쌓아 올린 구조물로 안벽과 잔교가 여기에 포함된다.

(2) 안벽

안벽(Quay, Berth, 岸壁)은 화물의 적재와 양륙, 여객의 승선과 하선이 직접 이루어지는 구조물로 해안에 평행하여 해저에서 수직으로 구축된 벽이다. 안벽의 부속물로는 접안시 선박과 안벽이 충돌할 때 충격을 완화하기 위해 안벽에 부착된 목재나 고무 재료로 만든 펜더(Fender), 선박을 밧줄을 이용하여 계류하기 위해 필요한 안벽에 견고하게 설치된 석제나 강철제의 짧은 기둥인 계선주(Bitt, Mooring, Bollard)가 있다.

(3) 잔교

잔교(Pier, 棧橋)는 선박을 접안 및 계류하여 화물의 하역과 여객의 승하선이 용이하게 이루어지도록 목재, 철제, 철근 콘크리트 등으로 만든 교량형태의 긴 구조물이다.

(4) 항만 하역장비

항만 하역장비(loading and discharging facilities)는 선박의 가동 능력에 큰 영향을 미치는 동시에 항만의 경제적 가치를 결정하는 중요한 요소이다. 부선, 해상과 육상 기중기 등의 모든 운반기기 및 벨트 컨베이어가 대표적이다.

부선(barge, lighter)은 항만 내에서 짧은 거리의 해상운송에 사용되는 소형의 선박으로 본선에서부터 항구 내의 부두까지 또는 부두로부터 본선까지의 중계운송에 사용된다. 부두에서의 하역이 아닌 해상 하역작업시 본선에서 육상까지 운반하는 수단으로 예인선에 의해서 예인되는 부선은 Barge라고 하고 기관을 설치하여 스스로 운항하는 부선은 Lighter라고 한다.

기중기(crane)는 중량물을 적재와 양륙할 때 또는 이동시 사용하는 기구이다.

벨트 컨베이어(belt conveyer)는 컨베이어 중에서 가장 널리 사용되는 운반기구로 기계부품이나 컨테이너의 운반뿐 아니라 석탄·광석 같은 산화물(bulk cargo)을 대량으로 운반할 때 주로 사용된다.

항만

항만

항구

부산항

부산항

인천항

인천항

평택항

목포항

제주항

진해항

부두

안벽

잔교

잔교

3. 화물

1) 화물의 의의

무역거래에서 화물(cargo, goods, 貨物, 적하(積荷))은 선박이나 자동차, 항공기 등 운송수단으로 운송할 때 그 대상이 되는 짐을 말한다. 수출입자는 화물을 거래하는 것이고 운송인은 그 화물을 국제적으로 이동시키는 자이기 때문에 무역거래에서 화물, 수출입자, 운송인은 서로 떨어질 수 없는 숙명적인 관계에 있다.

2) 화물의 종류

(1) 정기선 화물과 부정기선 화물

정기선 화물과 부정기선 화물은 운송선박의 성격에 따라 분류한 것이다. 정기선 화물은 주로 제품화된 일반 공산품들인데 이것은 다시 일반화물과 특수화물로 구분된다.

일반화물에는 정량화물(clean cargo, 건화물)과 액상화물이 있고 특수화물에는 발화성화물이나 폭발성화물 등 위험화물이 있다. 부정기선 화물에는 주로 원료가 되는 화물로 철광석, 석탄류, 철강재, 목재, 곡류, 원당(raw sugar)이 대표적이다.

(2) 건화물과 액상화물

건화물(dry cargo)과 액상화물(liquid cargo)은 물리적 성질에 따라 분류한 것이다. 보통 고체는 건화물이라고 하고 액체은 액상화물이나 탱커화물이라고 한다.

건화물은 곡물, 시멘트 등 일반화물을 말하며 액상화물은 액화가스, 석유정제품, 액상화공품 등을 Tanker나 용기에 담아 운송되는 화물을 말한다.

(3) 산화물과 일반화물

산화물(bulk cargo)과 일반화물(general cargo)은 포장상태에 따라 분류한 것이다. 산화물은 대량으로 운송되는 곡물, 광물, 유류, 목재 등으로 운송 도중에 손상될 염려가 적고 포장하려면 거액의 비용이 소요되므로 포장하지 않은 채 운송하는 화물이다.

일반화물은 소량의 화물을 상자(box)나 Bag 등에 담아서 운송하는 화물로 공산품이 주종을 이루는 잡화(general merchandise)가 대표적이다.

(4) 기타 화물

기타 화물은 성질에 따라 장척화물, 거대화물, 냉동 및 냉장화물, 청결화물 등으로 구분되고, 법규에 따라서는 수출화물과 수입화물 등으로 구분된다. 운송형태에 따라서는 컨테이너 화물과 재래식 화물 등으로 구분된다.

제2절 해상운송의 의의와 역할

1. 해상운송의 의의와 중요성

1) 의의

해상운송(shipping by sea, ocean transportation, carriage by sea)은 해상에서 선박을 운송수단으로 하여 상업적인 목적으로 화물이나 여객을 운송하는 것을 말한다.

해상운송은 보통 '해운(marine transport, shipping)'이라고도 하며, 영해 내에서 하천이나 호수 등을 이용하여 수송하는 연안운송(coastal transport)과 공해를 통항하여 수송하는 원양운송(ocean transport)으로 구분된다.

보통 해상운송은 상선을 통해 원양운송되는 국제간의 화물운송을 의미한다. 해상운송은 항공운송과 육상운송에 비하여 대량운송, 운송비가 저렴한 경제성, 운송로의 자유성, 장거리 등의 특성을 가지고 있어 국제운송을 주도하고 있으나 신속성이나 정확성 등은 상대적으로 뒤떨어지는 편이다.

2) 중요성

역사적으로 보면 바다를 지배한 민족이나 국가들은 세계를 지배해 왔으며, 바다를 망각하고 바다와 더불어 살지 않았던 민족이나 국가들은 이들 해양 국가들의 식민지로 전락하여 왔다. 이렇듯 해상은 우리들의 삶과 밀접한 관계가 있다.

해상운송은 무역거래에서 가장 오래전부터 이용되어 왔으며 오늘날에도 세계 전체 수출입물량의 약 80%에 달하는 물동량이 해상으로 운송되고 있다.

삼면이 바다이고 경제발전의 원동력을 수출입에 절대적으로 의존하고 있는 우리나라도 해상운송을 통해 대부분의 화물을 수송하고 있다. 최근에는 해외 직구 등 국제전자상거래의 급증으로 항공운송의 수요가 크게 증가하고 있지만 무역화물의 수량면에서는 아직도 해상운송이 압도적인 비중을 차지하고 있다.

2. 해상운송의 기능과 역할

해상운송은 해상의 거리적 장애를 극복하고 재화를 용이하게 국제적으로 이전시킴으로써 첫째, 국제간 물자교역의 촉진과 자원의 효율적 배분 둘째, 국가 기간산업의 역할 셋째, 국제수지의 개선 넷째, 운송 관련 산업의 발전 다섯째, 고용창출과 소득증대 여섯째, 국위선양과 유사시 국방력으로 사용되는 기능과 역할을 담당한다.

1) 국제간 물자교역의 촉진과 자원의 효율적 배분

해상운송은 물품의 국제적 이동이라는 가장 기본적인 기능을 통해 국제간 물자교역을 촉진시키는 동시에 한정된 자원을 효율적으로 배분시켜 준다.

2) 국가 기간산업의 역할

해운산업은 대외 지향적 개방경제체제인 우리나라의 경제를 뒷받침하는 국가 기간산업의 역할을 담당한다. 2019년 12월 현재 우리나라는 대외의존도가 63.5%인 상황에서 물동량 기준으로 수출입화물의 99.7%를 선박으로 운송하고 있으며 원유와 철광석 등 원자재는 거의 100% 해상으로 운송하고 있다.

3) 국제수지의 개선

해상운송을 통한 운임이나 용선료의 수입증대는 국제수지 항목 중 무역외수지의 구성항목에 영향을 미침으로써 국제수지를 개선시켜 준다.

예를 들어 CIF계약이나 CIP계약은 수출자의 입장에서는 자신이 계약상 운송계약을 체결해야 하는 의무가 있기 때문에 수출가격에 운임이 포함되어 있으므로 운임수입을 통해 외화획득을 가져오지만, FOB계약이나 FCA계약으로 수입하는 경우 수입자의 입장에서는 자기 자신이 운송계약을 체결하기 때문에 외화를 절약할 수 있다.

4) 운송관련 산업의 발전

해상운송의 발전은 해상운송사업뿐 아니라 해운중개업, 해운대리점업, 선박대여업, 선박관리업 등 해상운송 부대산업의 발전을 가져온다.

또한 해상운송과 밀접한 관련을 가지고 있는 보험업과 창고업 등 운송 관련 서비스 산업과 조선업 및 중화학공업 등 관련 산업의 발전을 가져온다.

5) 고용창출과 소득증대

해상운송의 발전은 해상운송업 자체의 발전은 물론 조선업과 보험업 등 관련 산업을 연쇄적으로 발전시킴으로써 이 분야의 고용을 창출하고 직접적으로 투입되는 자본과 노동을 통해 소득을 증대시킴으로써 국민경제를 발전시키게 된다.

6) 국위선양과 유사시 국방력

해운업과 조선업의 발달은 기간산업의 확충을 통해 국력상징으로서 국위선양과 국방력의 역할을 수행한다. 특히, 유사시나 비상시에는 군수물자 보급과 군용선박으로서의 임무와 군사작전 수송 등 국가안보와 관련된 역할을 수행한다.

제3절 해상운송의 발전

1. 세계 해상운송의 발전

1) 고대 및 중세시대

해상운송의 역사는 기원전 3000년경까지 거슬러 올라간다. 고대 페니키아, 이집트, 그리스, 로마의 해상활동은 지중해를 중심으로 정치적 목적과 상업 식민지의 획득이 결부된 형태로 해상운송이 주종을 이루었던 시대였다.

중세시대에는 지중해를 중심으로 부흥한 도시국가들이 동방무역을 독점하였고 이후 베네치아와 제노바 등 이탈리아의 자유도시나 한자동맹(Hansa League)에 의한 해상활동은 지중해를 벗어나 북해와 발틱해(Baltic Sea)까지 진출하였다.

이때는 모험상인들이 상인선주(merchant carrier)나 자가운송인(private carrier)의 형태로 운송을 담당하였는데 이러한 형태는 19세기 초까지 이어졌다.

2) 근대시대

근대에 들어 동·서인도 무역을 선도한 포르투갈과 스페인의 해상활동은 인도양과 대서양을 무대로 한 원양항로를 개척하는 결정적 계기가 되었다.

원양항로가 개척된 이후, 본격적인 해상무역은 중상주의 무역정책(15세기 중엽~18세기 중엽)의 시기에 영국, 네덜란드, 포르투갈, 스페인, 프랑스 등 해상국가들이 식민지 쟁탈전을 통한 상권장악을 전개하면서 시작하였다.

지리상의 발견을 가능하게 한 요인이며 대양 항해시대를 도래시키는데 결정적인 역할을 담당했던 것은 중국 송나라가 전해준 나침반의 발명이었다.

이 시기 운송수단은 범선(sailboat)이었고 영국은 1651년에 크롬웰(Cromwell)이 항해조례(Navigation Acts)을 실시하여 해상세력을 장악하였다. 이에 따라 오늘날에도 해상운송과 해상보험을 규율하는 각종 해상법이나 보험법, 해상보험증권과 약관 등은 영국의 해상활동을 중심으로 발전하게 되었다.

3) 근현대시대

18세기 후반에서 19세기 초반은 산업혁명이 이루어지는 시기였고, 사상적으로는 아담 스미스(A. Smith)의 절대생산비설과 리카르도(D. Ricardo)의 비교생산비설의 이론적 근거를 토대로 자유무역이 주창되었던 시기였다.

한편으로는 산업혁명(industrial revolution)을 겪으면서 원양항해를 위한 선박과 항해기술의 급속한 발달은 증기기관을 이용한 증기선(steamship)을 출현시켰다.

근대 해상운송의 시작은 범선 대신 증기선이 출현한 19세기부터 이루어졌다고 할 수 있고 19세기 중반에는 범선을 대신하여 증기선이 해상운송의 주역으로 등장하였다.

특히, 자유방임정책에 따라 19세기 초에 영국이 항해조례를 폐지함으로써 19세기 후반까지 세계해운업계는 자유경쟁의 원칙이 크게 성행하였다.

산업혁명 이후에는 항해기술이 발달함에 따라 대가를 받고 해상운송을 전문으로 하는 공중운송인(public carrier) 또는 일반운송인(common carrier)이 출현하였고, 지중해를 중심으로 상인 선주시대의 부정기선 운항에서 분리되어 타인 운송형태의 정기선 운송서비스(liner service)가 새롭게 등장하였다.

범선에서 기선으로, 목선에서 철선으로의 전환은 국제무역의 발전은 물론 정기선이 부정기선에서 분리되는 계기가 되었다. 이후 1869년 수에즈운하와 1919년 파나마운하의 개통에 따른 새로운 항로의 개척과 해운동맹의 강화, 대형 해운기업의 탄생과 해상운송법의 정립으로 제1차 세계대전까지 해상운송은 눈부시게 발전하였다.

4) 현대시대

제1차 세계대전 이후에는 디젤엔진의 발명과 조선 및 운항기술이 크게 발전함에 따라 부정기선 분야에서는 탱커(tanker)와 건화물선(bulk carrier)이 등장하였고 중화학공업의 발달과 기술혁신에 따른 각종 전용선 운송의 발전은 선박을 직접 소유하거나 용선하여 전문으로 운송하는 산업운송인(industrial carrier)을 등장하게 하였다.

제2차 세계대전 이후인 1966년 미국의 Sea-Land사는 미국 동해안과 유럽을 잇는 대서양 정기항로에 컨테이너(container)를 도입하였는데, 이것은 정기선 운송을 재래식 정기선과 컨테이너 정기선으로 분화시키는 원인이 되었다.

또한 양 세계대전 사이에 미국, 영국, 프랑스, 일본 등은 자국의 해운산업을 발전시키기 위하여 각종 해운입법과 선박건조 지원, 선박금융과 항로 보조금 지급 등 강력한 해운지원정책을 실시하여 해운국가로 크게 성장하였다.

1970년대는 컨테이너선이 운항됨에 따라 복합운송체제가 확립되었고 해상운송에서 취약점으로 지적되었던 신속성의 문제를 해결하기 위해 고속선이 출현하였다.

오늘날의 해상운송은 기술혁신을 통해 선박운송의 안정성이 크게 향상되었으며 선박의 초대형화, 전용선화 및 고속컨테이너선의 보급도 진전되고 있다. 1970년대 후반부터는 복합운송의 발달 등으로 해운동맹이 크게 약화되기 시작하였다.

2. 우리나라 해상운송의 발전

1) 출발기

제1단계는 우리나라 해상운송의 출발기로 해방 직후부터 1950년대 말까지 기간이다.

이 시기는 미군정, 6·25 전쟁과 그 이후의 정치·경제적 불안으로 해운산업의 육성책이 제대로 수립되지 못하였다. 해방 직후 보유선박은 20t급 이상의 여객선 79척, 화물선 176척, 범선 129척에 불과하였고 그들도 대부분 소형과 노후화된 것들이었다.

2) 도약기

제2단계는 우리나라 해상운송의 도약기로 1960년대 초부터 1980년대 초까지 기간이다. 한국경제에 발맞추어 해상운송이 비약적인 도약을 이룩한 시기이다.

외국에서 선박을 도입하여 본격적인 해운활동을 전개해 나가면서 운임과 용선료를 통한 외화획득과 자국선 우선주의를 통한 외화절약에 주력하였고 가공무역에 의한 수출주도형 한국경제의 고도성장을 해상운송이 뒷받침하였다.

해상운송 화물이 급증함에 따라 효율적인 해운업무를 위해 1960년에는 선박의 국적과 등록에 관한 사항을 규정한 선박법, 1963년에는 해상운송의 질서유지를 위한 항만운송사업법, 1967년에는 해운산업의 진흥을 위한 해운진흥법과 항만법이 제정되었다.

1976년에는 항만건설과 항만운영 등을 일원화하기 위해 항만청(1977년에 해운항만청으로 개칭)이 발족되었다. 1970년대 중반부터는 전용선의 등장과 선박의 대형화, 하역구조의 현대화라는 국제적 추세에 맞추어 컨테이너 부두 등 대규모 전용부두를 건설하여 현대적 항만의 형태를 갖추기 시작하였다.

3) 성숙기

제3단계는 우리나라 해상운송의 성숙기이다. 1980년대 초 세계경제의 침체에 따른 해운업의 구조적 불황으로 우리나라 해운업이 집단 도산의 위기에 직면하였으나 해운산업 합리화 조치를 통해 이를 극복하였다. 또한, 한국경제의 성장과 더불어 국제해운시장에서 우리나라가 보유한 경쟁력 우위요소와 경영 노하우를 바탕으로 다른 해운 선진국과의 경쟁에서 우위를 확보해 나아갔다.

2020년 현재 선박보유량 세계 7위, 선박조선 수주 세계 1~2위, 선박운항능력 세계 8위를 달성한 우리나라 해운산업은 세계해운의 중심적인 역할을 담당하고 있다.

최근에는 세계 5위에서 10위 사이를 오갔던 한진해운이 도산하는 등 위기를 맞고 있으나 새로운 성장 동력의 발굴과 대응으로 위기를 돌파해 나아가고 있다.

제4절 해상운송의 특징과 해상운송사업

1. 해상운송의 특징

해상운송은 육상운송이나 항공운송에 비해 다음과 같은 특성을 지니고 있기 때문에 무역운송에서 가장 중요한 위치를 차지하고 있다. 특히, 우리나라의 경우는 지리적 특성으로 인하여 거의 대부분의 수출입 물동량을 해상운송에 의존하고 있다.

1) 대량운송성

해상운송의 가장 큰 특징 중의 하나는 대량운송이 가능하다는 점이다. 모든 운송수단 중에서 선박만큼 단위당 수송량이 큰 운송수단은 현재로서는 존재하지 않는다.

항공운송의 경우 신속성은 확보되지만 적재가 가능한 공간이 적기 때문에 수송량이 제한될 수밖에 없다. 철도운송의 경우에도 최근 화차의 수를 증가시키거나 연속하여 발차시킴으로써 단위당 수송량을 증가시키려고 노력하고 있다. 그러나 현재의 해상운송만큼 대량운송이 적합한 운송수단은 존재하지 않는다.

최근에는 선박 건조기술이 발달함에 따라 일시에 대량의 화물을 운송할 수가 있는 초대형 선박들도 등장하고 있다.

2) 경제성

해상운송은 대량화물을 비교적 낮은 비용으로 수송할 수 있다. 해상운송은 단위당 적재량이 매우 많기 때문에 비록 속도는 느리더라도 동일 비용 대비 항공운항이나 기차 및 자동차를 이용하는 육상운송보다 훨씬 저렴한 운임으로 화물을 수송할 수 있다.

3) 원거리성

해상운송은 원거리의 국제운송에 적합하다. 육상운송은 특정 지역이나 국가에 국한되지만 해상운송은 공해를 통한 원거리 운송이 가능하다. 특히, 해상운송은 원거리 운송에 따른 단위 비용이 다른 운송수단에 비해 매우 저렴하기 때문에 무역거래에 가장 많이 이용된다.

4) 저속성

대부분의 화물선은 저속방식으로 운행되고 있기 때문에 여타의 운송수단에 비해 해상운송은 가장 느린 운송방식이다. 고속 컨테이너선도 겨우 33노트에 지나지 않는다.

2. 우리나라 해상운송사업

우리나라 해운법에서는 해상운송사업(해운업)을 해상여객운송사업, 해상화물운송사업, 해운중개업, 해운대리점업, 선박대여업 및 선박관리업으로 구분하고 있다.

1) 해상여객운송사업

해상여객운송사업은 해상이나 해상과 연접한 내륙수로에서 여객선(13인 이상의 여객 정원을 가진 선박)으로 사람 또는 사람과 물건을 운송하거나 이에 수반되는 업무를 처리하는 사업을 말한다.

해상여객운송사업은 내항 여객운송사업과 외항 여객운송사업으로 구분되며 이는 각각 내·외항 정기여객운송사업과 내·외항 부정기여객운송사업으로 세분된다.

내항 정기여객운송사업은 국내항간에 일정한 항로와 일정표에 의하여 운항하는 해상여객운송사업이며, 외항 정기여객운송사업은 국내항과 외국항간 또는 외국항간에 일정한 항로와 일정표에 의하여 운항하는 해상여객운송사업이다.

내항 부정기여객운송사업은 국내항간에 일정한 항로나 일정표에 의하지 않고 운항하는 해상여객운송사업이며, 외항 부정기여객운송사업은 국내항과 외국항 또는 외국항간에 일정한 항로나 일정표에 의하지 아니하고 운항하는 해상여객운송사업이다.

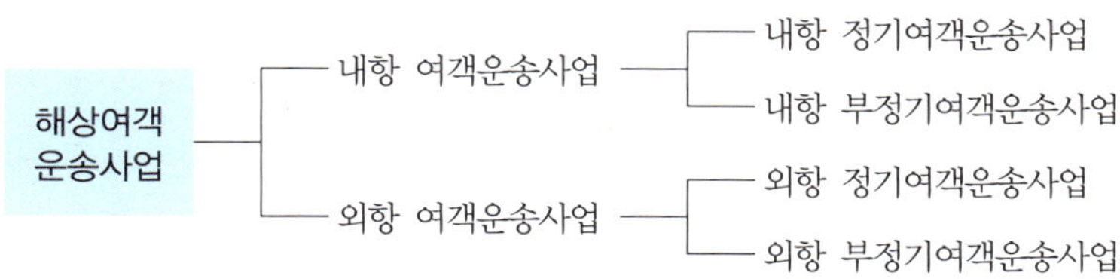

2) 해상화물운송사업

해상화물운송사업은 해상 또는 해상과 연접한 내륙수로에서 선박(부선이나 예선이 결합된 경우를 포함)으로 물건을 운송하거나 이에 수반되는 업무(용대선을 포함)를 처리하는 사업을 말한다. 해상화물운송사업은 내항 화물운송사업과 외항 화물운송사업으로 구분되며 이는 각각 내·외항 정기화물운송사업과 내·외항 부정기화물운송사업으로 세분된다.

내항 화물운송사업은 국내항간의 해상화물운송사업이며, 외항 정기화물운송사업은 국내항과 외국항간 또는 외국항간에서 정해진 항로에 선박을 취항시켜 정해진 일정표에 의해 운항하는 해상화물운송사업이다. 이에 반해 외항 부정기화물운송사업은 전술한 내항화물과 외항 정기화물운송사업 외의 화물운송사업이다.

외항 화물운송사업의 등록기준은 선박보유량은 총톤수 합계가 3만 톤 이상이거나 선박 6척 이상으로 총톤수 합계가 1만 톤 이상이어야 하며, 자본금의 경우는 10억 원 이상이어야 한다. 다만, 컨테이너선으로 원양구역에서 이루어지는 외항 정기화물운송사업인 경우에는 100억 원 이상의 자본금이 요구된다.

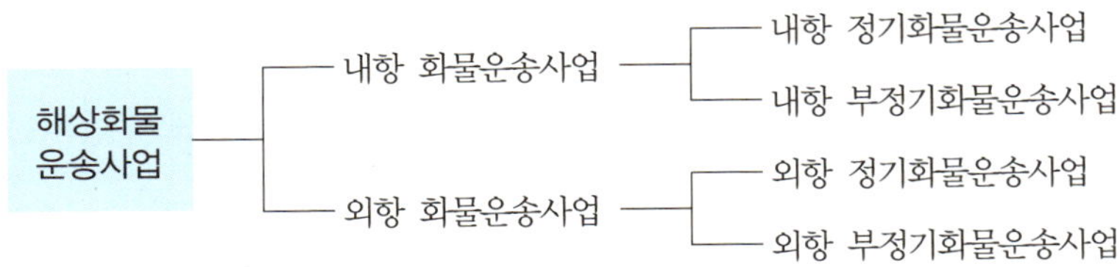

해상화물운송사업의 정의에서 부선(艀船)은 항만 내부나 짧은 거리에서 화물을 수송하는 동력 장치가 없는 거룻배(barge)를 말한다. 보통 부두에서 본선(本船)까지 화물을 나르거나 또는 반대로 본선에서 부두까지 화물을 실어 나르는 선박으로 동력장치가 없기 때문에 보통 수척의 예인선이 이 부선을 밀거나 끌어서 화물을 운송한다.

예선(曳船, towing vessel)은 항행 능력이 없거나 항행이 곤란한 선박을 끌어당겨서 다른 장소로 옮기는데 사용되는 선박을 말하며 예인선(曳引船)이라고 부른다.

즉, 한 선박이 다른 선박을 끌고 가는 것을 예선이라고 하는데, 이때 끌어당기는 선박을 Tug Boat라고 부르고, 끌려가는 선박을 Tow Boat라고 부른다. 예인선은 대부분 소형선으로 예인에 필요한 선박기관을 갖추고 있다.

용대선(傭貸船)은 해상화물운송사업을 영위하는 자 상호간 또는 해상화물운송사업자와 외국인간에 화물의 운송을 위하여 선박의 일부나 전부를 용선하거나 대선(貸船)하는 것을 말한다.

3) 해운중개업

해운중개업은 송하인과 수하인, 선주 또는 해상운송인 사이에 개입하여 화물의 중개뿐 아니라 화물수송에 필요한 선박의 중개, 선박의 대여와 매매, 운항 등의 중개 및 대리 업무를 수행하는 사업을 말한다.

해운중개인은 Shipping Broker나 Chartering Broker라고 부르는데 선주 측에서 일하는 Owner's Broker와 용선자 측에서 일하는 Charterer's Broker가 있다.

또한 해운중개인은 해상화물운송의 중개, 선박의 대여, 용선·대선 또는 매매를 중개하는 선박중개인(ship broker)과 선주와 용선자 사이를 연결시켜 주고 용선계약이 성립될 수 있도록 중개하는 용선중개인(chartering broker)이 있다.

4) 해운대리점업

해운대리점업은 해상여객운송사업이나 해상화물운송사업을 경영하는 자(외국인 운송사업자 포함)를 위하여 그 사업에 속하는 거래의 대리를 하는 사업을 말한다.

해운대리점업을 영위하는 업체를 해운대리점업체, 선박대리점업체, 대리점 선사로 부르는데 이들은 주로 외국 선사의 대리인 자격으로 해운서비스를 제공하고 있다.

5) 선박대여업

선박대여업은 해상여객운송사업이나 해상화물운송사업을 경영하는 자 이외의 자가 본인이 소유하고 있거나 소유권을 이전받기로 약정하고 임차한 선박을 타인(외국인 포함)에게 대여하는 사업을 말한다. 즉, 직접 선박을 운항하는 선사를 제외하고 선박을 소유라고 있는 자가 자기 선박을 다른 선박회사 등 타인에게 일정기간 동안 빌려주고 그 대가로 용선료를 받는 사업형태이다.

6) 선박관리업

선박관리업은 해상여객운송사업, 해상화물운송사업 또는 선박대여업을 영위하는 자들로부터 선박관리나 선원관리 등의 업무를 수탁하여 대행하는 사업을 말한다.

여기에는 ① 통선(motor boat)으로 본선과 육상간을 중계하는 통선업(launching) ② 본선이나 선원이 필요로 하는 선용품, 주식(主食)과 부식, 기타 물품의 공급업이나 선원의 의류 등을 세탁하는 용달업 ③ 선박의 청소, 오물청소, 폐물이나 폐유를 수집하는 선박청소업 ④ 선박용 연료유를 공급하는 선박급유업(bunkering) 등이 있다.

표 3-4 우리나라 해상운송사업(해운업)의 구분

구분	업 종		업체 구분
해운업 (넓은 의미)	해상여객 운송사업	내항 여객운송사업	내항 정기 및 부정기운항선사
		외항 여객운송사업	외항 정기 및 부정기운항선사
	해상화물 운송사업	내항 화물운송사업	내항 정기 및 부정기운항선사
		외항 정기화물운송사업	정기선 운항선사
		외항 부정기화물운송사업	부정기선 운항선사
	해운 관련 사업 (부대업)	해운중개업	해운중개업체
		해운대리점업	(선박)대리점업체
		선박대여업	선박대여업체
		선박관리업	선박관리업체

제5절 해상운송 관련 기구

1. 국제기구

1) UN 산하기구

(1) 국제해사기구(IMO)

국제해사기구(International Maritime Organization, IMO)는 해운과 조선에 관한 국제적인 문제들을 다루기 위해 설립된 유엔(UN)의 12번째 산하 전문기구로 각국의 정부만이 회원자격을 가지는 정부간 기구이다.

1948년에 설립이 될 당시에는 정부간 해사자문기구(Inter-Governmental Maritime Consultative Organization, IMCO)로 불렸으나 1982년부터 그 명칭을 IMCO에서 IMO로 변경하였다. 영국 런던에 본부를 두고 있으며 2020년 현재 173개 국가가 정회원, 3개 국가가 준회원으로 가입되어 있다. 이 기구의 자문기구로는 정부간 기구 65개와 비정부간 기구 77개가 있다.

설립 목적은 ① 안전과 보안의 확보 ② 해양오염방지 ③ 책임과 보상 ④ 정부간 해사기술의 상호협력 ⑤ 국제간 법률문제 해결과 개발도상국의 해사기술협력 등이다.

우리나라는 1962년 4월에 정회원으로 가입하였다. 2016년부터 2023년까지 우리나라의 임기택 전 부산항만공사 사장이 사무총장직을 맡았다.

(2) UN 국제무역법위원회

UN 국제무역법위원회(UN Commission on International Trade Law, UNCITRAL)는 국제무역법의 단계적인 조화와 통일을 촉진할 목적으로 1966년 유엔총회의 결의에 따라 설립된 유엔기관이다.

UNCITRAL는 국제물품매매, 운송(해상, 도로, 철도, 항공 등의 운송계약), 공업소유권, 국제상사중재와 조정, 전자상거래, 국제결제, 조달과 인프라 정비 등 국제거래법 분야에서 유엔의 중심적인 법률기관의 역할을 수행하고 있다.

UNCITRAL은 운송 분야에서도 신규 협약안의 제정에 노력해 왔는데 그 대표적인 성과가 1978년 Hamburg Rules의 제정이다. 또한 UNCITRAL은 1996년에 전자상거래 모델법(UNCITRAL Model Law on Electronic Commerce)을 제정하였다.

우리나라는 이 법을 기초로 1999년에 전자거래에 대한 기본법의 성격을 가지는 전자거래기본법과 전자서명법을 제정하였다.

(3) UN 무역개발회의

UN 무역개발회의(UN Conference on Trade and Development, UNCTAD)는 1964년에 설립된 유엔의 정부간 협의체이다.

이 기구는 개도국의 경제개발 촉진과 남북의 경제적 격차를 시정할 목적으로 설립한 UN산하의 전문기구로, 사무국은 스위스 제네바에 있으며 2020년 현재 195개국이 회원으로 가입하고 있다.

UNCTAD는 과거의 국제해운과 법제가 선진 해운국가들이 중심이 되어 선주의 권익보호 위주로 편재되어 있다는 인식하에 개도국 하주들의 권익보호를 위한 협약들을 제정하였다. UNCTAD가 주관이 되어 채택한 대표적인 국제협약은 1974년의 정기선동맹 행동헌장조약(Liner Code), 1978년의 UN 해상물품운송협약(Hamburg Rules), 1980년의 UN 국제물품복합운송협약 등이 있다.

(4) UN 아시아·태평양 경제사회위원회

UN 아시아·태평양 경제사회위원회(UN Economic and Social Commission for Asia and Pacific, ESCAP)는 1947년 3월 유엔의 결의로 발족된 아시아 극동경제위원회(ECAFE)가 1974년에 개명된 것이다.

설립 목적은 역내 국가의 경제재건과 발전을 촉진시키고 경제문제에 대해 유엔경제사회이사회를 보좌하는 것이다. 해운문제는 상설위원회를 통한 회원국 정부간의 협회로 매년 합동회의를 개최하여 역내 해운발전과 협력방안을 협의하고 있다.

2020년 현재 정회원국은 역내국가 49개국과 역외국으로 미국, 영국, 프랑스, 네덜란드 등 4개국을 포함하여 53개국이다. 우리나라는 1954년에 정회원으로 가입하였다.

(5) 국제노동기구

국제노동기구(International Labor Organization, ILO)는 노동문제를 다루는 유엔의 전문기구로 1919년 제네바에서 창설되었다. 2020년 현재 187개국이 가입하고 있으며 스위스 제네바에 본부를 두고 있다.

설립 목적은 자유롭고 평등하고 안전하게 인간의 존엄성을 유지할 수 있는 노동을 보장하는 것이다. ILO의 조직 내에 해운문제를 전담하는 의결기관은 없으나 해상노동의 특수성을 감안하여 일반총회와 별도로 해운총회를 개최하고 있다.

1920년 총회에서는 합동해사위원회(Joint Maritime Commission)를 설립하였는데, 이 위원회는 이사회에서 선임된 2명의 대표와 선주와 선원대표 각 9명으로 구성된 자문기관으로 ILO 내에서 유일하게 해사문제를 다루고 있는 위원회이다.

2) 국제해운기구

(1) 국제해사위원회

국제해사위원회(Committee Maritime International, CMI, 국제해법회)는 해사관습과 실무를 통일하는 해사법의 입법기관으로 1897년 벨기에서 창설되었다.

설립 목적은 해상법, 해상관행과 해사실무의 통일을 기하는데 있다. 현재 정회원은 50개국이며 우리나라는 1981년 한국해법회가 정회원으로 가입하였다.

본 위원회는 비록 비정부간 기구이지만, 해운국의 해법회를 회원으로 조직한 세계적 기구로서 많은 해운국가들의 다양한 견해를 통일하는데 크게 기여하고 있다.

그동안 본 위원회가 입법한 대표적인 국제운송 관련 규칙은 ① 선하증권통일조약(International Convention for the Unification of Certain Rules of Law Relating to Bills of Lading, 1924, 일명 헤이그 규칙) ② 1968년의 선하증권통일조약의 개정의정서(Protocol to Amend the International Convention for the Unification of Certain Rules of Law Relating to Bills of Lading, 1968, 일명 헤이그-비스비 규칙) ③ 요크-앤트워프규칙(York-Antwerp Rules, 1974) ④ 해상화물운송장(SWB)에 관한 CMI 통일규칙(CMI Uniform Rules for the Sea Waybill, 1990) ⑤ 전자식 선하증권에 관한 CMI 통일규칙(CMI Rules for Electronic Bills of Lading, 1990) 등이 있다.

(2) 로이드 선급

로이드 선급(Lloyd's Register, Lloyd's Register of Shipping, LR)은 비영리적인 선급협회로 보험업자들에 의해 1760년에 창립되었다. 런던에 위치하고 있으며 세계 최대의 선급업무를 담당하고 있다. 여기에서 선급(classification)은 선박을 건조할 때 관리·감독하여 선박을 보증하며 선박의 가격을 결정하는 것 등을 말한다.

설립 목적은 국적을 불문하고 선박을 검사하고 선급을 정하여 100톤 이상의 모든 항해선의 등급과 내용이 기록된 Lloyd's Register Book을 통해 정보를 제공하는 것이다.

로이드 선급은 해상보험 인수업자 단체인 로이드 조합과는 별개의 단체이며 주 업무는 선박의 선급관리이다. 로이드 선급의 규칙은 세계의 기준이 되고 있다.

로이드 선급은 선박소유자, 조선소 등을 대표하는 위원들에 의해 운영되며 세계의 주요 국가의 항만에 로이즈 검정인(Lloyd's surveyor)을 주재시키고 있다.

로이드 선급은 다른 선급들의 모태가 되었는데 우리나라도 이를 바탕으로 1960년에 한국선급(KR)이 만들어졌다.

로이드 선급은 현재 그 조직규모에 있어서 세계적인 서비스망으로써 지역적으로는 크게 America, Asia 그리고 EMEA(Europe, the Middle East and Africa)로 나누어 약 220여 개국에 걸쳐 230여 개의 사무실을 운영하고 있다. 영국 선박의 약 80%와 세계 총선박의 30%가 로이드 선급협회의 선급을 가지고 있다.

(3) 국제운송주선인연맹

국제운송주선인연맹(International Federation of Freight Forwarders Associations, FIATA)은 전 세계적인 운송주선인(Freight Forwarder, 우리나라는 국제물류주선업자)의 민간연합체로서 1926년 5월 오스트리아 비엔나에서 창립되었다.

창립 목적은 운송주선업의 이익을 국제적으로 보호하여 운송주선업 조직과 연관업체들의 협조관계를 유지하는 데 있다. 이 연맹의 회원에는 화물대리점을 포함하여 통관업, 선박, 항공기업, 창고업, 육상운송업, 혼재업 등이 포함되어 있다.

현재 150여 개국에서 전 세계 4만 개의 운송주선인과 물류기업들이 가입되어 있으며 본부는 스위스에 있고 우리나라는 1977년 9월에 가입하였다.

(4) 국제해운회의소

국제해운회의소(International Chamber of Shipping, ICS)는 민간선주들의 권익보호와 상호협조를 촉진하기 위해 1948년 런던에서 창설된 국제민간선주협의체로 그 전신(前身)은 1921년에 설립된 'International Shipping Conference'이다.

국제해운회의소의 주요 활동은 국제해운 기술과 법률적 문제들에 대하여 선주들의 통일된 의견을 반영하고 선주들의 이익을 도모하는 것이며 UNCTAD와 IMO 등 국제기구의 자문기관 역할도 수행하고 있다.

현재 정회원은 33개국 선주협회로 구성되어 있는데 이들은 전 세계 선복량의 2/3를 관장하고 있다. 합법적으로 조직된 단체만을 회원으로 인정하고 있기 때문에 각국의 선주협회만이 회원이 될 수 있으며 일반 선사는 회원자격이 없는 것이 원칙이다. 우리나라 한국선주협회는 1979년에 정회원이 되었다.

(5) 국제해운연맹

국제해운연맹(International Shipping Federation, ISF)은 각국의 선주협회를 회원으로 하는 민간단체로 1909년 설립되었다.

설립 목적은 선원문제에 관한 선주의 권익보호와 자문을 하는 것이다. 이 단체는 선원의 모집, 자격규정, 사고방지, 노동조건 등 여러 가지 선원문제에 대해 각국 선주의 이익을 도모하고 있으며 영국 런던에 본부를 두고 있다.

(6) 국제항만협회

국제항만협회(International Association of Port and Harbors, IAPH)는 각종 항만 재해를 방지하고 저개발국의 항만건설을 원조하거나 촉진시키기 위해 항만관리 관계자들로 구성된 국제민간단체로 1955년 설립되었다.

설립 목적은 항만단체 사이의 우호를 증진시켜 항만과 해양산업의 발전을 도모하는 동시에 항만의 조직, 행정, 경영 등과 관련된 정보교환과 협력증진 등에 있다.

주로 각종 항만재해를 방지하고 저개발국들의 항만 건설사업을 원조하며 해양 환경 문제, 가입 단체의 법적 보호 그리고 항만사업의 조사 분석과 관련 정보교환 등의 업무를 협의하는 활동을 하고 있다.

총회는 2년마다 열리며 1987년 제15차 총회는 우리나라 서울에서 개최된 바 있다. 현재 90개국에서 200개 정회원 단체와 100여 개 준회원 단체가 참여하고 있고 IMO와 UNCTAD 등 UN 산하 6개 기관이 이 협회의 자문기관으로 되어 있다.

우리나라는 1976년에 회원에 가입하여 해양수산부, 한국항만협회, 한국컨테이너부두공단, 한국선급 등의 기관이 회원으로 활동하고 있으며 본부는 일본에 있다.

(7) 발틱국제해사동맹

발틱국제해사동맹(The Baltic and International Maritime Conference, BIMCO)는 발틱해 지역 선주들의 이익을 대변하기 위해 1905년에 설립된 민간기구이다.

초기에는 발틱백해동맹(The Baltic and White Sea Conference)라고 불렀으나 1927년에 조직을 대폭 개편하면서 현재의 명칭으로 변경되었다.

BIMCO는 선박을 소유·운항하는 선주와 선사들로 구성된 정회원과 선박대리점, 중개인, 선주협회, 보험회사, 해운조합, 조선소, 선급, 금융기관 등 단체회원으로 구성되어 있으며 1906년에는 기간용선계약서의 대표적인 양식인 Baltime Form을 제정하였다. 현재 120개국 이상이 가입하고 있으며 이 협의회에 가입된 선주들은 전세계 물동량의 60% 이상을 취급하고 있다.

(8) 국제독립탱커선주협회

국제독립탱커선주협회(International Association of Independent Tanker Owners, INTERTANKO)는 세계 주요국의 탱커선 선주들의 조직체로 탱커선 선주들의 이익을 대변하기 위하여 설립되었다. 정회원인 탱커 선주들과 준회원인 선급 및 기타 단체로 구성되어 있다. 본부는 노르웨이에 있으며 현재 40개국에서 3,805 탱커(tankers)와 205개 Member가 가입하고 있다.

2. 국내기구

1) 한국해운협회

한국해운협회(Korean Shipowner's Association, KSA)는 1954년에 창립된 대한선주협회와 1957년에 창립된 한국대형선주협회가 합병됨으로써 1960년에 새롭게 창설된 한국선주협회가 보다 넓은 의미로 2020년 11월에 명칭이 변경된 기구이다.

창립 목적은 회원사의 권익증진과 우리나라 외항해운업의 경제적, 사회적 지위향상 및 국제적 활동을 촉진시키는 데 있다. 주요 업무는 ① 해외 법령과 제도 개선 ② 해운정책의 개발과 반영 ③ 선원수급 개선과 노사협력 ④ 해난사고 예방과 해양환경 보전 ⑤ 국제해운의 협력 강화와 해운홍보 및 시황자료 분석 등이다. 한국해운협회의 전신인 한국선주협회는 2009년에는 국제해운회의소(ICS)에 가입하였다.

2) 한국하주협의회

한국하주협의회(Korea Shipping Council, KSC)는 1972년 수출 10억 달러 달성을 계기로 한국무역협회(KITA) 부설기관으로 출범한 수출입 하주 지원을 위한 국내 유일의 법정 하주 단체로 1978년에 설립되었다. 설립 목적은 수출입운송에 관련된 제반 여건의 개선을 통해 무역의 증진과 하주의 권익을 옹호하는 데 있다.

주요 업무는 ① 수출입물류비 인하와 물류체계 개선을 위한 하주 지원 ② 수출입 운임와 부대비용 안정을 위한 국내외 운송 관련 기관, 단체, 업체와 협의 ③ 국내 수출입 하주들의 권익신장을 위한 물류체계 개선과 애로 해소 ④ 국제 하주단체 간 협력과 공조활동 ⑤ 하주들에 대한 수출입물류 정보제공 등이다.

3) 한국선급

한국선급(Korean Register, Korean Register of Shipping, KR)은 해상에서 인명과 재산의 안전을 도모하고 조선, 해운 및 해양에 관한 기술진흥을 목적으로 1960년에 설립된 한국선급협회가 1987년에 새롭게 변경된 명칭이다.

한국선급은 선급업무를 행하는 선급단체로서, 선급규칙과 국제협약에 따라 생명과 재산 및 환경을 보호하는 조선·해양 분야에서 세계를 선도하는 기술적 조언자이다.

주요 업무는 ① 선박검사 ② 정부 대행검사와 심사 ③ 품질인증 ④ 함정(warship) ⑤ 기술정보와 연구개발 ⑥ 외국 선급과의 업무협정 체결 등이다.

현재 부산의 본사를 비롯하여 국내 및 해외 60여 개 지부 및 사무소가 있다. 한국선급은 1988년에 국제선급연합회(IACS)의 정회원이 되었다.

4) 한국국제물류협회

한국국제물류협회(Korea International Freight Forwarders Association, KIFFA)는 물류정책기본법에 따라 국토교통부장관의 설립인가를 얻어 설립된 국제물류주선업자(운송주선인, International Freight Forwarder)들의 대표단체이다.

설립 목적은 국제물류주선업의 건전한 발전과 공동이익을 도모하여 우리나라 국제물류주선업의 경쟁력 강화, 글로벌 물류기업의 육성을 위한 기반조성, 정책제안, 정부업무대행 및 국제물류 현황조사 등에 기여하는 것이다.

1969년 항공법에 의한 항공운송주선업체와 1976년 해운법에 의한 해상운송주선업체가 각자의 사업자 단체를 운영하였으나 1991년에 제정된 화물유통촉진법(2008년 물류정책기본법으로 개정)에 의해 설립된 사업자 단체로 일원화 되었다.

현재 760여 개 국제물류업체(International Freight Forwarder)가 회원으로 구성되어 있으며 주요 업무는 ① 체계화된 회원사 지원 ② 현장실무 교육 ③ 국제물류산업 관련 법령 개정과 동향정보 제공을 통한 국제물류산업 발전을 위한 정책제언 등이다.

5) 해양수산부

해양수산부(Ministry of Ocean and Fisheries, MOF)는 우리나라 해양수산에 관한 총책을 맡고 있는 정부기관이다. 1948년 정부조직법의 제정으로 교통부 해운국과 상공부 수산국으로 출발하여 1996년 해양수산부로 개칭되어 현재에 이르고 있다.

본부에는 기획조정실, 해양정책실, 수산정책실, 해운물류국, 해사안전국 및 항만국이 있으며 소속기관으로는 국립수산물품질관리원, 각 지방 해양수산청 등이 있다.

설립 목적은 해양자원개발 및 해양과학기술 진흥, 해운업의 육성과 항만건설, 해양환경보전과 연안관리, 수산자원관리, 수산업의 진흥, 그리고 선박과 선원의 관리 및 해양안전을 담당하는 것 등이다.

6) 한국해양수산개발원

한국해양수산개발원(Korea Maritime Institute, KMI)은 해양, 수산, 해운항만과 관련된 국가의 정책수립과 국민경제발전에 이바지하기 위해 설립된 국책연구소이다.

1984년 2월 한국해운기술원으로 출범한 이후 1988년 12월 해운산업연구원으로 변경되었다가 1997년 4월 10일 한국해양수산개발원법의 개정에 따라 현재의 명칭으로 다시 변경되어 오늘에 이르고 있다. 해양, 수산 및 해운항만 산업발전을 위한 과제를 종합적으로 조사·연구하는 기관으로 사업 영역은 해양·수산 및 해운항만 정책 등에 관한 연구조사 기능과 해양산업정보를 수집분석 및 보급하는 업무 등이다.

제6절 해상운송과 해상운송계약의 형태

1. 해상운송의 형태

해상운송은 선박의 운항 형태에 따라 크게 정기항로(liner route)를 운항하는 정기선 운송과 부정기항로를 운항하는 부정기선 운송으로 구분된다.

정기선(liner)은 부정기선(tramper)에 대비되는 개념으로 컨테이너선을 의미한다. 정기선은 주로 일반화물과 컨테이너화물(containerized cargo)을 수송하고 부정기선은 주로 벌크제품이나 액체화물을 수송한다.

1) 정기선 운송

정기선 운송(liner service)은 선박회사(이하 선사라 함)가 동일 항로에 정기적으로 운항하는 선박인 정기선(liner)으로 운항하는 운송 형태를 말한다.

즉, 사전에 정해진 일정한 항로에 선박을 취항시켜 일정한 항해 일정(sailing schedule)과 운임률표(freight tariff)에 따라 반복적으로 운항하는 것을 공표하여 운송서비스를 제공하는 운송형태가 정기선 운송이다. 정기선 운송의 특징은 취항하는 선박의 항로, 기항지, 발착일시, 일정 기간의 취항 척수 및 선박의 형태가 일정하다는 점이다.

정기선 운송에서 주종을 이루는 화물은 잡화, 기계류 등 화물의 적부에 특별한 설비나 취급이 필요하지 않는 일반화물(general cargo)들이며, 이들 화물들은 사전에 공표된 취항선의 일정에 따라 선적항에서 집하(gathering)가 이루어진다.

2) 부정기선 운송

부정기선 운송(tramper service)은 정기선 운송과는 달리 일정한 항로와 하주를 제한하지 않고 수송 수요에 따라 적당한 화물이나 하주만 있으면 요구하는 시기와 항로에 선박을 투입하여 운항하는 운송형태를 말한다.

부정기선 운송서비스에 사용되는 선박을 부정기선(tramper)이라고 한다. 부정기선 운송의 특징은 취항하는 선박의 항로, 기항지, 발착 일시, 일정 기간의 취항 척수 및 선박의 형태가 일정하지 않다는 점이다. 부정기 선박을 운항하는 해운업자를 부정기선 업자라고 하며 하주는 이 업자와 용선운송계약을 체결한다.

정기선 운송은 주로 공산품, 잡화, 통조림, 면제품, 기계류 등 일반화물의 수출입에 이용되고 있는데 반해, 부정기선 운송은 유조선(tanker)에 의한 석유류 등 액체 전문 수송이나 광석, 석탄, 곡류, 목재 등 대량화물을 운송하는데 주로 이용되고 있다.

2. 해상운송계약의 형태

해상운송계약(contract of carriage of goods by sea)은 해상에서 선박으로 물품이나 여객의 운송을 인수하는 해상운송업자(선사)와 운송위탁자(하주) 사이에 체결되는 계약을 말한다. 해상운송계약은 운송 대상에 따라 해상화물운송과 해상여객운송으로 구분되지만, 무역운송은 전자를 의미한다.

무역운송의 주요 형태는 정기선에 의한 운송과 부정기선에 의한 운송이 있다. 정기선으로 화물을 운송하는 경우에는 개품운송계약을 체결하고, 부정기선으로 화물을 운송하는 경우에는 용선운송계약을 체결한다.

1) 개품운송계약

(1) 개품운송계약의 의의

개품(個品)운송계약(contract of carriage in a general ship)은 운송인(carrier)인 선사가 다수 하주(송하인)의 개별 화물을 운송하는 것을 약속하고 그 상대방인 운송위탁자 곧 하주가 이에 대한 대가로서 운임의 지급을 약속하는 계약이다.

개품운송계약에 의한 운송은 개개의 화물을 운송하는 계약하에 불특정 다수 하주로부터 다양한 화물의 운송을 위탁받아 이들 화물을 혼재하여 운송하는 방식이므로 여러 하주로부터 개별적으로 선적요청을 받아 운송하고 규칙적이며 반복적으로 운항한다. 따라서 공급 측면에서 하주에게 안정적인 서비스를 제공해 준다.

개품운송은 선박이 여러 화물들을 불러 모으는 운송형태이므로 운송되는 화물들은 일반화물(general cargo)이나 포장화물(packaged cargo)들이 주종을 이룬다.

정기선로에 취항하는 정기선(liner)에 의한 운송의 대부분은 개품운송계약의 형태를 취하고 있으며 선박은 정기선이나 컨테이너선이 이용되고 있다.

(2) 개품운송계약의 특징

개품운송계약은 불특정 다수의 송하인으로부터 다종 다양한 잡화나 일반상품을 운송하는 계약이다. 따라서 별도의 개별 계약서를 작성하는 대신 운송조건을 일률적으로 정한 선하증권이 발행됨으로써 운송계약서를 대신하고 있다.

개품운송계약에서는 무역계약상의 무역조건(trade terms)이 무엇인가에 따라 선복(ship's space)의 확보 책임이 수출입자 누구에게 있는지가 결정된다.

예를 들어 FCA계약이나 FOB계약은 수입자가 선복을 확보할 책임이 있는 반면에, CFR계약이나 CIF계약은 수출자가 선복을 확보해야 할 책임이 있다.

(3) 개품운송계약의 청약과 승낙

개품운송계약은 해운업을 경영하는 선사가 여러 하주로부터 화물의 운송을 하기 위해 개별적으로 체결하는 운송계약을 말하며, 많은 화물을 여러 하주로부터 받아 함께 선적하기 때문에 정기선(liner)에 의하는 경우가 많다.

개품운송계약은 일정한 형식을 필요로 하지 않는 계약이므로 구두만으로도 계약은 성립되며 별도의 계약서는 작성하지 않는다.

개별 하주와 일일이 별도의 운송계약서를 작성하지 않는 대신, 선적 후 운송인이 발행하는 선하증권(B/L)을 통하여 운송계약이 성립된 것으로 간주하는 것이 관행이다.

실무상 개품운송계약은 송하인이나 그 대리인이 선사(shipping company)나 포워더(freight forwarder)가 발행하는 배선표(sailing schedule, shipping schedule)를 상세하게 검토하여 적당한 선박을 선정한 후, 선복을 신청(Shipping Request, S/R)하고 운송인이 이를 승낙(booking)함으로써 체결된다.

(4) 개품운송계약의 법적 성질

① 낙성계약

개품운송계약은 수출입 하주가 운송계약체결을 위한 청약(선적요청서(S/R)의 제출)을 하고 이에 대해 운송인이 승낙이나 인수확약서(Booking Note, B/N)를 교부함으로써 성립된다.

② 불요식계약

개품운송계약은 특별한 형식적인 요건을 필요로 하지 않는 불요식 계약이므로 선하증권의 발행은 계약성립의 요건이 아니다. 다만, 운송계약이 성립한 후에 운송물품을 수취한 운송인은 하주의 요구에 따라 선하증권을 발행할 의무가 있을 뿐이다. 그러므로 선하증권이 발행되지 않았어도 운송인과 하주간의 운송계약은 유효하다.

③ 유상계약

개품운송계약은 해상운송인이 운송서비스를 제공하고 하주가 그에 대한 대가인 운임을 지급하는 것을 내용으로 하는 유상계약이다.

④ 쌍무계약

개품운송계약에서 운송인은 송하인으로부터 화물을 인수하여 선하증권을 발행하고 지정된 목적지에서 선하증권과 상환으로 화물을 인도하여야 하는 의무가 있고, 송하인은 계약에서 정한 장소에서 운송을 위해 화물을 운송인에게 교부해야 할 의무와 계약조건에 따라서는 선불운임을 지급해야 할 의무가 있다.

2) 용선운송계약

용선(傭船)은 선주가 선박이용자를 위하여 선박의 전부나 일부를 빌려 주는 것이므로 용선운송계약(contract of affreightment by charter party, contract of sea carriage by charter party, contract by charter party, charter party)은 타인소유의 선박을 세내어 일정한 조건을 정하여 차용할 때 적용되는 계약이다.

즉, 선주나 선박의 소유자 등 용선주(charterer)는 해상운송을 위하여 선박의 전부나 일부를 1인 또는 소수의 용선자(charteree)에게 제공하고 용선자는 그 대가로 용선료(charterage)를 지급할 것을 약속하는 계약이 용선운송계약이다.

용선운송계약은 화물이 선박을 찾게 되는 형태이기 때문에 불규칙적인 운항이 이루어진다. 용선운송계약은 곡물, 석탄, 원목, 광석 등 1회의 적하가 대량인 벌크제품의 수송에 이용된다. 용선운송계약에서 이용되는 선박은 주로 중형 내지 소형의 부정기선이나 벌크선이며 이들 선박들은 정기선보다 저속으로 운행한다.

용선운송계약을 체결할 때에는 용선주와 용선자 사이에 각 계약마다 계약내용이 정해진 용선운송계약서(Charter Party, C/P)를 작성한다. 이 경우 송하인은 용선계약자가 되며, 송하인과 용선주의 관계는 용선계약에 의해 구속받게 된다.

용선운송계약은 일부용선계약(partial charter)과 전부용선계약(whole charter)으로 구별된다. 전부용선계약은 다시 특정의 항구로부터 특정의 항구까지의 항해를 정하여 계약하는 항해용선계약(voyage charter)과 어느 일정한 계약기간을 정하여 계약하는 기간용선계약(time charter)으로 구분되며 특수한 형태의 나용선이 있다.

(1) 일부용선계약

일부용선계약(partial charter)이란 용선운송계약을 체결할 때 선복의 전부를 빌리는 것이 아니고 일부만 차용하는 경우에 체결되는 계약을 말한다.

(2) 전부용선계약

전부용선계약(whole charter)이란 용선계약을 체결할 때 선복의 전부를 빌리는 경우에 체결되는 계약을 말한다. 이것은 일부용선계약에 대비되는 것이며 전부용선계약의 대부분은 항해용선계약으로 이루어진다.

① 항해용선계약

항해용선계약(voyage charter)이란 어느 항구에서 어느 항구까지 화물의 운송을 의뢰하는 하주(용선자)와 선주인 선사(용선주)간에 체결되는 용선계약을 말한다.

항해용선계약은 일정 기간을 정하여 용선하는 기간용선계약에 반대되는 개념으로 항로용선계약(trip charter)이라고도 부른다.

항해용선계약은 원칙적으로 1회 항해를 단위로 하고 운임(용선료)은 화물 1톤당 얼마로 정해지며, 선주는 모든 장비와 선원을 갖춘 선박을 대여하고 운항에 필요한 모든 비용을 부담할 뿐 아니라 선박의 지휘권과 선장 및 기타 선원의 임명과 관리권, 정박기간, 체선료, 조출료 조항을 통해 하역기간 등도 통제하는 권한을 가지게 된다.

항해용선계약에서 용선자는 선복만을 이용하고 일정한 항해를 기초로 용선료를 부담한다는 점에서 기간용선계약이나 나용선계약과 구별된다.

항해용선계약에서 용선료는 예상 항해기간이나 화물량에 의해 결정된다.

항해용선계약은 운임(용선료)을 결정하는 방식에 따라 다음과 같이 구분된다.

첫째, 항차용선계약은 실제의 선적량(수량이나 중량 등)에 따라 운임을 계산하는 방식으로 중량용선계약이라고도 부르면 용선자에게 유리한 계약방식이다.

둘째, 선복용선계약(lump sum charter)은 실제 적재량과 관계없이 항해 한 번에 대한 운임을 포괄적으로 약정하는 선복운임(lump sum freight)에 의해 이루어지는 계약방식이다. 이 방식은 주로 목재, 석탄, 광석, 곡물류 등을 일반화물과 혼재함으로써 정확한 적재량의 산정이 어려운 경우에 이용되며 선주는 부적(dead space)을 걱정할 필요가 없기 때문에 선사에게 매우 유리한 계약방식이다.

셋째, 일대용선계약(daily charter)은 화물을 선적하는 날로부터 양륙(unloading, discharge)할 때까지의 날짜를 하루당 얼마로 선복을 임대하는 계약이다. 즉, 선적항에서 본선에 화물을 적재(loading)한 날부터 기산하여 계약에서 지정된 양륙항까지 운송하여 화물을 최종적으로 인도할 때까지 사이에 1일(24시간) 당 얼마로 용선료를 정하여 일대(日貸)하는 계약방식이다.

② 기간용선계약

기간용선계약(time charter)이란 선박의 전부를 일정한 기간을 정하여 용선하는 계약을 말하며 정기(定期)용선계약이라고도 부른다.

기간용선계약의 대부분은 전부용선(whole charter)이 이루어진다. 왜냐하면 이 계약에서 선주는 일체의 선박용구를 갖추고 선원을 승선시키는 등 선박의 운항상태를 갖추어 선박을 소정의 항구에서 용선자에게 인도하기 때문이다.

기간용선계약에서 용선료는 적재화물의 종류나 양에 관계없이 본선의 재화중량톤수에 대해 지급하며, 기간단위로 용선료를 계산하기 때문에 정박기간이나 체선료 약관을 둘 필요가 없다. 이 계약에서 선주는 선원비, 수선비, 감가상각비, 보험료 등 고정비용을 부담하고 용선자는 연료비 등 변동비용을 부담한다.

(3) 나용선 계약

① 나용선 계약의 본질

나용선(裸傭船) 계약(demise charter, bareboat charter, 선체용선계약)이란 용선자(임차인)가 용선주(임대인)로부터 선박만을 일정 기간 임대하여 선장, 선원, 승무원 및 연료나 장비 등 인적·물적 요소나 운항에 필요한 모든 비용을 부담하여 선박에 대한 실질적인 지배권을 획득하는 계약을 말하며, 선박의 임대차계약이라고도 한다.

일반적인 용선운송계약은 선주가 선박과 함께 선원도 제공하도록 되어 있다. 그러나 나용선 계약은 용선자가 일종의 대차방식에 의해 선원의 수배는 물론 운행에 관한 일체의 모든 감독 및 관리 권한까지 행사한다.

즉, 용선자는 선용품, 연료 등을 선박에 공급하고 선장 및 승무원을 고용한다. 따라서 용선자는 선장을 통해 선박을 점유 지배하는 권한과 운항권한 등에 대해 일시적으로 선주의 지위를 취득하게 된다.

나용선 계약에서는 용선자가 선장과 선원을 고용하기 때문에 선장이나 선원의 과실로 인한 책임은 당연히 용선자가 부담하게 된다.

② 기타 용선운송계약과 차이

나용선 계약과 순수한 용선운송계약의 중요한 차이점이 있다. 전자의 경우 용선자는 선장을 통하여 선박을 점유 지배하고 일시적으로 선주의 지위를 취득하는 것은 물론, 용선자 자신이 선용품, 연료 등을 선박에 공급하고 선장 및 승무원을 고용함으로써 선원의 수배와 운행에 관한 일체의 감독 및 관리 권한까지를 행사한다. 이에 반해 후자의 경우는 선박의 점유나 지배를 용선자에게 허용하지 않는다.

③ 나용선 계약의 표준서식

나용선 계약의 주요 표준서식(form)으로는 발틱국제해운동맹에 의거하여 1972년 9월에 제정된 Barecon A와 Barecon B, 그리고 뉴욕상품거래서(The New York Produce Exchange)가 제정한 Bareboat Charter Party가 널리 사용되고 있다.

④ 나용선 계약의 주요 내용

나용선 계약에서 용선기간은 1~5년으로 비교적 장기간 약정된다. 용선자는 본선의 인수에 앞서 선박의 상태를 확인해야 하며 인수시에는 선주, 인도시에는 용선자의 부담으로 선박도 검사해야 한다. 인도할 때에는 인수받은 당시의 상태로 반선해야 한다.

용선자는 운항 중 제3자에게 입힌 손해와 본선의 손상에 대해 책임을 부담한다. 그리고 용선자는 선주의 승낙을 얻는다면 선박을 나용선하여 선원과 장비를 갖추어 다른 제3자나 국가에 재용선(sub charter)할 수도 있다.

표 3-5 ▬ 정기선 운송과 부정기 운송의 비교

구 분	정기선 운송	부정기선 운송
화물 유형	• 이종화물 • 완제품과 반제품이 주요 대상화물 • 고가의 화물이 주종	• 동종화물 • 대량의 벌크화물이 주요 대상화물 • 저가의 화물이 주종
이용하주	• 불특정 다수	• 특정 소수
운송계약	• 개품운송계약 체결 • 선하증권(B/L) 발행	• 용선운송계약 체결 • 용선계약서(C/P) 발행
선박	• 선박구조가 복잡	• 선박구조가 단순
조직	• 대형조직	• 소형조직
운항항로	• 사전에 정해진 항로를 규칙적으로 기항	• 항로를 자유롭게 선택
운송인	• 대형조직 • 일반운송인(common carrier)	• 소형조직 • 일반운송인(common carrier) 혹은 사적운송인
해상운임	• 운임률표(tariff) 보유 • 부정기선에 비해 높은 운임	• 별도 운임률표 없음 • 수요와 공급에 의해 탄력적 결정 • 비교적 운임 저렴
해운동맹 가입 여부	• 해운동맹 주도	• 비해운동맹(non-conference)

표 3-6 ▬ 개품운송계약과 용선운송계약의 비교

구 분	개품운송계약	용선운송계약
운송 형태	불특정 다수의 하주로부터 개별적으로 운송요청을 받은 개개화물을 운송하는 형태	특정의 단일하주의 특정 화물을 선적하기 위해 선박의 선복을 빌려주는 운송의 형태
선박	정기선(Liner)	부정기선(Tramper)
화물	주로 컨테이너 화물 및 기타 단위화(unit)된 화물	원유, 철광석, 석탄, 곡물 등 대량 산화물(bulk cargo)
계약서	선하증권(B/L)이 운송계약의 추정적 증거서류 역할	하주가 직접 여러 조건을 운송인과 협의하여 용선계약서(C/P)를 작성·교환
운임	Tariff Rate(공표된 운임)	Open Rate(수요와 공급에 따라 변동)
선내하역비 부담조건	Berth Terms(Liner Terms)	Berth Terms, FIO, FI, FO 협의

정기선 운송 제 4 장

제1절 정기선 운송의 의의와 특징

1. 정기선 운송의 의의

정기선(liner, regular liner)은 동일 항로를 정기적으로 취항하고 있는 선박을 말하며 이러한 선박에 의한 운송을 정기선 운송(liner service)이라고 한다.

정기선 운송은 운항하는 선박 자체가 부정기선에 비해 고가이고 화물도 완제품 내지 반제품인 2차 상품을 주로 운송한다. 따라서 정기선 운임은 부정기선 운임보다 비싸며 정기항로에는 해운동맹이 결성되어 있다.

정기선은 컨테이너선(container ship)과 일반 재래선으로 구분되지만 정기항로의 대부분은 컨테이너선이 투입되고 있다. 정기선을 운항하는 해운업자를 정기선사 또는 정기선 해운업자(liner or shipping company)라 부르고 있다.

2. 정기선 운송의 특징

1) 운항형태

정기선은 배선표에 따라 특정의 운항 일정이 사전에 정해져 있고 이 항로를 정기적으로 출발하고 도착하기 때문에, 화물의 다소에 관계없이 일정에 따라 반드시 고정된 항로(route)를 취항해야 한다. 즉, 정기선은 사전에 작성되고 공표된 운항 일정에 따라 정해진 특정 항로(designated ports)만을 왕복하여 규칙적으로 운항하기 때문에 선사는 만선 여부에 관계없이 공표된 운항 일정을 준수해야 한다.

2) 운송인

정기선의 운송인은 불특정 다수의 하주를 상대로 운송서비스를 제공하는 일반운송인(common carrier) 또는 공중운송인(public carrier)이며 일반 하주들이 운송을 요청하면 금지품이 아닌 적법화물이고 선복의 공간이 있는 한 이를 거절해서는 안 된다.

3) 운송화물

정기선 운송은 공산품 등 불특정 다수 하주들의 일반화물이나 포장 및 단위화된 화물(unitized cargo)을 장거리로 수송하는데 주로 이용된다. 정기선 운송은 소량이지만 고가인 화물을 운송하기 때문에 운임이 부정기선보다 비싸다.

정기선에 취항하는 선박의 형태는 컨테이너선과 일반 재래선이 주종을 이룬다.

4) 운임

정기선의 운임은 미리 운임률표(tariff)로 공시된 확정운임(fixed rate)이 적용된다. 서비스 자체가 불특정 다수의 하주를 대상으로 하는 공공성을 지니기 때문에 일정한 운임 산정기준에 따라 미리 정해둔 운임률표를 공시하도록 하고 있다.

정기선 운송은 해운동맹으로 인하여 운임은 안정적인 반면, 운송화물 자체가 완제품 내지는 반제품이 주종을 이루기 때문에 부정기선 화물에 비해 운임이 비싸다.

한편, 정기선은 운임에 있어 선사 마다 평등한 서비스를 제공하고 있다. 그 이유는 해운동맹은 특정 항로마다 품목별로 운임률을 결정하여 공시하고 동맹에 가입한 각국의 선사들은 그 결정을 준수할 것을 의무화하고 있기 때문이다.

이와 같이 정기선 운송은 공시된 운임률표를 따르기 때문에 부정기선처럼 자유롭게 운임을 결정하기 어렵다. 또한 정기선 운임에서는 Berth Term나 Liner Term를 사용하므로 선적과 양륙의 하역비용 모두를 선주가 부담한다.

5) 운송계약형태

정기선 운송에서는 개품운송계약이 체결되지만 운송계약서는 작성되지 않고 운송계약의 증빙으로 회사마다 정형화된 선하증권을 발행하여 송하인에게 교부하고 이를 수령하면 송하인이 운송조건에 합의한 것으로 간주하는 것이 관행이다.

그것은 개별 하주와 일일이 운송계약을 체결하지 않고 운송계약은 미리 인쇄된 약관에 포함된 운송조건을 제시하면 이를 하주가 그대로 받아들이는 부합계약의 성질을 가지고 있기 때문이다.

6) 시장구조

공급 측면에서 정기선 운송은 일정 규모 이상의 선대를 보유 및 운항해야 하고 주요 기항지에 화물을 유치하기 위한 지점이나 대리점을 설치해야 하는 등 막대한 투자가 필요하며 투자의 회수기간도 장기간에 걸쳐 일어나는 자본집약산업이다. 따라서 대부분 소수의 대형 선사들에 의한 과점체제로 운영되고 있다.

제2절 정기선 운송의 화물과 주요 항로

1. 정기선 운송의 화물

정기선 운송은 주로 공산품과 같이 제품화되어 있거나 단위화된 일반화물들을 운송하고 있지만 기타 특수한 화물들도 운송한다.

1) 일반화물

일반화물(general cargo)은 특별한 취급이나 적부(stowage)를 필요로 하지 않는 화물을 말하며 잡화라고도 부른다. 이 화물들은 적량으로 포장되어 하역작업이 쉽고 다른 화물과 함께 적재하는 것이 용이한 화물들이다. 여기에서 적부는 선박과 화물의 안전을 위해 선박 내에서 계획적으로 행하는 화물의 배치작업을 말한다.

(1) 정량화물

정량화물(fine or clean cargo)은 다른 화물과 혼재하거나 접촉하여도 다른 화물을 손상시킬 우려가 없고 그 내용물도 청결하고 건조된 화물을 말한다. 직물, 면제품, 도자기, 종이류, 통조림 등이 여기에 해당한다.

(2) 조잡화물

조잡화물(rough cargo)은 오염, 융해, 또는 분말이나 악취를 발산하여 다른 화물도 오손(汚損)시킬 우려가 있는 화물을 말한다. 더러운 화물, 먼지가 나는 화물, 냄새나는 화물, 생피혁, 어분, 시멘트, 흑연 등이 여기에 해당한다.

(3) 살적화물

살적(撒積)화물(break bulk cargo)은 화물 하나하나의 크기가 다르고 서로 분리되어 있어, 컨테이너화 되지 않고 재래선박으로 운송되는 화물을 말한다. 요트(yacht)처럼 크기가 커서 컨테이너 용기에 적입할 수 없는 화물이 대표적이다. Bulk Cargo는 석탄이나 목재와 같이 포장하지 않고 벌크선으로 운송되는 화물을 말한다.

(4) 액상화물과 단위화물

액상화물(liquid cargo)은 액체나 반액체의 내용물을 드럼통, 나무통, 병, 항아리 등의 용기에 넣은 화물로 유류나 주류 등을 말한다. 단위화물(unit cargo, container cargo)은 포장용기나 컨테이너 용기에 포장되어 있는 화물을 말한다.

2) 특수화물

특수화물(special cargo)은 화물의 성질이나 중량 등이 특수한 화물을 말하며 이러한 화물의 적부에는 특수한 설비나 별도의 조치가 필요하다. 그러므로 이러한 화물들에는 일반화물과는 달리 할증운임과 할증보험료가 부과되는 것이 일반적이다.

(1) 위험화물(dangerous cargo)

첫째, 휘발유나 알코올과 같은 발화성 화물(inflammable cargo)과 화약류나 탄약 등과 같은 폭발성 화물(explosive cargo)이 해당한다.

둘째, 우라늄광과 같은 방사성 화물(radio-active substances)과 탄산가스나 일산화탄소와 같은 압축·액화가스(compressed or liquid gas)가 해당한다.

셋째, 암모니아 가스 등과 같은 유독성 화물과 누출될 경우 기계적 손상이나 다른 화물을 파손시킬 수 있는 부식성 화물이 해당한다.

(2) 부패성화물과 고가화물

부패성화물(perishable cargo)은 부패나 변질하기 쉬운 화물로 과일, 야채, 육류 등의 식료품을 말한다. 고가화물(valuable cargo)은 가격이 비싼 화물로 귀금속, 금은괴, 미술품, 화폐, 유가증권, 보석류 등을 말한다.

(3) 냉장과 냉동화물

냉동 및 냉장화물(refrigerating or chilled cargo)은 부패방지나 신선도 유지를 위해 냉동이나 냉온으로 수송해야 하는 화물로 청과, 생육, 어류 등이 해당한다.

(4) 동식물과 중량화물

동식물(live cargo)은 양, 소, 개, 조류, 어류, 묘목 등을 말한다. 이들은 사망이나 고사의 우려가 있으므로 운송 중에 특별한 관리나 보관이 필요하다.

중량화물(heavy cargo)은 기관차나 발전기 등 1개의 중량이 특별히 큰 화물을 말한다. 이들의 수송에는 특수 장비가 요구되므로 일반적으로 할증료가 부과된다.

(5) 용적화물과 장척화물

용적화물(bulky cargo) 및 장척화물(lengthy cargo)은 1개의 용적이나 길이가 특별히 크거나 긴 화물을 말하며 대형기계나 교량과 같은 구조물이 여기에 해당한다.

이러한 화물들은 적재와 양륙시에 특별한 설비나 기기들을 필요로 하기 때문에 용적 및 장척할증료(bulky and lengthy cargo surcharge)가 부과된다.

2. 정기선 운송의 주요 항로

1) 의의

전 세계의 주요 지역이나 국가 사이에는 정기선 항로(liner route)가 개설되어 있다.

세계의 주요 항구(hub port)들이 이 항로에 위치하고 있으며 여기에서 지선서비스(feeder service)를 통해 주요 항구의 인근 지역으로부터 화물을 집화하고 있다.

가장 중심이 되는 정기선 항로는 북대서양 항로, 극동과 북미 사이의 태평양 항로, 유럽에서 극동으로 가는 항로 등이다.

2) 전 세계의 주요 항로

주요 정기선 항로에는 선박의 운항방향에 따라 동서항로와 남북항로가 있으며 운항범위에 따라 역내항로와 세계일주 항로(round the world service)가 있다.

(1) 동서항로

동서항로는 북반구에 위치한 선진국과 개도국간에 주로 개설된 항로이다. 이 항로는 세계 3대 정기선 항로인 아시아–북미항로, 아시아–북유럽항로, 북유럽–북미항로를 비롯하여 아시아–홍해/지중해항로, 북미–지중해항로, 북미–홍해/중동항로, 유럽–중미항로 등으로 구분된다.

(2) 남북항로

남북항로는 북반구와 남반구의 주요 지역 간에 개설된 항로이다. 이 항로는 아시아–호주/뉴질랜드 항로, 아시아–남미항로, 아시아–아프리카항로, 북미–남미항로, 북미–아프리카항로, 북미–호주/뉴질랜드항로 등으로 구분된다.

(3) 역내항로

역내항로는 아시아, 유럽과 북미지역 내에 개설된 항로이다. 특히 아시아지역은 북미, 유럽 및 호주항로의 교차지점에 위치한 연계수송지역이다.

아시아지역은 역내만 취항하는 전문선사와 이 지역을 북미, 유럽 등 원양항로의 경유항으로 서비스하는 원양선사 등 2020년 현재 약 110개 선사들이 690여 척의 선박을 투입하여 서비스를 제공하고 있다.

(4) 세계일주항로

세계일주항로는 아시아–북미항로, 북미–북유럽항로, 아시아–북유럽항로를 파나마운하와 수에즈운하를 이용하여 연계시킨 항로이다.

3) 우리나라 관련 주요 항로

(1) 한일항로

한일항로는 가장 전통적인 항로로 재래선과 컨테이너선이 일본의 주요 지역에 모두 취항하고 있다. 우리나라 대일항로의 기점은 부산항과 인천항이며 고베항과 요코하마항은 일본 이외의 지역으로 운송을 할 때 환적항으로 활용되고 있다.

국적 선사는 조양상선, 천경해운, 동진상선, 흥하해운, SM상선(구 한진해운), 현대상선, 태영상선, 동진상선, 범양해운, Pancon(범주해운) 등 20여 개의 선사가 한국근해수송협회(Korea Near-sea Freight Conference, KNFC)에 가입하여 약 70척의 선박을 투입하여 취항하고 있으며, 외국 선사는 Sea-Land 등이 취항하고 있다.

(2) 한중항로

한중항로는 1989년에 부산-상해 사이에 컨테이너 직항로가 개설된 것을 기점으로 부산-천진/연운/상해, 인천-청도/위해/단동 등 11개의 컨테이너 항로와 16개의 한중 카페리 정기선항로가 개설되어 있다. 현재 ① 진천항운, 위동항운(Weidong Ferry), 경한해운 등 한중 합작선사 ② Bonami Tiger Line 등 제3국적 선사 ③ 한국 선사 ④ EAS, TMSC(텐진해운공사) 등 중국 선사 등이 취항하고 있다.

(3) 북미항로

북미항로는 알래스카(Alaska), 하와이(Hawaii), 포틀랜드(portland)를 제외한 미국의 전 지역에 취항하는 항로이다.

부산항과 인천항의 전용부두 설치와 컨테이너선의 고속화로 미주 서해안 항구까지 2주 이내에 운송하고 있다. 북미항로가 개설됨에 따라 복합운송에 의한 미니 랜드브리지(MLB)를 통해 미국 대륙과 캐나다 내륙지역까지 운송이 가능하게 되었다.

최근 한진해운의 미주와 아주 영업망을 인수하여 2016년 말에 출범한 SM상선이 2018년 5월부터 캐나다 등 북미 서안노선(PN) 서비스를 시작하였다.

(4) 동남아항로

동남아항로는 Hong Kong, Keelung, Bangkok, Singapore, Jakarta, Manila, Port Kelang 등을 기항지로 하여 홍콩, 대만, 필리핀, 말레이시아, 싱가포르, 태국, 인도네시아, 베트남, 캄보디아, 미얀마, 중국지역으로 운송하고 있는 항로이다.

주요 환적 항은 Hong Kong과 Singapore가 이용되고 있다. 이 항로는 국적선사보다는 외국선사의 취항이 많으며 이 지역의 운임은 한국해운협회가 정하고 있다.

(5) 유럽항로

유럽항로(european line)은 대한선주(주)와 조양상선이 구주운임동맹(FEFC)의 멤버로 가입하여 컨테이너전용선이 FEFC의 선복용선방식으로 항로에 취항하였다.

최근 현대상선이 2018년 4월부터 아시아와 북유럽을 잇는 컨테이너 정기선 운항을 컨테이너선 총 10척이 투입하여 단독으로 운항하고 있다. 부산에서 상하이와 싱가포르를 거쳐 로테르담, 함부르크, 사우샘프턴 등으로 운송한 후 다시 홍콩을 거쳐 부산으로 돌아온다. 부산에서 로테르담까지는 총 30일, 함부르크까지는 32일이 걸린다.

(6) 호주항로

호주항로는 오스트레일리아, 뉴질랜드, 남태평양지역 등으로 운송하며 주요 기항지는 Melbourne, Sydney 및 Brisbane 등이다. New Zealand까지는 Local Service로 운송되며 SM상선(구 한진해운), 흥아해운, Pan Ocean 등이 취항하고 있다.

(7) 중동항로

중동항로는 건설업체의 중동 진출에 필요한 건설 기자재 수송을 위해 취항한 노선이다. 국적선인 bulk선이 항로를 개설한 이후 Space Charter 방식으로 컨테이너항로가 개설되어 있다. 주요 기항지는 Dubai, Kuwait, Jeddah 등이다.

(8) 지중해·홍해항로

지중해·홍해항로는 처음에는 유럽 동맹선사에 의존하였으나 최근에는 우리나라의 조양상선이 국적선을 이 지역에 정기선 항로로 취항하여 매주 서비스를 제공하고 있다. 주요 기항지는 수단의 Port Sudan과 리비아의 벵가지(Bengahazi) 등이다.

(9) 아프리카항로

아프리카항로는 1979년 국적선사인 고려해운이 NYK사의 선복을 Space Charter하여 정기선 항로를 개설한 이후 20여 개 이상의 외국 선사가 참여하고 있다.

주요 기항지는 코트디부아르의 아비장(Abidjan), Sierra Leone의 Freetown, Liberia의 몬로비아(Monrovia), Ghana의 Tema, Togo의 로메(Lome) 등이다.

(10) 중남미항로

중남미항로는 카리브해, 중앙아시아, 남미 동서해안으로 운송하는 항로로 이곳을 취항하는 국적선은 아직 없고 20여 개의 외국 선사들이 취항하고 있다.

멕시코와 파나마운하 지역은 미국 동해안으로 향하는 선박이 커버하고 있다.

제3절 정기선 운송의 취항선박과 운항방식

1. 정기선 운송의 취항선박

1) 재래화물선

재래화물선(conventional ship)은 컨테이너선과 대비되는 선박으로 일반잡화만을 적재하도록 설계되어 있는 선박을 말한다. 일반화물선(잡화선)이라고도 하며 최근에는 전용선화와 컨테이너선의 보편화로 찾아보기 어려운 선박이 되었다.

2) 컨테이너선

컨테이너선(container ship)은 컨테이너 화물운송에 적합하도록 구조를 갖춘 대형 고속화물선을 말하며 현재 세계 주요 정기항로에는 거의 이 선박이 운항되고 있다.

컨테이너선은 선적지나 양륙지에 모두 대형 기중기(gantry crane)를 설치한 컨테이너선 전용 안벽에 착안(着岸)하기 때문에 일반화물선과는 달리 선박에 별도의 하역장치가 필요 없다.

컨테이너선은 날씨에 관계없이 하역이 가능하기 때문에 하역능력이 높고 정박일수가 단축되어 선박의 가동률이 크게 제고되며 선형의 대형화가 가능하다. 재래선과 비교할 때 수송여건이 매우 유리한 컨테이너선의 출현은 재래선을 크게 쇠퇴시켰고 현재와 같은 컨테이너선 시대를 도래시켰다.

(1) 세미컨테이너선

세미컨테이너선(semi-container ship)는 일반 재래식 선창에 Cell Guide를 설치하거나 갑판 위에 설비를 장치하여 컨테이너도 동시에 적재할 수 있도록 되어 있는 컨테이너선으로 '분재형 컨테이너선'이라고도 한다. 컨테이너 전용선이 일반화되기 전인 1970년대까지 사용해온 선박으로 현재 극히 일부 지역에서만 사용되고 있다.

(2) 전용컨테이너선

전용컨테이너선(full container ship)은 처음 제조할 때부터 갑판과 선창에 컨테이너만을 적재하도록 설계된 선박을 말한다. 컨테이너 적재는 6단까지 가능하며 갑판에는 전체 컨테이너의 30%를 적재될 수 있다. 이를 컨테이너 전용선이라고도 부르며 이 선박은 배 위에 컨테이너를 싣고 내릴 수 있는 큰 기중기가 설치되어 있고 컨테이너를 차곡차곡 효과적으로 쌓을 수 있도록 설계되어 있다.

3) 다목적선

다목적선(multi-purpose ship)은 컨테이너 전용선과 달리, 컨테이너는 물론 산화물과 중량화물, 장척화물 등 다양한 화물을 선적할 수 있기 때문에 일반화물선과 벌크선의 기능을 함께 구비한 선박의 형태이다.

다목적선은 화물의 종류가 일정하지 않은 지역에서 화물수송 요구가 증가함에 따라 등장하였으며 정기선뿐 아니라 부정기선도 있다.

4) LO/LO선

LO/LO선(Lift On/Lift Off vessel, LO/LO vessel)은 하역 방식에 따라 컨테이너선을 분류하는 하나의 방식으로 컨테이너를 크레인 등을 사용하여 수직으로 컨테이너를 선박에 적재 또는 양하하는 선박의 형태이다.

LOLO선은 컨테이너를 수직으로 포개어 쌓아 올리는 내부구조를 가지고 있기 때문에 RO/RO 방식보다 하역능률이 높으며 대부분의 컨테이너선에서는 이 방식을 사용하여 하역이 이루어지고 있다.

5) RO/RO선

RO/RO선(Roll On/ Roll Off vessel, RORO vessel)은 하역 방식에 따라 컨테이너선을 분류하는 하나의 방식으로 선미나 선측에 경사로(ramp)가 설치되어 있어 컨테이너를 이 램프를 통해 트랙터(tractor)에 연결하거나 Forklift로 들어 올려 선내로 그대로 들어가 적재 또는 양하하는 방식이다.

RO/RO선은 자동차나 철도화차를 운송하는 Ferry Boat에서 종전부터 이용해 오던 방식으로, 일반적으로 자동차 전용선(Pure Car Carrier, PCC)이나 카페리(Car Ferry)가 여기에 해당된다. 무게가 상당한 경우에는 Ramp 중량을 확인하고 선적을 해야 하는 것에 주의해야 한다.

6) Float on/Float off선

Float on/Float off선은 부선(barge)에 컨테이너나 일반화물을 적재하고 부선에 설치되어 있는 크레인이나 엘리베이터(elevator)로 적재 또는 양하하는 방식으로 설계된 선박의 형태이다.

이것은 수직과 수평이동이 가능한 본선 선미에 위치한 대형 기중기를 이용하여 부선으로 항구에서 설비가 없거나 부족하여 컨테이너선이 기항할 수 없는 경우에 사용하며, 선박의 회전율을 높이고 화물 취급비용을 감소시키기 위해 개발되었다.

재래화물선

semi container ship

full container ship

full container ship

다목적선

다목적선

Lo/Lo선

Lo/Lo선

Lo/Lo선

Ro/Ro선

Ro/Ro선

Ro/Ro선

lighter aboard ship

lash선

lash선

2. 정기선 운송의 운항방식

1) 단독운항

단독운항(independent operation)은 정기선 항로에서 개별 선사가 다른 선사와 제휴하지 않고 단독으로 필요한 선단(船團, fleet)을 구성하여 운항스케줄, 기항지, 영업정책 등을 독자적으로 결정하여 운항하는 방식을 말한다. 항해거리가 짧은 정기선 항로에서 이용되며 Evergreen과 COSCON이 주로 수행하는 운항방식이다.

이 방식은 선사가 운항계획을 포함한 영업정책을 독자적으로 결정하기 때문에 정기선 시장의 변화에 신속히 대응할 수 있다는 장점이 있는 반면, 단독으로 선단을 구성하기 때문에 선박 확보를 위한 과도한 자본투자가 소요되는 단점이 있다.

2) 전략적 제휴운항

전략적 제휴(strategic alliance)는 2개 이상의 독립적인 기업이 지속적인 협력관계를 구축하는 것을 내용으로 하는 기업들의 협약을 말한다.

최근 경쟁이 격심해지면서 기업 간에 핵심역량을 공유하거나 일정한 비용을 서로 부담하는 전략적 제휴의 중요성이 더욱 부각되고 있다.

정기선 선사들은 화물 확보 여부와 관계없이 정기적인 항해일정에 따라 운항하는 것이 원칙이다. 그런데 선복과잉으로 인한 선사들의 적재율 저하 등 운항 관련 리스크를 줄이고 서비스 지역을 확대하는 등 선박운항 효율을 제고시키기 위해 선사들은 다음과 같은 전략적 제휴 형태로 정기선을 운항하고 있다.

(1) 컨소시엄 운항

컨소시엄(consortium)은 방대한 자본투자를 요하는 사업을 공동으로 수행하기 위한 기업연합체를 말하며, 해운에서의 컨소시엄은 정기선 항로에서 일정 기간 동안 선박의 운항제휴를 통해 채산성을 유지하기 위한 정기선 선사들의 연합체를 말한다.

컨소시엄 운항 혹은 해운컨소시엄(shipping consortium)은 각 선사가 각자 자사의 선박을 운항하지만, 특정 정기항로에는 여러 정기선사가 별도 회사를 설립하여 선박의 공동스케줄 운영, 운송장비나 터미널의 공동사용, 운임수입과 화물수송량의 공동배분(pooling) 등을 통합적으로 운영하는 방식이다.

이 방식은 개별 선사가 단독으로 고가의 컨테이너선을 확보하여 운항하는데 따르는 위험을 분산하기 위하여 사용되며 통제가 용이한 장점은 있으나, 선사들 간 독자적 행동이 불가능하고 독특한 업무 기능을 각자 수행한다는 것이 어렵다는 단점이 있다.

(2) 공동운항

공동운항(joint service)은 동일한 정기선 항로에 배선하고 있는 둘 이상의 선사가 배선을 통일하여 운항하는 것으로, 정기선 항로에서 2개 이상의 선사가 선박을 합작기업 형태로 운항하는 것을 말한다. 1개 선사의 선복량으로는 부족하여 정기적인 운항을 할 수 없는 경우에 수개의 선사가 선박을 공동으로 투입하여 운항하는 것이다.

그러나 공동운항 선사들은 각자의 업체 명을 가지고 독자적으로 운임, 요율, 서비스 조건 등을 결정할 수 있고 또한 자신의 명의로 해운동맹에도 가입할 수 있으며 자기 명의의 선하증권(B/L)도 발행할 수 있다.

공동운항은 컨소시엄과 달리, 선박이나 여타 다른 장비를 위한 공동투자는 없으며 각 선사들의 자기 이름이 그대로 남아 있고 운영만 공동으로 하는 것이기 때문에 영업활동이 자유롭고 따라서 신축성 있게 독자적으로 행동할 수 있다.

미국관련 정기선 항로에서는 1984년 미국 해운법(US Shipping Act of 1984)에서 정기선사간 공동운항 협정체결에 대한 규제완화가 시행된 이후, 운항합리화를 목적으로 공동운항 협정들이 많이 체결되고 있다.

(3) 선복임차

선복임차(space charter, slot charter)는 선사가 다른 선사가 운항하는 화물선의 선복의 일부를 빌어 자기 회사가 인수한 화물을 수송하도록 하는 형태로서 정기적인 운항 서비스제공에 차질이 없도록 정기선사간에 서로 일정의 선복을 제공하기로 하는 선복임차계약을 말한다.

이 협정을 체결한 선사는 보상이나 서비스를 받는 조건으로 다른 선사에게 자신의 선박내 선복(space) 일부를 제공한다. 이 경우에 다른 선사로부터 스페이스를 제공받은 선사는 선박비용과 운항비용은 분담하지 않지만 자사가 사용한 스페이스에 대해서는 협정을 체결할 때 약정한 사용료를 지불한다. 현재 정기 선사들이 행하고 있는 협조배선의 대부분은 이러한 선복임차 방식을 채택하고 있다.

(4) 글로벌 제휴

기존의 선사 간 제휴나 컨소시엄은 주로 북미항로나 유럽항로 등 특정 항로에 적용되었다. 따라서 이를 더욱 확대하여 대형 선사간에 세계적인 규모로 제휴하는 것이 글로벌 제휴(global alliance)이다. 이것은 기존의 컨소시엄이나 선복임차를 기능적이고 효율적으로 재편한 제휴방식이다.

표 3-7 ▬ 세계 30대 정기선사 순위(2025, Alphaliner)

순위	선사명	국적	Total TEU	선박 수	점유율 (%)
1	Mediterranean Shipping Company (MSC)	스위스	6,408,597	889	20.2%
2	Maersk	덴마크	4,536,588	735	14.3%
3	CMA CGM	프랑스	3,875,593	664	12.7%
4	COSCO Shipping Lines	중국	3,351,669	519	10.6%
5	Hapag-Lloyd	독일	2,352,976	300	7.4%
6	Ocean Network Express (ONE)	일본	1,977,686	257	6.2%
7	Evergreen Marine Corporation	대만	1,792,468	225	5.7%
8	HMM Co. Ltd.	대한민국	913,867	83	2.9%
9	ZIM Integrated Shipping Services	이스라엘	781,026	130	2.5%
10	Yang Ming Marine Transport Corp	대만	711,393	98	2.2%
11	Wan Hai Lines	대만	481,225	118	1.7%
12	Pacific International Lines (PIL)	싱가포르	295,567	89	1.0%
13	Shandong Int'l Transportation Corp (SITC)	중국	160,156	101	0.6%
14	X-Press Feeders	싱가포르	157,681	81	0.5%
15	Regional Container Lines (RCL)	태국	151,534	46	0.5%
16	Korea Marine Transport Corporation (KMTC)	대한민국	150,704	64	0.5%
17	Sea Lead Shipping	홍콩	141,202	32	0.5%
18	Unifeeder	덴마크	138,995	86	0.5%
19	IRISL Group	이란	137,720	31	0.5%
20	Sinokor Merchant Marine	대한민국	122,252	80	0.4%
21	Zhonggu Logistics Corporation	중국	120,042	86	0.4%
22	TSLines	대만	92,655	44	0.3%
23	Antong Holdings (QASC)	중국	83,868	84	0.3%
24	Global Feeder Shipping LLC	UAE	76,616	33	0.3%
25	Ningbo Ocean Shipping Co.	중국	75,077	80	0.3%
26	Emirates Shipping Line	UAE	72,188	14	0.3%
27	Swire Shipping	홍콩	71,023	36	0.2%
28	Matson	미국	69,235	29	0.2%
29	SM Line	대한민국	64,109	14	0.2%
30	Arkas Line	터키	59,465	36	0.2%

제4절 정기선 운송의 운임과 주요 서류

1. 정기선 운송의 운임

1) 정기선 운임의 의의

운임(freight, freight charges)은 하주가 선사에게 운송계약에 따른 운송에 대한 대가로 지급하는 금전을 말한다. 운임은 해상운송업자의 수입에 가장 큰 영향을 미치는 요소이며 일반적으로 용적이나 중량을 기준으로 부과된다.

2) 정기선 운임의 특징

정기선에서 운임은 원칙적으로는 시장경제의 원칙인 선복(ship's space)의 수요와 공급에 따라 결정된다. 그러나 정기선은 취항 항로 및 발착 일시에 제약이 있고 각 정기항로에는 해운동맹(shipping conference)이 결성되어 있기 때문에 정기선 시장에서의 운임경쟁은 뚜렷하게 제약되어 있는 반독점적 상태이다.

정기선 운임은 항로에서 화물 마다 공표운임률이 결정되어 공시되기 때문에 부정기선 운임에 비해 안정적이고 수급의 변동이 운임에 미치는 영향도 크지 않다.

이에 반해, 부정기선은 선사간의 화물 획득경쟁이나 하주 상호간의 선복 획득경쟁들이 모두 자유이고 운임도 양자의 합의에 의하여 결정된다.

즉, 부정기선 운임은 소위 자유경쟁 가격결정이론이 적용되기 때문에 오로지 운송당사자간 직접 계약에 의하여 약정되는 자유운임(open freight)이 원칙이고 수요공급의 변화에 대한 감수성도 상당히 강하게 나타난다.

3) 정기선 운임의 구성

정기선 운임은 다음과 같이 크게 기본 운임과 할증료, 부대비용으로 구성된다.

기본 운임(basic freight rate)은 그 화물의 나름대로의 특성, 운임의 부담능력, 화물의 종류, 재질 등에 따라 품목별로 중량이나 용적 등을 기준으로 차등 부과된다.

할증료(surcharge)는 화물의 형상, 항만사정, 화물의 특수성, 항해 여건상의 사유 등에 따라 부과되는 것으로 항로별로 기본 운임의 몇 %로 정하거나 컨테이너 당 또는 톤당 일정액을 정하여 공시하는 형식을 취하고 있다.

부대비용(additional charge)은 선사들이 운항비의 증가나 운항수입의 감소를 보전하기 위해 부가하는 것으로 추가비용, 제반비용 또는 부대요금이라고도 한다.

4) 정기선에서 기본 운임의 산정

정기선 운임은 화물의 모양이나 성질 등에 따라 산정되지만 그 기준은 일단 운송인(선사)에게 유리한 쪽으로 적용하여 산정된다.

따라서 정기선에서 선사는 중량 기준이 유리하면 중량을 적용하고 용적(부피)이 유리하면 용적을 적용하여 운임을 산정하게 된다. 이에 반해 부정기선의 운임은 중량을 기준으로 하는 것이 선사에게 유리하기 때문에 대부분 중량을 기준으로 적용한다.

(1) 중량기준

중량기준(weight basis)은 중량을 기준으로 운임을 산정하는 방법이다. 철강제품이나 화학제품 등과 같이 용적(부피)은 작지만 중량이 많이 나가는 화물들은 중량을 기준으로 하여 운임이 책정된다. 중량기준 화물도 1 Long Ton = 2,240lbs(1,016㎏), 1 Short Ton = 2,000lbs(907㎏), 1 Metric Ton = 2,204lbs(1,000㎏) 등 세 가지 톤 중에서 어느 것을 사용하느냐는 국가들 마다 적용기준이 상이하다. 실무에서는 1,000㎏의 중량을 의미하는 Metric Ton(M/T)이 가장 보편적으로 사용되고 있다.

중량을 기준으로 계산되는 운임을 중량운임(freight by weight)이라고 하고 중량운임을 적용하는 화물을 중량화물(weight cargo)이라고 한다.

(2) 용적기준

용적기준(measurement basis)은 용적(부피)을 기준으로 운임을 산정하는 방법이다. 용적(부피)이 큰 화물은 당연히 용적이 운임산정의 기준이 된다.

용적에 의하여 계산되는 운임을 용적운임(freight by measurement)이라고 하고 그러한 화물을 용적화물(measurement cargo)이라고 한다.

상업송장이나 포장명세서, 선적요청서(S/R) 등에는 'W/M'이라는 표기가 있는데 이것은 Weight/Measurement를 의미한다. 보통 선사는 중량톤이나 용적톤 중 운임수입이 많은 쪽을 운임징수의 기준으로 하는 선택권을 가지고 있는데 이때 운임산정의 기준이 된 톤수를 운임톤(Freight Ton, Revenue Ton, R/T)이라고 한다.

한편, 단위화물(unitary cargo)인 컨테이너화물은 컨테이너 단위당 운임, 즉 TEU(twenty foot equivalent unit)나 FEU(forth foot equivalent unit) 당 운임이 정해진다. 컨테이너 전용선의 적재용량은 주로 TEU 단위로 나타낸다.

해상용 컨테이너는 20피트와 40피트 형태가 주종을 이루는데 TEU는 20피트 컨테이너를 1로 하고 40피트 컨테이너를 2로 해서 계산하는 방법이고, FEU는 40피트(8×8×40 feet)형 컨테이너 환산단위이다.

(3) 종가기준

종가(ad valorem)는 가격에 따른다(according to the price)는 의미이다. 귀금속이나 예술품, 견직물 같은 고가의 화물(종가화물)은 보관방법이나 적재장소 등 운송에 특별한 주의를 필요로 하며, 운송인의 책임사유로 화물이 멸실되거나 손상된 경우에는 일반화물에 비하여 운송인의 배상책임도 훨씬 크고 무겁다.

이러한 화물의 경우는 그 가격에 대하여 일정률을 추가하여 운임으로 결정하는 종가율(ad valorem rates)의 운임을 적용하고 있다.

보통 상품가격의 2 ~ 5% 정도의 비율을 할증요금으로 적용하는데 이것을 종가운임(ad valorem freight)이라고 한다. 종가운임은 운송시 특별한 관리와 주의를 요하는 고가품에 대하여 송장 가격에 일정률의 운임을 부과하는 것이다.

종가운임은 정기선 운임에서만 통용되는 계산기준이며 이 경우 기준이 되는 가격은 통상 송장상의 FOB가격이 사용된다.

(4) 개수단위

개수단위는 1 상자(case, box) 또는 1 Bale 등의 단위를 기준으로 하여 산정하는 운임을 말한다. 화물의 관습상 포장방법이 일정하고 내용물의 용적이나 중량이 일정한 화물, 예를 들어 석유, 방적용 실 등에 적용된다.

(5) 박스 레이트

박스 레이트(box rate)는 톤당 운임에 기초한 운임 산정방법의 번거로움을 줄이기 위해 컨테이너에 적입된 화물의 종류나 중량에 관계없이 무조건 1 컨테이너 당 얼마로 운임을 산정하는 방식을 말한다.

산업이 고도로 발달하면서 화물의 종류가 다양해지고 있기 때문에 운송인은 화물의 종류에 따라 각기 다른 운임을 일일이 모두 설정하는 것이 어렵게 되었다.

특히, 컨테이너 운송의 발전으로 운임체계를 단순화시키는 것은 필수 과제가 되었다. 그 결과 컨테이너 내부에 넣는 화물의 양(부피)에 상관없이 무조건 컨테이너 하나 당 얼마라고 하는 식으로 운임을 책정하였다. 이와 같이 박스 레이트는 화물의 종류나 용적에 관계없이 컨테이너 당으로 정한 운임이므로 박스운임이라고도 한다.

박스운임의 종류에는 상품의 종류와 상관없이 적용하는 품목별 무차별운임(Freight All Kinds rate, FAK), 상품을 몇 개의 등급으로 분류하여 적용하는 등급운임(class rate)과 상품을 몇 가지 품목으로 분류하여 적용하는 품목별 박스레이트(Commodity Box Rate, CBR) 등이 있다.

5) 정기선 운임의 종류

(1) 운임의 지급시기에 따른 분류

① 선불운임

선불운임(freight prepaid, freight in advance, freight paid)은 송하인이 선적지에서 지불하는 운임을 말한다.

선불운임은 보통 무역조건이 CFR계약이나 CIF계약으로 체결되는 경우에 적용되며 선하증권이 발행되기 이전에 선적항에서 송하인이 운임을 지불하도록 함으로써 경쟁력 있고 안정적인 운임을 수취하려는 목적으로 이용되고 있다.

특히 갑판적재 화물(on deck cargo), 냉동화물, 벌크화물, 살아있는 동물, 부패하기 쉬운 물건 등은 반드시 선지급하도록 하고 있다.

선불운임의 경우 운임산출의 기초가 되는 용적이나 중량은 선적지에서 측정된 적량이 되며 송하인이 제시한 용적이나 중량은 선하증권(B/L)에 기재되고 그것이 운임을 산출하는 기초가 된다.

정기선에 의한 개품운송의 경우 대부분의 선하증권(B/L)이나 용선계약서(C/P)에는 '운임은 선적할 때 지급해야 하며 운송 중 화물이 상실되어도 전액 받을 수 있는 것으로 간주한다.'고 기재되어 있기 때문에 선불이 원칙으로 되어 있다.

선불인 경우에는 선적지에서 선하증권(B/L) 발급일, 즉 운임지급일의 환율을 적용한다. 그러나 선사가 별도로 승인하는 경우에는 후불로 지급하는 것도 가능하다.

② 후불운임

후불운임(freight to collect)은 수하인이나 그 대리인이 화물의 양륙항이나 목적지에서 지불하는 운임을 말한다. 후불운임은 보통 무역조건이 FCA계약이나 FOB계약으로 체결되는 경우에 적용된다.

후불운임은 선사 입장에서는 운임 회수에 위험이 따르게 되기 때문에 선사는 이것을 방지하기 위해 선하증권이나 용선계약서에 유치권 규정을 두어 수하인이 운임지불을 거절할 경우 후지급을 정산하기 이전에도 화물을 매각할 수 있도록 하고 있다.

보통 선하증권(B/L)이나 용선계약서(C/P) 상에는 '수하인이 운임지급을 거절할 경우 수출자가 대신 지불한다.' 혹은 '송하인은 반드시 선사에 수하인이 운임을 지불하지 않을 시 대신 지불한다는 보장 각서를 제출해야 한다.'고 규정하고 있다.

후불운임도 선불운임과 같이 선적 당시에 신고한 용적이나 중량을 기초로 산출된다. 후불인 경우에는 양륙지에서 화물인도지시서(Delivery Order, D/O) 발급일, 즉 운임지급일의 환율을 적용한다.

(2) 운임의 부과방법에 따른 분류

① 종가운임

종가운임(ad valorem freight)은 귀금속 등 고가품의 운송에서 화물의 가격을 기초로 하여 일정률을 운임으로 징수하는 경우의 운임을 말한다.

② 최저운임

최저운임(minimum rate freight)은 선적 화물이 소량이어서 중량이나 용적으로 계산한 운임 총액이 최저에 미달할 때 적용되는 선사가 정한 최저한도의 운임을 말한다.

③ 무차별운임

무차별운임(Freight All Kinds rate, FAK)은 하주나 화물, 지역 등을 가리지 않고 운송거리를 기준으로 일률적으로 부과하는 운임을 말한다.

④ 차별운임

차별운임(discrimination rate freight)은 하주나 화물, 지역 등에 따라 차별적으로 부과하는 운임을 말한다. 동일한 비용이 발생하는 운송에 대해 운임을 차별화하거나 상이한 비용의 운송에 대해 동일하게 설정되는 운임이 대표적이다.

(3) 하역비 부담에 의한 분류

① Berth Terms

Berth Terms는 선주가 화물의 하역비 모두를 부담하는 조건이다. 정기선의 경우는 이 조건으로 운임이 책정되기 때문에 Liner Terms라고도 한다.

② Free In(F.I)

F.I는 선적시 비용은 하주가 부담하고 양륙시 비용은 선주가 부담하는 조건으로 F.O 조건과 반대되는 조건이다. Free는 선주의 입장에서 선적(in)에 대해 선주는 책임지지 않고 자유롭다는 의미이다.

③ Free Out(F.O)

F.O는 선적시 비용은 선주가 부담하고 양륙시 비용은 하주가 부담하는 조건으로 F.I조건과 반대되는 조건이다.

④ Free In & Free Out(F.I.O)

F.I.O는 선적시와 양륙시의 모든 비용을 하주가 부담하는 조건으로 Berth Terms와 정반대가 되는 조건이다.

(4) 특수운임

① 특별운임

특별운임(special freight)은 해운동맹이 비동맹과 화물의 유치경쟁을 할 때 일정한 대량화물에 대하여 우대 조건을 갖추면 정상요율을 인하하여 특별요율로 화물을 인수하는 수단으로 사용되는 운임을 말한다.

② 경쟁운임

경쟁운임(open rate freight)은 광산물 등 특정 화물의 수송에서 동맹선사의 경쟁력을 높이기 위해 동맹선사 스스로 운임을 결정할 경우의 운임을 말한다.

정기선 요율에서 자동차, 시멘트, 비료, 광산물과 같은 선적단위가 큰 대량화물은 해운동맹이 비동맹보다 경쟁력이 약하다. 이러한 경우 해운동맹은 이들 대량화물에 대해서는 요율을 별도로 정하지 않고 동맹가입선사(member)가 임의로 운임을 적용하도록 하고 있는데, 이들 품목을 경쟁화물(open rate cargo)이라고 하며 이때 적용되는 운임을 경쟁운임이라고 한다.

③ 접속운임

접속운임(OCP(overland common point) rate freight)은 북미 태평양 연안항만에서 하역되어 동부 내륙지역으로 육상으로 운송되는 화물(OCP Cargo)에 대해 낮은 해상운임률로 이 화물을 유치하기 위해 적용되는 정책운임을 말한다.

북미주 태평양 서안(西岸)에서 내륙운송(inland transportation)을 하게 될 경우 항공기, 철도, 트럭 등에 연결 접속되어 수송하는데 해상운송업자는 하주로부터 해상과 육상 전 운송구간의 운임을 받고 육상운송도 하주를 대리하여 계약을 맺고 운임도 지급한다. 이때 해상운송업자는 Intermodal B/L을 발급한다.

육상운송의 종착 또는 정거장에 속하는 23개의 OCP가 있다. 이들 OCP에 대하여는 일관수송요율표가 정해져 있는데 이것을 접속운임이나 북미 접속운임(OCP Rate)이라고 한다. 여기에서 Common Point는 2개의 노선이 만나는 지점을 의미한다.

④ 지역운임

지역운임(local freight)은 화물의 전 운송과정에 있어서 주항구(main port)로부터 일부 내륙지역(local area)까지 운송하는 것에 대하여 별도로 책정하는 운임을 말한다.

따라서 이 운임은 주된 항구간의 해상운임 이외에 주 항구 이외의 지역으로 운송되어야 할 경우에 발생하는 운임이다. 보통 북미 내륙지역을 도착지로 하는 화물에 대해 적용되며 여기에서 Local Area는 미국 록키산맥의 동부지역을 말한다.

(5) 미국 해운법상의 운임

미국의 신해운법(US Shipping Act of 1984)에 규정된 운임에는 독자운임결정권, 우대운송계약 및 기간별·물량별 운임률이 있다.

① 독자운임결정권

독자운임결정권(Independent Action, I/A)은 미국 항로에 취항하는 동맹선사들에게 Tariff에 신고한 운임률이나 기타 조건에 관계없이 독자적으로 운임률을 설정할 수 있도록 허용하는 것을 말한다.

이것은 모든 해운동맹협정에 독자운임결정권의 도입을 규정한 것이기 때문에 해운동맹의 특징인 공통운임제도와 크게 상충되는 것으로 독자행동권 또는 독자행사권이라고도 부른다. 독자운임결정권을 사용하고자 하는 동맹선사는 10일 전까지 FMC(미연방해사위원회)에 통보해야 한다.

② 우대운송계약

우대운송계약(Service Contract, S/C)은 하주나 하주 단체가 정기선 화물운송을 위해 운임동맹 또는 비동맹선사와 체결하는 계약으로 하주는 계약기간 중 일정량의 화물선적을 보증하고 선사는 그 대가로 선복(space), 운송기간, 기항지 등과 같은 일정한 서비스와 Tariff Rate상의 운임보다 저렴한 운임을 제공할 것을 보증하는 제도이다. 이를 '서비스 운송계약'이라고도 부른다.

하주의 보증물량이 많을수록 운임의 할인 폭이 커지므로 대형하주에게 유리하다. 우대운송계약의 내용에는 계약기간, 선적항과 도착항, 해당 품목, 최저물량, 계약화물량을 충당하지 못하였을 때의 부적운임(dead freight), 계약 불이행시에 하주의 벌과금(penalty) 등이 포함되어 있다.

③ 기간별·물량별 운임률

기간별·물량별 운임률(Time·Volume Rate, TVR)은 선사 또는 해운동맹이 일정 기간 동안 일정하게 정해진 품목을 선적한다는 조건부로 대량하주에게 운임을 할인해주는 제도를 말한다.

TVR은 정기적인 운송 중 일정 기간 제공되는 화물량의 과다에 따라 기간별·물량별 차등운임을 제공받을 수 있는 제도이므로 미국 신해운법이 적용되는 북미 관련 항로를 통하여 화물을 운송하려는 대량하주는 이 제도를 이용하는 것이 유리하다.

선사나 해운동맹은 이에 관련된 제반사항을 운임률표에 수록하여 일정 기간 수정하지 않고 실시해야 하며 하주는 선적에 앞서 관련 선사에 이를 통보해야 한다.

(6) 할증운임

정기선은 화물이나 항로 등에 따라 다음과 같은 할증료(surcharge, 할증운임)를 기본 운임에 추가하여 징수하고 있다.

① 중량할증료

중량할증료(Heavy Cargo Surcharge)는 일정 한도를 초과하는 중량화물의 경우 초과하는 중량에 따라 여러 단계로 나누어 누진적인 운임을 기본 운임에 가산하여 부과하는 할증운임이다. 이 할증료를 부과하는 이유는 초과 중량화물은 본선의 하역능력과 관계가 있으므로 특수 기중기(Crane)나 장비를 사용해야 하며 하역시간의 연장 등 취급상 보통 이상의 시간과 추가비용이 발생하기 때문이다.

이를 초과중량할증운임(heavy lift surcharge)이라고도 부르며 보통 1개의 화물 당 기준 무게(예를 들어 3톤)를 초과했을 때, 그 초과 무게에 대해서 기본 운임에 대한 비율(%)로 할증 비율을 산정하여 징수한다.

② 용적 및 장척할증료

용적 및 장척(長尺) 할증료(bulky/lengthy surcharge)는 정기선 운임이 산정될 때 화물의 부피가 너무 크거나 길이가 너무 긴 화물에 대해 부과되는 할증운임이다.

화물 한 개의 용적이나 길이가 어느 일정한도 이상(예를 들어 길이 50척 이상)인 것은 초과중량 화물과 마찬가지로, 하역 작업상 특별한 불편과 비용 및 시간이 추가로 발생하기 때문에 일정율(%)의 할증을 부과한다.

만일 화물의 중량, 용적 및 길이 모두가 일정한도를 초과할 경우에는 이 중에서 운임 산출액이 가장 큰 것을 적용하는 것이 일반적이지만, 경우에 따라서는 두 개의 할증방법을 겸용하여 적용하는 경우도 있다.

③ 체선할증료

체선(滯船) 혹은 혼선이란 선박의 연이은 입항으로 인해 부두 접안에 심각한 혼잡이 발생하여 많은 선박이 항구 밖에서 머물러 있는 상태를 말한다.

체선 혹은 혼선할증료(congestion surcharge)는 양륙항의 항만사정이 혼잡할 때 받는 할증운임으로 화물의 체선이 심해서 정박기간이 장시간 필요할 경우에 그 항구에서 하역하는 화물에 대하여 부과된다.

우리나라 수출입 물동량의 80%를 차지하는 관문이며 물동량 기준 세계 5대 항만이자 싱가포르, 홍콩과 함께 세계 3대 환적항 중 하나인 부산항의 경우, 체선율이 매우 높은 편이었으나 최근 부산의 신항이 개장으로 체선율이 많이 줄어들었다.

④ 통화할증료

통화할증료(Currency Adjustment Factor, CAF)는 통화의 변동에 따른 환차손(통화가치의 하락)을 보전하기 위하여 하주에게 부담시키는 할증운임이다.

운임은 보통 미 달러로 계산되기 때문에 미국 이외의 국가에서는 환 리스크가 발생하므로 선사들은 여기서 발생하는 손실을 기본 운임률에 일정율(%)의 할증료를 징수한다. 예를 들어 기본 운임률이 US$ 200인 경우 CAF가 +8%이면 총운임은 US$ 216이 되며 −5%인 경우에는 총 운임은 US$ 190가 된다.

환율이 오르거나 벙커유 가격이 떨어지면 선사의 수익이 오르게 되지만, 마이너스 CAF나 마이너스 유류할증료(BAF)를 적용하는 선사들은 거의 없다.

⑤ 유류할증료

유류 혹은 유가할증료(Bunker Adjustment Factor, BAF)는 선박의 주연료인 벙커유의 가격인상으로 발생하는 손실을 보전하기 위해 부과되는 할증운임이다. 북미항로에서는 이를 연료할증료(Fuel Adjustment Factor, FAF)라고도 부른다.

각국의 선주나 해운동맹들은 선박운영 중 가장 큰 비중(20% ~ 30%)을 차지하는 유류비가 중동전쟁과 같은 갑작스러운 사태의 발생으로 인하여 유가가 대폭 상승할 경우 그에 따른 손실이 매우 크기 때문에 이를 보전할 필요가 있었다.

이에 따라 하주에게 BAF를 부과하여 비용을 보전하는데 대부분의 정기선 항로에서는 기본운임에 대하여 일정비율(%)이나 일정액을 포함하여 이를 부과하고 있다.

⑥ 양륙항선택할증료

양륙항선택할증료(optional surcharge)은 선적할 때 그 양륙항이 확정되지 않고 기항 순서에 따라 몇 개의 항구를 기재하여 하주가 화물의 도착 전에 양륙항을 결정하는 조건(optional shipment)으로 선적된 화물의 경우에 부과되는 할증운임이다.

이 할증료는 Optional B/L에 의거 운송되는 화물인 양륙항 선택화물을 선적할 때 양륙항이 결정되지 않아서 몇 개의 양륙항을 B/L에 기재하고 선박이 첫 번째 선택목적항에 도착되기 전에 하주가 양륙항을 선택하는 조건일 때 부과된다. 이 할증료는 선택 항구의 수에 비례하여 추가로 부과된다.

⑦ 외항추가할증료

외항추가할증료(outport arbitrary)는 물동량이 적은 항만(outport)에는 정기선 직항 서비스가 불가능하므로 선사가 Outport에서 통운송으로 통운임(through freight)을 징수한 뒤 정규 기항항(港)인 최종목적항까지의 운송을 인수할 때 징수하는 할증운임이다. 유럽은 이를 벽지항 할증료(outport surcharge)라고 부르고 있다.

⑧ 수에즈운하할증료

수에즈운하할증료(suez canal surcharge)는 중동에 위치한 이집트의 수에즈운하가 과거 중동전쟁 당시와 같이 전쟁이나 불가항력적인 사항에 따라 폐쇄나 봉쇄될 경우, 유럽행 선박의 선사는 남아프리카의 희망봉까지 회항을 해야 하는데 이 회항에 따른 추가 운항비용을 보전하거나 수에즈 운하를 통과함에 따라 발생하는 비용을 보전하기 위해 선사가 부과하는 할증운임이다.

⑨ 전쟁위험할증료

전쟁위험할증료(war risk premium)는 중동 및 서남아시아 항로 등과 같이 전쟁위험 지역이나 전쟁지역에서 적재와 양륙되는 화물에 대해 부과되는 할증운임이다.

영국계의 보험사들이 이 지역을 운항하는 선사에게 추가보험료를 부과함으로써 이 지역을 기착하거나 환적하는 선사들도 이를 보전하기 위해 할증료를 부과한다.

⑩ 특별운항할증료

특별운항할증료(special operating charge)는 미국 항만 부두노동자들의 항만파업 등과 같은 비상사태에 대비하여 그에 따른 손실을 보전하기 위해 부과하는 할증운임이다.

항만파업 기간 중에는 기항이 불가능하기 때문에 파업이 발생하지 않은 인접 항구에 기항하게 된다. 그에 따라 화물의 최종목적지간에 발생하는 육상운송료 등을 충당하기 위해 기본운임 외에 별도로 설정한 특별 운항요금을 부과한다.

⑪ 항구변경할증료

항구변경할증료(diversion charge, 양륙항변경료)은 B/L에 기재된 최초 목적항에서 여러 사정에 의해 다른 항구로 양륙항을 변경하고자 할 때 발생되는 비용을 보전하기 위해 부과하는 할증운임이다.

⑫ 성수기할증료

성수기할증료(Peak Season Surcharge, PSS)는 수출화물이 특정의 항로나 특정기간(성수기)에 집중되는 경우 선사가 정기선 선박의 확보비용 등을 충당하기 위해 부과하는 할증운임으로 주로 장거리 항로에 적용된다. 2010년 7월에 현대상선은 아시아~북미향 화물에서 TEU당 320달러, FEU당 400달러를 부과하였다.

⑬ 환적할증료

운송계약을 체결할 때 화물이 중간 기착지에서 환적되는 것으로 계약을 한 경우에는 선박이 최종 목적항구에 직접적으로 기항하지 않기 때문에 환적비용(하역비, 검사비 등)이 발생하게 되는데 이를 하주에게 부과하는 할증운임이 환적할증료이다.

(7) 부대비용

부대비용(additional charge, incidental expense)은 각종 비용을 계산할 때 주(主)가 되거나 기본이 되는 비용 이외에 부수적으로 발생되는 비용을 말한다.

운송의 발달에 따라 운송 관련 시설이나 인력이 갈수록 복잡화, 전문화되면서 선사가 해상운임만으로는 경영이 어렵게 되자 운항비의 증가나 운항수입의 감소를 보전하기 도입한 것이 운송과 관련된 각종 부대비용이다.

부대비용은 통상 기본운임의 몇 %로 정하거나 컨테이너당 또는 톤당 일정액을 정하여 공시하는 형식으로 부과되고 있다.

① Wharfage

Wharfage는 부두를 뜻하는 Wharf와 요금이나 금액의 의미를 내포한 Age로 구성된 것으로 부두사용료를 말하며 화물입항료(wharfage charge, pierage)라고도 부른다. 보통 수출의 경우는 '부두사용료'라는 명목으로 징수하며 수입의 경우는 '화물입항료'라는 명목으로 징수된다.

우리나라는 해운항만청의 고시에 근거하여 부과되며 그 금액은 각 항만 마다 차이가 있다. 부두의 유지·개조를 목적으로 징수하며 보통 컨테이너당 부과된다.

하주가 선주(또는 포워더)에게 납부하면 선주는 각 항만을 관리하는 항만당국에 이를 최종 납부하는 방식으로 부과된다.

② THC

THC(Terminal Handling Charge, 터미널화물처리비)는 컨테이너 야드(CY) 내에서 화물을 처리하고 이동시키는데 소요되는 화물의 처리비용을 말한다.

수출화물의 경우는 화물이 CY에 입고된 순간부터 본선의 선측까지, 반대로 수입화물의 경우는 본선에서 양하되어 CY Gate를 통과하기까지 화물의 이동에 따라 컨테이너 터미널을 사용하는 대가로 징수하는 비용이다.

예전에는 선사가 해상운임에 포함하여 징수하였으나 1990년에 분리하여 징수하고 있다. 수출항(출발지)에서의 터미널 비용은 THC in Loading Port라고 하며, 수입항(도착지)에서의 터미널 비용은 THC in Discharging Port라고 한다.

THC는 국가별로 그 명칭과 징수내용이 다소 상이한데, 우리나라, 대만, 홍콩 등 극동지역, ASEAN 국가 및 유럽지역은 THC(Terminal Handling Charge), 일본이 아시아 항로에 부과할 때는 CHC(Container Handling Charge), 미국이 THC에 내륙운송비를 추가하여 부과할 때는 DDC(Destination Delivery Charge, 도착지화물인도비용)라고 부르고 있다.

③ CFS Charge

CFS Charge(Container Freight Station Charge, 컨테이너화물집화장 사용료)는 선사가 컨테이너 한 개의 분량이 되지 못하는 LCL화물(Less than Container Load Cargo)을 운송하는 경우, 선적지 및 도착지의 CFS(Container Freight Station)에서 화물의 혼재(적입) 또는 분류작업을 할 때 발생하는 비용을 말한다. 이것을 실무에서는 콘솔비용(consol charge) 또는 CFS 작업료라고도 부른다.

보통 CBM 기준으로 금액이 책정되며 하역료, 검수료, 화물정리비, 보관료 등을 함께 포함시켜 선사가 하주에게 부과한다. 선사는 하주로부터 이를 징수하여 CFS 운영업자에게 전달한다.

④ Container Tax

Container Tax(컨테이너 세)는 1992년부터 항만 배후도로를 이용하는 컨테이너 차량에 대해 부산시가 교통유발부담금 형식으로 20 TEU 컨테이너당 2만 원씩 징수하였던 지방세이다.

컨테이너 세는 원래 부산지역의 항만 배후도로 건설 등 운송시설 확충을 목적으로 부과되었다. 그러나 전 세계에서 유일하게 부산항에서만 부과되어 왔고 수출입하주의 물류비 부담을 가중시켜 수출상품의 가격경쟁력 저해요인으로 작용한다고 지적과 함께, 이의 폐지를 꾸준히 요청함에 따라 부산항만의 경쟁력 제고 측면과 항만 배후도로의 건설이 대부분 완료되었다는 점을 고려하여 2007년부터 폐지되었다.

⑤ Documentation Fee

Documentation Fee(DOC Fee, 서류발급비)는 수출시에는 선하증권(B/L)을 발급할 때, 수입시에는 화물인도지시서(D/O)를 발급할 때 소요되는 행정비용을 보전하기 위해 건당 징수하는 비용을 말한다. 선사나 고객에 따라 징수금액이 상이하지만 우리나라의 경우 보통 B/L이나 D/O 건당 2~3만 원을 징수하고 있다.

징수목적은 선사가 일반관리비를 보전하기 위함이며 시황에 따라 등락을 반복하는 여타 다른 해상 운임과는 달리 선사의 안정적 수입확보를 위해 만든 운임이다.

모든 수출입에는 선하증권(B/L)이나 화물인도지시서(D/O)의 발급이 거의 필수적이므로 반드시 발생하는 비용이라고 할 수 있다. 보통 수입시에는 Delivery Order Fee 또는 Delivery Order Charge라고 부른다.

Documentation Fee는 선사가 하주에게 청구를 하는 것이 이론적이지만, 실무에서는 선사가 포워더에 직접 청구하며 하주는 포워더를 통해 서류발급비를 일괄적으로 청구받는 것이 일반적이다.

⑥ DDC

DDC(Destination Delivery Charge, 도착지 화물인도비용)는 양륙항에서의 하역 및 터미널 작업비용과 목적지까지의 내륙운송비용을 해상운임과 별도로 징수하는 비용을 말한다. 이를 목적지 화물인도수수료라고도 부른다.

우리나라에서 미국으로 수출할 때에만 징수하는 수수료이며 북미서안과 인근 내륙지역의 경우 40 FEU 컨테이너당 약 750달러를 징수하고 있다.

⑦ Demurrage

Demurrage(체선료, Dem.)는 각 운송형태에 따라 그 사용되는 개념이 조금 상이하다. 우선 정기선 운송의 경우는 CY에서 정해진 시간 내에(Free Time, 무료장치기간) 컨테이너를 반출해 가지 않는 경우에 선주가 하주에게 부과하는 비용을 말한다.

부정기선에 의한 용선운송계약의 경우는 계약으로 정해진 정박기간 내에 화물의 양하 또는 선적을 완료하지 못했을 경우, 그 초과일수에 대해 용선자가 선주에게 지불하는 벌과금 성격의 비용을 말한다. 항공운송의 경우는 ULD(Unit Load Device)를 임대 후 48시간을 초과하는 경우에 부과하는 요금을 말한다.

⑧ Detention Charge

Detention Charge(지체료, 遲滯料, Detention)는 하주가 컨테이너나 트레일러를 대여 받은 후에 적재를 위해 허용된 시간 내에 반환하지 못하고 지체한 경우 그 시간에 대해 선사가 하주에게 부과하는 연체요금을 말한다.

선사들은 보통 4~10일의 Free Time을 설정해두고 그 이상을 경과하면 하루당 US$ 6 정도의 지체료를 징수하고 있다.

⑨ Over Storage Charge

Over Storage Charge(지체보관료, 경과보관료)는 CFS나 CY로부터 화물이나 컨테이너를 Free Time 이내에 반출해 가지 않으면 징수하는 보관료를 말한다.

지체보관료는 부두운영업자가 선사에게 직접 부과하는 비용이나, 선사는 간접적으로 하주에 부과하여 그 비용을 보전하며 Demurrage의 근거가 된다. Free Time 종료 후 일정 기간이 지나도 인수해가지 않으면 선사는 공매 처리할 수도 있다.

⑩ Free Time

Free Time(무료장치기간)은 본선에서 양륙된 화물을 CFS나 CY에서 보관료 없이 장치할 수 있는 일정한 허용기간을 말한다. 각 선사들은 각자의 양륙지 터미널 상황을 고려하여 Free Time 기간을 책정하고 있다.

2. 정기선 운송의 주요 서류

정기선 운송에서는 다음과 같은 서류들이 주로 사용되고 있으며 컨테이너 정기선의 경우는 '제6장 컨테이너 운송'에서 별도로 다룬다.

1) 선복요청서

선복요청서(Shipping Request, S/R)는 정기선을 운송하는 선사에게 개품운송화물의 탁송을 의뢰할 때 하주가 선사에 제출하는 운송의뢰서이다.

이를 선복신청서, 선적의뢰서 또는 선적신청서(Shipping Application)라고도 하며 이것을 기초로 선사는 선적지시서(S/O)를 작성한다.

선복요청서를 작성할 때에는 운송계약 및 조건에 관한 요구 사항을 비롯하여 화물의 총 수량, 인도조건 및 장소, 부대비용 등 추가 사항들도 모두 기재되어야 한다.

2) 선복확인서

선복확인서(Booking Note, B/N)는 선사가 운송계약을 신청한 하주의 요청을 받아들여 그 증거로 하주에게 발행하는 서류이다. 이를 선복예약서, 인수확인서 또는 운송계약 예약서라고도 부르고 Booking List는 Booking Note를 집계한 것이다.

선사는 송하인(또는 포워더)으로부터 접수한 S/R에 기초하여 선복확인서를 작성하고 이들을 집계하여 Booking List를 작성한다. 그리고 이를 자사(또는 계약) 터미널에 송부하여 공컨테이너의 반출 및 화물을 적재할 컨테이너의 반입을 준비시킨다.

보통 선사가 하주로부터 구두나 문서로 선적예약을 받은 때에 화물의 명세, 필요한 컨테이너 개수, Pick-up 요청일자, 운송조건 등을 기입하여 발행한다.

3) 선적지시서

선적지시서(Shipping Order, S/O)는 하주의 선적 신청에 따라 선사 본사(사무소)가 자기 회사 소속의 본선의 선적책임자(보통은 일등항해사) 앞으로 기재된 화물을 선적하도록 지시한 선적승낙서 또는 적재지시서이다.

선적지시서는 본선수취증(M/R) 용지와 1조(set)로 되어 있다. 선적지시서에는 송하인명, 선적지, 양륙지, 상품명, 포장형태, 개수, 톤수, S/O 번호 등이 기재되며 S/O면의 기재사항은 그대로 카본지에 의해 M/R에 기재된다.

선적책임자가 인수한 화물은 선적지시서별로 리스트를 작성하여 본선 적부계획과 선적작업 준비용으로 사용된다. 이 서류에 의하여 화물을 본선에 적재하고 선적 완료 후에는 그 증거로서 M/R을 작성하여 하주에게 교부한다.

4) 검수보고서

검수(tally)는 화물을 선적할 때 본선의 창구 등에서 선적화물의 수량, 품질상태, 손상의 정도 등을 점검하는 것을 말한다.

검수인(tallyman)은 해상운송법의 규제하에 일정한 등록을 필한 자를 말하며 이들이 검사결과를 기록한 서류인 검수보고서(Tally sheet, T/S)는 화물의 정확한 인수인계 및 책임한계를 위해 인도자 측과 인수자 측 쌍방에서 작성하는 것이 원칙이다.

검수표라고도 불리는 이 서류에는 화물의 개수, 포장상태 등이 기재되어 있고 검수인이 작성하여 본선의 1등 항해사(화물책임자)에게 전달한다.

5) 본선수취증

본선수취증(Mate's Receipt, M/R)은 선적이 완료된 이후 본선의 일등항해사(chief mate, chief officer)가 본선에 적재한 화물을 수취했다는 증거로서 서명하여 하주에게 교부하는 서류이다. 본선수취증의 내용은 선적지시서(S/O)의 내용과 동일하며 주로 선명과 품명, 수량 등과 함께 개수의 과부족, 손상 내용들이 기재된다.

M/R을 선사에 제출하면 이 서류에 근거하여 선하증권이 발행된다. 만약 화물의 손상이나 개수에 이상이 생기면 이를 본선수취증의 비고란(remarks)에 기재하는데 이를 사고부 본선수취증(Dirty M/R, Foul M/R)이라고 한다. 만일 별도의 기재사항이 없으면 화물은 외관상 양호한 상태로 선사에 인도된 것으로 간주된다.

6) 적하목록

적하목록(Manifest, M/F, Cargo Manifest)은 선적완료 후 선사(대리점)나 포워더가 작성하는 선박에 적재된 화물에 대한 총괄목록이다.

이 서류는 선하증권의 사본을 기초로 작성한다. 여기에는 선박명과 적출항, 양하항, 선하증권번호, 하주, 품명, 수량, 최종 목적지 등이 기재된다.

선사나 포워더가 작성하여 제출한 B/L 일련번호에 의해 화물관리번호가 B/L 한 건에 대하여 하나씩 자동으로 부여된다. 화물관리번호는 사람에게 있어서 주민등록번호와도 같은 것으로 세관의 수입화물관리에서 가장 중요한 자료이다.

수출화물에 대한 적하목록은 선사 자신이 작성한 Master B/L과 포워더가 작성한 House B/L을 취합하여 출항 다음날까지 세관에 전자문서로 제출해야 한다.

이 서류는 양륙지에서 수입통관을 위하여 세관에 제출할 때 필수적인 제시해야 하는 서류로 사용된다. 세관은 법률에 따라 과세를 하거나 마약과 총기류 등 우범성이 높은 화물을 선별하기 위해 이 서류를 심사한다.

7) 화물도착통지서

화물도착통지서(Arrival Notice, A/N)는 화물이 도착항에 도착하면 선사가 착하통지처(notify party)로 기재된 자에게 화물의 도착을 서면으로 통지하게 되는데 이때의 통지서를 말하며 착선통지서 또는 착하통지서라고도 부른다.

통지를 받은 수하인은 이 통지서를 받은 후 화물의 하역과 통관준비를 하게 된다. 통지서에는 선하증권 번호, 화물명세, 중량과 도착일자 등이 기재되어 있다.

8) 화물인도지시서

화물인도지시서(Delivery Order, D/O)는 선사나 그 대리점이 선장이나 수입지의 화물 보관인에게 화물을 선하증권의 정당한 소지인에게 인도하도록 지시하는 증서이다.

즉, 수입대금을 결제한 후 선하증권 원본을 수취한 수입자가 이를 선사에 제시하면 선사나 그 대리인이 수입하주에게 화물을 인도할 것을 지시하기 위해 본선의 선장이나 보세창고 관리인 앞으로 발행하는 서류가 화물인도지시서이다.

선하증권의 소지인은 선하증권을 선박이 도착하는 항만에서 선사나 그 대리인에게 제시하고 화물의 인도를 청구하면 대리점에서는 화물인도지시서를 발행하게 된다.

이후 수입자는 수입통관절차를 완료한 후 화물인도지시서를 선장이나 보세창고관리인에게 제시한 후 수입물품을 수령한다.

수입지에서 화물의 인도는 선하증권과 바꾸어 인도하는 것이 원칙이지만, 선하증권은 중요한 유가증권으로 분실이나 파손의 염려가 있기 때문에 그 대용으로 화물인도지시서가 발행 및 이용되는 것이다.

컨테이너의 경우 화물인도지시서는 선사가 화물보관자인 CFS나 CY 운영업체(operator)에 화물인도지시서 소지인에게 화물을 인도할 것을 지시하는 서류의 역할을 한다.

9) 화물인수증

화물인수증(Boat Note, B/N)은 수하인이나 그 대리인이 D/O와 상환으로 수입화물을 인수하는 경우에 화물의 수취증으로서 본선 측에 제출하는 서류를 말한다. 이를 Cargo Boat Note 또는 화물수취증이라고도 한다.

선적할 때 발행되는 본선수취증(M/R)에 상대적인 개념으로 선주나 그 대리인인 일등항해사, 수하인 혹은 하역업자 사이에 작성하는 화물의 인수인계서이다.

여기에 기재되지 않은 화물의 손상이나 수량부족에 대하여는 운송인은 특별한 사정이 없는 한 책임지지 않는다. 이 서류는 해상화물 클레임의 증거와 세관에 대한 수입화물의 양하보고서의 역할을 한다.

Model Form 1 <서식 1> 선적지시서

CODE NO.	S/O No./B/L.No.
	3003

正利航業股份有限公司
Cheng Lie Navigation Co., Ltd.
HONG KONG AGENT

CHENG LIE NAVIGATION (HONG KONG)CO., LIMITED
ROOM 2004-2012, NAN FUNG TOWER
173 DES VOEUX ROAD, CENTRAL, HONG JONG
TEL:28156601(4LINES), 28156669(4LINES)
FAX:28512105

(FULL CONTAINER SERVICE)

SHIPPING ORDER

Please receive for shipment the undermentioned good in apparent good order and condition, unless noted below

Shipper
ALTY ACOUSTIC EQUIPMENT FACTORY
TEL

Consignee
NICE YEAR EXPRESS CO., LTD.
RM.A, 6F, NO.540, SEC.,1,WENSING RD.,
TAICHUNG TAIWAN TEL

Notify Party
SAME AS CONSIGNEE
TEL

Ocean Vessel	Voy No.
KUO LIH	KL508S
Place of receipt	**Port of Loading**
SANSHAN, CHINA	SANSHAN, CHINA
Port of Discharge	**Final destination**
BANGKOK	BANGKOK

Freight to be		Type service requested				Freight payable at	Number of original B(s)/S
Prepaid	Collect	CY/CY	CY/CFS	CFS/CFS	CFS/CY	BANGKOK	3 Original + 6 Copies
☐	■	■	☐	☐	☐		

Marks and Numbers Container No. (Particulars declared by shipper)	Number of Container or Package; Type or Kind thereof;Description of Goods (Particulars declared by shippers)		Gross Weight Kilos	Measurement CBM
NPE (IN TRI.) C/NO.A1-A70,B1-B10, C1-C20,D1-D50, E1-E67,F1-F100, G1-G67,H1-H34, K1-K20,N1-N20, M1-M40,Q1-Q6 ITEM NO: Q'TY: PCS N.W. : KGS G.W. : KGS SIZE: CM MADE I N CHINA	504 CTNS	MICROPHONE AND SPARE PARTS AS PER PROFORMA INVOICE NO.:RS-2005-0624-01 DATED JUNE 24, 2005 CREDIT NO.300013LC0500359	8677.4KGS	40'x 1

SAY TOTAL:FIVE HUNDRED FOUR(504) CARTONS ONLY.

Dangerous & Flammable Cargo(Declared by Shipper)

F.O.B.Value (Declared By Shippers)

EXPORT LICENCE NO.

IMPORTANT

SHIPPERS ARE REQUESTED TO READ CAREFULLY
Weight and measurement required
Shippers are respectfully requested to note that NO SPECIAL INSTRUCTIONS OR CONDITIONS can be recognized by the Carrier, unless initialed by the Carrier when issuing the Shipping Order
Carrier reserves the right to reject any package found not in good Order and condition.
Neither the Carrier nor its Agents will accept any liability for the consequences of cargo being shut out. Carriage of cargo is subject to they terms and conditions of the Carrier' sbill of lading and the applicable tariff.

HOI KONG CONTAINER SERVICE CO., LTD. 海港貨櫃服務有限公司	載運日期：
	CY/C.F.S.
	時間：

Acknowledgement of booking only
CHENG LIE NAVIGATION(HONG KONG)CO.,LTD

AS AGENTS

Model Form 2 <서식 2> 본선수취증서

MATES RECEIPT

COPY NOT-NEGOTIABLE

No. 12667

Convent, LA, 7/21/08

RECEIVED THIS DAY IN APPARENT GOOD ORDER AND CONDITION,

ABOARD THE VESSEL: M/V UBC SYDNEY From

ZEN-NOH GRAIN CORPORATION
OPERATING
ZEN-NOH GRAIN ELEVATOR
CONVENT, LOUISIANA

FOR THE ~~ORDER~~ ACCOUNT OF **ZEN-NOH GRAIN CORPORATION**

1,194,818 12/56 bushels of U.S. NO.2 OR BETTER YELLOW CORN said to weigh 66,909,820 pounds

Stowage: HOLD NOS. 1,2,3,4,5.

L.S.

L.S.

30.350.095 mt

QUALITY & QUANTITY UNKNOWN

Model Form 3 <서식 3> 화물인도지지서

PT Genero Pharmaceuticals

Jl. Arjuna Utara No.52
Kebon Jeruk - Jakarta Barat

Delivery Order

Do No	: DOM15-00000
Do Date	: 21 Agustus 2016
SO No	:
SO Date	:
PO No	: PO-0000001

Phone	: +62 21 89833029
Fax	: +62 21 89833031
Cust Name	: Darya Varia Laboratoria, PT.
Address	: Talavera Office Park Lt. 8-10, Jl. TB. Simatupang Kav. 22-26

No	Item Code	Item Name	Quantity	Unit	Batch	Exp date	Remark
1	F123437	Erha21 DF Erha 1 Facial Wash For Normal & Dry Skin 60 mL	6000	btl	B002	29 Agustus 2017	OK
2	F122462	Erha21 DF Acne Care Lab ACSBP With Salicylic Acid and Sulphu	5000	tube	B001	29 Agustus 2017	OK

Issued by	Aproved by	Delivered by	Received by
Name :	Name :	Name :	Name :
Date :	Date :	Date :	Date :

FRM/GP/MM-05/002/A

제5절 정기선 운송의 선적절차와 인수절차

1. 정기선 운송에서 선적절차 (재래식)

1) 선적요청

계약조건에 따라 송하인(shipper)이나 수하인(consignee) 등 하주는 신용장이나 계약에서 정해진 선적날짜에 맞추어 배선표를 참조하여 적합한 선사의 선박을 선정하고, 그 선사나 그 대리점에게 선적을 신청하는 선복요청서(S/R)를 제출한다.

2) 선사의 인수확인

선사는 하주의 선적요청을 승낙(acceptance)이나 인수하게 되면 그 증거로 선복확인서(Booking Note, B/N, 운송계약 예약서)를 하주(송하인)에게 교부한다.

3) 선적지시서 교부

선사는 하주의 선복요청을 승낙한 후 선복장부(shipping book)에 기입하고 선적지시서(Shipping Order, S/O)를 하주에게 교부한다.

4) 수출화물의 검량과 검수

화물이 소재장소에서 출하되어 부두장치장에 반입되면 검척인(measurer)과 검량인(weighter)의 검척과 검량을 받는다. 또한 개개의 화물의 용적과 중량을 계량하여 용적 및 중량표(measurement & weight list)를 작성한다.

검척과 검량은 원칙적으로 선적지에서 이루어지며 양륙지 검량은 특약에 의한다.

검척과 검량의 장소는 세관장치장을 통례로 하고 있으나 선적 전의 조치상 우리나라에서는 본선이나 선측에서 행하여진다. 이것은 운임 산정에 필요한 것이기 때문에 선사가 가장 중요시하며 검량기관에 의뢰는 선사가 담당한다.

한편, 화물을 선적할 때에는 선사의 지정장소에서 화물 개수의 확인 및 각 화물의 손상유무 등을 점검하는데 이를 검수라고 한다. 이 검수에서 본선의 화물인수 담당자는 선적지시서(S/O)와 대조하면서 개개의 현물이 외관상 양호한 상태(apparent good order and condition)에 있는가를 조사한다.

화물을 선적할 때에는 선주와 하주 쌍방의 검수인(tallyman)이 입회하여 선적화물의 수량과 상태 등을 조사하여 그 결과를 검수표(tally sheet)로 작성하여 일등항해사에게 이를 보고한다.

5) 본선에의 선적

대량의 화물을 선적하는 경우에는 송하인이 직접 화물을 본선에 반입하여 선적하는 경우도 있는데 이것을 직적(直積) 또는 자가적재(自家積載)라고 한다.

현재는 국제물류주선업자(freight forwarder, 포워더)가 본선적재를 대부분 대행하고 있는데, 이때 그 화물과 함께 본선에 교부해야 할 서류는 선사에서 선장 앞으로 보내는 선적지시서(S/O), 선사의 화물인수목록(booking note) 등이며 본선 승선 세관원에게 수출신고필증도 제시해야 한다.

화물은 본선의 양하기로 본선에 적재되는데 이때에 전술한 바와 같은 화물검수(tally)가 이루어진다. 검수는 관계서류와 현품을 대조하면서 이루어지며 정확성을 기하기 위해 선사 측과 하주 측 쌍방의 검수인이 입회한다.

그 결과 인수 측과 인도 측 사이에 수량의 차이가 있을 때에는 Remarks를 본선수취증에 기재하여 이 사실을 양륙지 선사에 통지한다. 이러한 과정을 거쳐 화물을 본선에 인도한다.

6) 본선수취증의 입수

화물이 본선에 반입되면 선박의 운항책임자인 일등항해사(chief mate)는 선장을 대리하여 선사가 발급한 선적지시서(S/O)의 내용을 대조, 확인하여 화물을 수취한 다음 선창 내(under dock)에 적부시킨다. 이때 화물을 수취한 증거로서 일등항해사가 발행하는 수취증을 본선수취증(Mate's Receipt, M/R)이라고 한다.

7) 선하증권의 발급과 입수

발급받은 본선수취증을 송하인이 선사에 제출하면 선사는 이와 상환으로 송하인에게 선하증권(Bill of Lading, B/L)을 발급해 준다. 선하증권은 화물의 수취증이며 운송계약의 추정적 증거서류이고 청구권과 처분권이 있는 권리증권이다.

원래 선하증권은 선박의 지휘 감독자인 선장이 운송의뢰자인 하주에게 발행하는 것이지만 실무에서는 선사의 항로주임이 선장을 대리하여 발행하고 있다.

8) 매입을 위한 서류정비

계약물품의 선적 이후 선사로부터 B/L을 입수하면 신용장결제의 경우 수출업자는 신용장에서 요구하는 서류들을 정비하여 매입(negotiation)을 준비하게 된다.

오늘날 무역거래의 주된 결제수단은 화환어음(documentary bill)이며 선하증권은 동 환어음을 결제하는데 있어 가장 기본이 되는 서류이다.

2. 특수화물의 선적

1) 고가화물

통화, 금은(金銀), 보석, 귀금속, 유가증권, 미술품 등의 귀중품은 하주의 요청에 따라 귀중품 차고(treasure room)에 보관되며 특별한 취급을 받는다.

선적시에는 선복요청서 상부에 'Valuable Goods'라고 고가품임을 명시하고 그 수출원가를 기재한다. 이 원가의 비율에 따라 운임이 부과되며 선사는 보관과 취급상 특별한 주의를 기울이게 된다.

2) 위험화물

화재나 자연발화의 위험이 있는 화물, 가연성 및 폭발성이 있는 화물, 독성이 있는 화물이나 부패성 화물은 취급자뿐 아니라 혼적한 화물에 손해를 끼칠 염려가 있으므로 법규가 정한 바에 따라 특별히 주의해야 한다.

이들 화물은 포장에도 특별히 주의해야 하는데 외부포장에는 위험품인 것을 명확히 표시하는 한편 품명, 특성, 취급상의 주의문언도 기재되어야 한다.

3) 특별 중량화물과 장척화물

자동차나 기관차 등 중량이 많이 나가는 화물의 선적에는 보통의 선박에 설치된 양하기(winch) 대신에 대형 기중기(heavy crane)가 사용된다.

이러한 기중기의 사용에는 일반 기중기와 달리 특별비용이 발생하기 때문에 할증운임이 부과된다. 또한 철도용 레일과 같은 장척화물의 운송에도 특수설비가 필요하기 때문에 할증운임이 부과되는 것이 일반적이다.

4) 갑판적 화물과 산 동물

길이가 긴 목재나 철재, 각종 부패성 화물은 갑판적재(on deck shipment)가 관습화 되어 있다. 갑판적은 하주의 요구나 승낙이 있어야 하고 선주는 B/L에 갑판적재 화물에 대한 면책약관을 설정하고 있다. 또한 산 동물도 갑판적재를 통례로 하고 있는데 이 경우 갑판 위에 그 동물을 수용하는 데 필요한 특별설비를 하게 된다.

5) 기타의 특수화물

일반화물 중에도 미가공 원료품, 불결한 혐오성 화물, 변질성 화물, 냉동화물 등은 기타의 특수화물로 취급되는데, 이러한 화물은 특별한 취급과 함께 전문적인 지식, 기구, 설비 등이 필요하기 때문에 할증운임이 부과된다.

3. 정기선 운송에서 수입화물의 인수절차

1) 수입화물의 선적통지 수령

수출하주는 화물을 선적하면 즉시 전신으로 그 사실을 수입자에게 통지하기 위해 선적통지서(Shipping Advice)를 발송한다. 이 통지서를 수령한 수입자는 선사나 그 대리점에게 조회하여 본선의 입항날짜 등을 확인한다.

2) 본선도착 통지와 선사의 화물인수 요청

본선이 입항하면 선사는 수하인에게 본선의 도착사실을 통지하고 화물인수를 요청한다.

이것은 그 선하증권에 착하통지처(Notify Party)로 수입자가 기재되어 있는 경우로 한정되기 때문에 도착 통지의 유무를 막론하고 수입자는 자진해서 선사에 도착 여부 등을 문의해야 한다.

착하통지처는 화물을 실은 본선이 목적항에 도착하면 선사는 화물을 찾아갈 사람에게 도착사실을 통지하는데(Arrival Notice) 이때 통지처로 지정된 사람을 말한다.

이 도착통지가 접수되는 대로, 한편에서는 세관에 수입통관절차를 밟고 다른 한편에서는 선사에 대해 하수(荷受)의 절차를 취하게 된다.

3) 수입 대금결제와 선하증권 등 서류 취득

수입자는 수출자로부터 받은 선적통지서를 통해 수입품의 적재선명과 그 입항일자 등을 예측하여 은행절차를 통해 관계서류를 취득하게 된다.

보통 본선으로부터 화물을 인도받을 때에는 그 운송서류와 상환하지 않으면 안 된다.

대개의 경우 이 선하증권은 화환어음의 담보로서 수출지 은행에서 수입지 은행으로 송부되므로 수입자는 은행을 통해 수입대금을 결제하고 선하증권 등 화물의 인도청구에 필요한 서류를 취득하게 된다.

4) 화물인도지지서(D/O)의 입수와 화물인수

은행으로부터 입수한 선하증권에 수하인이 배서하여 선사에 제출하면 선사는 화물인도지시서(Delivery Order, D/O)를 발급하고, 수하인은 이 D/O와 상환으로 수입화물을 선사로부터 인수한다.

즉, 선사는 사전에 본선의 선장이 제출한 적하목록과 화물의 품명, 하인 및 화물번호 등을 조회하고 운임의 완납을 확인하면 B/L과 상환으로 D/O를 교부한다.

D/O는 선주나 이를 대리하는 책임자가 본선의 선장이나 화물 소재지의 현장 책임자 앞으로 이 서류에 기재된 화물을 이 서류 지참자에게 인도하라고 지시한 문서이다.

4. 정기선 운송에서 서류의 인도

1) 수입화물선취보증서(L/G)

(1) 필요성

본선이 입항하여 화물이 양륙되었음에도 불구하고 운송서류가 수입지에 도착되지 않는 경우가 있다. 이 경우 선하증권과의 상환이 이루어지지 않아 화물인수가 불가능하면 수입자는 화물을 인수하지 못하여 판매기회를 놓칠 우려가 있다. 이를 위해 수입화물선취보증서에 의한 인도라는 편법이 국제상관습으로 널리 인정되고 있다.

(2) 의의와 기능

수입화물선취보증서(Letter of Guarantee, L/G)는 운송서류가 내도하기 전에 수입자와 신용장 발행은행이 연대 보증한 보증서를 선사에 서류원본 대신 제출하고 수입화물을 인도받는 제도이다.

이 서류를 이용하는 근본적인 목적은 수입화물은 이미 목적항에 도착하였으나 운송서류가 도착되지 않아 화물의 인도를 청구할 수 없는 데에서 오는 수입자의 손실을 방지하는데 있다. 이를 이용하면 선사는 은행의 L/G를 받고 화물을 인도함으로써 사고발생시 이를 커버할 수 있고 은행도 담보화물의 조기인도에 따른 자금회수를 적기에 이룰 수 있다.

(3) 내용

L/G는 선하증권이 도착하면 이를 지체 없이 선사에 제출하고, 이 수입화물선취보증서에 의해 인도된 화물에 대하여 발생되는 모든 손해는 수입 하주와 보증은행이 책임을 지며, 양륙지에서 지급되는 추가운임 및 기타 비용과 선적지에 있어서의 미납선임 및 비용일체를 부담할 것 등을 발행은행이 보증하는 내용으로 구성되어 있다.

(4) 효과

첫째, L/G가 발급되면 차후에 도착한 운송서류 원본에 하자가 있더라도 발행은행은 이를 이유로 지급이나 인수를 거절할 수 없다. 또한 원본서류가 도착하면 즉시 이를 선사에 송부하고 L/G를 회수해야 한다.

둘째, 일람후 정기출급 환어음(time draft)인 경우에는 수입화물선취보증서의 발급일로부터 환어음의 만기일이 확정된다.

셋째, 신용장대금의 완납 문제가 발생한다. 즉, L/G가 발급되면 그 시점에서 화물의 소유권이 수입자에게 귀속되는 효력을 발생시키므로 발행은행은 신용장 대금의 완납을 수입자에게 요구한다.

2) 수입화물대도(T/R)

(1) 필요성

신용장결제에서 수입자는 화환어음을 결제하지 않으면 운송서류를 입수할 수 없을 뿐 아니라 운송인으로부터 화물을 인도 받을 수 없게 된다.

이 경우 수입자가 운송서류의 소유권은 담보물로서 그것을 보유하고 있는 은행에 있다는 것을 인정하고 그 운송서류를 입수하기 위하여 은행소정의 수입화물대도 신청서를 기재하여 은행에 제출하는데 이를 수입화물대도(Trust Receipt, T/R)라고 한다.

T/R은 일람출급신용장(sight credit)에서 수입자는 서류가 도착하면 발행은행에게 수입대금을 지급하고 이를 수령해야 하는데, 이때 서류를 수령할 자금이 없는 경우 수입자는 발행은행의 금융으로 이를 대체하고 발행은행은 운송서류를 수입자에게 넘겨주는 대가로 물품에 대한 담보권을 갖도록 약정하는 제도이다.

(2) 성격

수입화물의 대도는 발행은행은 소위 자동결제기능에 따라 수입화물을 담보로 취급하게 된다. 따라서 은행은 소유권만 보유하고, 수입자가 우선 수입물품을 통관하여 제조, 가공, 판매할 수 있도록 하고 그 후에 물품의 판매대금으로는 수입대금을 우선적으로 결제하도록 하는 일종의 대출행위이다.

(3) 효과와 효용

T/R은 수입자에게는 환어음 대금을 결제하기 전에 화물을 처분할 수 있도록 하는 동시에 발행은행에게는 그 담보권을 상실하지 않도록 하는 제도이다.

따라서 화물의 소유자는 어디까지나 은행이며 수입자는 이를 빌려가는 형식을 취하게 되므로 신탁양도방식으로 대도하게 된다.

일람출급 신용장에서 T/R은 기한부 신용장의 경우와 같은 수입편의를 발행의뢰인(수입자)에게 부여한다는 데 그 의의가 있다. 그러나 대도제도는 수탁자의 신용에 의존하는 것이기 때문에 수탁자가 신용이 확실하고 선의에 따라 행동할 경우에만 그 본래의 목적을 달성할 수 있다.

(4) 요건

T/R을 위한 수입자의 요건은 ① 수입자의 신용이 양호할 것 ② 수입자가 위탁자의 담보물건을 다른 대출의 담보로 제공하지 않을 것 ③ T/R 대상물품의 처분대금은 다른 용도에 쓰지 않고 즉시 신용장의 대금결제에 사용할 것 등이다.

Model Form 4 <서식 4> 수입화물선취보증서(영문)

LETTER OF GUARANTEE

TO
(Shipping Company)

L/G No.
Date

Vessel Name/Voyage No.		L/C No.	Date of Issuing
Port of Lading		Invoice Value	
Port of Discharge(or Place of Delivery)		Description Cargo	
Bill of Lading No.	Date of Issue		
Shipper			
Consignee		No. of Packages	Marks & Nos.
Party to be Delivered			

Whereas you have issued a Bill of Lading covering the above shipment and the above cargo has been arrived at the above port of discharge(or the above place of delivery), we hereby request you to give delivery of the said cargo to the above mentioned party without production of the original Bill of Lading.

In consideration of your complying with our above request, we hereby agree as follows :

1. To indemnify you, our servants and agents and to hold all of you harmless in respect, of liability, loss, damage or expenses which you may sustain by reason of delivering the cargo in accordance with our request, provided that the undersigned Bank shall be exempt from liability for freight, demurrage or expenses in respect of the contract of carriage.
2. As soon as the original Bill of Lading corresponding to the above cargo comes into our possession, we shall surrender the same to you, whereupon our liability hereunder shall cease.
3. The liability of each and every person under this guarantee shall be joint and several and shall not be conditional upon your preceeding first against any person, whether or not such person is party to or liable under this guarantee.
4. This guarantee shall be governed by and construed in accordance with Korean law and jurisdiction of the competent court in Korea.

Should the Bill of Lading holder file a claim or bring a lawsuit against you, you shall notify the undersigned Bank as soon as possible

Yours faithfully,

For and on behalf of
[Name of Requester]

Authorized Signature

For and on behalf of
[Name of Bank]

Authorized Signature

Model Form 5 <서식 5> 수입화물선취보증서(한글)

수입화물선취보증서

수신
(선박회사명)

L/G 번호
발행일자

선명/항차번호		L/C 번호	발행일
선적항		송장금액	
양하항(또는 인도장소)		화물명세	
선하증권번호	발행일		
송하인			
수하인		포장개수	하인 및 번호
인수예정자			

귀사가 상기 선적화물에 관한 선하증권을 발행하였고 상기화물이 상기 양하항(또는 인도장소)에 도착하였기에, 우리는 선하증권 원본을 제시함이 없이 상기 당사자에게 상기화물을 인도해 줄 것을 귀사에게 요청합니다.

귀사가 상기와 같이 당사의 요청에 따를 경우 우리는 아래와 같이 합의합니다.

1. 귀사와 귀사가 지정한 고용인, 대리점 모두는 당사의 요청에 의하여 화물을 인도함으로써 발행할지도 모를 채무, 손실, 손해 또는 비용에 대하여 면책한다. 다만, 은행은 운송계약과 관련하여 발생하는 채무, 운임, 체선료, 기타비용은 책임을 지지 않는다.
2. 상기화물의 선하증권 원본을 입수하는 대로 귀사에게 전달하겠으며 이때 당사 책임은 종료된다.
3. 본 보증서상 아래 서명자 각각 모두가 단독 및 연대책임이 있으며, 귀사가 아래 서명자 중 어떤 사람에게 먼저 소송을 제기하였을 때 해당인(피고인)이 당사이든 아니든 책임이 있든 없든 그것은 조건부가 아니다.
4. 이 보증서의 준거법 및 관할법원은 한국법 및 한국법원으로 한다.

선하증권 소지인이 분쟁 또는 소송을 제기하는 경우에는 가능한 빨리 은행에 통보하여야 한다.

하 주	은 행
(서 명)	(서 명)

Model Form 6 <서식 6> 수입화물대도(Trust Receipt) 신청서

수 입 인 지		담 당	대 리	차 장	부점장
	수입화물대도(T/R)신청서				

신한은행 앞

본인은 아래 신용장 등에 의하여 도착된 수입화물을 대도 신청함에 있어서 은행여신거래기본약관, 따로 제출한 수입거래약정서 및 양도담보계약서의 모든 조항에 따를 것을 확약합니다.

선하증권 기 타	번 호 : 발 행 일 : 발 행 인 :
대도(T/R) 금 액	금 액 : (원 화 : ₩)
신용장 등	번 호 : 발 행 일 : 금 액 :
물 품 명 세	물 품 명 : 수 량 : 단 가 : 금 액 : US$ 화물표시 및 번호 : 선 적 항 : 도 착 항 : 도착(예정)일 : 선 명 :

선적서류	선 하 증 권	항공화물 운송장 등	상 업 송 장	보 험 서 류	포 장 명세서	원산지 증명서	중 량 용 적 증명서	검 사 증명서	기 타
통 수									

년 월 일

신청인 ㊞

주 소

인감대조

제6절 해운동맹

1. 해운동맹의 의의와 목적

1) 해운동맹의 의의

해운동맹(shipping conference)은 특정 정기항로에 취항하고 있는 선사들이 운임이나 영업조건(취항항로, 적재량 등) 등에 대하여 일종의 국제카르텔(cartel)을 형성하는 것을 말한다. 현재 대부분의 정기항로에는 해운동맹이 결성되어 있다. 해운동맹은 주로 같은 루트를 운항하면서 이해관계를 같이하는 선사들 사이에서 형성되어 있다.

해운동맹을 항로동맹(navigation conference) 또는 정기선동맹(liner conference)이라고도 하며 운임이 가장 중요하므로 운임동맹(freight conference)이라고도 한다.

해운동맹에 가입한 선박을 동맹선(conference member liner, member liner), 동맹에 가입하지 않는 선박을 비동맹선(outsider, non-conference liner)이라 한다.

2) 해운동맹의 목적

해운동맹은 특정 항로에서 둘 이상의 정기선사가 상호 독립성을 유지하는 것이기 때문에 대내적으로는 과당경쟁을 억제하고 대외적으로는 독점력을 강화시킴으로써 상호간의 이익을 증진하고 지위를 향상시키는 데에 근본적인 목적을 두고 있다.

2. 해운동맹의 장단점과 주요 항로

1) 해운동맹의 장단점

해운동맹은 선주 상호간 경쟁의 조절을 통해 정기항로의 질서를 유지하고 하주들에게는 장기간 운임의 안정과 정기서비스를 제공한다.

반면에, 선주가 독점적 지위를 이용하여 높은 운임을 부과하거나 배타적 수단으로 부당하게 비동맹 선주를 압박하는 등 해운의 진흥을 저해하는 측면도 있다.

2) 해운동맹의 연역과 현황

1875년에 시작된 영국·인도항로 CALCUTTA 해운동맹을 비롯하여 구주/극동 항로 외에 여러 항로에 해운동맹이 결성되어 있다. 대표적인 해운동맹에는 유럽항로의 합리적 운영을 목적으로 NYK, MOL, K-LINE, Maersk, Sea Land, 현대상선 등이 가입된 구주 운임동맹과 대서양항로 동맹협정 및 북미 수입운임협정 등이 있다.

3. 해운동맹의 종류와 규제수단

1) 해운동맹의 종류

(1) 폐쇄식 동맹

폐쇄식 동맹(closed conference)은 동맹이 승인할 만한 일정 자격과 실적을 가지고 있지 않는 선사는 극단적으로 신규 가입을 제한하는 형태이다.

구주항로나 호주항로 등에 결성되어 있으며 영국식 동맹이라고도 한다. 폐쇄식 동맹은 동맹 구성원간의 단결이 강하고 항로가 안정되어 있는 장점이 있다. 미국, 일본, 우리나라 등은 폐쇄식 동맹을 법으로 금지하고 있다.

(2) 개방식 동맹

개방식 동맹(open conference)은 그 항로에 배선하는 의지나 능력이 있는 선주라면 누구라도 자유로이 가입시키는 형태로 미국식 해운동맹이라고 부른다. 개방식 동맹은 동맹원간의 단결이 미약하고 항로가 안정되어 있지 않은 단점이 있다.

2) 해운동맹의 규제수단

해운동맹의 규제수단은 동맹 내부인 회원(member) 상호간의 내부 규제수단과 동맹 외부, 즉 하주에 대한 외부 규제수단으로 분류된다.

(1) 동맹의 내부 규제수단

해운동맹의 내부 규제수단은 동맹에 가입하고 있는 동맹선사들의 단합과 규제를 위한 수단으로 '해운동맹의 대내적 경쟁제한수단'이라고도 한다.

① 운임협정

운임협정(freight agreement)은 모든 해운동맹에 공통으로 적용되는 가장 기본적인 협정이다. 해운업의 경쟁은 결국 운임에 관한 경쟁이므로 이것을 규제하여 선사들 사이에 운임경쟁을 하지 못하도록 하는 것이 운임협정이다.

동맹회원은 정해진 공표운임률을 충실하게 준수하여야 하는 의무를 부담하고 이를 변경하고자 하는 경우에는 다른 동맹회원들의 동의가 필요하다.

이를 위반했을 경우에는 위약금(penalty)을 납부해야 한다. 다만, 항로 사정에 따라 특정화물의 운임을 Tariff Rate로부터 제외하고 자유운임(open rate)으로 그 운임을 각 회원이 자유로이 결정하게 하는 경우도 있다.

② 배선협정

배선협정(sailing agreement)은 동일 운송구간을 운행하는 동맹선사별로 배선 선복량을 할당하고 그 초과분에 대해서 벌금을 부과하는 제도이다.

배선협정은 일종의 수량적 카르텔로 항로제한협정 또는 항해협정이라고도 한다. 본 협정을 체결하는 궁극적인 목적은 특정 항로에서 선사들이 서로 배선량을 조절하고 제한함으로써 선복과잉에 의한 과당경쟁을 방지하려는 것이다.

협정의 주요 내용은 일정한 항로에서 항해수, 기항지, 최대 적취량 등을 규제하는 것으로 단순한 운임협정보다 더욱 강력한 경쟁억제수단이다.

③ 공동계산협정

공동계산협정(pooling agreement)은 각 동맹선사들이 특수항로에서 일정 기간 내에 벌어들인 운임을 사전에 정한 배분율에 따라 배분하는 방식이다.

이 방식에서는 일정 기간 내에 벌어들인 운임수입에서 소정의 공동 경비들을 공제한 금액을 사전에 정해진 일정한 배분비율(pooling point)을 각 동맹선사의 경력이나 실적 등에 따라 각 선사에게 나누어준다. 이 협정은 가장 강력한 내부경쟁의 제한수단으로 운임공동계산이라고도 부른다.

④ 공동운항

공동운항(joint service)은 동맹선사간의 경쟁배제를 위해 특정 항로에 한하여 일시적으로 특정 항로에 두 개 이상의 선사가 합작회사 형태로 수척의 선박을 공동으로 투입하되 각 선사별로 독자적인 운임, 서비스 조건 등을 정하여 운항하는 방식이다. 이를 공동배선 또는 공동경영이라고도 부른다.

이 경우 동맹선사는 각자의 독립성을 유지하면서 특정 항로의 선박과 시설을 특정 동맹선사에게 수탁하는 방식과 그 공동경영의 일부를 분담하는 방식이 있다. 수익운임은 동맹선사에 미리 정해진 비율에 의거 매 결산마다 배분한다.

각 선사들의 자기 이름이 그대로 남아 있고 운영만 공동으로 하기 때문에 영업활동이 자유롭고 신축성 있게 독자적으로 행동할 수 있다.

⑤ 중립감시기구

중립감시기구(Neutral Body, N/B)는 동맹회원사간의 건전한 상거래질서 유지를 위해 회원사의 부당행위를 감독하고 위반할 때 벌칙금(penalty)을 부과하는 기구이다.

동맹선사 간의 운영 및 연락을 위해 설치하는 기구라는 의미에서 이를 집단사무소라 부르기도 한다. 구주운임동맹(FEFC)의 경우는 중립감시기구 활동의 공정성을 기하기 위해 이를 외부의 전문 용역회사에 의뢰하고 있다.

(2) 동맹의 외부 규제수단

해운동맹의 외부 규제수단은 '해운동맹의 대하주 구속수단' 또는 '계약하주 구속수단'이라고도 부르며 다음과 같은 종류들이 있다.

① **계약운임제**(contract rate system)

계약운임제는 해운동맹의 공표운임률을 크게 계약운임률(contract rate)과 비계약운임률(non-contract rate)로 이중으로 설정하여 하주가 동맹선에만 선적할 것을 계약하면 저렴한 일반운임률을 적용하고 그렇지 않은 비계약하주에게는 고율의 비계약운임을 적용하는 제도이다. 이것을 이중운임제(dual rate system)라고도 한다.

이 제도에서는 동맹선에만 선적하기로 계약한 하주가 계약을 위반하여 맹외선을 이용하면 위약금을 물도록 하거나 이후 계약을 거부하는 등의 조치를 취함으로써 비동맹선의 이용을 견제하고 있다.

② **성실환급제**(fidelity rebate system)

성실환급제는 일정 기간 모두 동맹선에만 선적한 하주에 대해 운임이 선불이든 후불이든 관계없이 그 기간 내에 선사가 받은 운임의 일정 비율을 기간 경과 후에 환불하는 제도이다. 이것을 운임할려제라고도 하며 운임연환급제와는 달리 유보기간이 없이 일정 기간 경과 후에 그 환불금을 전액 한 번에 지급해 준다.

③ **운임연환급제**(deferred rebate system)

운임연환급제는 일정 기간(보통 6개월 내지 1년) 동안 동맹선에만 선적한 하주에 대해서 그가 지급한 운임의 일부를 환불해 주는데, 환불은 그 기간에 이어 계속해서 일정 기간 동맹선에만 선적할 것을 조건으로 하여 계속되는 일정 기간이 경과된 후에 이루어지는 제도이다. 이것을 운임연할려제라고도 한다.

이 방식은 성실환급제와 달리 일정 기간이 경과한 후에 환불을 해주기 때문에 전액 환불을 받기 위해서는 일정 기간 동안 더 동맹선을 이용해야만 한다.

하주 구속수단 중 가장 교묘하고도 가혹한 것이다. 이 제도는 19세기 후반에 생긴 것이나 현재는 일부 지역을 제외하고 공정거래를 해친다는 이유로 금지시키고 있다.

④ **경쟁억압선**(fighting ship)

경쟁억압선은 특정선박을 맹외선(outside, 비동맹선)의 운항 일정에 맞춰 배선시키고 그들보다 저렴한 운임으로 수송하여 그 집하를 적극적으로 방해하기 위해 이용되는 선박이다. 이때 소요되는 비용은 동맹회원이 공동으로 부담한다. 맹외선사를 압박하는 힘이 너무 강하기 때문에 각국 해상운송법에서는 이를 금지시키고 있다.

4. 해운동맹의 퇴조와 변화

1) 해운동맹의 퇴조

무역거래의 발전을 위해서는 각 지역에 정기선 항로가 안정적으로 개설되어야 하며 또한 하주들에게 장기간 안정된 해상운임을 제공하는 것이 필요하다.

해운동맹은 이러한 필요성을 배경으로 등장하였기 때문에 독점적이고 배타적이라는 단점이 있음에도 불구하고 긍정적인 측면이 보다 더 많았기 때문에 정기선 시장에서 그 존재를 유지하여 왔다. 세계적으로 해상운송이 호황기였던 1970년대 중반까지는 해운동맹의 수가 무려 350여 개에 이르렀다.

그러나 1970년대 후반부터 정기선 운송에 아시아의 개도국들과 동구권의 맹외선사(outsider)들의 대거 진입, 복합운송의 발달, 세계일주와 시계추서비스의 전개 등으로 해운동맹에 대한 신뢰가 무너지면서 해운동맹은 약화되기 시작하였다.

이어 미국의 1984년 신해운법(Shipping Act 1984)과 1998년 외항해운개혁법(The Ocean Shipping Reform Act of 1998)의 제정은 동맹을 크게 약화시켰고 2008년 10월 EU가 해운동맹의 폐지를 결정하면서 해운동맹은 정기선 시장에서 거의 소멸과정에 있다. 그 요인들을 상세하게 살펴보면 다음과 같다.

(1) 개도국과 동구권 선주들의 등장

1970년대 후반부터 자국 해운산업의 보호·육성을 위해 도입한 '자국화 자국선정책'을 기반으로 대만과 한국 등 아시아의 개발도상국 선사들이 해운업에 대거 참여하였고 동시에 외화수입을 목적으로 구소련(러시아)과 중국 등 사회주의권의 비동맹선사들도 정기선 시장에 적극적으로 진입하였다.

이들의 출현과 활동은 대부분의 정기항로에서 기존의 해운동맹 선사들과 경쟁관계에 서게 되었고 이는 해운동맹의 힘을 약화시키는 계기가 되었다.

(2) 복합운송의 발달과 정기선사에 대한 복합운송서비스의 요구 증대

1970년대 컨테이너화(containerization)의 급속히 진전됨에 따라 복합운송이 활성화되었다. 복합운송의 목표는 육해공 운송수단의 상호결합을 통해 '문전에서 문전'까지의 서비스를 일관하여 제공하는 것이므로 항구에서 항구(port to port) 구간까지의 서비스를 위주로 제공하여 왔던 해운동맹은 경쟁력을 상실하게 되었다.

컨테이너선의 발달과 복합운송체제의 활성화는 선사들을 단순히 항구에서 항구까지 운송하는 해상운송인에 머무르지 않고 국제간의 Door to Door운송을 일괄 인수하는 국제복합운송업자가 되게 하였다.

(3) 선주들의 세계일주와 시계추서비스 전개

1980년대 중반부터 태평양, 유럽, 대서양항로와 같은 간선항로(trunk route)에서는 대형 선사들을 중심으로 세계일주서비스(round the world service)와 시계추서비스(pendulum service)를 제공하는 선사들이 등장하였다.

시계추서비스는 해운선사들이 서비스의 세계화를 추진하기 위하여 선박의 배선을 마치 시계추와 같이 구주/극동항로에 이어서 극동/북미항로로 이어지도록 항로를 통합한 서비스로 특정 지역을 왕복하며 다른 항로와 연계하는 국제운송방식이다.

이 서비스는 세계 주요 기항지를 서로 연결함으로써 선박의 이용을 최대한으로 제고하는 동시에 이중 기항을 피할 수 있게 됨으로써 선사들이 비용절감을 통한 수익성을 개선하는데 큰 도움을 주었다.

세계일주서비스는 특정 선박이 한 방향으로 운항하여 지구를 한 바퀴 돌아야 하는데 비하여, 시계추서비스는 특정 지역을 축으로 서로 다른 선박이 서로 다른 항로를 취항하여 축과 기점 사이를 왕복운항 함으로써 항로와 항로를 연결하는 효과가 있다.

세계일주와 시계추서비스는 두 무역국의 항만지역 간 서비스를 본질로 하는 동맹기능의 약화시키는 원인이 되었다. 현재 SM해운(구 한진해운)과 조양상선, 대만선사인 Evergreen과 Yang Ming, 세계 1위 선사인 덴마크의 모스크선사(Maersk Line) 등이 이러한 서비스를 제공하고 있다.

(4) 미국의 1984년 신해운법 제정과 1998년 외항해운개혁법 발효

정기선화물의 약 60%를 차지하여 세계 최대의 해운시장을 주도하고 있는 미국은 1970년대 이후 급변하는 세계 정기선해운의 환경변화에 대응하기 위해 1916년 해운법(US Shipping Act of 1916)을 개정하여 1984년 6월 신해운법(US Shipping Act of 1984)을 제정하였다.

이 법에서는 미국 내 하주들의 권익보호를 위해 독자운임결정권(IA)과 우대운송계약(S/C) 등 새로운 운임제도를 도입하였다. 특히, 독자운임결정권은 북미항로 등 미국 관련 항로의 해운동맹에 의무적으로 도입하게 함으로써 해운동맹의 가장 큰 결속수단인 운임협정을 와해시키는 결정적인 계기가 되었다.

또한, 1984년 신해운법을 개정하여 1999년 5월부터 발효된 1998년 외항해운개혁법(The Ocean Shipping Reform Act of 1998)에도 독자운임결정권의 확대, 우대운송계약의 활성화, 하주에 대한 차별대우의 허용 등 선사들이 경쟁을 촉진하는 내용들이 포함되어 있다. 이것은 해운동맹의 공동운임제도를 무력화시킴으로써 운임동맹의 기능을 약화시켰고 이는 결국 태평양항로의 해운동맹을 와해시키는 결과를 초래하였다.

(5) 유럽연합(EU)의 해운동맹 폐지

유럽연합(EU)은 3년의 검토과정을 거쳐 2008년 10월부터 역내지역에서 활동하고 있는 정기선 해운동맹의 공동운임의 설정과 선복량 조절행위를 금지시킴으로써 구주와 대서양항로의 해운동맹을 전격 폐지하였다.

이것은 유럽연합 경쟁이사회(Competitiveness Council)가 2006년 9월 25일 그동안 정기선사의 경쟁법 면제를 인정하던 이사회 규칙 4056/86을 폐지하기로 결정한 것에서 비롯된 것이다.

이와 같은 결정에 따라 2008년 10월부터 150여년 이상 지속되어 오던 정기선 해운동맹 체제가 유럽지역에서 사라지게 되는 한편 이 지역을 운항하는 선사들은 EU 경쟁법의 적용을 받게 되었다. 이제 EU에서의 정기선 업계는 150여 년 동안 인정되던 보호막에서 벗어나 새로운 체제를 맞이하게 된 것이다.

유럽항로에서 해운동맹 체제가 폐지됨으로써 이 항로를 운항하는 정기선 시장의 경쟁구도는 선사간 운임과 집하경쟁 등에서 더욱 치열해지고 있다.

(6) 선사의 선박대형화 전략

20세기 후반부터 각국 선사들은 치열한 운임경쟁 속에서 규모의 경제를 달성하고자 선박의 대형화를 통한 대량수송 경쟁전략을 적극적으로 추진하였다.

이러한 선사들의 움직임은 운임, 배선, 선복량, 취항항로, 기항지 등에 대한 규제가 많은 해운동맹을 걸림돌로 간주하기 시작하였고 이는 당연히 해운동맹의 기능이 약화되는 계기로 작용하였다.

(7) 하주협의회 결정과 발언권 강화

수출입 하주들의 입장을 대변하고 지원하기 위해 1950년대 이후부터 유럽 등 각 지역에서는 하주협의회 및 유사단체들이 발족되어 선주들의 단체인 해운동맹에 조직적으로 대항하여 왔다. 우리나라의 경우도 한국하주협의회(Korea Shipping Council, KSC)가 1972년에 설립되어 수출입운송에 관련된 제반여건의 개선을 통해 무역의 증진과 하주의 권익을 옹호하는데 앞장서고 있다.

특히, 1996년 9월 당시 해양수산부가 우리나라 한국하주협의회를 법정 하주 단체로 지정함에 따라 모든 해운동맹들은 운임을 공표하기 전에 운임과 부대비용에 대해 하주협의회와 반드시 사전에 협의를 거치도록 하주협의회에 힘을 실어 주었다.

우리나라 하주협의회는 동남아시아 하주연합체에 준회원 자격으로 참여하여 각종 운임인상에 대한 공동의 대응방안도 논의하고 있다.

2) 해운동맹의 퇴조와 정기선 시장의 변화

(1) 주요 정기선 항로의 안정화협정 체결

1980년대 중반 이후 주요 정기선 항로에서는 컨테이너 선복량의 공급과잉으로 컨테이너운임이 크게 하락하였다. 이에 위기감을 느낀 항로내 동맹선사와 유력한 비동맹선사들은 항로의 안정화를 위해 항로 안정화협정(stabilization agreement) 또는 협의협정(discussion agreement)을 체결하였다.

이 협정은 해운동맹 선사와 비동맹 선사 간 공조차원으로 맺어진 협정으로 주요 내용은 선복과잉과 운임하락 등으로 공멸의 위험에 처한 동맹선사와 비동맹선사들이 항로질서의 안정화를 위해 긴밀히 협조한다는 것이다.

현재 이 협정에는 동맹선사뿐 아니라 그동안 비동맹을 고수해 온 비동맹선사를 포함하여 항로 내 전체 선사의 80~90%가 참여하여 큰 영향력을 발휘하고 있다.

또한 해운동맹의 전통적 기능인 공통운임을 책정하지 않고 선사간의 협정에 의한 선복량의 조절을 통한 운임안정을 모색하고 있으며 각종 할증료 및 부대비를 신규로 도입하고 인상하는 것에 관한 정보교환을 통해 상호 보조를 맞추고 있다.

대표적인 안정화협정은 아시아지역의 역내협의협정인 IADA(Intra Asia Discussion Agreement), 북미태평양항로의 TSA(Transpacific Stabilization Agreement), 대서양항로의 TAA(Trans Atlantic Agreement) 등이 있다. 이 중에서 아시아-북미간 컨테이너항로 선사협의체인 TSA는 최근 회원사들의 탈퇴가 이어지는 가운데 2018년 2월 8일자로 해체되었다.

(2) 선사들의 전략적 제휴

해운동맹이 정기선 시장에서 퇴조의 과정을 거치면서 해운동맹을 대신하여 등장한 것이 선사들 사이의 전략적 제휴(strategic alliance)이다.

전략적 제휴는 둘 이상의 기업들이 각자가 가지고 있는 고유의 경쟁우위를 바탕으로 상호보완적이고 지속적인 협력관계를 형성하는 것이다. 전략적 제휴는 정기선 시장에서 해운동맹을 대체하는 형태로서 주요 선사들이 독자적으로 단시간 내에 전 세계의 해운물류 서비스 망을 구축할 수 없기 때문에 타 선사와 협력하여 서비스의 세계화를 실현하고 보유선대를 효율적으로 운영하기 위한 선사들 간의 전략이다.

해운동맹과 전략적 제휴의 가장 큰 차이점은 해운동맹은 선복량 통제를 통해 운임의 담합이 이루어지는 것인데 비해, 전략적 제휴는 이러한 통제나 담합 없이 오로지 공동운항을 통한 선복량 공유만을 주 목적으로 한다는 데 있다.

대표적인 전략적 제휴의 형태들로는 첫째, 1996년에 APL, MOL, OOCL, NEDLLOYD, MISC선사들이 결정한 Global Alliance 둘째, 2012년에 APL/NOL, MOL, NYK, OOCL, 현대상선, Hapag-Lloyd 선사들이 결정한 G6 셋째, 2016년에 MAERSK LINE, 현대상선, MSC 등이 결성한 2M 등이 있다.

(3) 선사들의 인수합병과 대형 선사들의 과점 증가

치열해진 경쟁 속에서 경쟁력 우위를 점하고 있는 유럽계 대형 선사들이 상대적으로 작은 규모의 선사들보다 유리한 경쟁 환경에 놓임에 따라 과점화가 가속화 되고 있다. 즉, 최근 정기선 시장은 대형선사간 인수합병(M&A)이 증가하고 있고 초대형선 발주에 따라 대형 선사들의 과점이 강해지고 있다. 향후에는 현재보다 더욱 치열한 경쟁 환경이 조성될 것이기 때문에 이들의 경쟁은 더욱 가속화될 것으로 보인다.

(4) 하주들의 지위 강화

해운동맹의 퇴조 및 폐지에 따른 최대 변화 중의 하나는 정기선 시장에서 상대적으로 유리한 상황에 놓이게 된 포워더를 포함한 하주들의 입김과 교섭력이 더욱 강해졌다는 점이다. 각국의 하주협의회들은 2008년 EU의 해운동맹 폐지결정을 환영하면서 그 동안 선사들이 부과하던 각종 할증료 등도 투명성 있게 부과되어야 한다는 주장하고 있다. 또한 이들은 지금까지 선사들의 이익을 중심으로 인쇄되어 있는 선하증권의 불평등 약관들을 개선하는데 역점을 둘 것이라고 밝히고 있다.

(5) 복합운송과 통합물류서비스의 증가

정기선 시장에서 하주들은 전체 공급사슬의 효율적인 운영을 위해 안정적이고 통합된 물류서비스를 지속적으로 요구하고 있다. 이에 따라 정기항로 선사들은 전통적인 해운서비스만으로는 고객의 요구를 충족하기 어렵다는 판단 하에, 복합운송 및 통합물류서비스 등으로의 서비스영역을 확대시키고 있다.

(6) 각국으로의 확산 움직임

2008년 EU의 해운동맹 폐지에 따라 호주, 싱가포르, 일본, 미국 등 주요국들의 움직임도 빨라지고 있다. 호주와 싱가포르 등은 최근 한시적으로만 해운동맹을 유지한다고 발표했고 일본의 공정거래위원회도 이를 폐지하겠다는 입장이다.

중국은 최근 중일항로에서 발생하고 있는 저가운임에 대해 조사하기로 하는 등 공정거래에 대한 높은 관심을 보이고 있고 EU도 각국에 해운동맹 폐지를 촉구하고 있는 상황이기 때문에 이러한 국제적 움직임은 더욱 확산될 가능성이 있다.

부정기선 운송 제 5 장

제1절 부정기선 운송의 의의와 특징

1. 부정기선 운송의 의의

부정기선(tramper)은 단일 하주의 단일 화물을 용선운송계약으로 운송하는 선박을 말하지만 보통은 산화물(bulk cargo)을 운송하는 선박을 지칭한다.

부정기 선박에 의한 운송을 부정기선 운송(tramper service)이라고 하며 부정기선은 일반적으로 용선운송계약(charter party)의 체결을 통해 운송된다.

부정기선에서 사용되는 선박을 특수전용선(specialized vessel)이라고 하며 이 선박들은 특수화물을 운송하기에 적합하도록 특수한 설비나 시설들이 갖추어져 있다.

부정기선 운송은 정해진 항로를 일정 기간마다 규칙적으로 운항하는 정기선 운송과 달리, 일정한 항로나 하주를 제한하지 않고 선복의 수요가 있을 때마다 또는 하주가 요구하는 시기와 항로에 따라 화물을 운송하는 것이 특징이다.

부정기선 운송방식으로 선박을 운항하는 해운업자를 부정기선 업자 또는 부정기선 해운업자라고 부른다.

2. 부정기선 운송의 특징

1) 운항형태

부정기선 운송은 화물수요에 따라 하주가 요구하는 시기와 항로에 선복을 제공하여 불규칙적으로 운항하는 운송형태이다. 따라서 고정된 운항일정과 항로가 없어 항로의 자유로운 선택이 가능하다. 또한 정기선 운송과 달리, 항로가 일정하지 않고 매 항차마다 항로가 달라지기 때문에 운항 스케줄이 탄력적으로 정해진다.

원유나 석탄 등의 경우에는 정기선 운송과 같이 장기운송계약에 의해 반복적인 운항(consecutive voyage, 연속항해)이 이루어지기도 하지만, 이것은 운항일정을 공시하고 반복적으로 이루어지지 않는다는 점에서 정기선 운송과 구별된다.

2) 운송화물

부정기선 운송은 운임부담 능력이 상대적으로 약한 원유, 철광석, 석탄, 곡물, 시멘트, 원목, 합판 등 대량의 산화물(bulk cargo)을 운송 대상으로 하며 선박은 화물의 성질이나 형태에 따라 벌크선과 전용선이 주로 이용된다.

3) 운임

부정기선의 운임은 그 당시의 물동량과 선복의 수요와 공급에 의한 경쟁으로 결정되기 때문에 불확정 운임(open rate)이다. 따라서 정기선과 같은 일정한 운임률표가 존재하지도 않고 매번 교섭(bargaining)을 통해 결정된다.

부정기선은 보통 저가의 화물이 벌크상태로 운송되기 때문에 운임의 변동이 심하고 불안정하지만 정기선보다는 운임이 저렴한 편이다.

4) 운송인

부정기선 운송은 1인이나 소수의 특정 하주(용선자)를 대상으로 운송서비스를 제공하는 사적 계약운송인(private contract carrier)이 담당하고 용선주와 용선자의 책임과 의무는 용선계약서에 따르게 된다. 부정기선 운송은 정기선에 비해 소자본으로도 운영이 가능하며 정기선 운송과 상호보완적인 측면을 가지고 있다.

5) 운송계약형태

부정기선의 운송계약형태는 선주와 용선자가 대등한 관계에서 운송조건을 상호 협의한 후에 하주가 선사와 직접 또는 용선중개인(chartering broker)을 통해 그 선사 소속의 선복의 일부나 전부를 용선하는 용선운송계약(Charter Party, C/P)을 체결하고 용선계약서를 작성함으로 이루어진다.

용선운송계약은 선하증권에 인쇄된 표준운송약관에 의해 증빙되는 개품운송계약과 달리, 계약자유의 원칙에 따라 선주와 용선자가 계약내용을 자유롭게 정할 수 있다.

용선운송계약에 따라 발행된 용선계약부 선하증권(Charter Party B/L)은 선주와 용선자간에 운송계약의 증빙이 되지 못하고 용선계약서가 그 역할을 대신한다.

6) 시장구조

부정기선의 시장구조는 전 세계 항만을 대상으로 범세계적 단일시장을 형성하고 있고 뉴욕과 동경이 주요 시장이다. 또한 부정기선 시장은 완전경쟁 시장의 특성을 가지고 있으며 해운시장에서 화물과 선박의 거래는 주로 선박중개인(ship broker)을 통해 이루어진다.

제2절 부정기선 운송의 생성과 변화

1. 부정기선 운송의 생성과 발전

최초의 해상운송업은 무역업을 하는 사람이 자기가 취급하는 상품을 자기 선박으로 운송하는 것을 겸하는 형태였다. 이때에는 선박의 운항 형태도 무역업자가 스스로 자신의 화물을 운송하는 형태인 부정기선이었다.

이러한 형태는 중세시대까지 만연하다가 산업혁명을 거치면서 해운업은 무역업에서 분리되어 독립된 업으로 발전하게 되었다. 산업혁명은 운송에 대한 수요를 크게 증가시켰고 목조로 된 범선에서 철강으로 된 증기선을 출현시켰다.

이때부터 타인의 화물을 운송하고 그 대가로서 운임을 취득하기 위해 선박을 운항하는 일반운송인(common carrier)이 등장하여 정기선 운송을 담당하였다.

20세기에 들어서는 산업자본이 해운경영에 진출하여 전문적인 수송을 담당하게 됨에 따라 해상운송에서 정기선과 부정기선이 공존하게 되었다.

2. 부정기선 운송의 중요성

전술과 같이 해운업의 초기 형태는 부정기선(tramper) 운송이었다. 그러다가 산업혁명을 계기로 무역량의 증대, 항해기술의 발달 및 증기선의 등장으로 정기선(liner) 운송으로 분화되었고 이후 컨테이너의 출현은 정기선 운송의 급속한 발전을 가져왔다.

오늘날에는 정기선 운송이 세계 해운의 주류를 형성하고 있지만, 그렇다고 하여 부정기선 운송의 존재가 낮게 평가되거나 무시되어서는 결코 안 될 것이다.

왜냐하면 오늘날 주요 무역상품들은 공산품이기 때문에 정기선으로 운송하고 1차 산품은 부정기선으로 운송하고 있는데 1차 산품은 상품의 내용, 성질 및 모양이 특이하고 다른 상품과 혼재하기 어려워 부정기선으로 운송되어야만 하기 때문이다.

다시 말해 정기선 운송이 주류를 이루고 있지만, 전 세계의 모든 운송 수요를 정기선 운송이 충족시켜 줄 수는 없기 때문에 부정기선의 존재가치는 충분한 것이다.

특히 시기적으로 운송 수요가 급증하는 화물, 운임 부담력이 약한 화물, 양곡 및 석탄과 같은 대량화물의 운송 수요는 부정기 운송이 반드시 존재해야 하는 이유이다.

정기선과 부정기선은 각기 특징적인 활동분야를 갖고 있기 때문에 서로 경쟁적 위치에 있지 않고 상호보완적인 입장에서 국제운송의 양대 지주를 형성하고 있다.

3. 부정기선 운송의 형태 변화

1) 계약형태의 변화

부정기선의 운송계약은 정기선의 개품운송계약과 달리, 하주가 필요한 선복을 임차하여 운송하는 용선운송계약으로 이루어지는 것이 보통이다.

본래 부정기선 영업은 선박의 매 항차마다 선적지와 양하지, 운송시기와 운임조건 등을 감안하여 하주와 운송계약을 체결하는 것이 일반적인 것이다.

그러나 최근 공업의 발전과 교역증대에 따른 운송수요의 대형화 추세에 따라 산화물선이나 전용선과 같은 대형화물선이 출현함으로써 동일 하주와 동일 항로를 여러 차례 반복 운항하는 장기운송계약을 체결하는 형태도 증가하고 있다.

2) 소유형태의 변화

부정기선은 화물과 항로가 한정된 정기선과 달리, 어떤 화물이나 항로에도 채산성이 있으면 배선하는 것이 특징이다. 이러한 부정기선의 특징은 탱커와 전용선이 출현하면서 그 소유형태도 변하고 있는데 그것은 특정 하주가 자가 선박이나 용선에 의해 선박을 소유하여 자가 화물(주로 원료)을 운송하는 형태에서 시작되었다.

따라서 부정기선 시장은 전용선, 겸용선, 탱커 등에서 하주가 자가 선박으로 자기 화물을 직접 운송하는 산업운송인(industrial carrier)과 부정기선 시장에서 채산성에 따라 선박을 배선하는 일반운송인(common carrier)으로 양분되어 있다. 그런데 일반 산화물선의 경우에는 대부분 Common Carrier로 운항되고 있다.

3) 운항 형태의 변화

부정기선의 운항형태는 항차별로 하주나 화물을 달리하는 경우와 1년 또는 2년 이상 장기용선(long term charter) 하는 경우가 있다. 장기용선은 정기용선계약으로서 용선기간이 장기간인 것과 연속항해용선계약(consecutive voyage charter)으로 구별된다.

오늘날 유조선과 광석 전용선의 대부분은 이러한 형태로 장기 계약되어 운항한다. 특히, 석탄이나 광석은 선박을 건조하기 전부터 10년 이상의 장기계약을 체결하여 그 항로에 적합한 선박을 건조하여 운항하는 예가 많고 일반 해운회사가 전용선을 건조할 경우에는 장기계약을 전제로 하거나 하주가 자본이나 금융상의 지원을 하는 경우가 보편화되고 있다. 따라서 단일 항차용선으로 운항되는 전용선은 극히 제한되고 있다.

일반 해운시장에서 운항하는 전용선과 달리, 장기계약으로 운항되는 전용선은 하주에게 종속된 의미를 가지고 있다.

제3절 부정기선 운송의 화물과 시장 및 선박중개인

1. 부정기선 운송의 화물

부정기선은 성질상 광공업의 원료품, 원유, 목재, 석탄, 곡물 등 벌크제품의 운송에 주로 이용되며 유조선, 냉동선, 목재전용선, 자동차전용선, 곡물전용선 등이 그 화물의 운송을 담당한다. 부정기선은 수량이 많은 동일 종류의 화물을 특정 선박에 만재하여 운송하는 경우가 일반적이다.

부정기선으로 운송하는 화물들은 주로 각종 산업의 원재료나 에너지원으로 사용되기 때문에 해당 산업의 생산계획 등에 따라 규모의 경제를 충분히 활용할 수 있는 대형선박으로 수송하며, 화물의 부피나 무게에 비해 화물 자체의 가격이 낮기 때문에 고가의 운임을 부담할 수 없는 화물들이라는 특성을 가지고 있다.

부정기선 운송의 주요 대상화물은 다음과 같은 것들이다.

1) 산화물

산화물(bulk cargo)은 철광석, 석탄, 곡물, 시멘트, 목재, 철강 등 개별단위로 포장하지 않고 이동하는 대량의 화물을 말한다.

2) 탱커화물

탱커화물(tanker cargo)은 원유, 액화천연가스(LNG), 액화석유가스(LPG), 석유제품 등과 같은 대량의 액상화물(liquid bulk cargo)을 탱커(tanker)라는 수단을 통해 이동하는 화물을 말한다.

2. 부정기선 시장

1) 의의

부정기선 시장은 원유, 석탄, 시멘트, 광석, 곡물, 원목, 철강 등 한 종류의 화물이 별도의 단위 포장없이 선박 한 척 또는 선창 한 개를 가득 채울 수 있는 화물에 대한 운송서비스를 제공하는 시장을 말한다.

부정기선 시장에서 해운업자가 운항하는 선박은 ① 자사 소유 선박을 운항하는 경우 ② 타 선주로부터 나용선한 선박을 운항하는 경우 ③ 타 선주로부터 정기 용선한 선박을 운항하는 경우 ④ 타 선주로부터 위탁받은 선박을 운항하는 경우 등이 있다.

2) 특징

첫째, 부정기선은 수요에 따라 수시로 항로를 변경해야 하기 때문에 전 세계를 시장으로 하고 있다. 따라서 부정기선 시장은 정기선의 해운동맹과 같은 국제적인 카르텔(cartel) 조직은 없고 시장참여도 자유스런 경쟁시장의 성격을 가지고 있다.

둘째, 부정기선 시장에서 운임은 시장에서 형성되는 해상물동량(부정기선의 수요)과 운송인의 선복수급(부정기선의 공급) 관계에 따라 결정된다.

셋째, 부정기선과 부정기선 시장의 시황(市況)은 세계의 철강생산량, 농산물의 수확량, 석유가격의 상승과 하락 등 세계의 정치·경제상의 요인, 기후나 계절적인 요인 등에 의한 해상물동량 및 운송인의 선복 수급관계에 따라 끊임없이 변동된다.

넷째, 부정기선 시장에서 하주는 화물의 특성과 운송시기, 항로 등에 적합한 선박을 보유한 선주를 물색하여 선박이나 선박의 일정 공간을 빌리는 형식으로 계약을 체결한다.

다섯째, 부정기선의 영업에는 자기소유 선박으로 화물을 수배하는 경우와 화물운송계약이 있거나 하주로부터 화물을 Offer받아 선박을 수배하는 경우가 있다. 이에 따라 부정기선 시장은 세계 각국에 흩어져 있는 수많은 선박과 선적지와 양륙지를 달리하는 많은 종류의 화물간에 조회(inquiry)가 이루어지는 용선해운시장이 형성되어 있다.

3) 구분

(1) 일반적인 분류

① 일반시장

일반시장(general market)은 발틱 등의 해운거래소나 중개인을 통해 거래가 성사되는 현물시장(spot market)을 말한다. 여기에서는 1회 항해용선의 거래가 주종을 이루지만 연속용선도 거래된다. 운임의 결정이나 운항 형태가 자유경쟁을 전제로 하며 전 세계 곡물거래의 약 50%가 여기에서 이루어진다.

② 특수시장

특수시장(special market)은 거래소나 중개인의 개입 없이 선주와 하주 간에 직접 거래가 성사되는 시장을 말한다. 자유시장과 달리 고정적이고 제한적인 시장을 형성하는 불완전시장으로 전 세계 건화물의 90% 이상이 여기에서 이루어진다.

③ 선물시장

선물시장(forward market)은 곡물, 석유, 금, 구리 등과 같이 가격변동이 극심한 품목을 대상으로 부정기선 시장에서 장래의 위험을 회피하거나 장래이익을 실현할 투기목적으로 선박의 임대차 거래 등이 성사되는 시장을 말한다.

(2) 대상화물의 종류에 따른 분류

① 산화물시장

산화물시장(dry bulker market)은 산화물선이라는 운송수단을 용선하여 철광석, 석탄, 곡물 등 대량의 화물을 전용으로 운송하는 시장을 말한다.

② 탱커시장

탱커시장은 탱커(tanker)라는 운송수단을 용선하여 원유, 액화천연가스 등과 같은 대량의 액상화물(liquid bulk cargo)을 운송하는 시장을 말한다.

(3) 운항형태에 따른 분류

① 선박조달시장

선박조달시장은 운송수단인 선박 그 자체의 거래시장을 말한다. 이 시장은 선주가 조선사에 발주한 신규 조선을 취득하거나 중고선박을 구입하여 선박을 소유 및 운항하는 자선 조달방식이 주류를 이루고 있다. 그러나 임대차 등으로 기간을 정하여 선복을 조달하는 타선 조달방식도 이루어지고 있다.

② 선복운용시장

선복운용시장은 화물의 운송형태에 따른 시장의 형태로 이것은 대규모 하주가 스스로 운송을 담당하는 자가 운송시장과 운임의 취득을 목적으로 타인 하주의 화물을 운송하는 타인 운송시장으로 구분된다. 오늘날 국제운송의 주류는 후자이다.

4) 발전

부정기선 시장은 19세기 이래 런던(London)을 중심으로 시작되어 제2차 대전 이후에는 뉴욕 해운거래소가 중요한 시장으로 등장하였고 1960년대 후반부터는 극동지역을 중심으로 동경시장이 새로운 해운시장을 형성하고 있다.

세계적으로 유명한 용선시장(chartering market)과 그 명칭은 다음과 같다.

용선시장	용선시장명
• 런던시장 (London market)	• Greek, British Owners
• 뉴욕시장 (New York market)	• Continental Owners
• 오슬로시장 (Oslo market)	• Norweigan Owners
• 동경시장 (Tokyo market)	• Japanese Charters
• 홍콩시장 (Hong Kong market)	• Sale & Purchase
• 기타 지역시장 (other local market)	• Paris, Hambung, Athenes, Milan 등

3. 선박중개인

1) 의의

선박중개인(ship broker)은 해상운송의 중개, 선박의 대여, 용선과 대선 그리고 선박의 매매를 중개하는 사람을 말한다. 즉, 송하인과 수하인, 선주와 해상운송인과의 중간에서 가장 적절한 선박과 화물을 선주나 용선자에게 조회하여 제공하고 협상을 중개하여 용선계약이 성사되도록 도와주는 전문가이다.

선주나 하주 어느 쪽에서 일을 하던 선박중개인의 수수료는 선주 측으로부터 용선계약금액의 약 1.25%씩 받는 것이 원칙으로 되어 있다.

중개인이 되기 위해서는 선박 자체에 대한 지식과 용선계약서의 이해, 국내외의 선주, 하주, 용선중개인들과의 폭넓은 채널(channel)은 물론, 선박과 화물의 종류, 선적일, 화물량, 용선료 등의 조건을 가려낼 수 있는 능력이 필요하다.

최근 유로존의 경기 둔화와 세계경제의 성장률 감소로 해운업황의 침체가 이어지는 가운데 직격탄을 맞는 곳이 바로 해상운송의 첨병 역할을 하는 선박중개인들이다.

2010년에 1천 개 이상 활동하던 우리나라 선박중개회사들이 2020년 10월 현재는 아라해운과 장수해운 등 50여 개에 불과한 상태이다.

2) 종류

다음의 선박중개인들은 해운법 제34조 규정에 따라 국토해양부에 등록해야 한다.

(1) 선주중개인

선주중개인(owner's broker)은 선주가 선박을 용선해 주는 용선계약을 맺는 과정에서 선주(용선주)를 위해 행동하는 중개인을 말하며 선주 측의 의뢰를 받아 화물이나 용선자를 중개시켜 주는 역할을 한다.

(2) 용선중개인

용선중개인(charter's broker)은 선주가 선박을 용선해 주는 용선계약을 맺는 과정에서 하주(용선자)를 위해 행동하는 중개인을 말하며 용선자 측의 의뢰를 받아 선박이나 화물을 중개시켜 주는 역할을 한다.

(3) 탱커중개인

탱커중개인(tanker broker)은 액체산화물(liquid bulk cargo)과 선박을 전문적으로 취급하는 중개인을 말하며 Tanker 분야에서 용선자와 선주 사이의 중개인이다.

제4절 부정기선의 운송계약

1. 부정기선 운송계약의 의의와 유형

1) 의의

대량화물을 부정기선으로 운송하는 경우 하주(용선자)는 운송업자와 용선운송계약(Charter Party, Contract of Affreightment by Charter Party, C/P)을 체결한다.

여기에서 용선, 즉 차터링(chartering)이란 화물운송을 위하여 보수(용선료)를 지급하고 타인의 선박을 대절하는 일 또는 그러한 계약을 체결하는 것을 말한다.

용선계약은 선주(용선주)는 선박의 전부나 일부를 제공하여 여기에 적재된 화물을 운송할 것을 약속하고, 상대방인 용선자(charterer, 하주)는 이에 대한 보수로서 용선료(charterage, hirage)를 지급할 것을 약속함으로써 성립하는 운송계약이다.

보통 계약서로서 용선계약서(C/P)를 작성하여 당사자가 서명한 후 1통씩 각각 보관한다. 용선계약에 이용되는 화물은 주로 특수화물로 곡물, 석탄, 원목, 광석 등 한 선적분량이 대량일 때에 이용되며, 주로 부정기선으로 운송한다.

개품운송계약은 운송물의 개성을 중요시하는 반면 용선운송계약은 선복(space)의 이용이 목적이기 때문에 계약조건에 반하지 않는 한 어떠한 운송물의 선적도 가능하다.

Charter Party는 라틴어에서 유래된 '서류를 분할한다.'는 의미로 계약서를 불규칙하게 둘로 찢어서 나중에 서로 맞추어 그 진위를 확인하였던 상거래의 관행이 용선운송계약으로 정착된 것이다.

2) 유형

용선운송계약은 용선의 범위에 따라 선복(ship's space)의 전부를 빌리는 전부용선계약(whole charter)과 일부만을 빌리는 일부용선계약(partial charter)이 있다.

그리고 전부용선계약은 용선계약의 존속기한이 특정한 항해로 정하여지는가 아니면 일정한 기간으로 정하여지는가에 따라 항해용선계약(voyage charter)과 기간용선계약(time charter), 그리고 나용선 계약(bareboat charter)이 있다.

항해용선계약은 1항해를 대상을 하는 단독(single) 항해용선이 일반적이지만, 최근에는 2~3항차로부터 5항차 정도로 연속하여 행하여지는 항해에 대하여 일괄하여 연속(consecutive) 항해용선계약을 체결하는 경우가 많다. 연속항해의 기본적 내용은 단독항해용선의 경우와 거의 동일하다.

2. 용선계약서

1) 의의

용선계약은 대량의 산화물을 운송하는 경우에 선박이나 선복을 용선하여 화물을 운송하는 운송계약이다. 용선계약은 용선자와 선주 간에 직접 체결되기도 하고 용선중개인에 의해 체결되기도 하는데 이러한 용선계약의 체결에 따른 증거서류로서 선주와 용선자간에 작성하는 것이 용선계약서(Charter Party, C/P)이다.

2) 특징과 비교

용선계약서의 특징을 정기선 운송에서 개품운송계약의 증거서류로 발행되는 선하증권(B/L)과 비교하여 설명하면 다음과 같다.

(1) 발행자

선하증권은 선주나 그 대리인이 발행하고 서명한다. 그 과정에서 송하인은 선하증권에 어떠한 서명도 하지 않아도 법적 효력을 가지게 되는 것이 일반적이다.

물론 선하증권의 경우에도 송하인이 서명하는 경우가 있는데, 이것은 증권에 명기된 운송조건에 대한 확인을 의미하는 것일 뿐이기 때문에 송하인의 서명 유무에 관계없이 선하증권은 효력을 가지게 된다. 그런데 용선계약서는 용선자와 선주가 함께 작성하여 서명을 병기하게 된다.

(2) 발행시기

선하증권은 보통 운송인이 화물을 적재하거나 적재할 것을 목적으로 화물을 운송인이 수령하는 시점에서 발행된다.

그런데 용선계약서는 선주와 용선자가 용선계약을 체결할 당시에 발행한다. 화물을 선주가 인도 받기 이전에 발행되는 것이다. 그 이유는 용선계약서는 선하증권과 같이 권리증서가 아니라 단순한 용선계약의 증거서류로서의 역할을 수행하고 있기 때문이다.

(3) 법적 성질

선하증권은 증권의 인도가 증권에 명기된 화물의 권리를 인도하는 것과 동일한 효력을 가진다. 그런데 용선계약서는 화물에 대한 권리증권의 역할을 하지 않는다.

(4) 기재내용

선하증권은 기재사항이 법적으로 정해져 있는 요식증권이다. 그런데 용선계약서는 법정기재사항이 없고 선주와 용선자가 계약을 체결할 때 합의한 내용들이 기재된다.

3. 항해용선계약

1) 항해용선계약의 본질과 종류

항해용선계약(voyage charter)은 특정 항구에서 특정 항구까지 약정화물의 수송을 용선자(charterer, 하주)와 용선주(charteree, 선사)가 체결하는 운송계약이다.

같은 선복의 이용을 목적으로 하는 계약일지라도 항해용선계약은 그 내용이 일정한 항해를 기초로 하고 있다는 점에서 정기용선계약이나 나용선계약과 구별된다. 후자들은 어디까지나 기간으로 계약하는 용선계약의 형태이다.

항해용선계약은 1회 항해용선계약과 연속항해용선계약으로 구분된다. 기본적인 부정기선의 운송계약은 1항해 단위로 체결하는 1회 항해용선(one voyage charter)계약이다.

그러나 계약을 체결할 때마다 시황 변동의 영향을 받기 쉽기 때문에 선사는 장기적으로 안정된 물량과 수익을 확보하는 차원에서 하주는 장기적으로 안정된 운송수단을 확보한다는 차원에서, 선박을 특정하지 않고 일정량의 화물운송을 1년이나 그 이상의 일정 기간을 정하여 계약을 체결하는 경우도 있다. 이것을 연속항해용선(consecutive voyage charter)이라고 부른다.

2) 항해용선계약의 변형

항해용선계약에서는 운송에 대한 대가가 화물의 톤당 얼마로 정해지는 것이 원칙이지만 다음과 같은 변형들도 많이 사용되고 있다.

(1) 선복용선계약

항해용선계약에서 운임은 보통 실제 적재수량에 근거하여 산정된다. 그러나 A 항구에서 B 항구까지의 계약선복에 의해 합계 얼마로 정하고 실제의 적재 수량에는 관계가 없는 방법에 의한 계약을 선복용선계약(lump sum charter)이라고 하고 이 경우의 운임을 선복운임(lump sum freight) 또는 총괄운임이라고 한다.

(2) 일대용선계약

일대용선계약(daily charter)은 본선이 지정 선적항에서 화물을 적재한 날부터 기산하여 지정 양륙항까지 운송하여 화물을 인도 완료할 때까지의 일시 사이에 1일(24시간) 당 얼마로 용선료를 정해서 선복을 일대(日貸)하는 계약이다.

적양지가 적절한 곳이 아니거나 단거리 항해이면서 겨울철 북해도와 같이 날씨가 나빠서 1항해의 일수 확정이 곤란한 경우에 선사는 일대용선계약을 체결하여 항해일수에 있어 예측하지 못하여 연장이 발생하는 손해를 예방하고 있다.

3) 항해용선계약의 체결 절차

항해용선계약도 정기선 운송과 같이 선복을 구하는 용선자(하주)와 선복의 제공자인 선사(용선주) 사이에 직접 체결되는 경우가 많다. 그러나 경우에 따라서는 선박중개인이나 용선중계인을 통해 체결되는 경우도 있는데 그 절차는 다음과 같다.

(1) 선복을 위한 조회

하주가 화물의 종류, 수량, 선적지, 선적시기, 운임률 등을 제시하여 용선중개인에게 선복의 수배를 의뢰하면 용선중개인은 하주가 제시하는 운임 등 여러 조건들을 선사에게 조회하게 된다. 이를 선복을 위한 조회(inquiry for ship's space)라고 한다.

(2) 선복을 위한 확정청약(firm offer for ship's space)

조회를 받은 선사는 하주가 요구하는 여러 조건들을 검토하여 조건에 합당하면 용선계약에 필요한 여러 조건들과 유효기간 등을 명시하여 하주에게 용선계약을 체결할 것을 신청한다. 이 신청서가 선복을 위한 확정청약(firm offer)이 된다.

(3) Firm Offer에 대한 Counter Offer

Counter Offer는 선사가 제시한 확정청약(Firm Offer) 조건에 대해 하주가 청약내용의 일부를 변경하거나 추가 제의를 하는 등 하주가 희망하는 의사표시를 선사에게 다시 제시하는 것을 말한다.

이것은 선사가 원래 제시한 조건을 일단 거절하고 새로이 용선계약조건을 제시하는 것이다. 일반적인 계약성립의 과정과 마찬가지로 용선계약이 최종 성립되기까지는 여러 차례에 걸친 반대청약(counter offer)의 과정을 거치게 된다.

(4) 선복확약서

선사가 제시한 유효기간 내에 하주가 확정청약을 승낙하면 용선계약은 성립된다.

계약성립의 증빙서류로 선복확약서(Fixture Note)를 작성하여 각 관계 당사자인 용선주(선사), 하주 및 중개인이 서명하고 각자가 한 통씩 보관한다.

(5) 용선계약서 작성

이후 선복확약서에 의거 정식 용선계약서(Charter Party, C/P)를 작성하여 각 관계 당사자가 서명한 후 이를 각자 보관하게 된다. 용선계약서는 선주와 용선자 간에 체결한 운송계약 내용을 명시한 문서를 말한다. 용선계약의 내용은 운송형태, 화물, 항로, 사용서식에 따라 상이하며 당사자간 합의에 따라 추가나 삭제도 가능하다.

4) 항해용선계약과 하역비 부담

항해용선계약은 기간용선계약과 달리 선주가 일체의 경비를 부담하는 것이 원칙이다. 그러나 항해용선계약을 체결할 때에는 하역비(stevedorage, 선내하역비용)와 선박이 항구에 입출항하게 될 때 발생하는 항비(port charge)를 용선주와 용선자 중 누가 부담할 것인가를 결정하여야 하는데, 그 조건에는 다음과 같은 조건들이 있다.

(1) Gross Term Charter

Gross Term Charter는 항해비용을 포함하여 하역비와 항비 등 일체의 경비를 선주가 부담하는 조건이다. 이를 Gross Term이라고도 한다. 이 조건은 부정기선에 의한 용선운송계약에서 가장 많이 사용되는 방식으로 정기선의 Berth term 또는 Full Liner Term과 같은 조건이다.

이 조건에서 화물은 본선인도가 원칙이기 때문에 부선의 작업료, 체선료, 공휴일 하역이나 야간 하역의 할증료 등과 같은 특별 항만비용들은 용선자가 부담해야 한다.

(2) Net Term Charter

Net Term Charter는 하역비뿐 아니라 양륙을 완료할 때까지의 모든 항비를 용선자가 부담하는 조건이다. 이 방식은 선주가 항만사정을 잘 모르는 항구에 배선하거나 용선자가 자신의 하역시설을 보유하고 있을 때 주로 이용된다. 하주가 하역비를 부담하고 선주는 항비를 부담하는 FIO(free in and out) 조건과 혼동해서는 안 된다.

(3) F.I.O Charter

F.I.O Charter는 본선 적재 및 양륙시의 하역비용은 용선자가 부담하고 항비는 선주가 부담하는 조건이다. 즉, 선주는 항비를 부담하고 선박만 갖다 대면 용선자(하주)가 자기의 비용으로 하역인부들을 수배하여 하역작업을 수행하는 조건이다.

(4) Lump Sum Charter

Lump Sum Charter는 용선자는 선박의 사용에 대해서 총액의 운임을 지급하고 선주는 일정한 선복을 화물의 사용에 제공하거나 선박이 운송할 수 있는 화물의 최대중량을 보증하는 조건이다.

즉, A항에서 B항까지의 계약선복(즉 계약 톤수)에 의해 합계 얼마로 정하고 실제의 적재수량에는 관계가 없는 방법에 의한 계약을 말한다. 이를 총괄용선계약이라고도 부르며 이 경우의 운임을 선복운임(lump sum freight)이라고 한다. 이 조건은 목재, 석탄, 곡물류 등 대량화물의 운송에 주로 이용되며 선주에게 유리한 조건이다.

Model Form 7 <서식 7> 항해용선계약서(Gencon 양식)

1. Shipbroker	RECOMMENDED THE BALTIC AND INTERNATIONAL MARITIME COUNCIL UNIFORM GENERAL CHARTER (AS REVISED 1922, 1976 and 1994) (To be used for trades for which no specially approved form is in force) CODE NAME: "GENCON" Part I
	2. Place and date
3. Owners/Place of business (Cl. 1)	4. Charterers/Place of business (Cl. 1)
5. Vessel's name (Cl. 1)	6. GT/NT (Cl. 1)
7. DWT all told on summer load line in metric tons (abt.) (Cl. 1)	8. Present position (Cl. 1)
9. Expected ready to load (abt.) (Cl. 1)	
10. Loading port or place (Cl. 1)	11. Discharging port or place (Cl. 1)
12. Cargo (also state quantity and margin in Owners' option, if agreed; if full and complete cargo not agreed state "part cargo") (Cl. 1)	
13. Freight rate (also state whether freight prepaid or payable on delivery) (Cl. 4)	14. Freight payment (state currency and method of payment; also beneficiary and bank account) (Cl. 4)
15. State if vessel's cargo handling gear shall not be used (Cl. 5)	16. Laytime (if separate laytime for load. and disch. is agreed, fill in a) and b). If total laytime for load. and disch., fill in c) only) (Cl. 6)
17. Shippers/Place of business (Cl. 6)	a) Laytime for loading
18. Agents (loading) (Cl. 6)	b) Laytime for discharging
19. Agents (discharging) (Cl. 6)	c) Total laytime for loading and discharging
20. Demurrage rate and manner payable (loading and discharging) (Cl. 7)	21. Cancelling date (Cl. 9)
	22. General Average to be adjusted at (Cl. 12)
23. Freight Tax (state if for the Owners' account) (Cl. 13 (c))	24. Brokerage commission and to whom payable (Cl. 15)
25. Law and Arbitration (state 19 (a), 19 (b) or 19 (c) of Cl. 19; if 19 (c) agreed also state Place of Arbitration) (if not filled in 19 (a) shall apply) (Cl. 19)	
(a) State maximum amount for small claims/shortened arbitration (Cl. 19)	26. Additional clauses covering special provisions, if agreed

It is mutually agreed that this Contract shall be performed subject to the conditions contained in this Charter Party which shall include Part I as well as Part II. In the event of a conflict of conditions, the provisions of Part I shall prevail over those of Part II to the extent of such conflict.

Signature (Owners)	Signature (Charterers)

Printed by The BIMCO Charter Party Editor

4. 기간용선계약

1) 기간용선계약의 본질

기간용선계약(time charter) 혹은 정기(定期)용선계약은 선복에 화물을 적재할 수 있는 설비와 용구를 갖추고 선원을 승선시킨 상태에서 장기간 해상을 운항할 수 있는 선박을 용선자가 선주로부터 일정 기간 용선하는 계약의 형태를 말한다.

기간용선계약은 항해용선계약(voyage charter)에 상대되는 개념으로 선주는 자신의 선장과 성원을 승무시킨 상태로 선박을 빌려주기 때문에 이들을 통해 선박을 지배, 관리할 수 있는 장점이 있다.

기간용선계약은 주로 용선자 자신의 화물보다 다른 사람들의 화물을 운송하기 위하여 체결되며, 이 경우 용선료는 항차에 관계없이 용선기간을 기준으로 산정된다.

기간용선계약에서 용선자는 기간용선기간에 따라 선주에게 용선료를 지급해야 하며 용선료 외에 연료비와 입항세, 운항비 등도 부담해야 한다.

2) 기간용선계약의 특징

첫째, 기간용선계약은 계약기간에는 선박소유자가 정하는 항해구역의 어느 곳에서든 선박을 이용할 수 있고 계약상 제한하는 화물 이외의 모든 화물을 적재할 수 있다.

둘째, 기간용선계약을 체결한 선주는 협정한 선박의 인도항에서 본선을 용선자의 사용목적에 충분히 알맞은 상태로 인도해야 한다. 계약서에 명확하게 용선자 부담으로 되어 있는 것을 제외하고 선주는 기타의 본선에 관한 일체 비용도 부담해야 한다.

셋째, 기간용선계약은 항해용선계약과 마찬가지로 선사는 직접 선장과 선원을 임명하고 선원급료, 식·음료비, 윤활유, 수리비, 선용품 비용, 선박유지비, 감가상각비, 보험료 등과 같이 선박의 운항과 관련된 직간접 비용을 부담해야 하고, 하주인 용선자는 화물의 취급과 관련된 하역비와 선박의 입항과 관련된 항비, 도선료, 예선료 등을 부담해야 한다.

넷째, 항해용선계약은 주로 자신의 화물을 운송하기 위한 용선계약의 형태인데 반해, 기간용선계약은 자기의 화물운송보다 전문적인 해상운송업자로서 선박을 용선하여 이를 부정기선 항해사업에 사용하는 경우가 많다.

다섯째, 기간용선계약은 장기 운송계약화물에 대해서는 선복을 확보하는 동시에 선복의 부족을 보충하는 역할을 위해 활용된다. 장기간 선복 부족을 보충하기 위해서는 선박임대차가 유리하다고 생각되지만, 운송실무에서는 선박관리상의 과정 생략 등의 이점 때문에 기간용선을 하는 경우가 더 많다.

3) 기간용선계약의 체결

기간용선계약은 항해용선계약과 마찬가지로 용선중개인을 통해 체결한다. 기간용선계약이 체결되면 양자의 약정조건에 준거하여 기간용선계약서가 작성되고 선주, 용선자 및 중개인은 그 서식에 서명하여 각각 1부씩 보관한다.

4) 기간용선계약의 표준서식

기간용선계약도 다른 용선계약과 마찬가지로 법률로 기재사항이나 양식이 규정되어 있지 않기 때문에 당사자의 합의로 형식과 내용을 다르게 작성할 수 있다.

그러나 기간용선계약은 어느 계약에도 필요한 공통사항과 경우에 따라 당사자 사이에 특별히 계약해야 되는 사항들이 기재되어 있다.

기간용선계약에서 많이 사용되고 있는 표준서식으로는 발틱국제해운동맹(BIMCO)이 2001년에 개정한 Baltime(The Baltic and International Maritime Conference Uniform Time Charter)과 뉴욕물산거래소가 1913년에 제정하여 1946년과 1993년에 개정한 Produce Form(The New York Produce Exchange Charter, 1993) 양식 등이 있다.

5) 기간용선계약의 주요 조건

(1) 계약당사자의 명칭

용선자(하주)는 'Charterer'로, 용선주(선사)는 'Owner'로 표시하며 선박경영자가 다른 선주로부터 용선한 선박을 운용할 경우에는 'Chartered Owner'라고 기재한다.

(2) 선박표시

특정 선박의 명칭과 국적을 기재하며 선박의 총톤수, 순톤수 및 재화중량톤수 등의 톤수와 선박의 위험성 정도를 나타내는 선급 등을 기재한다.

(3) 화물의 명세

항해용선계약에서는 화물의 종류와 수량을 기재하지만 기간용선계약에서는 구체적으로 이를 기재하지 않고 '합법적 상품'이라고 추상적으로 기재한다.

(4) 적재와 양륙항

항해용선계약과는 달리, 기간용선은 용선료가 기간을 기준으로 산정되기 때문에 적재와 양륙항은 기재할 필요가 없고 대신 선박의 인도기일을 기재하면 된다.

(5) 운임과 운임지급요건

기간용선계약의 용선료는 계약기간에 대해 지급되지만 항해용선계약의 용선료는 항해단위나 적재량을 기준으로 산정된다. 이 경우 운임은 톤을 기준으로 하며 운임의 지급시기는 후불이 원칙이지만 관습상 선불인 경우도 있다.

선불에는 선적완료불(payable on completion of loading)과 선하증권발행시불(payable on signing of B/L)이 있고, 후불에는 양륙지도착불(payable on arrival to destination)과 양륙완료시불(payable on completion of discharging)이 있다.

(6) 선내인부임부담조건

선내인부 혹은 하역인부(stevedore)는 항만에서 선박에 화물을 적재하거나 선박에서 화물을 내리는 작업을 하는 업자나 하역노동자를 말하며 넓은 의미로는 하역에 종사하는 노동자, 선내인부, 하양(荷揚) 인부 등을 포함한다.

Stevedorage에서 Stevedore는 하역을 의미하고 age는 비용을 의미하기 때문에 결국 Stevedorage는 하역비나 선내인부임을 말하는 것이다. 기간용선계약에서는 선내인부임을 선주와 용선자 가운데 누가 부담해야 하느냐를 합의해야 한다. 이를 선내하역비용 부담조건이라고도 하며 다음과 같은 조건들이 있다.

① Berth Terms

Berth Terms는 선적할 때와 양하할 때 모두 선내인부임을 선주가 부담하는 조건이다. 정기선에 의한 개품운송계약에 이용되며 Liner Terms라고도 부른다.

② FIO(Free In and Out)

FIO(Free In and Out)는 선내인부임을 선적과 양하시 모두 하주(용선자)가 부담하는 조건이다. 따라서 화물의 본선적재(in)와 본선에서 양하(out) 비용은 선주의 비용부담에서 제외된다. 해상운임의 채산에 순수한 운임만을 표시하는 방법으로 주로 부정기선에 의한 용선운송계약에 이용되며 Berth Terms와 대비되는 조건이다.

③ FI(Free In)

FI(Free In)는 선적시 선내인부임은 용선자가 부담하고 선주는 양하비 만을 부담하는 조건이다. 주로 부정기선에 의한 용선운송계약에 이용된다.

④ FO(Free Out)

FO(Free Out)는 FI(Free In)와 반대로 선적시 선내인부임은 선주가 부담하고 용선자는 양하비 만을 부담하는 조건이다. 주로 용선운송계약에 이용된다.

(7) Not Before Clause

Not Before Clause은 예정일 이전에 선박이 항구에 도착하여도 하역을 하지 않는다는 취지의 내용을 용선계약서에 포함시킨 조항이다. 미리 하역하게 되면 부선료나 창고료 등 용선자에게 손실이 발생할 수 있기 때문이다.

(8) 정박기간의 표시

정박기간(laydays, laytime, 정박일)이란 하주가 계약화물을 용선한 선박에 적재나 양륙하기 위해 그 선박을 선적항이나 양륙항에 머무르게 할 수 있는 기간을 말한다.

용선계약서에는 협정된 정박기간이 기재되어 있고 그 기간 내에는 체선료 걱정 없이 본선을 사용할 수 있다.

정박기간을 약정하는 방법에는 다음과 같이 정박기간을 한정하지 않는 CQD조건과 이를 한정하는 경우인 Running Laydays 및 Weather Working Days가 있다.

① 관습적 조속하역조건(Customary Quick Dispatch, CQD)

관습적 조속하역조건은 해당 항구의 관습적 하역방법이나 하역능력에 따라 가능한 한 신속하게 하역을 하는 조건을 말한다. 불가항력으로 하역이 불가능하게 된 날짜는 정박기간에서 제외되지만 일요일, 공휴일 등을 약정된 하역일에 포함시키느냐의 문제는 특약이 없는 한, 그 항구의 관습에 따른다.

② 연속 작업일조건(Running Laydays)

연속 작업일조건은 하역 시작일로부터 끝날 때까지 모든 날짜를 정박기간에 포함시켜 계산하는 조건을 말한다. 따라서 우천, 파업, 기타 불가항력 등과 관계없이 하역개시 이후 종료시까지의 일수는 모두 정박기간에 계산된다. 이 방법에서는 일요일이나 공휴일을 제외한다는 취지를 달리 명시하지 않는 한, 정박기간에 포함된다.

③ 호천 작업일조건(Weather Working Days, WWD)

호천 작업일조건은 기상조건이 하역 가능한 상태의 날짜만을 정박기일에 산입하는 조건을 말한다. 현재 가장 많이 채택하고 있는 조건이다.

어떠한 기상이 하역 가능한 상태인가는 화물의 종류에 따라 상이하므로 선장과 하주가 협의하여 결정하는 것이 좋다. 일요일과 공휴일은 작업일이 아니기 때문에 제외하는 것이 보통인데 이 조건에서 이들의 처리 방법에는 다음의 조건들이 있다.

첫째, 일요일과 공휴일은 원래 근로일이 아니기 때문에 하역을 하더라도 보통 정박일수에 산입하지 않는다. 이 조건은 'Sunday and Holidays Excepted'의 첫 글자를 따라 SHEX라고 부르고 있다.

둘째, 일요일과 공휴일에 작업하면 이를 정박일수에 산입하지만 작업하지 않은 경우에는 이를 제외시킨다. 이 조건은 'Sunday and holidays excepted unless used, SHEXUU, WWD SHEX unless used'라고 부르고 있다.

셋째, WWD SHINC(sundays and holidays are included)가 있는데 이것은 일요일과 공휴일을 정박일수에 포함시키는 조건이다.

(9) 정박기간의 개시와 종료

일반적으로 정박기간은 본선 선장의 하역준비 완료통지서(notice of readiness, N/R)가 통지된 후 일정 기간(통상 12시간)이 경과되면 개시(beginning, 始期)되고 하역이 완료되는 때에 종기(end, 終期)된다. 하역이 종료되면 정박일수를 기재한 정박일계산서(laydays statement)를 작성하여 선장과 하주가 서명한다.

(10) 체선료

체선료(demurrage)는 약정된 정박기간 내에 화물을 적재하거나 양하하지 못했을 때 발생되는 비용 즉, 정박기간을 초과한 일수에 따라 선주가 용선자에게 청구하는 비용을 말하며 일종의 벌과금(penalty)이다.

선주가 이 비용을 용선자에게 청구하는 이유는 하역이 지체되면 운항을 하지 못하여 선박경비와 정박료와 같은 항비와 기타 경비의 증액이 발생하고 다음 항해에도 지장이 생겨 금전적 손실이 발생하기 때문이다.

(11) 조출료

조출료(dispatch money)는 용선계약상 허용된 정박기간 종료 전에 하역이 완료되었을 때 그 절약된 기간에 대하여 선주가 용선자에게 지급하는 금전이다.

즉, 절약한 정박기간 만큼에 대해 선주가 지급하는 환급금(refund)이며 신속한 하역을 위한 인센티브 개념으로 선주가 지불하는 금전이다. 보통 체선료의 반액이다.

(12) B/L의 발행

용선계약서의 조건에 따라 화물의 선적이 완료되면 하주의 요청에 따라 발행되는 선하증권은 개품운송에서 사용되는 선하증권과 구별하기 위해 'Charter Party B/L'이라고 부르고 있다. 용선운송계약에서는 용선계약서가 B/L보다 우선하여 적용한다.

신용장통일규칙 제22조는 특수화물인 경우 선사가 Charter Vessel에 의존하고 있는 운송현실을 감안하여 Charter Party B/L을 종래의 무조건 수리거절 대상에서 일정한 요건을 갖추면 수리할 수 있도록 규정하고 있다.

(13) 중개료

기간용선계약의 표준서식은 용선료 수입의 일정 비율을 중개료로 지급하도록 규정하고 있다. 중개료의 지급 시기는 운임을 징수할 때가 원칙이지만 특약에 따라 용선계약서에 서명할 때나 선적완료시에 지급하도록 약정하는 경우도 있다.

(14) 유치권조항

유치권조항(Lien Clause)은 용선료의 지급을 확보하기 위해 선주 측에게 용선료가 지급될 때까지 화물 압류의 권리가 있다는 취지를 규정하고 있는 조항이다.

유치권은 선주의 운임취득권을 보장하기 위하여 운송계약에 따라 용선자가 용선료나 기타 부대경비를 지급하지 않을 때 운임(용선료)이 지급될 때까지 선주가 그 화물을 억류하거나 인도를 거부할 수 있는 권한을 말한다.

(15) 공동해손조항

공동해손조항(General Average Clause)은 공동해손은 다른 법규나 관습을 배제하고 York Antwerp Rules을 우선하여 적용한다는 것을 규정하고 있는 조항이다.

(16) 면책조항

면책조항은 일정 종류의 위험이나 우발적인 사고 등에 대한 책임으로부터 운송인(선주)을 면책(exception)하는 조항이다. 이 약관은 가운데 삽입되는 경우가 많으나 법률상 또는 그 해석상 의문을 피하기 위해 별도로 규정하는 경우도 있다.

면책조항에는 전쟁조항(war clause), 동맹파업조항(strike clause), 결빙조항(ice clause), 이로조항(deviation clause), 잠재하자조항(latent defects clause), 부지조항(unknown clause), 파손 및 누손조항(breakage, leakage clause) 등이 있다.

(17) 위약금조항

위약금조항(Penalty Indemnity Clause, 배상금조항)은 불가항력 이외의 사유로 용선계약을 위반했을 때 위약당사자가 상대방에게 위약금을 지급해야 한다는 조항이다.

(18) 묵시적 확약조항

묵시적 확약조항은 기간용선계약서에 명시되어 있지는 않지만 당사자가 상대방에게 묵시적 확약(혹은 의무)으로 인정한다는 조항이다.

대표적인 묵시적 확약으로 선주 입장에서는 내항성이나 감항성이 있는 선박을 제공하는 것, 신속한 항해, 그리고 부당한 이로를 하지 않을 것 등이 있으며, 하주 입장에서는 위험물을 적재하지 않을 것 등이 있다.

Model Form 8 <서식 8> 기간용선계약서(BALTIME 양식)

BIMCO UNIFORM TIME-CHARTER (AS REVISED 2001) CODE NAME: "BALTIME 1939"

PART I

1. Shipbroker	2. Place and Date of Charter
3. Owners/Place of business	4. Charterers/Place of business
5. Vessel's Name	6. GT/NT
7. Class	8. Indicated brake horse power (bhp)
9. Total tons d.w. (abt.) on summer freeboard	10. Cubic feet grain/bale capacity
11. Permanent bunkers (abt.)	12. Speed capability in knots (abt.) on a consumption in tons (abt.) of
13. Present position	14. Period of hire (Cl. 1)
15. Port of delivery (Cl. 1)	16. Time of delivery (Cl. 1)
17. (a) Trade limits (Cl. 2) (b) Cargo exclusions specially agreed	
18. Bunkers on re-delivery (state min. and max. quantity)(Cl. 5)	19. Charter hire (Cl. 6)
20. Hire payment (state currency, method and place of payment; also beneficiary and bank account) (Cl. 6)	
21. Place or range of re-delivery (Cl. 7)	22. Cancelling date (Cl. 21)
23. Dispute resolution (state 22(A), 22(B) or 22(C); if 22(C) agreed Place of Arbitration must be stated) (Cl. 22)	24. Brokerage commission and to whom payable (Cl. 24)
25. Numbers of additional clauses covering special provisions, if agreed	

It is mutually agreed that this Contract shall be performed subject to the conditions contained in this Charter which shall include PART I as well as PART II. In the event of a conflict of conditions, the provisions of PART I shall prevail over those of PART II to the extent of such conflict.

Signature (Owners)	Signature (Charterers)

Printed and sold by Fr. G. Knudtzons Bogtrykkeri A/S, Vallensbaekvej 61, DK-2625 Vallensbaek, Fax: +45 4366 0701

제5절 부정기선 운임과 표준서식

1. 부정기선 운임

1) 부정기선 운임의 의의

부정기선 운송은 항로와 하주를 제한하지 않고 화물의 수송 수요에 따라 적당한 화물만 있으면 세계 어느 항로든지 하주가 요구하는 시기에 선박을 투입하여 운항시키는 운송형태이다. 따라서 부정기선에서 운임은 용선주와 하주가 합의하여 체결하는 용선운송계약에 의해 개별적으로 결정된다.

2) 부정기선 운임의 특징

부정기선 운임은 적재화물의 수량이나 선복의 수요와 공급관계에 따라 결정되기 때문에 일정한 운임률표(tariff)가 없고 그때그때 변동도 매우 심하다.

그러므로 물동량이 많고 선복이 부족하면 선주의 교섭력이 강해져 운임이 오르고, 물량이 줄어들고 선복이 남아돌면 하주의 교섭력이 강해져서 운임이 떨어진다.

3) 부정기선 운임의 변동요인

부정기선 운임은 정치, 경제, 사회, 자연적 요인들의 영향을 크게 받는다. 대표적인 요인은 전쟁 등에 기인한 급격한 대량 물자수송의 불가결성, 선복 부족, 농작물의 풍작이나 흉작, 기후이변, 무역량의 급감 및 증감, 시기적으로 대량물자의 출하와 종결, 한파로 인한 난방용 석탄 등의 긴급수송, 시황의 변동과 세계경제의 성장과 위축 등이 있다.

4) 부정기선 운임의 단위

부정기선에서 운임은 통상 적하량을 기준으로 톤 당 얼마로 표시한다. 운임계산의 기초가 되는 단위는 톤 외에도 종류가 많고 각국의 관습에 따라 해석 차이가 많다.

중량(Weight) 단위는 영국 등에서 가장 많이 사용되고 있는 1 Ton = 1Long ton = 2.240lbs, 미국에서 많이 사용되고 있는 1 Ton = 1Short ton = 2,000lbs, 프랑스, 우리나라 등에서 주로 사용하고 있는 1 Ton = 1Metric ton = 2.204lbs 등이 있다.

용적(measurement)의 단위로는 1 Ton = 40ft^3가 가장 많이 사용되며, 북유럽 국가에서는 1 Ton = 1m^3, 일본에서는 1 Ton = 40입방척 등이 사용된다.

기타 고가품의 경우는 화물의 가격에 따라 운임을 정하는 종가 운임제가 있고 포장, 용적 및 중량이 일정한 때는 포장단위를 기준으로 운임을 결정한다.

5) 부정기선 운임의 종류

(1) 총괄운임

운임은 운송품의 개수, 중량, 용적을 기준으로 계산되는 경우와 선복이나 항해를 단위로 하여 포괄적으로 부과되는 경우가 있다. 후자를 총괄운송계약이라고 하고 이 경우에 지급되는 운임을 총괄운임 또는 선복운임(lump sum freight)이라고 한다.

(2) 비율운임

비율운임(pro rate freight)은 운송의 완성도의 비율에 따라 지급되는 운임으로 선박이 항해 중 불가항력이나 기타 원인으로 항해를 할 수 없게 되어 운송계약의 일부만을 이행하고 화물을 인도한 경우 그때까지 행한 운송비율에 따라 선주가 취득하는 운임이다. 이를 항로 상당액운임(distance freight)이라고도 부른다.

(3) 부적운임

부적운임(dead freight)은 용선자가 선적하기로 계약한 수량의 화물을 실제로 선적하지 않은 경우에 그 선적 부족량에 대하여 지급해야 하는 운임이다.

일종의 위약배상금(penalty)으로 임의해제(解除) 또는 해지(解止)의 경우에도 용선자가 운송인에 지급해야 하며 공적(空積)운임이라고도 부른다. 그러나 부적이 불가항력에 의한 경우에는 용선자가 면책된다.

(4) 연속항해운임

연속항해운임(consecutive voyage freight)은 어느 특정의 항로를 연속하여 항해하는 경우에 약정한 연속항해의 전부에 대해 일괄적으로 부과하는 운임이다.

그런데 항해용선계약(voyage charter)은 한 번의 선적과 하역으로 항차가 종료되는 단일항해(single voyage)인 경우가 많다.

(5) 장기계약운임

장기계약운임(freight of long term contract)은 원유나 철광석과 같은 대량의 운송수요를 지닌 대기업과 이러한 화물을 운송하는 선주 간에 장기간에 걸쳐 되풀이되는 항해가 이루어지는 운송계약에 적용되는 운임이다.

이것은 연속항해운임과 유사하나, 연속항해운임은 통상 특정 선박으로 연속하여 항해를 되풀이 하므로 항해 수에 의해 기간이 약정되지만, 장기계약운임은 몇 년간에 몇 항해, 몇 년간에 걸쳐 연간 및 만 톤과 같이 약정하는 것이 일반적이다.

2. 부정기선 운송계약의 표준서식

부정기선으로 운송계약을 체결할 때 예상가능한 모든 내용들을 체약을 체결할 때 약정하는 것은 불가능하기 때문에 실무에서는 표준서식을 널리 사용하고 있다.

표준서식을 사용하면 계약을 체결하는 절차가 간편하며 계약당사자간에 발생 가능한 분쟁을 사전에 예방할 수 있다.

부정기선 운송계약의 표준서식은 화물과 항로에 따라 다양하지만 보통은 일반용, 석탄수송용, 목재수송용, 곡물류수송용 등이 많이 사용되고 있다.

1) 일반용 표준서식

일반용 표준서식으로는 1905년에 설립된 발틱국제해운동맹(BIMCO)이 제정한 Gencon (1922, 1976, 1994, 2001)과 미국의 전시해운관리국이 제정한 Warshipvoy 등이 많이 사용된다.

2) 석탄수송용 표준서식

석탄수송용 표준서식으로는 발틱국제해운동맹(BIMCO)의 전신인 발틱백해동맹(The Baltic and White Sea Conference)이 1921년에 제정하고 영국석탄수출연합 및 스칸디나비아 석탄수입협회가 승인한 표준서식인 Balcon, 영국연안 석탄수송용으로 영국해운거래소가 공인 승인한 서식인 Coastcon Medcon, 그리고 뉴욕선박중개인협회(Association of Ship Brokers & Agents)가 1953년에 승인한 서식으로 북미에서 유럽이나 일본으로 석탄을 수송할 때 사용되는 Americanized Welsh Coal Charter 등이 많이 사용된다.

3) 목재수송용 표준서식

목재수송용 표준서식으로는 발틱백해동맹이 채택하고 1914년에 영국 해운거래소가 공인한 서식인 Benacon, 발틱 및 노르웨이에서 영국 본토나 아일랜드로 향하는 목재운송에 사용되는 Baltwood, 그리고 미국 태평양연안항로의 목재수송용 서식인 Genlum-form Intercoastal Lumber Party 등이 많이 사용된다.

4) 곡물수송용 표준서식

북미와 캐나다 대서양연안으로부터 세계로 향하는 곡물수송용에 사용되는 서식으로는 Baltimore Berth Grain Charter Party(Form C), 호주, 영국 및 유럽 사이의 곡물용선에 사용되는 Australian Grain Charter(1956) 등이 많이 사용된다.

컨테이너운송 제 6 장

제1절 컨테이너의 정의와 역사

1. 컨테이너의 정의

컨테이너(container)는 물건을 담을 수 있는 견고한 용기를 말한다. 그런데 국제운송과 관련해서는 일반적으로 '반복적으로 사용이 가능하도록 규격화된 직육면체형의 용기로 화물의 단위운송을 실현시켜주는 수송용기'로 정의되고 있다. 국제표준화기구(ISO)는 Freight Container, 미국규격협회(ANSI)는 Cargo Container라고 부르고 있다.

컨테이너의 정의, 성격, 구조에 관한 통일된 국제협약은 현재 존재하지 않는다.

다만, 1972년 UN이 제정한 컨테이너의 구비 조건은 첫째, 일정 기간에 재사용이 가능한 충분한 내구력을 가지고 있을 것 둘째, 운송 도중 수송경로(수단)가 바뀌는 경우에도 화물의 적양 없이 일괄수송을 할 수 있도록 설계되어 있을 것 셋째, 수송경로를 변경할 때 조작이 용이할 것 넷째, 화물의 적양이 편리하게 설계되어 있을 것 다섯째, 내부의 용적이 1㎥ 이상일 것이라고 규정되어 있다.

우리나라 관세청 고시에는 '컨테이너는 리프트 밴(lift van), 하역탱크 및 이와 유사한 구조로서 첫째, 항구적인 성질을 가지며 반복 사용에 적합할 정도로 견고한 것 둘째, 수송 중 이적하지 않고 1개나 그 이상의 수송방식에 의한 화물의 수송을 용이하게 하고자 특별히 설계한 것 셋째, 화물의 적입과 적출이 용이하게 설계되어 있는 것 넷째, 1㎥ 이상의 내부 용적을 가지고 있는 것이라고 정의하고 있다.

우리나라 선박안전법(law for safety of vessels)에서는 '선박에 의한 화물의 운송에 반복하여 사용되고 기계하역 및 겹쳐서 쌓을 수 있으며 고정시키는 장구가 부착된 밑 부분이 직사각형인 기구'로 컨테이너를 정의하고 있다.

이것을 종합하면 컨테이너는 내구성과 반복 사용이 가능하도록 충분한 강도가 있어야 하며 수송의 중도에서 재포장하지 않아야 하며 적재 및 양륙 시 취급이 용이하도록 설계되어 있는 1㎥ 이상의 내부 용적을 가지는 용기이어야 한다.

2. 컨테이너의 역사

1) 컨테이너의 등장

컨테이너라고 부를 수 있는 형태가 처음 등장한 것은 18세기 후반 영국이었다. 이 때는 석탄을 실어 나르기 위해 마차 뒤에 연결하던 큰 나무박스 형태였다.

19세기 들어 영국과 유럽 각국에서는 철도에서도 컨테이너를 사용하였는데 당시의 컨테이너는 재질이 나무였고 위에 뚜껑이 없는 개방된 형태였다.

현재와 같은 직육면체의 형태로 각종 운송수단에의 적응성과 호환성이 이루어지도록 하는 컨테이너를 세계 최초로 개발한 것은 1920년대 미국 뉴욕의 철도회사였다.

1929년에는 영국의 철도운송에도 사용되었으나 본격적으로 유럽 국가들을 비롯한 세계 각지에서 철도 컨테이너가 도입된 것은 제2차 세계대전 이후이다. 이와 같이 컨테이너의 운송역사는 해상운송보다는 육상운송에서 먼저 시작되었다.

2) 컨테이너의 진화

1950년대 초까지만 해도 컨테이너의 사용은 상업적으로 크게 확산되지 못하였다. 1956년 4월 트럭운송업자인 말콤 맥클린(Malcolm Mclean)은 제2차 세계대전 때 사용된 유조선을 개조하여 만든 최초의 컨테이너선인 '아이디얼 엑스(Ideal X)'호에 35피트 규모의 규격화된 철제 컨테이너 58대를 싣고 뉴저지에서 텍사스 휴스톤까지 처녀항해를 5일 만에 성공하였다. 이후 컨테이너는 '종이백 이후 포장에서의 가장 큰 진보'라는 평가 속에 세계로 퍼져 나갔다.

3) 컨테이너의 활성화

제2차 세계대전 중에 미군이 군수물자 수송에 처음으로 컨테이너를 해상에 사용한 이후 컨테이너는 해상운송의 가장 대표적인 운송도구가 되었다.

해상운송에서 컨테이너화는 맥클린에 의해 상호가 변경된 미국의 Sea-Land사가 1966년에 북대서양 항로에 처음으로 컨테이너 전용선인 'Fairland'호를 투입함으로써 재래 항로의 컨테이너화가 본격 개시되었다. 이후 많은 해운국들이 이를 모방함으로써 컨테이너화는 급속히 진행되었고 1970년대에는 세계 주요 항로로 확대되었다.

우리나라의 컨테이너 수송은 1969년 철도 분야에서 먼저 시작되었고 1972년 9월 해상 컨테이너 취급규칙이 마련되면서 컨테이너수송의 기틀이 마련되었다. 1982년 국내 첫 컨테이너 전용부두인 부산항 자성대부두가 개장되면서 본격적인 컨테이너 수송시대가 열렸다. 이후 우리나라는 세계 최대의 컨테이너 제조국가가 되기도 하였다.

제2절 컨테이너운송의 의의와 경제성

1. 컨테이너운송의 의의와 중요성

컨테이너는 직육면체의 거대한 박스에 불과하지만 현재 세계 수출입물동량의 90% 이상을 이것이 담당하고 있다. 비록 짧은 역사를 지니고 있음에도 컨테이너가 없는 무역은 이제 상상할 수 없을 정도로 그 중요성이 커지고 있다.

컨테이너운송(container transport)은 컨테이너를 이용하여 화물을 운송하는 것을 말한다. 화물의 컨테이너화와 컨테이너운송은 재래식 운송에 비해 다음과 같은 의의와 중요성을 가진다.

첫째, 국제운송의 컨테이너화는 다양한 화물을 컨테이너라는 국제적으로 규격화된 용기에 담아 육해공일관수송을 할 수 있도록 만들었다는데 커다란 의의가 있다.

또한 컨테이너를 이용한 화물수송은 그 시스템의 합리성과 경제성 때문에 짧은 시일에 국제운송에 혁명적 변혁을 가져왔다. 따라서 현재는 국제간의 화물운송에서 컨테이너를 빼놓고 생각할 수 없는 존재가 되었다.

둘째, 컨테이너운송은 물류(physical distribution)의 모든 과정에서 육상·해상·항공운송의 장점인 경제성과 안전성을 최대한으로 충족시킬 수 있다.

셋째, 컨테이너운송은 컨테이너라는 화물의 단위를 매개로 각기 다른 운송수단 간에 호환성을 이용하여 일관운송(continuity)이 가능하도록 함으로써 문전에서 문전까지의(door to door) 운송서비스 실현이 가능하며, 운송 도중에 화물의 별도 이적이 없이도 일관하여 운송할 수 있다.

넷째, 컨테이너운송은 하주의 공장에서 제품을 적입하여 봉인한 컨테이너를 운송 도중에 적입된 화물을 꺼내 보거나 환적하지 않고 처음에 적입된 상태 그대로 하주가 원하는 장소까지 안전하고 빠르게 도착시킬 수 있다.

컨테이너의 이러한 특성 때문에 오늘날 컨테이너를 모체로 한 국제복합운송은 그 시스템의 합리성과 경제성으로 짧은 시일에 국제운송에 혁명적 변혁을 가져왔다.

다섯째, 컨테이너운송은 운송의 신속성, 안정성, 경제성과 같은 장점을 가지고 있기 때문에 물류부문의 포장, 수송, 하역 및 보관 등 전 운송과정에서 혁신적인 수송 도구로 각광을 받게 되었고 지금은 국제간 화물수송의 주종을 담당하고 있다.

우리나라도 1970년대에 접어들면서부터 문전에서 문전까지의 서비스를 목표로 하고 있는 컨테이너 화물운송이 많이 이용되고 있다.

2. 컨테이너운송의 경제성

1) 컨테이너운송의 장점

컨테이너운송의 장점을 선주와 수출입 하주의 입장에서 살펴보면 다음과 같다.

첫째, 컨테이너운송은 하역 단계의 간소화에 따른 노동력의 절약과 화물의 기계적 처리로 인한 하역비 절감이 가능하므로 선사는 선박을 효율적으로 운항할 수 있다.

둘째, 컨테이너운송은 선사들에게 화물 취급의 편리성과 신속한 운송을 제공함으로써 하주들은 선사로부터 할인된 운임을 적용받을 수 있다.

셋째, 컨테이너 자체가 외부 포장의 역할을 하므로 포장비가 절감된다.

넷째, CY나 CFS 자체가 보세창고 역할을 겸하고 있기 때문에 화물의 통관을 위한 별도의 보세창고료가 발생하지 않으며 그만큼 창고료도 절감된다.

다섯째, 컨테이너화물은 송하인의 생산공장이나 창고에서 컨테이너에 적입, 봉인되어 CY나 CFS에 반입되는 즉시 선하증권이 발급되어 매입할 수 있기 때문에 자본의 원활한 회전을 기할 수 있다. 즉, 컨테이너운송은 재래식운송에 비해 수출대금의 회수가 신속히 이루어진다.

여섯째, 컨테이너운송은 해상운송과 부대 육상운송과의 연결이 원만하고 환적할 때 지연시간 없이 해륙일관 수송이 가능하다. 따라서 화물의 생산지로부터 소비지까지의 수송기간을 단축시킬 수 있고 문전에서 문전까지의 운송서비스를 제공할 수 있다.

일곱째, 컨테이너 용기 자체는 견고하고 밀폐되어 있기 때문에 하역작업의 안전은 물론 화물운송 도중의 풍랑, 풍우, 온도, 습도 등 기후의 변동에 대해서도 안전을 기할 수 있다.

2) 컨테이너운송의 단점

컨테이너운송은 다음과 같은 단점을 가지고 있다.

첫째, 컨테이너 자체의 단가가 비싸다. 또한 특수컨테이너를 지속적으로 개발하고 있으나 컨테이너로 운송할 수 없는 화물들이 있다. 즉, 모든 화물을 컨테이너에 적입할 수 있는 것은 아니다.

둘째, 소량화물의 경우에는 혼재(consolidation)가 필요하며, 1척당 수천만 달러에 이르는 고가의 컨테이너 터미널을 포함하여 각종 장비와 시설을 보유해야 하고 전산네트워크 구성 등에 막대한 자본이 소요된다.

셋째, 컨테이너선은 주로 갑판적재를 하는데 갑판적재 화물은 보험료가 비싸고, 왕복항만 간 물동량의 불균형으로 공(空) 컨테이너의 회수 문제가 발생한다.

제3절 컨테이너 및 컨테이너선의 종류

1. 컨테이너의 종류

1) 크기에 따른 구분

현재 국제화물수송용으로 널리 사용되고 있는 컨테이너는 크기에 따라 ISO 20 feet (TEU, Twenty feet Equivalent Unit), 40 feet(FEU, Forty feet Equivalent Unit), 40ft High Cubic, 그리고 45 feet(Jumbo) 등이 있다.

20 feet 컨테이너는 경제성이 떨어지기 때문에 그 비중이 점차 줄어들고 있기 때문에 현재 주종을 이루고 있는 것은 40 feet 컨테이너이다.

표 6-1 ■ 컨테이너의 크기에 의한 분류

Dry Container(내부, mm)		20ft	40ft	40ft High Cubic	45ft
컨테이너 내장규칙 (CBM)	길이(Meter)	5.898	12.032	12.032	13.555
	폭(Meter)	2.352	2.352	2.352	2.348
	높이(Meter)	2.392	2.392	2.695	2.695
	용적(CBM: 길이×폭× 높이)	33.2	67.11	76.11	85.77

표 6-2 ■ 컨테이너의 화물적재 사양

(철재 드라이 컨테이너 기준, 단위 : 톤/CMB)

규격	공컨테이너 중량	최대적재중량 (ISO기준)	실제최대중량 (국내)	최대적재 부피	평균적재 부피
20피트	2.08 ~ 2.20	20.32	17.5	33	25
40피트	3.88 ~ 4.05	30.48	20.0	67 ~ 68	55

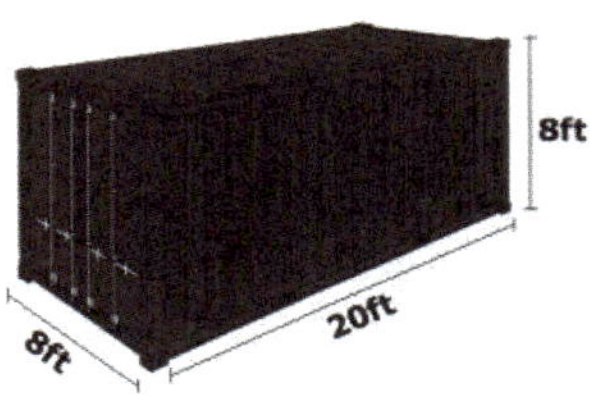

20 feet container

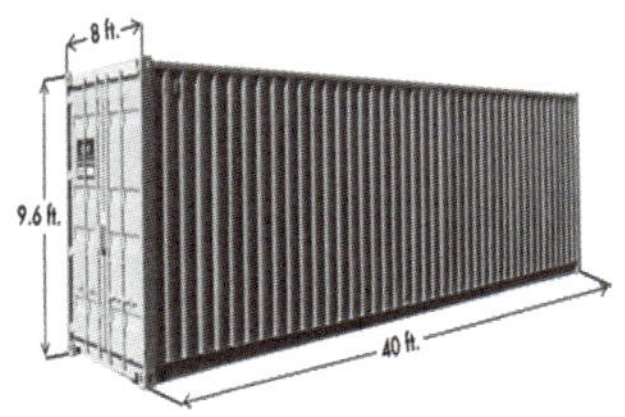

40 feet container

45 feet container

2) 구조와 사용목적에 따른 구분

(1) 드라이 컨테이너(dry container)

드라이 컨테이너는 일반화물을 수송하며 별도의 온도조절이 필요 없는 가장 대표적인 컨테이너로 General Cargo Container 또는 Cargo Containner라고도 부른다. 일반적으로 우리가 부르는 컨테이너가 대부분 여기에 해당한다.

드라이 컨테이너는 전후 방향의 한쪽 끝에 2개의 여닫이 문(door)이 있고 각각의 문은 약 270° 개폐가 가능하다. 대상화물이 Dry Cargo이기 때문에 내장화물을 비나 바람으로부터 보호할 수 있도록 문 주위에는 합성고무로 코팅되어 있다.

(2) 냉동 컨테이너(reefer or refrigerated container)

냉동 컨테이너는 농수산물, 축산물, 가공식품, 화공의약품 등과 같이 보냉 및 보열이 필요한 화물을 수송하기 위한 컨테이너이다. 이 컨테이너는 Dry Container와 규격은 동일하지만 보통 +26℃에서 -28℃ 사이에서 온도조절이 되도록 특별한 온도 조절 장치가 설치되어 있다.

외벽 구조의 재질은 강철, 스테인레스(stainless), 알루미늄 등이 사용된다.

(3) 벌크 컨테이너(bulk container)

벌크 컨테이너는 곡물, 사료 등 산화물(bulk cargo)을 포장하지 않은 상태로 운반하기 위해 설계된 컨테이너이다. 이 컨테이너는 콩, 쌀, 보리 등 곡물, 형태가 일정한 철물을 운반하기에 알맞은 구조로 되어 있다.

화물의 적재는 지붕 개구부(hatch)로 이루어지며 하역시에는 Door쪽 Discharge Hatch를 열어서 일부 화물을 하역한 후 Rear Door를 열어 컨테이너를 경사지게 하여 화물을 하역한다. 보통 내면은 에폭시(epoxy) 수지로 코팅하여 결로나 마모를 방지할 수 있도록 설계되어 있으며 내부는 물 세척이 용이하도록 설계되어 있다.

드라이 컨테이너
(dry container)

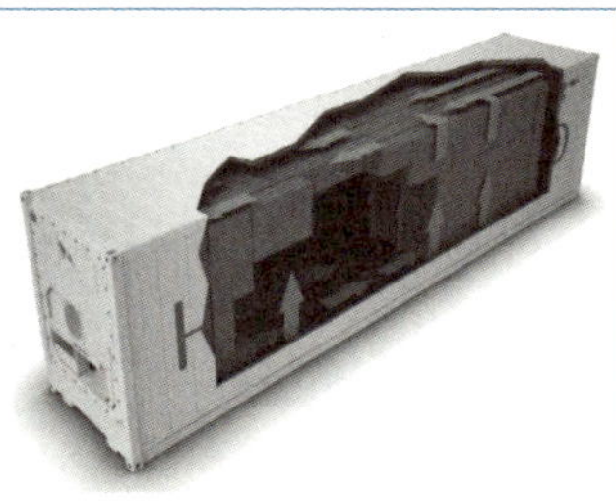

냉동 컨테이너
(reefer container)

벌크 컨테이너
(solid bulk container)

(4) 상부개방 컨테이너(open top container, top loader)

상부개방 컨테이너는 기계류나 강철제품 등 중량화물의 적입이 적합하도록 설계된 컨테이너로 천장개방 컨테이너라고도 부른다.

천장을 떼었다 붙였다 할 수 있도록 방수 덮개(tarpaulin)로 되어 있으며 적입과 적출시에는 크레인을 사용하여 컨테이너 상부에서 하역을 할 수 있는 것이 특징이다.

이 컨테이너는 천장이 없기 때문에 강도가 감소되지 않도록 Spreader Bow가 설치되어 있는 것이 보통이며 방수 덮개 대신에 금속으로 된 지붕도 있다.

(5) 플랫랙 컨테이너(flat rack container)

플랫랙 컨테이너는 Dry Container의 천장과 좌측 측벽을 제거한 모양으로 양쪽 벽까지도 떼었다 붙였다 할 수 있어 바닥과 4개 기둥만으로 구성되어 있다. 이를 사주(四柱) 컨테이너 또는 Platform based Container라고도 부른다.

보통 컨테이너에 비하여 바닥강도가 강하며 화물을 고정할 수 있는 설비를 갖추고 있고 천장과 측면 벽이 없기 때문에 포크 리프트나 Crane으로 중량물이나 장척화물을 쉽게 적재할 수 있다. 중량물, 강재, 기계류, 전신주, 운반기기, 각종 파이프 등을 적재하는데 적합한 컨테이너이다.

(6) 탱크 컨테이너(tank container)

탱크 컨테이너는 일반 건화물용 컨테이너와 같은 방식으로 하역작업을 하기 위해 일반 컨테이너와 같은 사양의 용기 내부에 원통형의 탱크(tank)를 위치시키고 외부에 철재 프레임으로 고정시킨 컨테이너로 술, 유류, 화학약품 등의 액상상태의 화물을 수송하기 위해 특별히 고안해 만든 컨테이너이다.

이것을 Liquid Bulk Container라고도 부른다. 양하할 때 가열을 해야 하는 화물을 위해 탱크 밑에 Heating 장치가 되어 있다.

상부개방 컨테이너 (open top container)

플랫랙 컨테이너 (flat rack container)

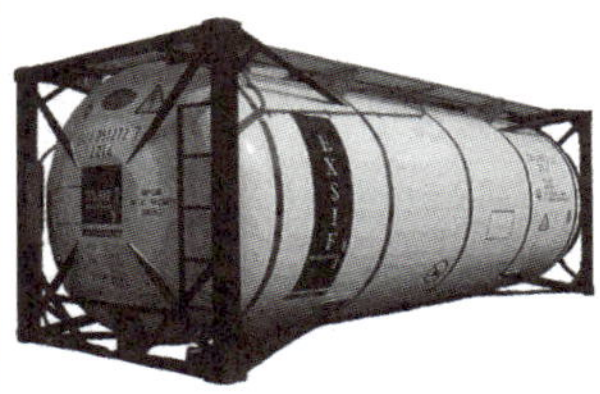
탱크 컨테이너 (tank container)

(7) 통풍식 컨테이너(ventilated container)

통풍식 컨테이너는 통풍을 요하는 화물을 운송할 때 사용되는 컨테이너이다. 일반적인 컨테이너와 외견상 비슷하지만 컨테이너 위쪽과 아래쪽에 통풍용 구멍이 있어 환기가 될 수 있도록 설계되어 있다. 주로 과일이나 야채, 커피, 종자 등 생체식물(호흡하는 화물)을 운송하는데 사용되며 통기(通氣) 컨테이너라고도 부른다.

(8) 보냉 컨테이너(insulated container)

보냉 컨테이너는 컨테이너의 전면을 열전도율이 낮은 단열재 및 보온재를 넣은 구조로 되어 있는 컨테이너이다. 온도의 변화를 피해야 하는 야채나 과일 등의 수송에 사용되며 단열 컨테이너라고도 부른다. 드라이 아이스 등을 냉매로 사용한다.

(9) 의류용 컨테이너(garment container)

의류용 컨테이너는 고급 의복류를 옷걸이에 걸린 상태로 적입함으로써 의복류를 보호하도록 설계되어 있는 컨테이너로 Hanger Container라고도 부른다.

통풍식 컨테이너 (ventilated container)	보냉 컨테이너 (insulated container)	의류용 컨테이너 (garment container)

(10) 분체산화물 컨테이너(solid bulk or powder container)

분체산화물 컨테이너는 밀가루나 사료 등 곡물류나 가루 상태의 화물수송에 적합도록 천장에 구멍이 뚫려 있고 내부는 섬유강화플라스틱(FRP)으로 설계된 컨테이너이다.

컨테이너 지붕에 설치된 2~3개 맨홀을 통해 화물을 집어넣으며 하역 시는 바닥에 마련된 호퍼 구멍으로 흘러나오게 만들었다.

(11) 가축용 컨테이너(live stock container)

가축용 컨테이너는 살아있는 동물의 수송에 편리하도록 설계된 컨테이너로 사료나 분료의 처리장치가 되어 있으며 Pen Container라고도 부른다.

(12) 오픈사이드 컨테이너(open sided container)

오픈사이드 컨테이너는 길이가 긴 화물을 쉽게 하역하기 위해 컨테이너의 측면이 개폐되도록 설계된 컨테이너이다. 이 컨테이너 취급 시에는 해상운임에 할증료가 부과되는 것이 일반적이다.

(13) 자동차 컨테이너(car container)

자동차 컨테이너는 Flat Rack Container와 외관이 거의 유사하지만, 자동차 운반만을 목적으로 설계되어 있다. 1단 적재용과 2단 적재용이 있으나 2단으로 된 것이 많이 사용되고 있다. 보통 측벽이 없고 바닥과 프레임으로 구성되어 있다.

(14) 점보 컨테이너(jumbo container)

점보 컨테이너는 보통 ISO규격 컨테이너는 그 높이가 8피트 6인치(2.392㎜)이지만 그 보다 높이가 1피트 정도 높은 9피트 6인치(2.695㎜)짜리의 컨테이너를 말한다.

이를 High Cube Container라고도 부르며 보통 20′형(型)보다는 40′형(型)의 컨테이너에 많다. 높이가 높아 국가에 따라서는 국내통행을 제한하기도 한다.

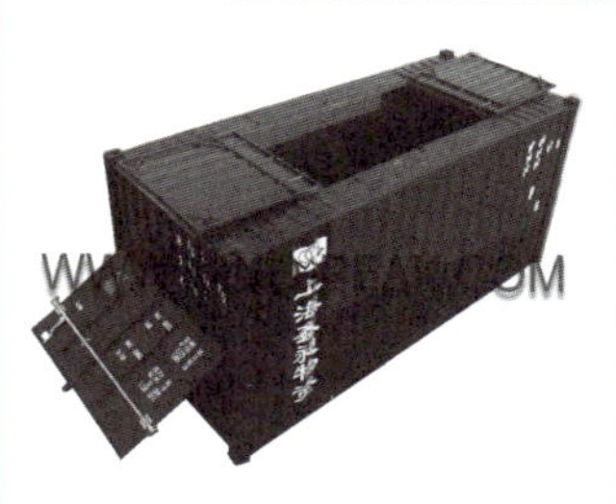
분체산화물 컨테이너
(solid bulk container)

가축용 컨테이너
(live stock container)

오픈사이드 컨테이너
(open sided container)

자동차 컨테이너
(car container)

자동차 컨테이너
(car container)

점보 컨테이너
(jumbo container)

3) 재질에 따른 구분

(1) 알루미늄 컨테이너(aluminium container)

알루미늄 컨테이너는 알루미늄으로 제조된 것으로 중량이 가벼우며 내식성이 강하므로 녹슬지 않고 외관이 아름답고 유연성이 있는 장점이 있다.

반면에 리벳(rivet) 구조로 되어 있어 결합 부분이 풀려 누수의 염려가 있으며 재료비가 높기 때문에 제품가격이 비싼 단점이 있다.

주로 냉장 및 냉동용 컨테이너에서 사용된다. 제작할 때 강제 부분은 용접하고 알루미늄 부분은 리벳으로 조립하는 것이 일반적이다.

(2) 강철제 컨테이너(steel container)

강철제 컨테이너는 강철제로 만든 것으로 전체 컨테이너 중 90%의 비율을 차지한다. 이 컨테이너는 프레임(frame)과 패널(panel)을 강재로 사용하여 전기용접으로 전체를 제작하기 때문에 수밀성이 높고 누수의 염려가 없으며 제조원가도 저렴하다.

또한 전체가 강제로 되어 있어 강성이 높기 때문에 충돌, 긁힘, 마찰 등을 받아도 손상이 잘 되지 않는다. 그러나 전체가 철제로 되어 있기 때문에 무겁고 녹슬기 쉬워 지속적인 관리가 필요한 단점도 있다.

(3) 섬유강화플라스틱(FRP) 컨테이너(fiber reinforced plastics container)

섬유강화플라스틱 컨테이너는 FRP를 합판의 표면에 접착제로 붙인 컨테이너로 튼튼하고 저렴하다. 프레임(frame)은 강재로 제작되고 합판의 양면에 FRP를 코팅 및 박판을 입힌 패널(panel)로 만드는 것이 일반적이다.

Frame은 모두 용접하며 Panel은 특수 리벳이나 볼트(Bolt)로 조립하여 완료된다. 그러나 이 컨테이너는 실무에서는 거의 사용되지 않고 있다.

알루미늄 컨테이너 (aluminium container)	강철제 컨테이너 (steel container)	FRP 컨테이너 (fiber reinforced plastics container)

2. 컨테이너선의 종류

1) 선형에 따른 구분

(1) 분재형(semi-container ship)

분재형은 재래선의 특정 선창에 컨테이너 전용창을 설치해 놓았거나 갑판을 개조하여 화물의 크기나 부피로 인하여 컨테이너에 적재할 수 없는 일반화물을 적재할 수 있도록 설계된 선박이다.

(2) 전용형(full-container ship)

전용형은 갑판상(on deck)이나 선창(hold)이 컨테이너만을 전용으로 적재하도록 설계된 선박이다. 우리가 '컨테이너선'이라고 하면 이 전용형 컨테이너선을 지칭하는 것이다. 전용형에 사용되는 컨테이너 하역방식에는 다음과 같은 것들이 있다.

2) 하역방식에 따른 구분

(1) Lift on/Lift off(Lo/Lo, LoLo)

Lo/Lo는 본선이나 육상에 설치되어 있는 Gantry Crane으로 컨테이너를 수직으로(vertical) 들어 올려 적재나 양하를 하는 방식이다. 보통 Lo/Lo 선박은 컨테이너를 수직으로 포개어 쌓아 올리는 내부구조를 가지고 있다. 이를 수직형 하역방식이라고도 하며 가장 보편적인 컨테이너 하역방식이다.

선창은 일반적으로 20피트 또는 40피트의 셀(cell) 구조로 되어 있으며 대형 스프레더(spreader)가 들어올린 컨테이너는 이 셀에 질서 정연하게 적재된다. 갑판상에도 3~4단의 컨테이너 적재가 가능하다.

(2) Roll on/Roll off (Ro/Ro)

Ro/Ro는 선미나 선측에 경사로(ramp)가 설치되어 있어 컨테이너를 이 램프를 통해 트랙터(tractor)에 연결하거나 Forklift로 들어 올려 선내로 들어가 적재와 양하하는 방식이다. 이 방식은 크레인을 사용하여 컨테이너를 수직으로 하역하는 Lo/Lo방식과 구별하여 Ro/Ro방식이라고 부르고 있다.

(3) Float on/Float off (LASH, Lighter Aboard Ship)

Float on/Float off는 부선(barge)에 컨테이너를 적재하고 Barge에 설치되어 있는 크레인이나 Elevator로 하역되는 방식이다. 정박기간을 최소화하여 대기시간을 단축시킴으로써 선박의 가동률을 높이기 위해 고안된 것이다.

혼재형
(mixed type container ship)

분재형
(semi-container ship)

전용선
(full-container ship)

Lift on/Lift off (Lo/Lo)

Roll on/Roll off (Ro/Ro)

Float on/Float off (LASH)

3) 하역설비의 유무에 따른 구분

(1) Geared Container Ship

Geared Container Ship은 본선의 갑판에 하역용 대형 기중기(gantry crane)를 장착하고 있는 컨테이너선이다.

(2) Gearless Container Ship

Gearless Container Ship은 선박 자체에 대형 기중기(gantry crane)가 없어 부두에 설치된 대형 기중기를 이용하여 컨테이너화물의 적재와 양하작업을 하는 컨테이너선이다. 대부분의 컨테이너선은 이 형태로 되어 있다.

Geared container ship

Gearless container ship

제4절 컨테이너 터미널과 내륙컨테이너기지

1. 컨테이너 터미널

1) 컨테이너 터미널의 의의와 역할

(1) 컨테이너 터미널의 의의

컨테이너 터미널(container terminal)은 화물수송의 중추인 해상과 육상운송의 접점인 항만에 위치하여 본선 하역, 화물보관, 컨테이너와 컨테이너화물의 접수, 육상운송수단에 컨테이너의 인도와 인수가 이루어지는 장소를 말한다.

컨테이너 터미널의 가장 대표적인 시설은 컨테이너 야드(CY)와 컨테이너 화물조작장(CFS)이며 여기에는 각종 장비와 기기들이 갖추어져 있다.

(2) 컨테이너 터미널의 역할

컨테이너 터미널은 컨테이너화물의 수취와 인도, 보관, 각종 관련 장비의 관리와 운영을 효율화함으로써 컨테이너를 신속, 정확, 안전하게 운송하도록 도와주고 있다.

또한 컨테이너 터미널은 컨테이너를 신속하고 효율적으로 컨테이너선에 선적하거나 양륙하고 트럭과 기차에 컨테이너의 인도와 인수, 컨테이너의 장치, 빈 컨테이너의 집적, 컨테이너 및 그 관련 기기의 정비와 수리 등의 업무를 담당한다. 따라서 컨테이너 터미널은 컨테이너 화물운송을 가능하게 하는 중요한 역할을 담당하고 있다.

2) 컨테이너 터미널의 분류와 조건

(1) 컨테이너 터미널의 분류

일반적으로 컨테이너 터미널은 건설, 소유 및 운영형태에 따라 공공 터미널과 전용임대 터미널로 크게 구분된다.

① 공공 터미널

공공 터미널(public terminal)은 화물을 적재 또는 양하하는 작업기간에만 안벽, 컨테이너 크레인 및 일정한 야드를 공적인 항만관리자로부터 임대하여 사용할 수 있는 터미널이다. 컨테이너 운송의 규모가 작은 초기의 형태로 세계 각국들이 컨테이너 도입 초기에 채용한 방식이다. 이 방식은 정박시간이 짧은 다수 선사의 컨테이너선을 취급하는 항구에서 많이 이용되고 있다.

② 전용임대 터미널

전용임대 터미널(exclusive terminal)은 선사나 항만하역업자(terminal operator)가 국가 등으로부터 CY를 일정 기간 동안(보통 10년 이상) 차용하고 여기에 개인의 컨테이너 터미널을 설치하는 형태이다. 현재 세계적인 터미널은 거의 이 방식이다. 터미널을 이용하는 컨테이너 개수가 적정규모 이하일 경우에는 시설임대료가 비싸기 때문에 2~3개 선사가 공동으로 전용임대 터미널을 이용하는 경우도 있다.

(2) 컨테이너 터미널의 조건

컨테이너 터미널은 기본적으로 다음과 같은 조건을 갖추어야 한다.

① 컨테이너선의 안전 항해, 접안 및 계류가 가능하게 설계되어야 하며 하역용 대형 기중기(gantry crane)을 장치하고 있어야 하고 대량 컨테이너를 동시에 수용할 수 있도록 배후에 넓은 CY나 CFS를 확보하고 있어야 한다.

② 컨테이너선에 적재와 양륙되는 컨테이너를 육상운송수단에 신속하게 인도와 인수하게 할 수 있는 능력과 설비가 구비되어야 하고 컨테이너를 검사, 점검, 수리를 할 수 있는 시설과 조직을 갖추고 있어야 한다.

③ 컨테이너 터미널을 통과하는 대량 컨테이너를 신속하고도 정확하게 처리할 수 있는 시설과 조직 및 시스템을 갖추고 있어야 한다.

④ 내륙운송 접점의 역할을 원활하게 수행하기 위해서는 발달된 도로망이나 충분한 운송능력이 있는 철도에 직접적으로 접속되어 있어야 한다.

그림 6-1 ■ 컨테이너 터미널의 모형도

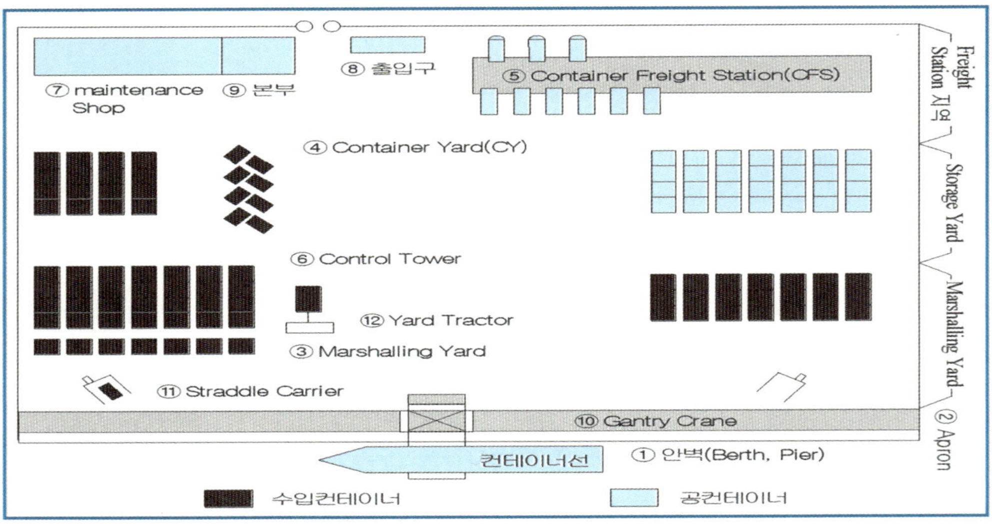

3) 컨테이너 터미널의 시설과 기기

(1) 컨테이너 터미널의 시설

① 선석(Berth)

선석은 컨테이너선이 안전하게 부상(浮上)하고 와서 닿을 수 있는 계안선(벽)을 말한다. 이를 안벽, Pier, Wharf, Container Berth 등으로 부르고 있다.

선석은 컨테이너선이 안전하게 부상할 수 있는 일정한 수심의 유지가 필요하며 적정한 암벽 길이도 확보되어야 한다.

② 적양장(Apron)

적양장은 부두 여러 부분 중에서 바다와 가장 가까이 접해 있고 선석에 따라 포장된 부분(보통 30~50m 정도)을 말한다. Apron에는 컨테이너의 적재 및 양륙작업을 위해 Gantry Crane이 설치되어 있다.

③ 조화장(Marshaling Yard)

조화장(操貨場)은 컨테이너를 컨테이너선에 적재하거나 양륙하기 위해 정렬시켜 놓는 부두의 넓은 장소를 말한다. 컨테이너 크기에 모두 맞추어 바둑판처럼 백색이나 황색의 구획선이 그어져 있는데 그 한 칸을 슬롯(slot)이라고 한다. 조화장은 Apron과 인접하여 배치되어 있다.

Berth	Apron	Marshalling Yard

④ 컨테이너 야드(Container Yard, CY)

컨테이너 야드는 컨테이너의 하역작업 전후에 컨테이너를 하주에게 인도하거나 하주로부터 인수 및 보관하기 위해 쌓아두는 장소를 말한다.

이것을 Container Storage Yard, Container Stacking Area, 컨테이너 야적장, 컨테이너 장치장이라고도 부른다. 실무적으로 컨테이너 터미널을 CY라고 부르는 경우가 많으나 엄밀히 말하면 CY는 컨테이너 터미널의 일부분이다.

CY는 컨테이너 한 개에 만재되는 만재화물(FCL)의 인도와 인수가 이루어지는 장소이고 운송인의 책임도 여기에서 시작되고 종료된다.

보통 컨테이너 터미널 전체 면적의 약 65%를 CY가 차지하고 있으며 냉동 컨테이너와 장기간 컨테이너 보관을 위한 배전시설 등이 갖추어져 있다.

CY는 부두와의 위치관계에 따라 On-Dock CY와 Off-Dock CY로 구분된다.

일반적으로는 항만 내 부두 안에 있는 CY를 On-Dock CY라고 부르고, 항만 내 부두 밖에 있는 CY를 ODCY(off-dock CY)라고 부른다. 보통의 CY는 On-Dock CY를 의미하며, Off-Dock의 대표적인 형태는 의왕 ODCY와 양산 ODCY가 있다.

⑤ CFS(Container Freight Station)

CFS(컨테이너화물조작장)은 컨테이너 1개를 채울 수 없는 소량화물의 하주로부터 LCL화물(Less than Container Load cargo)을 인수하거나, 하주에게 인도 및 보관하거나 목적지나 수하인별로 분류하여 컨테이너 안에 적입(stuffing, vanning)하거나 끄집어내는(unstuffing, devanning, stripping) 장치 작업을 하는 장소를 말한다.

LCL화물은 무조건 CFS를 거쳐야만 해체 작업이 가능하고 해체 작업 이후에나 세관에 수입신고를 통한 통관(custom clearance)도 가능하다. 따라서 수입 FCL에서 컨테이너의 내용물이 여러 하주들의 것으로 구성되어 있는 경우 CFS에서 Devanning 하여 통관과 수입신고를 거쳐 개별 수하인들에게 배분하여 인도된다. 보통 이 작업을 혼재(consolidation)라고 한다. 따라서 CFS는 Consolidator(혼재업자, forwarder)가 혼재(consol)을 하기 위한 창고 형태로 운용되어 보세창고라고 부르기도 한다.

⑥ **관제탑**(Control Tower)

관제탑은 CY를 내려다 볼 수 있는 위치에 설치되어 CY 전체의 작업을 총괄하는 지령실을 말한다. 본선의 하역작업은 물론 CY 내의 작업계획, 컨테이너 배치계획 등을 지시하고 감독하기 때문에 Control Center라고도 부른다.

CY

CFS

Control Tower

⑦ **컨테이너 정비소**(Maintenance Shop)

컨테이너 정비소는 컨테이너 터미널 운영시 필요한 항만 시설이나 부두에서 사용하는 컨테이너 차량, 하역기기, 각종 장비(각종 컨테이너, 트랙터 등)를 검사, 점검, 유지, 보수, 수리 및 정비하는 장소를 말한다.

⑧ **출입구**(CY Gate)

출입구는 컨테이너 터미널을 출입하는 컨테이너 화물이나 빈 컨테이너 등이 통과하는 출입구를 말한다. 출입구는 CY로 드나드는 입구이지만, 단순한 입구가 아니라 CY라는 보세구역으로 가는 통과지역이기 때문에 검문이 필수적이다.

Gate 통과시 컨테이너나 컨테이너화물의 인도와 인수에 필요한 서류 확인, 컨테이너의 이상 유무확인, 통관봉인(seal)의 유무확인, 컨테이너중량의 측정 등이 이루어지는 동시에, 화물 인수에 필요한 서류인 수출신고필증(Export Permit, E/P)과 수입신고필증(Import Permit, I/P) 등을 확인한다. 또한 CY Gate는 해륙일관운송 책임체계의 접점(接點)으로서의 기능을 수행한다.

⑨ **행정사무소**(Administration Office, **본부**)

행정사무소는 컨테이너 터미널의 행정사무를 담당하는 장소를 말한다.

⑩ Storage Yard

Storage Yard는 선적을 기다리거나 양륙되어 수하인에게 전달되기 전에 컨테이너를 일시 장치해 두는 장소 또는 빈 컨테이너 박스(empty container box)를 보관하는 장소를 말한다.

이것은 컨테이너화물을 편리하게 Vanning과 Devanning하는 것을 도와주는 장소이며, FCL(Full Container Load) 하주의 요구가 있을 경우에는 곧바로 빈 컨테이너를 인도할 수 있도록 하는 장소이다. 또한 대부분의 터미널들이 이 장소를 CFS에 인접하여 위치시킴으로써 LCL화물의 취급을 편리하게 하고 있다.

Maintenance shop

CY Gate

Storage Yard

(2) 컨테이너 터미널의 기기

① Gantry Crane

Gantry Crane은 컨테이너 터미널에서 컨테이너선에서 컨테이너를 내리거나 적재하는데 사용되는 대형 기중기를 말한다. 컨테이너 전용부두에서 컨테이너의 하역용으로 설계된 대형 크레인으로 주로 부두의 Apron에 깔린 레일 위를 이동한다.

이것은 컨테이너부두 하역장비들 중에서 가장 기본이 되는 장비이며 실무에서는 컨테이너 크레인(container crane)이나 Wharf Crane이라고 부르고 있다.

길이가 140m, 무게가 1,500톤인 갠트리 크레인은 시간당 대략 30~40개의 컨테이너를 적재나 양하할 수 있다. 1회에 약 35톤 정도의 하역능력을 가지고 있으며 설치비용은 대당 약 50억 원 정도가 소요된다.

② Straddle Carrier

Straddle Carrier는 컨테이너 터미널 내에서 컨테이너를 양각 사이에 끼우고 하역과 운반을 동시에 할 수 있는 기동성이 뛰어난 대형 운전기계를 말한다.

컨테이너를 타고(straddle) 그것을 양다리 사이에 넣어 운반하는 데서 이와 같은 명칭으로 불리고 있다. 컨테이너를 상하로 들고 내릴 수 있으며 기동성이 우수하여 컨테이너 야드 내에 쌓아놓은 컨테이너를 자유롭게 이동시킬 수 도 있다.

③ **섀시**(chassis)

Chassis는 컨테이너를 탑재하는 차대(車坮)를 말하며 트랙터(tractor)에 연결되어 이동한다. 이것을 컨테이너 Chassis나 Yard Chassis라고도 부른다.

④ Winch Crane

Winch Crane은 컨테이너를 Chassis나 트럭에 적재하거나 양하할 때 사용하는 기중기를 말하며 좌우로 회전이 가능하다. 자체를 이동하거나 회전하면서 컨테이너 트럭에 컨테이너를 적재하거나 양하할 때 주로 사용한다.

⑤ Fork Lifter

Fork Lifter는 컨테이너 터미널에서 컨테이너화물을 트럭에 적재하거나 트럭에서 양하할 때 사용하는 특수 자동차를 말하며 지게차라고도 부른다.

⑥ Yard Tractor

Yard Tractor는 작업용 컨테이너 운반트럭을 말하며 컨테이너 야드 내에서 섀시에 적재된 컨테이너를 이동하는데 사용된다.

⑦ Transtainer

Transtainer는 이동식 컨테이너 취급 장비로 컨테이너를 차곡차곡 적재하거나 내리는데 사용된다. 사시나 트레일러에 싣고 내릴 때도 사용되며 Transfer Crane이라고도 부른다. 보통 전동식이며 시간당 30개 정도의 컨테이너를 처리할 수 있다.

⑧ Reach Staker

Reach Staker는 컨테이너를 위 또는 옆에서 붙잡는(grab) 특수 스프레더를 부착하여 부두나 야드에서 컨테이너를 직접 들어서 적재하거나 반출하는데 사용되는 장비이다. 가장 혁신적인 장비 중의 하나로 대당 가격은 4~5억 원 정도이다.

⑨ Spreader

Spreader는 컨테이너를 하역하기 위해 갠트리 크레인이나 지게차 등에 매달아 컨테이너를 들어 올리거나 내리는 장비이다.

Gantry Crane	Straddle Carrier	섀시(chassis)

Winch Crane	Fork Lifter	Yard Tractor

Transtainer	Reach staker	Spreader

2. 내륙컨테이너기지(ICD)

1) 개념과 기능

(1) 개념

내륙컨테이너기지(Inland Clearance (or Container) Depot, ICD)는 항만이나 공항이 아닌 내륙시설로, 컨테이너화물을 운송하는 운송경로의 내륙 접점에 위치하여 컨테이너의 집배, 컨테이너 화물의 적입 및 인출기능을 지닌 화물수송용 내륙물류기지 및 통관기능을 갖춘 복합화물터미널이다. 이것을 '내륙의 항만'이라고도 부른다.

(2) 기능

ICD는 컨테이너의 배치와 적재, 적입과 해체, 인도와 인수를 기본으로 하고 부수적으로는 컨테이너 통관, 운송수단 간 컨테이너의 교환, 컨테이너의 일시 장치나 점검, 보관, 포장, 정비와 수리, 컨테이너 소화물의 혼재작업의 기능을 수행한다.

이러한 기능을 수행하기 위해 ICD 내에는 세관 이외에 선사, 철도회사, 트럭회사, 포장회사, 포워더, 은행, 보험, 검사소 등 관련 기관이나 기업들이 입주하고 있다.

2) 의왕 내륙컨테이너기지(ICD)

(1) 의의

의왕 내륙컨테이너기지는 경기도 의왕시에 위치한 동양 최대의 종합물류기지이다.

수도권으로 들어가고 나가는 컨테이너화물의 원활한 운송과 처리를 위해 설립되었으며 컨테이너화물의 보관, 하역, 운송, 배송 등을 담당하는 물류거점으로서의 내륙수송기지 역할을 담당하고 있다.

또한 철도를 이용해 부산과 광양의 화물을 수도권으로 수송하는 철도수송지와 수출입 화물의 통관을 담당하는 내륙통관기지로서의 역할도 수행하고 있다.

(2) 설립배경

1988년 올림픽 이후 무역을 통한 고도의 경제성장을 맞이하던 우리나라에서 물류시설의 부족은 경제성장을 저해하는 요인이 되었다. 특히 급증하는 컨테이너 물동량을 처리하기 위해서는 항만을 신축하거나 확장해야 하는데 단시간 내에 이 일은 거의 불가능하였다. 이에 정부는 수출입 컨테이너의 효율적 유통관리를 위해 기존에 있던 '남부철도화물기지'를 기반으로 한국철도공사를 비롯한 16개 운송회사가 출자하는 방식으로 국내 최초의 내륙컨테이너기지인 의왕 ICD를 설립하였다.

(3) 입주기관

의왕 내륙컨테이너기지에는 안양세관, 경인지방 식품의약품 안전청, 농림축산검역본부 의왕사무소, 한국철도공사(오봉역) 등 정부기관, 은행, 관세사무소 등 각종 기관, 보세화물창고 3개, 기지운영에 필요한 부수건물 8개, 차량 정비고, 컨테이너 정비고와 의왕 ICD가 직접 운영하는 주유소 등이 입주하고 있다.

(4) 현황

의왕 ICD는 1984년 기존의 남부철도화물기지(철도청)를 기반으로 1997년 현재의 모습을 갖추게 되었다. 운영은 민관이 공동출자한 ㈜의왕 ICD가 맡고 있다.

의왕 ICD는 제1터미널과 제2터미널로 구성되어 있다. 2020년 현재 제1터미널과 제2터미널을 합쳐 부지면적은 752,680㎡(대략 23만 평)이며 387,932㎡의 CY, 3개 동의 CFS, 8동의 운영창고, 1동의 차량정비소와 컨테이너정비소, 주요소 등의 시설물들이 있다. 장비들로는 트랜스테이너 3대, 리치스태커 47개, 트랙터 652대, 트레일러 1,800대를 보유하고 있다.

부산항과 광양항 등을 매일 왕복 운행하는 열차는 연간 75만 TEU의 컨테이너화물을 수송하고 있다. 의왕 ICD는 이러한 인프라를 통해 철도수송과 도로운송을 포함하여 2020년 기준으로 연간 총 137만 TEU의 컨테이너 화물을 처리하고 있다.

의왕 ICD는 크게 컨테이너 터미널, 양회단지, 오봉역 등 세 개 구역으로 구분된다.

컨테이너 터미널은 의왕 ICD의 핵심지역으로 한진, CJ대한통운㈜, 세방㈜, 롯데글로벌로지스㈜ 등 국내 굴지의 물류기업들이 입주해 있다.

양회단지는 의왕 ICD 내에 있는 시멘트기지로 산화물들을 전국 레미콘 공장 곳곳으로 보내기 좋은 위치에 있다. 오봉역은 '철도물류의 서울역'이라 불리는데 국내 최대의 내륙컨테이너기지인 의왕 ICD에 컨테이너를 실은 열차가 출입하기 위해서는 반드시 거쳐야 하는 화물처리역이다.

의왕 ICD

의왕 ICD

의왕 ICD

3) 양산 내륙컨테이너기지(ICD)

(1) 의의

양산 내륙컨테이너기지는 항만이 아닌 내륙지역인 경상남도 양산시에 위치하고 있다. 항만과 똑같이 컨테이너 화물처리를 위한 시설들을 갖추고 있으며 수출입 통관업무 등 종합물류터미널의 기능을 수행하는 내륙의 물류기지 역할을 하고 있다.

양산 ICD는 국내 5대 권역 내륙컨테이너기지 중 부산과 경남을 비롯한 영남권 일대의 물류를 담당하고 있는 복합화물터미널이며 부산항 북항과 신항의 인접 배후지역인 양산에 조성된 사회기반시설이다.

양산 ICD는 최첨단 물류인프라를 기반으로 내륙항만의 역할과 화물의 통관, 보관, 주선, 내륙운송 등을 통한 수출입 컨테이너 처리와 제3자 물류 등 다양한 물류사업영역의 중심거점 기능을 담당하고 있다.

(2) 기능

첫째, 내륙 항만기능으로 양산 ICD도 여타 항만과 동일하게 CY와 CFS의 기능을 수행하며 10개 단지의 CY가 참여업체 지분별로 배정받아 직접 운영하고 있다.

둘째, 내륙 운송기능으로 양산 ICD는 부산과 영남권의 교통 요충지에 위치하고 있기 때문에 수출입 화물을 컨테이너 배후수송 도로망을 이용하여 내륙과 항만의 연결기지로서 중추적인 운송기능을 수행하고 있다.

셋째, 내륙 통관기능으로 양산 ICD에서는 수출입화물에 대하여 One-Stop 통관서비스를 제공하고 있어 하주들의 편의성을 도모하고 있다. 수출하주는 공장에서 컨테이너 적입작업을 완료하고 ICD에 컨테이너를 반입시킨 후 본인이 직접하거나 관세사를 통하여 수출통관을 할 수 있다.

넷째, 철도 수송기능으로 양산 ICD에는 양산 화물역이 위치하여 친환경적으로 수출입 컨테이너와 중량 및 대형화물을 부산권과 수도권으로 철도를 통해 수송함으로써 시간과 물류비용을 절감시키고 있다.

다섯째, 기타 기능으로 양산 ICD는 지역 산업단지와 연계된 물류센터 등이 입주하여 3자 물류의 기능을 담당하며 자동차(중고) 수출의 거점으로도 활용되고 있다.

(3) 입주기업

양산 ICD에는 세관 등 정부기관과 철도운송업체 등 물류기업들이 입주하고 있으며 첨단 컨테이너 야적장, 철도운송 시설, 컨테이너 정비소, 관세사사무소 등 각종 기관과 은행, 식당, 주유소 등 각종 지원시설과 편의시설들이 갖추어져 있다.

(4) 현황

양산 ICD는 1991년 내륙컨테이너기지(ICD) 조성계획 확정에 따라 컨테이너 화물의 유통구조를 개선하여 컨테이너 물류비용을 절감하고 부산시 도시환경 개선과 교통난 완화로 부산시 내 Off-Dock CY를 이전 통합하기 위해 조성되었다.

양산 ICD는 ICD(719,185㎡)와 정부 기간시설(물금 IC, 유수지, 진입도로, 도시계획도로 등) 및 복합화물터미널을 포함하여 부지면적이 1,294,222㎡이다.

ICD 시설로는 2020년 현재 10개 단지의 CY, 17동의 CFS, 10동의 Gate, 47동의 CY 운영사무실과 부속건물, 10동의 컨테이너 세척장과 부속건물, 11동의 정비고와 부품동, 1동의 세관검사장, 12동의 공용시설이 있다.

양산 ICD의 운영은 1992년에 설립된 ㈜양산 ICD(아이시디)가 담당한다. 여기에는 현대상선㈜, ㈜동부익스프레스, ㈜천경, ㈜동방, CJ대한통운㈜, 남성해운㈜, ㈜국보 등 17개사의 주주업체가 참여하고 있다.

사업 부지는 정부에서 매입 후 국유재산법에 의거하여 ㈜양산 ICD에 유상으로 사용을 허가하였다. 양산 ICD 조성공사는 ㈜양산 ICD가 전담하였으며 참여 업체는 지분율에 의거하여 단지를 배분·운영하고 있다.

양산 ICD에 참여하고 있는 업체들은 지분율에 따라 배정된 단지를 ㈜양산 ICD로부터 임대받아 독자적으로 운영하고 있으며 ㈜양산 ICD는 ICD 내 시설물의 유지관리와 물류정보의 처리 등 지원업무와 부대사업들을 운영하고 있다.

2020년 현재 양산 ICD의 연간 장치 능력은 CY 1,069,000 TEU, 컨테이너 작업장 4,463,000 R/T이며, 부산항 컨테이너 부두의 부족한 장치공간을 보완해 주고 장기보관이 필요한 재유통 컨테이너의 보관 및 LCL화물의 처리 등을 담당하고 있다.

2020년 현재 이곳에 입주되어 있는 업체들은 공공법인인 부산항만공사, CJ대한통운㈜ 등 ODCY업체, SK해운㈜ 등 선사, ㈜대현 등 운송업체, 대천물류와 세방 등 CY 및 CFS업체 등 총 38개 기업들이다.

양산 ICD

양산 ICD

양산 ICD

제5절 컨테이너 운송화물과 운송형태

1. 컨테이너 운송화물

1) FCL화물과 LCL화물

FCL화물(Full Container Load Cargo, FCL Cargo)은 1개 컨테이너를 송하인 1인의 화물만으로 만재되는 대량 화물을 의미하며 컨테이너 만재화물이라고도 한다.

FCL화물은 Door to Door Service가 가능하고 혼재화물보다 운임률표상의 운임이나 운임부대 비용이 저렴한 장점을 가지고 있다.

한편, LCL화물(Less than Container Load Cargo, LCL Cargo)은 1개의 컨테이너를 송하인 1인의 화물만으로 적재하기에는 화물 수량이 적어 다수의 송하인 화물로 1개의 컨테이너를 더 채우는 혼재화물(consolidated cargo)을 의미하며 컨테이너 혼재 소량화물이라고도 한다. LCL화물은 화물이 적은 하주의 경우 FCL을 통째로 이용하는 것에 비해 비용 면에서 유리하다. 그러나 FCL화물과 달리 문전까지의 서비스가 불가능하고 운임과 취급 비용이 FCL화물보다 비싼 편이다.

2) CY화물과 CFS화물

CY화물은 수출화물이 컨테이너에 적입되어 선사의 컨테이너 터미널(CY)로 인도되는 대량의 화물을 말한다. CFS화물은 아직 적입되지 않은 화물을 컨테이너 터미널의 CFS에서 선사책임으로 컨테이너에 적입된 후 CY로 운송되는 소량의 화물을 말한다.

3) Shipper's Pack과 Carrier's Pack

Shipper's Pack은 하주나 그 대리인이 자기의 책임과 비용으로 공장이나 창고에서 컨테이너에 화물을 적입하여 CY에 반입되는 것을 말한다. Shipper's Pack의 경우 선사는 화물에 대한 책임이 없기 때문에 완전 봉인상태로만 인도되면 선사는 완전 책임 이행으로 간주된다. Shipper's Load라고도 하며 하주 측에서 컨테이너에 적입하여 선사의 CY에 FCL화물로 반입되는 것은 모두 Shipper's Pack이다.

한편, Carrier's Pack은 개별 하주의 수출화물이 LCL화물이기 때문에 선사가 지정한 CFS의 보세장치장에 화물이 반입되어 통관된 이후 CFS에서 CFS 운영인에 의해 다른 하주의 LCL화물과 1개의 컨테이너에 혼재 통합되는 형태이다.

Carrier's Pack은 모두 선사의 책임과 하주의 비용부담으로 적입이 이루어지기 때문에 Carrier's Load라고도 부른다.

2. 컨테이너화물의 운송형태

1) CY/CY (FCL/FCL, Door to Door)

CY/CY는 송하인 1인이 수하인 1인을 위하여 송하인의 창고나 공장에서 FCL(Full Container Load)로 운송하는 형태이다. CFS를 거치지 않고 바로 수출지의 CY에서 수입지의 CY로 이동하여 수하인의 문전까지 컨테이너의 개폐 없이 운송된다.

이것은 Shipper(선적인) → CY → CY → Consignee(수하인)에게 운송됨으로써 컨테이너의 장점을 최대로 활용한 가장 이상적인 운송형태이다.

2) CY/CFS (FCL/LCL, Door to Pier)

CY/CFS는 송하인 1인이 다수의 수하인을 위해 운송하는 형태이다. 이것은 송하인의 창고나 공장에서 FCL형태로 CFS를 거치지 않고 수출지 CY를 통해 수입지로 운송하고, 수입지에서는 FCL화물을 다수의 수하인에게 전달하기 위한 분류작업을 위해 CFS를 거쳐 수하인에게 인도하므로 Shipper's Consolidation이라고도 한다.

3) CFS/CY (LCL/FCL, Pier to Door)

CFS/CY는 LCL화물을 송부하는 다수의 송하인이 1인의 수하인을 위해 운송하는 형태이다. 이것은 선적지에서 다수의 송하인의 LCL화물을 혼재하기 위해 선적지의 CFS에서 작업을 하여 FCL화물을 만든 후 양륙지 수하인의 창고나 공장 문전까지 운송하는 형태이므로 Buyer's Consolidation(바이어 혼재)이라고도 한다.

이 운송형태는 수입자가 여러 송하인들로부터 각 LCL화물들을 인수하여 일시에 자기의 지정창고까지 운송하고자 하는 경우에 이용되고 있다.

4) CFS/CFS (LCL/LCL, Pier to Pier)

CFS/CFS는 다수의 LCL화물을 수출하는 송하인과 다수의 수하인 사이에 이루어지는 운송형태이다. 이것은 수출지에서 LCL화물을 FCL화물로 바꾸기 위해 CFS를 거치게 되고 양륙항에 도착하여도 각각의 수하인에게 인도하기 위해 CFS에서 분류작업이 필요한 운송형태이므로 Forwarder's Consolidation(포워더 혼재)이라고도 한다.

이것은 포워더(forwarder)가 동일한 목적지로 보내지는 소량화물을 집화하여 FCL화물로 혼재하는 작업을 수행한다는 의미이다.

이 운송형태에서 선사는 포워더가 여러 LCL화물을 혼재하여 FCL화물로 만들어 자사에 인도하면 포워더에게 Master B/L인 Groupage B/L을 발행하고, 포워더는 이를 근거로 LCL 하주들에게 House B/L을 발행한다.

제6절 컨테이너화물의 절차와 관련 서류

1. 컨테이너화물의 선적 절차

1) FCL화물운송

(1) 선복요청서(S/R)의 제출과 선복예약(Booking)

송하인(혹은 하주)은 신용장이나 계약에서 정해진 선적기일에 맞추어 배선표를 참조하여 적합한 선박을 정하고 선사나 그 대리점에 선복요청서(S/R)를 제출한다.

송하인(혹은 하주)의 선복요청을 선사가 그대로 승낙하면 그 증거로 선사는 선복확인서(Booking Note)를 교부한다. 선복 요청은 하주가 선사의 영업부에 직접 의뢰하기도 하지만 대부분은 포워더를 통해 간접 의뢰한다.

(2) 공(空) 컨테이너의 반입 요청

선적예약 후 송하인(혹은 포워더)은 선사나 그와 계약관계에 있는 운송회사에게 컨테이너에 화물을 적입할 수 있도록 화물이 있는 송하인의 생산공장이나 창고로 공컨테이너의 반입을 요청한다. 선사는 트럭회사에 공 컨테이너의 인도를 지시한다.

보통 공 컨테이너 반입장소(공장)가 대전 이북지역인 경우에는 의왕 ICD, 대전 이남지역인 경우에는 양산 ICD나 부산의 ODCY에 장치되어 있는 컨테이너를 이용한다. ODCY는 부두밖 내륙지에 소재하고 있는 개인들이 운영하고 있는 CY이다.

(3) 공 컨테이너의 반입

선사는 공 컨테이너와 함께 기기수도증(EIR) 5부를 작성하여 이 중 1부를 Tractor 기사를 통해 송하인에게 전달하고 송하인은 확인 후 EIR에 서명한다. 선사는 공 컨테이너 번호를 입수하여 Booking List에 기록하고 본선적부 계획에 활용한다.

(4) 공 컨테이너에 화물 적입과 봉인 및 수출신고와 CLP 작성

공 컨테이너가 반입되면 화물을 적입함과 함께 전달된 선사봉인(carrier's seal)을 컨테이너에 직접 장착한다. 컨테이너화물의 경우 물품이 적입되어 봉인된 후에는 양륙지에 도착할 때까지 개장되지 않기 때문에 이동 중에 컨테이너의 개폐 상태를 확인할 수 있도록 봉인을 하게 된다.

또한 하주는 수출신고를 통하여 수출신고필증을 발급받고 화물을 컨테이너에 적입할 때에는 검수 후 컨테이너 내부 적부도(CLP)를 작성한다.

(5) Pick-up 요청과 내륙운송 및 CY반입

컨테이너에 화물 적입이 완료되면 선적을 위해 계약을 체결한 선사나 운송인에게 통보하여 컨테이너의 Pick-up을 요청한다.

이후 컨테이너의 선적을 위해서는 부산항까지 국내 운송절차를 거쳐야 하는데 주요 경로는 공로(육상), 철도, 연안운송(인천항에서 부산항) 등이 이용된다.

보통 FCL화물은 하주의 공장에서 수출통관 후 내륙 운송되며 트랙터에 끌려서 고속도로나 국도를 이용하여 공로(육상) 운송되기도 하며 의왕 ICD를 통한 철도운송이나 인천→부산항 간의 연안해송도 이용된다.

선적항 CY나 터미널에 반입할 때는 마감시간(closing time) 이전까지 반입이 이루어져야 하며 특히 미국행 해상화물은 적재 24시간 전에 적하목록(Manifest)을 제출해야 하기 때문에 기타 행선지 화물보다 일찍 반입되어야 한다.

(6) CY반입 후 D/R과 CLP제출

CY에 반입이 완료된 컨테이너는 CY 운영업자(operator)에게 인도되며 하주나 대리인인 포워드는 부두수취증(D/R)과 CLP를 선사나 선사의 대리인인 CY 운영업자에게 제출한다.

(7) B/L 수령과 수출대금회수

하주는 부두수취증(D/R)에 확인 서명을 받아 수령하고 선사에서 B/L과 교환하며 다른 서류들과 함께 은행에 매입하여 수출대금을 회수한다.

이론상 D/R을 하주가 수령한 후 선사에 B/L과 교환한다. 그러나 실무에서는 CY 운영업자가 D/R을 CLP, 수출신고필증 등의 서류들과 비교 점검하고 서명한 후 서류 흐름의 간소화를 위해 하주에게 직접 교부하지 않고 선사에 송부하기 때문에 B/L 발급시 하주에게 D/R을 요청하는 일은 없다. 이것은 재래선의 경우도 마찬가지이다.

(8) 선적완료와 선적통지

CY 운영업자는 화물과 함께 D/R 사본과 CLP를 본선 선장에게 제출하여 서명을 받은 후 선적하며, 선적이 완료되면 수출자는 수입자에게 선적통지를 한다.

2) LCL화물운송

LCL화물은 CFS에 반입 후 통관절차를 필한 다음 터미널 Operator가 컨테이너에 적입하거나 검량과 통관이 끝난 화물을 CFS에 반입하여 이곳에서 행선지별로 구분하여 컨테이너에 적입한다. 그 후 CY로 이동한 이후 절차는 FCL화물의 경우와 같다.

2. 컨테이너화물의 수입 절차

수입화물이 목적항에 도착하면 운송인(선사나 포워더의 대리점)은 수입하주에게 화물도착통지(arrival notice)를 하게 되며 하주는 은행에 수입대금을 결제하고 선적서류를 인수받아 수입통관절차를 밟게 된다.

FCL화물이 부두에서 양하되어 수입자의 문전까지 도착되는 과정은 보세운송을 통한 도착지 통관인 경우와 부두의 보세장치장에서 통관하여 일반 운송되는 양하지 통관 등 두 가지가 있다. LCL화물은 반드시 양하지 통관을 거쳐 일반화물 상태로 하주의 문전에 도달하게 된다. 보다 구체적인 컨테이너화물의 수입 절차는 다음과 같다.

① 수출지에 있는 운송인은 목적지에 있는 운송인(선사의 지점, 대리점 또는 포워더의 파트너)에게 선적서류를 발송한다. 수출하주로부터 수입하주에게 선적 후 컨테이너 선적목록, B/L목록, 선박출항보고서 등을 접수 후, 컨테이너 내부적부도, 컨테이너번호 목록 등을 항공우편이나 특사우편으로 우송한다.

② 운송인은 수하인의 신속한 화물인수를 위해 해당 선박의 도착을 통지한다.

③ 화물의 도착통지를 받은 하주는 발행은행에 수입대금을 지불하고 운송인이 발행하여 수출지 매입은행을 통해 송부된 원본(original) B/L을 수령한다.

④ Original B/L을 회수한 하주는 운송인에게 운임(운임후불의 경우) 및 부대비용을 지불하고 이 선하증권과 상환으로 화물인도지시서(D/O)를 발급받는다.

⑤ 화물 도착통지를 받은 하주는 화물이 어느 창고에 입고될 것인가를 지정하게 되며 선사는 적하목록에 배정 적하목록을 작성하여 세관에 입항 신고한다.

⑥ 세관으로부터 양륙 허가 및 배정 적하목록의 확인이 끝나면 선사는 하역회사, 운송회사와 함께 해당 배정처 화물을 이송하게 된다. 이때 하주가 배정처를 지정하지 않을 경우에는 선사가 임의로 배정하게 된다.

⑦ 수입신고(통관)는 하주, 관세사, 관세법인, 통관취급법인의 명의로 하여야 하며 등록된 관세사를 채용하여 그 관세사 명의로 할 수도 있다.

⑧ FCL화물을 도착지에서 통관하고자 할 경우에는 보세운송이 이루어지며 보세운송 기간은 운송품의 중량, 기타 운송과정 등을 감안하여 세관장이 정한다.
그리고 수입신고를 하고 관세를 납부하여 수입통관을 완료하고 창고업자에게 D/O를 제시한 후 CY나 CFS에서 화물을 인도받아 내륙운송을 거쳐 자신의 공장이나 창고로 이동한다.

3. 컨테이너화물운송의 관련 서류

1) 기기수도증

기기수도증(Equipment Receipt, E/R)은 컨테이너를 소유하지 않은 하주가 화물을 컨테이너에 적입하여 수출하고자 할 때에는 컨테이너를 임대하여 사용하는데 이때 주고받는 서류이다. 이것을 Equipment Interchange Receipt(EIR)이라고도 한다.

즉, 컨테이너 화물운송에서 송하인(하주)의 선적 요청시 선사는 빈 컨테이너를 하주가 요청한 작업장이나 창고 등으로 보내는데 이때 CY Operator가 컨테이너 트렉터 기사를 통해 하주에게 전달하여 기기를 인수했다는 증명서류가 기기수도증이다.

2) 컨테이너내부 적부도

컨테이너내부 적부도(Container Load Plan, CLP)는 매 컨테이너마다 컨테이너에 들어 있는 화물에 관한 모든 명세와 정보를 상세하게 기재한 서류이다. 이것을 컨테이너 내부 적부표, 컨테이너내 적입도 또는 컨테이너 명세서라고도 한다.

이 서류는 매 컨테이너 마다 컨테이너에 해당 화물을 채워 넣은 자 즉, FCL화물은 하주나 그 대리인이 작성하고, 혼재화물(LCL)은 CFS Operator 업자가 컨테이너 1개마다 작성하며 CY에 반입할 때에 CY 운영업자에게 제출한다.

이 서류는 선적지에서는 세관제출용의 화물반입신고, CY에서의 컨테이너 배치계획 및 본선 적재계획 등에 사용되며 화물의 인도지에서는 컨테이너 보세운송신고와 컨테이너 적출작업(unstuffing) 등에 이용된다.

3) 부두수취증

부두수취증(Dock Receipt, D/R)은 CY에 상주하는 컨테이너 운항선사 직원이나 위임받은 CY Operater가 하주로부터 컨테이너를 수취한 때에 그 컨테이너 화물의 수령증으로 발행하는 서류이다. 재래선의 경우에 사용되는 본선수취증(M/R)과 같은 서류로 선사가 하주로부터 화물을 수취하고 발행하는 일종의 영수증이다.

4) 본선적부도

본선적부도(Stowage Plan, S/P)는 본선 내의 컨테이너 적재위치를 나타내는 일종의 위치도이다. 이 서류는 손상 화물에 대한 적부 장소를 확인하여 선창 내에 적재된 화물의 위치를 알 수 있는 등 손해 원인을 규명하는데 필요하며 양륙지에서는 하역관계자의 하역작업에서 매우 중요한 참고자료가 된다.

Model Form 9 <서식 9> 기기수도증

CÔNG TY LIÊN DOANH PHÁT TRIỂN TIẾP VẬN SỐ 1 - CẢNG CONTAINER QUỐC TẾ VIỆT NAM
First Logistics Development (JV) Company - Vietnam International Container Terminals

PHIẾU GIAO NHẬN CONTAINER
EQUIPMENT INTERCHANGE RECEIPT (EIR)

Số: 000000 *(No.)*

Ngày *(Date)*: ....
Giá trị đến ngày: .... *(Validity of EIR to date)*
Bill/D.O/Booking số: ....

Giao cho / Nhận của: .... *(Deliver to / Receive from)*

Container số *(Container No.)*		Hãng Cont *(Cntr Operator)*		Tàu/Chuyến *(Vessel/Voyage)*		Vị trí thực tế *(Act. Location)*		
Số Seal *(Seal No.)*		Loại *(Type)*		Trạng thái *(Status)*		Cảng xếp/dỡ/đích *(PL/PD/FD)*		Vị trí dự kiến *(Pre. Location)*
Trọng lượng (Kg) *(Gross Weight in kg)*		Cỡ *(Size)*						
Nhiệt độ *(Tempt)*		Loại nguy hiểm *(IMO DG Class)*						
Siêu trường/Siêu trọng *(OH/OW/OL/UC)*		CC						

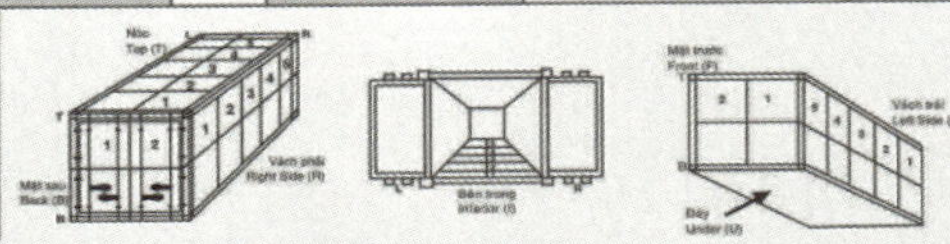

Ghi chú: Nếu không ghi chú gì, Container được coi giao nhận trong tình trạng tốt *(If there is no remark, container is considered to be in good condition).*

Ghi chú *(Remarks)*: ....

B Cong *(Bent)*　C Rách *(Cut)*　D Vết lõm *(Dent)*　Cr Vết rạn *(Crack)*　H Lỗ thủng *(Hole)*　L Rò rỉ *(Leak)*　Dy Bẩn *(Dirty)*　M Tổng hợp *(Multiple)*

Thời gian *(Date/time)*	Xe vào *(ARRIVAL - AT GATE)*	Nâng hạ trong bãi *(Off load/Mount)*	Xe ra *(EXIT - GATE)*
Số Xe:			

Model Form 10 <서식 10> 컨테이너내부 적부도

Container Loading Plan Sample

CONTAINER LOAD PLAN　　　　SAMPLE　　　　Page 1 of 1

Consignee : *ACADEMY SPORTS+OUTDOORS*
Shipper :

CONTAINER NO. : NYKS1234567	**SIZE & TYPE :** 40' DRY	**SEAL NO. :** 123456
VESSEL & VOYAGE : 12E		
FOB : CHITTAGONG		**DC :** LOS ANGELES
ARRIVAL DATE TO CY TERMINAL : 8/28/2007		**CARRIER S/O NO. :** NYKS123456
REMARK :		

SEQ	P/O NO.	SKU NO.	S/O NO.	PKG	CBM	KGS	QTY	START & END CTN
1	5814	53180	ASOCGP00051	12 CTN	12.000	1,000.000	1,000 PC	
2	5814	53180	ASOCGP00052	12 CTN	12.000	12.000	12 PC	
			TOTAL :	24 CTN	24.000	1,012.000	1,012 PC	

Submit to YL on/before YL CLP cut-off time

Academy SPORTS+OUTDOORS　　　　Yusen Logistics

Model Form 11 <서식 11> 부두수취증

DOCK RECEIPT

(1) SHIPPER/EXPORTER (COMPLETE NAME AND ADDRESS)	(5) BOOKING NO.	(5A) BILL OF LADING NO.
2601 N. ALEXANDER DR BAYTOWN, TX 77520 AS AGENT FOR:	NA093195 (6) EXPORT REFERENCES ELIMOT AES-24086-10	
(3) CONSIGNEE (COMPLETE NAME AND ADDRESS) IJAIYE LAGOS NIGERIA	(7) FORWARDING AGENT / REFERENCE NO. A.E.S. SHIPPING INC. 1 SLATER DRIVE ELIZABETH, NJ 07206 203547 (8) POINT AND COUNTRY OF ORIGIN TX , US	
	(9) ALSO NOTIFY - ROUTING INSTRUCTIONS AES XTN:223641346-AES-24086-10 AES ITN:X20101213021050 HOEGH AUTOLINERS SAILING DATE: 12/30/10	

(12) INITIAL CARRIAGE BY (MODE)	(13) PLACE OF INITIAL RECEIPT	(9A) FINAL DESTINATION (OF THE GOODS NOT THE SHIP) NIGERIA	
(14) VESSEL VOY FLAG HOEGH OCEANIA 66	(15) PORT OF LOADING GALVESTON	(10) LOADING TERMINAL	(10A) ORIGINAL(S) TO BE RELEASED AT
(16) PORT OF DISCHARGE LAGOS	(17) PLACE OF DELIVERY BY ON-CARRIER	(11) TYPE OF MOVE (IF MIXED, USE BLOCK 20 AS APPROPRIATE) PIER TO PIER	

MKS. & NOS./CONT. NOS. (18)	NO. OF PKGS. (19)	DESCRIPTION OF PACKAGES AND GOODS in Schedule B detail DOCK RECEIPT (20)	GROSS WEIGHT (21)	MEASUREMENT (22)
1xRORO	1	VEHICLE 2002 TOYOTA AVALON VIN # 4T1BF28B72U203547 AES-2408610/RORO	3461.00L 1569.90K	459.000F 12.999M

Model Form 12 <서식 12> 본선적부도

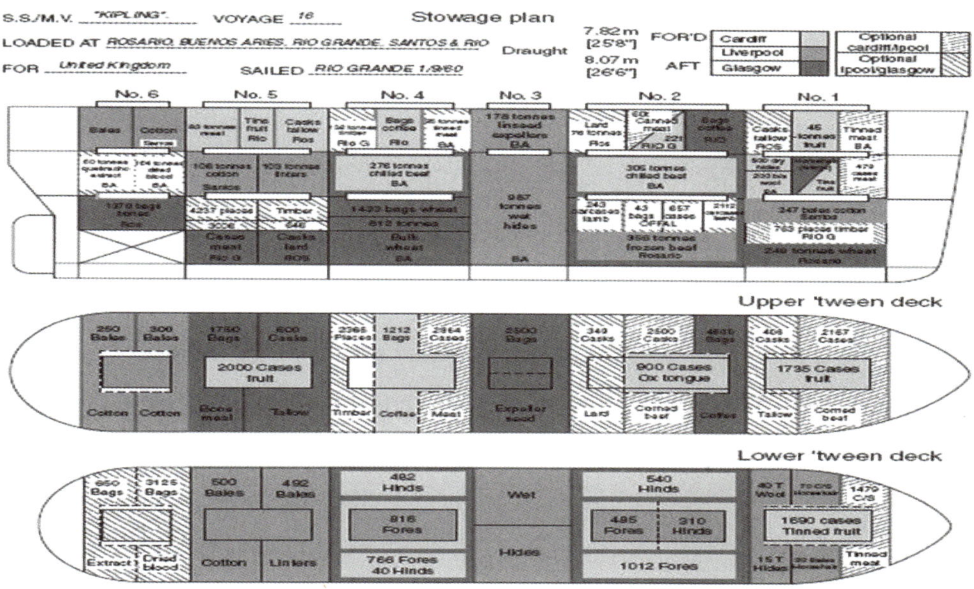

제7절 컨테이너운송의 국제협약과 보안 (security)

1. 컨테이너운송의 국제협약

컨테이너가 국제적으로 안전하고 신속하게 운송되어 그 경제성을 충분히 발휘하기 위해서는 여러 가지 국제협약이 필요하다.

이들 국제협약은 컨테이너와 컨테이너에 적입된 화물의 안전한 수송을 가능하게 한다. 국제운송용 화물컨테이너에 적용되는 주요 협약은 다음과 같은 것들이 있다.

1) CCC협약

CCC협약(Customs Convention on Container, 컨테이너 통관협약)은 컨테이너 자체가 국경을 통과할 때 관세나 통관방법 등을 협약해야 할 필요성 때문에 1956년 유럽경제위원회(Economic Commission for Europe, ECE)가 채택한 컨테이너 운송에 관한 국제협약이다. 이를 컨테이너에 관한 통관조약이라고 부른다.

이 협약은 일시적으로 수입되는 컨테이너를 3개월 이내에 재수출한다는 조건으로 면제조치를 인정하고 체약국 정부의 세관이 붙인 봉인을 존중한다는 것 등을 주요 내용으로 하고 있다. 우리나라는 1981년 10월에 정식으로 가입하였다.

2) TIR협약

TIR협약(Trailer Interchange Receipt Convention, Customs Convention on International Trans Port of Goods Under Cover of TIR Carnet, 1959, 국제도로운송에 관한 통관협약)은 컨테이너에 내장된 화물이 특정 국가를 통하여 도로운송차량으로 목적지까지 수송함에 따른 관세법상의 특례를 규정하고 있는 협약이다.

CCC협약은 관세법의 특례를 통해 컨테이너 자체의 국제통관절차(수출입절차)의 간소화를 꾀하는 것을 목적으로 두고 있는데 반해, TIR협약은 컨테이너에 적입된 화물의 국제간 이동절차의 간소화를 도모하는 것을 목적으로 두고 있다.

TIR협약의 주요 내용은 트럭 등 도로운송 차량에 의해 컨테이너에 적입되고 봉인되어 운송되는 화물은 규정된 기술조건으로 컨테이너가 제작되어야 하고, 차량과 컨테이너에 채워서 봉인된 화물이 각 조약국을 통과할 때에는 체약국들은 수입세나 수출세의 납부면제나 경유지에서 원칙적으로 세관검사를 면제한다는 것이다.

이 협약은 유럽경제위원회가 1995년에 채택하여 1981년에 국제적으로 발효되었다. 우리나라는 1981년에 정식 가입하였다.

CCC협약과 TIR협약의 기본 원칙은 ① 간단하고 효과적인 방법으로 세관봉인을 할 수 있을 것 ② 뚜렷하게 조작된 흔적을 남기지 않거나 또는 세관 봉인을 파괴하지 않고서는 컨테이너의 봉인된 부분으로부터 어떤 화물도 끄집어내거나 집어넣을 수 없을 것 ③ 컨테이너 화물이 은닉될 수 있는 공간을 가지고 있지 않을 것 ④ 화물을 적재할 수 있는 모든 장소가 세관검사를 용이하게 받을 수 있을 것 등이다.

이러한 기술조건이 충족된 컨테이너에는 세관승인판(customs approval plate)을 모든 컨테이너 외부에 의무적으로 부착하도록 하고 있다.

3) 신 CCC협약과 신 TIR협약

CCC협약과 TIR협약은 컨테이너운송의 초기단계인 1950년대에 만들어진 협약으로 1960년대 후반부터 국제운송체제가 크게 발전함에 따라 ECE가 새롭게 결의한 내용을 추가한 것이 신 CCC협약과 신 TIR협약이며 1975년과 1978년에 각각 발효되었다.

4) ITI협약

ITI(Custom Convention on the International Transit of Goods, 국제통과화물에 관한 통관협약, 안전한 컨테이너에 관한 국제협약)는 관세협력위원회가 1971년에 채택한 육해공을 포함하는 국제운송에 관련된 통관조약이다. TIR협약이 컨테이너 도로운송에만 적용되는데 비해, 이 협약은 육해공의 모든 수송수단에 적용된다.

5) CSC협약

CSC(International Convention for Safe Containers Transfer, 컨테이너운송안전협약, 안전한 컨테이너에 관한 국제협약)은 UN이 IMCO와 합동으로 1972년에 채택한 국제협약이다. 이 협약은 컨테이너의 취급, 적취 및 수송에서 컨테이너 구조상의 안전요건을 국제적으로 통일시키는 것이 목적이다. 발효는 1977년에 이루어졌고 우리나라는 1978년에 가입하였다.

이 협약에는 컨테이너가 국제적으로 수송될 때 구조와 안전요건 유지를 위해 필요한 컨테이너의 취급과 적재, 그리고 컨테이너 수송과정에서 발생하는 인명의 안전에 관한 사항 등이 상세하게 규정되어 있다.

이러한 목적을 달성하기 위해 이 협약은 컨테이너의 구조기준, 시험항목, 시험방법과 유지 검사의 의무 등을 규정하고 있으며 협약국 간에 사용하는 컨테이너는 이 절차를 기준으로 하여 주무관청의 승인을 얻는 것을 의무화하고 있다. 따라서 CSC협약은 컨테이너 안정도 여부를 심의하고 승인하는 기준이 된다.

2. 컨테이너운송과 보안(security)

1) 미국 컨테이너보안협정(CSI)

(1) 9.11 테러 이후 미국 세관의 컨테이너 보안강화프로그램

2001년 9.11 테러 발생 이후 대응조치로 미국 정부는 체제를 정비하는 면에서 세관통제와 국경감시 기능을 중시하여 재무성 산하 관세청(현 CBP)을 신설된 국토안보부(DHS) 산하로 이관하였으며, 제도적인 대응 면에서는 정보수집과 분석능력의 향상을 위해 CSI를 비롯한 다양한 보안강화프로그램을 도입하였다.

특기할 점은 미국의 보안대책은 미국 항만에 그치지 않고 외국을 포괄하는 방어망을 강화하고 있다는 점이다. 9.11 테러 직후부터 최근까지 취해진 미국 세관의 보안강화조치들은 여러 가지가 있다. 그 중에서도 가장 대표적인 컨테이너 보안강화프로그램으로는 CSI(컨테이너보안협정), 24 Hour Rule(선적 24시간 전 적하목록 전송규칙), C-TPAT(테러 방지를 위한 민관협력제도)가 있다. 미국은 이러한 프로그램의 시행을 통해 수출입공급망의 보안을 강화하고 선적항으로부터 미국으로 반입되는 수입컨테이너의 안전성을 확보할 수 있도록 의도하고 있다.

(2) 시행배경

① 관세행정에서 세관역할의 기능변화 추세

전통적으로 일국의 관세행정은 조세징수, 무역원활화 및 사회안전의 확보를 그 핵심적인 기능으로 하고 있다.

개도국에서는 아직 조세징수가 관세행정의 가장 핵심적인 기능으로 인식되는 반면, 대부분 선진국가의 관세행정은 WTO 체제의 출범으로 관세율이 대폭 인하되었고 자율적인 관세율 결정에 제한을 받게 되면서 조세징수보다 테러 방지와 사회질서 유지 등 사회안전의 보호 기능이 상대적으로 부각되고 있다. 특히, 9.11 사태 이후 테러로부터 사회와 국민의 안전보장이 관세행정의 핵심적인 과제로 부상되었다.

② 막대한 테러피해의 인식

미국이 9.11 테러로 92일 동안 정상화되지 못해 발생한 손해는 대략 580억 달러에 달하였지만, 2002년 11일 동안 발생한 미 서부항만의 파업손해는 19억 4천만 달러로 추산되었다. 파업피해는 테러피해에 비해 조족지혈인 셈이다.

이와 같이 테러공격의 방지비용이 테러로 인해 항만시설이나 사회간접자본이 가동되지 못해 발생되는 손실보다 훨씬 적기 때문에 피해가 막대한 테러행위를 원천적으로 차단하기 위한 근본대책의 수립이 요청되었던 것이다.

③ 9.11 테러의 발생

2001년 9월 11일 미국에서 발생한 테러는 지금까지 안전하다고 여겨졌던 미국 본토가 테러의 표적이 되어 6,000명 이상의 사상자와 약 830억 불에 달하는 피해를 내었다는 점에서 본토방위의 취약성과 중요성을 부각시켜 주었다.

특히 이번 사태는 첨단기술이 아닌 재래식 수단을 이용한 테러였음에도 불구하고 다수의 사상자를 내었다는 점에서 향후 핵·생화학무기와 같은 대량살상무기를 사용한 테러가 자행될 경우, 9.11 테러 사태의 수백 배 이상의 사상자를 내는 대 재앙적 사태가 발생할 수 있다는 우려를 더욱 증폭시켜 주었다.

④ 컨테이너를 이용한 테러행위 가능성 증대

9.11 테러는 해상 컨테이너화물운송에 대하여도 매우 심각한 문제를 제기하고 있다. 그것은 국제테러범들이 테러공격용 대량살상무기(Weapons of Mass Destruction)나 핵무기와 같은 것들을 컨테이너에 은닉하여 이를 미국 국내로 반입한다면 그 피해는 실로 막대하다는 것이다.

실제로 9.11 테러 이후 전문가들은 테러리스트의 다음 목표는 해상운송과 선박 및 컨테이너의 약점을 활용한 테러 발생의 가능성이 매우 크다고 예측하고 있다.

따라서 9.11 테러의 직접적인 피해국인 미국으로서는 국제테러범들이 컨테이너를 악용하여 테러행위를 일으키는 것을 저지할 수 있는 보다 안전한 시스템의 강구가 절실히 필요하게 되었다.

(3) 보안과 관련된 국제컨테이너화물운송의 문제점

① Shipper's Pack의 경우 내용확인 불가능

컨테이너화물운송에서 운송인이 송하인으로부터 물품을 수령하여 컨테이너에 적재하는 이른바 Carrier's Pack의 경우에는 운송인이 그 물품의 명세, 내용 및 성질 등을 잘 알고 있게 된다. 그러나 송하인이 운송품을 빈 컨테이너에 채워서 봉인을 하고 컨테이너 야드(CY)에 반입되는 FCL Cargo 즉, Shipper's Pack의 경우에는 컨테이너를 수령한 운송인으로서는 컨테이너에의 적입시 입회하여 그 내용을 눈으로 직접 확인하여 보지 않는 한, 운송품의 수량, 중량 등 컨테이너에 적입된 내용을 확인할 수 없게 된다.

② 컨테이너 수량의 방대함과 검사제한

컨테이너는 그 내용물을 확인하기가 쉽지 않을 뿐 아니라 확인하기 위한 검사가 이루어진다 하더라도 많은 비용과 시간이 소요된다. 매년 세계의 항구 간을 이동하고 있는 컨테이너가 2억 개에 달하고 있고 컨테이너 양도 5,567만 TEU에 달하고 있다.

특히 미국은 금액기준으로 도착하는 화물의 거의 절반이 선박으로 운송하고 있는데 그 대부분은 해상컨테이너로 운송되고 있다. 연간 해상수송에 의해 약 6백만 개 이상의 컨테이너가 밀폐된 해상컨테이너를 통해 운송되고 있는 것이다.

또한 컨테이너는 그 내용물을 확인하기 위해서는 많은 비용과 시간이 드는 치명적 약점을 가지고 있으며 검사를 하더라도 검사 인력과 기술 장비 등에 제약도 많다.

따라서 그 양의 방대함과 무역원활화(trade facilitations)의 견지에서 국가마다 컨테이너화물에 대한 검사는 필요한 최소한으로 제한될 수밖에 없다. 미국의 경우도 전체 미국으로 수입되는 컨테이너 중 2% 미만을 검사하고 있다.

③ 컨테이너 화물수송의 악용 가능성

현대 화물운송에서 매우 중요한 역할을 하고 있는 컨테이너에 대해 미국의 9.11 테러는 매우 심각한 문제를 제기하였다. 국제 테러조직들이 탄저병균 등 세균병기나 핵폭탄과 같은 테러공격용 무기들을 컨테이너에 은닉하여 이동할 가능성이 있다는 것이다. 이와 같이 현재의 컨테이너시스템은 혁신적인 수송용기이지만 안전성을 담보하는 수단이 결여되어 있고 많은 관계자들이 수송과정에 개입되기 때문에 컨테이너가 대량살상 무기나 테러리스트의 밀수수단으로 악용될 가능성이 있다.

따라서 테러범들이 컨테이너 화물운송시스템을 악용하여 대량살상무기 등을 미국 본토에 가지고 들어오기 못하도록 하기 위한 새로운 조치가 절실히 요망되었다.

(4) 컨테이너보안협정(CSI)의 의의와 목적

① CSI의 의의

CSI는 'Container Security Initiative'의 약어로 미국 세관이 9.11 테러 이후 자국 안전을 위해 외국의 주요 항구에 미국 공무원을 파견하여 컨테이너가 미국으로 반입되기 전에 외국 세관과 협력하여 위험도가 높은 컨테이너를 특정하여 검사하는 것을 골자로 2002년부터 시행된 수입컨테이너 화물보안프로그램이다.

② CSI의 목적

CSI시행의 근본적인 목적은 미국행 컨테이너화물에 대량살상무기를 은닉하여 미국 내에서 폭발시키는 등의 테러를 미연에 방지하는 것이다.

즉, 미국과 미국인의 인명과 재산을 해할 수 있는 총기나 폭발물 등 테러에 사용되는 물품이 컨테이너에 숨겨 선박을 통하여 미국에 몰래 반입되는 것을 근본적으로 차단하기 위해 미국 관세청 직원을 해외 항구에 파견하여 위험성이 높은 화물을 미리 검사함으로써 미국행 화물의 안전도를 높이려는데 있다.

(5) 컨테이너보안협정(CSI)의 주요 내용

① 미국이 아닌 외국 수출국에서 양국 검사관이 협력하여 검사

현재 컨테이너에 대한 검사는 컨테이너가 목적지 항구에 도착한 후에 실시하는 것이 국제적 관례로 되어 있다. 또한 자국 내가 아니라 자기의 주권이 미치지 않는 다른 국가에서 미국 세관원이 자국으로 반입되는 컨테이너화물을 확인하고 검사한다는 것은 여러 가지 복잡한 법적·실무적 문제를 야기 시킬 수 있다.

미국 세관이 이와 같은 문제를 해결하기 위해 택한 것은 CSI의 상호주의에 입각한 양국간 협정체결 방식이다. 즉, 미국 세관원은 해당 국법을 집행할 권한과 컨테이너를 검색할 권한도 없기 때문에 실질적인 검사는 CSI 참가국의 세관검사관이 실시하고 미국 세관원은 보안선별을 요청하고 참관하여 이를 관찰하는 방식이다.

상호주의 원칙에 입각하여 상대방 국가의 세관 직원도 미국 항구에 파견되어 동일한 역할을 수행할 수 있다.

② 정·첩보를 이용하여 위험성이 높은 컨테이너 선별

미국 입장에서는 외국에서 미국으로 향하는 컨테이너 화물에 대한 정보가 있어야 테러범 위협에 대응하기 위한 적절한 조치를 취할 수 있다.

이러한 정보는 세관이 송하인이나 운송인으로부터 직접 정확하고도 신속한 정보를 입수할수록 효용가치가 높게 되는데, 가장 확실하게는 화물이 해외의 공장이나 창고에서 최종목적지인 미국을 향해 떠날 때 전자문서의 형태로 완전한 적하목록 정보를 받는 것이다. 따라서 미국 세관은 '선적 24시간 전 적하목록전송규칙(24 Hour Rules)'을 전격적으로 시행하였다.

미국은 CSI에 따른 외국 항구에서의 화물의 사전검사를 보완하기 위하여 선적 24시간규칙을 통해 해상운송인으로부터 적하목록 자료를 제출받아 자동목표 추적장치와 기타의 다양한 위험분석 기법을 활용하여 고위험 컨테이너를 선별한다는 것이다.

③ 컨테이너화물이 선박에 적재되기 전에 검사

CSI는 미국 내에서 테러 발생을 막는 일도 중요하지만 위협요소가 미국에 도착하기 전에 찾아서 사전에 저지한다는 것이다. 즉, 해마다 미국행 컨테이너는 21만 4,000척의 배에 실린 600만 대에 이르고 있어 미 국경에서 이를 검사하기에는 물리적으로나 시기적으로 늦고 한계가 있으므로 미 관세청 직원을 해외 항구에 파견하여 고위험 화물을 사전 검사함으로써 미국으로 향하는 화물의 안전도를 높인다는 것이다.

④ 위험성 여부를 첨단 기계적 장비를 통해 검사

CSI운영에 있어 최적의 검사는 물류의 흐름에 지장을 초래하지 않으면서도 불법 무기류 등의 은닉 사실을 쉽게 적발하는 것이다. 그렇게 하기 위해서는 많은 시간과 비용이 소요되는 수작업에 의한 개장 검사보다는 컨테이너를 열어보지 않고서도 내용물을 쉽게 식별하거나 알아볼 수 있는 검사 방법이 효율적이다.

따라서 CSI는 컨테이너를 차량에 적재한 채 검사할 수 있는 VACIS 장비, 대규모 X선 검사기기, 대형 X선 투시기, 감마투시기계(Gamma-Ray)나 크레인에 탑재된 방사선 탐지시스템 등과 같은 최첨단기술 등을 활용하여 신속한 화물검사를 함으로써 보안은 크게 강화하면서도 화물흐름은 원활하게 하도록 하고 있다.

⑤ 적절한 조치의 강구

CSI제도를 시행하는 궁극적 목적은 미국으로 반입되는 대량 파괴무기나 테러용 무기 등을 미연에 적발하여 현존하는 해상테러의 발생을 사전에 방지하거나 최소화하여 해상운송의 안전성을 확보하는데 있다. 만일 검사대상 선정물품을 해당국 세관원이 검사한 결과, 구체적 위반사실이 발견될 경우 그 해당국의 법규를 우선 적용하여 선적을 금지하는 등의 제재조치를 받게 된다.

(6) 컨테이너보안협정(CSI) 시행의 기대효과

CSI에 참가하는 항구의 기대효과를 미국은 다음과 같이 설명하고 있다.

① 테러방지와 해상무역시스템의 안전성 제공

CSI에 참여하면 상호주의에 입각하여 특정국도 외국에 자국세관원이 파견되어 CSI 검사를 시행하기 때문에 자국 내에 테러용 대량살상무기, 총기, 마약류 등 사회안전 위해물품이 반입되는 것을 효과적으로 차단할 수 있다.

또한 CSI에 참여한 항구는 항구보안네트워크가 계속 작동하고 각국 항구와 세계교역을 테러로부터 보호해 주기 때문에 해상무역시스템 전체가 더 안전해진다.

② 테러보안대책의 선견성과 안전성 척도

CSI 항만은 컨테이너를 이용한 테러공격이 실제로 발생한 경우에도 이미 보안시스템을 작동하고 있으므로 계속조업을 유지할 수 있고 CSI 참가에 의해 보안대책을 실행하고 있다는 선견성(善見性)을 부여받게 된다. 또 CSI는 테러리스트의 공격이라고 하는 위험에 대한 보험정책의 성격이 있으므로 미국과 이에 참가하는 항구에게 중요한 안전성 척도를 부여한다.

③ 신속한 수입통관 보장과 항만인프라 구축

수출국에서 사전검사(pre-screening)를 받아 전자봉인(electronic seal)이 부착된 미국행 해상컨테이너화물은 미국 항만에서 덜 염려하여도 되는 화물이라는 것을 의미하므로 미국 도착 즉시 미국 관세청을 통하여 신속한 수입절차를 밟게 된다.

또한 위험이 높은 컨테이너를 정밀검사하기 위해서는 컨테이너 검색기를 비롯하여 고도의 정밀검사기기 등이 필요한데 CSI에 참가하면 참가국으로 하여금 더욱 안전한 해상항만 인프라 구축을 촉진시키게 된다.

④ 컨테이너화물의 신속한 흐름 촉진

테러리스트가 컨테이너항만을 공격한다면 해상무역시스템은 정지 상태에 빠지게 된다. CSI에 참가한 항구는 안전성 대책을 실시하고 있지 않는 다른 항구에 비해 훨씬 신속하게 컨테이너화물을 취급할 수 있다. 또한 CSI는 컨테이너가 출발하기 전에 대기시간(lag time)을 이용하여 표적하여 이를 검사하는 것이므로 컨테이너의 흐름에는 지장을 주지 않으면서 오히려 미국 도착 이후에는 검사 없이 즉시 방출(release)될 수 있게 해 준다.

⑤ 신뢰감 조성과 수출의 온전성 확보

CSI 참여 항구들은 화물처리 능력에 경쟁력을 갖게 되어 많은 기업들을 유치할 수 있고 재난 발생에 적절히 대응할 수 있음으로써 무역업계에 신뢰감을 조성해 준다.

또한 SCM의 초기 단계에서 컨테이너 검사를 받게 되는 것이 CSI항구의 이점이므로 수출의 온전성(integrity)이 더 잘 확보될 수 있다.

(7) CSI와 여타 컨테이너 보안프로그램의 관계

① 24시간 규칙과의 관계

현재 운영되고 있는 CSI는 선적 24시간 전에 적하목록을 미국 세관에 전송하도록 하는 시스템을 기초로 하고 있다.

선적 24시간 전 적하목록신고규칙(소위 24시간 규칙)은 미국 세관이 미국으로 향하는 컨테이너가 외국항에서 선박에 적재되기 24시간 전까지 해상컨테이너 내용물의 명세(화물정보)를 미국 관세청의 자동신고시스템(Automated Manifest System, AMS)에 EDI방식으로 의무적으로 통보하도록 하는 것을 해상운송인(선박회사)이나 NVOCC에게 의무화하여 2002년 12월 2일부터 시행하고 있는 보안규칙이다.

이 규칙은 9.11 테러 이후 미국의 Security 강화 일환으로 시행되고 있는 CSI를 보완할 목적으로 시행되고 있다.

미국은 선적되어 24시간 전에 제출하여 획득한 적하목록의 사전정보를 미국의 ATS (Automatic Targeting System)를 이용하여 분석하여 검사 필요성이 있는 화물을 선별하고, 외국항에 파견되어 있는 미국 관세청 직원이 주재국 세관에 화물검사를 요청하면 양국 세관원들이 X-레이 투시기검색 등을 실시하여 판독결과 위험화물로 의심되면 컨테이너를 개장하여 정밀검사를 시행하는 방식으로 CSI를 운영하고 있다.

따라서 CSI와 선적 전 24시간 적하목록 전송규칙은 상호 표리관계에 있다. 이 규칙의 성격은 CSI를 보완한 것이지만 CSI에 참가나 불참가를 막론하고 미국으로의 수입화물 모두에 적용하도록 되어 있다. 24시간 규칙은 표면적으로는 협력을 요청하고 있지만 현실적으로는 강제되고 있다는 비판이 있다.

② C-TPAT와의 관계

C-TAPT(Customs-Trade Partnership Against Terrorism, 반테러 민관협력제도)는 국제수송전체의 보안성과 안전성을 제고하여 테러의 위협에 대항하기 위해 미국 관세청이 만든 임의참가(voluntary)형식의 보안프로그램으로, 국토안전보안성이 제시하는 화물수송의 안전강화를 의한 기준을 선박회사, 통관업자, 수입자, 수출자, 물류사업자 등에 대하여 그 준수(compliance)를 요청하는 제도이다.

C-TPAT은 테러퇴치 전선에 무역업계의 협조를 최대한 이끌어 내자는 것을 기본 취지로 ① C-TPAT 보안가이드라인에 근거하여 자기평가 ② Supply Chain Security 질문서의 세관 제출 ③ C-TPAT 가이드라인에 따라 Supply Chain의 보안을 강화하기 위한 프로그램의 개발과 실시 등을 주요 내용으로 하고 있다.

이 프로그램에 참여하는 사업자에게는 통관상의 검사생략이나 신속통관 등 편의를 제공하고 관세 등 공과금도 1~2개월 단위로 납부하도록 하는 편리가 부여된다.

이 제도는 민간업자들이 참여하는 국제공급사슬 보안관리프로그램으로 CSI와 상호 보완적인 것이다. C-TPAT 참여자들은 해외 항구간의 물품이동에 관여되는 미국 기업들과 미국에 자회사를 둔 외국기업들을 포함하며, 2020년 현재까지 약 10,000여 개의 기업들이 C-TPAT 프로그램의 인증회원으로 등록되어 있다.

(8) CSI의 적용 대상과 각국의 실시 현황

CSI의 제1차 적용 대상은 적출항 상위 20개 항이다. 이 항구들은 미국으로 향하는 컨테이너가 상당량 이상이 되고 그곳 세관 당국이 그 나라에서 출발하거나 그 나라에서 환적되는 화물을 대규모 X선 검사기기와 같은 고성능 검사장비와 방사능 탐지장비를 가지고 검사할 수 있도록 되어 있는 항구들이다.

매년 미국으로 들어오는 대략 600만 개의 컨테이너 중에서 2/3 이상이 20개의 주요 외국 항구를 통해 집중적으로 반입되고 있기 때문에 미국 세관 당국이 시행하고 있는 CSI는 이들 주요 항구로부터 미국으로 유입되는 위험도가 높은 화물에 대한 보안 강화에 우선적인 초점을 맞추고 있다.

미국 관세청은 CSI 실시대상 항구를 상위 20개 항구 이외에도 미국에 직접 또는 환적방법을 통해 간접적으로 화물을 실어 보내는 이슬람권과 소규모적인 전략적인 위치에 있는 항만까지 그 시행을 확대해 나아가고 있다.

이 계획에 따르면 미국은 향후 중동 걸프만 중계지점인 UAE의 두바이, 터키와 말레이시아 등 이슬람 제국의 항구에도 미국 직원을 파견하여 X선 검사장치 등으로 미국행 해상컨테이너화물의 위험성을 검사한다는 것이다.

표 6-1 세계 20대 컨테이너 항만 순위 (2021, Alphaliner, TEU)

순위	항만	국가/지역	전세계 점유율(5)	특징
1	Shanghai	중국	12.4%	세계 최대 항만
2	Singapore	싱가포르	9.9%	주요 환적 허브, 벙커링 중심지
3	Ningbo-Zhoushan	중국	9.5%	컨테이너+벌크 혼합허브
4	Shenzhen	중국	8.1%	남부 제조업 중심지
5	Qingdao	중국	7.4%	북중국 주요 관문
6	Guangzhou	중국	6.4%	난사 터미널 중심
7	Busan	한국	5.9%	아시아 환적허브
8	Tianjin	중국	5.6%	베이징 접근 북부 허브
9	Jebel Ali	UAE	3.7%	중동 최대 허브
10	Port Klang	말레이시아	3.5%	쿠알라룸푸르 근교
11	Rotterdam	네덜란드	3.4%	유럽 최대 · 친환경 인프라 강점
12	Antwerp-Bruges	벨기에	3.0%	벨기에 대표항, 유럽 중환적 중심
13	Xiamen	중국	3.0%	해안환적 기반, 평온한 성장
14	Kaohsiung	대만	2.1%	타이완 최대 항만, 아시아 환적 중심
15	Tanjung Pelepas	말레이시아	2.3%	말레이시아 남부 전략 항만
16	Los Angeles	미국	2.1%	美 서부 최대, 아시아 노선 중심
17	New York	미국	2.0%	동해안 물류 관문
18	Long Beach	미국	1.9%	LA와 합산, 서부 최대
19	Hamburg	독일	2.1%	유럽 북부 핵심 허브
20	Laem Chabang	태국	2.1%	태국 대표 항만, 동남아 물류 요충지

(9) 우리나라의 CSI

① CSI 실시의 필요성

첫째, 3면이 바다로 둘러싸인 우리나라는 무역규모가 세계 11위이며 제7대 해운국가로서 해상을 통한 무역이 차지하는 비중이 높아 해상 수출화물에 대한 안전 확보가 필수적이므로 이에 적극적인 동참이 필요하였다.

둘째, CSI협정 미체결시 우리나라 선박에 대한 입항거부나 통관지연 등 수출업체와 선사에 미치는 불이익을 방지하고, 미국으로 반출되는 컨테이너 물동량이 세계에서 5번째로 큰 항만인 부산항을 이용한 미국행 환적화물을 적극 유치하기 위함이다.

셋째, 우리와 경쟁관계에 있는 싱가포르, 홍콩, 일본 등이 이미 이 협정을 체결하고 있기 때문에 CSI협정 체결을 통해 국제테러방지라는 국제적인 흐름에 동참한다.

넷째, 안전한 해상무역 인프라를 구축하여 수출화물의 신속한 통관을 확보함으로써 무역업체와 선사의 물류비용 절감효과를 기대할 수 있다.

② CSI의 시행

우리나라에서 CSI의 시작은 2002년 9월 워싱턴에서 개최된 한미 관세청장 회의에서 CSI 체결에 원칙적인 합의를 한 것에서 출발하였고 이후 2003년 1월 서울세관에서 CSI에 한미 관세청장간이 서명함으로써 정식 체결되었다. 정식 체결의 후속조치로 'CSI 한미 세관합동사무소'를 부산항에 설치하였고 2003년 8월 1일 미국 CSI팀이 부산항에 도착한 이후 2003년 8월 4일부터 양국 간 합동근무가 시작되고 있다.

③ CSI업무 운영절차

첫째, 검사대상 컨테이너의 선정 단계이다. 우리나라 선사 등이 미국 관세청으로 선적 24시간 전에 제출하는 적하목록정보를 토대로, 미국의 적하목록 자동선별시스템(ATS) 분석을 통해 우범 컨테이너를 선별하여 미 파견 세관 직원에 통보한다.

이후 미 CSI 요원이 고위험 검사대상을 선별하여 우리 측에 제시하면 우리 직원은 검사하고자 하는 화물에 대한 각종 정보자료를 토대로 검사 여부 의견을 제시하고 협의를 통해 최종 검사대상 여부를 선정한다.

둘째, 검사 실시단계이다. 1차적으로는 컨테이너 검색기(VACIS) 등 과학검색장비를 최대한 활용하여 검사비용과 시간을 최소화하면서 검사를 실시하며 의심되는 경우에는 정밀한 개장검사를 병행하여 실시하고 있다.

셋째, 검사 후 조치 단계이다. 검사 후 이상이 없는 컨테이너는 즉시 이동시켜 선적하지만 검사결과 부정 수출물품이 발견된 경우에는 관계 법령에 따라 처리하고 안전위해물품을 적발하는 경우에는 유관기관과 공조하여 처리하고 있다.

2) 24 Hour Rule

(1) 24 Hour Rule의 의의

24 Hour Rule(24시간 규칙, 선적 24시간 전 적하목록전송규칙)은 예전에는 입항(착륙)시에 선박회사 등이 미국 세관(Customs and Border Protection, CBP)에 제출하였던 적하목록의 정보를 아래 표 6-2와 같이 그 시기를 미리 앞당겨서, 외국의 항구에서 선적하기 24시간 전에 전자적 수단으로 이의 제출을 요구하고 있는 제도이다.

즉, 9.11 테러 이후 미국이 Security 강화의 일환으로 시행하고 있는 컨테이너보안협정(CSI)을 보완할 목적으로 미국 정부가 외국 항구에서 미국행 컨테이너가 선박에 적재되기 24시간 전까지 그 컨테이너 화물정보를 미국의 세관에 신고하는 것 등을 운송회사(선사나 항공회사 등)에게 의무화시킨 규칙이다.

표 6-2 ▬ 적하목록정보의 전송시기

운송수단	수 입	수 출
선박	선적 24시간 전	출항 24시간 전
항공	미국 도착 4시간 전	출발 2시간 전
철도	국경 도착 2시간 전	4시간 전
자동차	국경 도착 30분~1시간 전	국경 도착 1시간 전

(2) 24 Hour Rule의 목적

본 제도를 도입하게 된 근본적인 목적은 9.11 테러 참사 이후 자국의 보안제도를 강화하면서 대량살상무기 등이 컨테이너화물을 통해 몰래 반입되는 것을 차단하기 위해 미국 세관 직원이 컨테이너 내용물을 분석하여 미국행 컨테이너가 해외 항구에서 적재되기 전에 잠재적 테러위협을 찾아내도록 도와주는 것이다.

(3) 24 Hour Rule의 주요 내용

① 적하목록전송 신고자

24시간 규칙의 실시에 있어 직접적으로 관여하게 되는 당사자는 운송인(선사)이지만 NVOCC(무선박운송인)도 포함된다. 따라서 화물을 적재한 선박이 미국 항구에 입항하려면 우선적으로 모든 운송인은 그 선박이 외국 항구에서 화물선적 24시간 전에 전자양식으로 미국 세관에 화물의 적하목록을 신고해야 한다.

이것은 미국 세관이 종전 입항 48시간 전에 신고하도록 한 규정을 컨테이너 화물의 보안검색을 위해 선적 24시간 전으로 앞당긴 것이다.

또한 선사 이외에도 NVOCC가 외국 항만에서 선적하기 위하여 선사에 화물을 인도하는 경우에는 NVOCC도 미국연방해사위원회(Federal Maritime Commission, FMC)로부터 면허를 받거나 International Carrier Bond를 소유하고 있는 경우에는 직접 세관에 AMS(Automated Manifest System)를 통해 외국 항만에서 선적되기 24시간 전에 전자적으로 화물적하목록 정보를 송부하도록 의무화하고 있다.

② 적하목록전송 신고사항

운송인이나 NVOCC가 신고해야 할 사항은 크게 화물정보 내용, 컨테이너 정보, 선박 정보로 구분되며 이들은 총 14개의 세부 항목들로 되어있다.

표 6-3 24시간 규칙에 의한 적하목록 전송시 신고사항

구분	내용
화물내용 정보	• 해당 선박(운송인)의 B/L번호와 수량 • 화물의 정확한 설명(6자리의 HS코드)과 중량, 또는 본인(seal)된 컨테이너는 하주가 신고하는 화물의 설명과 중량('Freights All Kinds(FAK)', 'General Cargo', 'Said To Contain(STC)' 등의 총칭적 설명은 인정되지 아니함) • B/L기재의 하주(shipper)의 완전한 성명과 주소, 혹은 미국 관세청이 부여한 ID번호 • B/L기재의 수하인(consignee)의 완전한 성명과 주소, 혹은 소유자의 대표자명과 주소, 혹은 미국 관세청이 부여한 ID번호 • 국제적으로 인식된 위험물질 코드
컨테이너 정보	• 컨테이너 번호 • 컨테이너에 첨부되어 있는 봉인번호
선박정보	• 최초의 미국 기항지의 도착예정일 • 미국행 외국운송인이 최초로 화물을 수취한 항명 • 선사코드(SCAC, Standard Carrier Alpha Code) • 미국행 선박이 출항한 최종항 • 운송인에게 부여된 항해번호(The Carrier assigned Voyage number) • 선박명(선박에 부여된 IMO번호), 서류(Documents)의 작성국 및 공식 선박번호 • 화물의 적입이 이루어진 외국 항구명

③ 적하목록전송 신고 예외사항

원유, 곡물, 철광석 같은 벌크화물(bulk cargo)이나 컨테이너에 적재되지 않았지만 포장되거나 묶여진 화물인 Bulk Break bulk화물을 전문으로 수송하는 운송인 등은 외국 항구에서 선적 24시간 전에 신고하지 않아도 된다. 그 대신 이 경우에는 미국 입항 24시간 전에 세관에 화물신고서(cargo declaration)를 제출해야 한다.

(4) 24 Hour Rule 위반시 제재

① 적하목록 정보의 접수 거절

24시간 규칙은 미국 측 세관담당자가 정확한 컨테이너 적하목록을 입수하는 것이 목적이기 때문에 운송인이나 NVOCC가 24시간 규칙에 의거하여 적하목록을 전송할 때 기재되어야 하거나 신고해야 할 화물명세의 요건을 위반하여 적하목록을 전송하는 경우 미세관은 적하목록 정보의 접수를 거절할 수 있다.

적하목록상 상세하고 정확한 정보의 기재와 관련하여 수하인 란이 공백으로 있거나 수하인 란 또는 통지대상 란에 관련 정보가 없이 '지시 앞' 또는, '송하인 지시 앞'으로 표현된 경우, 주소가 없이 수하인 이름만 표시된 경우, 불완전한 주소나 무효인 주소도 수용되지 않는다.

② 과태료 부과

본 규칙에 따라 운송인이나 NVOCC가 요구되고 있는 적하목록정보를 제출하지 않거나 규정에서 정해진 방법으로 신고하지 아니한 경우, 요구되고 있는 시간 이내에 신고하지 아니한 경우, 그리고 위조, 변조, 허위의 적하목록, 문서, 데이터 등을 전자적으로 미국 세관에 송신한 경우에는 최초 위반시 운송인 등에게는 미화 5천 달러씩 벌금이 부과되고 그 다음의 위반부터는 1만 달러의 벌금이 부과된다. NVOCC에게는 5,000달러의 정산배상금이 부과되고 후속 위반시에는 5,000달러씩 벌금이 부과된다.

③ 적재금지 메시지 송부와 컨테이너 하역 거부

미국 세관은 2003년 5월 4일부터 화물명세의 기재가 불비한 화물 즉, 24시간 규칙을 위반한 해상운송인이나 NVOCC에게 적재금지 메시지(Do Not Load)를 띄운다.

이 적재금지 메시지는 미 세관이 선사에게 유효하지 않거나 불완전한 화물명세, 수하인 이름이나 주소 요건 위반 등 24시간 규칙을 위반한 특정 컨테이너를 해외 항구에서 미국으로 향하는 선박에 적재하지 말도록 지시하는 것을 의미한다.

적재금지 메시지를 무시하고 특정 컨테이너를 적재한 운송인이나 NVOCC는 미국항만에서 이 컨테이너를 하역하는 허가가 거부된다.

④ 선박의 억류나 몰수

미국 세관은 정해진 적하목록 등으로 외국 항구에서 선적 24시간 전까지 운송인이나 NVOCC로부터 완전한 화물적하목록 정보를 수취하지 못한 경우에는 모든 필요로 하는 정보를 수취할 때까지 화물 전부에 관하여 적하 하역을 불허할 수 있다.

만일 대량살상무기나 불법무기류 등이 선적된 경우에는 해당 선박을 억류하거나 몰수조치가 이루어질 수 있다.

3) C-TPAT

(1) 의의와 목적

미국의 C-TPAT(Customs-Trade Partnership Against Terrorism, 반테러 민관 협력제도)는 국제수송전체의 보안성 및 안전성을 제고하고 테러의 위협에 대항하기 위해 CBP가 만든 임의참가(voluntary) 형식의 보안강화 프로그램이다.

미국의 국토안보부가 제시하는 화물수송의 안전강화를 의한 기준을 선박회사, 통관업자, 수입자, 수출자, 물류사업자 등에게도 그 기준들을 자발적으로 준수(compliance)할 것을 요청하는 제도가 C-TPAT이다.

C-TPAT의 목표는 미 관세청이 테러에 대항하여 해외 판매자로부터 미국의 국경에 이르는 전체 공급망에 대한 안전을 강화하여 국경안전과 안보를 보장하면서 무역을 원활화하기 위해 안전한 공급망을 유지 및 발전시키는 것이다.

이러한 목표를 가진 C-TPAT는 가장 큰 위험이 있는 부분에 CBP 자원을 보다 집중시키게 하며 협력관계를 고취시킬 뿐 아니라 공급망 안전을 강화하는 CBP와 업계의 파트너관계의 가장 좋은 경험 위에 구축된 것이다.

(2) 운영 현황

2002년 4월에 정식 출범한 이래로 C-TPAT에 참여하는 기업체 수가 꾸준히 증가하고 있다. 2020년 현재 국제공급망에서 중요한 역할을 담당하고 있는 1만 개 이상의 기업이 C-TPAT에 가입하여 승인된 회원으로 활동하고 있다.

한편 2005 회계연도에 CBP에 의해 승인된 안전 절차를 가진 C-TPAT 회원이 C-TPAT 안전 가이드라인에 맞춰서 행하는 정도가 97%에 달하는 것으로 측정되었고, C-TPAT 회원에 대한 CBP의 검사 비율이 C-TPAT에 가입하지 않은 비 회원에 비해 4.1배 감소한 것으로 측정되었다.

(3) 참여자의 혜택

C-TPAT에 가입하면 민간업체는 CBP로부터 다음과 같은 혜택을 제공받게 된다.

첫째, 국경에서 지체시간을 줄여주며 법규준수검사를 위한 선별비율이 축소된다.

둘째, 보안활동 관련 자체 정책수립과 관리가 가능하며 수입자의 경우는 자율심사 프로그램을 운영할 수 있는 자격이 주어진다.

셋째, FAST(Free And Secure Trade) 통로를 통해 신속하게 화물을 처리할 수 있으며 검사과정이 생략될 수 있고 미국 내에서 수입화물의 통관 시 특별한 경로를 부여한 Green Lane의 혜택도 얻을 수 있다.

(4) 보안기준

C-TPAT는 항공운송인, 항공운송화물혼재업자·해상운송중개인·무선박해상일반운송인, 관세사, 제조업자, 철도운송인, 해상 및 항구터미널운영업자에 대한 보안 가이드라인과 C-TPAT 가입자인 철도운송인, 외국 제조업자, 고속도로 및 해상운송인, 수입자를 위한 보안기준을 각각 마련하고 있다. 이들 가이드라인과 보안기준은 각 업체의 특성에 따라 약간의 차이가 있을 뿐 거의 비슷한 내용을 담고 있다.

주요 요건은 ① 사업 파트너에 대한 요구사항 ② 컨테이너 보안 ③ 물리적 접근 통제 ④ 인적 안전 ⑤ 절차적 안전 ⑥ 안전훈련과 위협에 대한 인식 ⑦ 물리적 안전 ⑧ 정보기술 안전 등이다.

(5) 평가

미국에서는 9.11 테러 발생 이전에도 마약거래 등과 관련한 종업원들의 관리와 화물도난 등을 포함한 사건이나 사고들의 관리 등 여러 분야에서 민관협력 보안관리 프로그램을 운영하고 있었다. 따라서 새로운 민관협력 프로그램으로서 C-TPAT를 도입하여 정착하는데 커다란 저항이 없었다.

C-TPAT는 미국으로 들어오는 수입화물에 대한 보안강화 프로그램으로서 수입프로세스와 보안 분야만을 강조하고 있기 때문에, 미국에서 외국으로 나가는 수출화물의 관리와 통관절차와는 직접적인 관계가 없는 것이 특징이다.

한편, 미국의 수입통관제도가 가지고 있는 특징 중의 하나는 선박이나 항공기가 도착하기 전에 신고하거나 허가를 받아야 하며 관세납부는 화물의 인수가 이루어진 이후에 이루어진다는 점이다. 이러한 점에서 미국에서는 통관절차의 간소화가 이루어졌기 때문에 C-TPAT에 참가하는 것이 CBP가 제공하는 통관수속 면에서의 특별한 이점을 얻는다는 것을 의미하기는 어려운 상황이다.

그러나 C-TPAT에 참가하여 보다 높은 수준의 지위를 얻게 되면 그 기업의 보안체제가 보다 완전하다는 것을 나타내는 증거는 된다.

또한 C-TPAT의 보안기준에는 관계 거래처와의 요건, 보안과 관련된 컨테이너 및 시설의 접근성, 종업원의 보안, 문서 및 화물 수속상의 보안, 보안훈련과 위협자각, 정보보안 등에 관한 체크포인트가 명기되어 있으나, 통관수속과 관련된 항목은 전혀 없는 것이 특징이다. 그리고 미국의 C-TPAT는 비록 통관상의 혜택 제공과 상호주의 입장을 취하고 있으나 미국의 정의(正義)라기보다는 자국 방위를 목적으로 한 정책을 타국가들에게 강제하는 조치들로 인식되는 측면이 있다.

제8절 컨테이너운송과 국제육상운송

1. 국제도로운송

1) 국제도로운송의 의의

국제도로운송(international carriage by road)이란 한 국가에서 다른 국가의 특정 장소로 물품을 육상운송수단에 의해 육로로 운송하는 것을 말한다.

국제도로운송은 고속도로나 일반 간선도로 등 각종 공로망의 확충과 운반차량의 발달 및 대형화를 통해 오늘날의 다양한 운송요구에 부응하는 운송수단이 되고 있다.

국제도로운송은 종합운송체계의 핵심적인 역할을 수행하고 있을 뿐 아니라 일괄운송이나 국제복합운송에서 문전까지 마감 운송을 담당하는 중요한 역할을 하고 있다.

2) 국제도로운송의 장단점

국제도로운송의 장점은 다음과 같다.

첫째, 국제도로운송은 다른 운송수단에 비해 별도의 적재시설이나 하역시설 등 운송과 관련한 기초적인 기반시설이 필요하지 않다. 또한 최초 투자액의 규모가 작고 출발과 도착시간 등 운송능력에 있어서 융통성이 뛰어나다.

둘째, 국제도로운송은 단거리 운송시 빠른 속도와 터미널 비용이 적게 들고 문전에서 문전까지(Door to Door)의 서비스가 용이하며 이용이 편리하다. 또한 도로망이 충분하게 발달되어 있다면 생산자로부터 소비자에게 물품을 직송할 수 있다.

국제도로운송의 단점은 다음과 같다.

첫째, 국제도로운송은 다른 운송수단에 비해 대량화물의 수송에 불리하며 연료비 등 수송단가가 높고 소음, 진동, 배기가스 등 공해문제로 인한 환경오염의 우려가 있다.

둘째, 국제도로운송은 기후나 운송차량의 고장으로 운송중단이 발생할 가능성이 높고 화물의 중량에 제한을 받으며 장거리 운송시 비용이 많이 든다.

3) 국제도로운송서류

국제도로운송서류는 도로화물탁송장(road consignment note, road waybill)이다. 이것은 국제도로운송에서 운송인이 화물을 수취한(taking in charge) 것을 확인하고 탁송한 화물의 청구권을 표시하고 있는 비유통증서이다. 이를 도로화물 수탁증 또는 국제도로 탁송장이라고도 하며 주로 유럽의 인접국가들 간 거래에서 많이 이용된다.

이 서류는 매매나 금융에 이용되며 운송의 중지와 운송화물의 처분을 이 서류를 가지고 할 수 있다는 점에서 법률적 성질이나 경제적 기능이 선하증권과 유사하다.

또한 이 서류는 운송인이 송하인과 운송계약에 따른 탁송화물수령을 증명한 것이며 목적지에서 이것과 상환으로 화물인도 의무를 진다는 취지가 기재되어 있다.

도로화물 탁송장은 보통 송하인과 운송인 사이에 3통이 작성되어 송하인과 운송인이 각각 1부씩 보관하고 다른 한 통은 화물과 함께 수하인에게 송부된다.

4) 국제도로운송협약(CMR)

(1) 의의

국제도로운송에서는 국제도로운송협약이 적용된다. 국제도로운송협약은 주로 유럽 인접 국가들 간에 도로로 물품을 운송할 때 적용된다. 즉, 국제도로운송은 제네바 국제협약(International Convention of Geneva, 1956 ; The Convention de Marchandises par Route, CMR Convention, Convention on the Contract for the International Carriage of Goods by Road, 국제도로물품운송계약에 관한 협약, 1956)의 규제를 받도록 되어 있다. 이 협약은 1978년에 개정되어 현재에 이르고 있다.

이 협약은 화물이 트레일러나 섀시와 같은 도로 주행차에 실려 Ro/Ro선으로 해상이나 내륙의 국경을 넘어 운송될 때 그 출발지나 도착지가 CMR 비준국일 경우에 그 화물운송계약에 적용된다. 대부분의 유럽 국가들은 CMR의 비준국이다.

이 협약에서는 운송경로의 일부가 해상운송이 포함되어 있을지라도 선상에서 도로차량(road vehicle)으로부터 물품이 하역되지 않으면 전 운송구간을 국제도로 운송구간으로 인정하고 있다.

(2) 적용

이 협약은 멸실, 손상 또는 지연의 원인이 해상이나 철도와 같이 도로운송이 아닌 구간에서 발생한 경우 그리고 송하인이 운송인과 그 운송구간에 대해 직접 계약을 맺고 헤이그 규칙이나 헤이그-비스비 규칙과 같은 다른 협약이 적용되는 경우에는 적용되지 않는다.

(3) 운송인의 책임

이 협약에서 운송인은 지연에 의한 손실을 포함하여 화물에 대한 손해에 대하여 책임져야 한다. 화물에 손해가 발생하여 운송인을 상대로 소송을 제기하려면 수하인은 보통 2년 이내에 이를 제기해야 한다. 그러나 운송인의 고의적 악행에 의하여 손해가 발생되었으면 3년 이내에 소송을 제기해야 한다.

Model Form 13 <서식 13> 국제도로운송서류

LETTRE DE VOITURE INTERNATIONALE (CMR) **INTERNATIONAL CONSIGNMENT NOTE**

SF

COPY 1 SENDER
COPY 2 CONSIGNEE
COPY 3 CARRIER

*NB FOR DANGEROUS GOODS INDICATE
1. UN NUMBER
2. PROPER SHIPPING NAME
3. HAZARD CLASS
4. PACKING GROUP
5. OTHER STATEMENTS AS REQUIRED BY ADR or RID

Approved by FTA/RHA/SITPRO UK 1981

1 Sender (Name, Address, Country) Expéditeur (Nom, Addresse, Pays)

2 Customs Reference/Status Référence/designation pour mise en douane

3 Senders/Agents Reference Référence de l'expéditeur/de l'agent

4 Consignee (Name, Address, Country) Destinaire (Nom, Addresse, Pays)

5 Carrier (Name, Address, Country) Transporteur (Nom, Addresse, Pays)

6 Place & date of taking over the goods (place, country, date)
Lieu et date de la prise en charge des marchandises (Lieu, pays, date)

7 Successive Carriers Transporteurs successifs

8 Place designated for delivery of goods (place, country)
Lieu prévu pour la livraison des marchandises (lieu, pays)

This carriage is subject, notwithstanding any clause to the contrary to the Convention on the Contract for the International Carriage of Goods by Road (CMR)
Ce transport est soumis nonobstant toute clause contraire a la Convention Relative au Contrat de Transport International de Marchandises par Route (CMR)

9 Marks & Nos: No. & Kind of Packages; Description of Goods* Marques et Nos, No et nature des colis, Designation des marchandises*

10 Gross weight (kg) Poids Brut (kg)

11 Volume (m³) Cubage (m³)

12 Carriage Charges Prix de transport

13 Senders Instructions for Customs, etc... Instructions de l'Expéditeur (optional)

14 Reservations Réserves

15 Document attached Documents Annexés (optional)

16 Special agreements Conventions particulières (optional)

17 Goods Received/Marchandises Rescues

18 Signature of Carrier/Signature du transporteur

19 Company completing this note Société émettrice

20 Place and Date; Signature Lieu et date; Signature

FORM REF: 730 CMR

2. 국제철도운송

1) 국제철도운송의 의의

국제철도운송(international carriage by rail)이란 선로(track, railroad, railway)를 주행하는 기관차를 이용하여 화물을 국제적으로 운송하는 것을 말한다.

보다 넓은 의미로는 철도차량에 의하여 어느 항만시설국가로부터 다른 내륙지역 국가로, 반대로 내륙지역 국가로부터 항만시설 국가로 화물을 운송하거나 대륙과 대륙 구간 사이에서 화물을 운송하는 것이 국제철도운송이다.

2) 국제철도운송의 효용성

첫째, 국제철도운송은 국제도로운송에 비하여 1회에 대량의 화물을 운송할 수 있으며 운송거리가 장거리일수록 운임이 저렴하다.

둘째, 국제철도운송은 고정된 선로를 이용하기 때문에 일반도로를 운행하는 국제도로운송보다 안전성이 더 높으며 철도망을 통하여 이동하기 때문에 기후에 영향을 받지 않고 운송할 수 있다.

셋째, 국제철도운송은 배차 간격이나 배차량을 조절하여 운송할 수 있기 때문에 계획적인 운행이 가능하며 화물의 거점을 중심으로 철도역 주변에 하역업, 보관업, 창고업, 운송업 등이 함께 발달하는 효과가 매우 크게 나타난다.

한편, 국제철도운송의 단점으로는 다음과 같은 것들을 들 수 있다.

첫째, 국제철도운송은 화물의 최종 목적지점까지 운송할 수 없기 때문에 문전에서 문전까지의 운송에 적합하지 않고 생산지에서 철도역까지, 철도역에서 도착지까지 운송수단을 상호간에 연결하는 데에 따른 추가 운송과 환적 작업이 필요하다.

둘째, 화물운송에 필요한 화차 편성에 시간이 많이 소요되며 열차 운행시간이 경직되어 있기 때문에 긴급한 운송에는 적합하지 않은 경우가 있다.

셋째, 국제철도운송은 기관차가 견인할 수 있는 화차의 수에 한도가 있으므로 대량의 화물을 운송하는 경우에는 화차의 배차를 조절하는 데에 한계가 있다.

넷째, 국제철도운송은 투자규모가 크고 투자자본 회수에 장기간이 소요되기 때문에 국가마다 국영기업의 형태로 독점적으로 운영하는 것이 일반적이다.

다섯째, 국제철도운송은 운임에 고정비용이 감안되어 산정되기 때문에 중거리나 근거리 운송의 경우는 운임이 비교적 비싸고 운임은 이미 고정화되어 있기 때문에 운임의 결정에 탄력성이 거의 없다.

3) 국제철도운송서류

(1) 의의

국제철도운송서류는 철도화물탁송장(railway consignment note)이다. 이것은 물품을 철도로 국제간에 운송하는데 사용되는 비유통증서로 철도운송인이 화물을 수취한(taking in charge) 것을 확인하고 지정장소에서 이 서류의 정당한 소지인에게 이와 상환으로 화물을 인도할 것을 약속한 서류이다. 이를 Rail Waybill이라고도 부른다.

(2) 기능과 법적 성질

철도화물탁송장은 송하인이 99개의 빈칸을 채워 써넣는 방식으로 작성되고 이를 접수한 발송역이 스탬프를 필함으로써 운송계약증서의 기능을 가지게 된다. 즉, 철도화물탁송장은 송하인이 작성하여 제시하는 것이기 때문에 운송의 성격을 결정하는 것은 송하인의 지시사항들이 된다. 송하인에게 발급되는 철도화물탁송장 사본도 발송역 당국의 스탬프가 있어야 하며 이는 물품의 수취증과 운송계약증서의 의미를 가지게 된다. 그러나 철도화물탁송장은 유통성이 없으며 물권성도 갖추어져 있지 않다.

4) 국제철도운송협약(CIM)

(1) 국제철도운송과 국제협약

국제철도운송에서는 국제철도운송협약이 적용된다. 국제철도운송협약은 유럽의 대부분과 중동의 일부 국가에서 철도에 의해 물품을 운송할 때에 적용된다.

(2) 국제철도운송협약

국제철도운송에 적용되는 국제협약은 국제물품운송협약(Convention International de Marchandises, CIM)이다. 이 협약은 1970년에 제정되어 1975년 1월부터 발효되었으며 수차의 개정을 거쳐 현재는 1985년에 개정된 협약이 적용되고 있다. 이 협약에서 인정하는 운송서류가 철도화물 탁송장이다.

이 협약은 철도운송계약의 체결, 속도, 운임지급 등 이행에 관한 사항들과 함께 운송인의 책임, 당사자와의 관계 및 재판관할권 등이 규정되어 있다.

이 협약상 철도운송인의 책임 한도액은 운송인이 고의적인 악행이나 태만의 경우를 제외하고는 kg당 50 gold 프랑을 한도로 손해보상책임을 지는 무과실책임주의를 채택하고 있고 무과실에 대한 입증책임은 운송인이 부담하도록 하고 있다.

또한 운송인에 대한 소송제기 기간도 사기나 고의적인 악행의 경우에는 2년이지만 보통의 경우는 1년으로 되어 있다.

Model Form 14 <서식 14> 국제철도운송서류

PPS Consignment Note

Contact: Erin Oliver
Depot: Currumbin

JOB NO:48039
Date:06/03/14

Customer: JOHN SMITH
Code: SMITH

Collected From:	Deliver To:

Instructions RING PRIOR TO DELIVERY

Code	Product Description	Qty	Pal	M^2	Wgt
	ABCD PERFORATED PAPER	614	5.68	0.00	7305.463
	Totals	614	5.68	0.00	7305.463

"Refer to Terms of Sale overleaf."

Receiver Details
Name: Date Time: / /
Signed:

Receiver Copy

PPS Consignment Note

Contact: Erin Oliver
Depot: Currumbin

JOB NO:48039
Date:06/03/14

Customer: JOHN SMITH
Code:SMITH P/ment Status:

Collected From:	Deliver To:
Contact Phone Number: n/a Contact Mobile Number: n/a	

Driver: Vehicle: PM28 Trailer: TR2

Instructions RING PRIOR TO DELIVERY

Code	Product Description	Qty	Pal	M^2	Wgt
	ABCD PERFORATED PAPER	614	5.68	0.00	7305.463
	Totals	614	5.68	0.00	7305.463

"Refer to Terms of Sale overleaf."

Receiver Details
Name: Date Time: / /
Signed:

OFFICE USE ONLY
Forklift Operator (Unloader) Driver Initials: ____
Comments: ____
Customer Advised For Collection/Date:
Placement in Yard: ____
Date Collected / Delivered: ____
Init: ____

3. 컨테이너화물의 육상운송

1) 철도운송의 컨테이너화와 터미널

(1) 철도운송의 컨테이너화

해상컨테이너운송이 철도운송과 연결되기 위해서는 컨테이너운송에 적합한 철도운송체계의 정비, 전용화차(block train)의 제작, 운송역의 하역기계 설치와 컨테이너 하역장의 건설 및 확보가 필요하다.

대부분의 국가들은 영국과 미국의 Freight Liner 운송을 모델로 하여 철도운송의 컨테이너화에 박차를 가하고 있는데 이것이 바로 Piggy Back 수송의 장점을 최대한으로 이용하는 운송방식이다.

Freight Liner 운송은 영국 국철이 개발한 정기적 급행 컨테이너열차로 대형 컨테이너를 적재하고 터미널 사이를 고속의 고정편성으로 정기적으로 운행하는 컨테이너화물의 운송방식이다. Freight Liner 회사는 문전에서 문전까지 운송을 요구하는 화주에게는 공로운송과 철도를 포함한 일관 요율을 적용하고 있다.

최근 철도운송을 위한 컨테이너화는 ① Liner 기지의 대규모화 ② Freight Liner망의 Network화 ③ Line을 축으로 한 효율적인 중계운송체제의 정비 ④ 물자별 적합 컨테이너의 개발, 사유 컨테이너와 Lease System의 도입 ⑤ 컨테이너 철도운송을 위한 정보관리체제의 정비 등을 중심으로 발전되고 있다.

(2) 철도운송과 컨테이너 터미널

미국의 경우에는 OCP(overland common point)에 대규모 철도화물터미널이 설치되어 있으며 특히 FCL Cargo의 경우에는 철도와 컨테이너의 연계수송을 통하여 하주의 문전까지 수송하는 체계가 갖추어져 있다.

철도역이나 화물기지에서 이용되는 하역설비들로는 항구의 컨테이너 터미널이나 내륙창고와 마찬가지로 Transfer Crane, Straddle Carrier, Fork Lift, Winch Crane 등이 필요하다. 하역방식으로는 철도역이나 화물기지에 크레인 설비가 되어 있는 경우와 되어 있지 않은 경우로 구분될 수 있다.

우리나라에서는 경기도 의왕시에 위치한 의왕 내륙컨테이너기지와 경상남도 양산시에 위치한 양산 내륙컨테이너기지가 운영되고 있다.

의왕 ICD는 동양 최대 규모의 종합물류기지로 수도권으로 들어가고 나가는 컨테이너화물의 원활한 운송과 처리를 위해 설립되었고, 양산 ICD는 항만과 똑같이 컨테이너 화물처리를 위한 시설을 갖추고 있는 종합물류터미널의 기능을 수행하고 있다.

2) 컨테이너화물의 철도운송 방식

(1) TOFC방식

TOFC방식(Trailer On Flat Car)은 컨테이너를 적재한 트레일러(trailer)를 기차의 철도대차(Flat car, platform truck, 화대차)에 다시 적재하여 운송하는 방식이다.

TOFC방식은 화차 위에 고속도로용 트레일러를 적재한 운송방식으로 돼지의 등에 다른 돼지가 올라타 있는 형상 같다고 하여 이것을 Piggy Back방식이라고도 부른다.

만일 컨테이너를 철도가 아닌 선박에 싣고 운송하면 Fish Back, 그리고 항공기에 싣고 운송하면 Birdy Back이라고 부른다.

TOFC방식은 장거리 정기노선에 있어서 운송의 효율성을 높이고 트럭에 의해 지역간의 집하 및 인도를 신속하게 하고자 2개의 운송체제가 결합한 것이다.

그러므로 별도의 섀시나 트레일러 등 하역기구가 불필요한 것 외에, 열차배차의 규칙성, 정시인도(on-time delivery) 등의 장점을 가지고 있다.

(2) COFC방식

COFC방식(Container On Flat Car)은 컨테이너만을 철도대차(Flat car), 즉, 컨테이너 전용 화차에 적재하여 운송하는 피기백 방식이다. 즉, 컨테이너를 Trailer로부터 분리하여 직접 Flat Car에 적재하는 방식이다.

이 방식은 컨테이너를 트레일러마다 철도대차에 적재하는 TOFC에 대응한 것으로 대량의 컨테이너를 신속히 취급하기에 효율적이기 때문에 컨테이너운송에 있어 TOFC 방식보다 발전되고 보편화된 방식이다.

이 방식은 컨테이너의 상하차를 위하여 오버 헤드 크레인(over head crane)이나 사이드 로더(side loader) 등의 하역기기를 필요로 하기 때문에 주요 거점에 한하여 취급되며 기점과 종점에 각기 섀시나 트레일러의 준비가 필요하다.

TOFC방식

COFC방식

Flat car

3) 컨테이너화물의 육상운송 방식

컨테이너를 육상으로 운송하기 위해서는 트레일러(trailer), 트랙터(tractor), 트럭(truck) 등 운송기기가 필요하다. 컨테이너 육상운송은 이런 기기를 연결하는 방식에 따라 다음과 같이 구분된다.

(1) 세미 트레일러 트럭방식

세미 트레일러 트럭방식(Semi-Trailer Truck System)은 1대 Tractor에 1대의 트레일러를 연결하는 형태로 컨테이너운송의 대부분이 이 방식으로 이루어지고 있다.

이 방식은 트레일러의 차체 뒷부분에 차대 버팀 장치와 결합된 차축이 있어 나머지 중량을 지탱할 수 있기 때문에 풀 트레일러방식보다 사용하는데 탄력성이 있다.

(2) 풀 트레일러 트럭방식

풀 트레일러 트럭(Full-Trailer Truck System)은 트랙터와 트레일러가 완전히 분리되어 있고 트랙터 자체도 보디를 가지고 있는 트레일러를 말한다.

이 형태는 기준 내 차량으로서 적재 톤 수(세미 트레일러급 14t에 대해 풀 트레일러급 17t), 적재량, 용적 모두 세미 트레일러보다는 유리하다.

세미 트레일러와의 차이는 화물의 무게를 트레일러 혼자서 지탱하느냐, 아니면 트랙터의 후미와 나눠서 지탱하느냐의 차이 즉 하나 더 달고 가느냐이다. 이 방식은 두 방면의 화물을 트럭과 트레일러에 각각 분할적재하고 분리하는 등 장점이 있으나, 트럭의 적재부분이 항상 추진기관에 연결되어야 하기 때문에 운영상 탄력성이 부족하다.

(3) Double-Bottom Trailer Combination

Double-Bottom Trailer Combination은 컨테이너 트랙터가 Trailer 1량만을 견인하는 것이 아니라 때로는 제1 세미 트레일러에 제2 세미 트레일러를 연결하여 2량을 견인하는 방식이다. 이것을 Double-Bottom trailer라고도 부른다.

Semi-trailer truck

Full-trailer truck

Double-Bottom trailer

선하증권(B/L) 제 7 장

제1절 선하증권의 의의와 기능 및 생성

1. 선하증권의 의의와 중요성

선하증권(Bill of Lading, B/L)은 운송인(선사)이 하주로부터 의뢰받은 운송화물을 선박에 적재하거나 선적을 위해 그 화물을 수취한 것을 증명하고 이것을 목적항까지 운송하여 그곳에서 본 증권의 정당한 소지인에게 본 증권과 상환하여 인도할 것을 약정하고 있는 유가증권이다.

선하증권은 B/L상에 기재된 화물의 권리를 화체(化體)한 것이기 때문에 선하증권의 이전은 곧바로 화물에 대한 권리의 이전을 의미한다. 그러므로 운송화물을 처분할 경우에는 반드시 그 관련 B/L을 가지고 이루어져야 한다.

선하증권은 수표(check)나 약속어음(promissory note)과 달리, 단순히 이것을 작성하는 것만으로는 이에 상당하는 가치를 발생시키지 못하며 반드시 운송계약의 전제하에 화물이 선적되어 있다는 원인을 필요로 한다.

오늘날 무역결제수단으로 널리 사용되는 것이 화환어음(documentary bill)이기 때문에 동 환어음을 결제하는데 선하증권은 상업송장(commercial invoice) 및 보험증권(insurance policy)과 함께 가장 기본이 되는 서류이다.

2. 선하증권의 기능

1) 화물수취증

선하증권은 운송인이나 그 정당한 대리인이 선하증권에 기재된 화물을 수령하였음을 확인하여 발행하는 화물수취증(receipt of goods)이다.

따라서 선하증권을 발행한 운송인은 수하인에게 선하증권에 기재된 명세의 화물을 인도할 의무가 있다. 그렇지 않으면 운송인은 선적된 화물이 선하증권의 기재내용과 상이하였다는 증거를 제시해야만 한다.

2) 운송계약의 증거

선하증권은 현 시점에서 더 완전한 운송계약이 존재하지 않는 한, 송하인과 운송인이 협정한 구체적인 운송계약을 나타내는 증거(evidence of contract) 서류이다.

즉, 선하증권은 그 자체가 운송계약서는 아니지만 운송인이 송하인으로부터 물품을 수령하였다는 추정적 증거(prima facie evidence)가 되는 서류이다.

왜냐하면 선하증권이 발행되기 이전에 운송계약은 이미 성립되었기 때문이다. 달리 말하면 운송계약은 일반적으로 상품이 선박에 적재되기 이전에 체결되며 선적 이후에 계약의 이행내용들이 선하증권에 나타나는 것이다.

또한, 선하증권은 운송인이 화물을 수취한 것을 확인하는 동시에 양륙항에서 그 선하증권의 정당한 소지인에게 이것과 교환하여 화물을 인도할 것을 약속한 운송인과 하주간의 유일한 운송계약의 증거서류이다.

그 이유는 정기선에 의한 개품운송계약에는 현실적으로 물품운송에서 선하증권 이외에 별도의 운송계약을 증빙하는 서류가 발행되지 않기 때문이다. 따라서 B/L 그 자체가 송하인과 운송인 사이에서 협정된 구체적인 운송계약 내용을 증빙하는 유일한 운송계약의 증빙서류가 된다.

선하증권에서 운송계약의 당사자는 운송계약을 체결한 송하인과 운송인이다. 그러나 선하증권이 정당한 방법으로 양도되어 수하인이 선하증권을 취득하면 수하인이 운송계약 당사자의 입장이 되어 운송인을 상대로 모든 권리를 행사할 수 있게 된다.

3) 권리증권

선하증권의 기능 중에서 가장 중요한 것이 선하증권은 선하증권에 기재된 화물을 화체하는 권리증권(document of title)이라는 점이다. 즉, 선하증권은 법적으로 그 자체가 화물을 상징하며 대신하는 기능을 가진 유가증권이다.

따라서 선하증권을 정당하게 소지한 자는 화물을 보관하거나 점유하고 있는 운송인에게 화물인도를 청구할 수 있는 청구권(right of claim)과 증권상에 기재된 화물을 임의로 다른 사람에게 처분할 수 있는 처분권(right to disposal)을 가지게 된다.

매수인은 양륙항이나 목적지에서 선하증권이 있어야만 운송인으로부터 화물을 인도청구할 수 있으므로 수표와 같이 선사증권 그 자체가 해당 선하증권상의 명세에 기재된 화물의 가치와 소유권을 상징하게 된다.

한편 물품의 운송인은 반드시 정당하게 선하증권을 제시하는 자에게만 화물을 인도하여야 한다. 수하인(consignee)도 선하증권이 기명식으로 발행되지 않는 한, 정당하게 배서된 선하증권이 없이는 화물을 청구할 권한이 없다.

3. 선하증권의 생성

오늘날과 같은 형태나 성격은 갖추지 않았다 하더라도 고대시대에도 동서양을 막론하고 하나의 증표로서 선하증권과 같은 서류가 사용되어 왔을 것으로 추측된다. 그러나 이것에 관한 기록이나 물증은 아직 불분명한 상태이다.

기록에 의하면 중세 모험상인들은 자가운송인으로 자기 화물을 자기가 스스로 보유하고 있는 선박으로 직접 운송하고 양륙항에 도착하여 그곳에서 화물을 처분하였다.

따라서 그때는 선하증권(B/L)이나 용선계약서(C/P)와 같은 화물 위탁의 영수증이나 계약서를 주고받을 필요 자체가 없었다.

그러다가 근대에 들어 운임의 수취를 목적으로 타인의 상품을 전문으로 운송하는 일반운송인(common carrier) 또는 공중운송인(public carrier)이 등장하였다.

이 시기에 하주는 운송인에게 화물의 운송을 맡긴 것을 확인하고 싶어 했고 운송인도 화물을 수령했다는 영수증이나 증표를 주고받을 필요가 생겨났다.

이러한 배경에 따라 등장한 것이 선하증권(Bill of Lading, B/L)의 생성이다.

따라서 초기에 발행된 선하증권의 주요기능은 운송인이 화물을 수령했으며 글자 그대로 화물을 실었다(lading)는 것을 의미하는 단순한 영수증(bill)에 불과하였다.

16세기 초에 들어 유럽의 상인들 간에는 선하증권이 권리증권(document of title)으로 이용되면서 선하증권의 양수인(transferee)은 도착지에서 선장에게 화물인도를 요구할 수 있는 관행으로 정착되었다.

이후 운송의 발달과 금융업무의 진전으로 18세기 이전에 이미 백지배서에 의한 소유권의 이전을 선하증권에 유통성(negotiability)을 부여하는 방식으로 발전하게 되었다.

이어 18세기 말에 선하증권은 3통이 교부되어 배서나 양도가 이뤄짐으로써 나름대로 무역화폐로서의 본격적인 기능들을 갖추게 되었다. 그러나 선하증권의 양도로 소유권의 이전은 가능하게 되었지만, 운송계약과 선하증권의 관계나 선하증권의 증거력 등에 대한 법적 성격이 불분명하여 분쟁의 소지는 여전히 남아 있었다.

이러한 문제점의 해결을 위해 선하증권을 규율할 수 있는 법 제정의 필요성이 국제적으로 대두됨에 따라 선하증권 관련 법들이 제정되기 시작하였다.

대표적인 것이 배서에 의한 선하증권의 양도로 물품의 소유권이 이전된다는 것을 최초로 규정한 선하증권법(The Bill of Lading Act, 1855), 미국 상원의원인 하터가 제정한 하터법(Harter Act, 1893), CMI가 1924년에 제정한 Hague Rules, 헤이그 규칙을 수정 및 보완한 Hague-Visby Rules(1968), UNCITRAL이 1978년에 제정한 함부르크 규칙(Hamburg Rules)과 로테르담 규칙(2008) 등이다.

제2절 선하증권의 역할과 법적 성질 및 종류

1. 선하증권의 역할

1) 운송인(선사)

운송인(선사)에게 선하증권은 유가증권, 권리증권, 운송계약의 증거 및 화물수취증의 역할을 한다. 그 외 선하증권은 운송조건이나 운송약관(면책약관 포함) 등을 상세하게 명시하고 있는 서류이다.

2) 수출자

수출자에게 선하증권은 화환어음을 매도(negotiation)하는 과정에서 선적을 증명하는 가장 중요한 서류이다. 수출업자는 대금결제를 위해 화환어음을 매도할 때 이를 선적서류로 사용하게 되며 매수인에게 선적통지(Shipping Notice, Shipping Advice)를 할 때에도 사용한다. 그리고 선하증권은 운송계약에 따라 발생한 보상금을 청구할 때에도 사용되는 필수서류이다.

3) 수입자

수입자에게 선하증권은 양륙항이나 도착지에서 화물인도를 청구할 때 사용되는 서류이다. 또한 수표(check)와 같이 그 자체로 해당 B/L상의 명세에 기재된 화물의 가치와 소유권을 가지는 역할을 하며 수입자가 운송계약에 따라 발생한 보상금이나 손해배상을 청구하는 경우에도 사용된다.

4) 보험회사

보험회사에게 선하증권은 보험자의 구상권 행사와 관련하여 운송인의 책임을 규명하는데 매우 중요한 서류이다. 왜냐하면 선하증권은 보험회사로서는 화물이 선적된 사실과 선적상황 및 운송계약의 주요 조건들(선적항과 목적항, 환적 여부, 분할선적의 유무, 이로의 유무 등)을 파악하는데 필요한 서류이기 때문이다. 운송 중에 손해가 발생하여 보험회사에 보험금을 청구하는 경우에는 선하증권 원본이 필요하다.

5) 은행

은행에게 선하증권은 대금회수나 상환을 위한 담보로서 이용되는 서류이다. 특히 매입은행이나 발행은행은 해당 화물의 담보력을 확보하기 위해 발행된 원본 전통의 선하증권(full set B/L)을 제시하도록 요구하고 있는 것이 보통이다.

2. 선하증권의 법적 성질과 종류

1) 선하증권의 법적 성질

(1) 채권증권

선하증권은 운송화물을 대표하는 채권증권이기 때문에 정당한 선하증권의 소지인은 선하증권과 상환으로 화물의 인도를 청구할 수 있는 권리가 있다.

(2) 문언증권

문언증권은 증권당사자의 권리와 의무의 내용은 증권에 기재되어 있는 문언에 의해서만 결정된다는 것을 말한다.

선하증권의 문언증권성은 해상운송에서 선하증권이 발행된 경우, 그 운송에 관한 운송인과 증권소지인의 권리의무는 선하증권에 기재된 문언에 따라 정해지는 것을 말한다.

따라서 선하증권상의 운송인은 선하증권의 정당한 소지인에 대해 증권문언에 대한 책임을 지며 소지인은 증권의 기재문언에 따라 권리를 주장할 수 있다.

(3) 요인증권

선하증권은 요인증권이므로 운송계약에 따라 운송인이나 그 대리인이 화물을 선적하였거나 선적을 위해 수령하였다는 요인이 있어야만 발행된다. 선하증권은 기존의 운송계약상의 권리를 증권에 결합시킨 것에 불과한 요인증권이다.

이러한 요인이 없이 선하증권이 발행되면 그것은 위법행위가 된다. 이러한 점에서 선하증권은 반드시 요인이 없어도 발행되거나 증권의 권리가 그것을 발행함에 의해 발생되는 어음이나 수표와는 다른 법적 성질을 가지고 있다.

(4) 제시증권

선하증권은 제시증권이므로 수하인이 어떤 다른 방법으로 자기가 운송화물의 정당한 수취인이라는 것을 증명하여도 원본 B/L의 제시 없이는 화물을 수취할 수 없다.

실무에서는 화물이 양륙항에 먼저 도착하였는데 원본 B/L을 입수하지 못한 경우 수입화물선취보증서(L/G)를 선사에게 제출하고 B/L 없이도 화물을 인수하고 있다.

(5) 인도증권

선하증권은 인도증권이므로 증권의 정당한 소지인에게 물건을 인도하며 그 인도는 증권기재의 물건 그 자체를 인도한 것과 동일한 효력을 갖게 한다. 따라서 선하증권을 인도하면 운송품 자체를 인도한 것으로 간주한다.

(6) 요식증권

선하증권은 요식증권이기 때문에 기재될 기재사항들이 법률(상법 제814조 제1항)로 정해져 있다.

(7) 지시증권

선하증권은 지시증권이므로 증권권리자인 소지인이 배서(endorsement)에 의해 다른 사람을 선하증권의 권리자로 되게 하거나 또는 그렇게 지정된 자가 또 다른 사람에게 그의 권리를 다시 이전시킬 수 있다. 보통 지정하는 방법은 백지배서방식이 주로 이용된다. 우리나라 상법도 선하증권에 지시증권성을 부여하고 있다.

(8) 처분증권

선하증권은 처분증권이므로 증권에 표시된 화물에 관한 처분(양도 등)을 하려면 반드시 그 증권으로 하여야 된다(상법 제820조).

(9) 수려증권

선하증권은 수려증권이므로 증권과 바꾸지 않으면 채무자가 증권상의 채무를 갚지 않아도 되는 증권이다. 따라서 화물의 인도를 청구할 때 수하인은 선하증권 원본을 제출해야 하며 최초 원본 1통이 제출되면 나머지는 무효가 된다.

(10) 상환증권

선하증권은 상환증권이므로 이와 상환하지 아니하면 화물의 인도를 청구할 수 없다(상법 제820조). 이에 따라 수하인이 목적항에서 화물의 인도를 청구할 때는 선하증권을 운송인에게 제시해야 하는 의무가 있고, 운송인의 입장에서는 선하증권의 제시가 없는 자의 화물인도청구를 거절할 권리와 의무가 있다.

(11) 면책증권

선하증권은 면책증권이므로 정당한 소지인이 선하증권을 제시하여 화물의 인도를 청구하면 그 청구자가 진실한 권리자인가를 점검할 의무가 없다. 따라서 채무자가 증권의 정당한 소지인에게 채무를 갚으면 소지인이 정당한 권리자가 아닌 경우에도 악의가 없는 한, 채무를 면책받는 면책증권의 성질을 가진다.

(12) 유통증권

선하증권은 유통증권이며 화물을 표창하는 유가증권이기 때문에 배서나 양도를 통해 소유권을 타인에게 이전시킬 수 있다.

2) 선하증권의 종류

(1) 선적 선하증권과 수취 선하증권

선적 선하증권(Shipped or On Board B/L)은 본선에 운송화물이 선적된 후에 발행되는 것으로 증권에 'Shipped …'이나 'Shipped on Board …'와 같이 실질적으로 화물의 선적완료를 표시한 선하증권이다.

이에 비해 수취 선하증권(Received for B/L)은 지정 선박이 부두에 정박하였으나 본선에 아직 적재되지 않았거나 입항조차 하지 않았을 경우에는 우선 화물은 선사의 부두창고에 입고되어 'Received for shipment …' 또는 'received to be transported by steamer' 형식으로 발행되는 선하증권이다. 따라서 수취 선하증권은 운송인이 하주와의 운송계약에 의하여 화물을 특정의 장소(선사의 부두창고나 부두장치장)에서 인수하고 현실적으로 본선에 적재하기 전에 발행되는 것이다.

Shipped B/L과 On Board B/L은 동일한 의미인데 특히 영국에서는 Shipped B/L로 부르고 있고 미국은 On Board B/L(본선적재 선하증권)로 부르고 있다.

한편, 수취 선하증권은 실제로 선적이 완료되었다는 사실을 선하증권상에 본선 적재필(on board notation)로 부기하게 되면 Shipped B/L이 된다.

(2) 무사고 선하증권과 사고부 선하증권

무사고 선하증권(Clean B/L)은 본선에 화물을 선적할 때 그 화물의 상태가 양호하고 수량이 일치하여 비고(remarks)란에 아무런 특별한 것도 기재되지 않고 증권에 'shipped on board in apparent good order and condition'이라고 표시된 선하증권이다. 이를 무하자 선하증권 또는 무고장 선적증권이라고도 한다.

신용장통일규칙(UCP)에는 '무고장 운송서류란 화물이나 그 포장에 관하여 불완전한 상태임을 명백히 표시하는 부가조항이나 단서가 포함되어 있지 않는 운송서류를 말한다.'라고 규정되어 있다. 보통 신용장 조건에서 요구하는 선하증권은 Clean B/L이므로 이를 은행에 제시해야만 화환어음이 매입될 수 있다.

사고부 선하증권(Foul or Dirty B/L)은 비고란에 '5 bags torn' 등과 같이 선사가 인수할 당시 포장상태가 불완전하거나 수량이 부족하여 이 사실이 증권에 기재된 선하증권이다.

본선 적재시 화물의 포장이나 수량 등에 어떤 하자가 발생할 경우 일등항해사가 이러한 고장을 본선수취증(Mate's Receipt, M/R)의 비고란에 기재한 고장 본선수취증(Foul M/R)을 발급하면 선사는 이를 토대로 하주에게 Foul B/L을 발행한다.

신용장통일규칙 제27조는 '신용장에 수리할 수 있는 조항이나 단서가 명시되어 있지 않는 한, 은행은 그 조항이나 단서가 있는 운송서류를 거절한다.'고 규정하고 있다.

무사고 선하증권(clean B/L)을 발급받기 위해서는 선적 당시 수량이 부족하고 화물 일부가 파손되었다는 지적이 있으면 부족 수량을 채우거나 선내에 출장하고 있는 포장업자에게 의뢰하여 수리시키거나 가능한 한 완전한 화물로 교체해야 한다.

그런데 사정상 이것이 곤란한 경우에는 파손화물보상장(Letter of Indemnity, L/I, 손상화물보상장)을 선사에 제공하고 선하증권의 비고란에서 이 고장문언을 없애도록 요구하는 방법으로 Clean B/L을 발급받아야 한다.

(3) 기명식 선하증권과 지시식 선하증권

기명식 선하증권(Straight B/L)은 화물의 수하인으로 수입자명이 기재된 선하증권이다. 이 경우에는 수하인으로 기명된 수입자만이 물품인도를 청구할 수 있다.

따라서 화환어음에 의한 결제가 아니고 사전송금결제방식에 의한 거래이거나 이삿짐이나 개인 물품을 발송하는 경우에 많이 이용되고 있다.

지시식 선하증권(Order B/L)은 B/L의 수하인 란에 특정의 수하인명이 기재되지 않고, 단순히 'to order', 'to order of shipper', 'to order of … bank'와 같이 지시인(order)만 기재하여 유가증권인 B/L의 유통을 자유롭게 한 선하증권이다.

무역거래에서는 원칙적으로 Order B/L을 사용하며 Shipper나 은행 등이 배서하여 유통된다. 지시식 선하증권에서 수입자의 이름과 주소는 보통 수하인 란이 아니고 화물도착 통지처(notify party) 란에 기재된다.

(4) 유통 선하증권과 유통불능 선하증권

유통 선하증권(Negotiable B/L)은 선하증권을 타인에게 양도하여 유통할 수 있는 선하증권으로 선사가 발행한 선하증권 원본을 말한다. 유통 선하증권만이 그 선하증권이 대표하는 화물과 상환할 수 있으며 대금을 결제할 때에도 신용장에서 요구하는 정당한 선하증권으로 인정받을 수 있다.

유통불능 선하증권(Non-Negotiable B/L)은 선사가 발급하는 원본 이외의 모든 선하증권을 말한다. 이 선하증권은 'Non-Negotiable'이라는 도장이 찍혀 발급되기 때문에 은행에서 매입(nego)이 되지 않는다.

한편, 선하증권의 수하인(consignee) 란에 특정인을 기명하지 않고 지시식(Order B/L)으로 되어 있는 경우에는 성격상 유통 선하증권이 되고, 수하인 란에 특정인을 표시하는 기명식(Straight B/L)인 경우에는 비유통 선하증권이 된다.

(5) 해양 선하증권과 내국 선하증권

해양 선하증권(Ocean B/L)은 부산과 뉴욕(New York)과 같이 국외 해상운송의 경우에 발행되는 선하증권이며, 내국 선하증권(Local B/L)은 부산과 인천과 같이 국내 해상운송의 경우에 발행되는 선하증권이다.

(6) 정식 선하증권과 약식 선하증권

정식 선하증권(Long Form B/L)은 이면약관이 전부 인쇄되어 있는 선하증권을 말하고 주로 정기선을 이용할 때 발행된다.

약식 선하증권(Short Form B/L)은 B/L 이면에 선사에서 일방적으로 정한 인쇄약관이 생략된 채 앞면에 필요사항만 기재된 선하증권을 말한다.

부정기선 운송의 경우에는 용선계약서를 B/L과 별도로 선주와 하주가 각각 1통씩 보관하게 되므로 B/L 뒷면에 계약사항을 명시할 필요가 없다. 약식 선하증권에는 분쟁이 발생하면 그 기준은 Long Form B/L의 약관에 따른다는 문언이 기재되어 있다.

(7) 통과 선하증권과 환적 선하증권

통과 선하증권(Through B/L)은 운송화물을 목적지까지 운송하는데 운송인이 다른 선사의 선박을 이용하거나 해상운송과 육상운송을 교대로 이용하여 운송된 경우 환적할 때 마다 운송계약을 맺는 절차나 비용을 절약하기 위해 최초의 운송업자가 그 전 구간의 운송에 대하여 발행하는 선하증권이다.

이를 '통 선하증권'이라고도 부르며 미국에서는 육상운송과 해상운송을 겸한다고 하여 Overland B/L이라고도 부르고 있다. 두 가지 또는 그 이상의 운송수단을 이용할 때 발행되는 것이므로 복합운송증권과 혼동되나 해상운송구간이 반드시 포함되어야 한다는 점이 다르다.

환적 선하증권(Transshipment B/L)은 화물을 목적지까지 운송 도중 중도항에서 다른 선박에 환적하여 최종 목적지까지 운송할 때 발행되는 선하증권이다.

이 선하증권에서는 환적할 때마다 각 선사(운송인)가 최초 발행 선하증권에 연대서명을 하여 수하인이나 선하증권 소지자에 대하여 공동책임을 지게 된다.

이에 반해 통과 선하증권에서는 최초의 운송인만이 서명하고 그가 수하인이나 동 선하증권의 정당한 소지자에 대하여 운송의 모든 책임을 지게 된다.

환적은 화물의 손상을 초래하게 하고 환적에 따르는 비용이 발생하기 때문에 보통 신용장이나 매매계약서에는 'Transshipment prohibited'라는 문언을 기재하여 환적을 금지시키고 있다. 그러나 이러한 금지 문언이 없는 한, 환적은 허용된다.

(8) Port B/L과 Custody B/L

Port B/L은 선적될 화물이 부두의 선사(운송인)의 보관상태에 있고 지정된 선박이 입항은 되어 있으나 화물이 본선에 적재되지 않은 상태에서 발행되는 선하증권으로 수취 선하증권의 일종이다.

Custody B/L은 Port B/L과 같이 화물이 선사(운송인)에게 인도는 되었으나 지정된 선박이 아직 화물이 준비되어 있는 지정 항구에 도착되지 않았을 때 발행되는 선하증권으로 이것도 수취 선하증권의 일종이다. Port B/L과 Custody B/L은 별도의 명시가 없는 한, 은행이 수리하지 않는다.

(9) 제3자명의 선하증권과 스위치 선하증권

제3자명의 선하증권(Third Party B/L)은 B/L에 기재되는 선적인(shipper)은 신용장의 수익자(beneficiary)가 되는 것이 보통이나 매매당사자가 아닌 제3자가 선적인으로 되어 발행되는 선하증권을 말하며 Neutral Party B/L이라고도 한다.

예를 들면, 한국에서 일본으로 수출하려는 업체가 수출물품을 한국이 아닌 중국에서 조달하여 수출한다고 가정할 경우 계약당사자, 즉 L/C상의 Beneficiary는 한국의 수출자이지만 실제 수출물품은 중국에서 선적되어 B/L상의 Shipper는 중국에 있는 제3의 업체가 되는 경우가 제3자명의 선하증권이다.

이러한 경우에는 당사자 간의 오해나 분쟁을 방지하기 위해 신용장이나 매매계약서에 'Third Party B/L are acceptable'이라는 문구를 기재하는 것이 바람직하다.

스위치 선하증권(Switch B/L)은 중계업자가 원수출자를 노출시키지 않기 위하여 화물을 실제 수출한 지역에 속한 선사나 포워더가 발행한 B/L을 근거로 제3의 장소에서 Shipper(원수출자)를 중계업자로 교체하여 발행한 선하증권을 말한다.

선하증권에 Switch(교체)한다는 취지의 문구를 포함하고 있다고 하여 Switch B/L이라고 부르며 중계무역(intermediary trade)에서 중개무역업자가 실공급자와 실수요자를 알지 못하게 하는 경우에 주로 사용한다.

(10) 부서부 선하증권

해상운송에서 운임을 착지불조건으로 지불하거나 다른 채무가 부수되어 있는 경우 물품의 인수자는 운임이나 채무를 결제하고 화물을 수취하게 된다.

이 경우에 선사가 운임이나 채무에 대한 대금을 지급받았음을 증명하기 위해 선하증권에 'Please deliver upon endorsement'라고 배서한다. 이러한 Counter-Sign이 있는 선하증권을 부서부 선하증권(counter-sign B/L)이라고 한다.

(11) 집단 선하증권과 House B/L

집단 선하증권(Groupage B/L)은 LCL(Less than Container Load) 화물처럼 적은 물량의 경우 Freight Forwarder와 같은 운송회사(Forwarding Agent)가 같은 목적지로 가는 화물들을 함께 모아서 하나의 'Group'으로 선적할 때 선사(carrier)가 포워더(Forwarder)에게 발행하는 선하증권을 말한다. 이 선하증권은 선사가 포워더의 혼재화물에 대해 포워더에게 1건으로 발행하므로 실제로 화물을 운송하는 선사가 발행한다고 하여 'Master B/L'이라고 부르며 가장 일반적인 선하증권이다.

House B/L은 Forwarder와 같은 운송회사가 Master B/L을 근거로 하여 LCL화물 개별 건마다 LCL화물의 개별 하주들에게 발행하는 선하증권을 말한다. Forwarder가 스스로 선하증권을 발행했다는 의미에서 House B/L은 Forwarder B/L(운송주선인발행 선하증권) 또는 Baby B/L이라고도 부르고 있다.

Forwarder B/L의 서명란에 'As carrier', 'As master of B.C. Toms' 또는 'Acting as agent for (and on behalf of) the carrier of XYZ Shipping Co., Ltd.', 'Acting as agent for the master of B.C. Toms' 등과 같이 표기가 되어 운송인이나 운송인의 대리인 자격으로 발행된 Forwarder B/L은 은행에서 수리된다.

(12) 적색 선하증권

적색 선하증권(Red B/L)은 선하증권과 보험증권을 결합시킨 것으로 이 증권에 기재된 화물이 항해 중에 사고가 발생하면 이 사고에 대해서 선사가 보상해 줄 것을 약속하고 있는 선하증권을 말한다.

이 경우 선사는 모든 Red B/L 발행 화물을 일괄하여 보험회사와 보험계약을 체결하게 되므로 궁극적인 손해부담은 보험회사가 지며, 보험료만큼 선사는 운임에 추가시키므로 결국 보험료도 송하인이 부담하는 셈이 된다.

선하증권에 부보(付保) 내용을 표시하는 문언이 붉은 색으로 되어 있어 Red B/L이란 이름이 되었다. 원래 동남아 항구에서 구미국가의 선주들이 이용하였으나 보험제도가 보급되어 있는 오늘날에는 거의 이용되지 않고 있다.

(13) 기한경과 선하증권

기한경과 선하증권(Stale B/L)은 선하증권의 제시기한이 경과된 선하증권을 말한다. 신용장통일규칙(UCP)에는 모든 운송서류는 신용장에 명시한 기간 내에 제시되어야 한다고 되어 있고, 만일 B/L 발행 후 21일이 지나 매입은행에 제시하면 은행은 신용장에 'Stale B/L Acceptable'이란 조항이 없이는 수리를 거절하도록 규정하고 있다.

(14) Surrender B/L

Surrender B/L(권리포기 선하증권)은 송하인에게 발행된 Negotiable B/L을 송하인이 배서하여 운송인에게 다시 반환(surrender)함으로써 B/L의 유통성을 소멸시킨 선하증권을 말한다. 이것을 Express B/L 또는 Telex B/L이라고도 한다.

이러한 선하증권을 발행하는 목적은 선적지의 송하인이 선사로부터 발급받은 원본 B/L을 은행을 거쳐 목적지의 수하인에게 송부하지 않고 운송인에게 이를 건네줌으로써 수하인이 목적항에서 원본 B/L 없이도 화물을 찾을 수 있도록 하는데 있다.

(15) 전자식 선하증권

전자식 선하증권(Electronic B/L)은 기존의 종이로 된 선하증권을 발행하지 않고 선하증권의 내용을 구성하는 정보를 전자적 방법으로 운송인의 컴퓨터에 보관하고 운송인이 부여한 '개인키(private key, 비밀번호)'를 사용함으로써, 물품에 대한 지배권 및 처분권의 권리를 그 권리자의 지시에 따라 수하인에게 그 정보를 전송하는 형식의 선하증권을 말한다.

(16) 복합운송 선하증권

복합운송 선하증권(Combined Transport B/L)은 수출국의 화물인수 장소로부터 수입국의 인도장소까지 해상·육상·항공 중 적어도 두 가지 이상의 운송수단을 이용하여 운송되는 경우에 복합운송인이 발행하는 선하증권을 말한다.

(17) 컨테이너 선하증권

컨테이너 선하증권(Container B/L)은 컨테이너 적재 설비를 갖추고 있는 선박에 선적한 경우에 발행되는 선하증권을 말한다. FCL화물의 경우 하주는 생산공장이나 창고에서 CY까지 자기 책임으로 운송하여 선사에 인도한다. 이때 선사는 인수받은 FCL화물은 하주가 생산공장이나 창고에서 포장하고 봉인한 것이기 때문에 그 적입상태의 내용을 알 수 없다는 뜻으로 'shipper's load and count(송하인의 적입과 계산)' 또는 'said by shipper to contain(송하인 적입신고)'이라는 부지문언(Unknown Clause)을 B/L에 기재한다.

신용장통일규칙에서는 별도의 규정이 없는 한, 운송서류에 이러한 문언이나 이와 비슷한 내용의 문언이 표시되더라도 이를 수리할 수 있다고 규정하고 있어 이 B/L은 Clean B/L로 인정하고 있다. 컨테이너운송은 화물의 인도가 컨테이너 터미널에서 이루어지기 때문에 보통은 수취선하증권이 발행되지만, 송하인의 요구가 있는 경우에는 On Board Notation(본선적재 표시)을 하여 선적 선하증권을 발행할 수도 있다.

(18) 소급일자 선하증권

소급일자 선하증권(Back Date B/L)은 선사가 화물을 직접 인수하거나 적재하지 않았음에도 불구하고 실제 선적일보다 선적일자를 당겨서 발행하는 선하증권을 말하며 선(先) B/L이라고도 한다.

실무에서는 수출자가 대금을 빨리 받고자 B/L상에 선적날짜를 실제보다 앞당겨 기재해 주도록 선사에 요구하는 경우가 있다. 이 경우 선사는 거래관계의 단절 등의 불이익 때문에 수출자의 요청을 거절하기 어렵기 때문에 이러한 선하증권을 발행해 주는 경우가 있다. 그러나 이러한 B/L의 발행으로 향후 문제가 발생하면 선사가 전적으로 책임을 부담해야 하므로 선사는 이를 감안하고 발행해야 한다.

(19) 범선적재 선하증권

범선적재 선하증권(Sailing B/L)은 바람을 이용하여 항해하는 범선에 적재되어 운송됨을 명시한 선하증권을 말한다. 최근에는 범선으로 운송하는 경우는 거의 없고 범선의 갑판적재나 창고에 선적을 할 경우 침몰이나 부식의 위험이 크기 때문에 은행은 신용장상에 특별히 명시되지 않는 한, 이러한 선하증권은 수리하지 않고 있다.

(20) 용선계약 선하증권

용선계약 선하증권(Charter Party B/L)은 부정기선을 사용하는 경우 하주와 선박회사 사이에 체결된 용선계약에 의해 발행되는 선하증권을 말한다.

신용장통일규칙(UCP)은 별도의 수리요건을 충족하지 않는 한, 은행은 이러한 선하증권은 수리하지 않도록 규정하고 있다. 이 선하증권은 정기선에 의한 개품운송계약에서 발행되는 Liner B/L와 대응되는 것이다.

(21) Express 선하증권

Express B/L은 Surrender B/L과 내용면에서 거의 흡사하지만 약간의 차이점이 있다. 예를 들어 송하인이 선사로부터 원본 B/L을 발행받고, 수하인으로부터 화물에 대한 대금을 전신환(T/T)으로 받지 못하고 있다가 화물도착 후 갑자기 송금해오는 경우가 있다. 이때 원본을 발급하는 선사에 Express B/L의 발급을 요청한다.

현재는 전자메일(e-mail)로 보내는 것이 일반적이지만, 옛날에는 텔렉스로 급히 쳐서 보냈기에 Telex Release 또는 Telex Released B/L이라고 불렀다.

대금결제조건이 인수인도(D/A)거래인 경우에는 수입자가 원본 선하증권(original B/L)을 인수 후 분실하였기 때문에 분실에 대한 책임 동의서를 원본으로 전달 받은 후에 Express B/L을 발행하는 경우도 있다.

제3절 선하증권의 발행형식과 배서

1. 선하증권의 발행

선하증권은 원래 선박의 지휘 감독자인 선장이 운송의뢰자인 하주에 대해 발행하는 것이다. 그러나 선주는 선장 이외의 자에게 자기를 대리하여 선하증권의 발행을 위탁할 수 있기 때문에 보통은 선사의 항로 주임이 선장을 대신하여 발행한다.

2. 선하증권의 발행형식

선하증권은 수하인(consignee, 受荷人) 란(欄)에 누구를 선하증권의 수하인으로 기재하느냐에 따라 다음과 같은 발행형식들이 있다.

1) 기명식

이것은 B/L의 수하인 란에 특정인(보통 수입자)의 상호와 이름을 기재하는 방식이다. 수하인 란에 'A & B Inc., New York, U.S.A' 과 같이 기재된다.

2) 지시식

이것은 B/L의 수하인 란에 특정 수하인 이름을 기재하지 않고 단순히 'To order', 'To order of shipper', 'To order of … bank'와 같이 지시인(order)만 기재하는 방식이다. 이것은 다음과 같은 방식으로 구분된다.

첫째, 'To order' 또는 'To order of shipper'가 있는데 이는 실무상 가장 많이 사용되는 방식이다. 수입자(매수인)가 양륙지에서 화물을 인수하기 위해서는 수출자가 배서한 선하증권이 있어야 한다.

둘째, 'To order of … issuing bank'로 발행은행의 지시인식이 있다. 이 경우 수입자가 양륙화물을 인수하려면 발행은행이 배서한 B/L을 선사에 제출해야 한다.

3) 소지인식

이것은 수하인 란에 'bearer'로 기재(단순소지인)하거나 'Mr. Adams or bearer'로 기재(선택소지인식)하는 방식으로 지참인식이라고도 한다.

4) 무기명식

이것은 수하인 란을 백지(blank, 공백)로 두는 방식으로 백지식이라고도 한다.

3. 선하증권의 배서

1) 의의

배서(endorsement)는 선하증권의 정당한 소지인이 그가 가지고 있는 증권의 권리를 타인에게 이전할 목적으로 그 증권의 이면에 서명하고 피이전자에게 교부하는 행위이다. 선하증권은 보통 백지식 배서방식을 통해 양도된다.

2) 배서방식

(1) 기명식(full endorsement, special endorsement)

기명식은 피배서인의 이름을 명기하고 양도인인 배서인이 서명하는 방식이다.

예 : deliver to XX & Co.,
Korea Trading Co., Ltd
(signed)
Manager

(2) 지시식

지시식은 피배서인을 order of XX 등으로 하며 배서인이 서명하는 방식이다.

예 : Deliver to the order of XX Co.,
Korea Trading Co.,
(signed)
Manager

(3) 백지식(blank endorsement) 혹은 무기명식

백지식은 피배서인의 이름이 없고 인도문언과 배서인의 서명만 있는 방식과 피배서인의 이름과 인도문언이 없고 배서인의 서명만 있는 두 가지 방식이 있다.

예 : a. Deliver to (공란)
Kangnam Trading Co., Ltd.
(signed)
Manager

b. (공란)
Kangnam Trading Co., Ltd.
(signed)
Manager

(4) 소지인식

소지인식은 선하증권에 'The Bearer'라고 기재한 후 배서인이 서명하는 방식이다. 이것은 증권의 단순 인도만으로 이전효과가 발생한다.

예 : Deliver to the Bearer
Kangnam Trading Co., Ltd.
(signed)
Manager

제4절 선하증권의 기재사항과 해석

1. 선하증권의 기재사항

선하증권은 운송인이 발행하는 해상운송화물의 수취증이며 운송화물은 이것과 상환으로 목적지에서 수하인에게 인도된다. 따라서 선하증권에는 선박 명칭, 운임, 송하인과 수하인, 선적항과 양륙항 등 운송에 관한 중요한 사항들이 기재되어 있다.

선하증권의 일정한 기재사항을 법률로서 정한 것을 법정 또는 필수기재사항이라고 하고, 당사자의 특약에 의해 기재하는 것을 임의기재사항이라고 한다.

법정기재사항은 선하증권에 반드시 기재되어야만 효력이 발생하는 것으로 주로 가변사항들인데 반하여, 임의기재사항은 운송인과 송하인 사이의 특약사항으로 대부분이 운송인의 면책사항들이 기재되어 있으며 이면에 인쇄된 형태로 기재되어 있다.

2. 선하증권 기재사항의 해석

① Shipper : 송하인(SWIFT 신용장의 59 beneficiary)의 성명이나 상호가 기재된다. 송하인은 운송계약의 체결 당사자로 화물명세의 제공의무, 운송에 필요한 각종 근거서류의 제공의무, 운임, Mark와 Label의 부착의무 등을 부담한다.

② Consignee : 목적지에서 화물을 인도받을 권리가 있는 수하인이 기재된다.
수하인은 화물수령의 의무, 화물을 수령할 때 선하증권의 제시의무, 화물인도를 받을 때 운임과 기타 요금의 납부의무를 부담한다.
T/T나 D/P·D/A방식에서는 수입자의 상호나 주소가 기재되며 신용장방식에서는 요구서류 중 선하증권에 대한 문구에서 'Full set of clean on board ocean bill of lading made out to' 다음에 명기된 문구가 그대로 기재된다.
SWIFT 신용장의 46A의 선하증권 관련 내용의 지시대로 다음과 같이 작성되면 된다.
(1) 46A : FULL SET ~ MADE OUT TO ORDER
Consignee : TO ORDER
(2) 46A : FULL SET ~ MADE OUT TO THE ORDER OF CITI BANK
Consignee : TO THE ORDER OF CITI BANK
(3) 46A : FULL SET ~ MADE OUT TO THE ORDER OF KOZESINY, LTD.
Consignee : TO THE ORDER OF KOZESINY, LTD.

③ Notify Party : 화물이 양륙항에 도착한 다음 운송인이 화물 도착의 통지를 하는 대상인 착하통지처가 기재된다. SWIFT 신용장의 46A의 선하증권 관련 내용의 지시대로 작성되는데 보통 신용장에는 'Notify Accountee'로 기재되므로 수입자나 수입자가 지정하는 대리인이 착하통지처로 기재된다. 이를 통지수령인 또는 화물 도착시 연락처라고도 한다.

④ Pre-Carriage By : 주운송 이전에 화물 인수지점에서 본선 선적항까지 운송이 이루어진 경우 그 운송을 담당한 운송인이 기재된다.

⑤ Place of Receipt : 송하인으로부터 운송인이 화물을 수취하는 장소가 기재되는데 Busan CY, Busan CFS 등과 같이 표기된다.

⑥ Ocean Vessel : 화물을 수송하는 해상운송 선박명이 기재된다.

⑦ Voyage No. : V-47(=Voyage 47)과 같이 운송선박의 운송횟수인 항차번호가 기재된다. 1 항차는 선적항에서 양륙항구를 거쳐 선적항에 회항하는 것을 의미한다.

⑧ Port of Loading : Busan, Korea, Incheon, Korea와 같이 SWIFT 신용장의 44에 명시된 화물을 선적하는 항구명과 국명이 기재된다.

⑨ Port of Discharge : 화물의 양륙항구 및 국명이 기재된다.

⑩ Place of Delivery : 화물을 운송하여 수하인에게 인도하는 장소가 기재된다.

⑪ Final Destination : 화물의 최종 목적지가 기재된다. 복합운송이 아닌 경우에는 기재되지 않으며, 기재되었어도 이는 단지 참조사항에 불과하다.

⑫ B/L No. : 선사가 선하증권을 발행할 때 임의로 붙인 일련번호가 기재된다. 예를 들어 'BO-5001 : Busan-Osaka'과 같이 선적항과 양륙항의 알파벳 두 문자를 사용하고 번호는 일련번호로 표시한다.

⑬ Container No. : 화물이 적재되는 컨테이너번호가 기재된다.

⑭ Seal No. : 화물이 적재된 컨테이너 봉인번호(seal No.)가 기재된다.

⑮ Marks and No. : 포장명세서(packing list)에 표시된 하인과 포장박스의 일련번호(예, 1~5)가 기재된다.

⑯ No. & Kinds of Containers or Pkgs. : 운송인이 인수한 화물의 수량 즉, 컨테이너 개수나 포장단위(packages)의 개수가 기재된다. CY 인수조건의 화물인 경우에는 컨테이너 종류와 수량(예 : 1 × 40′ CNTR) 등이 표기된다.

⑰ Description of Packages and Goods : 화물의 종류, 중량, 용적, 포장개수와 기호, 화물의 외관상태 등 화물에 관한 사항들이 기재된다.

통상 Packing List나 Commercial Invoice에 기재된 상품의 내용들이 기재되며, B/L No.도 표시되고 운임의 선불과 후불 여부도 표시된다.
분쟁예방을 위해 신용장의 45A에 명시된 상품의 명세를 그대로 기재하는 것이 좋으며 FCL Cargo는 운송인의 면책을 위해 부지문언(unknown clause)이 기재된다.

⑱ Gross Weight : 공인검량회사에서 검측된 운송화물의 총중량이 기재된다. 포장명세서와 상업송장과 일치되지 않을 경우에는 Remark를 부기해야 한다. 포장명세서와 선하증권이 상이한 경우 통관되지 아니하므로 세심히 작성되어야 한다.

⑲ Measurement : 운송되는 화물의 용적이 기재된다. 용적은 공인 검량회사에서 검량된 포장의 가로×세로×높이의 용적이 기재되는데 그 기재 내용은 포장명세서와 일치해야 한다.

⑳ Total Number of Container or Packages(In Words) : 상품의 수량이나 Full Container의 개수가 영문 알파벳으로 기재된다. 여기에서 'In words'는 선하증권 발행자가 직접 상품을 확인하지 못하고 선하증권을 발행한 것이지만 수량이 틀림없을 것이라는 추측의 의미로 삽입한 단어이다.

㉑ Freight and Charge : 상품의 운송에 따른 운임 및 제반비용의 명세가 기재된다. Freight, CAF, BAF, CFS Charge, Wharfage 등이 표시되며 복합운송 선하증권의 경우는 Inland Charge가 표시된다.

㉒ Revenue Tons : 운임산정의 기준이 되는 중량톤과 용적톤 중에서 선사의 운임수입이 많은 쪽의 톤(Revenue Tons, R/T)이 기재된다.

㉓ Rate : 각종 운임의 단가가 기재된다. 운임톤 당(per Revenue Ton) 운임단가, CFS Charge, Wharfage, BAF, CAF의 Percent가 기재된다.

㉔ Per : 용적단위나 중량단위를 기재하며 컨테이너는 FEU나 TEU당이 기재된다.

㉕ Prepaid : 선불운임의 금액이 기재된다. CIF 수출의 경우는 Prepaid란에 운임을 계산하여 표시되며, FOB계약의 경우에는 Collect란에 계산 운임이 표시된다.

㉖ Collect : 후불(착불) 운임의 금액이 기재된다. 선불운임은 종종 기재되지 않는 경우도 있으나 후불운임은 반드시 기재되어야 한다.

㉗ Freight Prepaid At : CIF 수출계약인 경우 선불운임이 지급되는 장소가 기재된다. 예를 들어 화물이 부산에서 선적·운송되어도 서울에서 운임이 지불되는 경우는 Seoul, Korea라고 기재한다. Freight Prepaid의 경우 운임이 지불되지 않으면 선하증권 발행자는 선하증권을 발행 및 교부하지 않는다.

㉘ Freight Payable At : 후불운임이 지급되는 장소가 기재된다. FOB 수출계약으로 운임을 수하인이 부담하는 경우 수하인의 운임 지불장소가 기재되며 운임이 지불되지 않으면 운송인이나 대리점은 화물인도지시서를 발행 및 교부하지 않는다.

㉙ Place of Issue : 선하증권(B/L)의 발행 장소가 기재된다. 선하증권의 발행지는 운송인이 선하증권을 서명하여 하주에게 교부한 장소가 된다.

㉚ Total Prepaid in : 선불된 운임의 총액이 기재된다.

㉛ No. of Original B/L : 원본(Original) B/L의 발행통수가 기재된다. Original B/L은 통상 3통을 한 세트로 발행되지만 그 발행통수에는 제한이 없다.
Original B/L에는 Original, Duplicate, Triplicate 등의 표시가 있고 은행과의 거래를 위하여 'Negotiable'이라는 문구도 표시된다.
Original B/L의 경우는 발행통수와 관계없이 그 한 장이라도 회수되면 나머지는 유가증권으로서의 효력을 상실하게 된다(상법 제816조).

㉜ Date of Issue : 선하증권의 발행일자가 기재된다. 본선적재 선하증권은 화물전량이 선적된 날짜가 기재된다.

㉝ Laden on Board the Vessel Date : 화물의 본선 적재일자(on board date)가 기재된다. 이는 통상 선하증권의 발행일자(date of issue)와 일치한다.
발행일자가 선적일자(on board date) 보다 늦을 수는 있으나 빠른 경우는 선하증권의 선발행이 되므로 은행에서 매입을 거절할 수 있다.

㉞ Carrier Name : 발행인(선사)의 상호와 서명자의 이름이 기재된다. 발행인의 주체에 따라 다음과 같이 기재된다.
운송인이 직접 발행하는 경우에는 운송인이 서명하고 'as carrier'라고 기재한다.
운송인을 대리하는 기명대리인이 발행하는 경우에는 그 대리인이 서명하고 'as agent for the carrier, ABC Shipping Co., Ltd.'라고 기재한다.
선적된 선박의 선장이 발행하는 경우에는 기명된 회사가 운송인이라는 표시를 앞면에 하고 있는 B/L서식을 사용하고 서명 밑에 'as master'라고 명시한다.
포워더(freight forwarder)가 발행하는 경우에는 그가 서명하고 'acting as a carrier'라고 기재한다.
서명에는 수기, 기계적, 전자방식 등이 포함되며 기명날인권자나 서명권자는 운송인이나 그 대리인이 된다. 기명날인이나 서명이 없는 선하증권은 효력이 없다.

㉟ By : 선하증권 발행권자의 서명이 기재된다. 선하증권의 발행권자는 사전에 은행에 서명(sign)을 등록해야 한다.

Model Form 15 <서식 15> 선하증권(Bill of Lading)

① Shipper/Exporter
INTERNATIONAL SEOUL TRADING CO., LTD.
NUMBER 15 DONGBANG BLDG 310 TEHERAN-RO
KANGNAM-KU, SEOUL, KOREA 06211

⑫ B/L No. WPGE – 0128

LOIDY'S CONTAINER SERVICE

HYUNDAI SHIPPING CO., LTD.

Received by the Carrier from the Shipper in apparent good order and condition unless otherwise indicated herein the Goods, or the container(s) or package(s) said to contain the cargo herein mentioned, to be carried subject to all terms and conditions provided for on the face and back of this Bill of Lading by the vessel named herein or any substitute at the Carrier's option and/or other means of transport, from the place of receipt or the port of loading to the port of discharge or the place of delivery shown herein and there to be delivered unto order of assigns. If required by the Carrier, this Bill of Lading duly endorsed must be surrendered in exchange for the Goods or delivery order.

In accepting this bill of Lading, the Merchant (as defined by Article 1 on the back hereof) agrees to be bound by all the stipulations, exceptions, terms and conditions on the face and back hereof, whether written, typed, stamped or printed, as fully as if signed by the Merchant, any local custom or privilege to the contrary notwithstanding, and agrees that all agreements or freight engagements for and in connection with the carriage of the Goods are superseded by this Bill of Lading.

② Consignee
TO ORDER

③ Notify Party
GLOBAL ENTERPRISING CO., INC.
25 W 31s St, New YORK, NY
10001, USA

④ Pre-carriage by		⑤ Place of Receipt BUSAN CY
⑥ Ocean Vessel 'EVER GREEN'	⑦ Voy. No. V-47	⑧ Port of Loading BUSAN, KOREA
⑨ Port of Discharge NEW YORK, USA		⑩ Place of Delivery NEW YORK, CY

⑪ Final destination (for the merchant's reference only)

⑬ Container No.	⑭ Seal No. ⑮ Marks & Nos	⑯ No. of Containers or Pkgs	⑰ Description of Goods	⑱ Gross Weight	⑲ Measurement
FSCU3227240 / 20' 314165 〈ISTC〉 NEW YORK C/T NO : 1-5 USE NO HOOKS MAKE IN KOREA		5 CTNS	"SHIPPER'S LOAD & COUNT, SEAL" SAID TO CONTAIN : COTTON SHIRTS FOR MEN STYLE NO. 10 TOTAL 20 FT × 1 CONTAINER FCL/FCL "FREIGHT PREPAID"	7,325.00 KGS	8,180 CBM

⑳ Total Number of Containers or Packages(in words) SAY ; Five (5) CARTONS ONLY.

㉑ Freight & Charge	㉒ Revenue Tons	㉓ Rate	㉔ Per	㉕ Prepaid	㉖ Collect
FREIGHT PREPAID WHARFAGE DOC's FEE				₩ 53,750 ₩ 3,044 ₩ 30,000	

㉗ Freight Prepaid At SEOUL, KOREA	㉘ Freight Payable At	㉙ Place of Issue BUSAN, KOREA
㉚ Total Prepaid In	㉛ No. of Original B/L THREE (3)	㉜ Date of Issue OCTOBER 25, 2025

Laden on Board the Vessel

㉝ Date : OCTOBER 25, 2025

㉞ AS A CARRIER
HYUNDAI SHIPPING CO., LTD.
SEOUL, KOREA

㉟ BY *CHANG-GEUN YOO*

Model Form 16 <서식 16> 선하증권(Bill of Lading) 앞면

Account Name and Logo Here (include phone, fax and OTI license number) **BILL OF LADING**

SHIPPER/EXPORTER (provide complete name and address)	BOOKING NO:	BILL OF LADING NO:
	EXPORT REFERENCES:	
CONSIGNEE (please provide complete name and address)	FORWARDING AGENT / FMC NO:	
	POINT AND COUNTRY OF ORIGIN:	
NOTIFY PARTY (please provide complete name and address)	FOR DELIVERY OF GOODS PLEASE PRESENT DOCUMENTS TO:	

MODE OF INITIAL CARRIAGE	PLACE OF INITIAL RECEIPT	DOMESTIC ROUTING/EXPORT INSTRUCTIONS	
VESSEL NAME	PORT OF LOADING	FREIGHT PAYABLE AT	TYPE OF MOVEMENT
PORT OF DISCHARGE	PLACE OF DELIVERY BY CARRIER		

PARTICULARS FURNISHED BY SHIPPER

MARKS & NOS/CONT. NOS	NO. OF PACKAGES	DESCRIPTION OF PACKAGES AND GOODS	GROSS WEIGHT	MEASUREMENT
TOTAL NUMBER OF PKGS.				

Liability Information
Clause 20 on the reverse side hereof limits the carrier's liability to a maximum of US$500 per package or customary freight unit by incorporation of the Carriage of Goods by Sea Act. To protect for a higher value, you may declare a higher value and pay the ad valorem freight charge or purchase cargo insurance.

Declared Value:
The shipper may increase the carrier's liability by declaring a higher value in the "Declared Value" box to the right and paying the additional charge that accompanies this.

Insurance:
The shipper may also purchase insurance on the goods listed on this bill of lading by indicating this in the box to the right and paying the additional premium.

DECLARED VALUE: $________

If shipper enters a value, carrier's limitation of liability shall not apply and the ad valorem rate will be changed.

SHIPPER REQUESTS INSURANCE:
☐ Yes ☐ No *Must check one box!*
Amount: $________

FREIGHT RATES, CHARGES, WEIGHTS AND/OR MEASUREMENTS SUBJECT TO CORRECTIONS	PREPAID	COLLECT

RECEIVED FOR SHIPMENT from the MERCHANT in apparent good order and condition unless otherwise stated herein, the GOODS mentioned above to be transported as provided herein, by any mode of transport for all or any part of the Carriage, SUBJECT TO ALL THE TERMS AND CONDITIONS appearing on the face and back hereof and in the CARRIER'S applicable Tariff, to which the Merchant agrees by accepting this BILL OF LADING.

Where applicable law requires and not otherwise, one original Bill OF LADING must be surrendered, duly endorsed, in exchange for the GOODS or CONTAINER(S) or other PACKAGE(S), the others to stand void. If a 'Non-Negotiable' BILL OF LADING is issued, neither an original nor a copy need be surrendered in exchange for delivery unless applicable law so requires.

BY ________________
AS CARRIER

DATED ________________

Model Form 17 <서식 17> 선하증권(B/L) 뒷면

1. DEFINITIONS

a) [insert] is a trade name for [insert name and address].

b) "Bill of Lading" as used herein includes conventional bills of lading, as well as electronic, express and laser bills of lading, sea waybills and all like documents, howsoever generated, covering the Carriage of Goods to, from or through the United States, whether or not issued to the Merchant.

c) "Carriage" means the whole of the operations and services undertaken or performed by or on behalf of the Carrier with respect to the Goods.

d) "Carrier" means the Company named on the face side hereof and on whose behalf this Bill of Lading was issued, whether acting as carrier or bailee.

e) "Charges" means freight, deadfreight, demurrage and all expenses and money obligations incurred and payable by the Merchant.

f) "Container" means any container (closed or open top), van, trailer, flatbed, transportable tank, railroad car, vehicle, flat, flatrack, pallet, skid, platform, cradle, sling-load or any other article of transport and any equipment associated or appurtenant thereto.

g) "Goods" means the cargo received from the shipper and described on the face side hereof and any Container not supplied by or on behalf of the Carrier.

h) "Merchant" means the shipper, consignee, receiver, holder of this Bill of Lading, owner of the cargo or person entitled to the possession of the cargo and the servants and agents of any of these, all of whom shall be jointly and severally liable to the Carrier for the payment of all Charges, and for the performance of the obligations of any of them under this Bill of Lading.

i) "On Board" or similar words endorsed on this Bill of Lading mean that in a Port to Port movement, the Goods have been loaded on board the Vessel or are in the custody of the actual ocean carrier. In the event of intermodal transportation, if the originating carrier is an inland or coastal carrier, mean that the Goods have been loaded on board rail cars or another mode of transport at the Place of Receipt or are in the custody of a Participating carrier and en route or are intended to be transported to the Port of Loading named on the reverse side.

j) "Participating carrier" means any other carrier by water, land or air, performing any stage of the Carriage, including inland carriers, whether acting as sub-carrier, connecting carrier, substitute carrier and/or bailee.

k) "Person" means an individual, a partnership, a body corporate or any other entity of whatsoever nature.

l) "Vessel" means the ocean vessel named on the face side hereof, and any substitute vessel, feedership, barge, or other means of conveyance by water used in whole or in part by the Carrier to fulfill this contract.

2. CARRIER'S TARIFFS. The Goods carried hereunder are subject to all the terms and conditions of the Carrier's applicable tariff or tariffs on file with the Federal Maritime Commission, Interstate Commerce Commission or any other regulatory body which governs a particular portion of the carriage and said terms and conditions are hereby incorporated herein as part of the Terms and Conditions of this Bill of Lading. Copies of the relevant provisions of the applicable tariff or tariffs are obtainable from the Carrier, Federal Maritime Commission, Interstate Commerce Commission or other regulatory body upon request. In the event of any conflict between the terms and conditions of such tariff or tariffs and the Terms and Conditions of this Bill of Lading, this Bill of Lading shall prevail.

3. WARRANTY/ACKNOWLEDGMENT. The Merchant warrants that in agreeing to the Terms and Conditions hereof, it is, or is the agent and has the authority of, the owner or person entitled to the possession of the Goods or any person who has a present or future interest in the Goods.

The Merchant acknowledges that the Carrier is a non-vessel operating common carrier ("NVOCC"), and that it neither owns nor charters vessels, as a result of which the Carrier or any sub-carrier, connecting carrier or substitute carrier (which may be a NVOCC) will be required to contract with an actual ocean carrier to accomplish the Carriage contemplated by this Bill of Lading and does so as agent of the Merchant.

The Merchant further acknowledges that by identifying the carrying Vessel on the face side hereof, it knows or can determine the name of the actual ocean carrier and the terms and conditions of the actual ocean carrier's bill of lading and applicable tariff(s) and agrees to be bound thereby.

4. RESPONSIBILITY

a) Except where the Carriage covered by this Bill of Lading is to or from a port or locality where there is in force a compulsorily applicable ordinance or statute of a nature similar to the International Convention for the Unification of Certain Rules Relating to Bills of Lading, dated at Brussels, August 25, 1924, the provisions of which cannot be departed from, and suit or other proceeding is instituted and litigated in such port or locality, this Bill of Lading shall have effect subject to the Carriage of Goods by Sea Act of the United States ("COGSA"), approved April 16, 1936, and nothing herein contained, unless otherwise stated, shall be deemed a surrender by the Carrier of any of its rights, immunities, exemptions, limitations or exonerations or an increase of any of its responsibilities or liabilities under COGSA or, as the case may be, such compulsorily applicable ordinances or statutes. The provisions of COGSA or such compulsorily applicable ordinances or statutes (except as otherwise specifically provided herein) shall govern before loading on and after discharge from the vessel and throughout the entire time the Goods or Containers or other packages are in the care, custody and/or control of the Carrier, a Participating carrier or independent contractor (inclusive of all subcontractors), their agents and servants, whether engaged by or acting for the Carrier or any other person, as well as during the entire time the Carrier is responsible for the Goods. In the absence of compulsorily applicable legislation, COGSA shall apply during the entire time the Carrier remains responsible hereunder.

b) The Carrier shall not be liable in any capacity whatsoever for any delay, non-delivery, mis-delivery or other loss or damage to or in connection with the Goods or Containers or other packages occurring at any time contemplated under subdivision a) of this Clause.

c) The Carrier shall, irrespective of which law is applicable under subdivision a) of this Clause, be entitled to the benefit of the provisions of Sections 4281 through 4286, inclusive, and 4289 of the Revised Statutes of the United States and amendments thereto.

d) The rights, defenses, exemptions, limitations of and exonerations from liability and immunities of whatsoever nature provided for in this Bill of Lading shall apply in any action or proceeding against the Carrier, its agents and servants and/or any Participating carrier or independent contractor, whether in tort, contract or otherwise.

5. THROUGH TRANSPORTATION. When either the Place of Receipt or Place of Delivery set forth herein is an inland point or place other than the Port of Loading (Through Transportation basis), the Carrier will procure transportation to or from the sea terminal and such inland point(s) or place(s) and, notwithstanding anything in this Bill of Lading contained, but always subject to Clause 4. hereof, the Carrier shall be liable for loss or damage of whatsoever nature and howsoever arising to the following extent, but no further:

a) Upon proof that the loss or damage arose during a part of the Carriage herein made subject to COGSA or other compulsorily applicable legislation, as set forth in Clause 4. a) hereof, said legislation shall apply; or

b) Upon proof that the loss or damage not falling within a) above, but concerning which the law of any country, state or subdivision thereof contains provisions that are compulsorily applicable and would have applied if the Merchant had made a separate and direct contract with the Carrier, a Participating carrier or independent contractor, as referred to herein, relative to a particular stage of transport or other handling wherein the loss or damage occurred and received as evidence thereof a particular receipt or other document, then the liability of the Carrier, Participating carrier and independent contractor shall be subject to the provisions of such law.

c) If it should be determined that the Carrier bears any responsibility for loss or damage occurring during the care, custody and/or control of any Participating carrier or independent contractor, their agents and/or servants, and be subject to law compulsorily applicable to their bills of lading, receipts, tariffs and/or law applicable thereto, then the Carrier shall be entitled to all rights, defenses, immunities, exemptions, limitations of and exonerations from liability of whatsoever nature accorded under such bill of lading, receipt, tariff and/or applicable law, provided however, that nothing contained herein shall be deemed a surrender by the Carrier of any of its rights, defenses and immunities or an increase of any of its responsibilities or liabilities under this Bill of Lading, the Carrier's applicable tariff or laws applicable or relating thereto.

d) Except as hereinabove provided, the Carrier shall have no liability for loss or damage to the Goods.

6. SUBCONTRACTING:BENEFICIARIES

a) The Carrier shall be entitled to subcontract on any terms the whole or any part of the Carriage, loading, unloading, storing, warehousing, handling and any and all duties whatsoever undertaken by it in relation to the Goods or Containers or other packages or any other goods.

b) It is understood and agreed that if it should be adjudged that any person or entity other than or in addition to the Carrier is under any responsibility with respect to the Goods or any other goods, regardless of the port or place where any loss or damage shall occur and without regard to whether the Goods covered hereby or any other goods are being handled or are damaged directly or indirectly during any handling, and even if the Goods or other goods are transported on free in, stowed and/or free out terms, all exemptions, limitations of and exonerations from liability provided by law or by the Terms and Conditions hereof shall be available to all agents, servants, employees, representatives, all Participating (including rail and other inland) carriers and all stevedores, terminal operators, warehousemen, crane operators, watchmen, carpenters, ship cleaners, surveyors and all independent contractors, inclusive of all persons providing any service whatsoever. In contracting for the foregoing exemptions, limitations of and exonerations from liability, the Carrier is acting as agent and trustee for and on behalf of all persons described above, all of whom shall to this extent be deemed to be a party to the contract evidenced by this Bill of Lading, regardless for whom acting or by whom retained and paid, it being always understood that said beneficiaries are not entitled to any greater or further exemptions, limitations of or exonerations from liability than those that the Carrier has under this Bill of Lading in any given situation.

c) The Carrier undertakes to procure such services as necessary and shall have the right at its sole discretion to select any mode of land, sea or air transport and to arrange participation by other carriers to accomplish the total or any part of the carriage from Port of Loading to Port of Discharge or from Place of Receipt to Place of Delivery, or any combination thereof, except as may be otherwise provided herein.

d) The Merchant agrees that the Carrier shall be deemed to be a beneficiary of the actual ocean carrier's bill of lading and of all exemptions, limitations of and exonerations from liability therein contained even though the Carrier acts as agent of the Merchant in contracting with the actual ocean carrier for the Carriage of the Goods. Notwithstanding, under no circumstances shall the Carrier be responsible for any damages to an extent greater than the actual ocean carrier or any beneficiaries of its bill of lading.

e) No agent or servant of the Carrier or other person or class named in subdivision b) hereof shall have power to waive or vary any of the terms hereof unless such waiver or variation is in writing and is specifically authorized or ratified in writing by an officer or director of the Carrier having actual authority to bind the Carrier to such waiver or variation.

7. MERCHANT'S RESPONSIBILITIES/DESCRIPTION OF GOODS

a) The description and particulars of the Goods set out on the face hereof and any description, particular or other representation appearing on the Goods, Container or other packages or documents relating thereto are furnished by the Merchant, and the Merchant warrants to the Carrier that the description, particulars and any representation made including, but not limited to, weight, content, measure, quantity, quality, condition, marks, numbers and value are correct.

b) The Merchant warrants that it has complied with all applicable laws, regulations and requirements of Customs, Port and other Authorities and shall bear and pay all duties, taxes, fines, imposts, expenses and losses incurred or suffered by reason thereof or by reason of any illegal, incorrect or insufficient marking, numbering, addressing or any other particular relative to the Goods.

c) The Merchant further warrants that the Goods are packed in a manner adequate to withstand the ordinary risks of Carriage having regard to their nature and in compliance with all laws, regulations and requirements which may be applicable.

d) No Goods which are or may become dangerous, inflammable or damaging or which are or may become liable to damage any property or person whatsoever shall be tendered to the Carrier for Carriage without the Carrier's prior express consent in writing and without the Container or other covering in which the Goods are to be transported being distinctly marked on the outside thereof so as to indicate the nature and character of any such articles and so as to comply with all applicable laws, regulations and requirements. If any such articles are delivered to the Carrier without such written consent and marking or if in the opinion of the Carrier the articles are or are liable to become of a dangerous, inflammable or damaging nature, the same may at any time be destroyed, disposed of, abandoned or rendered harmless without compensation to the Merchant and without prejudice to the Carrier's right to Charges.

e) The Merchant shall be liable for all loss or damage of any kind whatsoever including, but not limited to, contamination, soiling, detention and demurrage before, during and after the Carriage of property (including but not limited to Containers) of the Carrier or any person or vessel (other than the Merchant) caused by the Merchant or any person acting on its behalf or for which the Merchant is otherwise responsible.

f) The Merchant and the Goods themselves shall be liable for and shall indemnify the Carrier, and the Carrier shall have a lien on the Goods for all expenses of mending, repairing, fumigating, repacking, recoopering, baling, reconditioning of the Goods and gathering of loose contents, also for expenses for repairing Containers damaged while in the possession of the Merchant, for demurrage on Containers and any payment, expense, fine, dues, duty, tax, impost, loss, damage or detention sustained or incurred by or levied upon the Carrier, Vessel, Goods, Containers or other packages and for any action or requirement of any government or governmental authority or person purporting to act under the authority thereof, seizure under legal process or attempted seizure, incorrect or insufficient marking, numbering or addressing of Containers or other packages or description of the contents, failure of the Merchant to procure consular, Board of Health or other certificates to accompany the Goods or to comply with laws or regulations or any kind imposed with respect to the Goods by the authorities at any port of place or any act or omission of the Merchant. The Carrier's lien shall survive delivery and may be enforced by private or public sale and without notice.

g) The Merchant shall defend, indemnify and hold harmless the Carrier, any Participating carrier, independent contractor, their agents and servants, against any loss, damage, claim, liability or expense whatsoever arising from any breach of the provisions of this Clause 7. or from any other cause for which the Carrier is not ultimately responsible.

8. CONTAINERS.

a) Goods may be stowed by the Carrier in or on Containers, and may be stowed with other goods. Containers, whether stowed by the Carrier or received fully stowed, may be carried on or under deck without notice, and the Merchant expressly agrees that cargo stowed in a Container and carried on deck is considered for all legal purposes to be cargo stowed under deck. Goods stowed in Containers on deck shall be subject to the legislation referred to in Clause 4. hereof and will contribute in General Average and receive compensation in General Average, as the case may be.

b) The Terms and Conditions of this Bill of Lading shall govern the responsibility of the Carrier with respect to the supply of a Container to the Merchant.

c) If a Container has been stuffed by or on behalf of the Merchant, the Carrier, any Participating Carrier, all independent contractors and all persons rendering any service whatsoever hereunder shall not be liable for any loss or damage to the Goods, Containers or other packages or to any other goods caused (1) by the manner in which the Container has been stuffed and its contents secured, (2) by the unsuitability of the Goods for carriage in Containers or for the type of Container requested by and furnished to the Merchant, or (3) condition of the Container furnished, which the Merchant acknowledges has been inspected by it or on its behalf before stuffing and sealing.

d) The Merchant shall defend, indemnify and hold harmless the Carrier against any loss, damage, claim, liability or expense whatsoever arising from one or more of the matters covered by a), b) and c) above.

9. CONTAINERS WITH HEATING OR REEFER APPARATUS. Containers with temperature or atmosphere control apparatus for heating, refrigeration, ventilation or otherwise will not be furnished unless contracted for expressly in writing at time of booking and, when furnished, may entail increased Charges. In the absence of an express request, it shall be conclusively presumed that the use of a dry container is appropriate for the Goods.

Merchant must provide Carrier with desired temperature range in writing at time of booking and insert same on the face side of the Bill of Lading, and where so provided, Carrier is to exercise due diligence to maintain the temperature within a reasonable range while the Containers are in its care, custody and/or control or that of any Participating carrier or independent contractor. The Carrier does not accept any responsibility for the functioning of temperature or atmosphere-controlled Containers not owned or leased by Carrier or for latent defects not discoverable by the exercise of due diligence.

Where the Container is stuffed or partially stuffed by or on behalf of the Merchant, the Merchant warrants that it has properly pre-cooled the Container, that the Goods have been properly stuffed and secured within the Container and that the temperature controls have been properly set prior to delivery of the Container to the Carrier, its agents, servants, or any Participating carrier or independent contractor. The Merchant accepts responsibility for all loss or damage of whatsoever nature resulting from a breach of any of these warranties, including but not limited to other cargo consolidated in the Container with the Merchant's Goods or to any other cargo, property or person damaged or injured as a result thereof, and the Merchant agrees to defend, indemnify and hold the Carrier, Participating carriers and independent contractors, their agents and servants, harmless from and against all claims, suits, proceedings and all other consequences thereof regardless of their nature and merit.

Recommended wording from TT Club

10. CARRIER'S EQUIPMENT:INDEMNITY Whenever the Merchant, or an agent, servant, contractor or anyone else acting on its behalf, directly or indirectly, takes possession of or exercises control over a Container and/or any equipment whatsoever owned or leased by, or the use of which is provided to, the Carrier, any Participating Carrier, their agents, servants or independent contractors, the Merchant agrees to defend, indemnify and hold harmless the Carrier, any Participating Carrier, their agents, servants and independent contractors from and against any loss or damage to said Container and equipment, as well as to any third-party property, and for any injury to or death of persons arising out of the use of said Container and equipment.

11. OPTION OF INSPECTION. The Carrier and any Participating carrier shall be entitled, but under no obligation, to open any Container at any time and to inspect the contents. If it thereupon appears that the contents or any part thereof cannot safely or properly be carried or carried further, either at all or without incurring any additional expense, the Carrier and Participating carrier may abandon the transportation thereof and/or take any measures and/or incur any reasonable additional expenses to continue the Carriage or to store the Goods, which storage shall be deemed to constitute due delivery under this Bill of Lading. The Merchant shall indemnify the Carrier against any reasonable additional Charges so incurred.

12. DECK CARGO. Deck cargo (except that carried in Containers on deck) and live animals are received and carried solely at Merchant's risk (including accident or mortality of animals), and the Carrier will not in any event be liable for any loss or damage for or from which he is exempt, immune or exonerated by applicable law, or from any other cause whatsoever not due to the fault of the Carrier, any warranty of seaworthiness in the premises being hereby waived, and the burden of proving liability being in all respects upon the Merchant. Except as may be otherwise provided, such shipments shall be deemed Goods and shall be subject to all Terms and Conditions of this Bill of Lading.

13. METHODS AND ROUTES OF TRANSPORTATION. With respect to the Goods or Containers or other packages, the Carrier may at any time and without notice to the Merchant:

a) use any means of transport (water, land and/or air) or storage whatsoever;

b) forward, transship or retain on board or carry on another vessel or conveyance or by any other means of transport than that named on the reverse side hereof;

c) carry Goods on or under deck at its option;

d) proceed by any route in its sole and absolute discretion and whether the nearest, most direct, customary or advertised route or in or out of geographical rotation;

e) proceed to or stay at any place whatsoever once or more often and in any order or omit calling at any port, whether scheduled or not;

f) store, vanned or devanned, at any place whatsoever, ashore or afloat, in the open or covered;

g) proceed with or without pilots;

h) carry livestock, contraband, explosives, munitions, warlike stores, dangerous or hazardous goods or goods of any and all kinds;

i) drydock or stop at any unscheduled or unadvertised port for bunkers, repairs or for any purpose whatsoever;

j) discharge and require the Merchant to take delivery, vanned or devanned;

k) comply with any orders, directions or recommendations given by any government or authority or by any person or body acting or purporting to act with the authority of any government or authority or having under the terms of the insurance on the vessel or other conveyance employed by the Carrier the right to give such orders, directions or recommendations.

l) take any other steps or precautions as may appear reasonable to the Carrier under the circumstances.

The liberties set out in subdivisions a) through l) may be invoked for any purpose whatsoever even if not connected with the Carriage covered by this Bill of Lading, and any action taken or omitted to be taken, and any delay arising therefrom, shall be deemed to be within the contractual and contemplated Carriage and not be an unreasonable deviation.

In no circumstance whatsoever shall the Carrier be liable for direct, indirect or consequential loss or damage caused by delay.

14. MATTERS AFFECTING PERFORMANCE. In any situation whatsoever and wheresoever occurring and whether existing or anticipated before commencement of, during or after the Carriage, which in the judgment of the Carrier is likely to give rise to any hindrance, risk, capture, seizure, detention, damage, delay, difficulty or disadvantage or loss to the Carrier or any part of the Goods, or make it unsafe, imprudent, impracticable or unlawful for any reason to receive, keep, load, carry or discharge them or any part of them or commence or continue the Carriage or disembark passengers at the port of Discharge or at the usual or intended place of discharge or delivery, or to give rise to danger, delay or difficulty of whatsoever nature in proceeding by the usual or intended route, the Carrier and any Participating carrier, without notice to the Merchant, may decline to receive, keep, load, carry or discharge the Goods, or may discharge the Goods and may require the Merchant to take delivery and, upon failure to do so, may warehouse them at the risk and expense of the Merchant and Goods or may forward or transship them as provided in this Bill of Lading, or the Carrier may retain the Goods on board until the return of the Vessel to the Port of Loading or to the Port of Discharge or any other point or until such time as the Carrier deems advisable and thereafter discharge them at any place whatsoever. In such event, as herein provided, such shall be at the risk and expense of the Merchant and Goods, and such action shall constitute complete delivery and performance under this contract, and the Carrier shall be free from any further responsibility. For any service rendered as herein above provided or for any delay or expense to the Carrier or Vessel caused as a result thereof, the Carrier shall, in addition to full Charges, be entitled to reasonable extra compensation, and shall have a lien on the Goods for same. Notice of disposition of the Goods shall be sent to the Merchant named in this Bill of Lading within a reasonable time thereafter.

All actions taken by the Carrier hereunder shall be deemed to be within the contractual and contemplated Carriage and not be an unreasonable deviation.

15. DELIVERY. If delivery of the Goods or Containers or other packages or any part thereof is not taken by the Merchant when and where and at such time and place as the Carrier is entitled to have the Merchant take delivery, whether or not the Goods are damaged, they shall be considered to have been delivered to the Merchant, and the Carrier may, at its option, subject to its lien and without notice, elect to have same remain where they are or, if containerized, devanned and sent to a warehouse or other place, always at the risk and expense of the Merchant and Goods.

If the Goods are stowed within a Container owned or leased by the Carrier, the Carrier shall be entitled to devan the contents of any such Container, whereupon the Goods shall be considered to have been delivered to the Merchant, and the Carrier may, at its option, subject to its lien and without notice, elect to have same remain where they are or sent to a warehouse or other place, always at the risk and expense of the Merchant and Goods.

At ports or places where by local law, authorities or custom, the Carrier is required to discharge cargo to lighters or other craft or where it has been so agreed or where wharves are not available which the Vessel can get to, be at, lie at, or leave, always safely afloat, or where conditions prevailing at the time render discharge at a wharf dangerous, imprudent, or likely to delay the Vessel, the Merchant shall promptly furnish lighters or other craft to take delivery alongside the Vessel at the risk and expense of the Goods. If the Merchant fails to provide such lighters or other craft, Carrier, acting solely as agent for the Merchant, may engage such lighters or other craft at the risk and expense of the Merchant and Goods. Discharge of the Goods into such lighters or other craft shall constitute proper delivery, and any further responsibility of Carrier with respect to the Goods shall thereupon terminate.

16. CHARGES, INCLUDING FREIGHT. The Charges payable hereunder have been calculated on the basis of particulars furnished by or on behalf of the Merchant. The Carrier shall, at any time, be entitled to inspect, reweigh, remeasure or revalue the contents and, if any of the particulars furnished by the Merchant are found to be incorrect, the Charges shall be adjusted accordingly, and the Merchant shall be responsible to pay the correct Charges and all expenses incurred by the Carrier in checking said particulars or any of them.

Charges shall be deemed earned on acceptance of the Goods or Containers or other packages for shipment by the Carrier and shall be paid by the Merchant in full, without any offset, counterclaim or deduction, cargo and/or vessel or other conveyance lost or not lost, and shall be non-returnable in any event.

The Merchant shall remain responsible for all Charges, regardless whether the Bill of Lading states, in words or symbols, that it is "Prepaid," "To be Prepaid" or "Collect."

In arranging for any services with respect to the Goods, the Carrier shall be considered the exclusive agent of the Merchant for all purposes, and any payment of Charges to other than the Carrier shall not, in any event, be considered payment to the Carrier.

The Merchant shall defend, indemnify and hold the Carrier, any Participating carrier, independent contractor, their agents and servants, harmless from and against all liability, loss, damage and expense which may be sustained or incurred relative to the above.

17. CARRIER'S LIEN. The Carrier shall have a lien on the Goods, inclusive of any Container owned or leased by the Merchant, and all equipment and appurtenances thereto, as well as on any Charges due any person, and on any documents relating thereto, which lien shall survive delivery, for all sums due under this contract or any other contract or undertaking to which the Merchant was party or otherwise involved, including, but not limited to, General Average contributions, salvage and the cost of recovering such sums, inclusive of attorneys' fees. Such lien may be enforced by the Carrier by public or private sale at the expense of and without notice to the Merchant.

The Merchant agrees to defend, indemnify and hold the Carrier, any Participating carrier, independent contractor, their agents and servants, harmless from and against all liability, loss, damage or expense which may be sustained or incurred by the Carrier relative to the above and the Merchant agrees to submit to the jurisdiction of any court, tribunal or other body before whom the Carrier may be brought, whether said proceeding is of a civil or criminal nature.

18. RUST. It is agreed that superficial rust, oxidation or any like condition due to moisture is not a condition of damage but is inherent to the nature of the Goods. Acknowledgement of receipt of the Goods in apparent good order and condition is not a representation that such conditions of rust, oxidation or the like did not exist on receipt.

19. GENERAL AVERAGE

a) If General Average is declared, it shall be adjusted according to the York/Antwerp Rules of 1994 and all subsequent amendments thereto from time to time made, at any place at the option of any person entitled to declare General Average, and the Amended Jason Clause as approved by BIMCO is to be considered as incorporated herein, and the Merchant shall provide such security as may be required in this connection.

b) Notwithstanding a) above, the Merchant shall defend, indemnify and hold harmless the Carrier and any Participating carrier, their agents and servants, in respect of any claim (and any expense arising therefrom) of a General Average nature which may be made against the Carrier and/or any Participating carrier and shall provide such security as may be required by the Carrier in this connection.

c) Neither the Carrier nor any Participating carrier shall be under any obligation to take any steps whatsoever to post security for General Average or to collect security for General Average contributions due to the Merchant.

20. LIMITATION OF LIABILITY. Except as otherwise provided in this Clause or elsewhere in this Bill of Lading, in case of any loss or damage to or in connection with cargo exceeding in actual value the equivalent of $500 lawful money of the United States, per package, or in case of cargo not shipped in packages, per shipping unit, the value of the cargo shall be deemed to be $500 per package or per shipping unit. The Carrier's liability, if any, shall be determined on the basis of a value of $500 per package or per shipping unit or pro rata in case of partial loss or damage, unless the nature of the cargo and valuation higher than $500 per package or per shipping unit shall have been declared by the Merchant before shipment and inserted in this Bill of Lading, and extra freight paid if required. In such case, if the actual value of the cargo per package or per shipping unit shall exceed such declared value, the value shall nevertheless be deemed to be declared value and the Carrier's liability, if any, shall not exceed the declared value.

The words "shipping unit" shall mean each physical unit (e.g., container, bundle, pallet, etc.) or piece of cargo not shipped in a package, including articles or things of any description whatsoever, except cargo shipped in bulk, and irrespective of the weight or measurement unit employed in calculating freight and related charges.

As to cargo shipped in bulk, the limitation applicable thereto shall be the limitation provided in Section 1304(5) of COGSA, or such other legislation, convention or law as may be compulsorily applicable, and in no event shall anything herein be construed as a waiver of limitation as to cargo shipped in bulk.

Where a Container is not stuffed by or on behalf of the Carrier or the parties characterize the Container as a package or a lump sum freight is assessed, in any of these events, each individual such Container, including in each instance its contents, shall be deemed a single package and Carrier's liability limited to $500 with respect to each such package, except as otherwise provided in this Clause or elsewhere in this Bill of Lading with respect to each such package. In the event this provision should be held invalid during that period in which compulsory legislation shall apply of its own force and effect, such as during the tackle-to-tackle period, it shall nevertheless apply during all non-compulsory periods such as, but not limited to, all periods prior to loading and subsequent to discharge from the Vessel and during the entire time for which the Carrier remains responsible for the Goods.

Where compulsorily applicable legislation provides a limitation less than $500 per package or shipping unit, such lesser limitation shall apply and nothing herein contained shall be construed as a waiver of a limitation less than $500.

Further, where a lesser monetary limitation is applicable, such as during handling by a Participating carrier or independent contractor and damage occurs during its or their period of care, custody, control and/or responsibility, the Carrier shall be entitled to avail itself of such lesser limitation

21. NOTICE OF CLAIM; TIME FOR SUIT. As to any loss or damage presumed to have occurred during the Carrier's period of responsibility, the Carrier must be notified in writing of any such loss or damage or claim before or at the time of discharge/removal of the Goods by the Merchant or, if the loss or damage is not then apparent, within 3 consecutive days after discharge/delivery or the date when the Goods should have been discharged/delivered. If not so notified, discharge, removal or delivery, depending upon the law applicable, shall be prima facie evidence of discharge/delivery in good order by the Carrier of such Goods.

In any event, the Carrier shall be discharged from all liability of whatsoever nature unless suit is brought within 1 year after delivery of the Goods or the date when the Goods should have been delivered, provided however, that if any claim should arise during a part of the transport which is subject by applicable law and/or tariff and/or contract to a shorter period for notice of claim or commencement of suit, any liability whatsoever of the Carrier shall cease unless proper claim is made in writing and suit is brought within such shorter period.

Suit shall not be deemed "brought" unless jurisdiction shall have been obtained over the Carrier by service of process or by an agreement to appear. In the event this provision should be held invalid during that period in which compulsory legislation shall apply of its own force and effect, such as during the tackle-to-tackle period, it shall nevertheless apply during all non-compulsory periods during which the Carrier remains responsible for the Goods.

22. JURISDICTION

All disputes of whatsoever nature under or in connection with this Bill of Lading shall be determined by the [insert specific court and location] to the exclusion of any other court PROVIDED ALWAYS that the Carrier may in its absolute and sole discretion invoke or voluntarily submit to the jurisdiction of any other court which, but for the terms of this Bill of Lading, could properly assume jurisdiction to hear and determine such disputes, but such shall not constitute a waiver of the terms of this provision in any other instance.

23. NON-WAIVER AND SEPARABILITY. Nothing in this Bill of Lading shall operate to deprive the Carrier of any statutory protection or any defense, immunity, exemption, limitation of or exoneration from liability contained in the laws of the United States, or of any other country whose laws may be compulsorily applicable. The Terms and Conditions of this Bill of Lading (including all the terms and conditions of the carrier's applicable tariff or tariffs, incorporated herein by virtue of Clause 2. above) shall be separable, and if any part or term hereof shall be held invalid, such holding shall not affect the validity or enforceability of any other part or term hereof.

3. 선하증권상의 면책약관

운송에 따른 운송인(선사)의 권리와 의무에 관한 제반 사항들은 선하증권의 표면과 이면에 인쇄되어 있다. 면책약관은 운송인의 책임면제 또는 책임경감을 규정한 약관으로 주로 선하증권의 뒷면에 읽기가 힘들 정도의 작은 글씨로 인쇄되어 있다.

이들 면책약관은 선하증권 약관상의 대부분을 차지하고 있으며 임의기재사항 중에서 가장 중요한 것이다. 현재 각 선사에서 발행하는 선하증권의 면책약관은 종류도 많고 내용도 다양하지만, 주로 1924년 Hague Rules과 각국의 국내법에 규정된 운송인의 권리와 의무약관을 준용하고 있다. 가장 보편적으로 이용되는 선하증권 이면약관상의 주요한 면책약관들을 살펴보면 다음과 같다.

1) 위험면책에 관한 약관

(1) 해난과 천재지변 면책약관

해난과 천재지변 면책약관은 운송인(선사)나 그 사용인이 예견이나 방지할 수 없는 좌초, 침몰 등에 기인한 손해와 결빙이나 낙뢰 등 천재지변에 기인한 손해에 대하여 운송인은 그 과실을 입증할 필요 없이 자동으로 면책된다는 것을 규정한 약관이다.

(2) 전쟁위험 등의 면책약관

전쟁위험 등의 면책약관은 나포, 어뢰, 폭탄, 폭발, 봉쇄 등 전쟁행위에 기인하는 손해에 대해 운송인은 면책된다는 것을 규정한 약관이다.

(3) 제3자의 행위에 기인하는 위험의 면책약관

제3자의 행위에 기인하는 위험의 면책약관은 검역이나 압류 등과 관련된 법규에 기인하는 손해와 파업, 폭동, 절도 등에 기인하는 손해에 대하여 운송인은 면책된다는 것을 규정한 약관이다.

2) 책임면책에 관한 약관

(1) 과실약관

과실약관(Negligence Clause)은 항해나 선박의 관리에서 도선사, 선원, 선장, 항해사, 기관사, 하역 노동자, 기타 선사의 사용인이 본선의 운항과 안전항해를 위해 필요한 기술행위를 하는 과정에서 항해과실에 기인하여 발생한 손해는 면책된다는 것을 규정한 약관이다. 그런데 화물의 하역과정에서 거친 하역 등 상업과실에 기인하는 손해는 이러한 면책문언에 관계없이 운송인이 책임을 부담해야 한다.

(2) 잠재하자약관

각국의 법규에서는 선박이 내항성 또는 감항성(seaworthiness)을 갖추는 것을 운송인의 의무로 규정하고 있는 바, 내항성을 갖추지 못한 태만은 면책될 수 없는 것이 원칙이다. 그러나 정당한 노력에도 불구하고 발견할 수 없는 선체나 기관설비 등의 잠재하자와 같이 운송인이 주의 결여로 발생한 것이 아닌 손해는 면책된다는 것을 규정한 약관이 잠재하자약관(Latent Defects Clause)이다.

(3) 이로약관

이로약관(Deviation Clause)은 운송인은 인명이나 재산, 선박의 구조, 피난 및 필수물자의 보급 및 적재를 위해 지정 항로 이외의 항로로 항해하거나 예정 항구가 아닌 다른 항구에 기항으로 인한 손해는 면책된다는 것을 규정한 약관이다.

(4) 부지약관

부지약관(Unknown Clause)은 FCL화물의 경우 하주는 생산공장이나 창고에서 컨테이너에 화물을 적입하여 선사의 CY로 인도하기 때문에 운송인으로서는 인수받은 화물의 상태에 대해 책임을 지지 않는다는 취지로 'Shipper's Load and Count(송하인의 적입 및 계산)' 또는 'Said by Shipper to Contain(송하인이 ~을 적입했다고 함, 송하인 적입신고)'이라는 문언을 B/L에 기재하게 되는데, 이러한 문언에 따라 운송인은 면책된다는 것을 규정한 약관이다.

(5) 파손과 누손약관

파손과 누손약관(Breakage, Leakage Clause)은 어패류, 도자기 등 변질되기 쉬운 물품이나 파손되기 쉬운 물품을 수송하는 과정에서 손해가 발생한 경우, 이 손해가 화물고유의 성질에 기인하는 하자로 발생한 것인지 여부를 가리는 것은 매우 어려운 일이므로 이의 입증책임으로부터 운송인은 면책된다는 것을 규정한 약관이다.

(6) 고가품약관

고가품약관(Valuable Goods Clause)은 귀금속과 미술 공예품, 화폐 등 고가품은 취급과 저장에 특별한 조치가 필요하므로 그러한 화물의 종류, 품질, 가격 등을 명시하지 않았을 경우, 어떠한 사고에 기인하여 발생하는 손실에 대해서도 운송인은 일정 금액 이상의 배상책임을 부담하지 않는다는 것을 규정한 약관이다.

따라서 송하인이 선적 전에 고가품의 종류와 가액을 운송인에게 신고하여 그것이 선하증권에 기재되고 운임을 별도로 지급해야만 송하인은 사고를 배상받을 수 있다.

(7) 위험물약관

위험물약관(Dangerous Goods Clause)은 송하인이 사전 신고없이 선적한 위험물이 발견될 때에는 운송인은 이를 임의로 양하하거나 해체, 파괴 또는 선체 밖으로 투하시킬 수 있을 뿐 아니라 그로 인하여 발생하는 손해는 송하인이나 수하인이 부담한다는 것을 규정하고 있는 약관이다.

여기에서 위험물(dangerous goods)은 화물의 특성으로 폭발성, 인화성, 독성, 부식성, 방사성을 띠거나 병균오염의 우려가 있고 인명, 선박, 화물 등에 치명적인 피해를 줄 위험이 있어 운송취급에 특별히 주의를 요하는 화물을 말한다.

(8) 갑판적재약관

갑판적재약관(On-Dock Clause)은 갑판에 적재한 살아있는 동물, 과일, 야채, 어류, 부패성 화물, 유리제품, 도자기류 등의 화물에 발생한 멸실이나 손상에 대하여 운송인은 면책된다는 것을 규정한 약관이다.

3) 기타 약관

(1) 뉴제이슨 약관

뉴제이슨 약관(New Jason Clause, 과실공동해손약관)은 항해 중에 발생한 공동해손인 손해를 운송인이 화물 소유자에게도 분담시킨다는 취지를 명문화한 약관이다.

즉, 공동해손을 구성하는 위험이 발생했을 때 선체에 가해진 손해에 대해 선주는 공동해손을 주장할 수 있다는 약관으로 1912년 제이슨(Jason)호 사건으로 합법화된 이후 현재에 이르고 있다. 화물의 손해에 선주도 그 손해를 분담해야 하는 것과 같은 원칙이다. 이 약관에 따라 적하뿐만 아니라 선체에 발생한 공동해손의 손해나 비용은 선박과 적하의 모든 이해관계인이 공동으로 분담하게 되었다.

(2) 공동해손약관

공동해손약관(General Average)은 공동해손은 각국의 법률이나 관습을 배제하고 York-Antwerp Rules(YAR)의 규정에 따라 정산한다는 취지를 약정한 약관이다.

(3) 히말라야약관

히말라야약관(Himalaya Clause)은 선하증권에 기재되어 있는 사용인의 면책약관으로 운송인의 사용인, 대리인, 하청운송인이 하주로부터 직접 화물의 손상에 대한 청구를 받는 것을 방지하기 위해 이들은 운송인이 발행한 B/L에서는 운송인과 동일한 면책과 책임제한을 받는다는 취지를 규정한 약관이다.

제5절 선하증권의 위기와 극복방안

1. 선하증권 위기의 의의

최근 컨테이너선의 고속화로 선박이 양륙항에 도착하는 시간은 상당히 빨라졌으나 운송서류는 은행의 경유를 통해 지연 전달되고 있다. 이에 따라 본선이 입항했음에도 물품의 인도서류인 원본 선하증권이 도착하지 않아 수하인과 선사에게 불편한 경우가 빈번히 발생하고 있다. 이러한 현상을 선하증권의 위기(The B/L Crisis), 신속한 선박의 문제 또는 고속선 문제(The fast ships problem)라고 부르고 있다.

2. 선하증권 위기의 원인과 극복방안

1) 선하증권 위기의 원인과 문제

화물을 인도받기 위해서는 원본 선하증권의 제시를 절대요건으로 하고 있기 때문에 양륙항에 선하증권보다 화물이 먼저 도착하게 되면 수하인은 화물을 인수할 수 없게 된다. 운송인도 화물을 수하인에게 인도할 수 없음에 따라 신속운송이라는 고객서비스의 향상에 역행하게 되며 추가적인 창고료 등도 청구하게 된다.

2) 선하증권 위기의 극복방안

본선이 도착하였음에도 불구하고 선하증권이 도착하지 않은 경우 이론적으로는 다음과 같은 해결책들이 고려될 수 있다.

(1) 양륙항에서 원본 서류의 도착을 기다리는 방법

본선이 양륙항에서 원본 서류가 도착하는 것을 기다리는 방법이 있다. 이 방법은 선하증권의 위기를 극복하는 근본적인 방법이 되지 못하기 때문에 본선의 체선 비용을 고려하거나 그 기간 동안의 시장성 상실 등을 고려한다면 현실적인 대안이 될 수 없다.

게다가 신용장통일규칙(UCP)에 근거하여 이루어지는 은행의 서류심사 관행들이 획기적으로 변화되지 않는 한 현실적으로 기대할 수 없는 대안이다.

(2) 화물을 하역하여 창고에 보관하는 방법

또 다른 방법으로는 선사가 선박의 체선을 피하기 위해 화물을 양륙하여 창고에 보관하는 방법이 있다. 그러나 이 방법도 물품을 보관할 창고의 확보 여부와 확보시 보관료가 발생하기 때문에 현실적이지 못한 대안이다.

(3) 수입화물선취보증서(L/G)를 통한 인도

이상과 같은 해결책들이 안고 있는 문제점들에 대한 가장 현실적인 대안으로서 현재 실무에서 광범위하게 이용되고 있는 방법이 L/G(Letter of Guarantee, 수입화물선취보증서)를 통한 화물인도이다.

L/G는 운송서류가 내도하기 전에 수입자와 신용장 발행은행이 연대 보증한 보증서를 선사에 원본 선하증권을 대신하여 제출하고 수입화물을 인도받는 제도이다.

이것은 선하증권이 없더라도 L/G를 선사에 제시함으로써 화물을 먼저 인도받고 나중에 선하증권 원본이 도착하면 이것을 선사에 전달하도록 하여 선하증권의 문제를 해결하고 신속한 화물인도에 이바지하도록 만들어진 제도이다.

그런데 L/G에 의한 화물의 인도는 수하인 입장에서는 은행의 연대보증을 요구하는 경우가 많고 은행에 L/G 발행을 신청함에 따른 높은 발행수수료와 그에 따른 발행절차의 번거로움이 발생한다.

또한 운송인의 입장에서는 L/G 위조의 가능성으로 인해 불법의 정당하지 않는 소지인에게 물품을 인도하게 될 위험이 있어 이는 운송인의 책임을 가중시키게 되는 결과를 가져오게 된다. 왜냐하면 운송인이 위조된 L/G에 따라 물품을 인도한 후 나중에 정당한 선하증권의 소지인이 선하증권을 제시할 경우 운송인은 법적인 보호를 받을 수 없어 손해배상을 책임져야 하는 문제가 발생하기 때문이다.

그리고 L/G 인도 자체가 법적인 명문규정이 없는 상관습에 근거를 둔 관행적인 제도라는 문제가 있다.

(4) 선하증권(B/L)의 편법 사용

또 다른 선하증권의 위기극복 방안으로 활용될 수 있는 것은 선하증권을 이용하되 선하증권의 문제점을 보완하기 위해 선하증권 원본을 매수인에게 직송하거나 선하증권 원본 1통을 선장에게 탁송하는 방법 등이 있다.

① 선하증권 원본을 매수인에게 직송하는 방법

발급받은 선하증권 원본을 매수인에게 직송하게 되면 신속하게 수하인에게 물품을 인도할 수 있는 이점이 있다. 그러나 매도인으로서는 물품 선적 후 선하증권을 매수인에게 직송하는 관계로 담보권을 확보할 수 없기 때문에 매수인의 대금지급에 대한 불안을 완전히 해소할 수 있는 경우에만 사용되어야 한다.

또한, 발행은행을 포함하여 신용장 거래에 참여하는 은행 입장에서는 담보력이 없는 화환어음(documentary bill)을 매입 혹은 지급하는 것이 된다. 따라서 매수인을 신용할 수 있는 경우에만 이러한 조건을 허용하도록 하는 신용장을 발행하게 된다.

② 선하증권 원본 1통을 선장에게 탁송하는 방법

무역거래에서 선하증권은 보통 3통을 전통으로 발행하고 있으며 어느 1통이 먼저 사용되면 나머지 2통은 효력을 상실하게 된다. 따라서 화환신용장거래에서는 통상적으로 선하증권 전통(full set)을 제출하도록 요구하고 있다.

그러나 선하증권 원본 1통을 선장에게 탁송하는 방법은 수하인 입장에서는 신속한 화물인수가 이루어질 수 있다. 그러나 은행입장에서는 나머지 2통이 화환어음에 첨부되어 은행에 대금결제용으로 사용될 경우 이 선하증권 2통은 담보 가치를 상실하게 된다. 따라서 이 방법은 송하인을 신뢰할 수 있는 경우에만 사용할 수 있다.

송하인 입장에서도 수하인이 화물을 인수하고 대금을 지급하지 않을 위험이 따르게 된다. 따라서 이러한 방법도 선하증권의 위기를 극복할 수 있는 궁극적인 대안이 될 수 없다.

(5) Surrender B/L의 사용

Surrender B/L은 B/L에 Surrender 또는 Telex Release라는 문구의 도장을 찍어 유통이 가능한 유가증권으로서의 기능을 포기한 모든 선하증권을 말한다.

원본 선하증권(Original B/L) 없이 물품을 인도하여도 좋다는 의미를 내포한 것으로 화물이 도착지에서 선하증권 원본의 제시 없이 전송(Fax나 이메일)받은 사본으로 화물을 인수받을 수 있도록 한 것이다.

수입자 입장에서는 Original B/L 없이도 팩스나 이메일로 전송받은 Surrender B/L 상에 수취인을 확인하는 명판 및 인감을 날인하여 해당 선사나 포워더에게 제시하고 화물인도지지서(D/O)를 교부받아 화물을 인수할 수 있다.

이 선하증권에서는 송하인이 선적지에서 물품을 선적한 후에 선하증권을 교부받기 전에 운송인에게 'Surrender 발행 동의서'를 제출하게 되면 운송인은 선하증권에 Surrender 또는 Telex Release라는 문구의 도장을 찍어 교부해 준다.

그런데 Surrender B/L이 가능하려면 B/L상의 수취인이 수입자로 되어 있어야만 한다. 신용장(L/C)방식의 경우 발행은행에게 대금지급의무가 있으므로 발행의뢰인에게 신용장 발행보증금을 요구함과 동시에, 물품의 담보권을 확보하기 위해 B/L의 수하인(consignee)을 발행은행의 지시식으로 요구하는 것이 일반적이다.

따라서 신용장거래에서는 발행의뢰인이 대금전액을 담보로 제공한 경우를 제외하고는 B/L의 Surrender는 발생할 수 없다. 무신용장거래에서도 수입자가 화물을 인수하고 대금을 결제하지 않을 위험성이 있으므로 이것은 주로 선불조건인 T/T거래, 본지점간 거래 또는 수입자의 신용이 확실한 경우에만 제한적으로 사용될 수 있다.

제6절 해상화물운송장(SWB)과 해상운송의 국제협약

1. 해상화물운송장(SWB)

1) 의의

본선이 도착하였음에도 선하증권이 도착하지 않아 도착화물을 찾지 못하는 이른바 선하증권의 위기(the B/L crisis) 문제를 해결하기 위한 방법 중의 하나가 비유통성 해상화물운송장(Non-negotiable Sea Waybill, SWB, 해상운송장)의 사용이다.

이 서류는 물품의 인도청구권을 상징하는 동시에 물권적 효력이 있는 권리증권인 선하증권(B/L)을 사용하는 대신에, 물품의 인도를 신속히 하고 서류의 분실에 따른 제반 위험을 회피하고자 하는 목적으로 등장하였다.

해상화물운송장은 비록 권리증권성이 없는 비유통성 운송서류이지만 기존의 선하증권이 가지고 있는 단점을 보완하는 기능을 가지고 있다. 따라서 유럽지역에서는 해상운송의 경우 선하증권만큼이나 많이 이용되고 있다.

2) 효용성

첫째, 해상화물운송장은 기명식으로 발행되기 때문에 목적항에 화물이 도착하는 즉시 수하인은 이 서류의 제출 없이도 본인 확인이 되면 화물을 인수할 수 있다.

둘째, 선하증권은 권리증권성이 있는 운송서류이다. 따라서 이를 분실한 경우 운송화물에 대한 인도청구를 하기 위해서는 거래은행으로부터 L/G를 발급받아 화물을 인수하여야 하는 불편함이 있으며 선하증권을 취득한 자가 화물을 인수할 위험성을 배제할 수 없다. 그러나 해상화물운송장은 유가증권이 아니기 때문에 분실이 된 경우에도 그러한 위험성이 전혀 없다.

셋째, 선하증권이 발행된 경우 목적항에서 화물이 인도되기 위해서는 원칙적으로 선하증권의 도착 및 제출을 기다려야 한다.

그러나 해상화물운송장은 물품의 수취에 필요한 서류가 아니므로 송하인은 해상화물운송장의 발행을 기다리지 않고 상업송장 등의 서류를 구비한 후 이것을 수하인에게 송부하여 물품의 수입통관과 수입화물 인수의 신속화를 꾀할 수 있다.

넷째, 선하증권이 발행된 경우 선하증권이 도착할 때까지 화물에 대한 보관료 등의 경비부담이 발생한다. 그러나 해상화물운송장이 발행된 경우에는 화물의 도착 즉시 화물을 인수할 수 있기 때문에 창고료나 보관료 등 경비가 절감되는 효과가 있다.

3) 장단점

해상화물운송장은 B/L과 달리 수하인이 물품을 수령할 때 운송인에게 제출할 필요가 없는 서류이기 때문에 B/L의 입수가 화물의 도착보다 지연됨으로써 발생하는 물품의 인도지연을 해소할 수 있다. 그 결과 보관료 절감이 가능하고 분실할 경우 B/L과 같은 위험이 존재하지 않는다. 또한 물품수령에 꼭 필요로 하는 서류가 아니기 때문에 수하인은 이 원본서류 없이도 신속히 물품을 수령할 수 있는 장점이 있다.

이에 반해, 해상화물운송장은 권리증권이 아니기 때문에 항해 중에 증권을 이전함으로써 물품을 전매하는 것이 불가능하며 서류 자체가 담보력이 없다.

또한 송하인은 목적지에 물품이 도착하여 수하인이 인도를 청구할 때까지 자유로이 수하인을 변경할 수 있으며 화환어음을 매도하기 위해서는 은행을 수하인으로 해야 한다는 단점이 있다.

4) 법적 특성과 비교

무역거래에서 본선에 물품이 인도되었다는 물품인도의 증거서류로서 지난 오랜 기간 동안 중요한 역할을 담당하여 온 것은 선하증권(B/L)이었다.

그런데 최근 해상운송업계에서는 선하증권이 해상화물운송장으로 대체되어 사용되고 있다. 해상화물운송장의 법적 특성을 선하증권과 비교하면 다음과 같다.

첫째, 선하증권은 물품을 수취나 선적을 증명하는 서류이며 운송인과의 운송계약의 입증하는 추정적 증거서류가 된다. 그리고 그 서류의 정당한 소지인에게 물품을 인도할 것이라는 운송인의 약속이 명기되어 있는 물권적 유가증권이기 때문에 물품의 인수를 위해서는 반드시 제시되어야 한다.

이에 비해 해상화물운송장은 물품을 수취나 선적을 증명하는 서류라는 점에서는 B/L의 성격과 동일하다. 그러나 물품을 인수하기 위해 수하인이 운송인에게 제시하여야 하는 B/L과는 달리, 제시할 필요가 없고 물품을 대표하는 유가증권의 성격이 없다는 점에서 큰 차이가 있다.

그러므로 해상화물운송장에 의한 거래에서는 운송인으로부터 물품을 인도받는 과정에서 수하인이 원본 서류를 제시하지 않더라도 화물을 인수하기 위하여 찾아 온 자가 수하인임이 확인되면 물품을 인도받을 수 있다.

둘째, 선하증권은 백지배서에 의해 물품에 대한 권리를 타인에게 양도할 수 있는 유통성증권이다. 이에 비해 해상화물운송장은 그 표면에 기재된 'Non-negotiable'을 통하여 알 수 있듯이, 배서에 의해 운송계약상의 권리를 타인에게 양도하여 유통시킬 수 없는 기명식으로 된 유통불능성의 성격을 가지고 있다.

5) 해상화물운송장과 신용장통일규칙

(1) 개요

전술한 바와 같이, 해상화물운송장(SWB)은 지점이나 자회사의 거래 및 청산계정거래(Open Account, O/A) 등 신용이 두터운 매수인과의 거래에서 하주(shipper)와 운송인(carrier)간에 빈번히 사용하고 있는 운송서류의 한 형태이다.

1983년 제4차 개정 신용장통일규칙(UCP 400)에서는 비유통성 해상화물운송장이라는 운송서류의 명칭이나 조항을 별도로 규정하지 않았었다.

그러나 UCP 500에서는 이를 신설하여 제24조에 규정하고 있다. 이 규정에서는 은행이 이 서류를 수리함에 있어 필요한 운송인의 성명과 서명, 선적항과 양륙항의 명시, 전통제시의 요건을 상세하게 규정하고 있다. 이에 따라 신용상의 문언에 '선하증권 대신에 해상화물운송장(SWB)도 수리 가능함'이라고 명시할 것을 발행은행이 동의할 경우에는 해상화물운송장(SWB)도 신용상거래에 사용될 수 있는 근거를 마련하였다.

그런데 발행은행이 과연 유통성 권리증권이 아닌 해상화물운송장을 담보로 신용장을 발행할 것이냐 하는 문제가 신용장거래에 해상화물운송장을 사용하면 발생할 수 있다.

(2) 해상화물운송장(SWB)의 수리요건

제6차 개정 신용장통일규칙(UCP 600)에서는 오늘날 운송환경의 변화에 따른 새로운 방식의 운송서류를 수용해야 할 필요성을 인식하여 신용장에서 유통가능한 선하증권 대신에 비유통성의 해상화물운송장(SWB)을 요구하는 경우, 은행은 그 명칭에 관계없이 UCP 600 제21조의 요건 및 신용장의 조건을 충족하는 비유통성의 해상운송서류를 수리하도록 규정하고 있다.

본 규정은 '선하증권(B/L)'이라는 단어가 '비유통성 해상화물운송장(Non-negotiable SWB)'으로 대체된 것을 제외하고는 제20조(선하증권)의 규정과 동일하다. 따라서 UCP 600 제21조의 비유통성 해상화물운송장의 수리요건은 제20조의 규정을 준용하면 된다.

신용장통일규칙 제21조에서 규정하고 있는 비유통성 해상화물운송장의 수리요건을 정리하면 첫째, 운송인의 명칭을 표시하고 운송인, 선장 또는 그 지정대리인이 서명한 것 둘째, 물품이 본선적재 되었음을 사전 인쇄된 문언이나 본선적재필 부기로 명시한 것 셋째, 신용장에 지정된 선적항과 양륙항을 명시한 것 넷째, 단일의 원본 또는 2통 이상의 원본으로 발행된 경우에는 선하증권에 표시된 대로의 전통인 것 다섯째, 운송에 관한 배면약관이 있거나 또는 그 약관이 없는 약식의 것 여섯째, 용선계약에 따른다는 어떠한 명시가 없는 것 등이다.

Model Form 18

<서식 20> 해상화물운송장(SWB) 앞면

SEA-WAYBILL
NOT NEGOTIABLE

HAMBURG SÜD
www.hamburgsud-line.com

Shipper

B/L No. (also to be used as payment ref.) | Booking No.

Consignee

Export References

Shipper information - not part of this contract

Forwarding Agent-References

Notify Party (see cl. 8)

Point and country of origin

Domestic Routing Instructions / Also Notify / Agent at Port of Discharge

Place of Receipt*	Pre-carriage by*		
Port of Loading	Ocean Vessel / Voyage	Document to be released at	Freight payable at
Port of Discharge	Place of Delivery*	Mode Load Area	Mode Disch. Area

PARTICULARS FURNISHED BY SHIPPER

Marks & Nos.	Cont./Seal Nos.	No. of Pkgs.	Description of Goods	Gross Weight	Measurement

HS SWB 02-18

Tariff Item No.	Total No. of Pkgs.	Declared value (see cl. 4.2 (b))

THE CARRIER IS ENTITLED TO DELIVER THE CARGO TO THE NAMED CONSIGNEE WITHOUT SURRENDER OF THE SEA-WAYBILL.

THE SHIPPER EXPRESSLY CONFIRMS THAT HE KNOWS AND AGREES TO THE TERMS AND CONDITIONS OF CARRIER'S SEA-WAYBILL AND HE UNDERTAKES TO INFORM ALL PERSONS AND PARTIES AS DEFINED AS "MERCHANT" IN WRITING (CL. 1).

***Applicable only when used for MULTIMODAL TRANSPORTATION.**

MANAGEMENT SYSTEM CERTIFICATION DNV·GL ISO 9001=ISO 14001

Place and date of issue

Signed

as CARRIER

2. 해상운송의 국제협약과 운송인의 책임

1) 선하증권에 관한 국제통일협약

(1) Hague Rules

① 제정 과정

17세기경부터 해상운송의 중심지인 영국에서는 선하증권에 면책약관을 삽입하는 관행들이 생겨났다. 면책약관(Exemption Clause)은 선주가 자기책임을 한정하여 후일 하주로부터 손해배상청구를 면하기 위해 기재하는 것으로 보통 선하증권의 이면약관에 작은 글씨로 인쇄되어 있었다. 천재지변, 전쟁, 포장의 불완전과 부적합, 투하, 공동해손 희생손해, 화물고유의 잠재하자(latent defects) 등이 주요 면책사항이었다.

19세기 후반에 들어 이러한 면책약관이 더욱 급속하게 증가되어 선원의 악행이나 불내항도 면책사항에 포함되었다. 이에 1880년경에는 하주, 은행 및 보험회사 측에서 다 같이 면책약관을 제한하는 운동이 일어나게 되었다.

특히, 미국에서는 1893년 2월에 전문 8조로 구성된 하터법(Harter Act)을 제정하여 선박의 내항성 등에 대하여 '상당한 주의'를 게을리 하지 않으면 선박소유자의 항해과실은 면책되지만 상업상의 과실은 면책되지 않도록 하였다. 이 원칙들은 나중에 Hague Rules에 도입되어 국제적인 해상물품운송법의 기본 원칙이 되었다.

이어 1924년에 벨기에 브뤼셀(Brussels)에서 채택된 '선하증권에 관한 통일규칙을 위한 국제협약(International Convention for the Unification of Certain Rules of Law Relating to Bills of Lading, 헤이그규칙)은 선주와 하주의 이해관계를 조정하고 해상운송에 관해 국제적인 통일을 기하기 위하여 국제법협회(International Law Association, ILA)와 국제해사위원회(IMC)가 중심이 되어 제정한 대표적인 선하증권에 관한 국제통일규칙이다.

현재 90개국 이상이 비준하였거나 가입하여 해상운송의 준거법으로 널리 채택되고 있으며 우리나라 법도 이 규칙의 중요한 원칙들을 그대로 수용하고 있다.

② 적용 범위와 공헌

헤이그 규칙은 선하증권이 발행되는 해상운송계약만을 대상으로 하고 용선계약서가 발행되는 용선운송계약에는 적용되지 않기 때문에 해상운송계약 전체를 포괄하는 국제통일규칙은 아니다. 그러나 헤이그 규칙은 선하증권에 의한 개품운송계약의 중요한 문제들은 거의 모두 규정하고 있기 때문에 국제통일 준거법으로써 국제해상화물의 원활한 운송에 지대한 공헌을 하였다.

③ 구성

Hague Rule은 해상운송인이 부담해야 할 최소한의 책임과 의무 및 면책을 규정하고 있으며 총 16개 조로 구성되어 있다.

④ 운송인의 책임

Hague Rule의 16개 조 중 가장 중요한 내용은 제3조 운송인의 책임과 의무 및 제4조 운송인의 면책에 관한 규정이다. Hague Rule에서 운송인의 책임과 의무는 제3조에 다음과 같은 내용으로 규정되어 있다.

첫째, 이 협약에서 운송인은 내항성(seaworthiness, 내항능력) 담보에 관한 주의의무를 부담한다. 즉, 헤이그 규칙 제3조 제1항은 '운송인은 발항 전과 발항 당시(before and at beginning of the voyage) 선박에 내항성이 있도록 상당한 주의(due diligence)를 기울여야 할 의무가 있다.'고 규정하고 있다.

영미법에서는 내항성의 절대적 담보의무를 규정하고 있지만 헤이그 규칙에서는 상당한 주의를 기울이면 되는 과실책임으로 규정하고 있다. 또한 주의의무의 시기를 발항 전과 발항 당시로 규정하고 있는 것도 특징적이다. 이 경우 상당한 주의의무 이행의 입증책임은 운송인에게 있다. 그러나 내항성 주의의무 위반으로 인한 운송물의 멸실과 손상은 운송인이 송하인에 대해 손해배상책임을 부담해야 한다.

둘째, 이 협약에서 운송인은 상업과실의 의무를 부담한다. 본 규칙 제3조 제2항은 '운송인은 화물의 선적, 취급, 적부, 운송, 보관과 양하를 적절하고 신중하게 해야 한다.'고 규정하고 있다. 여기에서는 이러한 의무를 게을리 하는 것을 상업과실(commercial fault, error of cargo handling and custody)이라고 부르고 있다.

또한 동 규칙 제3조 제2항은 운송인의 상업과실로 인한 운송화물의 멸실 및 손상에 대한 운송인의 책임을 면제하거나 경감시키는 특약은 무효로 규정하고 있다.

즉, 헤이그 규칙에서는 물품의 선적, 적부, 운송, 보관 또는 양하가 적절하고 신중하게 행하여지지 않아서 발생한 화물의 멸실이나 손해에 대하여 운송인은 면책된다는 약관이 있을지라도 이러한 특약은 무효가 되도록 하였다.

이와 같이 헤이그 규칙은 항해과실에 대해서는 운송인의 면책을 적용하는 반면, 상업과실에 대해서는 운송인에게 책임을 부담시킴으로써 기존에 운송인에게 보다 유리하게 규정되었던 불균형을 어느 정도 해소하였다.

셋째, 운송인은 선박의 승조원 배치, 선박의 의장 및 필수품 보급의무와 아울러 상당주의의 의무도 부담한다. 즉, 화물이 운송될 선창, 냉동실과 화물운송에 필요한 선박 이외의 모든 부분을 화물의 수령, 운송 및 보존에 적합하고 안전하게 하기 위하여 상당한 주의를 기울이도록 하고 있다.

⑤ 운송인의 면책

Hague Rule에서 운송인의 면책은 제4조 제2항에 규정되어 있다. 이것을 면책카탈로그(catalogues of exception)라고 부르는데 구체적인 사유는 다음과 같다.

첫째, 운송인은 항해과실에 면책된다. 즉, 헤이그 규칙 제4조 제2항은 '항해 또는 선박의 관리에 관한 선장, 선원, 도선사 또는 운송인의 사용인의 행위나 과실로 인한 운송화물의 멸실과 손상에 대하여는 운송인은 책임을 지지 않는다.'고 규정하고 있다.

항해나 선박 자체의 취급에 대하여 선장이나 선원의 과실에 대해 운송인은 면책된다는 것이다. 그 이유는 항해가 고도의 기술을 요하여 운송인으로서도 유자격자인 선장 등의 기술을 신뢰하여 항해를 위임하였기 때문에 발항 이후에는 선박의 선원들을 지휘할 수 없고 급변하는 해상의 기상변화 등에 대응할 수도 없기 때문이다. 결과적으로 대부분의 항해과실들이 면책될 수 있기 때문에 운송인에게 매우 유리한 규정이다.

둘째, 운송인은 화재(운송인의 고의나 과실에 기인하는 것은 제외)에 면책된다. 즉, 헤이그 규칙 제4조 제2항 6호는 '운송인 자신의 고의나 과실로 인한 경우 이외의 화재에 대하여 운송인은 면책된다.'고 규정하고 있다.

선박의 화재는 적재화물 전체를 태울 수도 있고 피해도 큰 경우가 많다. 그러나 화재원인이 선박 측에 있는지 화물 측에 있는지 규명하기 어렵고 거액의 화재손해를 운송인이 부담하는 것은 해운기업의 발전을 저해할 우려가 있으며 화재손해는 적하보험에서 보상받는 점을 고려하여 운송인은 면책되도록 하였다.

그러나 운송인의 고의나 과실로 인한 화재의 경우에는 운송인은 면책될 수 없으며 이에 대한 입증책임도 운송인이 부담하도록 하였다.

셋째, 헤이그 규칙은 항해과실과 화재 이외에도 다수의 면책조항을 규정하고 있다. 즉, 동 규칙 제4조 제2항에서는 '해상고유의 위험, 천재지변(결빙, 낙뢰 등), 전쟁, 공적의 행위(act of public enemies), 공권력의 작용, 검역, 송하인 측의 작위나 부작위, 파업과 직장폐쇄, 폭동 및 소민소요, 해상에서의 생명이나 재산의 구조, 화물고유의 하자, 포장의 불충분, 하인의 불충분, 고유의 하자, 기타 동종의 사유' 등 15개 항목을 면책사유로 나열하고 있다. 그러나 이런 면책사유로 인한 운송화물의 멸실이나 손상에 대해서 운송인이 무조건 면책되는 것은 아니다.

운송인은 이러한 사유의 발생으로 운송화물의 멸실이나 손상이 불가피한 것이었다는 것을 주장해야만 엄격한 책임에서 벗어날 수 있다. 따라서 하주가 운송화물의 멸실이나 손상이 운송인이나 그 사용인의 과실로 인한 것으로 입증하게 되면 운송인은 화물의 피해에 대하여 손해배상을 부담해야 한다.

(2) Hague-Visby Rules

① 제정 과정

Hague Rules는 1924년에 제정되어 1931년부터 발효된 이래 개품운송계약을 규율하는 유일한 국제협약으로서 각국에서 널리 수용되었고 그 기능들을 충분히 발휘하여 왔다. 그러나 제2차 세계대전 이후 1950년대를 걸쳐서 25년을 경과한 이 규칙은 당시의 무역관행과 해운 실정에 맞지 않는 문제들이 발생하였다.

이에 1963년에 국제해사위원회(Committee Maritime International)에서 Hague Rules의 개정안이 작성되어 1968년에 Brussel에서 개최된 해사법 외교회의에서 개정 의정서로서 채택되었고 이것은 1977년 6월에 발효되었다.

본 개정의정서의 정식명칭은 'Protocol to Amend the International Convention for the Unification of Certain Rules of Law relating to Bills of Lading, 1924년 선하증권통일협약을 개정하기 위한 의정서'이고 약칭은 Hague-Visby Rules, Visby Protocol 또는 Visby Rules로 불린다. 2020년 현재 헤이그 규칙과 헤이그-비스비 규칙을 비준한 국가는 영국, 프랑스 등 총 90개국 이상이 된다.

② 제정 목적과 적용 범위

헤이그-비스비 규칙은 성격상 헤이그 규칙의 해석상의 문제점을 제거하기 위해 일부를 개정한 것이지 헤이그 규칙의 근본적인 개정을 의도한 것은 아니었다.

헤이그 규칙은 선하증권이 발행되었을 경우 그 법률관계에 관한 규정의 통일을 목적으로 한 것이기 때문에 용선운송계약에는 적용되지 않았다.

그러나 헤이그-비스비 규칙에서는 용선운송계약에서도 선하증권이 발행된 경우에는 운송인과 선하증권 소지인과의 관계를 규정하는데 적용되도록 개정되었다.

③ 주요 내용

헤이그-비스비 규칙의 주요 내용은 운송인의 책임에 관하여 선장, 선원, 기타 운송인 및 그 고용인의 항해(navigation)나 선박의 관리(management of the ship)에 관한 행위, 태만이나 과실 등 항해과실은 운송인의 면책을 규정하고 있는 반면, 운송물품의 선적, 수급, 적부, 운송, 보관, 관리, 양륙 등에 관한 과실 등 상업과실은 면책특약을 무효로 한 것이다.

또한 운송인의 대리인이나 사용인의 고의나 과실에 기인하지 않는 모든 사유는 면책으로 하고 있으나 면책의 이익을 주장함에 있어 운송인이 멸실이나 손상이 고의나 과실에 기인하지 않았다는 것을 입증하도록 하였고, 운송인의 사용인이나 대리인도 운송인에게 인정된 책임제한이나 항변사유를 원용할 수 있는 규정도 신설하였다.

④ 운송인의 책임

㉠ 책임제한액의 인상과 중량제의 병용 : 헤이그 규칙은 각 포장 당 100파운드를 운송인의 책임한도액으로 규정하였으나 통화가치의 하락으로 책임한도액을 상향 조정할 필요가 있었다. 또한 책임제한 산정방법을 운송물의 포장이나 단위를 기준으로 하는 것도 실정에 맞지 않는 경우가 있었다.

이에 헤이그-비스비 규칙은 손해배상 책임한도액을 멸실이나 손상된 화물의 1포장 당 또는 1단위 당 10,000프랑 또는 총중량 킬로그램 당 30프랑 중 높은 가액으로 인상하였고 책임제한 산정방법에 중량을 새로 추가한 병용주의를 채택하였다. 이후 1979년에는 책임한도 표시를 국제통화기금의 특별인출권(SDR)으로 변경하여 10,000프랑을 666.67 SDR로, 30프랑을 2 SDR로 개정하였다.

㉡ 손해배상액 산정기준의 명확화 : 헤이그-비스비 규칙에서는 '운송물품의 가액은 물품의 거래가격 또는 거래가격이 없는 경우에는 그때의 시장가격에 따라 결정해야 한다. 만일 물품의 거래가격이나 그때의 시장가격이 없는 경우에는 동종 동질 물품의 통상가액을 참고하여 결정해야 한다.'는 규정(동 규칙 제4조 제5항)을 신설하여 손해배상액 산정기준을 명확히 하였다.

㉢ 컨테이너 조항의 신설 : 헤이그 규칙에서는 운송화물의 피해에 대한 손해배상 책임금액의 산정을 포장이나 단위를 기준으로 하였다. 그러나 컨테이너가 등장함에 따라 포장이나 단위기준에 대한 해석상의 문제가 발생하게 되었다.

이에 따라 헤이그-비스비 규칙에서는 컨테이너와 같은 운송용기에 내장되어 있는 포장물의 경우 선하증권에 그 개수가 기재되어 있다면 이를 포장이나 단위의 개수로 인정을 하고 그렇지 않은 경우에는 운송용기 자체를 하나의 포장이나 단위로 인정하도록 하였다.

㉣ 적용 범위의 확대 : 헤이그 규칙에서는 체약국에서 작성되는 모든 선하증권에 이 규칙이 적용된다고 규정되어 있다.

그러나 헤이그-비스비 규칙에서는 기존의 적용범위에 '운송이 체약국의 항구로부터 개시될 때, 선하증권상의 계약 또는 선하증권에 의하여 증명된 계약이 이 협약의 규칙 또는 협약의 규칙에 효력을 부여하고 있는 국내입법에 적용되어야 할 것을 규정하고 있을 때'를 추가로 규정하여 적용범위를 확대하였다.

㉤ 제소기간의 연장 : 헤이그 규칙과 헤이그-비스비 규칙은 1년의 제소기간(함부르크 규칙은 2년)을 규정하고 있다. 다만 헤이그-비스비 규칙에서는 당사자들의 합의가 있으면 제소기간을 1년 더 연장할 수 있도록 하였다.

(3) Hamburg Rules

① 제정 과정

1970년대 중후반 국제무대에서 발언권이 강해진 개발도상국들은 선하증권에 관한 국제통일협약들이 선주 위주로 편제되어 하주들의 권익을 제대로 반영하지 않고 있다고 UN무역개발회의(UNCTAD)에서 강력하게 주장함에 따라, 1969년 국제해운입법 작업부회에서 새로운 선하증권 협약안이 마련되었다.

이 협약안은 1976년 뉴욕에서 개최된 UN국제무역법위원회(UNCITRAL)에서 심의되어 1976년 UN 총회에 상정되었고 1978년 3월 독일의 Hamburg에서 개최된 유엔 외교회의에서 정식으로 채택되었다. 정식명칭은 'UN 해상물품운송협약(United Nations Convention on Carriage of Goods by Sea, 1978, 약칭 Hamburg Rules)'이다.

② 의의와 특징

Hague-Visby Rules는 헤이그 규칙의 결함을 보완하고 시대에 적합하도록 개정한 개정판이다. 그러나 Hamburg Rules는 UNCTAD가 중심이 되어 선진해운국 중심의 헤이그 규칙이나 헤이그-비스비 규칙을 폐지하고 하주국인 개발도상국의 이익을 충분히 반영하는 새로운 법질서를 창출하려는 의도에서 제정된 협약이다.

Hamburg Rules의 특징은 해상운송에서 약자의 위치에 있는 선박을 소유하거나 운영하고 있지 않은 개도국인 하주들의 입장을 크게 강화시킴으로써 운송인의 책임을 무겁게 하고 있다는 점이다.

Hamburg Rules에서는 헤이그 규칙에 비해 운송인의 책임구간을 화물수취로부터 인도까지 확대하였고 인도지연에 대해 운송인이 책임지도록 하였다.

그리고 운송인의 책임한도와 Claim의 통지기간을 인상 및 연장하였으며 운송인의 항해과실면책, 선박화재의 면책과 면책카탈로그를 폐지하였다. 헤이그 규칙과 함부르크 규칙의 가장 큰 차이점은 운송인의 면책조항 삭제와 책임한도액이 상향 조종된 부분이다.

③ 발효와 적용

본 규칙은 하주국인 개발도상국들의 주도로 작성되었기 때문에 선주 국가들의 비준이 지연되어 그 발효요건인 가입국 20개국을 충족하지 못하여 발효되지 못하였다.

그러나 1991년 10월 말 잠비아(Zambia)가 20번째로 가입함으로써 1년 경과기간을 거쳐 1992년 11월 1일 정식으로 발효하게 되었다.

현재 전 세계적으로 통용되고 있는 헤이그 규칙이나 헤이그-비스비 규칙에 비해 선주들의 책임이 상대적으로 크게 강화된 본 규칙이 발효됨에 따라 동 규칙에 가입한 국가 선주들의 보험료가 예전보다 인상되고 있다.

④ 주요 내용

㉠ 내항성 담보에 관한 주의의무 규정 삭제 : 헤이그 규칙에서는 운송인이 부담하는 기본적 의무의 하나로 선박의 내항성 담보에 관한 주의의무가 규정되어 있다. 그러나 함부르크 규칙에서는 이에 해당하는 규정은 존재하지 않았다.
다만 동 규칙 제5조 제1항에 '운송인은 화물의 멸실, 손상이나 인도지연의 원인이 된 사고가 제4조에 정의된 운송인의 관리에 있는 동안에 발생한 때에는 그 멸실, 손상이나 인도지연으로 생긴 손해에 관하여 책임을 진다. 다만 운송인이 자신, 그 사용인, 대리인이 사고나 그 결과를 방지하기 위해 합리적으로 요구되는 모든 조치를 취하였다는 것을 증명한 때는 그러하지 아니하다.'고 규정하여 과실책임 원칙을 표방하고 있다. 따라서 선박의 내항성에 관한 규정이 없어도 불내항으로 인하여 손해가 발생한 때에는 이 일반원칙에 따르게 된다.

㉡ 항해과실 면책의 폐지 : 헤이그 규칙은 운송인이 상업과실에 대해 책임은 부담하지만 항해과실은 면책되도록 규정하고 있었으나, 함부르크 규칙에서는 항해과실의 면책을 폐지하였다.

㉢ 화재면책의 폐지 : 헤이그 규칙에서는 선박의 화재를 사실상 면책하였으나, 함부르크 규칙에서는 면책규정을 두지 않았다(제5조 제4항). 따라서 선박의 화재에 대한 책임은 운송인의 책임에 대한 일반원칙을 적용받게 되었다.

㉣ 면책카탈로그의 폐지 : 헤이그 규칙 제4조 제2항 (c)호에서 (q)호에 열거된 면책카탈로그가 모두 폐지됨으로써 함부르크 규칙 제5조의 운송인의 책임에 대한 일반원칙을 적용받게 되었다.

㉤ 지연손해에 관한 운송인의 책임의 명문화 : 함부르크 규칙은 화물의 인도가 지연되는 경우에도 운송인이 운임의 2.5배 이내에서 책임을 지도록 명문으로 규정하였다. 또한 운송인이 합의한 기간 또는 명시적인 합의기간이 없는 경우에는 합리적인 기간을 경과한 후 60일 이내에 물품을 인도하지 아니하는 경우에는 하주는 이를 멸실된 것으로 간주하여 지연손해배상을 청구하는 대신 이를 운송물 불착으로 보아 화물대금 전액에 대하여 배상을 청구할 수 있도록 하였다.

㉥ 기타 : 함부르크 규칙은 이 외에도 운송인 책임기간 확대, 책임한도액의 인상, 조약의 적용범위 확대, 산동물 운송의 경우 면책, 손해통지기한과 제소기간의 연장, 재판관할조항의 신설, 해난구조로 인한 멸실에 대한 면책 등 광범위한 개정과 보완이 이루어졌다.

(4) Rotterdam Rules(2008)

① 제정 과정

CMI가 주도하여 제정한 해상운송과 관련된 국제규칙으로 UNCITRAL 위원회의 승인을 거쳐 2008년 12월 비엔나에서 개최된 제63차 UN 총회에서 성립하였다.

정식명칭은 '전부 혹은 일부 국제해상물품운송계약에 관한 UN협약(UN Convention on Contracts for the International Carriage of Wholly or Partly by Sea)'이며, 약칭으로 '로테르담규칙(The Rotterdam Rules)'이라고 부른다.

② 제정 목적과 특징

이 협약의 제정 목적은 기존 국제화물 운송법규의 통일과 시대 변화에 맞는 새로운 규정을 도입하는데 있다. 이 협약은 헤이그-비스비 규칙이나 함부르크 규칙을 최근의 무역관행에 맞게 수정·보완하는 것을 핵심으로 하고 있다. 따라서 주요 내용들은 적용범위를 확장하거나 책임한도를 인상하는 것이 대부분이다.

③ 주요 내용

㉠ 협약 적용범위의 확대

이 협약이 국제간 화물운송에 적용되는 것은 기존 협약과 기본적으로 동일하지만 운송계약의 한쪽 당사자가 체약국인 경우에도 이 협약이 강제로 적용되도록 하였고, 복합운송도 이 협약이 적용된다는 점에서 차이가 있다. 그런데 복합운송이 적용되기 위해서는 반드시 해상운송이 포함되어 있어야 한다. 또한 본 협약은 정기선 운송계약과 선하증권 외에도 해상화물운송장(SWB)와 전자 운송기록이 발행되는 경우에도 적용된다.

㉡ 운송인 책임기간의 확대

이 협약은 운송인의 책임기간을 기존 협약보다 확대시켰다. 즉, 이 협약은 제12조에서 운송인이 운송물에 대한 책임을 운송물을 수령한 시점에서 수하인에게 인도한 시점까지로 확대하고 있다. 이에 비해 현재 널리 적용되고 있는 헤이그-비스비 규칙은 이른바 Tackle to Tackle(적재에서 양하까지) 원칙을 고수하고 있다.

㉢ 내항성 주의의무 확대

이 협약 제14조는 항해 전, 항해 개시 또는 항해 중에 선박이 항해에 견딜 수 있도록 유지하는 의무를 운송인에게 부담시키고 있다. 내항성 주의의무는 이 협약뿐만 아니라 기존 협약에도 모두 규정하고 있다. 다만, 이 협약이 기존 협약과 다른 점은 내항성을 확보해야 하는 기간이 크게 늘어난 것이다. 즉, 기존에는 내항성 주의의무를 발항 당시로 한정했으나 이 협약은 항해전과 항해기간 동안까지 확대하였다.

㉣ 항해과실 면책조항의 폐지

이 협약은 운송인의 항해과실 면책조항을 폐지였다. 이에 따라 앞으로 운송인(선사)은 선장이나 선원이 항해나 선박의 관리에서 일으킨 과실로 발생한 충돌이나 좌초 등의 손해에 대하여도 책임을 지게 되었다. 이 조항의 폐지로 하주들은 지금까지 운송인에게 구상할 수 없었던 항해과실에 의한 적하손해를 청구할 수 있게 되었다.

㉤ 선박화재 면책범위의 축소

선박화재는 육상과는 달리 조력을 받을 수 없어 작은 화재도 대형사고로 이어져 선박의 전손까지 초래하기 쉽다. 이러한 이유로 헤이그-비스비 규칙(우리나라 상법도 동일)은 선박화재에 대해 운송인의 고의나 중대한 과실이 없으면 면책을 인정해왔다.

이에 비해 이 협약은 운송인이나 선원의 과실로 선박에서 화재가 발생하는 경우 책임을 지도록 하였다. 이는 선사의 책임부담을 크게 할 가능성이 있다.

㉥ 운송인 책임한도의 확대

이 협약에서는 선사가 부담해야 하는 배상책임 한도가 기존 협약보다 상당히 높아졌다. 즉, 선사는 운송중인 화물이 멸실·손상된 경우 하주에게 화물 포장단위 당 875 SDR이나 중량 당 3 SDR 가운데, 높은 금액으로 배상해야 한다(제59조 제1항).

㉦ 운송지연(연착) 손해 규정의 도입

이 협약은 함부르크 규칙에서는 인정하고 있으나 헤이그-비스비 규칙에서 허용하지 않는 운송지연 손해배상에 관한 규정을 두고 있다(제21조).

즉, 협약 제60조는 인도지연으로 인한 운송물의 멸실·손상에 대해서는 책임한도 규정에 따라 배상하고, 지연으로 인한 경제적 손실은 운송물에 대해 지급할 운임의 2.5배에 해당하는 금액으로 책임을 제한하도록 하고 있다.

㉧ 대량화물 운송계약제도의 도입

이 협약에서는 대량화물 정기운송계약 제도(Volume Contract)를 도입하였다. 이것은 우리나라 상법이나 기존의 헤이그-비스비 규칙 등에는 없는 것으로 미국의 지속적이고 강력한 요청에 따른 것이다. 이 조항은 운송계약에서 교섭력이 강한 대형 하주의 우월적 지위를 한층 강화시킬 것으로 보인다.

④ 발효와 적용

협약이 국제적으로 발효하기 위해서는 20개국 이상이 비준한 뒤 1년이 경과해야 하는데 이 협약은 아직 비준국이 많지 않아 발효가 되지 않고 있는 상태이다. 현재 우리나라, 중국, 일본, 독일 등도 로테르담 규칙을 비준하지 않고 있다.

2) 운송인의 책임 비교

① 적용대상

헤이그 규칙에서는 선하증권이 발행되지 않는 운송계약, 용선운송계약, 동물과 갑판적 화물의 운송, 특수화물의 비상업적 운송은 적용되지 않았다. 그런데 헤이그-비스비 규칙에서는 용선운송계약도 적용되도록 개정되었다.

함부르크 규칙은 그 적용대상을 선하증권이 발행되는 운송계약에 한정하고 있지 않기 때문에 해상화물운송장이 발행되는 경우에도 동 규칙은 적용된다.

그러나 헤이그 규칙이나 헤이그-비스비 규칙은 그 적용에 관한 명문의 규정이 없다. 로테르담 규칙은 해상운송이 포함된 복합운송에도 적용되도록 하였다.

② 운송인의 책임기한

헤이그 규칙은 'Tackle to Tackle'의 원칙에 따라 운송인의 책임이 물품의 선적 시점에서부터 양륙시점까지 적용되고 그 전후 단계의 운송관계(화물의 적재 전과 양하 후)는 운송인의 책임을 면제시킬 수 있도록 하였다. 그러나 함부르크 규칙과 로테르담 규칙은 운송인이 선적항에서 하주로부터 물품을 수령한 때부터 양륙항에서 이를 인도한 때까지의 전 기간 혹은 전 운송구간을 운송인의 책임기간으로 설정하였다.

또한 헤이그 규칙은 과실책임주의에 입각하여 선박의 내항능력과 물품의 취급, 보관 등에 관한 주의의무 및 그 위반에 대한 책임을 규정하고 있으나 항해과실, 화재 등과 15개 항목은 면책카탈로그라고 하여 당연히 면책되는 사유로 인정하였다.

그러나 함부르크 규칙은 과실책임주의를 유지하고 있지만 해난구조 행위를 제외한 종래의 면책카탈로그 규정을 폐지하였다. 로테르담 규칙은 내항성 주의의무를 항해 전과 항해기간 동안까지 더욱 확대했으며 운송인의 항해과실 면책조항을 폐지하였다.

③ 운송인의 책임한도액

헤이그 규칙에서 운송인의 책임한도액은 포장물 또는 단위(package or unit) 당 100파운드이며, 헤이그-비스비 규칙의 책임한도는 포장물 또는 단위당 10,000 포앙카레 프랑(Poincaré Francs, 1 포앙카레 프랑=순금 65.5㎎)과 총중량 1㎏당 30 포앙카레 프랑 중 큰 금액으로 제한하고 있다.

함부르크 규칙은 멸실 또는 손상의 경우 한 개의 짐짝이나 선적 단위에 대한 835 SDR과 1㎏에 대한 2.5 SDR(로테르담 규칙은 875 SDR이나 중량 당 3 SDR)의 합계액 중 많은 금액, 그리고 지연 손해(헤이그-비스비 규칙에서는 허용되지 않음)의 경우 운송계약상의 운임총액을 상한으로 하여 지정물품 운임의 2.5배로 제한하고 있다.

제7절 해상화물 클레임

1. 해상화물 클레임의 개요

1) 의의

국제상거래에서 가장 중요한 운송수단으로 이용되고 있는 해상운송에는 많은 해상위험(maritime perils)이 존재하며 이에 따른 적하의 손상 위험도 매우 높다.

그 중에서도 하주가 운송 도중 화물에 발생한 손해, 즉 해상손해에 대해 운송인에게 그 손해의 배상을 청구하는 것이 해상화물 클레임(marine cargo claim)이다.

즉, 해상화물 클레임은 해상운송 중에 화물이 멸실 또는 손상되거나 인도가 지연된 경우에 선하증권상의 운송인(선사)을 상대로 화물의 이해관계자(cargo interests)가 손해배상을 청구하는 것을 말한다.

클레임을 청구할 수 있는 근거는 선하증권이 가지는 수령증의 기능에 따라 운송인은 화물을 선하증권에 기재된 목적지에서 인도해야 할 의무를 부담하고 이를 위반한 경우에는 계약위반이 성립되어 손해배상책임을 지게 되어 있기 때문이다.

여기에서 운송인은 선하증권계약상 송하인과 운송계약을 체결한 자를 말한다. 반면 화물의 이해관계자는 운송인과 송하인뿐 아니라 선하증권의 소지자인 수하인과 은행, 그리고 이들에게 보험금을 지급하고 대위권을 취득한 적하보험자를 말한다.

2) 해상화물 클레임의 제기 주체

운송인에 대한 손해배상청구권은 화물손해가 발생한 시점에서 선하증권을 소지한 자에게 있는 것이 원칙이다.

즉, 화물에 대한 인도청구권과 손해배상청구권은 선하증권에 체화되어 선하증권이 양도됨에 따라 선하증권 소지인에게 이전되기 때문에 해상사고 당시에 누가 정당한 선하증권을 소지하고 있었느냐를 고려하여 손해배상 청구권자가 결정되는 것이다.

이와 같이 화물에 손해를 입힌 사람에게 배상을 청구하는 것이 원칙이므로 클레임의 제기 주체는 그 화물의 소유자이어야 한다.

클레임의 제기절차나 방법을 따로 규정하고 있는 법은 없다. 따라서 선하증권 소지인(수하인)이 클레임을 제기하는 것이 보통이나, 수하인의 배상청구권을 대위받은 보험회사가 클레임을 제기하는 경우도 있다. 수하인이 직접 클레임을 청구할 때는 B/L 사본 제시만으로 충분하며 대리인이 청구하는 경우에는 위임장을 여기에 첨부해야 한다.

3) 해상화물 클레임의 처리 개요

양륙항이나 목적지에 도착한 화물에 손해가 발생하였음을 인지한 경우 수하인은 이를 즉시 선사와 보험회사에 통지하는 동시에 자신의 범위 내에서 손해의 확대 방지와 경감을 위한 조치들을 강구해야 한다.

손해의 유형이나 사고의 원인에 따라 다르지만, 수하인은 일단 선사와 보험회사를 상대로 손해에 대한 보상청구를 할 수 있다. 그러나 이 경우 운송계약과 화물보험계약에 의거하여 수하인은 동일한 손해를 두고 이들 양자로부터 이중으로 보상을 받을 수 없도록 되어 있기 때문에 어느 한쪽을 선택해야 한다. 수하인은 만일 사고가 선사의 책임이 명백하다고 판단되는 경우라 할지라도 선사에 대해서는 사고의 통지와 정식 클레임을 제기하고 손해는 보험회사로부터 먼저 보상을 받는 편이 더 신속하다.

실제 선사도 자기에게 정식 클레임이 접수되면 수하인에게 선(先) 보험처리를 할 것을 종용하는 경우가 많고, 후일 보험자로부터 배상청구를 받은 후(즉, 수하인에게 보험금을 선 지급한 후) 보험자와 선사 간에 처리하는 것이 클레임의 처리 관행이다.

운송계약에는 손해배상책임에 관해 면제, 경감 및 제한조항이 포함되어 있으나 보험계약은 보상하는 사고 위주로 간단하게 구성된 탓으로 보상심사나 절차가 간단하기 때문에 하주가 보험회사로부터 선 구상을 받는 편이 더 유리하다.

2. 해상화물 클레임의 처리절차

1) 화물인수시 상태 확인

정당한 선하증권의 소지인(수하인)은 화물 인수시에 화물의 멸실이나 손상이 있는지 확인해야 한다. 특히, 포장이나 컨테이너 자체가 외관상 양호하며 손상이 없는지를 확인하여야 하고 봉인(seal)에 이상이 없는지를 확인해야 한다. 화물이 멸실이나 손상된 경우에는 컨테이너 개봉 후 화물의 멸실이나 손상이 발견된 상태, 사고 원인을 추정할 수 있는 화물 및 컨테이너 상태에 대한 사진 등도 확보해 두어야 한다.

2) 화물손해의 통지

도착된 화물에 손해가 발생하였음이 확인되고 클레임을 제기할 것이 결정되면 수하인은 손상정도와 원인을 종합적으로 고려하여 운송인이나 그 대리인에게 서면으로 사고통지(notice of claim)를 하여 손해배상청구의 의사를 전달해야 한다.

즉, 배상을 청구하기 위해서는 원칙적으로 먼저 선박회사에 사고통지를 하고 다음에 명세가 밝혀지면 정식클레임을 제기하게 된다.

헤이그 규칙이나 헤이그-비스비 규칙은 화물에 손해가 발생한 경우 그 사실을 일정 기간 내에 운송인에게 통지하지 않으면 화물이 처음 선적되었던 상태대로 수하인에게 인도되었음이 추정되는 것으로 간주하도록 규정하고 있다. 우리나라 상법도 이와 동일한 입장을 취하고 있다.

3) 정식 클레임의 제기

정식 클레임(final claim)의 제기는 선하증권의 전면에 기재되어 있는 주요 사항들(예를 들어 화물의 중량이나 용적 등)을 확인하는 것부터 시작해야 한다. 왜냐하면 선하증권은 화물수령증과 운송계약서의 기능을 가지고 있기 때문이다.

선하증권에 기재되어 있는 사항과 달리 화물에 손해가 발견되었거나 부족한 상태로 인도된 경우에는 일단 운송인의 귀책사유로 인한 손해로 추정된다.

따라서 사고통지 후 손해의 수량과 금액이 산출되면 화물의 이해관계자(수입자)는 관련 서류를 첨부하여 운송인에게 정식으로 손해배상을 청구해야 한다.

정식 클레임을 제기하고자 할 경우에는 클레임 통지서(notice of claim)를 제출해야 하는데, 동 클레임 통지서에는 선하증권 번호, 컨테이너 번호, 선명, 항차, 화물손상 성격에 대한 간략한 설명 및 예상손해액이 명시되어야 한다.

운송클레임은 원칙적으로 화물을 인수한 후로부터 일정 기간 이내에(통상은 1년 이내) 제기되어야 한다. 클레임은 서면으로 통지해야 하고, 당해 화물이 멸실이나 손상이 있었다는 증거서류가 첨부되어야 한다. Hague Rules과 우리나라 상법은 운송물을 수령한 날로부터 1년 이내에 제기하지 않으면 운송인의 손해배상 책임은 소멸시효에 의해 소멸되는 것으로 간주하고 있다.

정식 클레임 제기시 첨부되어야 할 서류들은 특정한 형식을 요구하지는 않지만 유효한 증빙서류들이 첨부되어야 한다. 그 서류들로는 ① 화물의 멸실이나 손상의 성격과 정도 및 청구금액이 명시된 서면 혹은 손해배상청구서(claim letter) ② B/L 또는 AWB 사본 ③ 상업송장 ④ 포장명세서 ⑤ 공인된 검정기관이 발행한 검사보고서(Survey Report) ⑥ 손상된 화물사진 등 화물의 손해를 입증하는 서류 등이 있다.

4) 클레임의 접수와 심사

정식 클레임 서류가 접수되면 선사는 다음을 중심으로 클레임 내용을 심사하게 된다.

첫째, 클레임 청구시한(소멸시효)의 만료 여부를 확인한다. 제기된 일자가 선하증권의 근거가 되는 국제협약상의 기한 이내인지 여부를 체크하고 만일 기한이 경과된 이후에 제기된 경우는 관련 B/L조항을 인용하여 클레임을 거절한다.

둘째, 청구내용을 뒷받침할 수 있는 각종 서류가 구비되어 있는지를 체크하고 추가 서류가 필요하면 즉시 제출을 요청한다.

셋째, Claimant의 자격을 심사한다. 제출된 클레임 서류를 근거로 Claimant가 정당한 청구권 자인지를 확인하게 된다. 이것은 후일 새로운 클레임의 청구가 제기되지 않도록 하기 위함이다.

넷째, 클레임 제기 내용을 심사한다. 주요 심사내용은 제출된 각종 서류를 통해 선적작업시 손상 유무, 본선의 항해기록, 양하기록, 그리고 화물의 양 부족시 혹시 중간 기항지에서 잘못 양하되었는지의 여부를 확인하기 위한 경유지 조사 등이다.

5) 책임 여부의 결정

클레임에 관한 선사의 내부 심사가 종료되면 손해의 원인이 규명된다. 즉, 해당 사고가 선사의 관리 중에 발생한 것인지, 그리고 그 원인이 면책사유에 해당하는지 여부에 따라 클레임의 지불 여부가 결정되는 것이다.

운송인은 사고가 본선에서 발생한 것이 아니라 선사의 관리(선사의 사용인 관리까지도 포함)하에서 발생하였을 때에도 이를 배상해야 한다. 그리고 사고의 원인이 규명되지 않은 경우라 하더라도 Clean B/L이 발급되었고 화물을 수하인에게 인도시 손상이 있었으면 B/L 발급회사는 해당 손해를 배상해야 한다.

클레임이 완전한 서류를 갖추어 제기된 경우, 화물의 멸실이나 손상에 대한 운송인의 책임은 선하증권 이면약관, 헤이그 규칙, 헤이그-비스비 규칙 등 선하증권에 관한 국제통일협약, 그리고 해당 국가의 법률 등 관련 국제법과 현지법에 따라 산정되며, 보통 정식 클레임 서류를 접수한 날로부터 90일 영업일 이내에 해결된다.

6) 손해배상금의 지급

배상금 지불 사고가 선사의 귀책사유로 발생하였을 경우 해당 손해는 목적지의 시장가격을 기준으로 배상하는 것이 원칙이지만, 실제로는 입증상의 문제로 CIF가격을 기준으로 배상하는 것이 보통이다.

선적시 하주가 선사에 화물의 성질이나 가격을 밝히고 선하증권에 기재한 경우에는 선하증권의 조항을 따라 화물의 가격을 한도로 실제 손해액을 배상한다.

그러나 화물의 가격에 대한 통지가 없고 선하증권에 표시가 없는 경우 우리나라 상법이나 헤이그-비스비 규칙에서는 1포장(package) 또는 1선적 단위(unit) 당 666 SDR 또는 kg당 2 SDR 중에서 큰 금액을 한도로 운송인이 화물의 멸실이나 손상에 대한 손해를 배상하도록 규정하고 있다.

해상운송과 무역거래 제 8 장

제1절 해상운송과 인코텀즈

1. 해상운송과 무역조건의 관계

오늘날 운송, 금융, 보험은 무역거래에서 빠질 수 없는 세 기둥이다. 그 중에서 운송은 선사나 항공회사 등 운송회사가 담당하고 무역화물의 대금결제는 선적서류를 담보로 환어음 매입이라는 형태로 은행을 통해 이루어지며, 운송중의 화물에 발생하는 예측 불허의 손해는 보험회사로부터 보상받는 구조로 되어 있다.

따라서 이들 세 가지의 중요한 기능들이 상호 유기적으로 결합해야만 비로소 무역거래가 원활히 이루어질 수 있게 된다.

특히, 화물의 운송은 무역거래에서 매매당사자 중 매도인의 물품인도의무 이행을 위해 필수 불가결한 과정이다. 무역거래에서 운송계약을 어느 당사자가 체결하며 그 운임이나 수송비의 부담을 누가 할 것인가는 매매당사자간에 체결된 계약내용에 따라 결정되는 것이 일반적이다. 어떠한 운송형태를 선택하느냐 하는 문제도 수출입계약을 체결할 때에 매매당사간의 합의에 의해 결정된다.

이와 같이 무역거래에서 화물운송계약의 주체자나 운송형태 등을 결정하는 문제는 화물의 종류, 성격, 포장상태 등을 종합적으로 감안하여 매매당사자간에 체결되는 정형화된 무역조건(trade terms)에 달려있는 것이다.

게다가 운송중인 화물의 위험을 매도인과 매수인 어느 쪽이 부담하는가 또는 사고발생시 보험금의 청구권자는 누구인가 그리고 위험의 이전 장소와 시간은 어느 시점인가 등은 매도인과 매수인이 체결한 정형화된 무역조건의 내용에 의해 결정되게 된다.

이러한 정형화된 무역조건들은 수출입자로 하여금 간결하고도 안전한 무역거래를 수행할 수 있도록 도와주는 중요한 역할을 담당한다.

왜냐하면 FOB나 CIF 등 정형화된 무역조건은 매매당사자간의 비용과 위험부담에 대한 책임 분기점을 규정하고 있으며 매도인과 매수인의 의무도 대칭적으로 상세하게 규정되어 있기 때문이다.

2. 무역조건과 국제규칙

국제거래는 국가에 따라 법률과 관습의 차이가 있기 때문에 매도인과 매수인 어느 쪽 국가의 법률과 관습에 따를 것인가가 문제가 된다.

이러한 문제를 해소하기 위해 국제적으로 널리 인정된 정형화된 무역조건들에 대한 해석의 통일이 이루어졌는데 그 대표적인 규칙들은 다음과 같은 것들이 있다.

- Warsaw–Oxford Rules for CIF Contract, 1932
  국제법협회(The International Law Association, ILA) 제정
- Revised America Foreign Trade Definition, 1941
  미국상업회의소(Chamber of Commerce of the United State)
  전 미국수입자협회(American Importers Association)
  전 미국무역협회(the National Foreign Trade Council) 공동채택
- International Rules for the Interpretation of Trade Terms, 1936
  (약칭 : INCOTERMS) 국제상업회의소(ICC) 제정

여기에서 정형화된 무역조건(trade terms)은 이 규칙에 규정되어 있는 FOB나 CIF와 같은 약어를 말하며 무역거래조건, 무역조건, 정형무역거래조건이라고도 부른다.

이러한 규칙은 강제적인 것은 아니지만, 무역에 관계하는 매도인과 매수인들은 사실상 이러한 규칙에 따르고 있다.

Warsaw–Oxford Rules은 그 규칙의 명칭대로 CIF계약에서 당사자의 권리와 의무관계만을 다루고 있는 단행법규인데, 서문과 함께 본문 21개 조로 구성되어 있다.

이 규칙은 CIF계약에 대하여는 상세한 규정을 두고 있지만 그 후 개정이 전혀 이루어지지 않았고 현재는 거의 사용되지 않고 있다.

개정미국외국무역정의(Revised American Foreign Trade Definitions, RAFTD 1941)는 1941년 전미무역회의에서 공식 채택된 것으로 6종의 FOB와 Ex(point of origin)을 비롯한 5종의 기타 거래조건(FAS, CIF, CAF, Ex: point of origin, Ex dock)들이 규정되어 있다. 특히 FOB조건을 6가지의 종류로 세분화한 것은 미국의 지리적인 특성에 따라 본선인도가 다양한 방법으로 발생되었기 때문이다.

이러한 규칙들 중에서 특별히 중요한 것이 INCOTERMS(International Rules for Interpretation of Trade Terms)이고, 이 인코텀즈 중에서 우리나라에서 특히 많이 사용되는 것은 FOB, CFR, CIF조건(또는 규칙)이다.

3. 인코텀즈(INCOTERMS) 2020

1) 인코텀즈의 의의와 개정

인코텀즈(International Rules for the Interpretation of Trade Terms, International Commercial Terms, INCOTERMS)는 무역조건의 해석에 관한 국제규칙이다.

인코텀즈는 세계 각국에서 관용되어 사용되고 있는 무역조건의 용어나 약어가 잘못 해석됨을 방지하고 당사자 사이에 발생하는 오해나 분쟁과 마찰을 미연에 방지함으로써 국가마다 다른 거래관행에 대한 불안전성을 해소하고 무역거래의 관습과 용어의 국제적 통일을 기하기 위한 목적으로 제정되었다.

인코텀즈는 정형화된 무역조건마다 계약의 당사자(매도인과 매수인)가 각각 무엇을 해야 하는가, 위험과 비용부담을 포함하여 상대방에 대하여 각각 어떠한 의무를 부담해야 하는가 등을 상세하게 규정하고 있다.

인코텀즈는 프랑스 파리에 본부를 두어 1920년에 창설된 ICC가 1936년에 최초로 11종의 조건을 제정한 이후, 국제무역환경의 변화와 운송기법, 그리고 거래관행의 변화에 부응하여 1953년, 1967년, 1976년, 1980년, 1990년, 2000년에 각각 개정되었으며 현재는 2020년에 개정된 INCOTERMS 2020이 사용되고 있다.

2) 인코텀즈 2020

2020년 인코텀즈는 2010년 인코텀즈와 같이 국제거래 현실을 반영하여 전체 11개 거래조건을 운송수단에 따라 단수나 복수의 어떠한 운송수단에도 사용이 적합한 규칙(즉 모든 운송조건)과 해상 및 내수로 운송을 위한 전용규칙(즉 해상운송조건)으로 구분하고 규정하고 있다. 이에 반해 1990년 인코텀즈와 2000년 인코텀즈는 전체 13가지 거래조건을 E 그룹, F 그룹, C 그룹, D 그룹 등 네 가지 그룹으로 분류하였다.

표 8-1 ▬ 인코텀스 2010의 구성과 비교

<table>
<tr><th colspan="2">1990년 및 2000년 INCOTERMS</th><th colspan="2">2010년 INCOTERMS</th><th colspan="2">2020년 INCOTERMS</th></tr>
<tr><td>E 그룹(출발지인도)</td><td>EXW</td><td rowspan="2">모든 운송 조건</td><td rowspan="2">EXW, FCA, CPT, CIP, DAT, DAP, DDP</td><td rowspan="2">모든 운송 조건</td><td rowspan="2">EXW, FCA, CPT, CIP, DAP, DPU, DDP</td></tr>
<tr><td>F 그룹(주운송비 미지급인도)</td><td>FCA, FAS, FOB</td></tr>
<tr><td>C 그룹(주운송비 지급인도)</td><td>CFR, CIF, CPT, CIP</td><td rowspan="2">해상 운송 조건</td><td rowspan="2">FAS, FOB, CFR, CIF</td><td rowspan="2">해상 운송 조건</td><td rowspan="2">FAS, FOB, CFA, CIF</td></tr>
<tr><td>D 그룹(도착지인도)</td><td>DAF, DES, DEQ, DDU, DDP</td></tr>
</table>

4. 인코텀즈 2020상 해상운송과 내수로운송 전용규칙

1) FAS [Free Alongside Ship(insert named port of shipment)]

'선측인도'는 다음과 같이 된 때 매도인이 물품을 매수인에게 인도하는 것을 의미한다.

▷ 물품이 선박의 선측(예컨대 부두 또는 바지선)에 놓인 때 ▷ 매수인에 의해 지정된 ▷ 지정된 선적항에서 ▷ 또는 이미 그렇게 인도된 물품을 조달한 때.

물품의 멸실 또는 손상의 위험은 물품이 선측에 놓인 때에 이전하며 매수인은 그러한 시점 이후의 모든 비용을 부담한다.

2) FOB [Free on Board(insert named port of shipment)]

'본선인도'는 매도인이 다음과 같이 물품을 매수인에게 인도하는 것을 의미한다.

▷ 지정된 선적항에서 ▷ 매수인에 의해 지정된 ▷ 본선상에 적재함 ▷ 또는 이미 그렇게 인도된 물품을 조달함.

본 규칙은 당사자들이 물품을 선박에 적재함으로써 인도하기로 하는 해상운송이나 내수로운송의 경우에만 사용되어야 한다. 매도인은 물품을 선박에 적재하여 인도하거나 선적을 위하여 이미 그렇게 인도된 물품을 조달해야 한다.

3) CFR [Cost and Freight(insert named port of destination)]

'운임포함인도'는 매도인이 다음과 같이 물품을 매수인에게 인도하는 것을 의미한다.
▷ 본선상에 적재함 ▷ 또는 이미 그렇게 인도된 물품을 조달함.

위험은 물품이 선적항에서 선박에 적재됨으로써 또는 이미 그렇게 인도된 물품을 조달함으로써 매수인에게 인도된 때 매도인으로부터 매수인에게 이전된다. 그러나 매도인은 물품을 인도지부터 합의된 목적항까지 운송하는 계약을 체결해야 한다.

4) CIF [Cost, Insurance and Freight(insert named port of destination)]

'운임·보험료포함인도'는 매도인이 다음과 같이 물품을 매수인에게 인도하는 것을 의미한다. ▷ 본선상에 적재함 ▷ 또는 이미 그렇게 인도된 물품을 조달함.

본 규칙은 해상운송이나 내수로운송의 경우에만 사용되어야 한다. 물품이 컨테이너 터미널에서 운송인에게 교부되는 경우에 일반적으로 그러하듯이 둘 이상의 운송방식이 사용되는 경우에 적합한 규칙은 CIF가 아니라 CIP이다.

매도인은 물품을 인도지부터 합의된 목적항까지 운송하는 계약을 체결해야 하며 선적항으로부터 적어도 목적항까지 매수인의 물품의 멸실이나 손상 위험에 대하여 보험계약도 체결해야 한다. 인코텀즈 2020 CIF하에서 매도인은 협회적하약관 (A)에 의한 보다 광범위한 담보조건이 아니라 협회적하약관 (C)나 그와 유사한 약관에 따른 제한적인 담보조건으로 부보해야 한다는 것을 매수인은 유의해야 한다.

제2절 해상운송과 신용장거래

1. 해상운송과 운송서류

1) 운송서류의 의의

운송서류(transport documents)는 운송인이 하주와 운송계약을 체결하고 화물을 본선에 적재·발송·수탁하였음을 증명하기 위해 발행하는 서류이다.

이를 '선적서류(shipping document)'라 부르기도 하지만 신용장통일규칙(UCP)은 운송서류라는 용어를 사용하고 있다. 광의의 운송서류는 선하증권, 상업송장 등을 포함하는 개념이며 협의로는 운송서류 그 자체만을 의미한다. 가장 대표적인 운송서류는 선하증권(B/L)이다.

2) 운송서류의 구성

운송서류는 보통 복통수(複通數)로 구성된다. 대개의 경우 계약서나 신용장에 필요한 서류의 명칭이나 통수가 명시된다. 만일 계약서나 신용장에 특별한 명시가 없을 때에는 보통 3통(full set)이 1조가 된다.

3) 운송서류의 중요성

추심이나 신용장결제방식의 경우에는 매도인이 계약화물을 선적한 후 매수인이나 신용장 발행은행 앞으로 환어음을 발행하고 여기에 환어음의 담보가 되는 운송서류를 첨부하여 은행을 통하여 대금을 추심 및 매입하게 된다. 따라서 수출자는 계약상의 당연한 의무로서 계약물품의 인도를 입증하는 운송서류를 준비하여 제시해야 한다.

특히, 신용장결제는 독립추상성에 바탕을 둔 서류거래이기 때문에 여기에 관련되는 은행들은 오로지 수출자가 구비하여 제시하는 제반서류만을 심사함으로써 대금의 지급여부를 결정하게 된다. 따라서 대금결제와 관련된 가장 중요한 것 중의 하나가 적격한 요건을 갖춘 운송서류 및 제반서류의 구비와 제시이다.

4) 운송서류의 종류

운송서류는 운송인이 하주와 계약을 체결하고 화물을 본선에 적재·발송·수탁하였음을 증명하는 서류이기 때문에 운송서류의 종류는 운송방식만큼이나 다양하다.

현재 가장 많이 이용되고 있는 운송방식은 선박을 이용한 해상화물운송이므로 운송서류도 해상선하증권을 비롯하여 해운운송 관련 서류들이 가장 종류가 많다.

2. 운송서류와 신용장거래

1) 운송서류의 정규성

수출자가 계약서나 신용장조건에 따라 구비하여 제시해야 하는 운송서류는 다음의 정규성(regularity)을 갖추어야 한다.

첫째, 운송서류는 법률적으로나 사실적으로 유효성(validity)과 적법성(regality)을 갖춘 서류이어야 한다.

둘째, 운송서류는 현재 무역거래에서 널리 사용되는 양식의 서류이어야 한다.

셋째, 운송서류는 제시기한이 경과되지 않은 서류이어야 한다.

2) UCP 600과 운송서류

UCP 600은 운송서류를 복합운송서류(multimodal transport document), 해상선하증권(ocean bill of lading), 비유통성 해상화물운송장(non-negotiable sea waybill), 용선계약부 선하증권(charter party document), 항공운송서류(air waybill), 도로/철도/내수로 운송서류(road, rail or inland waterway transport documents), 특사배달, 우편수취증 또는 우송증명서(courier receipt, post receipt or certificate of posting) 등으로 구분하여 별도의 요건을 규정하고 있다.

3) 신용장에서 요구하는 운송서류(선하증권)의 요건

신용장거래에서 화환어음을 매입할 때 제시되어야 하는 가장 중요한 운송서류가 선하증권이므로 어느 신용장이든 다음과 같은 선하증권의 수리요건을 기재하고 있다. 이것은 수출자가 네고할 때 은행에 의해 수리될 수 있는 B/L의 수리요건을 의미한다.

> ✔ **예문** FULL SET OF CLEAN ON BOARD OCEAN BILL(S) OF LADING MADE OUT TO ORDER OF THE SHIPPER, BLANK ENDORSED, MARKED FREIGHT PREPAID NOTIFY ACCOUNTEE.

(1) Full Set B/L(전통제시 선하증권)

Full Set B/L은 전통제시 선하증권으로 선사가 발행하는 원본(original) 선하증권 모두가 제시되어야 한다는 것을 의미한다. 일반적으로 원본 선하증권은 3통이 발급되며 원본에는 어느 것에도 선사의 서명과 함께 First Original, Second Original, Third Original이라는 'Original' 표시가 되어 있다.

3통의 원본이 발행되는 이유는 유가증권인 선하증권이 발급된 이후에 분실되면 재발행 등 복잡한 법리 문제가 발생하기 때문이다.

양륙항에서 화물을 찾을 때에는 이 중 하나의 원본서류만 선사에 제시하면 화물을 인도받을 수 있기 때문에 이후에 제시되는 선하증권은 자동적으로 무효가 된다.

다만, 운송방법이 항공운송인 경우는 신용장이나 계약서에서 Full Set 운송서류를 요구하고 있을지라도 1통의 항공화물운송장(AWB)만 제시하여도 상관없다. 그 이유는 AWB는 Original 1(carrier용), Original 2(consignee용), Original 3(shipper용) 용도가 각각 지정되어 있어 수출자가 이를 부당하게 사용할 여지가 없기 때문이다.

(2) Clean B/L(무고장 선하증권)

Clean B/L은 무고장 선하증권이 제시되어야 한다는 것을 의미이다. 이것은 화물의 외관상 양호한 상태로 선적 또는 수취하였다는 것을 증명하는 선하증권이다. 따라서 하자상태를 표시한 Foul B/L 또는 Dirty B/L은 당연히 수리가 불가능하다.

그런데 실무상 비교적 경미한 고장문언이 Remarks에 기재된 Foul B/L이 발행되는 경우도 있는데, 이때에 수출자는 선사에 파손화물보상장(Letter of Indemnity, L/I)을 제출해야 한다. Letter of Indemnity는 Foul B/L을 Clean B/L로 변경하기 위해 수출자가 선사에 제출하는 일종의 각서이다.

한편, FCL Cargo는 선사가 화물의 적재상태를 알 수 없기 때문에 선사는 선하증권의 Remark란에 'Shipper's Load and Count'라는 부지약관(unknown clause)을 표시하는데 이러한 B/L도 은행은 Clean B/L로 수리한다.

(3) On Board B/L(본선적재 선하증권)

On Board B/L은 화물이 실제로 특정 선박에 적재되었다는 취지가 기재된 선하증권이 제시되어야 한다는 것을 의미한다.

만일 컨테이너에 의한 복합운송이나 항공운송의 경우에는 물리적으로 본선적재 이후에 운송서류가 발급되는 것이 불가능하다. 따라서 이러한 운송형태의 경우는 본선적재(on board) 요건을 완화하여 Received의 운송서류도 수리하도록 하고 있다.

(4) Ocean B/L(해양 선하증권)

Ocean B/L은 해양 항로(maritime traffic)를 운항하는 선박에 화물이 적재된 선하증권이 제시되어야 한다는 것을 의미한다.

무역거래에 사용되는 선하증권은 거의 모두가 해양 또는 해상선하증권이다. 이와 반대되는 선하증권으로는 선적항과 양륙항이 모두 동일 국내가 되는 Local B/L이 있다.

(5) Order B/L(지시식 선하증권)

Order B/L은 지시식 선하증권이 제시되어야 한다는 것을 의미한다. 지시식 선하증권은 유통을 목적으로 B/L의 수하인 란에 특정의 수하인 명을 기재하지 않고 단순히 'to order', 'to order of shipper', 'to order of … bank'와 같이 지시인(Order)만 기재하여 발행하는 선하증권이다. 이것은 기명식 선하증권(Straight B/L)에 상대되는 개념으로, Order B/L에서는 B/L의 정당한 소지자가 곧 하주가 된다.

Order B/L이어야만 선하증권을 양도할 수 있기 때문에 대부분의 무역거래에서는 원칙적으로 지시식 선하증권을 요구하고 있다.

(6) Blank Endorsed B/L(백지배서 선하증권)

Blank Endorsed B/L은 백지배서한 선하증권이 제시되어야 한다는 것을 의미하며 Endorsed in Blank B/L이라고도 한다. 하주는 특정인을 수하인으로 지시하지 않고 백지배서하여 은행에 매입 또는 추심(collection)을 위하여 제시한다. 다른 배서에 비해 은행이 자유롭게 화물을 지배할 수 있기 때문에 신용장거래에서는 일반적으로 선하증권에 피배서인을 지정함이 없이 배서하는 방식인 백지배서방식을 요구한다.

(7) Freight Prepaid or Collect B/L(운임 선지급 또는 후지급 선하증권)

Freight Prepaid or Collect B/L은 운임 선지급 또는 운임 후지급 선하증권이 제시되어야 한다는 것을 의미한다. 운임의 지급시기는 무역조건에 따라 결정된다.

무역조건이 CFR, CIF, CPT, CIP계약의 경우는 수출자가 선적지에서 운임을 지급하므로 선하증권에 Freight Prepaid(운임 선지급, 운임 지급필, 선불, paid)라고 표시되어야 한다. 그러나 무역조건이 FOB, FCA, FAS계약인 경우는 선박이 양륙항에 도착한 후 화물을 찾을 때 운임이 지급되기 때문에 선하증권에 Freight Collect(운임 후불, 운임 미지급, 운임 후지급)라고 표시되어야 한다.

(8) Notify Accountee(착하통지처 결제인)

Notify Accountee는 'Notify Party : Accountee'의 의미이다. 이것은 본선이 양륙항에 도착하면 선사는 화물을 인수해 갈 당사자에게 화물의 도착사실을 통지하는데 그 통지처를 Accountee(결제인, 발행의뢰인, Applicant)로 작성하라는 의미이다.

보통 선하증권의 'Consignee' 란은 지시식으로 기재되기 때문에 착하통지처는 수입자이나 수입자가 지정한 통관업자가 기재된다. 만일 착하통지처를 발행은행으로 지정하게 되면 선하증권의 'Consignee' 란에는 반드시 'to the order of issuing bank'라고 기재되어야 한다.

Model Form 19 **<서식 22> Letter of Indemnity(파손화물보상장)**

LETTER OF INDEMNITY

To the __________ Lines, LTD.

Dear Sirs,

In consideration of your issuing us a clean Bill of Lading for the under–mentioned goods, for which exceptions have been inserted in the relative Mate's Receipt as indicated below.

We(I), the undersigned, hereby undertake and agree to pay, on demand, any claims that may arise on the goods may by the consignee, or by any person to whom the documents are endorsed, and also to indemnify you against all consequences arising therefrom.

We (I) consent to this Letter of Indemnify being disclosed to underwriters on application.

Yours faithfully,

The ship :	Voy. No.	Sailling on :	
Port of Loading		Port of Discharge	
B/L No.		Shippers	
Marks & Nos.		No. of Pkgs.	
Description		Exceptions inserted in the Mate's Receipt	

주

① in consideration of your issuing us a clean Bill of Lading : 귀사가 무고장 선하증권을 당사에 발행하는 것과 관련하여

② for the under–mentioned goods : 아래에 명시한 화물에 대해

③ for which exceptions have been inserted in the relative Mate's Receipt : 그를 위해 예외조항이 관련 본선수취증에 삽입되었다.

④ as indicated below : 아래에서 언급한

⑤ We (I), the undersigned, hereby : 이에 아래에 서명한 당사(또는 저)는

⑥ undertake and agree to pay, on demand, any claims that may arise on the goods may : 화물에 대한 보상이나 요구에 대해 지불할 것을 확약하고 동의합니다.

⑦ by the consignee, or by any person to whom the documents are endorsed : 하주 또는 서류가 배서된 어느 개인에 의해

⑧ and also to indemnify you against all consequences arising therefrom : 귀사(선사)에 대해 이와 관련해 발생하는 모든 결과에 대해 보상하다.

⑨ We (I) consent to this Letter of Indemnify being disclosed to underwriters : 당사(또는 저)는 이 파손화물보상장이 보험자에게 공개하는 것에 동의합니다.

4) 운송서류 수리의 전제조건

은행이 계약서나 신용장에 규정된 운송서류를 심사할 때에는 다음과 같은 사항들을 반영하여 심사하게 된다.

(1) 서류간에 일치성이 있을 것

서류의 일치성이란 수출자가 제시하는 서류가 신용장에서 요구하는 서류의 명칭, 제출 통수, 조건과 합치하는가의 여부를 말한다. 따라서 은행으로서는 원칙적으로 일치성에 위배되는 서류(discrepant documents)는 수리를 거절하게 된다.

그런데 일치성이 요구되는 정도는 그 서류의 작성자가 누구이냐에 따라 달라진다. 즉, 환어음(bill of exchange)이나 상업송장(commercial invoice) 등 서류의 작성자가 수출자 자신인 경우에는 엄밀일치(strict compliance)의 원칙이 적용된다.

따라서 신용장의 표기사항과 제시서류의 표기사항의 일치 정도를 아주 엄격하게 해석하여 철자 하나, 점 한 개까지라도 완전히 일치되지 않으면 수리를 거절하게 된다.

엄밀일치의 원칙은 금융후진국의 일부 은행들에서 현재에도 적용되고 있다.

그러나 제3자가 발행하는 선하증권 등의 운송서류나 보험서류, 원산지증명서 등은 실질일치(substantial compliance)의 원칙 혹은 상당일치의 원칙이 적용된다.

이것은 제시된 서류의 표기와 신용장의 표기가 서로 모순되는 내용이 아닌 한, 어느 정도의 불일치(discrepancy)는 허용되는 것으로 해석하는 원칙이다. 따라서 신용장 요건에 명백히 어긋나지만 않으면 비록 동일하지 않더라도 수리가 가능하다.

한편, 신용장에 표시된 상품의 명세와 제시된 서류상의 명세가 어느 정도까지 일치해야 하는지의 기준이 문제가 되는데, UCP 600은 그 기준으로 국제표준은행업무관행(international standard banking practice)에 따라야 한다고 규정하고 있다.

(2) 서류 상호간의 모순성이 없을 것

제출되는 여러 종류의 서류는 신용장 조건과 일치해야 하지만, 서류 상호간에도 동일한 사항을 서로 다르게 표현하는 등의 모순성이 없어야 수리될 수 있다.

모순성의 문제는 주로 제출되는 서류에 신용장 조건으로 요구하지 않는 사항이 각 서류의 인쇄된 양식으로 나와 있을 때 이것을 기재하는 도중 작성자의 실수로 서로 상충되는 내용을 적어 넣어서 발생하는 사례가 많다.

예를 들어 포장명세서, 선하증권, 상업송장에 하인을 기재하는 란이 있는데 이 표시가 서로 상이하거나 규격표시가 kg, Ton, Lb 등 서류마다 다르게 표시된 경우가 있다.

이렇게 기재하지 않는 것이 현명하지만 일단 기재한 사항은 다른 서류의 동일 항목과 일치되도록 재작성하는 것이 좋다.

5) 원칙적으로 수리 거절되는 운송서류

다음의 선하증권은 원칙적으로 은행이 수리를 거절한다. 왜냐하면 이하의 선하증권들은 일반적으로 요구되는 선하증권의 요건을 갖추고 있기 않아 만일 은행이 이러한 선하증권을 수리했을 경우에는 불의의 손해를 입을 수도 있기 때문이다.

그러나 이하의 운송서류도 예외요건을 갖추었을 경우는 얼마든지 수리가 가능하다.

예외요건은 첫째, 'Received B/L is acceptable'과 같이 신용장에서 명문으로 아래에 기재된 서류의 수리를 허용하고 있는 경우이다. 둘째, UCP 600에서 독립된 조항으로 수리요건을 정한 경우에 그 요건에 부합되는 경우이다.

(1) 용선계약부 선하증권(Charter Party B/L)

용선계약부 선하증권은 하주가 대량화물을 수송하기 위해 특정 항로나 일정 기간 동안 부정기선을 용선하는 경우, 하주와 선박회사 사이에 체결된 용선계약에 의해 발행하는 선하증권을 말한다.

원유를 수송하는 경우의 유조선, 신선도 유지를 목적으로 하는 화물(육류, 어류, 야채)을 수송하는 냉동선과 산물선(bulk ship) 등은 모두 특수선박이기 때문에 수송관행상 부정기선에 의한 용선운송계약이 불가피하다. 따라서 UCP 600은 Charter Party B/L의 수리요건을 별도로 규정하고 있다.

즉, 신용장의 특별지시(special instruction)란에 'Charter Party B/L is acceptable'이라는 문구가 있는 경우에는 ① 용선한 선박의 선장이 선주와 운행대리계약을 체결한 대리인인 경우 ② 선주의 대리인으로 행동하는 선장이 선하증권에 서명한 경우 ③ 상품이 발행은행측이 지정한 선박에 적재된 경우 ④ 선하증권 전통이 제시되고 선하증권의 요건이 신용장의 요건에 부합되는 경우이다.

(2) 범선 적재표시 선하증권(Carrying vessel propelled by sail B/L)

범선 적재표시 선하증권은 화물을 적재한 선박이 바람과 돛에 의해서만 움직이도록 된 경우에 발행되는 선하증권이다. 범선은 폭풍우에 침몰될 확률이 높으므로 은행은 이러한 선하증권의 수리를 거절한다. 그러나 현재의 운항추세로 볼 때, 이러한 선박은 거의 찾아보기 어렵기 때문에 사실상 선언적인 규정에 불과한 것이다.

(3) 기한경과 선하증권(stale B/L)

기한경과 선하증권은 상품이 선적된 후 즉 선하증권 발행일 후 21일 이상 경과된 선하증권을 말한다. 선하증권 발행일자 이후 21일이 지나 매입은행에 제시하면 은행은 특별히 신용장에 'Stale B/L acceptable'이란 조항이 없으면 원칙적으로 수리를 거절한다.

(4) 고장부 선하증권(Foul or Dirty B/L)

고장부 선하증권은 본선에 화물을 선적할 때 화물의 포장, 수량 등에 'some wet', '2 cases broken'와 같은 고장이나 하자사항을 비고란에 기재한 선하증권을 말한다.

고장부 선하증권은 신용장에 수리할 수 있는 조항이나 단서가 별도로 명시되어 있지 않는 한, 수리가 거절된다. 이를 Claused B/L이라고도 한다.

(5) 예정표시 선하증권(Intended Clause B/L)

예정표시 선하증권은 선하증권에 실제의 선적일이 빠져있고 앞으로 본선에 적재될 예정이라는 문구가 적혀있거나 물품의 선적항이나 도착항 등이 선하증권 발급시에 확정되지 않은 경우 항구의 명칭 앞에 'Indented' 라는 단어를 기재하여 발급한 선하증권을 말한다. 이러한 선하증권은 선적과 관련된 제반사항(적재선박, 선적항, 양륙항 등)을 확인할 수 없기 때문에 은행은 이러한 선하증권은 수리를 거절한다.

(6) 수취 선하증권(Received B/L)

수취 선하증권은 선사가 하주와의 운송계약에 의해 화물을 특정 장소(선사의 부두창고나 부두장치장)에서 인수한 상태에서 발행된 선하증권을 말한다.

원칙적으로 수취 선하증권은 선사가 운송을 위하여 화물을 수령한 후 그 뜻을 기재하여 발행한 것이기 때문에 신용장에 본선적재(on board)를 요구하는 명문규정이 있거나 해상운송만을 허용하는 경우에 이 서류는 수리될 수 없다.

그러나 신용장에 본선적재와 관련한 언급이 없거나 복합운송이나 항공운송을 허용한 경우에는 수취 선하증권도 수리할 수 있다. 왜냐하면 컨테이너운송이나 항공운송은 선적을 위해 화물을 운송인에게 맡기는 시점에서 B/L을 발급해주므로 수취식이 될 수밖에 없기 때문이다.

(7) 운송주선인발급 선하증권(Forwarder's B/L)

Forwarder들이 취급하는 운송서류는 본선적재의 확인이 어렵고 또한 이들의 자산규모가 영세하기 때문에 사고 발생시 발행은행이나 수입상이 구상권을 행사하는 데도 지장을 받게 되므로 일반적으로 은행은 Forwarder's B/L의 수리를 거절한다.

그러나 복합운송이나 항공운송의 경우 운송수단 보유회사가 직접 고객을 상대로 하여 운송증권을 발급하는 사례가 많지 않으므로 이러한 경우에는 포워더의 이용이 불가피하다. 따라서 Forwarder's B/L이더라도 그 포워더가 자신의 이름으로 운송업을 영위하고 있는 운송인이거나 국제복합주선업자(operator) 또는 이들의 대리인(as for agent) 자격으로 운송서류를 발급하면 유효한 서류로 인정된다.

6) 선하증권 이외의 운송서류

운송서류의 종류는 운송방식 만큼이나 다양하다. 가장 일반적인 운송서류인 해상선하증권 외에도 다음과 같은 운송서류들이 있다.

(1) Sea Waybill(해상화물운송장, SWB)

해상화물운송장은 운송계약의 증거와 화물수취의 증거로 선사가 발행하는 운송서류이지만 선하증권과 달리 유가증권은 아니다.

선하증권과 해상화물운송장은 양자택일이기 때문에 동일 건에서 선하증권이 발행되면 해상화물운송장은 발행되지 않는다. 이 서류는 인접 국가간의 무역에 있어 운송화물의 수송시간 단축의 이점을 살리기 위해 기명식의 비유통성으로 발행하여 화물 도착 즉시 신속하고 화물을 매도인에게 인도할 수 있도록 한 것이다.

이 서류는 운송계약의 존재를 입증하는 것일뿐 원래부터 'Non-negotiable'이기 때문에 유통성이 없어 양도가 불가능하다.

(2) Air Waybill(항공화물운송장, AWB)

항공화물운송장은 항공운송의 대표적인 운송서류로서 첫째, 화물의 운송계약체결의 증거서류 둘째, 하주로부터 화물을 수령하였다는 수령증 혹은 항공기 적재화물에 대한 수취증 셋째, 운임과 제요금의 명세서 겸 청구서의 기능을 가지고 있다.

항공화물운송장에는 송하인과 수하인의 성명, 주소, 도시, 국명을 기입하고 출발지 공항과 운송구간, 운임지불방식 등이 정확히 기재되어야 한다.

항공화물운송장에 기록되는 문자와 숫자는 라틴 문자와 아라비아 숫자를 사용하고, 사용 문자는 영어, 불어, 스페인어를 사용하는 것을 원칙으로 한다.

항공화물운송장은 해상운송의 선하증권에 해당하는 것이지만, 원칙적으로 기명식으로 발행되기 때문에 선하증권과는 달리 유통성이 없다는 것이 특징이다.

즉, 해상선하증권이 유가증권인데 반하여, 항공화물운송장은 수취증서에 불과하여 이 운송장을 소지하였어도 화물의 인도를 청구할 수 없다.

(3) Multimodal Transport Documents(복합운송증권, MTD)

복합운송증권은 컨테이너 운송수단의 발달로 송하인의 문전에서 수하인의 문전까지 적어도 두 가지 이상의 다른 운송방법에 의해 운송되는 복합운송이 이루어지는 경우에 발급되는 운송서류로 복합운송 선하증권(Multimodal Transport B/L)이라고도 한다.

이것은 운송인의 성격에 따라 부르는 B/L의 한 종류로 복합운송인이 육해공 등 2가지 이상의 운송수단을 이용하여 복합운송을 할 때 발행되는 선하증권이다.

3. 운송서류와 신용장통일규칙(UCP 600)

1) 운송서류 관련 조항의 정비

UCP 500에서는 선하증권(제32조), 비유통성 해상화물운송장(제24조), 용선계약선하증권(제25조), 복합운송서류(제26조), 항공운송서류(제27조), 도로, 철도 또는 내륙수로운송서류(제28조), 특송화물수령증 및 우편수령증(제29조)의 순서로 운송서류가 배열되어 있었다. 그러나 UCP 600에서는 복합운송서류(제19조) 다음에 나머지 운송서류를 UCP 500과 동일하게 배열하였으며, 또한 포워더(Forwarder)가 발행하는 운송서류(UCP 500 제30조)에 관한 규정은 삭제하였다.

그런데 UCP 600 제25조는 UCP 500에 규정되어 있는 것과 반대로 특송화물수령증(Courier Receipt)을 먼저 배열하고 그 뒤에 우편수령증 또는 우송증명서(Post Receipt or Certificate of Posting)의 조항을 규정하고 있다. 이것은 특송화물수령증의 사용량이 많아진 것에 기인한 것으로 판단된다.

2) 운송서류의 명칭 변경

첫째, UCP 600 제19조(복합운송서류)에서는 복합운송서류는 '적어도 두 가지의 다른 운송방식을 표시하는 운송서류'라고 정의하고 있으나 그 명칭에 관하여는 기존의 UCP 500 제26조에서 사용되고 있었던 'Multimodal Transport Document'의 명칭을 통합하여 그대로 수용하고 있다.

둘째, UCP 600 제20조(선하증권)에서는 '선하증권'이라고만 표현하고 있다. 즉, 기존의 '해상'이라는 용어와 '항구간 선적을 표시하는'이라는 어구가 삭제되었다.

셋째, UCP 600 제25조(특송화물수령증)에서는 기존의 UCP 500에서 사용하였던 '속달업자'라는 용어를 삭제하였고 제25조 c항(우편수령증 또는 우송증명서)에서는 '그 명칭에 관계없이(however named)'라는 어구가 새로이 추가되었다.

3) 운송서류상의 환적 관련조항의 변경

각 운송서류 수리요건의 후미에 '환적이란 신용장에 명기된 발송, 수탁 또는 선적지로부터 최종목적지까지의 운송과정 중에 한 운송수단으로부터의 양하 및 다른 운송수단으로의 재적재를 말한다.'고 규정함으로써 환적의 정의에 관한 조항을 신설하였다.

각 운송서류 조항에 규정된 환적은 신용장에 명기된 출발지나 출발공항에서 목적지나 목적공항까지의 운송과정 중에 한 선박이나 항공기로부터 양하 및 다른 선박이나 항공기로의 재적재를 의미한다.

4) 선하증권(B/L)의 수리 요건

신용장통일규칙 제20조에서는 신용장이 선하증권(Bill of Lading)을 요구할 경우에 수리될 수 있는 요건을 다음과 같이 규정하고 있다.

(1) 발행자와 서명권자

선하증권은 문면상 운송인의 명칭이 표시되어 있고 지정된 운송인(carrier)뿐만 아니라 선장(master)이나 그 지정대리인이 발행하고 서명 또는 인정한 것이어야 한다.

만일 그 대리인이 서명한 경우에도 반드시 운송인이나 선장의 명의와 자격을 나타내어 운송인을 대리한 것인지 또는 선장을 대리한 것인지를 표시해야 한다. 그래야만 서류의 심사자가 해당 서명이 운송인의 것인지, 선장이나 대리인의 것인지 파악할 수 있다.

실무적으로 서명자가 운송인, 선장 또는 이들의 대리인인 경우에는 'as carrier(운송인으로서)', 'as master(선장으로서)' 또는 'as agent for …(…의 대리인으로서)'로 각각 표시한다. 그리고 운송인, 선장 또는 대리인인 경우로서, 운송인의 대리인인 경우에는 'as agent for XXY Shipping, the carrier', 선장의 대리인인 경우에는 'as agent for the master' 와 같이 그 대리인이 대리하는 자를 표시하고 서명한다.

(2) 본선 적재 또는 선적사실 표시

선하증권은 물품이 신용장에서 명기된 선적항에서 지명된 선박에 본선적재 되었다는 것을 사전 인쇄된 문언이나 본선적재필 부기로 명시한 것이어야 한다. 만약 선하증권이 본선적재 표기를 포함하지 않았다면 증권의 발행날짜를 선적일로 간주하며, 선하증권에 본선적재 표기가 된 경우에는 본선적재 표기일자가 선적일로 간주된다.

한편, 선하증권을 발행할 때 선박 명칭을 구체적으로 표기하지 않고 단순하게 예정된 선박(intended vessel)으로만 기재된 경우에는, 비록 그 예정된 선박에 물품을 적재하였다 하더라도 본선적재의 서명에는 반드시 적재된 일자와 함께 선박명이 기재되어야 한다. 왜냐하면 은행의 입장에서는 물품이 예정된 선박에 실제로 본선에 적재되었는지를 확인하여야 할 의무가 없기 때문이다.

(3) 신용장상의 선적항과 양륙항 표시

선하증권에는 신용장이 요구하는 선적항과 양륙항이 반드시 기재되어야 한다. 따라서 은행은 약정된 선적항과 양륙항이 기재되지 않고 제시된 선하증권은 수리거절된다.

기존의 신용장통일규칙에서는 선하증권을 발행할 때 지정된 선적항과 양륙항을 각각 달리 기재하여도 무방하였으나, UCP 600에서는 선하증권의 선적항과 양륙항은 반드시 신용장의 조건과 일치하게 기재하도록 요구하고 있다.

따라서 해상선하증권의 경우 ① 선적항과 다른 수탁지 및/또는 양륙항과 다른 최종 목적지만을 명시하거나 ② 예정된 선적항(intended port of loading) 또는 예정된 양륙항(intended port of discharge)만을 표시해서는 안 된다. 이러한 경우에 은행은 그 제시된 선하증권을 수리 거절해야 한다.

(4) 전통의 원본 선하증권

선하증권이 단일의 원본이나 2통 이상의 원본으로 발행된 경우에는 선하증권에 표시된 대로의 원본 전통이 제시되어야 한다. 선하증권은 보통 원본이 3통이 발행되기 때문에 3통 전부가 은행에 제기되어야 한다.

(5) 정식 또는 약식선하증권

선하증권은 운송에 관한 이면약관이 있는 것도 좋고 그 약관이 없는 약식의 것도 무방하다. 본 조항은 운송조건을 모두 기재한 정식선하증권 뿐만 아니라, 운송조건의 전부 또는 일부를 선하증권 이외의 자료에 참조하도록 발행된 선하증권(약식/배면백지식)의 수리가능성을 인정하고 있는 것이다. 따라서 은행은 운송약관을 전부 기재한 정식선하증권 뿐만 아니라 약식선하증권도 동일하게 수리한다.

(6) 용선계약 선하증권의 수리거절

선하증권에는 용선계약에 따른다는 어떠한 명시도 없어야 한다. 왜냐하면 용선계약에 의한 운송조항이 포함된 선하증권은 수리되지 않기 때문이다. 그러나 신용장이 이러한 서류를 특별히 허용하는 경우에는 예외이다.

(7) 환적서류의 처리

본 조항에서 환적은 신용장에 규정된 선적항에서 양륙항까지의 운송과정 중에 화물을 하나의 선박으로부터 다른 선박으로 양하하여 재적하는 것을 의미한다.

이번 UCP 600에서는 환적에 관한 규칙을 각 운송방식별로 삽입하고 있다. 그 이유는 환적은 어떠한 운송방식에도 발생할 수 있지만 그 결과는 환적에 직접 관계된 운송방식에 따라 달라질 수 있기 때문이다.

또한 UCP 600에서는 환적이 금지된 경우에도 수리되는 운송서류의 조건을 구체적으로 열거하고 있다. 즉, 환적은 신용장 조건상 별도로 금지되어 있지 않는 한 허용되며, 전해상운송이 단일(동일)의 선하증권에 의해 커버되면 환적선하증권은 수리된다.

또한 비록 환적을 신용장에서 조건으로 금지하고 있더라도 컨테이너, 트레일러 및 또는 LASH Barge에 의해 환적될 것이라고 명시된 선하증권은 수리된다는 것이다.

제3절 해상운송과 보험

1. 해상운송과 해상보험

1) 해상보험의 필요성

무역거래는 물품을 운송하는 과정에서 선박의 좌초, 침몰, 충돌 등과 같은 해상고유의 위험이나 전쟁 등과 같은 인위적 위험들이 발생할 수 있다.

또한 수출자 소재지의 창고 입고, 출고, 본선 적재와 항해, 양륙항에서의 취급, 보세창고에 보관, 최종 목적창고에 입고 과정에서 여러 위험들이 발생할 수 있다.

무역거래자들은 이러한 위험의 발생으로부터 초래되는 재산상의 손실을 보상받기 위해 화재보험(fire insurance), 운송보험(transport insurance), 해상보험(marine insurance) 등에 가입하여 만일의 손해발생에 대비하고 있다.

그러나 실제 거래에서는 이들 보험을 모두 가입하지 않고 해상보험만 가입하고 나머지 보험은 특약사항으로 부가시켜, 무역상품의 선적, 항해, 양륙 과정에서 발생할지도 모르는 운송의 위험이나 화재의 위험들을 모두 커버하고 있다.

그것은 해상보험은 해상에서 발생하는 손해뿐 아니라 항해에 부수되는 육상이나 항공위험까지도 확장 담보해주는 육상·해상혼합보험의 성격을 가지고 있기 때문이다.

2) 해상운송과 해상보험

무역거래가 원활하게 이루어지기 위해서는 운송인과 운송계약이 체결되어야 할 뿐 아니라 화물이 매수인에게 인도될 때까지의 운송 도중에 발생할 수 있는 예기치 못한 여러 가지 위험에 대비하여 보험계약도 체결되어야 한다.

만일 운송인이 운송 도중에 발생한 화물의 손해에 대해 하주에게 신속하게 전액을 배상해 준다면 하주가 별도로 보험자와 보험계약을 체결할 필요는 없을 것이다.

그러나 운송계약에 따른 운송인의 책임은 여러 가지로 제한되어 있고 해상사고에 대한 대부분의 책임을 운송인은 부담하지 않기 때문에, 별도로 보험계약을 체결하는 것이 필요하다.

즉, 운송인의 책임에는 한도가 있고 더욱이 불가항력이나 법률이나 특약에 의해 면책되는 손해는 운송인에게 책임이 없기 때문에 보상을 받을 수가 없다. 따라서 운송인이 면책되는 위험은 결국 하주가 부담해야 하는데 이들 하주가 부담하는 위험들은 해상적하보험(marine cargo insurance)으로 담보하고 있다.

2. 해상운송과 선박보험

1) 선박보험의 개요

선박보험(hull insurance)은 선박이 건조, 운항, 계선 중에 발생하는 크고 작은 각종 위험으로 발생하는 손해를 입는 경우 이를 보상하는 해상보험의 일종이다.

선박보험은 ITC-HULLS(Institute Time Clauses, 협회기간약관)을 기본으로 하고, 여기에 각종 특별약관을 첨부하여 선체의 물적 손해나 선체 사고로 인하여 발생하는 비용손해를 담보하고 있으며, 타 선박과의 충돌사고 발생시 상대방에 대한 법적 손해배상책임(충동손해 배상책임)도 담보하고 있다.

선박보험은 충돌손해 배상책임을 제외하고, 제3자에 대한 배상책임은 담보하지 않기 때문에 선원, 승객, 화물, 해상오염 등의 제3자에 대한 배상책임에 대비하여 선주는 선주책임상호보험(Protection and Indemnity(P&I) Insurance)에 가입하고 있다.

2) 선박보험의 종류

(1) 기간보험과 항해보험

기간보험(time insurance)은 해상보험에서 일정 기간(보통 1년)을 보험기간으로 설정하는 보험계약을 말하며 부보기간을 특정된 항해기간으로 정하는 항해보험(voyage insurance)에 대응하는 것이다. 선박보험에서는 원칙적으로 기간보험계약을 체결하는데 그 이유는 항해 시마다 부보하는 불편을 없게 위함이다.

물론 선박보험의 경우에도 예를 들어 고철선박을 해체하여 용광로에 넣기 위한 최후적 항해를 할 때나 특수 작업선 혹은 특정구역 어획조업선이 작업 장소 또는 조업지를 이동하는 항해를 할 때에는 일반적으로 항해보험계약을 체결하기도 한다.

항해보험은 일정 구간에서 일정 구간까지 1항해를 단위로 하여 인수하기 때문에 항해 개시시점에서의 선박의 내항성(seaworthiness) 문제가 대단히 중요하다.

(2) 선체 및 기관보험

선체 및 기관보험(hull & machinery insurance)은 선체 그 자체와 모든 선박자재(materials)·의장선구(outfit)·기관과 항해 용구나 기타 비품 등을 포함한 선박 전체를 피보험목적물로 하여 부보하는 보험이며 보험기간 중에 보험증권에 기재된 담보위험에 근인하여 발생된 피보험 선박에 발생하는 모든 물적 손실이나 비용손해가 담보되는 보험이다. 이외에도 선박간 충돌사고가 발생한 경우에는 피보험 선박의 선주가 가해 선주로서 상대 선박에 대한 법적 충돌배상책임도 담보하는 보험이다.

(3) 선비보험

선비(disbursement)는 선박을 운항하는데 소요되는 비용으로 연료비, 부식비, 항내에서의 관습적인 예인비, 선적비, 항만시설 사용료 등을 말한다.

이러한 비용들은 선주가 예정된 항해를 성공적으로 마치고 운임수익을 획득함으로써 회수된다. 그러나 이 비용들은 선체보험 가액에 포함되어 있지 않기 때문에 항해 도중 선박이 멸실 및 손상된다면 선주는 이미 지출한 선비를 회수할 방법이 없게 된다.

이와 같이 선주는 선박이 항해 중 보험사고가 발생할 것을 대비하여 이미 지급된 비용을 회수하기 위해 보험에 가입하는데, 이것을 선비보험(disbursement insurance)이라고 한다.

선비보험은 전손 사고의 경우에만 담보되는 조건(Total Loss Only, TLO)으로 부보한다. 분손 사고시는 실제로 상실된 선비를 정확히 산출하기가 어렵기 때문이다. 선비보험의 가입한도는 선박보험 가액의 일정 비율(보통 25%)로 제한되고 있다.

(4) 증액보험

증액보험(increase value insurance)은 선박의 가액이 급등할 때 금액을 증액한 보험이다. 즉, 선박의 가액이 급등한 경우에 당초의 가액과의 차액을 증액보험으로 부보하는 것이 증액보험이다.

보험금은 그 선박의 계약 당시 가입금액(협정가액)을 기준으로 지급되기 때문에 선체보험 금액이 사고시 선주가 입은 실제 손실금액에 미치지 못하는 경우가 발생할 경우에는 선주는 선체 보험금 전액을 보험자로부터 보상받는다 하더라도 보험금과 선가와의 차액만큼 손실을 입게 된다. 이러한 손실에 대한 담보가 선주 입장에서는 필요하여 증액보험에 부보하는 것이다.

(5) 선박건조보험

선박건조보험(builders risk insurance)은 선박의 건조에서부터 진수·시운전 및 인도에 이르기까지 이에 따르는 여러 가지 육상 및 해상위험을 담보함으로써 건조자의 경제적 손실을 보험자에게 전가시키기 위한 보험이다.

(6) 전쟁 및 동맹파업보험

전쟁 및 동맹파업보험(War & SRCC insurance)은 전쟁 및 동맹파업 등으로 인하여 선박에 발생한 멸실·손상을 담보하는 보험으로 별개의 증권으로 교부된다.

전쟁보험의 취지는 평화지역에서 우발적인 전쟁위험을 담보하는 것이지만 교전지역이나 전쟁의 발발 가능성이 높은 지역은 제외되는 경우도 있다.

3. 컨테이너운송과 보험

1) 컨테이너화물의 위험

컨테이너는 튼튼하고 안전한 운송용구이기 때문에 재래선 운송에 비해 전반적으로 각종 손해가 방지하거나 경감될 수 있다.

그러나 컨테이너와 관련하여 발생하는 손해는 있기 마련이며 이러한 손해를 완벽하게 방지한다는 것은 사실상 불가능한 일이므로 보험의 필요성이 제기된다.

컨테이너에 의한 화물운송과 관련된 위험들로는 다음과 같은 것들이 있다.

첫째, 컨테이너 터미널(container terminal)에서 발생하는 위험이다. 컨테이너 터미널은 컨테이너선에 화물의 적재와 하역을 원활하고도 신속하게 하는 작업장소 및 설비로 컨테이너운송에서 해상 및 육상운송의 접점인 부두에 위치하고 본선 하역, 화물보관, 컨테이너화물의 인도와 인수가 이루어지는 장소이다.

컨테이너화(containerization) 초기부터 현재까지 각종 태풍에 의한 손해방지를 위한 기술개발은 현저히 발전하였기 때문에 현재에는 대형 태풍에 의한 컨테이너 터미널의 손해는 거의 발생하지 않고 있다.

그러나 일부 지역에서는 대형 태풍이 Container Yard에 내습하여 크레인이나 장치된 컨테이너화물에 막대한 피해를 주고 있다고 보고되고 있다.

둘째, 갑판적재 컨테이너화물의 위험이다. 갑판에 적재되어 있는 컨테이너를 바다에 투하하거나 파도에 의해 컨테이너가 유실되는 손해는 발생빈도는 적지만 일단 발생하면 전손이 될 가능성이 매우 높다.

특히, 갑판적재 화물은 위험발생의 가능성이 높기 때문에 선사들은 그 위험을 면책조항에 포함시키고 있다. 또한 통상적인 해상보험에서도 갑판적재는 담보되지 않기 때문에 이 위험을 담보 받으려면 특약을 하고 할증보험료를 납부해야 한다.

셋째, 컨테이너내의 화물에 발생하는 발열과 발한 등의 위험이다. 컨테이너내의 화물에서 발생하는 발열, 발한, 결로현상은 방습제, 방습포장이나 방습장치 부착 컨테이너 등의 기술개발이 컨테이너화 초기 당시부터 추진되어 왔다.

그러나 항해 도중의 온도차이, 기타의 자연조건, 컨테이너화물의 성질 및 포장의 상태, 컨테이너 내에 적입되는 깔개나 충전물의 수분 함유율 등 여러 요인이 복합적으로 작용하게 되면 컨테이너화물에서 불가피하다고 생각되는 발열, 발한, 결로 등의 손해도 발생할 수밖에 없다. 특히, 컨테이너에 미세한 틈이 생겨 침수하는 경우와 온도차에 의한 결로현상이 있는 경우에는 이러한 위험이 발생할 가능성이 높다.

2) 컨테이너보험의 의의와 특징

(1) 컨테이너보험의 의의

컨테이너 화물운송에서 운송인은 자기가 소유하거나 임차한 컨테이너 자체의 멸실이나 손상에 대비하여 보험에 가입할 필요가 있을 뿐 아니라, 컨테이너와 관련된 사고로 말미암은 제3자에 대한 배상책임이나 컨테이너 적입화물에 대한 운송인으로서의 책임도 부보할 필요가 있다.

컨테이너보험은 컨테이너와 관련하여 발생하는 손해의 발생을 대비하기 위해 고안된 것으로 컨테이너 자체보험, 컨테이너 소유자의 제3자에 대한 배상책임보험, 컨테이너 운영자의 화물손해배상책임보험을 포괄한 보험이다.

이러한 3종류의 보험을 일괄하여 하나의 증권(blanket policy)으로 부보할 수도 있고 개별보험을 단독으로 부보할 수도 있다. 왜냐하면 컨테이너는 운송용구이지만 컨테이너 자체를 하나의 화물로 취급하여 무역거래의 대상이 되기도 하며, 컨테이너는 화물 그 자체로서 적하보험에서 피보험목적물이 되기 때문이다.

그러나 컨테이너 임차인을 포함한 소유자의 제3자에 대한 배상책임보험과 컨테이너 운영자의 화물손해 배상책임보험은 원칙으로 단독으로는 부보할 수 없고 컨테이너 자체보험과 한 Set가 되어 같은 조합으로 부보되어야 한다.

그것은 컨테이너 자체보험과 컨테이너 운영자의 화물손해 배상책임보험의 관계는 불가분한 것이며, 컨테이너 자체보험은 책임보험의 기초가 되기 때문이다.

컨테이너 자체보험은 컨테이너의 수송 중 뿐 아니라 보관 중, 검사 및 수리 중에 발생한 손해도 보상한다. 그러나 컨테이너 본래 목적 이외의 용도로 사용할 때 발생하는 손해는 당연히 보상되지 않는다.

(2) 컨테이너보험의 발전

컨테이너보험은 1968년 5월에 영국의 유력한 3개의 P&I Club이 TTMM(Through Transit Marine Mutual Assurance Association Ltd.)을 설립하여 컨테이너 수송과 관련하여 발생하는 손해(화물을 제외)나 책임 및 비용을 포괄적으로 담보하는 체제를 확립한데서 비롯되었다.

우리나라의 손해보험 업계에서도 TTMM에 대항하여 컨테이너 자체의 손해보상을 주축으로 현재 컨테이너 수송과 관련하여 발생하는 컨테이너 소유자나 컨테이너 임차인의 배상책임을 포괄적으로 담보하는 것을 목적으로 하는 컨테이너보험을 개발하여 시판하고 있다.

(3) 컨테이너보험의 특징

컨테이너보험은 컨테이너 수송에 종사하는 운송인이 자기가 소유하거나 임차한 컨테이너 자체의 멸실이나 손상에 대비하여 보험에 가입할 필요가 있을 뿐 아니라, 컨테이너 수용화물에 대한 운송인으로서의 책임, 거기에 컨테이너와 관련된 사고로 말미암은 제3자에 대한 배상책임도 커버할 필요가 발생하였기 때문에 만들어진 제도이다.

컨테이너보험은 일반 손해보험과 비교하여 다음과 같은 특징을 가지고 있다.

첫째, 컨테이너보험은 원칙적으로 컨테이너 자체보험, 컨테이너 소유자(컨테이너 임차인도 포함)의 제3자에 대한 배상책임보험, 컨테이너 운항자의 화물손해 배상책임보험 등의 3가지 보험을 포괄해서 한 장의 증권으로 인수한다.

둘째, 컨테이너보험의 담보기간은 원칙적으로 연간을 기준으로 계약이 이루어진다. 이것은 기간과 관계없이 일정 항해만을 담보기간으로 설정하고 있는 해상적하보험과는 성격이 다른 것이다.

셋째, 컨테이너보험의 대상이 되는 컨테이너는 국제표준화기구(ISO) 규격 및 이에 준하는 국제해상운송용(외항) 컨테이너이다.

넷째, 컨테이너보험의 담보구간은 세계 각지와 각 항구 상호간의 운송뿐 아니라 보관중이거나 수리, 검사를 위한 이동 및 그 기간 중에도 포함된다. 따라서 보험기간 중에 사고가 발생하면 운송중이거나 보관 중 또는 수리나 검사가 진행 중에 있는 경우라도 보상받을 수 있다.

다섯째, 컨테이너보험은 소손해 면책을 위한 Deductible Franchise나 Excess가 첨부된다. 여기에서 Franchise는 손해가 일정 비율 또는 일정액에 이르지 않는 경우에는 전혀 보상하지 않으나 이것을 초과하면 손해액 전체를 보상하는 방식인 반면, Excess는 소손해 면책금액 또는 비율을 공제한 후 잔액인 초과액만을 보상하는 방식이다.

컨테이너보험도 다른 손해보험제도와 같이 손해사정 처리상의 번잡함을 고려하여 소손해 면책제도를 채택하고 있는 것이다.

여섯째, 컨테이너보험의 특수성을 고려하여 컨테이너 보험증권은 일반적인 보험증권보다 유통성을 제한하고 있다.

일곱째, 컨테이너보험은 런던 보험업자협회(Institute of London Underwriters, ILU)가 제정한 협회컨테이너약관(Institute Container Clause)을 사용하고 있다.

여덟째, 컨테이너보험은 컨테이너 자체보험, 컨테이너 소유자(임차인도 포함)의 제3자에 대한 배상책임보험, 컨테이너 운항자의 화물손해 배상책임보험마다 손해전보 한도액(limit of liability)이 설정되어 있다.

(4) 컨테이너보험의 종류

① 컨테이너 자체보험

컨테이너 자체보험(container itself insurance, itself or box or van insurance)은 피보험목적물인 컨테이너 자체의 운송, 보관, 검사 및 수리 중의 멸실이나 추락과 다른 물체와 충돌하여 발생하는 손상에 의한 경제적 손실을 보험자가 보상하는 보험이다.

컨테이너는 일반화물과 달리 반복적으로 사용되는 용기이기 때문에 수송뿐 아니라 보관, 검사, 수리 중의 손해도 보상된다. 다만, 컨테이너 본래 목적 이외의 용도로 사용할 때 발생하는 손해는 보상되지 않는다.

일반적으로 컨테이너보험이라고 하면 이 컨테이너 자체보험을 의미한다. 컨테이너 자체보험은 보험계약을 체결할 때에 항해를 기준으로 하는 항해구간을 보험기간으로 할 수 없고 기간을 기준으로 1년 미만의 기간을 보험기간으로 하는 것이 일반적이다.

또한 컨테이너 자체보험에서는 컨테이너 소유자가 보험계약자나 피보험자가 되는 것이 일반적이다. 그러나 임차 컨테이너(lease container)의 경우에는 임차인(lessee)이 준소유자로서 컨테이너 자체보험계약을 체결하게 되는데 이 경우에 임차인은 컨테이너 소유자에 대한 배상책임보험을 특약하게 된다.

② 컨테이너 소유자의 제3자에 대한 배상책임보험

컨테이너 소유자(임차인 포함)의 제3자에 대한 배상책임보험(container owner's third party liability insurance, TPL)은 컨테이너 소유자나 임차인이 컨테이너 운송 작업 중 혹은 컨테이너와 관련된 사고로 제3자에게 끼친 신체적 손상이나 재산상의 손해(예로 미수선된 컨테이너의 사용 도중 컨테이너 바닥이 빠져 제3자에게 상처를 입힌 경우 등)에 대하여 보상하는 보험이다.

이 보험은 간단히 배상책임보험이라고도 부르고 있다. 이 배상책임보험에서도 피보험자의 고의나 중과실에 의한 손해, 전쟁이나 폭동, 지진이나 화산에 의한 천재지변 등으로 인한 손해는 보상되지 않는다.

③ 컨테이너 운영자의 화물손해 배상책임보험

컨테이너 운영자의 화물손해 배상책임보험(container operator's cargo indemnity insurance, cargo indemnity)은 컨테이너화물의 손해에 대해 컨테이너 운영자가 법률상 및 운송계약상의 배상책임을 이행함으로써 입는 경제상의 손실을 보상하는 보험이며, 간단히 화물손해 배상책임보험이라고도 한다. 이 보험은 원칙으로 계약기간을 1년으로 하고 ISO 규격 및 이에 준하는 외항 컨테이너 내 수용화물을 피보험목적물로 하며, 세계 각지의 각항 상호간을 수송하는 기간을 담보한다.

제Ⅲ부 항공운송

제 9 장 항공운송의 기초

제10장 항공운송 운임과 운송사업

제11장 항공화물운송장과 항공업무

제12장 항공운송의 국제협약과 무역거래

항공운송의 기초 제 9 장

제1절 항공운송의 의의와 특징

1. 항공운송의 의의와 발달 과정

1) 항공운송의 의의

항공운송(air transportation)은 항공기에 화물, 승객, 우편물을 탑재하고 국내외 공항에서 다른 공항까지 공로(air route)로 운송하는 국제간의 운송을 말한다.

항공운송은 무역거래에서 매우 중요한 운송방식이다. 무역거래에서 의미하는 항공운송은 항공화물운송장(Air Waybill, AWB)을 통해 수송되는 화물운송만을 지칭하며 승객이나 그 수하물(passenger's baggages), 우편물 등은 제외된다.

무역운송은 해상운송이 주류를 이루고 있지만 최근 항공산업의 급속한 발전, 화물전세기의 등장 및 신속한 운송요구에 따라 항공운송의 비중이 점차 증가되고 있다.

특히 경제의 질적인 발전과 함께 반도체, 광학기기, 전자제품, 시계 등 고부가가치의 소형 경량화물은 비싼 운임을 지불하여도 신속한 운송을 요구하고 있기 때문에 거의 100% 항공운송을 선호하고 있다.

2) 항공운송의 발달 과정

인류 최초로 동력기(self-propelled man-carrying airplane)에 의한 비행의 성공은 1903년 12월 라이트형제가 이룩하였다. 그 후 항공기는 프로펠러시대에서 제트엔진시대로 발전하였고 1970년대에는 약 100톤의 화물도 탑재할 수 있는 점보제트기(jumbo jet)의 등장으로 대량운송이 가능하게 되었으며 최근에는 초음속기도 출현하였다.

우리나라는 1922년 한국인 최초의 비행사 안창남이 일본에서 금강호를 들여와 비행회를 가짐으로써 비행기 시대가 열렸고, 본격적인 항공운송의 시작은 1962년 대한항공공사가 설립된 이래 1969년 한진상사가 이를 인수하여 오늘의 대한항공(KAL)으로 바뀌면서 부터이다. 1988년에는 금호그룹이 아시아나 항공을 설립하여 국내의 항공산업은 본격적인 경쟁체제로 돌입하였으나 2019년 매각이 결정되었다.

2. 항공운송의 특징

운송에 대한 하주들의 요구 사항은 빠르고(신속성) 적절한 시간에(적시성) 저렴한 운임으로(경제성) 가장 간편한 절차에 따라(편리성) 서비스되는 것인데, 항공운송은 다음과 같은 특징을 통해 이들을 충족시켜 주고 있다.

1) 신속성

항공운송의 가장 큰 강점은 수송 시간이 절대적으로 짧다는 것이다. 운임은 보통 해상운송보다 비싸지만 항공운송을 선택하는 이유 중의 하나가 바로 물품의 신속한 정시(just-in-time) 공급이 가능하기 때문이다.

상품의 신속한 운송은 고객에게 그 운송비용을 전가시킬 수 있음은 물론 그 상품의 실제가치보다 더 높은 가격에 판매할 수 있고, 상품을 보관함으로써 발생하는 자본비용의 절감과 아울러 도난과 손상으로 발생할 수 있는 손실도 최소화 할 수 있다.

운임 자체는 비싸지만 수송의 신속성에 따른 다른 부분에서의 비용절감과 총이익 증대는 항공운송을 빠른 속도로 증가시키는 요인이 되고 있다.

2) 정시성

항공운송의 또 다른 특징 중의 하나는 화물을 저녁때까지 집하하여 탑재하면 다음날 오전 중에 수하인에게 인도(over night delivery)할 수가 있기 때문에 정시 혹은 적시 서비스(on-time service)가 가능하고 야간운행으로 화물인도가 정확하다는 점이다. 따라서 항공운송은 긴급 및 부패성 화물의 수송에 매우 적합한 운송형태이다.

3) 서비스의 완벽성

항공운송은 다른 운송수단보다 서비스의 완벽성이 우수하다. 여기에서 서비스의 완벽성은 본질적으로는 문전(door to door) 서비스를 의미하는 것이지만 신속한 집하(pick-up)와 인도(delivery), 화물추적(tracing)의 용이성 등을 통해 수하인의 창고까지 안전하게 수송할 수 있는 능력들도 여기에 포함된다.

4) 비경제성

항공운송의 운임은 해상운송에 비해 20배 정도 비싸고 중량도 제한을 받기 때문에 비경제적인 측면도 있다. 그러나 저가의 중량화물을 대량으로 운송하는 경우에는 국제해상운송이 매우 유리한 반면, 고가의 화물로서 화물의 단위 무게 당 가치가 높은 화물이나 시간이 돈(time is money)이 되는 화물은 유리할 수 있다.

제2절 항공운송의 대상화물과 화물의 탑재

1. 항공운송의 대상화물과 단위화

1) 항공운송의 대상화물

항공운송에 적합한 대상화물은 재해 구호품과 같은 긴급 수요품과 신문이나 원고 등 긴급을 요하는 물품, 귀금속이나 반도체 제품 등 중량에 비해 고가이거나 귀중품, 그리고 물류관리 및 마케팅 전략품목 등이다.

(1) 긴급을 요하는 물품과 특수화물

첫째, 긴급 수요품으로 기계, 선박, 항공기 등의 제조나 조립에 소요되는 부품, 긴급 의료품, 견본, 납기가 긴박한 상품, 계절상품, 재해 구호품 등이 여기에 해당한다.

둘째, 시기를 놓치면 가치가 없어지는 품목과 신속운송을 요하는 품목으로 신문, 잡지, 뉴스 필름, 원고와 생화, 살아있는 동물, 활어 등이 여기에 해당한다.

셋째, 특수화물은 위험물이나 유해, 외교행낭, 항공우편과 같이 접수, 보관, 탑재시 특별한 주의를 필요로 하는 화물로 각 화물의 특성에 따라 별도로 취급(handling)된다.

(2) 중량에 비해 고가이거나 귀중품

항공운송은 모피, 미술품, 귀금속, 시계, 의약품, 의류, 전자·전기제품, 광학기기, 반도체제품 등 중량에 비해 고가이거나 귀중품들을 주로 운송한다.

우리나라 수출입에 있어 항공운송은 물량기준으로는 1%에도 미치지 못하지만, 금액기준으로는 약 30%에 달하고 있어 그만큼 고가품들이 주로 항공운송되고 있다.

(3) 물류관리 및 마케팅 전략품목

항공운송은 과잉 재고로 인한 가격하락의 방지, 경쟁물품보다 신속한 서비스를 제공할 목적, 물류관리상 창고시설과 재고에 대한 투자 절감을 위해 이용한다.

2) 항공화물의 단위화

초기 항공화물은 인력에 의한 Bulk 탑재방식이었다. 그후 항공기의 대형화와 하역작업의 기계화로 항공화물의 컨테이너화와 파렛트화(palletized)가 이루어졌다.

이러한 변화는 인력에서 기계로, 개별 탑재에서 단위 탑재로, 단순운송관리에서 종합물류관리로 항공운송의 수송체제가 변화된 것을 의미한다.

2. 항공운송의 단위 탑재용기

항공운송의 단위 탑재용기(Unit Load Device, ULD)는 화물을 담을 수 있게 한 일정한 항공화물 운송용기로, 종래의 벌크화물을 항공기에 탑재하는데 적합하도록 제작된 항공화물용 컨테이너와 파렛트 및 이글루를 말한다.

1) 항공화물용 컨테이너

항공화물용 컨테이너(aircraft container)는 항공기 내부의 화물실(cargo bay)에 적재가 가능하도록 제작된 항공기용 컨테이너이다. 박스들의 한쪽 귀퉁이가 모두 대각선으로 깎여 있는데, 그것은 둥그런 항공기 내벽 모양에 맞게 설계되었기 때문이다.

원래 알루미늄으로 제작되지만 자체 무게가 상당하기 때문에 요즘에는 특수 합성수지로 제작되어 무게를 줄인 형태도 많이 사용되고 있다.

2) 항공파렛트

항공파렛트(aircraft pallet)는 항공화물에 사용되는 파렛트이다. 파렛트는 지게차 등으로 화물을 실어 나를 때 화물을 안정적으로 옮기기 위해 사용하는 구조물을 말하지만 일반적으로는 알루미늄 합금으로 제작된 평판을 의미한다.

파렛트는 파렛트 위의 화물을 특정 항공기의 내부 모양과 일치하도록 적재 작업한 후 망(net)이나 띠(strap, 끈)로 묶을 수 있도록 고안되었으며 대부분의 파렛트는 국제항공운송협회(IATA)가 제정한 표준규격에 의거하여 제작되고 있다. 전용화물 항공기에서는 컨테이너보다 항공파렛트를 사용하는 빈도가 더 높은 경우도 있다.

3) 이글루

이글루(igloo)는 에스키모(eskimo) 사람들이 눈과 얼음으로 만든 집 모양에서 유래된 것으로 알루미늄이나 유리섬유(fiberglass) 재질을 사용하여 항공기의 동체 모양에 맞게 모서리를 둥글게 하여 공간을 최대한 활용하도록 고안된 용기이다.

aircraft container	aircraft pallet	igloo

3. 항공화물의 탑재방식

1) 낱개화물 탑재방식

낱개화물 탑재방식(bulk loading)은 항공기의 하부 화물실에 개별 화물을 인력으로 직접 탑재하는 방식이다. 이를 살화물 또는 산화물 탑재방식이라고도 한다.

가장 원시적인 탑재방식이지만 전용화물 항공기를 제외한 대부분의 경우 한정된 밑바닥 공간에 탑재 효율을 높이기 위해 화물을 적재할 때 이 방식을 사용하고 있다.

2) 파렛트 탑재방식

파렛트 탑재방식(pallet loading)은 파렛트 위에 화물을 올려놓고 그물(net) 등으로 고정시킨 뒤 항공기 화물실의 바닥에 장치되어 있는 굴림대(roller bed) 위를 굴려 항공기내의 정 위치에 고정시키는 방식이다.

이 방식은 항공화물 탑재방식의 기초가 되는 것으로 1962년에 지상 체류시간의 단축을 위해 목판을 상하로 하드보드로 덮고 알루미늄으로 사방을 덮어씌운 파렛트라는 운송용구를 고안하여 이를 이용하여 적재한 것으로부터 비롯되었다.

3) 컨테이너 탑재방식

컨테이너 탑재방식(container loading)은 컨테이너라는 화물실에 알맞은 항공화물 전용 용기를 사용하여 탑재하는 방식이다. 항공기용 컨테이너는 해상운송에 사용되는 컨테이너보다 중량이 가볍다.

이 방식에서 컨테이너는 화물 실내에 있는 통제박스(control box)를 조작하고 화물실 바닥에 있는 전동식 롤러(roller)를 통해 자동으로 탑재된다.

다른 탑재방식보다도 안정성이 높고 하역작업의 기계화를 실현할 수 있으며 운송능력이 높기 때문에 가장 효율적인 항공화물의 탑재방식으로 평가되고 있다.

bulk loading

pallet loading

container loading

항공운임과 운송사업 제10장

제1절 항공운임

1. 항공운임의 의의와 적용원칙

1) 항공운임의 의의

항공운임 또는 항공화물 운임은 항공회사의 항공 화물수송을 위한 서비스 대가로 하주가 항공회사에게 지급하는 금전을 말한다. 항공운임을 산정할 때에는 국제항공운송협회(IATA)가 제정한 운임표(tariff)가 국제적으로 널리 사용되고 있다.

그 이유는 수많은 항공사들 사이의 혼란 조정과 지나친 운임경쟁을 방지하기 위해 항공사들이 IATA 운임 조정회의에 모여 전원일치 원칙에 따라 국제항공운임이 결정되기 때문이다. 이렇게 결정된 항공화물 운임은 해당국 정부의 인가를 받아 사용하는데 우리나라도 동 운임요율에 의거 정부의 승인을 받아 사용하고 있다.

2) 항공운임의 적용원칙

우리나라는 IATA가 제정한 운임표와 규정(rule and regulation)을 기초로 항공화물의 운임을 산출하는데 그 산출의 기초가 되는 일반원칙은 다음과 같다.

첫째, 항공화물 요율, 요금 및 그와 관련된 규정의 적용은 항공화물운송장(AWB)의 발행 당일에 유효한 것을 적용한다. 또한 항공화물의 요율은 한 국가의 공항에서 타국 공항까지의 운송만을 위하여 설정된 것이다. 따라서 운송 외의 부수적으로 발생되는 이적, 집하, 인도, 창고, 보관 또는 그와 유사한 서비스에 대한 요금은 별도로 계산한다.

둘째, 항공화물의 요율은 출발지국의 현지 통화로 표기되며 별도로 규정이 설정되어 있는 경우를 제외하고는 요율과 요금은 가장 낮은 것을 적용한다.

셋째, 모든 화물요율은 kg당 요율로 표시한다. 다만, 계산한 운임 총액이 최저에 미달하는 경우에는 항공사가 정한 최저운임을 적용한다.

넷째, IATA 운임 조정회의(tariff coordinating conference)에서 결의하는 각 구간별 요율은 해당 정부의 승인을 얻은 후에야 유효한 것으로 이용할 수 있다.

2. 항공운임의 종류

항공운임의 종류에는 요율(rate)과 부대요금을 포함한 기타 운임이 있다.

1) 일반화물요율

일반화물요율(General Cargo Rate, GCR)은 특정상품 할인요율(SCR)이나 상품분류요율을 적용받지 않는 모든 항공화물운송에 적용되는 가장 기본적인 요율이다.

일반화물요율은 운항구역이나 구역 간에 대해 45kg 미만, 100kg, 300kg, 500kg 이상 등 각종 중량단계별로 운임을 설정하고 있는 것으로 중량 단계가 높아짐에 따라 운임이 저렴하며 다음과 같이 기본요율, 최저운임, 중량단계별 할인요율로 구분된다.

(1) 기본요율

기본요율(normal rate)은 45kg 미만의 화물에 적용되는 요율을 말하며 모든 화물요율의 기준이 된다. 항공화물운송장(AWB) 작성시 Rate Class란에 'N'으로 표시된다.

(2) 최저운임

최저운임(minimum charge)은 한 건의 화물운송에 적용할 수 있는 가장 낮은 운임을 말한다. 화물의 중량에 45kg 미만 요율을 곱하여 얻어진 운임이 최저운임보다 낮을 경우에 적용되며 AWB 작성시 Rate Class란에 'M'으로 표시된다.

(3) 중량단계별 할인요율

중량단계별 할인요율(quantity rate)은 중량이 높아짐에 따라 kg당 요율이 더 낮게 책정되는 운임을 말한다.

예를 들어 일반화물이 45kg 이상인 경우에는 45kg 이하 요율보다 약 25% 낮은 요율이 설정되어 있다. 이외에도 100kg, 200kg, 300kg, 500kg 이상의 중량 단계에 대해 점점 더 낮은 요율이 적용된다. AWB 작성시 Rate Class란에 'Q'로 표시된다.

2) 특정상품 할인요율

특정상품 할인요율(Specific Commodity Rate, SCR)은 동일 구간에서 동일 상품이 계속적으로 반복하여 운송되는 상품에 대해 일반상품(GCR)보다 낮은 요율을 적용하는 운임을 말한다. 주로 특정한 대형화물에 대해서 적용되는 할인운임이며 'CORATE' 라고도 부른다. SCR은 특정 구간에서 특정 화물이나 품목에 대해 적용된다.

이 할인요율을 적용하는 목적은 선박으로 운송되는 상품 중에서도 항공운송을 하면 이점이 많은 상품에 대해 이 요율을 적용함으로써 항공운송으로 유도하는데 있다.

그런데 이 요율은 해당 요율마다 설정된 최저중량이 있기 때문에 그 최저중량을 넘어야만 할인요율을 적용받을 수 있다.

3) 상품분류요율

상품분류요율(Commodity Classification Rate, CCR)은 몇 가지 특정 상품에만 적용되는 할인(reduction)이나 할증(surcharges) 운임률이다.

이 요율은 운임률이 별도로 설정되는 것이 아니라, 기존 운임률표에서 운송구간에 따라 특정 상품을 할인해 주거나 할증하여 적용된다.

이 요율이 적용되는 특정 상품은 신문, 잡지(magazine), 정기간행물 등 서적, 사체(死體), 여객기 기내에 가지고 타지 못하는 비동반 수하물(baggage), 귀중품, 살아있는 동물, 서류, 카탈로그 등이다.

이 요율은 특정 상품 할인요율(GCR)의 백분율에 의한 할인(R)이나 할증(S)으로 표시되며, 다음과 같이 두 종류로 나뉘어 적용된다. 우선, 할증요율을 적용받는 상품은 생동물, 사체(human remains, dead body), 귀중품(valuable cargo), 자동차, 금, 보석, 화폐, 증권 등이며, 할인요율을 적용받는 상품은 신문, 책, 잡지, 안구와 각막, 정기간행물, 화물로 운송되는 개인의류나 개인용품(비동반 수하물) 등이다.

AWB 작성시 Rate Class 란에 할인요율을 적용할 때에는 'R'로 표시되고 할증요율을 적용할 때에는 'S'로 표시된다.

4) 단위 탑재용기요금

단위 탑재용기요금(Bulk Unitization Charge, BUC)은 컨테이너나 파렛트 등 항공기용 단위탑재용기(ULD) 별로 중량을 기준으로 정해놓고 부과하는 요금을 말한다.

이것은 항공사가 송하인이나 대리점에게 컨테이너나 파렛트 단위로 적용되는 요금이며 IATA에서 규정한 단위탑재용기 형태별로 상이한 운임이 적용된다.

이 요금은 귀중품, 동물, 사체 및 IATA 위험물품에 해당하는 제한 상품을 제외한 나머지 모든 화물의 운송에 적용되며 우리나라에서 출발하는 미주로 향하는 항공화물 운송에도 주로 적용되는 요금체계이다.

이 요금이 적용되는 대표적인 상품의 하나가 의류이다. Hanger Container를 이용하여 의류를 운송하면 포장비를 절감하고 도착지에서 다림질을 하지 않아도 되는 이점이 있기 때문에 항공운송에서 이 컨테이너가 자주 이용된다.

5) 종가운임

종가운임(valuation charge)은 화물의 가격을 기준으로 운임으로 부과하는 방식을 말한다. 화물에 대한 항공사의 책임한도액은 1kg 당 USD 20이지만 이를 초과하는 금액을 항공사로부터 배상받고자 할 때 하주가 운송장에 그 화물의 가격을 신고하고 화물의 가격에 따라 항공사에 지불하는 요금이 종가요금이다. 이 요금은 주로 신고가액이 화물 1kg 당 미화 20달러를 초과하는 고가화물인 경우에 적용된다.

항공화물운송장(AWB)에 화물의 실제가격을 기재하여 신고하면 사고가 발생했을 때 그 손해액을 배상을 받을 수 있는데 이때 화물가액의 일정 비율로부터 종가요금이 가산되기 때문에 결국 종가운임은 손해배상과 직접적인 관련을 가진 요금이다.

6) 기타 운임

(1) 입체지불 수수료

입체지불은 항공운송 개시 이전에 송하인 또는 그 대리인이 이미 지불한 비용으로 수하인이 부담해야 할 육상운송료, 보관료, 통관수수료 등을 말한다.

입체지불금(disbursement amount)은 송하인의 요구에 따라 운송장에 입체지불금을 명시하는 경우 운송인이 이를 수하인으로부터 징구하는 금액을 말한다.

입체지불 수수료(disbursement fee)는 출발지에서 항공수송 이전에 발생된 기타 요금이 착지불로 되어 수하인이 지불해야 하는 수수료의 합계를 말하며 보통 입체지불금의 10%를 입체지불금 수수료로 징수하고 있다.

(2) 착지불 수수료

항공화물운송장에 운임과 종가요금을 수하인이 납부하도록 기재된 화물을 착지불 화물이라 하는데 이러한 화물에 대하여 운임과 종가요금을 합한 금액에 일정률에 해당하는 금액을 착지불 수수료(charge collect fee)라 한다.

착지불 수수료는 항공운임을 후불로 항공운송대리점에 지불하는 경우 항공운송대리점이 환전이나 송금에 필요한 경비를 보전하기 위해 징구하는 요금이며 보통 인보이스 금액의 2%를 징구한다.

항공사가 착지불 수수료를 징수하는 목적은 운송료를 송하인으로부터 화물인수시 징수하지 않고 목적지에서 수하인에게 징수하는 것에 대한 위험을 방지하고 운송료를 타국 통화로 징수하여 자국으로 송금하는데 대한 환차손 보전과 송금업무에 대한 대가 및 착지불 운송의 억제에 있다. 우리나라의 착지불 수수료의 수준은 운송료의 2%이며 최저 요금은 항공화물운송장(AWB) 당 미화 10달러이다.

(3) 부대운임

부대운임(charge) 혹은 부대요금은 설비를 사용한 대가나 운송과 관련한 부수적인 업무의 대가를 말하며 다음과 같은 종류들이 있다.

① 항공화물 THC

항공화물 THC(Terminal Handling Charge)는 항공화물 터미널에서 화물조작에 소요되는 비용을 말한다. 즉, 수출통관 또는 수입통관을 위해 항공화물이 항공사가 직접 운영하는 보세장치장에 반입되었을 때 하주에게 부담시키는 화물의 조작료이다. 1999년 보세창고 보관료와 작업료가 자유화되면서 신설되었다.

② Pick-up Service Charge

Pick-up Service Charge는 대리점이나 혼재업체가 항공화물의 인수를 위해 하주가 지정한 장소에서 화물을 Pick-up해 오는 경우에 발생한 차량 운송비용이다.

③ 화물취급 수수료

화물취급 수수료(handling charge)는 항공운송 대리점(포워더)이나 혼재업체가 수출입화물의 취급에 따른 서류발급비용, 도착통지(arrival notice), 해외 파트너와의 교신 등에 소요한 통신비용 등 제반 서비스제공에 대한 대가로 징수하는 수수료이다.

④ L/G 발급 수수료

L/G 발급 수수료는 항공화물운송장(AWB)상의 Consignee가 은행일 경우 수입하주가 수입대금을 은행에 결제하기 전에 반출하고자 할 때, 은행이 동 화물에 대한 수입대금 결제를 보증하는 서류인 L/G를 발행할 때 징수하는 수수료이다.

⑤ Documentation Fee

Documentation Fee 혹은 운송장 작성 수수료(AWB Preparation Fee)는 우리나라를 출발지로 하는 화물에 대해 항공사나 대리점이 하주를 대신하여 AWB을 작성할 경우 징수하는 수수료이다.

수출의 경우 이를 Air Waybill Fee(AW)라고도 부르며 건당 12,000원 ~ 15,000원 정도를 징수한다. 수입의 경우에는 이를 보통 D/O Charge라 부르고 있다.

⑥ 위험물품 취급수수료

위험물품 취급수수료(dangerous goods handling fee)는 위험물품 규정집에 위험물품으로 명시된 품목에 대해 부과되는 취급 수수료로 DGS(DG cargo Surcharge)라고도 한다. 이 수수료는 항공사가 위험물품을 접수할 때 포장상태, 관련 서류, 관련국가의 규정 등을 검사하는 수수료(check fee) 개념으로 부과된다.

제2절 항공운송 관련 사업

1. 항공운송사업

1) 항공운송사업의 의의

항공운송사업은 타인의 수요에 부응하여 항공기를 사용하여 유상으로 여객이나 화물을 운송하는 사업을 말한다.

우리에게 익숙한 대부분의 대형 항공사들은 모두 다 항공운송사업자로 여객과 화물을 운송하는 업무를 수행한다. 즉, 보통 대부분의 대형 항공사는 여객영업과 화물영업을 겸하지만 화물영업만을 전문으로 하는 항공회사도 있다.

우리나라에서 항공운송사업 면허를 받고 여객 등을 운송하는 항공사는 현재 대한항공(약 170대 보유), 아시아나항공(약 90대 보유), 제주항공, 진에어, 에어부산, 이스타항공, 티웨이항공, 에어인천, 에어서울 등 총 9개 항공사가 있다. 이중에서 국제간의 화물을 전문으로 운송하는 항공사는 대한항공과 아시아나항공이 대표적이다.

2) 항공운송사업의 분류

(1) 운항계획에 따른 분류

① 정기 항공운송사업

정기 항공운송사업은 미리 정해진 특정의 지점 간을 일정한 일시를 정하여 화물과 여객(화객)을 정기적으로 운송하는 사업으로 공표된 시간표에 따라 항공기를 규칙적으로 운항한다.

이러한 사업은 사회공공의 성격이 매우 강하기 때문에 항공법과 기타 법령에 따라 여러 가지 규제를 받는다. 대부분의 항공회사는 국제항공운송협회(LATA)에 가입하고 있으며 LATA가 정한 운임과 운송약관에 따라 항공운송 서비스를 제공하고 있다.

② 부정기 항공운송사업

부정기 항공운송사업은 정기적인 스케줄이 없이 운송화물의 수요량에 부응하여 요구하는 구간과 시간에 따라 화물을 운송하는 사업을 말한다.

부정기 항공운송사업은 'Charter 운송사업'이라고도 하는데 이것은 정기편으로 화물을 운송할 수 없을 때 항공기를 빌려 운송한다는 것이다.

이러한 사업은 대량의 화물을 운송해야 하는 경우나 다른 화물과 함께 운송할 수 없는 경우에 주로 이용되며 운임은 화물운송의 수요량에 따라 결정된다.

(2) 운송형태에 따른 분류

우리나라 항공사업법 제2조에서는 항공운송사업을 크게 국내 항공운송사업과 국제 항공운송사업, 소형 항공운송사업으로 구분하고 있다.

이중 국내 항공운송사업자와 국제 항공운송사업자는 국토교통부장관으로부터 면허를 받아야 하며, 소형 항공운송사업자는 등록을 해야만 항공기를 운항을 할 수 있다.

① 국내 항공운송사업

국내 항공운송사업은 국내선을 이용하여 한 국가 내에서 그 국가의 국적기가 여객이나 화물영업을 하는 항공사를 말하며 외국 항공사는 원칙적으로 국내선 영업을 할 수 없다. 이 사업은 국내 정기편 운항과 국내 부정기편 운항으로 구분된다.

우리나라의 경우 국내 항공운송사업은 국내선을 운행하는 회사로 법인 기준 납입자본금 50억 원 이상과 항공기 대수 1대 이상을 갖추고 있어야 한다.

② 국제 항공운송사업

국제 항공운송사업은 국제선을 이용하여 다른 국가와 이어지는 노선에 취역하는 항공사를 말한다. 이 사업은 국내공항과 외국공항 사이 또는 외국공항과 외국공항 사이에 일정한 노선을 정하고 정기적인 운항계획에 따라 운항하는 항공기를 운항하는 국제 정기편 운항과 국제 부정기편 운항으로 구분된다.

우리나라의 경우 국제항공운송사업은 국제선을 운행하는 회사로 법인 기준 납입자본금 150억 원 이상, 항공기 대수 5대 이상을 갖추고 있어야 한다.

우리나라는 국토가 좁아 국내선이 발달하는데 한계가 있기 때문에 항공사들의 대부분은 국제 항공운송사업 면허를 받았다. 항공운송사업법상 국제 항공운송사업의 면허를 받은 경우에는 국내 항공운송사업의 면허를 받은 것으로 본다.

③ 소형 항공운송사업

소형 항공운송사업은 항공기를 사용하여 유상으로 여객이나 화물을 운송하는 사업으로서 국내 항공운송사업 및 국제 항공운송사업 외의 소형항공기를 이용한 항공운송사업을 말한다. 이것은 2009년 항공운송사업 면허체계를 정기 및 부정기 항공운송사업에서 국내, 국제, 소형항공운송사업으로 개편할 때 도입하였으며 현재는 국내와 국제 항공운송사업자와는 달리 등록요건만 갖추면 항공운송이 가능하다.

소형 항공운송사업자인만큼 항공기 좌석 수 제한을 받는데 9석 이하 항공기를 운행하는 회사는 법인 기준 납입자본금 7억 5천만 원 이상과 항공기 대수 1대 이상, 10석 이상 50석 이하 항공기를 운행하는 회사는 법인 기준 납입자본금 15억 원 이상과 항공기 대수 1대 이상을 갖춰야 한다.

국내 소형항공운송사업자는 2020년 현재 헬리코리아, 코리아익스프레스에어, 유아이헬리제트, 하이에어, 플라이드림, 스타항공우주, 신한에어 등이 있다.

소형항공 운송사업자의 경우 정기편 노선은 일반적으로 개설하지 않고 있으나, 최근에는 국내선과 국제선을 정기편으로 운항하는 경우도 있다.

(3) 기타 사업

기타 사업으로는 항공기 사용사업, 항공기 정비업, 항공기 취급업, 항공기 대여업, 초경량비행장치 사용사업, 항공레저스포츠사업, 상업서류송달업, 항공운송 총대리점업, 도심공항터미널업 등이 있다.

항공기 사용사업은 항공운송사업 외의 사업으로서 타인의 수요에 맞추어 항공기를 사용하여 유상으로 농약살포, 건설자재 등의 운반, 사진촬영 또는 항공기를 이용한 비행훈련 등의 업무를 하는 사업을 말한다. 대표적인 회사들로는 삼아항업, 새한항업, 신한항업, 중앙항업, 케이바스, 헬리코리아, 글로리아항공 등이 있다.

항공기 정비업은 타인의 수요에 맞추어 항공기, 발동기, 프로펠러, 장비품 또는 부품을 정비·수리 또는 개조하는 업무 및 이 업무에 대한 기술관리 및 품질관리 등을 지원하는 업무를 하는 사업을 말한다.

항공기 취급업은 타인의 수요에 맞추어 항공기에 대한 급유, 항공화물 또는 수하물의 하역과 그 밖에 지상조업(항공기 입출항에 필요한 유도, 항공기 탑재관리와 동력지원, 장비대여, 항공기 운항정보 지원, 항공기의 청소 등)을 하는 사업을 말한다.

항공기 대여업은 타인의 수요에 맞추어 유상으로 항공기, 경량항공기 또는 초경량비행장치를 대여하는 사업을 말한다. 초경량비행장치 사용사업은 항공기 사용사업과 유사하나 초경량비행장치를 이용하여 농약살포와 사진촬영을 하는 사업을 말한다.

항공레저스포츠사업은 유상으로 항공기(비행선과 활공기에 한정), 경량항공기 또는 국토교통부령으로 정하는 초경량비행장치를 사용하여 조종교육, 체험 및 경관조망을 목적으로 사람을 태워 비행하는 서비스를 제공하는 사업을 말한다.

상업서류송달업은 타인의 수요에 맞추어 유상으로 수출입 등에 관한 서류와 그에 딸린 견본품을 항공기를 이용하여 송달하는 사업을 말한다. 항공운송 총대리점업은 항공운송사업자를 위하여 유상으로 항공기를 이용한 여객이나 화물의 국제운송계약 체결을 대리하는 사업을 말한다.

도심공항터미널업은 공항시설법 제2조 제4호에 따른 공항구역이 아닌 곳에서 항공여객 및 항공화물의 수송과 처리에 관한 편의를 제공하기 위하여 이에 필요한 시설을 운영하는 사업을 말한다.

2. 국제물류주선업(항공화물대리점)

현재 우리나라 물류정책기본법과 항공사업법에는 항공화물대리점과 항공화물주선업은 존재하지 않고 '국제물류주선업(자)'로 되어 있다. 그러나 실무에서는 이러한 명칭이 아직도 많이 사용되고 있으며 그 기능이 그대로 남아 있기 때문에 여기에서는 과거의 명칭을 그대로 사용한다. 다만 항공운송주선업은 국제물류주선업으로 바꾸어 부른다.

예로 중국 남방항공 홈페이지에는 지금도 한국에 있는 항공화물 공식대리점이라는 명칭으로 라온항공, YCL, 중국항공여행사, Jupiter Express 등을 게기하고 있다.

1) 항공화물대리점의 의의

항공화물대리점(air cargo agent)은 항공회사와 대리점 계약에 근거하여 집하, 운송 및 항공화물운송장을 발급하는 업체를 말한다. 즉, 항공사를 대리하여 항공사의 운송약관, 운임요율(tariff), 스케줄에 의거하여 송하인과 운송계약을 체결하여 AWB를 발행할 뿐 아니라 이에 부수되는 업무를 수행하고 그 대가로 항공회사로부터 대리점계약에 의한 소정의 수수료(보통 5%)를 수취하는 사업체를 말한다.

2) 항공화물대리점의 역할

첫째, 항공사를 대신하여 세계 각국으로 수출입화물의 항공수요를 개발하고 유치하며 운송계약을 체결한다.

둘째, 운송을 위한 준비(ready for carriage)를 담당한다. 화물의 중량과 크기 등을 사전에 점검하여 AWB을 작성하고 상업송장, 출발지와 도착지 세관이 요구하는 각종 관련서류와 화물의 성질에 따라 작성되는 서류 등을 준비한다. 또한 AWB상의 하주 성명과 주소와 일치되게 각 패키지 단위로 포장하며 화물의 관련 라벨이 각 패키지 단위로 잘 보이게 부착하는 작업도 한다.

셋째, 수출입 통관수속을 대행한다. 수출입화물의 통관은 송하인이나 수하인의 요청에 의거하여 적법한 절차에 따라 대행한다.

넷째, 트럭 수송을 주선(trucking, arrangement)하기도 한다. 화물의 항공운송 이전과 이후의 픽업(pick-up) 및 인도(delivery)를 위해 대리점은 지상 트럭수송을 주선한다. 제조업자의 공장이나 수하인이 원하는 특정 지점으로 이루어지는 효율적인 트럭수송의 주선이야말로 항공화물운송대리점의 주요한 역할이라 할 수 있다.

다섯째, 수출입운송과 관련한 자문을 제공하고 고객에게 항공화물보험의 부보서비스를 제공한다. 또한 화물이 정해진 루트에 따라 움직이고 있는가를 체크하고(tracing) 사고 발생시 신속하게 조치를 취해 준다.

3. 국제물류주선업(항공운송주선업)

1) 국제물류주선업의 의의

국제물류주선업(air freight forwarder, consolidator)은 타인의 수요에 응하여 자기명의로 항공운송업자(항공사)의 항공기를 이용하여 유상으로 송하인의 화물을 혼재하여 운송하는 사업이나 사업자를 말한다. 이를 혼재업자(air cargo consolidator), 항공운송주선업 또는 항공화물운송주선인라고도 부른다.

국제물류주선업은 개개의 송하인과 운송계약을 체결하고 운송책임을 부담하지만, 항공기를 스스로 운항하지 않고 수탁한 화물을 하나의 화물(one lot)로 모아서 스스로 송하인이 되어 항공회사에 운송을 위탁하는 역할을 주로 한다.

국제물류주선업자는 운송수단인 항공기를 갖고 있지 않지만 독자적인 운송약관과 항공운송 운임요율표(tariff)를 가지고 개개의 하주들과 운송계약을 체결할 뿐 아니라 항공사가 발행하는 항공화물운송장(MAWB)에 의거하여 자체 운송장을 발행한다.

국제물류주선업자가 송하인과 운송계약을 체결하여 발행하는 운송장이 혼재업자용 운송장(House Air Waybill, HAWB)이다.

HAWB는 출발지와 도착지에서 수출입통관에 사용되며 혼재업자의 운송계약서로서의 역할을 한다. 혼재화물을 항공회사에 위탁하기 위해 국제물류주선업자가 송하인으로 기재된 Air Waybill을 Master Air Waybill(MAWB)이라고 한다.

국제물류주선업자가 혼재화물을 항공회사에 인도하면 항공사는 혼재업자와의 운송계약의 증거로서 MAWB를 발행하여 혼재화물을 운송하고, HAWB은 화물과 함께 목적지로 발송되며 송하인이나 수하인에게 교부된다.

결국 국제물류주선업자는 하주에 대해서는 운송인의 역할을 수행하지만 항공사에 대해서는 송하인(shipper)이 되는 중간 역할을 수행한다.

2) 국제물류주선업의 주요 업무

국제물류주선업자는 송하인을 위한 화물의 예약·혼재, 트럭운송, 포장, 통관 관련서류를 작성하며, 항공사는 혼재업자에게 대리점과 같은 수수료를 지급한다.

수출 항공화물의 경우에는 화물 이동의 흔적, 화물의 출발과 도착, 환적 업무, 산화물(bulk cargo)을 파렛트나 컨테이너화하는 단위화물 작업 등을 수행한다.

수입 항공화물의 경우에는 통관과 문전서비스를 위한 조치, 제반 서류작성, 운송수단 결정과 운송 의뢰, 국내 보세운송의 주선(arrangement), 그리고 수하인을 위한 수입통관 주선 등을 수행한다.

표 10-1 국제물류주선업의 비교

구분	항공화물대리점(agent)	항공운송주선업(consolidator)
역할	항공회사나 총대리점을 대리하여 운송서비스를 판매하고 항공운송계약을 체결	다수의 하주로부터 화물을 집하, 혼재하여 자신의 명의로 직접 운송사업을 영위
대 하주책임	항공사(항공운송인)	항공운송주선업 본인
활동영역	주로 FCL화물 취급 LCL화물은 주선업자에게 혼재 의뢰	주로 LCL화물 취급
운임적용	항공사의 Tariff 적용	항공운송주선인 자체 Tariff 보유
적용약관	항공사 운송약관	항공운송주선인 자체 운송약관 보유
운송서류	항공사 명의로 Master AWB 발행	본인 명의로 House AWB 발행
수익	대리점 Commission(IATA의 5% 수수료 및 취급수수료 취득)	수취운임과 지급운임의 차액을 취득하거나 IATA의 5% 수수료 취득

4. 혼재화물인수대리점

목적지에서 혼재화물을 분류해야 되는 경우, 항공운송포워더(forwarder)가 스스로 목적지에서 이것을 할 수 없으므로 목적지에 있는 자기의 현지법인이나 현지 포워더에게 업무를 위탁한다. 이와 같이 포워더가 혼재업무를 담당하도록 각 목적지에 지정한 대리점을 혼재화물인수대리점(break bulk agent)이라 한다. 이들은 목적지에 도착된 혼재화물을 수하인별로 혼재화물을 분류하여 각 수하인에게 인도하는 업무를 한다.

5. 국제특송서비스업

국제특송서비스업(international courier service)은 외국의 상업서류 송달업체와 계약을 체결하여 상업서류, 소형 및 경량물품을 자체운임과 운송약관에 따라 문전에서 문전까지 항공기를 이용하여 발송이나 배달하는 사업을 말한다. 이를 국제상업서류 송달업(courier, international courier) 또는 국제특송업이라고도 부른다.

상업서류, 서적, 신문 등 정기 간행물과 주로 중량 30kg 이하의 물품을 운송한다. 국제특송업체들은 대부분 외국계 기업들이 주종을 이루고 있으며 이들은 넓은 네트워크와 많은 비행기 편수를 보유하고 있다. 대표적인 회사들로는 UPS, FedEx, DHL 등이 있다.

제3절 국제특송서비스

1. 국제특송서비스의 의의

국제특송서비스(international courier service)란 서류와 소형 및 경량 제품을 항공기를 이용해 문전에서 문전까지 수령·배달해 주는 서비스로 1970년대 미국에서 개발된 신종 운송서비스이다. 이를 국제택배, 국제특송, 국제택배서비스, 국제상업서류송달업(courier), 국제소화물특송, 국제소화물 일관수송이라고도 부른다.

국제특송서비스는 취급화물이 국내 일관운송서비스와 마찬가지로 보통 30㎏ 이하의 소화물운송에 국한된다. 대부분의 화물들은 대중가격의 상품이며 일정 기간 내에 신속한 인도를 목적으로 의뢰된다.

대표적인 국제 특송업체로는 UPS(United Parcel Service), FedEx, DHL, TNT 등이 있으며 국내 특송업체로는 CJ 대한통운과 한진택배 등이 있다.

2. 국제특송서비스의 종류 및 특징

1) 국제특송서비스의 종류

국제특송서비스는 크게 국제상업서류송달(international courier) 서비스와 별송품(탁송품) 배송(parcel carrying) 서비스로 구별된다.

전자는 외국의 특송업자와 제휴하여 우편법의 제한적용을 받지 않는 선적서류, 계약서, 각종 업무서류, 카탈로그, 설계도, 은행과 입찰서류 등의 서류를 대상으로 한다.

후자는 상품의 견본, 선물, 각종 기계부품 등의 소형·경량물품을 취급하는 것으로 보통 중량 30㎏ 이하의 소량화물만을 영업대상으로 하고 있다.

2) 특징

첫째, 국제특송서비스는 신속성을 생명으로 일정 기간 이내에 인도를 보장한다.

둘째, 국제특송서비스는 일괄요금(package fee)으로 Desk to Desk 서비스를 제공하며 특송업자가 수령에서 인도까지 총괄하여 책임을 진다.

셋째, 국제특송서비스의 이용자는 대부분이 기업이고, 90% 이상이 서류 등 쿠리어 화물이다. 항공화물의 대부분이 소형화물인 만큼 탁송품의 시장세가 전 세계적으로 두드러지고 있고, 최근 급성장을 나타내고 있는 해외직구 등 국제간 인터넷거래는 국제특송서비스의 유망분야로 떠오르고 있다.

3. 국제특송서비스의 운영방식과 현황

1) 국제특송서비스의 운영방식

항공기를 이용한 국제특송서비스는 다음과 같은 운송방식들로 운영되고 있다.

(1) 자사혼재(consol)에 의한 운송방식

이 운송방식은 항공운송사업자가 인수한 소형화물을 일정단위로 모아 자사 혼재화물의 네트워크를 통해 직접 운송하는 것을 말한다. 이 형태는 주로 쿠리어 대상화물로서 서류 등의 운송에 이용되고 있다.

(2) 타사의 혼재시스템을 이용하는 운송방식

이 운송방식은 항공운송사업자가 타사와 연계된 상호 네트워크를 이용하여 혼재화물을 운송하는 방법이다. 별송품의 경우 대부분이 이 방법을 이용되고 있다.

(3) On-Board 운송방식

이 운송방식은 해외지점이나 바이어에게 보낼 급한 서류나 샘플, 긴급한 부품 등의 국제특송 서비스화물을 탁송 수화물로 분류하여 항공회사에 탁송하면 항공회사가 가장 빠른 항공편을 이용하여 이를 직접 가져다가 배달하는 맞춤형 특송서비스 방식으로 주로 서류운송에 이용되고 있다. 이를 Courier on-board라고도 부르고 있다.

2) 국제특송서비스의 현황

국제특송서비스 이용자들은 실시 초창기에는 다국적기업이나 국제적인 거래가 잦은 기업 등이 주 고객이었으나 최근에는 일반 소비자의 이용이 급증하고 있다.

2020년 현재 국제특송서비스는 DHL, FedEx, UPS 등 대형 외국업체의 국내 대리점이 90% 이상을 차지하고 있고 나머지 10%를 국내업체가 점유하고 있다.

이중 상업서류 송달시장은 DHL이 65%, TNT가 14%, FedEx와 UPS가 각기 5%의 점유율을 보이고 있고, 수출입상품의 송달시장은 DHL이 42%, FedEx가 20%, UPS가 20%, TNT가 10%의 점유율을 보이고 있다. 이에 비해 국내의 특송업체들은 나머지 10%를 차지하고 있어 상대적인 열세를 보이고 있다.

우리나라에서는 무역거래량의 확대와 함께 1980년대 중반부터 등장하기 시작하였으며 현재 대부분이 DHL 등 외국 전문회사와 제휴하여 운영하고 있다.

국내특송시장은 이른바 'Big Three'로 불리는 CJ 대한통운, 한진택배, 우체국 EMS 국제특송 3사의 과점상태로 운영되고 있다.

(1) 외국계 특송서비스 업체

① DHL

국제특송의 선구자인 DHL은 1969년 미국 샌프란시스코와 호놀룰루를 오가는 문서 전달회사로 설립되어 1970년대 후반 세계 여러 국가로 서비스를 확대하였다.

1998년 세계적인 물류업체인 독일의 도이체포스트(Deutsche Post)가 DHL 주식을 인수하기 시작해 2001년 최대 주주가 되었고, 2002년 DHL을 인수하였다.

DHL의 이름은 1969년 샌프란시스코에 DHL을 설립한 공동창업자 3인(Dalsey, Hillblom, Lynn)의 머리글자를 딴 것이다. DHL의 특송업무는 미국 서해안과 하와이를 오가며 선하증권(B/L)을 긴급 수송하는 데에서부터 출발하였다.

DHL의 비전은 세계로 향해 나아가는 물류회사이며 전 세계 220여 개 국가 및 영토에 지점이나 대리점 형태를 보유하여 세계 최고의 글로벌기업으로 자리매김하고 있고 380,000명의 전문인력들이 근무하고 있다.

2020년 현재 DHL은 우편과 물류회사인 Deutsche Post DHL Group 소속으로 Post and Paket Deutschland, DHL Express, DHL e-commerce, DHL Global Forwarding, DHL Freight, DHL Supply Chain의 사업 부문으로 구성되어 있다.

이중에서 특히 DHL Express는 220여 개 국가 및 영토에서 긴급서류와 물품을 문전에서 문전까지(door to door) 정시에 믿을 수 있게 배송하고 있으며 특송업체 중에서 가장 포괄적인 글로벌 특송 네트워크를 구축·운영하고 있다.

우리나라에서는 1977년 ㈜일양익스프레스가 이들과 총대리점 계약을 체결하여 DHL 코리아라는 상호로 국내에서 영업 중에 있다.

② Federal Express Corporation(FedEx)

1989년 8월 7일 세계 최대의 화물전문 항공사인 Flying Tiger사를 매수하여 세계 최대의 항공화물운송회사로 변신한 FedEx사는 1973년 4월에 창립하였으며 미국 테네시주 멤피스에 본사를 두고 있다. 1998년 페더럴익스프레스가 캘리버시스템(Caliber System Inc.)을 인수하여 물류 기반시설을 확충하였고 2000년 1월에는 회사 이름을 현재의 이름인 페덱스(FedEx Corporation)로 변경하였다.

FedEx사는 2020년 현재 세계 220개국에서 서비스를 제공하고 있다. 항공기도 671대를 보유하고 있어 세계 제1의 항공기 보유사이다. 또한 약 40만 명 이상의 직원들이 근무하고 있으며, 국제 특송업계 최대의 항공운항 노선과 인프라를 기반으로 세계 최대 항공특송업체 중의 하나로 자리 잡고 있다. 최근 유럽 최고의 육상운송 네트워크인 TNT와 단계적인 통합을 진행하고 있다.

③ United Parcel Service(UPS)

1907년 시애틀에서 10대의 젊은이들이 '최고의 서비스를 최저의 요금으로'라는 슬로건(slogan)을 걸고 American Messenger사로 출발한 UPS는 주로 미국 내의 백화점과 Mail Order House 등의 배달서비스를 대행하면서 성장하였다.

1919년 상호가 UPS로 바뀌었고 1973년 최초로 캐나다에 국외사업소를 개설하였다. UPS는 미국 포춘지(Fortune)가 선정하는 미국 500대 운송회사 가운데 6년 연속 1위를 차지할 만큼 건실한 기업이다. 우리나라에는 대한통운과 합작한 UPS-대한통운이라는 상호로 진출하여 영업 중에 있다.

④ TNT Express Worldwide

원래 1946년에 호주에서 설립된 TNT는 1996년 네덜란드 최대의 우편 및 정보통신 회사인 KPN이 지분을 전량 인수함으로써 100% 네덜란드 회사가 되었다.

본사는 암스테르담(Amsterdam)에 있다. 2020년 현재 61개국에 58,722명의 임직원이 근무하고 있으며 54대의 항공기가 이동하고 있고 매일 전 세계에서 백만개의 운송 건들을 처리하고 있는 非미국계의 유일한 다국적 특송업체이다.

(2) 국내 특송서비스 업체

국내의 특송업 혹은 택배업은 행정용어로 '소화물일관운송'이라고 부르며 개인이나 기업으로부터 포장단위 30㎏ 이하의 소형 및 경량화물의 운송을 의뢰받아 화물의 집하로부터 배달에 이르기까지 Door to Door로 서비스하는 업종을 말한다.

국내는 CJ 대한통운, 한진택배, 우체국 EMS(Express Mail Service) 국제특송, 금호종합특송, 현대택배(현 롯데글로벌로지스) 등 여러 업체들이 소화물 일관수송업 면허를 가지고 기업형 택배서비스를 제공하고 있다.

그러나 국내 특송시장은 이른바 'Big Three'로 불리는 CJ 대한통운, 한진택배, 우체국 EMS 국제특송 3사의 과점상태에 있다. CJ 대한통운은 미국, 중국, 독일 등 해외 현지거점을 바탕으로 안정적인 국제택배 서비스를 제공하고 있다.

한진택배는 국내 최초의 소화물 일관운송업체로 1989년에 미국 LA지점을 시작으로 뉴욕, 시카고 등에 10여 개 영업소와 200여 개의 화물센터를 운영하고 있고 뉴욕 JFK, LA 공항 등에서 국내 물류업체로는 유일하게 항공물류 연계서비스를 제공하고 있다.

1979년 사업을 개시한 우체국 EMS 국제특송은 UPU(Universal Postal Union, 만국우편연합)의 서비스 품질평가에서 최고상을 7년 연속 수상하여 서비스 품질을 인정받고 있다. 현재 EMS는 일반 EMS와 별도로 UPS와 UPS의 전 세계 210여 개국 네트워크를 활용하고 있는 EMS 프리미엄 서비스를 제공하고 있다.

항공화물운송장과 항공업무 제11장

제1절 항공화물운송장(AWB)

1. 항공화물운송장의 의의와 종류

1) 의의

항공화물운송장(Air Waybill, AWB)은 항공운송의 가장 기본적인 운송서류로 육상운송에서 운송장(Waybill), 항공여객운송에서 항공권(airline ticket), 해상화물운송에서 선하증권(B/L)과 같은 성격을 가지고 있다.

이것을 항공운송장 또는 운송장이라고도 부르며 유럽과 미국에서는 보통 항공화물수탁증(Air Consignment Note)으로 부르기도 한다. 이 서류는 송하인(하주)과 항공사(운송인) 사이에 운송계약이 체결되었다는 증거서류 이외에도 화물수령증, 요금계산서 및 청구서, 운송인에 대한 운송지시서 등의 역할을 수행한다.

2) 종류

(1) Master AWB

Master AWB(MAWB)는 항공사가 송하인이나 혼재화물의 경우에는 Forwarder(포워더, 국제물류주선업자)에게 발행하는 운송장이다. 항공운송 실무에서 일반적으로 항공화물운송장(AWB)이라고 하면 Master AWB을 의미한다.

(2) House AWB

House AWB(HAWB)는 국제물류주선업자(포워더)가 자기의 운송약관에 근거하여 하주와 운송계약을 체결하고 하주들에게 발행하는 운송장이다. 혼재화물에 대해서 개별 하주와 맺는 계약에서 가지는 권리와 책임의 증빙이 된다.

일반적으로 송하인(수출자)은 포워더와 운송계약을 하여 포워더로부터 HAWB을 발급받고, 포워더는 여러 하주들에게 HAWB를 발행한 후 Consolidation을 하여 항공사와 단일 화물로 계약하여 항공사로부터 MAWB을 발급받는다.

2. 항공화물운송장의 기능과 법적 성질

1) 기능

(1) 운송계약의 증거서류

항공화물운송장(AWB)은 하주와 항공운송인이 체결한 운송계약의 증거서류이다. AWB는 3매의 원본과 6매 이상의 부본으로 구성되는데, 그 중에서 운송계약서의 증거서류가 되는 것은 항공사용 원본 No.1이다.

(2) 화물수취증

항공화물운송장은 항공운송인이 송하인으로부터 화물을 수취한 것을 증명하는 화물수령증의 성격을 가지고 있다. 송하인에게 교부하는 원본 No.3가 여기에 해당한다.

(3) 요금계산서와 청구서

항공화물운송장은 화물과 함께 목적지에 보내져 수하인(for consignee)이 운임과 요금을 계산하는 근거자료로 사용된다. 따라서 AWB는 운임과 제요금의 명세서 겸 청구서 역할을 한다. 수하인용 원본 No.2가 여기에 해당한다.

(4) 보험계약의 증거

항공화물운송장은 송하인이 항공화물운송장에 보험금액과 보험가액을 기재한 하주보험(Air Waybill Insurance)을 부보한 경우에는 항공화물운송장 원본 No.3가 보험계약의 증거(보험가입 증명서)가 된다.

(5) 수출입신고서(통관용)와 수입통관자료

항공화물운송장으로도 수출입신고가 가능한 화물의 경우는 이 서류가 수출입신고서로서 사용될 수 있다. 과세가격이 되는 CIF가격 중 항공운임과 보험료의 증명자료로 항공화물운송장(AWB)을 수입신고서에 첨부할 수 있다.

(6) 운송인에 대한 운송지시서

항공화물운송장은 송하인이 화물의 운송, 취급, 인도에 관한 지시사항을 기재할 수 있으므로 운송인에 대한 운송물품의 취급, 발송, 인도의 지시서 역할을 한다.

(7) 사무처리용 자료와 화물인도증서

항공화물대리점은 항공화물운송장을 운임의 정산과 회계용 자료 등 사무처리용 서류로 사용하며, 도착지에서 화물이 수하인에게 인도되었을 때는 그 증거자료가 된다. 수하인의 화물수령 서명과 날인을 받는데 부본 No.4가 여기에 해당한다.

2) 법적 성질

(1) 비유통증권

항공화물운송장(AWB)은 원래 'Non-negotiable'이라고 표시되어 있으며 유통이 금지된 '비유통증권'으로 발행된다. 따라서 항공화물운송장은 선하증권과 달리 양도성이나 유통성을 가지고 있지 않다.

AWB의 원본 1은 항공사용으로 항공사가 운송계약의 증거로 보관하는 것일 뿐 유통을 목적으로 하는 유가증권이 아니다. AWB의 원본 2는 수하인용으로 화물과 함께 도착지에 보내져서 항공사가 수하인에게 교부하는 것이며 역시 유통을 목적으로 하는 것이 아니다. AWB의 원본 3은 송하인용으로 도착지에서 수하인이 항공사에게 화물의 인도를 청구할 때 사용되며 원본의 제시가 필요 없다.

항공사는 도착지에서 운송장에 기재된 수하인에게 화물과 함께 수하인용 원본 2를 인도하면 되고, 수하인이 출발지에서 송하인에게 교부된 송하인용 원본 3을 소지하고 있는 지의 여부는 묻지 않는다. 다만, 송하인이 소지하는 AWB 원본 3은 송하인의 화물처분권에만 효력이 미친다.

AWB에 유가증권의 법적 성질을 자격을 부여하지 않는 이유는 항공화물이 신속하게 운송되어 수하인에게 전달되기 때문이다. 이에 비해 해상화물은 수송에 장시간이 소요되기 때문에 상품의 매매거래를 신속하게 하기 위하여 증권 자체를 매매의 대상으로 인정해 준 것이다.

IATA의 결의에 따라 현재 유통 가능한 AWB의 발행은 원칙적으로 금지되어 있다. 그러나 실무에서는 신용장이 발행된 항공화물은 은행을 수하인으로 발행하고 도착지에서 은행의 배서를 받아 수입자에게 화물을 인도하는 방법을 통해 항공화물운송장의 은행매입이 가능하도록 하는 경우도 있다.

(2) 단순한 증거증권 및 수령증

항공화물운송장(AWB)은 재산권을 대표하지도 않고 유통성도 없기 때문에 유가증권이 아니라 단순한 증거증권 내지는 화물수령증에 지나지 않는다. 따라서 AWB 외의 다른 문서로 운송계약의 내용을 입증할 수도 있다.

증거증권이란 AWB가 ① 항공운송계약이 존재한다는 사실 ② 운송인이 운송을 위해 화물을 인수하였다는 사실 ③ 화물운송조건에 관한 증거가 된다는 의미이다.

이와 같이 AWB는 화물을 수령하였다는 증거가 되기 때문에 일단 AWB에 서명이 된 후에는 화물을 수령하지 않았음에 대한 입증책임은 운송인이 져야 한다.

(3) 불완전 처분증권

항공화물운송장(AWB)은 비유통증권이기 때문에 수하인에게 완전한 처분권은 인정되지 않는다. 즉, 항공화물운송장은 송하인에게는 처분권이 인정되나 수하인에게는 극히 제한된 처분권만을 인정하고 있다.

송하인은 ① 출발지 공항 또는 도착지 공항에서 화물을 회수하거나 ② 운송 도중 공항에서 화물을 유치하거나 ③ 운송장에 기재된 수하인 이외의 자에게 화물을 인도하거나 ④ 출발지 공항으로 화물의 반송을 요구하는 등의 화물처분권을 가진다. 다만, 그러한 권리의 행사가 운송인 또는 타인의 이익을 해쳐서는 안되며 또 그 행사로 인해 발생하는 비용을 모두 부담해야 한다.

수하인은 화물이 도착하면 항공사에게 AWB의 교부 및 화물의 인도청구권을 갖는다. 그런데 송하인은 처분권을 행사함에 있어 반드시 운송장을 제시해야 하지만, 수하인은 반드시 증권의 제시를 요하지 않는다. 즉, 수하인의 권리는 운송계약상의 청구권이지 증권상의 청구권이 아니라는 의미이다. 따라서 수하인은 자신임을 입증할 수 있으면 운송장의 원본이 없이도 화물을 인도받을 수 있다.

결국 항공운송에서 수하인의 처분권은 증권상의 처분권이 아니라 계약상의 청구권일 뿐이다. 따라서 AWB는 송하인만이 처분권을 갖기 때문에 완전한 처분권이 아닌 불완전 처분증권이라 할 수 있다.

(4) 면책증권

항공화물운송장(AWB)은 면책증권이다. 따라서 항공사는 정당한 증권소지자에게 화물을 인도하면 그 책임을 면하게 된다.

즉, 화물을 직접 인도하는 항공사(운송인)는 설령 그 운송장을 제시한 자가 진정한 권리자가 아니더라도 수하인용 운송장을 정당하게 제시하는 자에게 화물을 인도하면 그에 따른 면책이 인정된다.

(5) 불요식증권

원래 운송계약은 불요식의 낙성계약이므로 항공화물운송장(AWB)의 작성이 항공화물 운송계약의 성립요건이 되는 것은 아니다. 따라서 AWB에 기재해야 할 사항이 협약에 규정되어 있지만, 그 기재에 결함이 있더라도 운송장 자체가 무효가 되지 않으며 오직 기재에 책임이 있는 당사자가 그에 따른 불이익을 받는 것에 그칠 뿐이다.

대부분의 항공사가 IATA 표준양식을 이용하지만, 반드시 이것을 사용해야 하는 것도 아니며 이를 수정 및 변경하여 사용해도 AWB의 법적 성질은 변하지 않는다.

3. 항공화물운송장(AWB)과 선하증권(B/L)의 비교

항공화물운송장과 선하증권은 다음 공통점과 차이점을 가지고 있다.

첫째, 항공화물운송장이나 선하증권은 모두 운송인과 송하인이 운송계약을 체결하였음을 증빙하는 서류라는 점과 운송인이 화물을 수령했음을 증명하는 수취증이라는 점에서는 동일하다. 그러나 항공화물운송장은 선하증권과 달리 유가증권이 아니다. 또한 항공화물운송장에는 'Non-negotiable'이라고 표시되어 있기 때문에 유통이 되지 않는 비유통증권으로만 발행된다.

항공화물운송장의 수하인용 원본은 화물도착지에 화물과 함께 보내져서 항공사가 수하인에게 교부되는 것이므로, 유통을 목적으로 하는 것이 아닐 뿐 아니라 운송계약의 권리행사에 필요한 서류의 역할도 하지 못한다.

둘째, 선하증권의 발행은 본선적재(on board)식이다. 이에 반해 항공화물운송장의 발행은 수취(received)식이다. 원칙적으로 선하증권은 선적을 증명하는 증권이므로 선적이 완료된 후에 발행된다. 그러나 항공운송은 발착편이 많고 화물을 운송·위탁해서 항공기에 적재할 때까지 많은 시일이 걸리지 않기 때문에 항공사 창고에 화물이 반입되면 이 서류가 발행된다.

셋째, 선하증권은 지시식으로 되어 있어 정당한 배서(endorsement)에 의해 양도되는 권리증권(document of title)이다. 이에 반해 항공화물운송장은 기명식으로 되어 있기 때문에 이 서류에 기재된 수하인이 아니면 당해 화물을 인수할 수 없다.

넷째, 선하증권은 선사가 송하인에게 발행한다. 이에 반해 항공화물운송장은 법률적으로 항공사의 청구에 의해 송하인이 작성해서 항공사에 화물과 함께 교부하는 형식을 취하고 있다. 그러나 실무에서는 보통 항공사나 항공사의 권한을 위임 받은 항공화물대리점(air cargo agent)이 송하인으로부터 화물을 인수함과 동시에 발급해 준다.

표 11-1 항공화물운송장(AWB)과 선하증권(B/L)의 비교

구 분	Air Waybill(AWB)	Bill of Lading(B/L)
유통성 여부	양도성없는(non-negotiable) 비유가증권	양도성있는(negotiable) 유가증권
발행형식	창고에 반입 후 AWB 발행(수취식)	선적 후 B/L 발행(선적식)
기명 여부	기명식	무기명식(지시식)
발행주체	송하인이 작성하여 항공사에 교부 원칙	선사가 송하인 앞으로 발행

4. 항공화물운송장의 양식과 구성

1) 양식

국제항공운송은 세계의 항공사들이 서로 관련되어 운송되기 때문에 운송서류인 항공화물운송장도 공통의 디자인과 형식을 취해야만 효과적이다.

따라서 AWB는 국제항공운송협회(International Air Transport Association, IATA)의 표준양식과 발행방식에 따라 모든 항공사가 동일한 양식을 사용하고 있다.

비 IATA 항공회사도 IATA 항공회사와 연계운송을 해야 하므로 AWB의 양식은 IATA의 것과 같은 디자인의 AWB를 사용하고 있다. IATA회원 항공회사 상호간에는 연대운송계약이 체결되어 있어 IATA를 통하지 않고 개별적으로 체결되는 경우가 있다. 또한 AWB의 양식은 운송업무의 전산화를 위해 전 세계 항공사가 동일한 양식을 사용하고 있는데 그것이 바로 IATA Universal Air Waybill이다.

2) 구성

AWB는 3통의 원본과 6부 이상의 부본이 1 Set로 발행된다. 원본 1은 항공사(운송인), 원본 2는 수하인용이며 원본 3은 송하인용으로 사용되고 부본은 항공사의 운임정산과 대리점용으로 활용된다.

표 11-2 ▬ 항공화물운송장(AWB)의 구성

번 호	색깔	용 도	기 능
원본 1	녹색	발행 항공사용	발행항공사가 운임, 기타 회계처리용으로 송하인과 운송인간의 운송계약 성립을 증명하는 서류
원본 2	적색	수하인용	화물과 함께 목적지에 보내 수하인에게 인도
원본 3	청색	송하인용	출발지에서 송하인으로부터 항공사가 화물을 인수하였다는 수령증 및 운송계약의 성립을 증명하는 서류
부본 4	황색	인도 항공회사용	도착지에서 수하인이 화물인수시에 서명하고 인도항공사에 돌려주는 화물인도증명서 및 운송계약의 이행 증거서류
부본 5	백색	도착지 공항용	화물과 함께 도착지 공항에 보내져 세관통관 등 기타 업무에 사용
부본 6	백색	제3항공회사용	운송에 참가한 항공사가 운임정산을 위하여 사용
부본 7	백색	제2항공회사용	운송에 참가한 항공사가 운임정산을 위하여 사용
부본 8	백색	제1항공회사용	운송에 참가한 항공사가 운임정산을 위하여 사용
부본 9	백색	발행 대리점용	발행 대리점의 보관용
부본10-12	백색	예 비 용	필요에 따라 사용

5. 항공화물운송장의 기재사항

1) 항공화물운송장 기재의 일반원칙

첫째, 항공화물운송장(AWB)에 기재되는 문자와 숫자는 라틴 문자와 아라비아 숫자를 사용해야 한다. 그러므로 사용 언어는 영어, 불어, 스페인어를 사용하는 것이 원칙이며 라틴문자 외에 다른 문자를 사용하는 경우 영어를 병기해야 한다.

둘째, 항공화물운송장의 기재 내용이 수정되거나 추가할 때에는 원본과 사본 전체에 대해서 수정이나 추가가 이루어져야 한다.

셋째, 화물이 수송되는 도중이나 목적지에서 이와 같은 수정이나 추가사항이 발생되었을 경우에는 잔여분에 대한 수정이나 추가내용도 반영되어야 한다.

넷째, 항공화물운송장을 작성할 때는 Typing을 하고 Block Letter(블록체)를 사용하는 것이 원칙이며 경우에 따라서는 Hand Writing 하기도 한다. 어떤 경우이든 원본과 부본 전체가 명확히 작성되어야 한다.

2) 항공화물운송장의 기재사항

항공화물운송장에는 다음과 같은 사항들이 기재되어 있다. 이것은 화물과 함께 보내져 화물의 출발지, 경유지, 목적지를 통해 각 지점에서 적절한 화물취급과 운임정산 등의 작업수행이 원활하게 이루어지도록 하기 위함이다.

① Airport of Departure : 출발지 도시 또는 공항의 3-Letter Code를 기재한다. (예 : ICN)

② Shipper's Name and Address : 송하인의 성명, 주소, 도시, 국명이 기재되며 전화번호가 있을 경우 함께 기입해 두는 것이 좋다.

③ Shipper's Account number : AWB를 발행하는 항공사가 임의로 기재한다.

④ Consignee's Name and Address : 수하인의 성명, 주소, 도시, 국명 등이 기재되며, 어떠한 이유로 실제 수하인을 대신하여 은행이나 화물대리점이 수하인이 되는 경우 실제 수하인은 Handling Information 란에 기재되어야 한다. 이때 화물을 인도하는 항공사는 은행이나 대리점을 유일한 수하인으로 간주하여야 하며 본란에 명시된 수하인으로부터의 지시가 없이는 타인에게 인도해서는 안 된다. 신용장거래에서 수하인(consignee)을 발행은행으로 기재하도록 한 경우에는 발행은행은 AWB Original 2(for consignee)에 이서하고 화물인도승낙서를 발급하여 수입상에게 화물의 수취를 위임한다.

만약, 송하인이 특정의 개인이나 회사에게도 도착 사실을 통보해 줄 것을 요청하면 그 주소를 Handling Information란에 기입해야 한다('also notify'라는 말로 표현). AWB은 비양도성이기 때문에 'to order' 또는 'to order of the Shipper'라고 표현하는 것은 바람직하지 않다.

수하인이 화물인수의 편의를 위해 인도 항공사나 호텔 또는 유사한 임시거처를 주소지로 할 경우 수하인 또는 그 친척의 집 주소를 Handling Information 란에 '인도가 불가능한 경우의 연락처(In case of inability to deliver to consignee contract :)'라는 표시와 함께 기입해야 한다.

⑤ Consignee's Account Number : 고객 분류를 위한 부호를 기입하며, 실제로 화물을 인도하는 항공사가 임의로 기재한다.

⑥ Issuing Carrier's Agent, Name and City : 항공화물운송장(AWB)을 발행하는 대리점의 이름 및 도시명을 기재한다.

⑦ Agent's IATA Code : 대리점의 국제항공운송협회(IATA) 코드를 기재한다.

⑧ Issuing Carrier's Agent, Account Number : 항공화물운송장(AWB)을 발행하는 항공사(airline)가 임의로 기재한다.

⑨ Airport of Departure(address of First carrier) and Requested Routing : 출발지 공항과 운송구간을 기재한다. 추가적인 운송루트가 요구되면 해당 지역이 함께 기재될 수 있다. 공항이나 지역은 3-Letter City Code로 기재할 수 있다.

⑩ Accounting Information : 회계처리에 관한 필요사항을 기재한다. 예를 들어 운송료 지불방법(현금, 수표)이나 기타 필요한 내용을 기록한다.

⑪ Routing and Destination : 예약에 의한 첫 구간의 도착지와 운송 항공사명이 기재된다. 이때 항공사명은 Full Name이 기재되어야 하며 최종 목적지까지 2개 이상의 항공사가 개입되는 경우는 각 경유지와 해당 구간을 수송하는 운송항공사명을 코드별로 기재한다. 한 도시에 2개 이상의 공항이 있는 경우에는 도착지 공항의 3-Letter Code를 기입한다.

⑫ Currency : 항공화물운송장을 발행하는 국가의 화폐단위 코드를 기재한다. AWB에 나타난 모든 금액은 본란에 표시되는 화폐단위와 반드시 일치해야 한다.

그러나 'Collect Charges in Destination Currency'란에 표시되는 금액은 제외가 된다. 자국 화폐단위 대신 USD를 현지통화로 간주하는 국가에서는 본 란에 USD를 표시해야 한다.

⑬ Charge Code : 항공사가 임의로 필요한 사항들을 기재한다.

⑭ Weight/Valuation Charge-Prepaid/Collect : 화물운임의 지불방식에 따라 선불(PPD) 또는 후불(COLL)란에 '×'자로 표시한다. 화물운임과 종가요금은 둘 다 모두 선불 또는 착지불이어야 하기 때문에 화물운임은 선불, 종가요금은 착지불 등의 형태로 표기되는 것은 불가능하다.

⑮ Other Charges at Origin-Prepaid/Collect : 화물운임과 종가요금을 제외한 출발지에서 발생된 기타요금을 지불방식에 따라 선불(PPD) 또는 후불(COLL) 란에 '×'자로 표시한다. 출발지에서 발생한 모든 기타요금은 전부 선불이거나 전부 착지불해야 한다.

⑯ Declared Value for Carriage : 송하인이 종가운임(물품의 가액)을 신고하는 경우에 기재한다. 화물의 분실이나 파손이 발생한 경우 동 금액은 손해배상의 기준이 되며, 가격신고 방법은 일정한 금액을 신고하는 것과 무가액신고(No Value Declared, NVD로 표시함)의 2가지 방법 중 하주가 임의로 선택할 수 있다.

⑰ Declared Value for Customs : 세금 목적으로 세관에서 요구하는 경우 송하인의 세관신고 가격 또는 물품가액을 기재한다. NCV(No Customs (or Commercial) Value)로 표기하는 것이 보통이며 AS PER INV로 표기할 수도 있다.

⑱ Airport of Destination : 최종 목적지의 공항이나 도시의 명칭을 Full Name으로 기재한다.

⑲ Flight/Date : 하주가 요청한 예약 편을 기입하는 것이 아니고 항공사가 임의로 항공편을 기재하며 변경도 가능하다.

⑳ Amount of Insurance : 항공화물운송자을 통해 보험에 가입하는 경우 하주가 부보하고자 하는 보험금액을 기재한다. 보험에 부보하는 금액은 대체로 운송 신고가액과 일치하며 보험에 부보하지 않을 때에는 공백으로 남겨두거나 ×××로 기재한다.

㉑ Handling Information : AWB의 다른 란에 표시할 수 없는 각종 사항을 나타내기 위해 사용된다. 충분한 여백이 없을 때는 별도 용지를 사용하는 것도 가능하다. 본란에 기입되는 사항은 화물의 포장방법 및 포장표면에 나타난 식별부호, 번호, 수하인 외에 화물도착 통보를 할 필요가 있는 사람의 주소, 성명, AWB가 함께 동반되는 서류명칭, Non-Delivery로 인한 화물의 경우 최초의 AWB 번호 기재, 기타 화물운송과 관련된 제반 지시 또는 참고사항 등이다.

㉒ Consignment Details and Rating : 화물요금과 관련된 사항들을 기재한다.

i) Number of Pieces : 화물의 개수를 기입하며 총 개수는 아랫부분의 합계란에 표시한다.

ii) RCP(Rate Combination point) : 출발공항에서 목적지 공항까지 복수의 구간으로 요율이 결정되는 경우, 그리고 그 결과 'Rate/Charge' 란에 둘 이상의 요율이 결합된 수치가 표시되면 요율 결합지점(도시명)을 표시한다.

iii) Actual Gross Weight : 화물의 실제 무게를 기입하며 합계 중량은 아랫부분에 표시한다. 단위 탑재용기요금(BUC)을 적용했을 경우에는 사용된 단위 탑재용기(ULD)의 자중을 화물무게 아래에 적어둔다.

iv) kg/lb : 무게단위를 기재한다(Kilogram : K, Pound : L로 표시)

v) Rate Class : 화물요율에 따라 다음 중 하나의 Code를 기입한다.

M Minum Charge
N Normal under 405kg(1001b) rate
Q Quantity over 45kg(1001b) rate
C Specific Commodity Rate
R Class Rate(less than normal rate)
S Class Rate(more than normal rate)
U Pivot weight and applicable pivot weight charge
E Weight in excess of pivot weight and applicable rate
X Unit Load Device(as an additional line entry with one of the above)
P Small Package Service
Y Unit Load Device Discount

vi) Commodity Item Number

SCR이 적용될 경우에는 품목번호 기재
CCR이 적용될 경우에는 해당 Percentage(%) 표시
BUC를 적용했을 경우에는 ULD의 Rating Type을 표시

vii) Chargeable Weight

화물의 실제중량과 부피중량 중 높은 쪽의 중량을 기입한다. 만일 최저운임(minimum charges)이 적용될 경우는 기재할 필요가 없다. BUC를 적용했을 경우에는 해당 ULD의 운임적용 최저중량을 기입한다.

viii) Rate/Charge

kg당 또는 Pound 당 운임을 기재한다. 최저운임 적용시에는 최저운임을 기재하고 BUC 적용시에는 해당 ULD의 최저 적용운임을 기재한다.

ix) Total

운임적용중량(㉒-vii)×요율(㉒-viii) 금액을 기입한다. 서로 다른 요율이 적용되는 품목이 둘 이상인 경우의 총합계 금액은 아랫부분 빈칸에 기입한다. 실무에서는 실제 운임의 노출을 방지하기 위해 As Arranged로 표기하기도 한다.

x) Nature and Quantity of Goods(Include Dimensions or Volume)

화물의 품목을 기재한다. 필요시에는 상품의 원산국을 기재하기도 한다. 부피중량이 적용되는 화물포장의 치수를 최대 가로×최대 세로×최대 높이의 순으로 표시한다. BUC 적용시 사용된 ULD의 IATA Code를 기재한다. 본란의 여백이 부족할 경우 'Extension List'를 사용할 수 있다.

㉓ Weight Charge(Prepaid/Collect) : 운임의 지불방법에 따라 선불(PPD) 또는 후불(COLL) 란에 해당 화물의 운임을 기입한다.

㉔ Valuation Charge(Prepaid/Collect) : 하주의 신고가격에 따라 부과되는 종가금액을 지불방법에 따라 선불이나 착지불 란에 기재한다.

화물운임과 종가요금은 양자 모두가 선불이거나 착지불되어야 한다.

㉕ Other Charges : 화물운임과 종가요금을 제외한 기타 비용의 명세와 금액을 기입한다. 명세를 표시하기 위해서는 아래의 Code가 사용된다.

AC Animal Container PU Pick Up

AS Assembly Service Fee SO Storage

AW Air Waybill Fee SU Surface Charge

CH Clearance and Handling TR Transit

DB Disbursement Fee TX Taxes

IN Insurance Premium UH ULD Handing

MO Miscellaneous

상기 Code는 금액 앞에 표시해야 하며 상기 비용들의 귀속 여부를 확실히 하기 위해 항공사 몫일 경우에는 C, 대리점 몫일 경우에는 A로 표시한다. 이때 'A' 또는 'C'의 표시는 비용 Code와 금액 사이에 기재한다(예-PU 'C' : 35.00).

㉖ Total Other Charges : Other Charge란 표시비용이 항공사 몫인지 대리점 몫인지 구분하여 해당 란에 기재한다. 출발지에서 발생하여 ㉕란에 표시된 제비용은 모두가 선불이거나 착지불되어야 한다.

i) Total Other Charges Due Agent(Prepaid/Collect) : AWB 발행 수수료가 대리점 몫일 경우 이 내용이 기입된다. 기타 출발지에서 미리 징수되는(선불) '대리점 몫'의 제비용은 기입할 필요가 없으며, ㉕란에 표시되는 '대리점 몫'의 비용 중에서 후불(collect) 금액만 여기에 표시한다.

ii) Total Other Charge Due Carrier(Prepaid/Collect) : 화물운임이나 종가요금을 제외하고 ㉕란에 표시되는 비용 중 '항공사 몫'에 해당하는 비용을 선불이나 후불 란에 기재한다.

㉗ Total Prepaid : 운임, 종가요금, 기타 제비용(항공사 몫, 대리점 몫 포함) 중 선불 란에 표시된 금액의 합계를 기재한다.

㉘ Total Collect : 화물운임, 종가요금(valuation charge), 기타 제비용 중 후불 란에 표시된 금액의 합계를 기입한다.

㉙ Shipper's Certification Box : 송하인(shipper, corsignor) 또는 그 대리인의 서명(인쇄, 서명 또는 Stamp)이 표시된다.

㉚ Carrier's Execution Box : 항공화물운송장(AWB)의 발행일자와 발행 장소, 항공사(carrier) 또는 그 대리인의 서명(signature)이 표시된다.
월(月)의 표시는 영어로 Full Spelling 또는 약자를 사용할 수 있으나 숫자로 표시하는 것은 원칙적으로 허용되지 않는다.

※ 항공화물운송장 번호(Airwaybill Number)

항공화물운송장 번호는 상단 좌우와 하단 우측에 명기되며, IATA Carrier 3 Digit Code와 7단위의 일련번호(Serial No.) 및 7진법에 의한 Check Digit 등 11 단위로 구성되어 있다. 숫자 180의 의미는 IATA Carrier 3 Digit Code로 항공사의 고유번호이다. Prefix Code 또는 Airline Perfix Number를 알면 어느 항공사인지도 파악할 수 있다. 180은 대한항공의 Prefix Code이며 아시아나항공은 988이다. 우리의 실생활에서는 10진법을 주로 사용하지만 AWB에는 0, 1, 2, 3, 4, 5, 6만 사용하는 7진법을 사용한다.

(예) 180 − 1234567 5

- 5 → Check Digit (7진법 사용)
- 1234567 → 일련번호 (Serial No.)
- 180 → IATA Carrier 3 Digit Code

6. 항공화물운송장의 이면약관

1) 의의

국제항공운송협회(IATA)는 운임 등 항공운송의 주요 조건들을 협정하고 AWB의 양식 등을 결정한다. IATA가 제정한 운송약관은 바르샤바(Warsaw) 협약을 토대로 제정된 것으로 운송인의 책임과 관련된 조항들이 AWB의 이면약관에 명시하고 있다.

2) IATA의 항공화물운송장 이면약관

(1) 적용

화물의 발송지 국가 이외의 국가에 최종 목적지 또는 기항지를 가지는 운송은 바르샤바 협약이 적용된다.

(2) 운송책임

이 약관에 의한 운송이 협약에 규정된 국제운송일 때는 바르샤바 협약의 책임규정에 따른다. 본 협약은 운송인 책임을 손해화물 1kg당 250 포앙카레 프랑(Poincaré Francs)으로 제한하고 있는데 250 포앙카레 프랑은 약 USD 20에 해당한다.

(3) 준수규정

이 약관에 의한 운송에서 준수해야 할 규정은 ① 적용되는 법령(국내법을 포함) ② 약관의 규정 ③ 적용 Tariff, 운송조건, 시각표(발착시각 제외) 등이다. 이것들은 이 운송계약조건의 일부가 되며 열람할 수도 있다.

(4) 非 Warsaw운송

바르샤바 협약이 적용되지 않는 운송의 경우 운송인의 책임은 운송화물 1kg에 대하여 USD 20을 초과하지 않는 것으로 한다. 다만, 송하인이 높은 가격을 신고하거나 추가요금을 지급하였을 때에는 예외로 한다.

(5) 책임제한 규정의 원용(援用)

운송인의 책임에 대한 유한책임제도는 ① 운송인의 대리인, 사용인, 대표자 ② 운송에 사용하는 항공기의 소유자, 그 대리인, 사용인과 대리자에 대해서도 적용된다.

(6) 운송인의 책임기간

운송인이 운송에 대해서 책임을 부담해야 하는 기간은 화물이 자기의 관리 하에 있는 기간과 자기 대리인의 관리 하에 있는 기간 동안이다.

Model Form 23 <서식 23> 항공화물운송장(AWB)

Shipper's Name and Address | Shipper's Account Number

Not negotiable
Air Waybill
issued by

KOREAN AIR

Copies 1, 2 and 3 of this Air Waybil are originals and have the same validity.

Consignee's Name and Address | Consignee's Account Number

Telephone :

It is agreed that the goods described herein are accepted in apparent good order and condition (except as noted) for carriage SUBJECT TO THE CONDITIONS OF CONTRACT ON THE REVERSE HEREOF. THE SHIPPER'S ATTENTION IS DRAWN TO THE NOTICE CONCERNING CARRIER'S LIMITATION OF LIABILITY. Shipper may increase such limitation of liability by declaring a higher value for carriage and paying a supplemental charge if required.

Issuing Carrier's Agent Name and City

Accounting Information

Agent's IATA Code | Account No.

Airport of Departure(Addr. of First Carrier) and Requested Routing

TO	By First Carrier	Routing and Destination	to	by	to	by	Currency	CHGS Code	WT/VAL PPD	WT/VAL COLL	Other PPD	Other COLL	Declared Value for Carriage	Declared Value for Customs

Airport of Destination	Flight/Date	For Carrier Use Only	Flight/Date	Amount of Insurance	INSURANCE-If Carrier offers Insurance, and such insurance is requested in accordance with conditions on reverse hereof, indicate amount to be insured in figures in box marked 'amount of Insurance'.

Handling Information

No. of Pieces RCP	Gross Weight	kg lb	Rate Class / Commodity item No.	Chargeable Weight	Rate / Charge	Total	Nature and Quantity of Goods (incl. Dimensions or Volume)

Prepaid	Weight Charge	Collect	Other Charges
	Valuation Charge		
	Tax		
	Total Other Charges Due Agent		Shipper certifies that the particulars on the face hereof are correct and that insofar as any part of the consignment contalns dangerous goods, such part is properly described by name and is in proper condition for carriage by air according to the applicable Dangerous Goods Regulations.
	Total Other Charges Due Carrier		Signature of Shipper or his Agent
Total Prepaid		Total Collect	
Currency Conversion Rates		CC Charges In Dest. Currency	Executed on(date) at(place) Signature of Issuing Carrier or its Agent
For Carrier's Use Only at Destination		Charges at Destination	Total Collect Charges

ORIGINAL 3 (FOR SHIPPER)

제2절 항공운송의 업무

1. 항공운송의 예약

1) 예약의 중요성

항공기 한 편(便)이 출항하기 위해서는 예약, 집하, 운항, 정비 등 각 분야가 상호 유기적인 협조체계를 갖추어야 한다. 또한 화물을 원만하고 안전하게 운송하기 위해서는 항공사와 하주의 협조도 긴밀하게 이루어져야 한다.

항공화물의 운송을 위해서는 우선적으로 운송화물에 대한 예약절차를 밟아야 한다. 예약의 부정확 또는 잘못으로 자칫 적재를 하지 못하면 큰 손해를 입을 수 있기 때문에 항공기 스케줄(schedule)에 따른 화물의 예약은 매우 중요하다.

항공사 입장에서도 예약(booking)은 가장 기본적이고 중요한 업무 중의 하나이다. 예약은 앞으로 일정한 계약을 맺을 것을 미리 약속해 두는 계약을 말한다.

예약은 항공사의 수입을 극대화하고 대고객 서비스를 제고시키며 운송을 위한 사전 정보제공으로 탑재와 운송을 효율적으로 관리할 수 있도록 도와준다.

그런데 항공사 입장에서 예약업무를 원활히 수행하기 위해서는 업무의 전산화가 이루어져야 하고 그것도 전 세계의 판매망을 온라인(on-line)화 해야 하기 때문에 예약업무 수행에는 많은 자본과 인력들이 투입되게 된다.

2) 예약 시기와 접수

항공기의 스케줄은 보통 6개월 단위로 운용되고 있기 때문에 항공기 출발 6개월 전부터 해당 항공편을 예약할 수 있다. 항공화물의 예약은 보통 항공화물대리점이 하주를 대신하여 항공화물의 내역을 항공사에 통보하는 것으로 이루어진다.

대부분의 항공사들은 일정한 제도로 각 항공화물대리점 및 하주들과 사전 계약을 통해 예약을 하지 않아도 자동 예약이 가능하도록 하는 등 다양한 서비스를 제공하고 있으나 화물이 몰리는 성수기에는 공간 확보에 치열한 경쟁이 일어나기도 한다.

예약에 필요한 내용은 Air Waybill(항공화물운송장) 번호, 화물의 포장개수, 중량, 출발지, 목적지, 원하는 항공편과 출발일자, 품목, 대리점명, 하주명 등이다.

내용을 접수하면 항공사의 예약요원이 화물의 상태나 크기, 예약상태, 항공기의 공간(space) 등을 컴퓨터로 확인하여 해당 편의 탑재가능성과 예약 가능 여부를 확인해 준다. 예약이 완료되면 제반 예약상황이나 운항일정을 통보해 준다.

2. 항공운송의 집하

항공사의 항공화물 집하활동에는 직접 하주(송하인이나 수하인)를 상대로 화물을 유치하는 직접 집하방식과 대리점이나 포워더 등을 통한 간접 집하방식이 있다. 보통은 후자의 방식이 널리 이용되고 있다.

1) 직접 집하방식

직접 집하방식은 운임을 지불하는 운송계약자를 대상으로 항공사가 직접 집하활동을 하는 방식으로 CIF계약은 수출자, FOB계약은 수입자가 대상이 된다.

2) 간접 집하방식

(1) 대리점 집하

대리점(agent) 집하는 대리점계약을 맺은 대리점이 항공운송 화물의 집하역할을 수행하며 그 대가로 항공사로부터 수수료를 받는 방식이다.

항공사는 다수의 송하인과 수하인들을 대상으로 집하활동을 수행하는 것이 불가능하기 때문에 대리점 판매의 필요성이 있다. 보통 항공사는 점유율을 극대화하기 위하여 이들 대리점을 적극적으로 활용한다.

(2) 포워더 집하

포워더(Forwarder, 혼재업자) 집하는 대리점 집하와 달리, 독자적인 운송약관과 운임률표를 가지고 있는 포워더가 개별적으로 하주나 대리점과 독자적으로 운송계약을 체결하여 항공화물을 집하하는 방식이다.

포워더는 항공사 운임의 중량체감 체계(중량이 높아질수록 적용요율이 더 낮아지는 운임체계)를 이용하여 개개의 하주들에게는 항공사보다 싼 운임을 적용하고 다수의 하주나 대리점들로부터 집하된 화물을 1건의 대형화물로 재편성하여 항공사에 위탁함으로써 더 저렴한 요율을 적용받는다. 이 방식에서는 하주나 위탁업자로부터 수취한 운임과 항공사에 지불하는 운임의 차액(margin)이 포워더의 주요 수입원이 된다.

(3) 총판매대리점 집하

총판매대리점(general sales agent) 집하는 불취항(off-line) 지역에서 판매망 확장을 통한 수입증대를 위해 항공사가 임명한 대리점을 통해 집하하는 방식이다.

이들은 지정된 국가나 지역에서 항공사 노선을 이용하도록 홍보하고 항공사의 시간표나 운임요율표를 지역내 다른 지점에 배포하거나 집하활동을 대행한다.

3. 항공운송의 절차

1) 수출화물의 취급절차

(1) 항공화물 운송계약

무역계약이 체결되어 수출을 위한 준비단계가 완료되면 송하인(하주)은 화물의 출고 시간에 맞춰 항공사를 선정한 다음, 해당 항공사에 예약(booking)을 한다.

이러한 절차는 보통 항공화물대리점이나 포워더가 중간매체자로서 업무를 대행한다. 대리점이나 포워더가 예약을 할 때에는 항공화물운송장(AWB) 번호, 출발지 및 도착지, 포장개수, 각 포장상자의 중량, 부피, 상품명 등을 지정 항공사에 제공해야 한다.

전 세계 항공사들은 연계운송계약을 체결하고 있기 때문에 특정 항공사에게 위탁하면 목적지까지 연결편을 확보할 수도 있다.

(2) 육상운송과 장치장 반입

탑재 일자에 맞추어 공장에서 생산된 완제품은 트럭에 의한 육로수송으로 화물터미널에 도착하게 되고 화물터미널의 장치장으로 반입된다.

장치장 반입시 항공운송사는 화물검사를 실시한 후 수출화물 반입계를 발급한다.

보세구역인 보세장치장에 수출화물을 반입하기 위해서는 세관에 수출화물 반입계를 제출하고 장치지정 및 승인을 받아야 한다.

(3) 수출신고와 화물검사 및 수출신고필증 발급

장치장 등에 수출화물을 반입한 후, 자가통관의 허가를 받지 않은 수출업자는 반드시 관세사, 관세법인, 통관취급법인 등 통관업자를 통해서 수출신고를 해야 하며 이때 필요한 서류는 상업송장, 포장명세서, 검사증 등이다.

한편 세관에서는 제출된 수출신고서를 1차 심사한 후 이상이 없을 경우 감정과로 서류를 이송한다. 이때 심사하는 사항은 정상결제 여부, 수출금지품목 여부, 신고서 기재사항의 정확성, 화물의 기호, 품종, 수량, 계약조건, 목적지 등이다.

또한 서류와 화물을 대조하면서 수량, 규격, 품질 등을 검사하고 경우에 따라서는 지정한 검사수량에 대해 전부나 일부를 개봉하여 검사한다. 화물검사 결과 이상이 없는 경우 서류는 세관 심사과로 회송되어 2차 심사 후 수출신고필증을 발급해 준다.

일단 수출신고필증이 발급되면 해당 화물은 관세법상 외국화물이 되며 수출업자는 물품을 해당 수출신고가 수리된 날로부터 30일 이내에 우리나라와 외국간을 왕래하는 운송수단에 적재하여 수출을 이행해야 한다.

(4) 항공화물운송장과 화물의 인계

항공화물대리점은 항공화물운송장(AWB)을 발행하고 화물에 따라 적절한 라벨(Label)을 부착한다.

통관절차가 완료된 화물의 항공화물운송장은 항공화물운송 대리점에서 화물인도증명서(Cargo Delivery Receipt)와 함께 해당 항공사에 접수시킨다.

항공화물운송장에는 상업송장, 포장명세서, 원산지증명서, 검사증 등 수입지에서의 통관에 필요한 서류가 첨부된다.

항공사는 화물인도증명서에 접수 확인을 기재한 후 검수원에게 전달하여 화물을 인수토록 한다. 화물 인수시 화물의 포장상태, 파손 여부, Marking과 Label의 정확성, 개수와 수량의 일치 여부를 확인한다. 이때 위험물이나 산동물 취급에 관한 제반 규정은 ICAO/IATA가 제정한 규정에 따라야 한다.

(5) 적재작업

항공사는 해당 항공편의 항공기 특성을 고려하여 사용 단위탑재용기(ULD) 및 적재작업 방법 등의 작업지시를 담당 검수원에게 하달하고 검수원은 작업지시에 의거 적재작업을 실시한다. 이 작업은 운송인의 업무로 대부분 공항에서 지상 조업사 또는 지상용역회사(인천공항의 경우는 KASC(Korea Airport Service))가 담당한다.

(6) 탑재작업

적재작업이 완료된 화물은 중량 배분을 위해 계량한 후 탑재 담당자에게 인계되어 항공기로 셔틀 운송된다. 항공사는 항공기의 안전운항과 화물의 안전수송을 고려한 탑재작업 지시를 탑재 담당자에게 전달하고 작업결과를 통보받는다.

항공사의 탑재 책임자는 항공기의 운항에 필요한 자료와 수하물, 기타 화물량에 적합한 탑재계획에 따라 컨테이너나 파렛트를 기내에 탑재한다.

(7) 항공기 출발

화물기의 경우 적하목록이 완성되면 항공기 입출항신고서(general declaration) 및 기용품 목록과 함께 세관에 제출하여 출항허가를 얻은 후 탑재된 화물의 항공화물운송장(AWB) 및 출항허가서, 적하목록을 운항승무원에게 인계함으로써 항공기는 수입지를 향해 출발한다.

(8) 통보

항공기 출발 후 도착지나 중간 기항지에 탑재 내용과 화물명세 등을 통보한다.

2) 수입화물의 취급절차

(1) 전문 접수

출발지로부터 항공기가 출발한 후 해당 편 탑재화물 관련 전문을 접수하면 화물을 완벽한 상태로 신속히 인도하기 위해 항공기 도착 이전에 지상조업사(ground handling company)에 통보하여 필요한 장비나 시설을 확보하도록 한다.

부패성 화물, 외교행낭, 긴급화물, 사람의 유해, 산동물 등 특수화물은 수하인에게 사전에 도착시간과 항공화물운송장 번호, 개수, 중량 등을 통보하여 수하인으로 하여금 신속히 인도할 수 있도록 조치를 취한다.

(2) 항공기 도착

항공기가 도착하면 항공사 직원이 기내에 탑승, 운항승무원 또는 객실승무원으로부터 운송장 및 출발지 출항허가, 적하목록 등을 인계받은 다음, 세관에 적하목록, 항공기 입출항 신고서(General Declaration), 기용품 목록을 제출하여 입항허가를 득한다. 또한 항공화물은 각 항공사별로 지정된 장치장에 우선 입고된다.

(3) 서류분류와 검토

서류가 도착하면 항공화물운송장(AWB)과 적하목록을 대조하여 수입금지 화물, 안보 위해 물품 여부를 확인하고 보냉이나 냉동을 요하는 품목은 적절한 조치를 취하도록 조업사에게 작업지시를 한다. 검토가 완료된 항공화물운송장과 적하목록은 통과화물의 경우에는 최종목적지로의 수송을 위해 세관에 이적허가를 신청하고 우리나라 도착화물의 경우에는 화물이 입고되어 있는 해당 장치장 분류실에서 창고배정을 한다.

(4) 창고 배정

창고 배정은 화주가 특정 수입화물에 대해 창고를 임시로 지정하는 긴급 분류대상인 경우 항공사에서 담당하고, 해당 하주 명의로 수입되는 모든 수입화물에 대해 특정한 창고를 지정할 수 있는 상시 분류대상인 경우에는 운송업체 대표로 구성된 민간운영협의회가 담당한다.

(5) 화물분류와 입고

창고 배정이 완료되면 분류 적하목록에 의거하여 지상조업사 직원이 화물을 배정된 창고에 입고시킨다.

(6) 도착 통지

창고 배정작업이 완료되면 항공화물운송장(AWB)은 통관지역에 따라 화물터미널에 있는 항공사 지점이나 영업소로 보내지고 수하인에게 전화 등의 통신수단을 통해 화물이 도착하였다는 사실을 통지한다.

혼재화물일 경우에는 항공사로부터 항공화물운송장(AWB)을 인도받은 국제물류주선업체(포워더)가 화물의 도착통지를 담당한다.

항공화물운송장은 비유통서류로서 기명식으로 발행되는 것이 원칙이기 때문에 항공화물운송장(AWB)상의 수하인(consignee)은 통상적으로 수입자(importer, buyer)가 된다. 수입자는 자신의 신분 확인만으로도 화물을 인도받을 수 있다.

(7) 수입통관과 물품 반출

수하인이나 그 대리인은 수입신고서를 세관에 제출하고 수입신고를 필하여 통관절차를 완료한다. 수하인은 원칙적으로 항공기가 입항하여 물품이 하기되어 보세구역에 장치된 후 전자문서로 수입신고를 하게 된다.

세관에서는 C/S시스템(우범화물 선별시스템)에 의해 심사나 물품검사대상으로 분류되는 경우를 제외하고는 즉시 수입신고를 수리하여 준다.

수입신고가 수리된 날로부터 15일 이내에 관세 등을 국고 수납은행이나 우체국에 납부하고, 수입신고필증(Fax, Copy)을 보세구역에 송부하면 보세구역에서는 신고수리여부를 전산으로 조회 후 물품을 반출한다.

(8) 항공화물운송장 제시와 화물 인수

화물의 수하인이 항공화물운송장을 제시하여 물품을 찾을 때 본인인 경우에는 주민등록증을 확인하며, 대리인인 경우에는 주민등록증 외에 위임장을 제출해야 한다.

도착지에서 운임이 지급되는 착지불 화물인 경우에는 운송요금 이외에 운송요금의 약 2%에 해당하는 운임 착지불 청구비용(charge collect fee)을 지불해야 한다.

(9) 보세운송

외국물품이 통관되지 않은 상태에서 화물터미널 이외의 지역으로 수송될 경우 보세운송허가를 받아야 한다.

항공화물의 보세운송은 간이보세운송과 특별보세운송으로 구분한다. 간이보세운송은 부산, 제주 등의 개항장으로 외국물품을 항공수송하는 경우를 말하며 특별보세운송은 개항장 이외의 지역으로 외국물품을 수송하는 경우를 말한다.

항공운송의 국제협약과 무역거래 제12장

제1절 항공운송의 국제협약과 기구

1. 항공운송과 국제협약

1) 바르샤바 협약

바르샤바 협약(Warsaw Rules for Carriage of Goods by Air, Warsaw Convention)은 여객운송과 국제항공화물에 관한 항공운송인의 책임과 항공화물운송장(AWB)의 기재사항 등을 정한 국제협약으로 1929년 10월 바르샤바에서 채택되었다.

이 협약은 와르소 협약 또는 바르샤바 조약이라고도 부르며 1933년에 발효되었다.

이 협약을 제정한 목적은 항공기 사고로 인해 여객과 화물에 미친 손해배상의 범위와 책임한도를 설정하여 운송인과 여객 및 하주의 이익을 조정하기 위한 것이다.

이 협약이 적용되려면 출발지와 도착지가 모두 체약국 영역 내에 있어야 하며 체약국은 바르샤바 협약(1929)과 헤이그 의정서(1963)에 가입한 국가를 말한다.

2) 헤이그 의정서

헤이그 의정서(Hague Protocol)는 바르샤바 협약이 체결된 이후 항공기술이 발달하고 안전도가 향상됨에 따라 항공운송인의 책임 한도액을 이러한 현실에 적합하도록 개정한 것으로 1963년 8월에 발효되었다. 본 협약의 주요 내용은 여객에 대한 책임한도액을 100% 인상하고 바르샤바 협약과 의정서를 합쳐 하나의 단일 문서로 간주한다는 것 등이다. 따라서 본 의정서에 가입하면 바르샤바 협약에도 구속된다.

3) 과다라하라 협약

과다라하라 협약(Guadalajara Agreement)은 다수 항공사들에 의한 공동운항과 항공사들의 항공기의 임대차계약(hire contract) 등 변화된 항공운송 실태를 반영하기 위해 기존 바르샤바 협약의 일부 내용을 보충한 협약이다.

국제민간항공기구(ICAO)가 1961년 9월 멕시코의 과다라하라에서 채택하였다.

4) 몬트리올 협정

몬트리올 협정(Montreal Agreement)은 여객이나 화물에 대한 운송인의 책임제한을 규정한 항공사간 협정이다. 1966년 몬트리올에서 채택되었고 1966년에 발효되었다.

미국이 여객의 책임한도액 25만 포앙카레 프랑(Poincaré Francs)이 너무 과하다는 이유로 헤이그 의정서를 비준하지 않고 바르샤바 협약을 탈퇴하겠다고 통보함에 따라, IATA가 미국 내를 운항하는 항공사들의 회의를 몬트리올에서 소집하여 항공사들간에 맺은 협정이 바로 몬트리올 협정이다.

헤이그 의정서와 몬트리올 협정 모두 위탁 수하물이나 화물의 책임 한도액은 차이가 없으나 여객의 경우 헤이그 의정서는 1인당 US$ 20,000인데 비해 몬트리올 협정은 US$75,000이고, 항공운송인의 책임의 경우 바르샤바 협약이나 헤이그 의정서는 과실책임주의를 원칙으로 하는 비해 몬트리올 협정은 절대책임주의 원칙으로 하고 있다.

미국과 관계하는 국제항공운송에 종사하는 항공사들은 이 협정에 가입할 것을 의무화하고 있으며 우리나라는 2007년에 가입하였다.

5) 과테말라 의정서

과테말라 의정서(Guatemala Protocol)는 1965년 7월 국제민간항공기구(ICAO) 총회에서 바르샤바 협약에 규정된 운송인의 책임 한도액 개정의 필요성이 제기된 후 ICAO가 작성한 초안을 1971년 과테말라에서 개최된 외교회의에서 채택한 협정이다.

이 의정서의 목적은 승객의 사망에 대한 운송인의 절대책임, 한도액의 정기적 자동수정, 등 바르샤바 협약체제를 개정하는데 있다. 의정서의 주요 내용은 여객과 화물의 운송에 관련된 운송규정의 개정이었으나 아직 발효되지 않고 있다.

6) 몬트리올 추가의정서

몬트리올 추가의정서는 1972년 개최된 몬트리올 회의에서 바르샤바 협약, 헤이그 의정서, 과테말라 의정서에 표시된 통화 단위를 포앙카레 프랑(Poincaré Francs)에서 US$로 변경하는 제안을 채택한 협정이다.

7) 몬트리올 협약

몬트리올 협약(Montreal Convention)은 바르샤바 협약과 관련 협정 및 의정서를 통합하는 동시에 통일적인 기준을 제시하기 위해 1999년에 채택되었고 2003년 11월에 발효되었다. 이 협약은 바르샤바 협약의 기본 구조를 유지하면서 소비자 이익의 보호에 중점을 두고자 항공운송인의 손해배상책임을 강화하였고 e-비즈니스 관련 사항을 새로 규정하였다. 이 협약은 2009년과 2019년에 개정되었다.

2. 항공운송과 국제기구

1) 국제항공연맹(FAI)

국제항공연맹(Federation Aeronautics Internationale, FAI)은 국제 민간항공분야의 발전을 위해 각국의 민간 항공단체를 1개국 1개 단체에 한정하여 가입시킨 비정부 및 비영리 국제연맹으로 1905년 설립되었다.

이 기구의 설립 목적은 범세계적으로 항공과 우주 관련 활동을 촉진시키며 국제 민간항공분야의 발전을 도모하는 것이다. 주요 활동은 ICAO나 IATA와 유기적인 관계를 갖고 민간항공단체가 희망하는 항공정책의 방향과 새로운 사업 등을 건의하는 것이다.

우리나라는 대한민국항공회가 1957년에 가입하였다.

2) 국제민간항공기구(ICAO)

국제민간항공기구(International Civil Aviation Organization, ICAO)는 세계 민간항공의 안전과 발전을 위해 1947년에 발족한 국가(정부)간 국제협력기구이다.

이 기구의 설립 목적은 국제 민간항공운송의 발전과 안전의 확보, 항공기의 설계와 운항기술의 발전에 두고 있으며 주요 업무는 항공기와 승무원, 통신과 공항시설에 대한 기술표준화 등이다.

이 기구는 총회, 이사회, 사무국으로 구성되어 있고 본부는 캐나다 몬트리올에 있다.

우리나라는 1952년 12월에 가입하였고 러시아와 중국, 북한도 가입하였다. 2020년 현재 회원국 수는 153개국에 이르고 있다.

3) 국제항공운송협회(IATA)

국제항공운송협회(International Air Transport Association, IATA)는 1919년 헤이그에서 설립된 국제항공수송협회를 계승하여 1945년 4월 쿠바의 하바나에서 재설립된 항공관련 민간단체이다.

이 기구의 설립 목적은 항공권의 규격과 발권절차를 통일하고 운임협정과 서비스 내용을 설정함으로써 항공사간의 출혈경쟁을 방지하고 기술분야의 협력, 통신약호의 통일 및 출입국절차의 간소화를 도모하기 위한 것이다.

국가(정부)가 회원이 되는 ICAO와 달리, IATA는 국제 정기항공회사들이 중심이 되어 설립한 순수 민간단체이며 총회, 집행위원회, 운송위원회 등으로 구성되어 있다.

우리나라는 대한항공이 1989년 1월 정회원이 되었고 아시아나항공은 2002년 5월에 정회원이 되었다. 현재 본부는 캐나다 퀘벡 주 몬트리올에 있다.

제2절 항공운송과 무역거래

1. 항공운송과 인코텀즈

1) 개요

실무거래에서 가장 많이 사용되는 3대 무역조건은 FOB, CFR, CIF규칙인데 이들은 모두 해상운송을 위한 전용조건들이다. 이 조건들은 INCOTERMS가 정식 채택된 후로부터 지금까지 해상운송이 무역의 주류를 이루었던 것을 반영한 조건이다.

이후 무역환경의 변화에 따라 INCOTERMS의 개정도 여러 차례 이루어졌는데 그 속에 항공운송에 적합한 조건이 포함되어 있다.

해상운송이 아닌 항공운송에서는 FCA, CPT, CIP규칙이 적합하며 개정된 인코텀즈(INCOTERMS) 2020에서도 동 규칙의 사용을 적극적으로 권고하고 있다.

왜냐하면, FOB, CFR, CIF규칙은 비용 및 위험의 분기점이 '본선적재시'이기 때문에 해상운송 이외의 운송에는 적합하지 않기 때문이다.

반면, FCA, CPT, CIP규칙은 비용 및 위험의 분기점이 '운송인에게 물품을 인도 한 때'이기 때문에 항공운송을 포함한 복합운송에 적합한 무역조건이다.

결론적으로 항공운송의 경우에는 FOB 대신 FCA, CFR 대신 CPT, CIF 대신 CIP규칙을 사용하는 것이 바람직하지만, 현실적으로는 FOB, CFR, CIF규칙이 여전히 항공운송에 사용되고 있다. 이것은 무역조건이 바뀌어도 과거의 관행은 쉽게 바뀌지 않는다는 것을 반영한 것이며 점차 올바른 무역조건들을 사용할 것으로 예상된다.

무역계약을 체결할 때 정확한 무역조건을 사용하는 것이 수출자와 수입자 간 의무관계를 명확히 하는 것임과 동시에 무역분쟁을 예방하는 지름길이 된다.

실무에서는 아직도 많은 수출입기업들이 항공운송으로 이뤄지는 물품매매계약임에도 불구하고 무역조건은 FOB규칙을 사용하고 있다. 이것은 FOB상의 매매당사자들의 의무를 항공운송에 적합하도록 FCA규칙으로 정정하여 사용해야 한다.

왜냐하면 FOB는 해상운송에 적합한 무역조건이고 FCA는 항공운송에 적합한 무역조건이기 때문이다. 물론 FCA규칙은 항공운송 외에 복합운송을 포함한 모든 운송방식에도 사용할 수 있다는 조건이다.

이하에서는 인코텀즈 2020에 규정되어 있는 3대 복합운송조건 중 해상운송 전용의 FOB규칙에 대응되며 복합운송을 포함한 항공운송 전용조건인 FCA규칙에 한정하여 살펴보고 나머지 CPT와 CIP규칙은 복합운송 편에서 상세하게 다루고자 한다.

2) FCA[Free Carrier(insert named place of delivery)]

(1) FCA규칙의 의의

'운송인인도'는 매도인이 물품을 매수인에게 다음과 같은 두 가지 방법 중 어느 하나로 인도하는 것을 의미한다.

첫째, 지정장소가 매도인의 영업구내인 경우, 물품은 다음과 같이 된 때 인도된다. ▷ 물품이 매수인이 마련한 운송수단에 적재된 때 둘째, 지정장소가 그 밖의 장소인 경우, 물품은 다음과 같이 된 때 인도된다. ▷ 매수인의 운송수단에 적재되어 ▷ 지정장소에 도착하고 ▷ 매도인의 운송수단에 실린 채 양하준비된 상태로 ▷ 매수인이 지정한 운송인이나 제3자의 처분하에 놓인 때. 그러한 두 장소 중에서 인도장소로 선택되는 장소는 위험이 매수인에게 이전하는 곳이며 또한 매수인이 비용을 부담하기 시작하는 시점이 된다.

본 규칙은 어떠한 운송방식이 선택되는지를 불문하고 사용할 수 있고 둘 이상의 운송방식이 이용되는 경우에는 사용할 수 있다.

FCA매매는 지정장소 내에 정확한 인도지점을 명시하지 않고서 매도인의 영업구내나 그 밖의 장소 중에서 어느 하나를 단지 인도장소로 지정하여 체결될 수 있다. 그러나 당사자들은 지정인도장소 내에 정확한 지점도 가급적 명확하게 명시하는 것이 좋다.

그러한 정확한 지정 인도지점은 양당사자에게 언제 물품이 인도되는지와 언제 위험이 매수인에게 이전하는지 명확하게 하며, 매수인의 비용부담의 기준점을 확정한다.

그러나 정확한 지점이 지정되지 않는 경우에는 매수인에게 문제가 생길 수 있다. 이러한 이유로 매도인은 '그의 목적에 가장 적합한' 지점을 선택할 권리를 갖는다.

즉, 이러한 지점이 곧 인도지점이 되고 그곳에서부터 위험과 비용이 매수인에게 이전한다. 계약에서 이를 지정하지 않아서 정확한 인도지점이 정해지지 않은 경우에, 당사자들은 매도인이 '자신의 목적에 가장 적합한' 지점을 선택하도록 한 것으로 된다.

이는 매수인으로서는 매도인이 물품의 멸실이나 손상이 발생한 지점이 아닌 그 직전의 지점을 선택할 수도 있는 위험이 있음을 의미한다. 따라서 매수인으로서는 인도가 이루어질 장소 내에 정확한 지점을 선택하는 것이 가장 좋다.

'또는 그렇게 인도된 물품을 조달한다'에서 "조달한다"고 규정한 것은 꼭 이 분야에서 그런 것만은 아니지만 특히 일차산품거래에서 일반적인 수차에 걸쳐 연속적으로 이루어지는 매매(연속매매)에 대응하기 위함이다.

FCA에서는 해당되는 경우에 매도인이 물품의 수출통관을 해야 한다. 그러나 매도인은 물품의 수입을 위한 또는 제3국 통과를 위한 통관을 하거나 수입관세를 납부하거나 수입통관절차를 수행할 의무가 없다.

(2) FCA규칙상 매도인의 의무

A1 일반의무

매도인은 매매계약에 일치하는 물품 및 상업송장과 그 밖에 계약에서 요구될 수 있는 일치성에 관한 증거를 제공해야 한다. 매도인이 제공해야 하는 서류는 합의에 따라, 합의가 없는 경우에는 관행에 따라 종이서류나 전자적 방식으로 제공될 수 있다.

A2 인도

매도인은 물품을 지정장소에서, 그 지정장소에 지정된 지점이 있는 경우에는 그 지점에서 매수인이 지정한 운송인 또는 제3자에게 인도하거나 그렇게 인도된 물품을 조달해야 한다. 매도인은 다음의 시기에 물품을 인도해야 한다.

1. 합의된 기일 또는 2. B10 (b)에 따라 매수인으로부터 통지받은 합의된 기간 중의 어느 시기 또는, 3. 그러한 시기가 통지되지 않은 경우에는 합의된 기간의 만료일

인도는 다음의 시점에 완료된다. a) 지정장소가 매도인의 영업구내인 경우에는 물품이 매수인이 제공한 운송수단에 적재되는 때 b) 기타의 경우는 물품이 매도인의 운송수단에 실린 채 양하준비된 상태로 매수인이 지정한 운송인 또는 제3자의 처분하에 놓인 때.

지정인도장소 내에 매수인이 B10 (d)에 따라 통지한 특정한 지점이 없고 이용가능한 복수의 지점이 있는 경우 매도인은 그의 목적에 가장 적합한 지점을 선택할 수 있다.

A3 위험이전

매도인은 물품이 A2에 따라 인도된 때까지 물품의 멸실이나 손상의 모든 위험을 부담하되, B3에 규정된 상황에서 발생하는 멸실이나 손상은 예외로 한다,

A4 운송

매도인은 매수인에 대해 운송계약을 체결할 의무가 없다. 그러나 매도인은 매수인의 요청에 따라 매수인의 위험과 비용으로 운송관련 보안요건을 포함하여 매수인이 운송을 마련하기 위해 필요로 하는 정보로서 매도인 자신이 가지고 있는 정보를 매수인에게 제공해야 한다. 합의가 있는 경우 매도인은 매수인의 위험과 비용으로 통상적 조건으로 운송계약을 체결해야 한다. 매도인은 인도가 있을 때까지 운송 관련 보안요건을 준수해야 한다.

A5 보험

매도인은 매수인에 대하여 보험계약을 체결한 의무가 없다. 그러나 매도인은 매수인의 요청에 따라 매수인의 위험과 비용으로 매수인이 부보하는 데 필요한 정보로서 매도인 자신이 가지고 있는 정보를 제공해야 한다.

A6 인도/운송서류

매도인은 자신의 비용으로 매수인에게 물품이 A2에 따라 인도되었다는 통상적인 증거를 제공해야 한다. 매도인은 매수인의 요청에 따라 매수인의 위험과 비용으로 매수인이 운송서류를 취득하는데 협력을 제공해야 한다.

매수인이 B6에 따라 매도인에게 운송서류를 발행하도록 운송인에게 지시한 경우에 매도인은 그러한 서류를 매수인에게 제공해야 한다.

A7 수출/수입통관

a) 수출통관

해당되는 경우에 매도인은 수출국에 의하여 부과되는 모든 수출통관절차(수출허가, 수출을 위한 보안통관, 선적전 검사와 그 밖의 공적 인가 등)를 수행하고 그에 관한 비용을 부담해야 한다.

b) 수입통관에 관한 협력

해당되는 경우에 매도인은 매수인의 요청에 따라 매수인의 위험과 비용으로, 보안요건 및 선적검사를 포함하여 통과국 또는 수입국에 의하여 필요한 모든 통과/수입통관절차에 관한 서류 및/또는 정보를 취득하는데 매수인에게 협력해야 한다.

A8 점검/포장/하인표시

매도인은 A2에 따라 물품을 인도하기 위한 목적에서 필요한 점검 작업(예를 들어 품질점검, 용적측량, 중량측정, 수량계수)에 소요되는 비용을 부담해야 한다.

매도인은 자신의 비용으로 물품을 포장해야 하되 다만 특정한 거래에서 통상적으로 포장되지 않은 채 매매되어 운송되는 형태의 물품인 경우에는 그러하지 아니한다.

매도인은 당해 운송에 적절한 방법으로 물품을 포장하고 하인을 표시해야 하되 다만 당사자들이 특정한 포장요건이나 하인요건에 합의한 경우에는 그러하지 아니한다.

A9 비용부담

매도인은 다음의 비용을 부담해야 한다.

a) 물품이 A2에 따라 인도된 때까지 물품에 관한 모든 비용. 다만 B9에 따라 매수인이 부담하는 비용은 제외한다.

b) 물품이 인도되었다는 통상적인 증거를 A6에 따라 매수인에게 제공하는데 드는 비용

c) 해당되는 경우에 A7 (a)에 따른 수출통관에 관한 관세, 세금 그 밖의 비용

d) B7 (a)에 따라 서류와 정보를 취득하는 데 매수인이 협력을 제공하는 것과 관련한 모든 비용

A10 통지

매도인은 물품이 A2에 따라 인도된 사실 또는 매수인이 지정한 운송인 또는 제3자가 합의된 시기 내에 물품을 수령하지 않은 사실을 매수인에게 충분히 통지해야 한다.

(3) FCA규칙상 매수인의 의무

B1 일반의무

매수인은 매매계약에 규정된 바에 따라 물품의 대금을 지급해야 한다. 매수인이 제공해야 하는 서류는 합의에 따라, 합의가 없는 경우에는 관행에 따라 종이서류나 전자적 방식으로 제공될 수 있다.

B2 인도의 수령

매수인은 물품이 A2에 따라 인도된 때에 그 물품의 인도를 수령해야 한다.

B3 위험이전

매수인은 물품이 A2에 따라 인도된 때부터 물품의 멸실이나 손상의 모든 위험을 부담한다. 만약 a) 매수인이 A2상의 운송인이나 제3자를 지정하지 않거나 B10에 따른 통지를 하지 않는 경우 또는 b) B10 (a)에 따라 매수인이 지정한 운송인이나 제3자가 물품을 수령하지 않는 경우, 매수인은 다음 시기부터 물품의 멸실이나 손상의 모든 위험을 부담한다. (ⅰ) 합의된 인도기일부터 또는 합의된 인도기일이 없는 경우에는 (ⅱ) 매수인이 B10 (b)에 따라 선택한 시기부터 또는 그러한 시기가 통지되지 않은 경우에는 (ⅲ) 합의된 인도기간의 만료일부터. 다만 물품은 계약물품으로 명확히 특정되어 있어야 한다.

B4 운송

매수인은 자신의 비용으로 물품을 지정인도장소로부터 운송하는 계약을 체결하거나 그러한 운송을 마련해야 하되, 다만 A4에 규정된 바에 따라 매도인이 운송계약을 체결하는 경우에는 예외이다.

B5 보험

매수인은 매도인에 대하여 보험계약을 체결할 의무가 없다.

B6 인도/운송서류

매수인은 물품이 A2에 일치하게 인도되었다는 증거를 인수해야 한다. 당사자들이 합의한 경우에 매수인은 물품이 적재되었음을 기재한 운송서류를 자신의 비용과 위험으로 매도인에게 발행하도록 운송인에게 지시해야 한다.

B7 수출/수입통관

a) 수출통관에 관한 협력

해당되는 경우에 매수인은 매도인의 요청에 따라 매도인의 위험과 비용으로, 보안요건과 선적전 검사를 포함하여 수출국에 의하여 필요한 모든 수출통관절차에 관한 서류 및/또는 정보를 취득하는데 매도인에게 협력해야 한다.

b) 수입통관

해당되는 경우에 매수인은 통과국 및 수입국에 의하여 부과되는 모든 절차(수입허가 및 통과를 위하여 필요한 허가, 수입과 통과를 위한 보안통관, 선적전 검사와 그 밖의 공적 인가 등)를 수행하고 그에 관한 비용을 부담해야 한다.

A8 점검/포장/하인표시

매수인은 매도인에 대하여 의무가 없다.

B9 비용부담

매수인은 다음의 비용을 부담해야 한다.

a) 물품이 A2에 따라 인도된 때부터 물품에 관한 모든 비용. 다만 A9에 따라 매도인이 부담하는 비용은 제외한다.

b) A4, A5, A6 및 A7 (b)에 따라 서류와 정보를 취득하는 데 매도인이 협력을 제공하는 것과 관련한 모든 비용

c) 해당되는 경우 B7에 따른 통과통관이나 수입통관에 관한 관세, 세금 기타의 비용

d) 다음의 경우에 발생하는 추가비용

(i) 매수인이 B10에 따른 운송인이나 제3자를 지정하지 않는 경우 또는

(ii) B10에 따라 매수인이 지정한 운송인이나 제3자가 물품을 수령하지 않는 경우 다만 물품은 계약물품으로 명확히 특정되어 있어야 한다.

B10 통지

매수인은 매도인에게 다음을 통지해야 한다.

a) 지정된 운송인 또는 제3자의 이름. 이는 매도인이 A2에 따라 물품의 인도할 수 있도록 하는 정도의 충분한 기간 전에 통지되어야 한다.

b) 합의된 인도기간 내에서 운송인이나 제3자가 물품을 수령할 것으로 선택된 시기가 있는 경우 그 선택된 시기

c) 운송 관련 보안요건을 포함하여, 지정된 운송인 또는 제3자가 사용할 운송방식 및

d) 지정 인도장소 내에서 물품을 수령할 지점

(4) FCA규칙의 정형화 과정

항공화물운송은 수량이나 금액이 해상운송에 비해 얼마 되지 않지만 그렇다고 항공운송의 존재가 결코 적은 것은 아니다. 그 이유는 무역거래에서 고가의 귀중품이나 전자제품, 스웨터 등은 항공운송을 주로 이용하고 있기 때문이다.

대부분의 경우는 매수인이 항공운송을 원하기 때문에 자신이 위험과 비용을 부담하면서 항공운송을 원하는 FOB계통으로 무역계약을 체결하게 된다.

원래 FOB계약은 매도인이 약정물품을 선적항에 정박하고 있는 본선에 적재하기까지 위험과 비용을 부담하는 해상운송조건이다.

그러나 항공운송의 경우 매도인은 화물을 항공기에 탑재할 수 없기 때문에 출발공항의 항공운송인이나 대리인에게 인도할 수밖에 없다. 따라서 FOB계약의 성격을 유지하기를 원한다면 FOB Aircraft 형태의 계약조건이 되어야 한다.

그러나 실제로는 FOB London Airport 또는 FOB Incheon International Airport와 같은 형태가 되어 'FOB' 다음에 운송수단을 명기하지 않고 출발공항을 명기함으로써 이 지정된 공항에서 항공운송인에게 화물을 인도하게 된다.

따라서 ICC에서는 1976년 Incoterms의 'Supplement'에서 FOB Airport(FOA)조건을 새롭게 제정하였다. 이 계약조건에서 위험 및 비용부담의 분기점은 항공기가 아닌 지정된 공항에서 항공운송인에게 인도하는 시점이다.

이후 FOA조건은 인코텀즈 1990에서 FCA로 통합되어 인코텀즈 2010과 현재의 인코텀즈 2020에도 그대로 이어오고 있다.

(5) FCA규칙의 특수성

FCA계약은 매도인이 선적지나 출발공항에서 운송인에게 물품을 인도함으로써 매수인에 대한 인도의무를 이행하는 것으로 간주된다는 의미에서는 FOB계약과 동일한 기본원칙을 토대로 하고 있다.

그러나 항공운송의 관습은 해상운송의 관습과 상이하기 때문에 FCA계약은 다음과 같은 두 가지 점에서 FOB계약과 상이한 특징을 나타낸다.

첫째, 항공기의 경우는 전통적인 해상운송의 경우처럼 인도장소가 본선이 아니라 지정된 공항에서 물품을 항공운송인에게 인도될 때 그 곳이 바로 인도장소이다.

따라서 FOB계약이 선박이라는 운송수단에 적재하여 인도하는 조건인데 반해 FCA계약은 지정된 수출지 장소에 반입하여 인도하는 조건이다. 즉, FCA계약의 인도장소는 보통 지정된 공항이나 터미널이 되기 때문에 그곳 이외의 인도는 명시나 묵시의 합의가 없는 한, 매도인이 인도의무를 이행하였다고 간주되지 않을 수 있다.

둘째, FOB계약에서는 거기에 추가의무를 부담하도록 한 FOB계약이 아닌 한, 본선 적재 이후 운임부담자는 매수인이기 때문에 매수인이 해상운송계약을 체결하고 선박을 수배해야 하며, FCA계약에서도 매수인이 항공운송계약을 체결한다.

물론, FCA계약에서는 매수인이 특정 항공회사와 유리한 계약조건으로 운송계약을 체결할 수 있거나 Freight Forwarder(국제물류주선인, 포워더) 등을 통해 수출국에서 항공운송계약을 체결하는 데 적절한 설비를 갖추고 있을 경우에는 매도인이 항공기를 지명할 수 있는 선택권을 가질 수 있다.

다시 말하여 FCA계약에서는 원칙적으로 매도인은 운송계약을 체결할 의무는 없으나 매수인의 요청이 있거나 매도인이 운송계약을 체결하는 것이 상관습으로 되어 있다면, 매수인의 위험과 비용으로 매도인은 매수인이 지정한 목적 공항이나 그의 영업장소에 가까운 공항까지 공항운송계약을 체결하는 것도 가능하다는 것이다.

(6) FCA규칙의 주요 내용

① 위험부담의 분기점

FCA계약에서 물품에 대한 매도인의 위험부담의 분기점은 매도인이 공항의 항공운송인이나 그 대리인 또는 기타 매수인이 지정한 항공운송 관계인의 관리 하로 물품을 인도한 때가 된다. 그러므로 FCA계약에서 매도인은 물품을 항공기에 적재하여 인도할 의무는 없는 것이다.

FCA계약은 어디까지나 'Free Delivered Airport'이지 결코 'Free On Airport' 계약조건은 아닌 것이다. 이것이 FCA계약에서 매도인이 물품의 인도를 증빙하는 서류가 보통 수취식이 될 수밖에 없는 이유이다.

② 위험부담의 한계

FCA계약에서 매도인은 물품을 공항의 항공운송인에게 인도할 때까지 모든 비용을 부담해야 한다. 그러므로 매도인은 물품의 제조원가, 희망이익, 관습적 포장비, 품질의 검사 또는 증명비용, 공항까지의 내륙운송비, 수출허가와 기타 행정비용, 수출관세를 포함한 일체의 수출통관 비용과 기타 수출로 인하여 부과되는 일체의 과징금 및 각종 통지비용 등을 부담해야 한다.

한편, 물품이 항공운송인에게 인도되기 전에 단위화물로 포장될 경우 매도인은 그 비용은 부담해야 한다. 단위화물에 대한 이익, 즉 낮은 운임에 대한 이익은 매수인이 누리지만 그것에 따른 비용은 매도인이 부담해야 하는 것이다.

만약, 매도인이 이에 따른 비용을 매수인에게 전가시키기 원한다면 이를 단가에 반영시키거나 별도의 합의에 의하여 매수인에게 청구해야 한다.

2. 항공운송과 신용장거래

1) 개요

1994년부터 시행되고 있는 제5차 개정 신용장통일규칙(UCP 500)은 제23조부터 제33조까지 운송서류의 수리요건에 관한 규정을 두고 있는데, 그 중에서 항공운송서류(Air Transport Document)는 제27조에 규정을 두고 있었다. 이어 2007년에 개정된 현행의 UCP 600에서는 제23조에 항공운송서류의 수리 요건을 규정하고 있다.

2) UCP 600상 항공화물운송장(AWB)의 수리 요건

(1) 항공운송서류의 명칭

UCP 600 제23조 a항에서는 '신용장이 항공운송서류를 요구하는 경우에는 그 명칭에 관계없이 제23조의 규정에 있는 요건을 충족해야 한다.'고 규정하고 있다.

이 의미는 '그 명칭에 관계없이(however named)'라는 단어가 의미하는 것처럼 서류의 표제나 제목이 중요한 것이 아니라 그 내용이 중요하다는 것으로, 신용장이 항공운송서류를 요구한 경우에는 항공운송서류의 명칭과 관계없이 항공운송서류의 요건(UCP 600 제23조의 요건)을 모두 충족한다면 수리된다는 것이다.

(2) 운송인의 명칭 표시와 서명자

항공운송서류는 운송인의 명칭이 그 서류의 표면에 표시되고 운송인 또는 그 대리인이 서명하고 있어야 한다. 이것은 항공운송서류를 발행하고 서명할 수 있는 당사자의 범위를 지정된 운송인이나 그 대리인으로 분명히 한정하고 있는 것이다.

(3) 운송을 위한 물품수취의 표시

항공운송서류에는 물품이 '운송을 위하여 수취되었음(accepted for carriage)'이 표시되어야 한다. 항공운송에서는 해상의 선하증권과 달리, 적재(탑재) 항공운송서류를 발행하지 않는 것이 원칙이기 때문에 물품이 운송을 위하여 수취되었음이라는 표시가 있는 항공운송서류는 수리되도록 하고 있다.

(4) 선적일의 증빙

제23조 a항 iii호에서는 '원칙적으로 항공운송서류에 명기된 발행일이 선적일이 되지만, 예외적으로 항공운송서류에 실제 선적일에 관한 특정표기가 있는 경우는 그 특정표기의 일자가 선적일로 되고 항공운송서류상에 나타나는 운항번호와 일자에 관한 기타 모든 정보는 선적일의 결정에 고려되지 않는다.'고 규정하고 있다.

(5) 발행통수

신용장에서 항공운송서류 원본의 전통(full set)의 제시를 요구하더라도, 송하인용 원본 1통만 제시하면 원본 전통을 제시한 것으로 보아 은행은 이를 수리한다.

이것은 운송인용 제1원본, 수하인용 제2원본, 송하인용 제3원본 등 원본 3통과 6통의 사본이 발행되는 항공운송서류의 관행을 반영한 것이며 각각의 원본마다 용도가 지정되어 있기 때문에 부정 사용의 가능성이 없기 때문이다. 또한 도착공항에서의 신속한 화물취급을 위하여 수하인용과 운송인용 원본을 항공화물과 함께 보내는 항공운송 방식을 고려한 것이다.

(6) 약식/배면백지식 항공운송서류

은행은 운송약관의 전부를 기재한 정식 항공운송서류뿐 아니라 운송약관의 전부나 일부를 항공운송서류 이외의 근거 또는 서류를 참조하도록 하거나 항공운송서류의 뒷면이 백지상태로 발행된 약식 또는 이면백지식 항공운송서류도 수리하며, 이 경우 운송의 제 조건들은 심사하지 않는다.

약식 항공운송서류는 운송에 관한 일반조건 전부를 기재하지 않고 조건 중 일부를 생략하여 필요한 사항만 발췌하여 기재하고 있는 것을 말한다.

(7) 환적의 정의

본 조항에서 환적이란 '신용장에 명기된 출발공항에서 목적공항까지의 운송 도중 한 항공기로부터 양하하여 다른 항공기로에 재적재(relaoding)'하는 것을 의미한다.

(8) 환적금지부 항공운송서류

전 운송과정이 동일한 항공운송서류에 의하여 커버되는 한, 그 항공운송서류에는 '물품이 환적될 것이다.' 또는 '물품이 환적될 수 있다.'고 표시될 수 있으며 신용장이 환적을 금지하더라도 운송서류상에 환적이 행해질 것이다 또는 환적이 행해질 수 있다고 명시하고 있는 항공운송서류는 수리한다.

왜냐하면 항공운송에서 한 국내공항으로부터 다른 국내공항으로의 국제항로를 필요로 하는 직항의 경우도 그 거리가 상당한 경우는 대부분 환적이 발생하기 때문이다.

(9) 신용장에 명기된 출발공항과 목적공항의 표시

항공운송서류에는 신용장에 명기된 출발공항(airport of departure)과 목적공항이 표시되어야 한다. 즉, 항공운송서류에 표시된 출발공항과 목적공항이 신용장에 명기된 출발공항 및 목적공항과 일치한다면 이러한 항공운송서류는 수리한다는 것이다.

3. 항공운송과 보험

1) 개요

항공기 사고는 손해가 순간적으로 발생하고 항공기의 특성상 사고가 발생하면 전손이 되기 때문에 손해가 대규모이고 손해액도 거액이 된다.

항공운송 중에 화물에 손해가 발생하면 항공운송인이 책임지는 것이 원칙이지만 항공운송인에게 과실로 인정할 만한 사유가 없거나 불가항력에 의해 발생하는 손해는 항공운송인으로서도 당연히 면책되게 된다.

또한 국제협약상 항공운송인의 책임한도는 1kg당 미화 20달러 등으로 극히 제한되어 있기 때문에 주로 고가품인 항공화물을 고려할 때 하주로서는 만족할 만한 보상을 받을 수가 없는 경우가 매우 많다.

이러한 항공화물운송의 특수성 때문에 항공화물을 취급하는 하주들은 항공운송 도중에 항공위험의 발생으로 인하여 야기되는 화물의 손해를 보상받기 위하여 항공화물보험에 가입할 필요가 있다.

2) 항공화물보험의 계약체결 형태

항공화물보험의 계약체결 형태는 크게 해상보험회사를 통하여 협회적하약관(항공)으로 부보하는 방법과 항공운송인이 발행하는 항공화물운송장(AWB)을 이용하는 하주이익보험(하주보험)으로 부보하는 방법이 있다.

(1) 협회적하약관(항공)

항공사고는 해상사고와 달리 손해발생의 순간성, 손해의 대형성, 손해의 거액성, 전손성 등의 성격을 가지고 있다. 이러한 항공화물운송의 특수성 때문에 항공화물의 보험조건은 전위험담보조건(All Risks)이 이용된다. 이를 위해 런던보험업자협회(ILU)는 협회적하약관(항공)(Institute Cargo Clauses [Air])을 제정하였다.

항공화물은 대부분 협회적하약관(항공)에 의한 항공화물보험으로 인수되고 있다.

(2) 하주이익보험

스스로 보험을 수배할 능력이 없는 일반 하주를 위해 항공사가 발행하는 AWB를 이용하여 보험에 가입하는 것이 하주이익보험(Shippers' Interest Insurance)이다.

하주이익보험의 가입 절차는 협회적하약관(항공)을 이용하는 것보다 매우 간단하지만 보험조건이나 요율이 항공사와 보험회사 사이에 체결된 획일적인 포괄계약의 내용에 따라야 하기 때문에 하주이익보험은 소량화물에 보다 적합한 보험이다.

제IV부 복합운송

복합운송의 기초 제13장

제1절 복합운송의 개념과 중요성

1. 복합운송의 개념과 정의

1) 복합운송의 개념

복합운송이란 용어는 1929년 바르샤바 협약 제31조에서 'Combined Carriage'란 용어가 사용되면서 출발하였으나, 1956년 해륙(sea & land) 복합운송용 컨테이너가 개발되면서 본격적인 복합운송의 개념이 정립되기까지는 '통운송(through transport)' 또는 '연속운송(successive transport)'의 개념으로 이해되었다.

이후 복합운송은 'Combined Transport'라고 표기하다가 1980년 UN 국제물품복합운송협약에서는 'Multimodal Transport'라고 표기하였다. 미국에서는 협동일관운송이란 의미로 'Intermodal Transport'라고 부르고 있다.

2) 복합운송의 정의

복합운송에 관한 국제협약이나 관련 규칙에 규정되어 있는 내용들을 종합하면 '복합운송은 운송화물을 어느 한 국가의 수령 장소에서 다른 국가의 지정된 인도장소나 지점까지 적어도 두 가지 이상의 각각 다른 운송수단의 결합에 의하여 국제적으로 운송하는 것'으로 정의할 수 있다.

이 의미는 '복합운송은 단일의 복합운송인이 화물을 어느 국가에 위치해 있는 한 지정 인도지점이나 장소에서 다른 국가에 위치해 있는 지정 인도지점이나 장소까지 단일의 복합운송계약에 의거하여 해상, 내수로, 항공, 철도나 도로운송 등 여러 운송방식 중 두 종류 이상의 운송수단을 상호 유기적으로 결합하여 단일책임과 단일운임을 적용하여 운송하는 것'으로 이해될 수 있다.

따라서 복합운송이 되기 위해서는 국제간 단일 복합운송계약의 체결, 단일운임의 적용, 복합운송인에 의한 전 운송구간의 단일책임, 두 종류 이상의 이종 운송수단의 결합, 단일 복합운송증권의 발행이라는 요소들이 모두 포함되어야 한다.

2. 복합운송의 중요성과 비교

1) 복합운송의 중요성

복합운송은 운송혁명이라고 불리는 컨테이너의 등장과 함께 비약적으로 발전하였다. 왜냐하면 컨테이너는 다른 운송수단으로 이동이 용이한 용기이며 문전에서 문전까지 일관된 운송을 제공하는 복합운송에 가장 적합한 용기이기 때문이다.

복합운송의 의미 속에는 무역운송에서 컨테이너의 발달과 수송기술과 장비의 혁신에 따라 종래의 'CY to CY' 운송개념이 더 나아가 'Door to Door'라는 더욱 진전된 운송형태로 발전하게 된 것을 포함하고 있다.

복합운송은 해상운송을 신속하고 저렴하게 하였을 뿐 아니라 해상, 육상, 및 항공운송에 이르기까지 전 운송수단을 효율적으로 연결하여 수송할 수 있게 한 혁신적인 운송형태라는데 중요한 의의가 있다.

2) 단일운송과 복합운송의 비교

첫째, 해상, 항공, 육상 등 단일운송은 운송수단별로 하주가 운송인과 개별적으로 운송계약을 체결해야 하고 운송절차도 매우 복잡하다. 그런데 복합운송은 하주가 화물을 위탁하면 복합운송인이 각 운송수단별 특징을 감안하여 최적의 운송경로와 운송수단을 선정하여 운송하기 때문에 운송계약과 운송절차가 간결하다.

둘째, 단일운송에서 손해가 발생하는 경우 하주는 개별운송인을 상대로 손해배상을 청구해야 한다. 따라서 손해발생구간이 불명확한 경우에는 책임주체를 확정하는데 문제가 발생할 수 있다. 그런데 복합운송은 화물운송의 전 구간에 대한 책임이 복합운송인 한 당사자에게 집중되기 때문에(single liability) 손해가 발생한 경우에도 손해배상 청구가 용이하다.

셋째, 단일운송은 각 운송수단별로 운임을 별도로 계산해야 하기 때문에 운임계산이 복잡해지고 비싸다. 그런데 복합운송은 복합운송인이 운임을 각 운송구간에 따라 별도로 설정하는 것이 아니라 전 운송구간에 걸친 단일운임을 하주에게 제공하기 때문에 운임계산이 간단하고 저렴하다. 그 이유는 복합운송에서 하주는 복합운송계약을 체결한 단일의 운송인에게 운송구간 전체에 대한 운임을 지불하고 복합운송인은 그 대가로 복합운송 업무를 수행하기 때문이다.

넷째, 단일운송은 하주가 별도로 포장, 검사, 보관, 통관 등의 서비스를 담당하고 수배해야 한다. 그런데 복합운송은 복합운송인이 운송 서비스 외에 포장, 검사, 보관, 통관 등의 서비스를 하주에게 종합적으로 제공한다.

제2절 복합운송의 요건과 효용성

1. 복합운송의 요건

1) 단일 복합운송계약

복합운송에서 운송에 관한 모든 책임은 단일의 복합운송인(single carrier)에게 집중되어 있기 때문에 복합운송계약 역시 전 운송구간을 커버하는 단일운송계약이 이루어져야 한다. 그러한 의미에서 각 운송구간의 운송인들과 체결하는 하청운송계약은 복합운송계약이 아니다.

2) 단일 복합운송인에 의한 전 운송구간 책임

복합운송인은 전 운송구간에 걸쳐 복합운송계약을 책임지는 인수인으로 운송계약상 권리와 의무의 주체자이며 하주에게 단일책임을 부담하는 자이다.

복합운송인이 전 운송구간을 책임진다는 것은 반드시 복합운송인이 전체 운송을 실행해야 한다는 의미는 아니다. 누가 운송을 실행하느냐와 상관없이 1인의 계약운송인이 운송 전체를 책임지는 것이 복합운송이다.

3) 단일운임

복합운송은 각 구간별로 분할된 운임이 징수되는 것이 아니라 전 운송구간에 대해 단일운임(through freight, 통운임)이 징수된다. 이는 전 운송구간에 대한 책임이 복합운송인에게 집중되어 있으므로 이에 대한 반대급부도 하나로 통합시킨 것이다.

4) 이종 이상의 다양한 운송수단 결합

복합운송은 선박, 철도, 트럭, 항공기 등 서로 다른 2종 이상의 운송수단을 통해 최종목적지까지 운송된다. 따라서 어느 한 운송방식에 의한 계약의 이행은 복합운송으로 간주되지 않는다. 복합운송에서는 참여하는 운송인의 수가 문제가 아니라 내륙 + 해상, 내륙 + 항공 또는 내륙 + 항공 + 해상과 같이 연계되는 운송수단의 종류가 매우 중요하며 이러한 운송수단은 각기 다른 법적 규제를 받게 된다.

5) 단일 복합운송증권의 발행

복합운송이 되려면 복합운송인은 하주의 증권청구 유무와 관계없이 하주에 대해 전 운송구간을 담당하는 복합운송증권(MTD)을 발행해야 한다. 이 증권의 발행은 법적으로 복합운송의 책임을 복합운송인에게 단일화시킨 의미를 가지고 있다.

2. 복합운송의 효용성

복합운송의 목적은 규격화되고 표준화된 컨테이너의 연계를 통해 문전에서 문전까지(door to door)의 운송이념을 실현함으로써 연계구간의 양끝에 있는 수출자와 수입자 모두에게 유용한 서비스를 제공하는데 있다.

따라서 국제복합운송은 재래식운송에 비해 다음과 같은 효용성을 가지고 있다.

1) 운항비용의 절감

복합운송은 단위화된 컨테이너를 사용함으로써 재래식 운송방식에 비해 기계화된 적재와 양륙이 가능하여 운항기간과 정박기간이 단축된다. 기간이 단축됨에 따라 연료비와 항만료 등 제반 부대비용과 경비가 절감된다.

2) 하역비의 절감

복합운송은 인력에 의한 재래식 운송방식에 비해 하역방식의 기계화가 가능하기 때문에 인건비를 포함한 하역비용이 절대적으로 절감된다.

3) 포장비의 절감

복합운송에서는 컨테이너 자체가 화물의 외부포장 역할을 하기 때문에 포장이나 보호에 필요한 처치비용 등이 대폭 절감된다.

4) 보관비의 절감

재래선은 화물의 검사, 본선 적재에 필요한 사전 절차인 보세창고에의 반입에 따르는 입·출고료(warehousing fee)와 보관료(storage fee) 등의 경비가 발생한다.

그런데 복합운송에서는 컨테이너 그 자체가 별개의 독립된 보관장소나 창고역할을 겸하고 있기 때문에 그러한 경비가 절감된다.

5) 투입된 자본의 가동률 향상

복합운송은 단위화된 컨테이너를 사용함으로써 하역방식의 기계화가 가능하고 하역시간과 정박기간이 단축됨으로써 선박의 가동성이 향상된다. 이에 따라 선사가 투입하는 자본의 가동성도 높아지게 된다.

6) 운항기간의 단축과 보험료의 절감

복합운송은 신속한 하역을 통해 운항기간이 단축되고 컨테이너 자체의 견고성으로 인해 화물의 분실, 손상, 멸실 등의 위험이 감소하기 때문에 보험료가 절감된다.

7) 운항의 안정성

복합운송은 견고하고 완전히 밀폐되어 봉인된 컨테이너를 수송하기 때문에 컨테이너 자체의 견고성으로 인해 운송 도중에 발생할 수도 있는 여러 장애요소 즉, 하역 중 발생할 수 있는 갈고리에 의한 파손, 천재지변에 의한 작업의 지연, 벌레나 습기 등이 제거됨으로써 운송의 안정성이 도모된다.

8) 서류의 간소화와 화물 추적의 용이

복합운송은 컨테이너화에 의한 수속절차의 간소화로 화물과 서류의 체크 및 서류작성이 간단하며 단일 복합운송인에 의해 운송됨으로써 화물 추적이 용이하다.

9) 운송책임의 일원화

복합운송은 육상·해상·항공 등 상이한 운송인이 상호계약을 체결하는 가운데 그 중 한 운송인이 운송의 주체자가 되고 다른 운송인들은 하청운송인이 된다.

따라서 복합운송은 복합운송인에 의한 일괄 운송업무로 운송책임의 일원화가 가능하며 그와 관련된 클레임의 처리도 일원화가 가능하다.

이에 비해 재래식 운송의 경우는 각 운송구간별로 분할하여 운송인이 책임을 부담하게 된다. 따라서 여러 당사자가 각각 자기의 운송방식에 의한 운송구간에 대해서만 책임을 지므로 책임 발생구간을 확정하기 어려운 경우가 많다.

10) 화물유통의 신속성

복합운송은 출발지에서 목적지까지 일관운송서비스를 제공하기 때문에 하역의 신속화에 따른 운송시간의 단축, 인도지연의 회피, 통관절차의 간소화 및 혼재작업이 가능하기 때문에 화물유통의 신속성이 가능하다.

이에 비해 재래식 운송의 경우는 구간별로 운송을 할 때 여러 차례 환적을 해야 하기 때문에 운송물의 멸실, 손상 또는 도난 등이 발생할 가능성이 높다.

11) 생산능률의 향상

복합운송은 인력에 의한 선적 절차의 복잡성을 제거하고 하역의 간소화를 통해 많은 인력을 수출품 생산에 투입함으로써 생산능률의 향상을 기할 수 있다.

12) 대고객 서비스의 향상

복합운송에서는 컨테이너 수송의 신속성과 경제성을 통해 고객에 대한 서비스의 질을 제고하고 문전서비스를 보다 효과적으로 실현시킬 수 있다.

복합운송의 형태와 복합운송증권 제14장

제1절 복합운송의 형태와 경로

1. 복합운송의 운송형태

1) Sea & Air System

Sea & Air System 또는 Ship-Sky System(선박-항공시스템)은 해상운송과 항공운송을 연계하여 일관 운송하는 시스템을 말한다. 일정 구간은 해상운송으로 화물을 운송하고 거기서 최종 목적지까지는 항공으로 이동시키는 형태이다.

이 방식은 다양한 국제복합운송의 형태 중에서 가장 일반적이며 대표적인 것으로 해상운송의 최대 장점인 저렴한 비용과 항공운송의 최대 장점인 신속함을 결합시킨 운송형태이다. 이 방식은 선박으로 운송하기에는 인도기일이 너무 길고 항공기로 운송하기에는 운임이 부담스러울 경우에 주로 이용된다.

그러나 이 방식에서는 해상운송에 이용되는 컨테이너를 항공운송에 그대로 사용할 수 없기 때문에 해상과 항공의 연계가 용이하지 못한 단점이 있다.

2) Sky & Rail System

Sky & Rail System 혹은 Air-Train System(항공-철도시스템)은 항공운송과 철도운송을 연계하여 일관 운송하는 시스템을 말한다.

항공으로 연계되는 화물은 소량화물이나 고가화물들이 주종을 이루고 있기 때문에 현실적으로 항공과 철도가 연계되기는 용이하지 않은 단점이 있다.

3) Train & Ship System

Train & Ship System 혹은 Train-Water system(철도-해상시스템)은 해상운송(선박)과 육상운송(철도)을 연계하여 운송하는 시스템을 말한다. 철도는 철도 부설에 막대한 비용이 투입되지만 대량의 화물을 안전하고 저렴하게 운송할 수 있는 장점이 있기 때문에 단거리 수송에 유리한 자동차와 상호보완적인 성격을 가지고 있다.

4) Land Bridge System

Land Bridge System은 해상운송과 육상운송(철도)을 연결하여 일관 운송하는 시스템으로 해륙복합운송에서 해상(sea)-육상(land)-해상(sea)으로 이어지는 운송구간 중 중간 구간인 육상 운송구간(미국 대륙, 시베리아 등)을 말한다.

대륙을 횡단하는 철도와 육상운송방식이 마치 교량(bridge)과 같은 매개 역할을 한다는 의미에서 랜드 브리지(land bridge)라 부르고 있다.

5) Piggy Back System

Piggy Back System(철도-트럭시스템)은 철도운송(철도)과 자동차운송(도로)을 연계하여 일관 운송하는 시스템을 말한다.

즉, 자동차로 운송한 화물을 철도역에서 화물자동차나 컨테이너 채로 철도에 인계하여 운송한 후 도착역에서 적재함이나 컨테이너 채로 인수하여 화물자동차로 곧바로 운송하거나, 트레일러나 트럭에 의한 화물운송 도중 화물열차의 대차 위에 컨테이너를 적재한 트레일러나 트럭을 화물과 함께 실어 운송하는 방식이다.

컨테이너 운송방식에서는 컨테이너를 적재한 트레일러(trailer)를 철도의 무개화차에 실어 수송하는 방식을 지칭하기도 한다.

일반적인 철도운송에서는 하주의 문전에서 철도역까지 운송을 한 후, 철도역에서 화차에 이적하며 도착역에서는 다시 트럭에 이적한 후 하주의 문전까지 운송한다.

그런데 Piggy Back System에서는 하주의 문전에서 철도역까지 운송한 화물을 트럭으로부터 하차하지 않고 트럭(또는 트레일러)과 함께 화차에 적재하여 목적지까지 운송한 후, 화물을 적재한 차체를 특수 장치나 경사로 등을 이용하여 하차한 후 곧바로 수하인의 문전까지 운송한다.

6) Fish Back System

Fish Back System(선박-트럭시스템)은 컨테이너를 해상운송(선박)과 공로운송(자동차)을 연계하여 일관 운송하는 시스템을 말한다. 이 방식에는 컨테이너 화물 자체를 연계 운송하는 방식과 차량 자체를 선박에 싣고 운송하는 카페리형 방식이 있다.

7) Birdy Back System

Birdy Back System(항공-트럭시스템)은 컨테이너를 항공운송(비행기)과 공로운송(자동차)을 연계하여 일관 운송하는 시스템을 말한다. 이것은 컨테이너를 비행기에 실어 운송하는 것 자체를 지칭하기도 한다.

2. 해륙(Sea & Land) 복합운송

1) 의의

복합운송은 1960년대 컨테이너가 발전함에 따라 해상과 육상(sea-land)으로 구성된 해륙복합운송의 형태인 랜드브리지(land bridge)방식에서 시작되었다.

해륙복합운송은 선박, 철도 및 자동차가 상호 조합된 운송방식이며 Land Bridge 방식은 대륙을 횡단하는 철도나 도로가 해상과 해상을 잇는 교량(bridge, 가교)처럼 활용되는 복합운송경로이다. 즉, 해륙복합운송에서 해상-육상-해상으로 이어지는 운송수단 중 중간구간인 육로(land) 운송구간을 Land Bridge라고 한다.

2) 목적과 유용성

Land Bridge의 목적은 대륙을 횡단하는 육상운송을 이용하여 바다와 바다를 연결하는 운송서비스를 제공함으로써 운송경비를 절감하고 운송시간을 단축하는데 있다.

이 방식을 이용하면 해상운송만을(all water) 이용하여 화물을 운송하는 경우에 비해 운송시간과 비용을 획기적으로 절감 및 단축할 수 있고 해상운송이 갖는 대량수송성과 철도운송이 갖는 안정성과 정확성의 이점을 활용할 수 있다. 즉, 이 방식을 이용하면 선박을 우회하는 것보다 해상과 육상운송을 결합시켜 운항시간을 단축시키고 경비를 절감시킬 수 있다.

따라서 Land Bridge 방식은 대량화물을 적기에 운송하는데 매우 적합한 운송형태이며 2국간 Land Bridge와 3국간 Land Bridge의 두 가지 형태가 있다.

Land Bridge의 가장 전형적인 경로에는 ① 극동에서 유럽지역까지 운송시에 파나마와 수에즈운하를 경유하지 않는 극동-북미 태평양연안-(철도)-북미 대서양안-유럽항구를 경유하는 북미 랜드브리지 ② 극동-나호드카(러시아)-(철도)-유럽항구를 운송하는 시베리안 랜드브리지(Siberian Land Bridge, SLB)가 있다.

3) 북미 랜드브리지

(1) 의의

북미 랜드브리지는 1967년 아랍 국가와 이스라엘의 전쟁으로 수에즈 운하가 봉쇄됨에 따라 수에즈 운하를 경유하는 극동/유럽항로와 경쟁하는 새로운 운송방식으로 출발하였다. 최근 시베리안 랜드브리지(SLB) 서비스가 활성화됨에 따라 상대적으로 경제성이 떨어져 하주의 이용률이 매우 저조한 편이다.

(2) 유형

북미 랜드브리지는 경유하는 지역에 따라 American Land Bridge(ALB)와 Canadian Land Bridge(CLB)가 가장 대표적이다. 그 밖에 운송이 이루어지는 방법에 따라 기타의 다양한 형태가 있다.

① American Land Bridge(ALB)

ALB는 미국 대륙이 극동과 유럽을 이어주는 운송시스템에서 다리 역할을 한다는 개념으로 1972년에 Seatrain사가 개발하였다.

이것은 극동지역의 주요 항만에서 출발한 화물을 미국 서해안의 주요 항만까지 해상운송한 뒤, 횡단철도를 이용하여 미국 동해안의 항구까지 운송한 후, 거기에서 유럽지역 항만이나 내륙까지 해상으로 운송하는 방식이다.

전체 수송거리는 27~32일 정도로 시베리안 랜드브리지(SLB)와 거의 비슷하지만 운임면에서는 이보다 20~30% 정도 저렴하다.

그림 14-1 ▬ ALB의 경로 및 소요일수

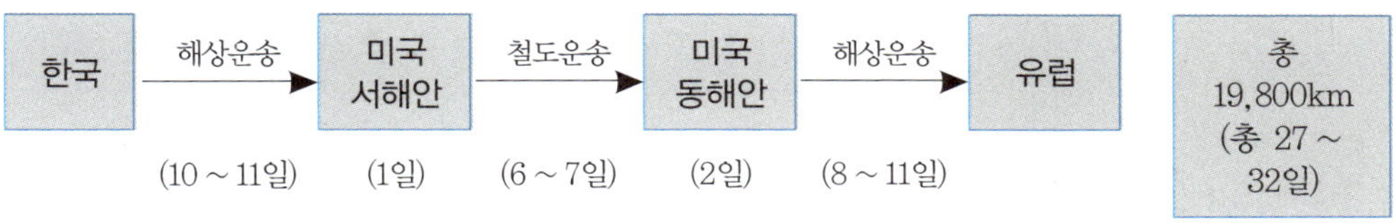

② Canadian Land Bridge(CLB, Canadian LB)

CLB는 육로를 마치 해상에서의 육교(교량)처럼 이용하는 랜드브리지(land bridge)의 일종으로, 극동의 항만에서 캐나다 서안의 밴쿠버(Vancouver) 항구나 미국의 시애틀(Seattle) 항구까지 해상으로 운송한 후, 그곳에서 캐나다 철도회사를 이용하여 몬트리올(Montreal)이나 캐나다의 동해안까지 내륙운송한 뒤 다시 해상운송으로 유럽의 각 항만(Rotterdam, Antwerp 등)까지 운송하는 방식이다.

이것은 1979년 캐나다의 캐나다 철도회사(Canadian Pacific Rail)와 일본의 포워더인 미쯔비시(三菱)사가 공동으로 개발한 운송루트이다.

미국 대륙을 경유하는 ALB는 선사주도형의 서비스를 제공하고 있는데 반해, CLB는 포워더 주도형의 서비스를 제공하고 있는 것이 특징적이다.

세계적인 선복과잉 등으로 해상운임이 하락하였고 운송과정 중 여러 차례 환적으로 운송비용이 높아짐에 따라 최근에는 이 경로의 이용률이 매우 낮은 상태이다.

③ Mini Land Bridge(MLB)

MLB는 한국(극동)에서 미국 서해안까지는 해상으로 운송하고 거기에서 철도 등의 내륙운송을 거쳐 미국 동해안(대서양)이나 걸프지역 항만까지 수송하는 복합운송경로이다. 미국 Seatrain사가 ALB 서비스와 동시에 1972년도에 이 운송서비스도 개시하였다.

Land Bridge와 Mini Land Bridge(MLB)의 차이점은 Land Bridge가 해상운송→육상운송→해상운송의 과정인데 비해, MLB는 해상운송→육상운송의 과정만을 포함한다는 점이다. MLB의 장점은 하주로서는 다양한 운송서비스를 제공받을 수 있고 운송수단이나 선박 스케줄의 선택에 여유를 가질 수 있다는 점이다.

선사를 비롯한 운송인으로서는 동일한 하주를 계속 확보하면서도 항만 선택에 여유가 있고 소수의 항만에 화물을 집중하여 선박의 활용도를 높일 수 있다는 점이다.

그림 14-2 ■ Mini Land Bridge의 경로 및 소요일수

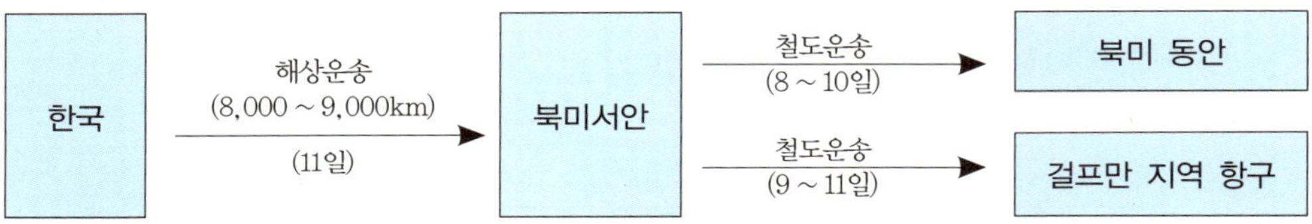

④ Micro Land bridge (IPI)

Micro Land Bridge는 동아시아에서 미국 태평양 연안까지는 선박으로 해상운송하고 이후에는 철도나 트럭으로 미국의 내륙지역까지 육상으로 운송하는 방식을 말하며 IPI(Interior Point Intermodal)라고도 부른다.

Micro Land Bridge에서는 선사 자신이 내륙까지의 B/L을 발급하며 철도에서 트럭으로의 연결과 최종목적지의 인도까지 모두 선사 자신이 책임진다.

MLB가 전구간 해상운송의 대체 운송서비스로서 미국 동해안이나 걸프만지역의 항만에 한정되어 있는 항대항(port to port) 운송인데 비해, Micro Land Bridge는 해상과 철도를 이용하여 컨테이너화물을 운송하는 복합운송경로이다.

또한 MLB가 대륙 횡단철도를 이용하여 특정 항구에서 특정 항구로 화물을 운송하는 방식인데 비해, Micro Land Bridge는 항구에서 주요 도시로(port to point) 화물을 운송하는 방식이다. 즉, MLB가 미국의 동해안이나 카리브지역의 항구로 목적지가 한정되어 있는 것에 비해 Micro Land Bridge는 시카고 등 미국의 주요 내륙지점까지를 목적지로 하는 복합일관운송이다.

⑤ Reversed IPI(RIPI)

Reversed IPI(RIPI)는 극동이나 동아시아에서 파나마(Panama) 운하를 경유하여 미국 동해안 항만까지 해상운송한 뒤, 그곳에서 철도나 트럭 등에 접속하여 내륙도시까지 육상으로 운송하는 방식이다.

RIPI는 극동이나 동아시아에서 북미 동해안 항구까지 All Water Service를 제공하고 있는 선사들이 극동에서 파나마 운하를 경유하여 북미 동해안이나 걸프만 항구까지 해상운송하고 거기에서 철도에 환적하여 IPI 운송경로를 역으로 올라가는 내륙운송서비스이므로 Reversed Microbridge 또는 Reversed MLB라고도 부른다.

RIPI는 IPI 복합운송서비스에 대항하기 위해 1980년 미국 동해안에 기항하는 선사들이 시작하였다. RIPI는 미국 동해안에 가까운 내륙도시행 화물들이 많이 이용하며 IPI보다는 운임이 싼 편이지만 운송기간은 IPI보다 더 많이 소요된다.

⑥ OCP(Overland Common Point)

OCP는 북미 대륙에서 해상운임을 할인하는 지역을 말하며 지리적으로는 Rocky산맥 동쪽의 먼 지역들을 말한다. 이것은 미국의 서해안에서 Colorado, South Dakota, North Dakota, New Mexico 등 로키산맥 동쪽의 멀리 떨어진 여러 지역으로 운송되는 복합운송화물의 해상운임을 특별히 할인하는 것이다.

이들 지역으로 해상과 철도를 이용하여 운송하면 대서양(atlantic ocean)과 걸프지역보다 운임이 많이 들기 때문에 경쟁력을 위해 할인요금을 적용한다.

그 해당 지역을 OCP Area 또는 OCP Territory라고 한다. 우리나라에서 이 지역으로 화물을 운송하는 것을 Overland 수송이라고 부르며, 북아메리카 서해안에서 양륙되어 철도로 운송되는 화물의 운임률은 OCP Rate이라고 하고 이 운임률이 적용되는 화물을 OCP Cargo라고 부른다.

OCP 운임체제는 MLB와 비슷하지만 할인운임이 부과된다는 점에서 차이가 있다. OCP화물의 운임은 미국의 국내운임보다 5~30% 정도 저렴하다. 이는 미 대서양연안 및 걸프연안을 경유하는 화물들과 경쟁을 고려한 것이다. 극동에서 미국 대륙으로 운송되는 화물의 B/L에 'San Francisco OCP' 또는 'OCP Via Seattle'이라고 기재되어 있으면 화물은 양륙항에서 수하인이 지정하는 내륙지역까지 운송된다.

OCP운송에서 철도로 운송되는 경우 선박에서 화차까지 적재하는 비용은 미국철도운임협정기관(Trans-Continental Freight Bureau, TCFB)의 협정에 따라 양 회사가 부담하며, 선사와 트럭회사 간에도 록키산맥 자동차운임협정기관(Rocky Mountain Motor Freight Bureau)이 조직되어 있다.

4) 시베리안 랜드브리지(SLB)

(1) 의의

시베리안 랜드브리지(Siberian Land Bridge, SLB)는 광활한 시베리아를 육상 가교(land bridge)로 하여 한국, 일본, 극동, 동남아, 호주, 유럽대륙, 스칸디나비아 반도를 복합운송형태로 연결하는 해륙복합운송이다.

SLB는 일본이나 부산~보스토치니(Vostochny)간을 컨테이너선으로 해상운송하고 시베리아 철도인 컨테이너 전용열차(block train)로 러시아의 유럽국경 역까지 운송한 후 유럽의 철도, 트럭, 선박 등을 이용하여 컨테이너화물을 운송한다.

SLB의 운영주체는 TSR(Trans Siberian Railway)이며 1971년에 서비스가 개시된 이래 한국, 대만, 필리핀, 호주, 뉴질랜드까지로 집하지역이 확대되고 있다.

목적지도 서구, 동구, 북구뿐만 아니라 지중해, 중동, 북아프리카, 몽골까지 확대되어 유럽항로에 의한 해상운송에 대항하는 운송루트로 발전하고 있다.

우리나라 수출 컨테이너화물은 1973년부터 SLB Service를 이용하여 운송되고 있으며 최근 우리나라 일부 포워더(Forwarder)들은 유라시아 트랜스 등과 직접 계약을 통해 TSR의 운영에도 실질적으로 참여하고 있다.

(2) 구분

SLB는 부산과 일본의 항구에서 러시아의 나호드카(Nakhodka)나 보스토치니 항까지 해상운송한 후 구소련 영토는 철도로 육상운송하여 유럽과 중근동의 국경까지 운송하며, 그 이후는 각 운송수단의 결합에 따라 다음과 같은 종류가 있다.

① Transrail

Transrail은 TSR의 3가지 운송시스템 중 가장 일반적인 것이다. 1984년에 TSR과 평행으로 북쪽에 건설된 제2의 시베리아 철도라고 불리는 총연장 4,335㎞의 바이칼-아무르 간선철도(BAM)의 개통으로 TSR의 운송능력은 크게 향상되었다.

이것은 극동지역의 항만으로부터 해상운송에 의해 보스토치니 항까지 컨테이너화물의 운송이 이루어진 후 운송의 안정화와 합리화를 위해 행선지별 컨테이너 전용열차로 시베리아 횡단철도를 이용하여 모스크바(Moscow)와 같은 거점도시를 거쳐 주요 경계지점까지 운송하는 Land Bridge 방식이다.

그러나 시베리아철도는 광궤(궤간 1,520㎜)인데 비해, 유럽철도는 표준궤도(궤간 1,435㎜)이므로 구소련의 유럽 국경지역에서 반드시 환적이 이루어져야 한다. 전 구간 운송은 22~30일이 소요되며 경계지점에 따라 6개의 경로에 따라 운송된다.

② Transsea

Transsea는 해상운송으로 Vostochny항까지 운송된 컨테이너화물이 TSR로 발틱해 연안이나 흑해 항구인 Leningrad, Riga, Zhdanov(즈다노프), Ilyichevsk(일리이츕스크어), Estonia 수도인 탈린(Tallin)항까지 철도로 운송한 후 다시 선박으로 최종목적지(지중해, 서유럽, 스칸디나비아 반도)까지 운송되는 Land Bridge 방식이다.

③ Trancons

Transcons는 러시아나 폴란드 국경의 Brest 동쪽에 위치한 Vysokolitovsk(비소코리트브스크)까지 운송된 화물을 스위스나 프랑스 이북 등의 지역까지 트럭으로 운송하는 Land Bridge 방식이다.

그림 14-3 ▬ SLB의 운송경로

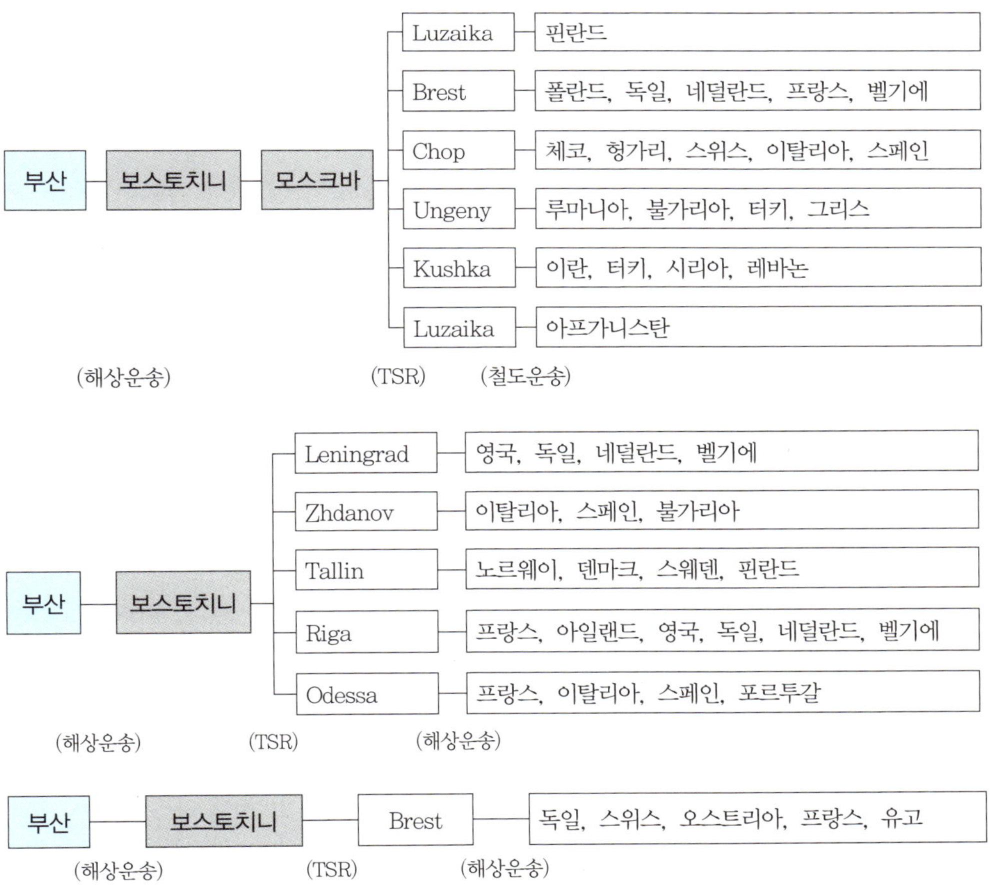

5) 중국대륙 횡단철도(TCR) 해륙복합운송

중국대륙 횡단철도(Trans China Railway, TCR) 해륙복합운송은 유럽대륙과 아시아대륙을 연결하는 Land Bridge로 기존의 TSR 이외에 중국대륙을 횡단하여 유럽까지 화물을 운송할 수 있도록 1992년에 개통된 해륙복합운송방식이다.

TCR은 대륙간 횡단 철도서비스이므로 한국, 일본, 대만, 홍콩 등 극동지역을 기점으로 하여 1차로 선박을 이용하고 강소성(江蘇省)의 연운항(連雲港)까지 해상으로 운송한 후, 중국대륙을 동서로 관통하는 철도운송으로 중국대륙을 횡단해서 구소련 국경지역에서 환적한 후 시베리안 횡단철도(TSR)에 연결되어 유럽까지 운송한다.

우리나라가 주로 이용할 수 있는 운송경로는 인천이나 부산에서 중국의 연운항까지 해상운송하고 거기에서 중국대륙 횡단철도(TCR)에 환적되어 북유럽이나 중동지역으로 운송되는 경로이다.

TCR은 운송거리상 극동과 유럽을 연결하는 최단 코스로 요코하마와 로테르담 사이의 운송거리가 TSR보다 약 2,000km의 운송거리 단축이 가능하다. 국경역에서 환적을 위해 1~2일이 소요되더라도 극동과 유럽 간에 23~24일이면 운송이 가능하기 때문에 운송일수와 운송비용이 상당히 절감될 수 있다.

또한 시베리아 지역이 동절기(1~3월)에도 평균기온이 -20℃에서 -30℃ 정도로 매우 낮아 액체 화물운송에 어려움이 많은 점을 고려할 때 TCR은 TSR보다 위도상 낮은 지역에 위치해 동절기의 혹한에 의한 상품손상이나 동파의 위험이 적으므로 동절기의 액체 화물운송에도 커다란 장점이 있다.

그러나 단점으로 중국대륙 횡단철도는 중국 국경을 지나 구소련의 TCR과 연결되어야 하지만 궤도(track)의 차이로 중국 국경에서 반드시 환적이 이루어져야 한다. 또한 TCR은 TSR과 반드시 연계되어야 하는데 TCR의 전체 운임은 러시아 측과의 협상 여하에 영향을 받기 때문에 경쟁관계인 TSR보다 현저하게 낮은 운임책정이 어렵다.

이외에도 TCR 서비스에 대한 관계국간의 운영상 비협조, 컨테이너 환적 및 창고시설 등 물리적으로 국제화물운송에 부적합한 시설 등의 문제점이 있다. 따라서 TCR의 활성화에는 상당한 시간이 걸릴 것으로 보인다.

TCR은 아시아 대륙과 유럽을 연결하는 운송루트로 활용하기 위해 1956년부터 중국과 구소련이 국경을 연결하는 철도건설을 시작했다가 중단되었으나 1985년에 공사가 재개되었으며 1992년 12월부터는 운송활동을 정식으로 개시하였다.

그러나 현재 카자흐스탄 등 중앙아시아 지역까지의 국제화물 직행운송만 이루어질 뿐 아직 유럽까지의 운송은 이루어지지 못하고 있다.

6) 유아시아 횡단철도(TAR)

유아시아 횡단철도(Trans Asian Railway, TAR)는 아시아와 유럽을 가로지르는 완전한 철도망을 만들기 위한 프로젝트로 한반도(TKR)–중국(TCR)–러시아(TSR)를 경유하여 유럽까지 연결되는 철도망이다. 이것은 1992년부터 UN 산하 아시아·태평양 경제사회이사회(ESCAP)가 추진하고 있다.

아시아 횡단철도를 이용할 경우 부산에서 로테르담까지 거리는 약 10,370㎞인데, 컨테이너운송이 대략 24일 정도 걸리며 전구간 해상운송할 때 거리인 20,000㎞보다 9,630㎞가 짧아 운송기일이 약 4~5일 정도 빠르고 운임도 20% 저렴하다.

이 계획은 1950년대에 시작되었으나, 1990년대 들어 냉전이 종식되고 몇몇 국가들간의 외교관계가 정상화 되면서 본격적으로 추진되게 되었다.

계획한 구간 내의 철도망은 대부분 존재하고 각 국가에서도 영업하고 있지만 중요한 차이점에 대한 통일이나 대안 확보가 아직 지지부진한 상태에 있다.

ESCAP는 1996년 제52차 회의에서 남북한 등 42개국이 TAR의 개통을 위해 단절된 남북한 철도를 복원하는데 최우선적으로 노력한다는 결의안을 채택하였다.

한반도 종단철도(Trans Korean Railway, TKR)망이 구축된다면 TAR은 21세기 아시아 경제부흥을 촉진하는 중요한 수단이 될 것이다.

우리나라의 경우도 동남아 주요 항과의 지리적 위치로 인한 열세에서 벗어나 부산, 인천, 광양항의 경쟁력을 강화시킬 수 있는 좋은 기회가 될 수 있다.

7) 아시아 횡단고속도로

아시아 횡단고속도로(Asian Highway)는 아시아 32개국을 횡단하는 전체 길이 14만 km의 고속도로이다. 이 고속도로는 아시아지역의 국제육상 교통개발을 촉진시키기 위하여 1959년 UN산하의 ESCAP에 의해 제창되었다. 주로 기존의 도로망을 활용한 현대의 실크로드를 목표로 1961년 착공되었으나 외교 등 여러 문제가 얽혀 있어 실제 연결까지는 많은 시간이 소요되고 있다.

원래는 동남아시아(태국, 필리핀 등)와 서아시아(아프가니스탄, 이란 등)를 연결하는 650,00㎞의 도로망 구축이 예정되었으나 동서냉전 구조 속에서 중국 등 사회주의 국가의 불참으로 필리핀–인도네시아–태국–인도–파키스탄–이란을 연결하는 남부노선을 대상으로 추진하였다. 그러나 최근 동서 냉전구조가 와해하면서 중국, 몽고, 베트남, 미얀마 등이 ESCAP에 가입함에 따라 한반도를 기점으로 중국–몽고–중앙아시아–유럽을 최단거리로 연결하는 북부노선이 추가되었다. 이 고속도로가 본격 가동된다면 아시아 각국 간 새로운 교류형태가 전개될 것이며 아시아 전역은 하나의 경제권이 될 수 있다.

3. 해공(Sea & Air) 복합운송

1) 의의

해공(Sea & Air) 복합운송은 국제화물운송에 있어서 해상운송의 가장 큰 장점인 저렴성(economy of seafreight)과 항공운송의 가장 큰 장점인 신속성(speed of aircargo)이라는 장점을 유기적으로 결합한 운송방식이다.

해공복합운송이 등장하게 된 궁극적인 배경은 운송구간 전체를 항공운송만을 이용한다면 운임이 너무 높고 해상운송만을 이용한다면 운송일수가 너무 오래 걸려 상품의 적시인도(on time delivery)가 어렵다는 문제점을 효과적으로 극복하기 위함이다.

이 방식을 이용하면 운송구간 전체를 해상으로 운송하는 것에 비해 절반 이상 수송기간이 단축되고 항공운송 요율보다도 60% 이상 요금이 저렴하여 기업들은 물류관리 측면에서 적시 납품의 융통성이 제고될 수 있고 수송기간의 단축으로 재고비용과 자본비용도 절감할 수 있다.

2) 개발

이 운송방식은 1950년대 말에서 1960년대 초 미국과 일본, 캐나다 기업들이 개발하였으며 1978년 Concord사와 Japan Sea Air Service(JSAS)가 해공복합운송의 전문 복합운송인으로서 업무를 개시한 이후, 현재에도 국제물류주선업자(Freight Forwarder, 포워더)들이 활발한 서비스를 제공하고 있다.

3) 효용성

해공복합운송은 항공운송에서의 고운임과 해상운송에서의 운송기간의 장기성을 극복할 수 있는 복합운송방식이기 때문에 운송운임과 운송일수의 이점이 전 구간 항공운송(all air)과 전 구간 해상운송(all water)의 중간적 입장에 있다.

이 운송방식은 당초 항공운송인(air carrier)에 의해 시작되었으나 현재는 주로 포워더(forwarder)에 의해 이루어지고 있다. 해공복합운송에서는 포워더가 복합운송인으로서 선사와 항공사를 하청운송인으로 이용하며, 하주에게는 단일운송계약하에 복합운송증권(MTD)을 발행하고 일관 운임을 제공한다.

4) 적격 화물

해공복합운송은 해상운송 중에는 무거운 해상컨테이너를 사용하고 항공운송 중에는 가벼운 항공운송용 컨테이너나 파렛트를 사용한다. 따라서 해공복합운송에 적합한 최적의 상품은 값과 운임이 비싼 공산품, 전자제품, 피복류, 시계, 의약품 등이다.

5) 유용성

(1) 적정 재고의 조절

해공복합운송은 해상운송과 항공운송의 운송기간 차이를 상품의 매출상황에 따라 적정 재고량을 조절하는데 이용할 수 있다. 우리나라도 처음 2~3회 정도는 항공편으로 운송하고 판매상황을 보면서 차츰 해공복합운송을 이용한다.

유럽도 시장에서 재고량이 빨리 감소할 때에는 해공복합운송이나 항공운송을 이용하고 판매가 부진할 때에는 운송기간이 긴 해상운송방식을 주로 이용한다.

(2) 적기 선적의 운송수단

해공복합운송은 원료 수급에 따른 생산계획 차질 등 여러 가지 이유로 계약서에 명시된 선적기한에 선적할 수 없거나 외국 수입업자가 요구하는 도착예정일을 지키기 어려운 화물을 운송하는 경우에 주로 이용된다.

그 이유는 항공운송보다 운임이 싸고 해상운송보다 빠르기 때문이다. 해공복합운송은 전구간을 해상으로 수송할 때는 수송기간이 너무 길어 상품의 적시인도가 어렵고, 전구간을 항공으로만 운송할 때에는 운임을 감당하기 어려울 때 주로 이용된다.

운송실무에서 해공(Sea & Air) 복합운송은 원래는 해상운송을 예정하고 있었으나 제조나 생산과정상의 문제 등으로 인하여 화물의 납기가 지연되거나 또는 실제로 전 운송구간을 운임이 비싼 항공(all air)으로 운송하기에는 약간의 시간적인 여유가 있을 때 주로 선택하는 운송방식이다.

(3) 운송기회와 시설부족 지역의 운송

해공복합운송은 지역적인 특성이나 화물의 성격상 해상운송 서비스의 빈도가 낮고 해상운송을 통하여 화물을 보내는 것이 불안한 지역이나 국가의 화물을 운송하는 경우에 유용하게 이용될 수 있는 운송방식이다.

(4) 내륙 국가로의 운송

해공복합운송은 4면이 육지로 둘러싸인 내륙 국가로서 이웃 나라의 항구를 이용하여 화물을 수입하는 아프리카의 잠비아, 볼리비아, 오스트리아 등의 경우에 매우 유리하게 사용될 수 있는 운송방식이다.

(5) 기타

해공복합운송은 해상운송 중 화물의 파손이나 도난의 위험성이 높은 중남미 제국과 아프리카 지역에서 해상운송의 대체운송으로 널리 이용되고 있는 운송방식이다.

6) 서비스 형태

해공복합운송에서 제공하는 운송의 서비스 형태에는 다음과 같은 유형들이 있다.

(1) Carrier 형태

Carrier 형태는 운송인(항공사)이 자기회사 소속 항공기가 취항하는 노선을 기초로 경로를 설정하고, 해상운송구간은 선사들과 운송계약을 체결하고 중계지로부터 최종목적지인 주요 내륙도시까지는 자기회사 소속 항공기를 이용하는 방식이다. 중계지점에서 최종목적지까지를 자기 회사 소속 항공기만 이용하는 서비스 형태이기 때문에 복합운송 서비스 지역이 자기회사 노선이 있는 지역으로 한정되는 단점이 있다.

(2) Forwarder 형태

Forwarder 형태는 자기의 운송수단을 보유하고 있지 않은 포워더가 해상운송인 및 항공운송인과의 운송계약에 따라 일관운송의 책임을 인수하는 방식이다.

이 형태는 포워더가 여러 선사 및 항공회사의 일정한 공간(space)을 확보하고 있기 때문에 수요에 가장 적합한 중계지점과 운송수단을 설정할 수 있고 확실한 화물의 취급, 정확한 운송일수와 운송정보 등을 하주에게 제공할 수 있는 장점이 있다.

(3) Space Broker 형태

Space Broker 형태는 브로커가 선사와 항공사의 일정한 Space를 연간 계약으로 확보하고 양쪽의 운임에 자기의 서비스 비용을 가산한 통운임을 책정하여 서비스를 제공하는 방식이다. 이 방식의 특징은 Forwarder 형태처럼 직접 하주에 판매하지 않고 주로 포워더에게 도매를 한다는 점이다.

7) 주요 경로

(1) 북미서안 경유 해공복합운송

북미서안 경유 해공복합운송은 한국과 일본을 비롯한 극동–북미 서해안간의 태평양 항로에서는 컨테이너선으로 해상운송을 이용하고 미국 내 및 대서양에서는 항공운송을 이용하여 미국 중동부 및 남미지역과 유럽 각지로 수송하는 방식이다.

운송일수는 13~18일 정도 걸리며 가장 역사가 오래 되었고 세계 해상항로 중 가장 선편이 많은 노선이다. 항공운송만으로의 운임과 비교할 때 40~50% 정도 저렴하다.

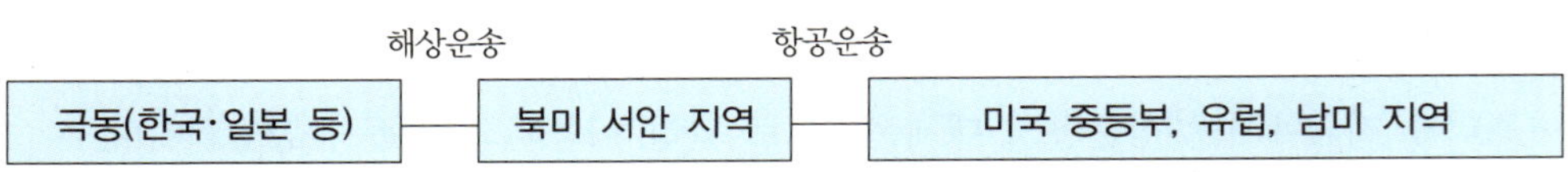

북미서안 경유 해공복합운송에는 캐나다 서해안의 밴쿠버에서 양륙하여 항공운송으로 몬트리올을 경유하여 유럽으로 운송하는 방식도 있다. 총 소요기간은 14~17일 정도이며 운임은 두바이(Dubai)를 경로하는 것보다 20% 이상 높지만 약 3~4일이 덜 소요되고 선박 및 항공편의 운항회수가 많은 운송경로 중의 하나이다.

(2) 러시아 경유 해공복합운송

러시아 경유 해공복합운송은 러시아의 Aeroflot사가 주관하는 운송방식으로 한국이나 일본에서 러시아의 보스토치니항까지 컨테이너선으로 해상운송하고 다시 트럭으로 블라디보스톡 공항으로 육상운송한 후 그곳으로부터 모스크바까지 항공운송하여 모스크바에서 유럽 각 도시에 공수되는 방식이다. 컨테이너를 이용하여 해상에서 항공까지 일관 운송하며 운송의 소요일수는 10~18일 정도이다.

(3) 동남아시아 경유 해공복합운송

동남아시아 경유 해공복합운송은 한국과 일본 등 극동에서 홍콩, 방콕, 두바이, 싱가포르 등 동남아와 중동까지는 해상운송하고 그곳에서 유럽, 중동, 아프리카, 호주까지 항공으로 운송하는 방식이다.

운임은 비싸지만 운송의 소요일수는 8~12일로 가장 신속하다. 해공복합운송 중에서 비교적 최근인 1980년대에 개발된 운송루트로서 북미서안 경유 해공복합운송 및 러시아 경유 해공복합운송은 항공사가 주도하여 개발한 것인데 반하여 이 방식은 포워더(air freight forwarder)와 Space Broker에 의해 발전되어 온 것이 특징이다.

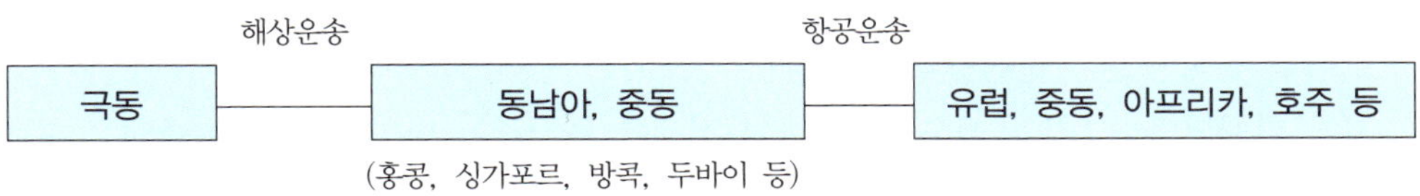

제2절 복합운송증권

1. 복합운송증권의 의의와 기능

1) 의의

어떠한 운송에서도 운송물을 대표하는 증권이나 증서가 필요하듯 복합운송에서는 복합운송증권이 필요하다. 복합운송증권은 각 기관이나 조약에 따라 다양하게 정의되고 있지만 전체적인 의미는 대동소이하다. 이들의 의미를 종합하면 '복합운송증권(Multimodal Transport Document, MTD)은 복합운송계약에 의하여 운송화물을 어느 한 국가의 수령지점이나 장소에서 다른 국가의 지정된 인도지점이나 장소까지 적어도 두 가지 이상의 다른 운송수단의 결합에 의하여 운송하는 것을 증명하는 서류'이다.

즉, 복합운송인이 전 운송구간에 걸쳐 일관운송의 책임을 지고 운송물의 멸실, 손상이나 지연 등으로 인한 배상의 책임을 부담할 것을 증명하여 복합운송인이 송하인의 청구에 의하여 송하인에게 발행하는 운송서류가 복합운송증권이다.

복합운송증권은 운송화물을 인수(taking in charge)할 때 발행되는 서류로서 '복합운송서류'라고 부르기도 하는데 현재 복합운송증권은 대부분 선하증권 형식으로 발행되고 있다. 제6차 개정 신용장통일규칙에서는 신용장에 별도의 명시가 없는 한, 은행은 복합운송서류를 수리하여야 한다고 규정하고 있어 복합운송증권을 중요한 운송서류로 인정하고 있다.

2) 기능

복합운송에 의해 물품이 인수된 사실과 계약에 따라 약정 물품을 인도할 것을 약속한 서류가 복합운송증권이다.

따라서 유통성 복합운송증권은 일반적인 선하증권의 기능과 마찬가지로 복합운송계약의 증거, 화물수취의 증거, 그리고 권리증권으로서의 기능을 가지고 있다.

법적으로 유통성 복합운송증권은 선하증권과 같이 물권적 효력, 채권적 효력 및 문언적 효력이 인정됨으로써 유가증권의 기능을 가지고 있고, 운송계약에 의해 운송물의 수령을 전제로 복합운송인이 발행된다는 측면에서 요인증권의 성격도 가지고 있다.

그런데 선하증권은 선적항과 양륙항이 기재되는 반면, 복합운송증권은 수령지와 인도지가 기재된다. 그리고 선하증권은 본선적재를 표시하는 반면, 복합운송증권은 수령지로부터 최종인도지까지 전 운송구간을 운송인이 인수하였음을 증명한다.

2. 복합운송증권의 특성과 비교

1) 특징

첫째, 도로, 철도, 내륙수로, 해상, 항공운송이 결합된 복합운송은 상이한 운송인들의 결합에 의해 운송이 이루어지더라도 복합운송증권(MTD)은 처음부터 끝까지 운송구간 전체를 단일로 커버한다. 또한 복합운송증권은 본선적재 전에 복합운송인이 화물을 인수하거나 수취한 상태에서 발행한다.

둘째, 복합운송증권은 실질적인 운송인만이 발행하는 선하증권과는 달리, 실질적인 운송인뿐 아니라 포워더(forwarder)도 발행할 수 있다. 즉, 복합운송증권은 하주에게 전 운송구간에 대한 전체적인 책임을 지는 복합운송인이면 누구나 발행할 수 있다.

2) 비교

복합운송증권(MTD)을 통 선하증권(Through B/L)과 비교하면 다음과 같다.

(1) 증권의 발행자

복합운송증권은 복수의 운송수단으로 화물의 운송이 이루어질 것을 증명하는 서류이며 운송의 각 단계를 통괄하는 단일의 운송서류이다. 또한 복합운송증권은 운송인 이외에 포워더도 발행할 수 있다. 발행한 서류는 특정화물의 선적을 증명하는 것은 아니고 운송을 위해 화물을 수령했다는 것을 증명하는 역할을 한다. 이에 반해 통 선하증권은 선사(해상운송인)나 그 대리인이 발행한다.

(2) 화물의 운송구간

복합운송증권에 의한 화물의 운송구간은 운송인이 화물을 송하인으로부터 인수한 시점에서 수하인에게 인도한 시점까지를 말하는 것으로 문전에서 문전까지를 운송한다. 이에 반해 통 선하증권은 항구에서 항구까지가 운송구간이 된다.

(3) 운송수단의 결합형태

복합운송증권은 이종 운송수단의 조합만이 아니고 동종운송 수단의 결합도 가능하다. 이에 반해 통 선하증권은 이종 수송수단의 결합만 가능하다.

(4) 발행시기

복합운송증권은 운송인이 송하인으로부터 화물을 인수한 시점에서 발행된다. 이에 반해 통 선하증권은 본선적재 선하증권의 경우에는 화물을 본선에 적재한 후에, 수취 선하증권의 경우에는 화물을 야적장이나 창고에 입고한 후에 발행된다.

(5) 운송계약의 형태

복합운송증권은 전 운송구간에 걸친 하청운송 형태로 이루어지는 복합운송계약이 체결된다. 이에 반해 통 선하증권은 계약의 형태를 불문하고 최종 목적항까지 별도 운송계약이 체결된다.

(6) 운송인의 책임

복합운송증권에서 운송인은 전 구간 단일책임을 부담하지만 통선하증권의 경우는 각 운송인이 분할하여 책임을 부담한다. 따라서 복합운송증권의 책임구간은 운송구간과 같이 운송인이 송하인으로부터 화물을 인수한 시점부터 최종 도착지점까지이며 복합운송인은 하주에 대해서 전 구간에 걸쳐서 단일 책임을 진다.

이에 반해 통 선하증권은 출항지, 출항지 야적장 및 장치장으로부터 입항지, 입항지의 야적장 및 창고까지를 책임구간으로 한다.

(7) 증권의 형식

복합운송증권은 B/L 형식으로 발행되는 것이 일반적이지만 그 이외의 형식도 가능하다. 이에 반해 통 선하증권은 B/L 형식이어야 한다.

표 14-1 ▬ 복합운송증권과 통선하증권의 비교

구분	복합운송증권(MTD)	통 선하증권(Through B/L)
증권의 발행인	특별한 제한이 없으므로 복합운송인이라면 포워더를 포함한 누구라도 발행	선사(해상운송인)와 그 대리인
화물의 운송구간	문전에서 문전까지(Door to Door)	항구에서 항구까지(Port to Port)
운송수단의 결합형태	이종 및 동종 운송수단의 결합	이종 운송수단의 결합
증권의 발행시기	운송인이 화물을 인수한 시점	화물을 본선에 적재한 시점 (단, 수취 선하증권은 예외)
운송계약의 형태	복합운송계약 (하청운송 형태)	형태불문 (최종 목적항까지 별도 운송형태)
운송인의 책임	전 운송구간 단일책임 (화물을 인수한 시점부터 최종 도착지점까지)	각 운송구간 분할책임 (출항지, 출항지 야적장 및 장치장으로부터 입항지 또는 입항지의 야적장이나 창고까지)
증권의 형식	B/L 형식이나 기타 형식도 가능	B/L 형식

3. 복합운송증권의 법적 성질과 발행형식 및 종류

1) 법적 성질

(1) 개요

컨테이너의 등장과 함께 Door to Door 운송이 보편화되고 있는 가운데, 전 운송구간을 커버(cover)할 수 있는 복합운송증권이 선하증권을 대신하여 그 기능을 제대로 발휘하기 위해서는 선하증권이 지니는 법적 성질을 그대로 지녀야 한다.

이와 관련하여 복합운송증권에 관한 1971년 TCM 협약안이 백지화되었고 1980년 UN 국제물품복합운송협약도 발효되지 않고 있으며 각국의 국내법이나 국제협약도 성립되어 있지 않아 복합운송증권의 법적 성질에 관해서는 공백상태에 있다.

그러나 민간부문의 주도로 제정된 ICC 복합운송증권 통일규칙, 화환신용장통일규칙(UCP) 및 UNCTAD/ICC 복합운송증권 규칙 등에 의해 복합운송증권은 이미 선하증권과 같은 형태로 실무적으로 유통되고 있다.

(2) 선하증권과 법적 성질의 비교

선하증권은 유가증권이며 권리증권(document of title)이다. 유통성 복합운송증권도 선하증권과 같이, 증권발행자인 복합운송인이 운송물의 수령을 증명하고 운송계약의 증거가 되며 권리증권으로서의 성격을 가지고 있다는 것이 중론이다.

그러한 의미에서 복합운송증권을 선하증권과 완전히 동일시하는 것은 이론적으로 문제의 소지가 있지만, 무역거래에서 복합운송증권은 무역결제에 사용되고 있으므로 선하증권이 갖는 특성이 그대로 적용된다고 할 수 있다.

특히, 복합운송구간 중에서 해상운송이 차지하는 비중이 매우 크기 때문에 자연히 해상운송인이 복합운송인으로서 전 운송구간에 대해 책임을 지고 그가 발행하는 증권은 해상운송증권의 형식을 취하기 마련이다. 따라서 실무적으로 선하증권이라는 용어를 사용하지 않는 복합운송증권은 거의 없다고 해도 과언이 아니다.

2) 발행 형식

복합운송증권의 발행 형식에서 가장 중요한 것은 무역금융 및 화환취결과 관련하여 유통성이 있는가의 여부이다. 복합운송증권의 발행형식은 유통성(negotiable)과 비유통성(non-negotiable)이 있고 유통성증권은 지시식과 무기명식으로 구분된다.

유통성증권은 운송증권의 기본적인 기능을 갖고 있는 반면, 비유통성증권은 운송증권의 기본적인 기능 가운데 권리증권의 기능은 가지고 있지 않다.

3) 종류

복합운송증권에는 기존의 선하증권을 약간 변형한 선하증권 형식의 복합운송증권과 복합운송에 관한 국제규칙에 따른 복합운송증권 등이 있다.

(1) 선하증권 형식의 복합운송증권

선하증권 형식의 복합운송증권은 기존의 B/L에 복합운송을 의미하는 명칭들이 붙은 운송증권이다. 현재 실무적으로 사용되는 증권 가운데 명백하게 복합운송증권으로 인정할 수 있는 경우는 거의 선하증권 형식으로 되어 있다.

여기에는 Combined Transport Bill of Lading, Multimodal Transport Bill of Lading, Intermodal Transport Bill of Lading, Through Bill of Lading, FIATA B/L 등이 있다.

그 외에 단순히 Bill of Lading이라는 명칭으로 해상운송계약 외에도 'place of receipt' 및 'place of delivery' 란의 기재에 따라서는 복합운송계약에도 사용할 수 있도록 되어 있는 증권들도 있다.

(2) Combined Transport Document(CTD)

선하증권(B/L)이라는 명칭을 사용하지 않고 복합운송서류라는 명칭을 사용하고 있는 CTD는 ICC가 1975년에 제정한 '복합운송증권에 관한 통일규칙(Uniform Rules for a Combined Transport Document)'에서 규정하고 있는 복합운송증권이다.

ICC의 복합운송증권에 관한 통일규칙에 준거하는 서류를 신용장에서 요구한다면 'Negotiable Combined Transport Document subject to ICC Publication No.298' 이라든가 아니면 'Non-Negotiable Combined Transport Document subject to ICC Publication No.600'과 같은 문언이 사용된다.

이 경우에 제시된 서류가 복합운송증권으로 표시되어 있지 않은 다른 표제의 증권이라 하더라도 'ICC의 복합운송증권통일규칙에 준거한다.'는 취지가 명시되어 있으면 은행은 이 서류를 수리할 수 있다.

CTD는 모든 복합운송구간을 포괄하기 때문에 각 운송구간에 대한 별도의 운송서류는 필요가 없고 유통이 가능한 형태와 유통이 불가능한 형태가 있다.

(3) Multimodal Transport Document(MTD)

MTD는 UN 국제물품복합운송협약(UNCIMTG, 1980)에 준거한 복합운송증권이다. 이 협약은 비준 또는 가입한 국가가 아직까지 극소수이어서 현재 발효되지 못하고 있기 때문에 실무에서 사용되는 경우는 매우 드물다.

Model Form 21

<서식 24> 국제복합운송증권

MOL Mitsui O.S.K. Lines, Ltd. 001185321

Shipper
CRETEC INDUSTRIES COMPANY LIMITED
BLOCK C, 15F, BAIMA PLAZA, NO.2 MIDUQIAO ROAD,
HANGZHOU, CHINA

Booking No. 112586417-A
B/L MOLU112586417

COMBINED TRANSPORT BILL OF LADING

RECEIVED in apparent external good order and condition except as otherwise noted the total number of Containers or other packages or units enumerated below(*) for transportation from the Place of Receipt to the Place of Delivery subject to the terms hereof.
One of the original Bills of Lading must be surrendered duly endorsed in exchange for the Goods or Delivery Order unless otherwise provided herein.
In accepting this Bill of Lading the Merchant expressly accepts and agrees to all its terms whether printed, stamped or written, or otherwise incorporated, notwithstanding the non-signing of this Bill of Lading by the Merchant.
IN WITNESS whereof the number of original Bills of Lading stated below have been signed, one of which being accomplished, the other(s) to be void.

(Terms of Bill of Lading continued on the back hereof)

Consignee (Not negotiable unless consigned 'to order')
TO THE ORDER OF GUARANTY TRUST BANK PLC,
THE PROCESSING CENTRE, PLOT 714 ADETOKUNBO
ADEMOLA STREET VICTORIA ISLAND LAGOS NIGERIA

Shipper's Declared Value ______ USD subject to clause 6(2) overleaf. If no value declared, liability limit applies as perclause 5(2)(C), 6(1), or 29 as applicable.

Notify Party
INNOSON NIGERIA LIMITED
NO.20 NEW MARKET ROAD, NNEWI
ANAMBRA STATE, NIGERIA

Also Notify (For Merchant's reference only)

Pre-carriage by | Place of receipt: SHANGHAI, CHINA

Ocean vessel/Voy. No: APL WASHINGTON 005W | Port of loading: SHANGHAI, CHINA

Port of discharge: APAPA SEAPORT, LAGOS NIGERIA | Place of delivery: APAPA SEAPORT, LAGOS NIGERIA | Final destination for the Merchant's reference

Container No.; Seal No.; Marks & Nos	No. of Containers or Packages	HM	Type or kind of Containers or Packages · Description of goods	Gross Weight	Measurement
MOAU6753329/AH08352/S2 MOAU0550514/AH08351/S2 MOAU0533836/AH08354/S2 MOAU0726096/AH08353/S2 MOAU0784240/AH08355/S2 N/M	5 X 20' 4000 BAGS		FREIGHT PREPAID. SHIPPER'S LOAD AND COUNT. DRY CONTAINERS SAID TO CONTAIN: CFR APAPA SEAPORT LAGOS NIGERIA RAW MATERIAL OF POLYVINYLCHLORID (PVC) FOR PRODUCTION OF ROOF CEILING-DETAILS AS PER PROFORMA INVOICE REFERENCE NUMBER TEC09-33 DATED 22-SEP-2009 FORM M NO.BA 05820095810101 AND MF 0629524 LC NUMBER:581/21/09/0048U PARTIAL 7 SHIPMENT MOL(CHINA)CO.,LTD AS AGENT FOR THE CARRIER: MITSUI O.S.K.LINES,LTD CY TO CY 5X20'GP FCL	(KGS) 100,400.00	(M3) 140.300

Particulars furnished by shipper

ORIGINAL

"NOTWITHSTANDING ANY PROVISIONS OVERLEAF IN RELATION TO GENERAL AVERAGE, THE CARRIER IS AT ITS DISCRETION ENTITLED TO STIPULATE WHICH VERSION OF THE YORK ANTWERP RULES BEING EITHER THOSE OF 1974 AS AMENDED IN 1990, OR 1994 OR 2004 WILL APPLY TO THE ADJUSTMENT OF SUCH GENERAL AVERAGE"

* Total number of Containers or other packages or units received by the Carrier (in words): FIVE CONTAINERS

Code	Tariff Item	Basis	Freighted as	Curr.	Rate	Per	Prepaid	Collect

GOLD ANCHOR INVEST. LTD.
120, BODE THOMAS STR. S/LERE
LAGOS

No. of Originals: THREE | Place and date of B/L issue: SHANGHAI 23-12-2009 | Totals & Pay at:

LADEN ON BOARD THE VESSEL APL WASHINGTON VOY NO 005W AT
YANGSHAN, SHANGHAI
Date 23-12-2009 | Signature MOL (CHINA) CO., LTD. As Agents For the Carrier

MOL ON BOARD

Mitsui O.S.K. Lines, Ltd. as Carrier
By MOL (CHINA) CO., LTD.
For the Carrier As Agents

SECOND ORIGINAL

복합운송인과 국제물류주선업 제15장

제1절 복합운송인

1. 복합운송인의 정의와 형태

1) 정의

복합운송인은 복합운송을 수행하는 자를 말하는데 협약마다 의미가 약간 상이하다.

우선 TCM 협약안(국제물품복합운송협약, 1971)은 '복합운송인이란 복합운송증권을 발행하며 화물의 수령에서부터 인도에 이르기까지 전 운송구간에 걸쳐 자기의 이름으로 운송을 이행하며 그 운송에 대하여 책임을 부담하고 필요한 조치를 다하는 자'로 규정하고 있으며 UNCTAD/ICC 복합운송증권규칙(1992)은 '복합운송인은 복합운송계약을 체결하고 운송인으로서 그 계약이행의 채무를 부담하는 자'라고 규정하고 있다.

이 의미를 종합하면 '복합운송인(Combined Transport Operator, CTO)은 자기의 명의와 계산으로 하주를 상대로 전 운송구간에 대해 복합운송계약을 체결하는 당사자이며, 복합운송전반을 계획하며 운송기간 중 여러 운송구간을 적절히 연결하고 총괄하며 운송의 주체자로서 책임과 의무를 부담하고 복합운송증권을 발행하는 자'를 말한다. 이를 Multimodal Transport Operator(MTO)라고도 부른다.

선사, 항공회사, 트럭회사, 철도회사, 창고업자, 물류업자, 포장업자, NVOCC, 포워더 등 하주에 대하여 단일 계약하에 단일책임을 지며 이종의 운송수단을 결합하여 복합운송증권을 발행할 수 있는 자이면 어느 누구도 복합운송인이 될 수 있다.

2) 형태

복합운송인이 운송인의 기능을 수행하는 경우는 비록 그가 운송수단을 보유하고 있지는 않지만 실제운송인과 동일한 운송책임을 부담한다.

복합운송책임에 대한 증거서류를 복합운송증권이라 하는데 우리나라 복합운송업체들은 모두 이러한 운송서류를 발행하고 있다. 우리나라는 단순 포워딩과 복합운송인이 분리되어 있지 않고 두 가지 기능을 동시에 수행하는 경우가 많다.

2. 복합운송인의 유형

1) 실제운송인형 복합운송인

실제운송인형 복합운송인(actual carrier, carrier operator)은 자신이 선박, 트럭, 항공기, 자동차 등 운송수단을 실제로 보유하고 있을 뿐 아니라 자신이 보유한 운송수단을 이용하여 복합운송을 직접 담당하는 운송인을 말하며 캐리어형(carrier) 복합운송인 또는 VOCC(선박보유일반운송인)라고도 한다.

대표적인 실제운송인으로는 선사, 철도회사, 트럭회사 및 항공회사 등이 있다.

그러나 국제복합운송 과정에는 해상운송 부문이 가장 큰 비중을 차지하고 있기 때문에 해상운송의 실제운송인인 선사가 스스로 복합운송인이 되어 철도나 기타의 운송수단을 관리 및 조달하여 문전 서비스를 제공하는 경우가 가장 일반적이다.

물론, 선사 가운데 해상운송만 하고 복합운송을 하지 않는 업체들도 있으나 최근에는 대부분의 선사들이 복합운송의 주체로서 복합운송서비스를 제공하고 있다.

2) 계약운송인형 복합운송인

계약운송인형 복합운송인(contracting carrier, non-carrier operator)은 자신이 선박, 항공기, 트럭, 철도 등 운송수단을 보유하고 있지 않으면서도 실제운송인처럼 운송의 주체자로서 복합운송인의 기능과 책임을 다하는 운송인을 말한다.

계약운송인형 복합운송인은 실제운송인형 복합운송인에 비해 운송수단을 직접 보유하지 않는다는 점만 다를 뿐, 운송인과 다름없이 운송의 주체자로서의 제반 기능과 책임 및 의무를 수행하는 일종의 계약운송인이다.

계약운송인형 복합운송인은 실제 운송을 담당하는 실제 운송인에 대해서는 하주(송하인)의 입장에서 운송인의 책임과 의무를 다하며, 운송을 위탁한 실제 하주에게는 운송인의 입장이 되어 운송인의 책임과 의무를 다하게 된다.

전형적인 계약운송인형 복합운송인들은 육상, 해상, 항공, 복합운송에서 업무를 주선하거나 대리하는 물류주선업자(international forwarder)나 통관업자 등이 있다.

그러나 해상운송과 항공운송을 주선하거나 대리하는 국제물류업자들이 가장 대표적이다. 그러한 의미에서 실무에서는 계약운송인형 복합운송인을 'Freight Forwarder형 복합운송인'이라고 부르고도 있으며 Freight Forwarder형 복합운송인을 법적으로 실체화시킨 것이 NVOCC(Non- vessel Operating Common Carrier)이다.

NVOCC는 VOCC(Vessel Operating Common Carrier)에 대하여 하주의 입장이 되며 하주에게는 해상운송인(Ocean Common Carrier)의 입장이 된다.

3. 복합운송인의 책임

1) 복합운송인의 책임원칙

(1) 과실책임원칙

과실책임원칙(Principle of Liability with Fault)은 운송인이나 그 사용인이 선량한 관리자로서의 적절한 주의의무를 전제로 성립되는 책임원칙이다.

이 원칙에서는 운송인이 주의의무를 태만히 하거나 과실로 야기시킨 화물의 멸실이나 손상 등의 손해는 하주가 이를 입증하게 되면 당연히 운송인이 그 책임을 부담해야 한다.

(2) 무과실책임원칙

무과실책임원칙(Principle of Liability without Fault)은 운송인이나 그 사용인의 과실유무를 불문하고 가해의 사실이 있다면 배상을 책임지는 원칙이다. 이것은 자신의 고의나 과실에 대해서만 책임을 진다는 과실책임원칙의 예외 개념이다.

이 원칙에서는 엄격책임원칙과 달리 불가항력, 포장의 부적절이나 부적합, 화물의 고유한 성질, 통상의 소모나 누손 등은 운송인의 면책사유로 인정된다.

(3) 엄격책임원칙

엄격책임원칙(Principle of Strict Liability)은 과실의 유무를 불문하고 운송인이 결과에 대한 모든 책임을 부담하며 면책을 인정하지 않는 책임원칙이다.

이 원칙은 손해의 결과에 대해 운송인이 절대적으로 책임을 지는 동시에 면책의 항변이 일체 용인되지 않기 때문에 절대책임원칙 또는 결과책임원칙이라고도 한다.

2) 복합운송인의 책임체계

복합운송인은 하주에 대하여는 원칙적으로 단일책임을 부담하지만, 각 운송구간에 대하여는 어떠한 책임을 부담하느냐에 따라 다음의 세 가지 이론이 있다.

(1) 단일책임체계

단일책임체계(Uniform Liability System)는 전 운송구간에 걸쳐 모두 동일한 내용의 책임을 단일 복합운송인이 부담한다는 원칙으로 통합책임체계라고도 한다.

이 원칙에서는 화물의 멸실, 손상, 지연손해가 복합운송의 어느 구간에서 발생하였느냐를 가리지 않고 복합운송인은 동일한 기준에 따라 모든 책임을 부담한다.

이 원칙은 책임소재가 매우 간결하고 분명하기 때문에 하주와 운송인 사이에서 발생할 수 있는 분쟁을 줄일 수 있는 장점이 있다.

그러나 단일책임체계는 다음과 같은 단점을 가지고 있다.

첫째, 복합운송인으로서는 여전히 하청운송인과의 구상관계가 남아 있기 때문에 오히려 절차가 복잡하게 될 뿐만 아니라 비용도 증가한다.

둘째, 복합운송인에게 충분한 배상능력과 업무능력이 요구되기 때문에 결국 복합운송인은 거대자본과 기술축적을 이룬 다국적기업이 될 수밖에 없다.

셋째, 책임한도가 기존 운송법의 책임한도 수준으로 설정되지 않으면 보험료율이 높아지게 되고 보험료의 상승은 운임의 상승을 의미하는 것이기 때문에 손해를 보는 것을 결국 하주와 최종 소비자가 될 수 있다.

단일책임체계는 다분히 이상적인 책임원칙이기 때문에 실무적인 입장에서는 이종책임체계가 더 환영받고 있다.

(2) 이종책임체계

이종책임체계(Network Liability System)는 단일의 복합운송인이 부담하는 책임내용이 각 운송계약에 적용되는 기존의 국제협약이나 법규에 따라 결정된다는 원칙으로 분할책임체계라고도 한다.

이종책임체계에서 복합운송인의 책임은 운송화물의 멸실이나 손상이 발생한 운송구간이 명확하게 확인된 경우(known damage)와 이를 알 수 없는 미확인의 경우(concealed damage)로 구분된다.

전자의 경우, 운송인의 책임은 운송물의 멸실이나 손상이 생긴 해상, 육상, 항공 등의 운송구간에 적용될 국제협약(해상운송의 경우는 헤이그 규칙, 항공운송의 경우는 바르사바 협약, 육상운송의 경우는 CMR이나 CIM 등)이나 국내법에 따라 결정된다.

후자의 경우, 운송인의 책임은 그 손해가 운송구간이 가장 긴 해상구간에서 발생한 것으로 추정하여 Hague Rule이나 멸실, 손상된 운송물의 중량 kg당 일정액의 책임한도금액을 기본책임으로 적용한다.

이 체계는 복합운송계약이 하주가 각 운송방식별 운송인과 개별적으로 계약을 체결한 것과 같은 효과가 있어 기존의 운송계약과 잘 조화될 뿐 아니라 기존의 국제협약사이의 충돌을 피하거나 최소한도로 충돌을 줄일 수 있는 장점이 있다.

그러나 복합운송인이 각 운송과정에 적용될 각종 국제협약과 국내법에 의한 책임내용을 모두 올바르게 알아 실무에 사용하기에는 어려움이 있을 뿐 아니라 복잡하기 때문에 사고발생시 그 해결을 위한 보험회사의 비용이 증가되는 단점이 있다.

이 책임체계는 1975년의 ICC 복합운송증권통일규칙을 비롯하여 주요 선사의 컨테이너 B/L이나 FBL(FIATA Combined Transport Bill of Lading)에서 채택하고 있다.

(3) 절충형책임체계

절충형책임체계(Modified Uniform Liability System)는 단일책임체계와 이종책임체계를 절충한 원칙으로 변형 통일책임체계 또는 수정 단일책임체계라고도 한다.

이 체계는 손해발생 구간의 확인 여부와 관계없이 동일한 책임규정을 적용한다는 면에서는 단일책임체계를 반영하였고, 예외적으로 손해발생구간이 확인되고 그 구간에 적용될 법규에 규정된 책임 한도액이 UN 국제물품복합운송협약의 책임 한도액보다 높을 경우에는 그 구간의 법규를 적용하는 이종책임체계를 반영한 것이다.

이 체계는 1992년 UNCTAD/ICC 복합운송증권규칙, 1980년 UN 국제물품복합운송협약 및 1978년 Hamburg Rules에서 채택하고 있다.

3) 복합운송인의 책임제한

복합운송협약에는 복합운송인에게 개개 운송화물의 손해에 대해 일정액을 한도로 배상하도록 하는 책임제한조항을 두어 개별적 유한책임을 부담하도록 하고 있다.

대표적인 예로 UN 국제물품복합운송협약상 복합운송인의 책임제한은 포장물 또는 적재 단위당 920 SDR과 kg당 2.75 SDR로 함부르크 규칙보다 10% 증가되어 있다. 그러나 내수로운송이나 해상운송을 포함하지 않는 복합운송은 복합운송인의 책임제한을 kg당 8.33 SDR로 중량에 의해 이루어지도록 규정하고 있다.

그리고 인도지연의 경우 복합운송인의 책임한도액은 함부르크 규칙의 경우와 같이 복합운송계약상의 운임총액을 상한으로 하여, 지연된 운송물에 대하여 지급되는 운임의 2.5배에 상당하는 금액으로 제한하고 있다.

표 15-1 주요 조약(규칙)별 책임 한도액 비교(운송화물 1kg 당)

조약(규칙) 명칭	운송구간	책임한도액	
Hague-Visby 규칙(1968)	해상	30 포앙카레 프랑	약 US2.00
Hamburg 규칙(1978)	해상	2.5 SDR	약 US3.50
CIM(1970)	철도	50 제미날 프랑	약 US16.00
CMR(1956)	도로	25 제미날 프랑	약 US8.00
Warsaw 협약(1929)	항공	250 포앙카레 프랑	약 US16.00
UN 국제물품복합운송협약(1980)	복합운송	2.75 SDR	약 US4.80
UNCTAD/ICC 복합운송증권 규칙(1992)	복합운송	2 SDR	약 US2.80

제2절 국제물류주선업 (Freight Forwarder)

1. 의의와 구분

1) 의의

국제물류주선업(Freight Forwarder)은 하주(송하인이나 수하인)의 요청에 따라 그의 대리인으로서 화물에 관한 적재, 운송, 보관 등 일체 업무를 주선해줄 뿐 아니라, 스스로 운송계약의 주체자가 되어 복합운송인으로서 복합운송증권을 발행하여 전구간의 운송책임을 부담하는 사람이나 법인을 말한다.

실무에서는 이들을 보통 포워더, 포워딩사, 포워딩업체, 운송주선인, 국제운송주선인, 복합운송주선인 등으로 부르고 있으며 영어로는 Forwarder, Shipping Agents, International Forwarding Agents, Forwarding Company, NVOCC, Forwarding Agents, Freight Forwarder 등으로 부르고 있다.

2) 구분

Freight Forwarder는 하주나 운송인의 단순한 대리인인 Forwarding Agent와 자기명의로 일관운송을 인수하는 계약운송인의 지위를 갖는 Freight Forwarder로 구별된다. 일반적으로 Forwarder는 단순한 주선인의 지위에 있지 않고 운송인의 지위도 동시에 가지고 있다. 또한 복합운송인에 대한 별도의 규정이 없기 때문에 포워더를 복합운송인과 동일시하고 있는 것이 일반적이다.

3) 우리나라의 Freight Forwarder

우리나라의 Freight Forwarder는 해운법상 해상화물운송주선업과 항공법상의 항공운송주선업 및 화물유통촉진법상의 복합운송주선업으로 삼분화 되어 있었다.

그런데 1993년 항공법 개정으로 항공운송주선업이 삭제되었고 1995년에는 화물유통촉진법과 해운법이 개정 공포되어 해상화물운송주선업이 삭제되어 업종이 복합운송주선업으로 일원화 되었다.

또한 2007년에는 복합운송주선업이 '국제물류주선업'으로 개칭되어 오늘에 이르고 있다. 운송실무에서는 아직도 '복합운송주선업(인)' 또는 '운송주선인'이 많이 사용되고 있기 때문에 본서에서는 현재 물류정책기본법에서 사용하는 국제물류주선업(자)와 포워더(Forwarder) 또는 Freight Forwarder를 혼용하여 사용하고자 한다.

2. 역할과 기능 및 주요 업무

1) 역할

Freight Forwarder는 운송을 위탁한 고객의 대리인이며 불특정 다수의 하주대리인으로부터 복잡하고 다양한 업무를 위임받아 화물의 질과 양 등에 따라 효과적인 업무를 수행함으로써 운송인(선주 등)과 하주 사이의 중립적인 입장에서 하주의 이익을 최대한 보호하는 역할을 수행한다. 또한 화물의 입고와 출고, 선적, 운송, 보관, 배송 등 일체의 업무를 주선할 뿐 아니라, 복합운송에서는 스스로 운송계약의 주체자가 되어 복합운송증권을 발행하고 전 구간의 운송을 책임지는 역할도 수행한다.

2) 기능

(1) 단순포워더 기능

단순포워더 기능(general forwarding service)은 운송지역과 화물의 특성에 적합한 운송수단을 선택하여 단순한 운송주선인의 서비스를 제공하는 것을 말한다.

즉, 포워더는 수출입 물류업무를 대행해 주는 업체로 화물의 집하, 분류, 배송, 혼재작업, 화물의 Pick-up, 선복예약, 보험수배와 부보, 운임과 기타 운송관련 비용의 견적, 포장과 보관, 통관과 유통, 전시화물 취급업무, House Forwarding Service, 운송 관련 각종 대행서비스 등 일체업무를 대행하거나 주선하는 기능을 수행한다.

(2) 복합운송인 기능

복합운송인 기능(NVOCC service)은 자체의 운송수단은 보유하지 않으나 선박이나 다른 운송수단을 매체로 하여 독자적인 운송 네트워크와 운임율표에 의해 독립적인 운송인의 자격으로 운송계약의 주체자가 되어 복합운송증권을 발행하여 전 구간 일관운송을 책임지는 서비스를 제공하는 것을 말한다.

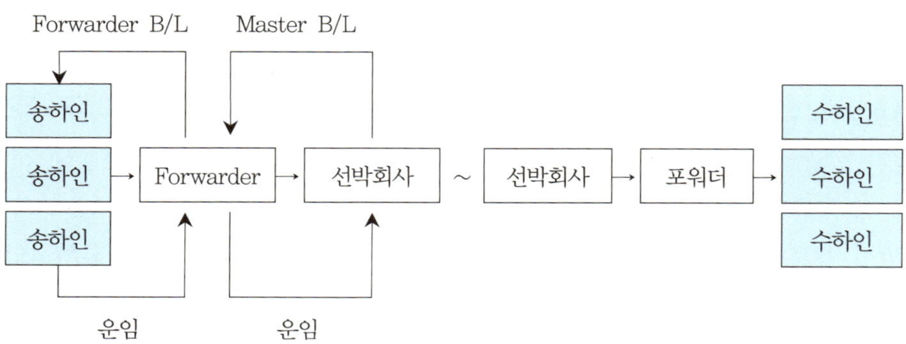

3) 주요 업무

국제물류주선업(Freight Forwarder)들이 수행하는 주요 업무들은 다음과 같다.

(1) 주선인의 역할과 운송의 주체자 또는 하주에 대한 조언자

Freight Forwarder는 하주의 대리인으로서 운송지역과 화물특성에 적합한 운송수단을 선택하는 전통적인 운송주선인의 역할과 운송의 주체자로서 선사 등 운송업체를 매체로 독자적인 운임요율표에 의해 복합운송인의 역할을 동시에 수행하고 있다.

또한 Freight Forwarder는 하주의 요청에 따라 가장 효율적인 해상, 철도, 도로 등 운송경로 스케줄과 소요비용, 서비스 내역, 경제성 등을 고려하여 가장 적합한 운송경로를 권해주고, 운송에 필요한 포장 관련 사항이나 각종 운송규칙을 알려주며 운송서류를 용이하게 작성할 수 있도록 조언해 주는 역할을 수행한다.

최근에는 기존 수출입업자들이 하던 업무인 수출입 정보제공과 무역알선 업무도 수행하면서 그 영업 범위를 더욱 확대하고 있다.

2020년 현재 정부에 등록된 국제물류주선업체수는 약 2,000개이고 이 중 한국국제물류협회에 가입한 회원사는 약 760여 개이다.

(2) 화물의 집하, 분류, 배송, 혼재작업

Freight Forwarder는 운송의 주체자로서 화물의 집하(pick up), 분배, 배송, 분류(sort)도 담당한다. 운송화물이 LCL화물일 경우에는 소량의 단위화물을 여러 하주로부터 인수받아 이를 동일한 목적지별로 분류하고 혼재(consolidation)하여 FCL화물로 만들어 선사나 항공회사에게 전달하는 역할을 수행한다.

(3) 화물의 본선적재와 Pick-up 운송

Freight Forwarder는 송하인의 위탁에 따라 화물을 하주로부터 인수하여 선박에 적재를 위해 화물을 항구까지 운송하거나 공항까지 Pick-up하는 운송을 담당한다.

(4) Co-Loading

Co-Loading은 포워더 상호간에 이루어지는 소량화물의 공동집하를 말하며, 어느 한 포워더가 단독으로 소량화물(LCL cargo)을 FCL로 집화할 수 없는 경우에 다른 포워더와 협조하여 공동으로 FCL화하는 것을 의미한다.

Freight Forwarder는 만일 어느 한 포워더가 단독으로 소량화물을 콘솔할 수 없을 경우에 부득이 그것을 동업자이면서 서로 대등한 위치에 있는 다른 포워더에게 위임하여 그로 하여금 혼재를 하여 운송할 수 있도록 업무협조를 수행한다.

(5) 선복 예약과 운송계약의 체결

Freight Forwarder는 보통 자신의 명의로 운송계약을 체결하지 않는다. 그러나 경우에 따라서는 특정 하주의 운송계약 대리인으로서 자기명의로 운송계약을 체결하고 특정 선박의 선복을 예약하는 역할을 수행하기도 한다.

(6) 운임과 기타 운송 관련 비용의 견적

Freight Forwarder는 국내외 선사들과 협정을 통해 업무를 수행하고 있다. 따라서 송하인이나 수하인은 Freight Forwarder를 통해 운송구간의 운임과 그 밖의 시설들을 이용하는데 따른 소요 시간과 비용 등에 대한 견적을 받아볼 수 있다.

(7) 보험의 수배와 포장 및 보관

Freight Forwarder는 하주를 대신해서 보험계약을 체결하기도 하고 손해발생시 클레임 처리에 대해 효과적으로 하주를 보좌하는 역할을 수행한다.

또한 Freight Forwarder는 화물의 성질에 따른 가장 적절한 포장방법이나 형태를 조언해 주며 화물의 집하, 장치 등 수출입화물의 보관에 필요한 업무를 수행하기도 한다. 대형 복합운송주선인은 포장회사를 독자적으로 운영하는 경우도 있다.

(8) 수출입통관 대행과 유통

Freight Forwarder는 하주가 요청하는 경우 하주를 대신해서 수출입화물의 통관절차를 대신 밟는 업무를 수행한다. 이를 위해 포워더는 주요 항만이나 공항에 사무소를 두고 늘 세관직원과 긴밀한 접촉을 갖고 활동하고 있다.

그러나 이 경우에도 관세법상 통관신고는 수출물품의 하주, 관세사, 관세법인 및 통관취급법인 명의로 이루어져야 한다. 또한 Freight Forwarder는 수입화물에 대해서는 다수의 하주를 대상으로 물품을 직접 유통하기도 한다.

(9) 관련 서류의 정비와 작성 및 조언

Freight Forwarder는 물품이 항구에 도착시 선사나 그의 대리점으로부터 선적 허가서나 부두수취증(D/R), 선하증권을 수령하고 항공화물운송장, 통관 관련 서류, 매입서류 등을 하주를 대신하여 작성해 주거나 하주가 작성할 때 조언해 준다.

(10) 기타 운송관련 각종 대행서비스

Freight Forwarder는 국내 운송업무(domestic transporting)는 물론, 하주를 대신하여 운송과정에서 필요한 화물의 집하, 분류, 배송, 혼재작업 이외에 창고, 적재와 양륙업무, 창고업무 등을 직·간접적으로 수행하거나 대행한다.

(11) 특수화물 운송서비스

Freight Forwarder는 내국인이나 외국인이 일정 기간 동안 우리나라나 외국에 거주하기 위해 반입하거나 반출하는 해외이주 화물을 취급하며 미군 화물 등 특수화물도 처리하고 있다. 이주화물의 경우 운송서비스는 화물의 포장과정부터 이민국의 최종목적지까지 문전 운송도 수행한다.

(12) 전시화물 취급업무

전시화물 취급업무서비스(exhibition cargo handling service)는 포워더가 상업화물의 해외 상품박람회나 예술품(fine arts) 등의 전시회 출품을 목적으로 일시적으로 반출입되는 전시화물들(exhibition cargoes)을 포장부터 통관, 국내운송, 선적이나 기적, 보험, 전시 후 재반입, 해체(unpacking)와 장치(installing)에 이르기까지 모든 절차를 일괄 위임받아 처리하는 업무를 수행하는 것을 말한다.

전시화물 취급서비스의 특징은 특수 포장 등 포장의 중요성과 왕복운송 업무(상업화물의 경우는 미 판매분에 대한 반송, 예술품의 경우는 반송) 등이며, 특히 일시 수출·재수입(반송)되기 때문에 일시수입 통관증서(ATA Carnet)를 취득해야 한다.

(13) House Forwarding Service

House Forwarding Service는 수출입자가 상품의 수출입 운송과정의 제반 업무를 포워더(freight forwarder)에게 도급하는 것을 말한다.

포워더에게 운송업무를 위임 도급하면 수출입자는 수출입 고유업무를 전담할 수 있다. 특히 수출자는 상품의 생산과 판매에 전념할 수 있고 수입자는 구매와 국내영업 등에 전념할 수 있게 된다.

또한 운송에 관한 제반 업무는 계약에 따라 전문업체인 포워더가 전담하여 일괄 처리하게 함으로써 수출입자 모두는 불필요한 부대경비와 인력을 절감할 수 있다.

(14) 프로젝트 화물취급서비스

프로젝트 화물취급서비스(Project Cargo Handling Service)는 대규모의 생산설비 및 건설기자재가 특정한 공사계획에 따라 일시 또는 일정 기간 동안 지속적 또는 총체적으로 운송될 경우 발생되는 화물의 취급업무를 말한다.

생산설비의 이전 및 건설기자재의 적기 운송을 위하여 Forwarder에게 이에 따른 제반 업무를 일괄하여 위임하는 이유는 시간과 경비를 절감할 수 있기 때문이다.

이러한 업무에서 포워더의 주요 취급 업무는 부보(insuring), 포장, 해체와 장치, 분류와 보관, 산화와 부식방지 조치, 상하차, 내륙운송, 하역 등이다.

4) 주요 업무의 서비스 형태

(1) 혼재서비스(Consolidation Service)

① 혼재의 의의와 목적

혼재(Consolidation)는 소량의 컨테이너화물(LCL)을 집하하여 컨테이너 단위화물, 즉 FCL로 컨테이너를 단위화하는 것을 말한다. 주요 목적은 목적지별, 품목별, Buyer별로 물량을 단위화시킴으로써 소량화물(LCL)의 선적을 용이하게 하고 운임과 창고료의 비용을 절감시키며 하역 및 운송의 취급을 용이하게 하는데 있다.

② 혼재의 종류

㉠ Buyer's Consolidation

㉮ 개요 : Buyer's Consolidation(수입자형 혼재업무)는 수입화물이 소량(LCL)이고 여러 사람의 수출자(송하인)로부터 수입이 이루어질 경우, 물류비 절감을 위하여 한 사람의 Forwarder가 수입자로부터 위탁을 받아 다수의 수출자로부터 화물을 집하하여 컨테이너에 혼재한 후 이를 그 수입자에게 운송하는 CFS/CY 형태를 말한다. 즉, 수입자는 한 사람이지만 같은 국가에 상품의 공급자(수출자)가 다수인 경우 수출국에 있는 Forwarder를 지정하여 그로 하여금 운송업무를 전담시키는 것이다. 포워더가 Buyer의 업무를 전담한다고 하여 이렇게 부르고 있다.

㉯ Master B/L과 House B/L의 발행 : 이 운송형태에서 선사(VOCC, Ocean Carrier)는 포워더가 여러 LCL화물을 혼재하여 FCL화물로 만들어 자사에 인도하면 포워더에게 Master B/L인 Groupage B/L을 발행하고, 포워더는 이를 근거로 각 LCL 하주들에게 House B/L을 발행한다.

㉰ FCR의 발행과 활용 : 수입자가 여러 수출자로부터 화물을 모아서 한꺼번에 적재하는 이유는 각 건이 LCL로 각각 청구되는 것보다 FCL로 하는 것이 운임을 절감할 수 있고 수입통관을 1건으로 처리하여 편리하기 때문이다.

이 경우에도 수출통관은 수출자 별로 이루어지게 된다. 선적된 후에 수출자 각각이 선사로부터 B/L을 발급받아 매입하면 문제가 없게 된다.

그러나 수출자 입장에서는 소량화물을 선사에 인도했는 데도 불구하고 다른 수출자의 화물이 선사에 도착되지 않아서 선적이 이루어지지 않으면 B/L을 발급받을 수 없게 된다. 따라서 신용장거래의 경우 발행은행에 송부해야 할 핵심 운송서류인 선하증권(B/L)이 없어서 매입을 못하는 상황이 발생하는 것이다. 이러한 경우에 이용되는 것이 바로 포워더(Forwarder)가 발행하는 운송서류인 FCR(Forwarder's Cargo Receipt, 화물수취확인서)이다.

다만, 이 서류가 매입서류로 이용되기 위해서는 신용장에 FCR을 허용하는 조항이 반드시 있어야 한다. 해당 건에서 FCR이 발행되면 B/L은 당연히 발행되지 않는다.

우리나라의 경우 섬유 수출산업이 활황이던 1970~1980년대에 여건에 따라서는 수출자의 납기가 2주 이상 차이가 나는 것이 흔하였기 때문에 먼저 납품하는 수출자의 자금회전을 위해서 이 서류가 많이 사용되었다.

ⓛ Forwarder's Consolidation : Forwarder's Consolidation(포워더형 혼재업무)는 동일한 목적지로 보내지는 여러 하주의 소량 컨테이너화물(LCL)을 CFS에서 혼재하여 FCL 단위화물로 선적 운송하고, 목적지에 있는 파트너(대리점이나 지점 등)를 통해 CFS에서 컨테이너를 개봉하여 화물을 분류하여 여러 수입자에게 인도해주는 CFS/CFS 형태를 말한다.

Forwarder가 수행하는 업무 중에서 가장 보편적인 형태이다. 다수 수출자들의 LCL 화물을 혼재하여 운송하고 목적지에서 다수 수입자에게 화물을 인도하는 업무를 포워더가 수행하기 때문에 이 혼재업무를 Forwarder's Consolidation이라고 부르고 있다.

이때 포워더의 수입원은 LCL을 혼재하여 FCL로 단위화함에 따른 운임 차액과 창고료 등이다. 이 형태에서도 선사는 Master B/L을 발행하고 Forwarder는 개별 LCL 하주들에게 House B/L을 발행한다.

이들의 혼재업무 중에는 LCL을 혼재하여 목적항까지 FCL상태로 운송한 다음, 목적항에서 FCL을 해체하여 LCL들을 각 지역이나 최종목적지까지 내륙운송해주는 Multi Consolidation도 있다.

ⓒ Shipper's Consolidation : Shipper's Consolidation(송하인형 혼재업무)는 다수의 수입자(수하인)가 1인의 수출자(송하인)로부터 수입화물을 구매하고자 할 때 수출자가 동일한 목적지로 운송되는 화물을 자신이 혼재하여 FCL 상태로 선적 운송하게 되는 CY/CFS 형태를 말한다. 이 방식은 수출자가 주체가 되어 화물을 집하, 혼재하여 운송하는 방식이라는 의미에서 Seller's Consolidation이라고도 한다.

이 형태에서는 선적지 CY에서부터 목적지의 CFS까지 컨테이너가 외관이나 봉인에 이상이 없이 도착하면 선사의 책임은 종료되며, 수입 하주가 CFS 창고에서 수입화물을 보관하거나 분배하여 운송을 원할 경우 주로 사용된다.

이 형태는 이론적으로는 가능하지만 각 화물의 행선지와 인도시기 등에서 여러 문제가 발생할 수 있기 때문에 실무에서는 거의 사용되지 않고 있다.

(2) 협동작업서비스(Co-Loading Service)

① 의의

협동작업서비스(Co-Loading Service)는 Freight Forwarder가 자체적으로 집하된 소량화물(LCL)을 FCL로 단위화(unit)하기에 부족하거나 또는 단독으로는 소량화물을 FCL로 집화할 수 없는 경우에 자기의 LCL 화물을 동일 목적지의 LCL 화물을 보다 더 많이 확보하고 있는 다른 포워더에게 공동혼재(joint consolidation)를 의뢰하여 공동으로 FCL화하여 선적하는 혼재업자간의 업무 협조방식을 말한다.

② 협동작업과정

하주로부터 선적을 의뢰받은 LCL화물을 자체적으로 혼재처리가 불가능한 경우에는 선적이 예정된 선박의 Closing Time 1~2일 전에 행선지가 같은 지역의 콘솔이 용이하고 활발한 포워더를 선정하여 이 포워더에게 혼재선적을 의뢰한다.

화물이 CY나 ODCY의 CFS에 이미 입고되어 있을 경우에는 혼재 가능한 포워더의 CFS로 이고(移庫)시켜 혼재 후 선적한 다음 포워더로부터 B/L을 발급받는다.

③ B/L 발행

Co-Loading을 의뢰한 포워더에게 Forwarder's B/L을 발급하는데 이 선하증권은 은행에서 매입(negotiation)이 가능한 복합운송 선하증권과 비슷한 기재사항을 담고 있으며 선사가 발행하는 Master B/L의 성격도 가지고 있다.

(3) 환적화물 취급서비스

환적(transshipment, T/S)은 이미 선적된 화물을 운송과정에서 다른 선박이나 운송수단에 옮겨 싣는 이적을 말하며 환적에는 선박에서 선박으로의 환적, 선박과 철도, 트럭 또는 항공기로의 환적 등이 있다.

환적화물 혹은 통과화물은 국내 반입에서부터 이고(移庫), 보수작업 또는 재포장, 재수출 선적에 이르는 제반 작업, 이와 관련된 서류 작성과 관련 부서에 제출, 세관허가와 이선 완료보고 등의 모든 행정적인 절차가 수반된다.

이와 같은 환적에 따르는 물리적인 화물 이동 및 이에 따르는 복잡한 행정, 세관 관련 업무 등 환적화물 취급은 Forwarder의 주요 업무로 정착되어 가고 있다.

Freight Forwarder가 LCL화물의 혼재와 더불어 해상과 항공화물의 환적업무를 통해 주로 이익을 얻고 있는 분야는 Sea & Air Cargo의 환적이다.

일시 양륙된 통과화물은 선박이나 항공기 입항일로부터 30일 이내에 반출해야 하며 30일 이내에 반출하지 못할 경우 통과화물 반출기간 연장신청서를 제출하여 반드시 세관장의 승인을 받아야 한다.

3. 선사와 비교 및 하주의 수출포워딩 업무절차

1) 선사와 비교

(1) 선사

선사(shipping company)는 선박을 이용하여 운송서비스를 제공하고 이에 대한 보수로서 운임이나 수송비를 취득하는 것을 업으로 하는 선박회사나 해운대리점 등을 말한다. 또한 자체 선박을 가지고 있거나 제휴 선사와 공동배선을 통해 운송서비스를 제공하는 실질적인 운송인(carrier)을 말한다.

원래 선사는 전문운송인으로 하주 및 포워더의 화물을 유치하여 선박을 운항하는 주체자이기 때문에 하주들에게는 Master B/L(Ocean Carrier's B/L)을 발행하고 운송주선인(freight forwarder)들에게는 Groupage B/L을 발행한다.

대표적인 선사들로는 현대상선, 고려해운, 남성해운, 천경해운 등과 같은 국적 선사와 MAERSK(덴), CMA/CGM(프), American President Lines(미), COSCO(중), OOCL(홍), NOL(싱), MOL(일) 등과 같은 외국 선사들이 있다.

(2) Freight Forwarder

Freight Forwarder은 수출입 거래과정에서 물류와 관련된 업무를 지원해 주는 업체을 말한다. 즉, Freight Forwarder는 원래 무선박운송인으로 실질적인 Carrier가 아니라 선사의 Space를 가지고 LCL화물의 집하, 분재, 혼재업무와 FCL화물의 선적대행(중개)업무를 수행하는 업이나 업자이며, 통상 포워딩사, 포워더, 포워딩업체라고 부른다. 실무에서는 Forwarder를 운송주선인이라 부르고 Forwarding은 운송주선인이 수행하는 업무를 지칭하고 있다.

이들은 화물의 출발지로부터 목적지까지 전반적인 운송과정을 관리하여 하주의 편의를 도모하기 위한 서비스를 제공하며, 컨테이너에의 적입과 개장 등의 업무를 수행하여 소량화물이 적시에 통관되고 인수될 수 있도록 하는 역할을 도와준다.

또한 Forwarder는 개별 하주들에게 자기명의로 된 House B/L 혹은 Forwarder's B/L을 발행하며 이러한 기능의 수행에 따른 비용을 하주로부터 받게 된다.

포워딩업체의 선정에서 유의할 점은 물동량이 많은 업체가 객관적으로 좋은 업체이며 세계적인 네트워크를 가지고 있는 어느 정도의 규모가 큰 업체가 문제의 해결능력이나 운송의 수배능력도 좋다고 할 수 있다.

결국 선사는 해운회사의 운영주체로 하주나 포워더의 화물을 유치하는 회사이며, Forwarder는 선사로부터 운임과 선적공간을 받아 하주로부터 화물을 유치하는 회사이다.

2) 하주의 수출포워딩 업무절차

(1) 선적 부킹(Booking)

하주의 입장에서 수출포워딩 업무의 시작은 매매계약의 내용(수량, 개수 등)을 토대로 Forwarder와 운송의 제반절차나 과정을 협의하는 것이다.

주요 내용은 선박의 출항일정에 맞추어 지정일까지 계약화물을 항구로 보내고, 물량에 맞추어 컨테이너를 통채로 쓸 건인지 다른 업체들의 화물과 같이 실을 건지 등을 협의하여 포워딩 회사가 선사에 선적공간을 확보할 수 있도록 하는 것 등이다.

이 단계에서 S/R을 작성해서 송부하기도 하고 전화나 메일로 협의하기도 한다. 이 과정에서 하주는 포워더에게 정확한 자료를 제공해야 한다.

(2) 서류 작성과 수출신고

계약화물의 출고처에서 선적될 수량이 확정되면 상업송장과 포장명세서 등을 작성하여 포워딩 회사에 팩스를 넣어주어 선적일정을 확정시키고 통관을 대행하는 관세사에도 넣어서 수출신고를 수행하도록 한다. 이때, 화물을 입고시킬 선적항의 CY나 CFS의 명칭을 Forwarder에게 연락받아 관세사가 수출신고서에 기재하도록 한다.

대부분 수출자와 화물의 출고지와 관세사가 서로 멀리 떨어져 있기 때문에 수출신고필증이 발급되면 팩스로 우선 받아서 진행하게 된다.

(3) 출고와 내륙운송

포워딩에서 수출화물을 인수해가는 경우도 있고 출고지에서 화물차를 불러 직접 지정된 CY나 CFS로 보내는 경우도 있다. 두 경우 모두 화물과 함께 수출신고필증을 보내주어야 하는데, 편의상 사본으로 먼저 진행하고 원본을 후에 송부해 준다.

포워딩이나 전문 운송업체를 사용하면 화물을 도착지별로 몰아서 내륙운송하므로 운반비가 절약되고 목적지에 이상 없이 도착되는 이점이 있다.

(4) 입고와 도착보고 및 B/L 발급

선박이 출항하기 1~2일 전에 선적될 화물을 마감하는데 이를 Closing Time이라한다. LCL의 경우는 CFS에서 컨테이너에 싣는 작업을 하기에 조금 일찍 마감된다. 도착보고는 이렇게 수출신고된 화물이 선적을 위해 수출신고서에 표시된 CY나 CFS에 화물이 입고되었음을 확인하는 절차이다.

화물과 함께 신고필증(사본)을 갖고 간 운전기사가 화물을 입고시키면서 신고필증에 확인을 받는다. 여기에서 세관으로 통보가 된다. CY나 CFS에 화물이 반입되면 선사로부터 B/L을 발급받는다.

4. 국제물류주선업의 효용성

국제물류주선업(Freight Forwarder)은 운송을 의뢰하는 하주와 운송인 등에게 각각 다음과 같은 효용성을 제공한다.

1) 수출입 하주 측면

첫째, 수출 하주의 경우는 복잡한 국제화물운송 관련 업무를 Forwarder가 대신하기 때문에 자기가 직접 업무를 수행하는 것보다 비용, 시간, 인력절감 효과가 크다.

그리고 기업 조직 내에 운송을 전문으로 하는 인력이나 부서를 별도로 두지 않고서도 운송부문의 아웃소싱(outsourcing)을 Forwarder를 통해 이룸으로써 화물 유통정보나 운송 관련 노하우(know-how) 등 최적의 서비스를 제공받을 수 있다.

특히, 선사들은 보통 소량화물(LCL cargo)을 취급하지 않기 때문에 소화물의 수출 하주들에게는 Forwarder가 필수적이다. 이 혼재 운송서비스를 통해 소화물을 취급하는 수출 하주들은 간소화된 화물운송 업무, 수송 일수의 단축, 컨테이너 단위에 따른 혼재 수송에 의한 수송비용의 절감의 혜택을 누릴 수 있다.

둘째, 수입 하주의 경우는 화물 수령에 필요한 각종 서류의 작성이나 업무절차에 관하여 Forwarder의 조언을 받을 수 있다. 또한 화물의 도착 통지와 함께 문전까지 화물을 직접 인도해 주기 때문에 수입하주로서는 이러한 업무에 구애받지 않고 국내영업 등 자신의 업무에 보다 더 전념할 수 있다.

2) 운송인 측면

Forwarder에게 운송수단을 제공해 주는 운송인은 각양각색의 다양한 일반 수출입 하주들을 직접 상대하는 것보다 집하, 분류, 배송, 혼재업무 전문가인 Forwarder를 상대하게 되면 보다 쉽게 안정적인 물량을 확보할 수 있다.

또한 운송인은 Forwarder의 집하력을 활용함으로써 자신의 집하체제를 보완하는 효과를 얻을 수 있다. 항공운송의 경우는 거의 모든 화물을 Air Freight Forwarder를 통해 집하하고 있다.

3) 국제물류주선업 자신 측면

국제물류주선업 자신도 복합일관수송 업무로부터 수익을 얻는 것은 물론이고, 부수적 업무로서 해상운송, 통관, 해상화물, 창고 또는 육상운송의 기반 업무에 대한 수요 확대에 따른 이익을 누리게 된다. 그리고 자신이 하나의 하주 입장에서 선사에 대한 협상력도 강화시킬 수 있다.

복합운송의 국제협약과 무역거래 제16장

제1절 복합운송의 국제협약

1. 복합운송에 관한 국제협약의 필요성과 성립 과정

1) 필요성

첫째, 해상, 육상, 항공운송 등과 같은 단일운송은 운송인과 하주 사이의 위험부담에 관하여 각각 상이한 국제협약에 의거하여 운송구간마다 운송인의 책임원칙이 적용되는 개별법 체계를 통해 유지하여 왔다.

그러나 복합운송은 Door to Door 서비스에 의한 전 운송구간을 단일의 운송계약으로 이행하는 것이 본질이기 때문에 복합운송이 이상적으로 실행되기 위해서는 단일 운송주체와 단일책임체계가 준수됨을 원칙으로 하고 있다. 따라서 예전에 적용되어 왔던 단일운송에 관한 국제협약(예를 들어 해상은 헤이그 규칙, 항공은 바르샤바 협약, 육상은 CMR과 CIM 등)들을 복합운송에 그대로 적용한다는 것은 무리가 있었다.

둘째, 컨테이너에 의한 복합운송에서는 해상운송을 전제로 한 재래선운송과 달리, 통상 내장되어 있는 화물을 일일이 확인할 수 없고 운송화물의 멸실이나 파손 등의 손해가 어느 운송구간에서 발생하였는지 알 수가 없다. 따라서 복합운송인의 책임과 의무 등을 별도로 규정하고 있는 국제협약을 제정할 필요가 있었다.

셋째, 선하증권은 해상의 단일운송에 이용되기 때문에 육상의 내륙운송이 수반되는 복합운송에서는 본래의 기능을 다할 수가 없다. 그리고 국제운송에 적용하는 국제협약이나 규칙들이 다양할 뿐 아니라 각 운송구간의 책임원칙이 서로 다르기 때문에 각 운송마다 서로 다른 협약이나 국내법의 규율을 받는 운송서류들이 발행되는 문제가 있었다.

따라서 복합운송의 전 운송과정을 포괄하고 복합운송을 실무적으로 뒷받침할 수 있는 새롭고도 통일적인 복합운송서류의 출현이 필요하였다.

결국, 복합운송인의 책임내용과 복합운송서류를 국제적으로 통일시킴으로써 전 운송구간 단일운송책임을 부담하는 복합운송방식을 제도적으로 뒷받침하기 위한 국제협약의 제정이 필요하게 된 것이다.

2) 복합운송협약의 성립 과정

국제복합운송을 규율하는 국제적인 법규들은 많이 있다. 그러나 여기에서는 복합운송 관련 법규의 제정과정상 법전의 역할을 하는 TCM 협약안의 제정과 백지 환원과정을 토대로 공법의 차원에서 발효가 기대되는 UN 국제물품복합운송협약, 1975년 제정된 ICC 복합운송증권 통일규칙, 그리고 1992년에 발효된 UNCTAD/ICC 복합운송증권 규칙의 제정 과정과 구성 및 내용상의 특징들을 중심으로 살펴본다.

(1) UNIDROIT 초안과 Tokyo규칙

하주와 복합운송인 사이의 관계를 규율하는 국제협약과 국제규칙의 필요성은 컨테이너시대가 도래하기 이전인 1930년대부터 사법통일국제협회(UNIDROIT), 국제상업회의소(ICC) 및 국제해사법위원회(CMI) 등에 의해 검토되어 왔다.

그러나 국제복합운송에 관한 법제화는 1948년에 국제상업회의소(ICC)가 처음으로 거론하였고 이것이 보다 구체화된 것은 1965년 UNIDROIT가 국제물품복합운송 초안(일명 Bagge안)과 1969년 CMI가 Toyko Rules이 발표되면서 부터이다.

즉, 1948년 ICC의 의뢰에 따라 CMI가 1949년에 공포한 국제복합운송계약에 관한 협약 초안이 '박게안(Bagge Draft)'이며, 이 초안은 1961년에 UNIDROIT에 의해 심의되어 1965년에 복합운송에 관한 협약안으로 채택되었다. 그 후 1968년 CMI가 컨테이너운송을 주요 대상으로 하는 국제복합운송협약안의 초안을 작성하였고 1969년에 동경에서 그 안이 정식 채택되었는데 이것이 '도쿄규칙(Tokyo Rules)'이다.

(2) TCM 협약안

① 제정 과정과 백지화

박게안과 도쿄규칙이 서로 양립되는 가운데 UN산하 유럽경제위원회(UN Economic Commission for Europe, ECE)와 정부간 해사자문기구(International Maritime Consultative Organization, IMCO)는 박게안과 도쿄규칙의 내용들을 통일시키기 위해 CMI와 UNIDROIT를 소집하여 1970년 로마초안(Roma Draft)을 작성하였다.

이 초안은 정부간해사자문기구(IMCO)의 심의를 거쳐 1971년 11월에 TCM 협약안(Project de Convention sur le Transport Combine International de Merchandises, 국제물품복합운송협약)으로 공표되었다.

TCM 협약안은 1972년에 유엔과 IMCO가 공동으로 개최한 국제컨테이너운송회의에서 정식으로 채택될 것이 기대되었으나, 항공업계와 77그룹에 속하는 개도국 및 미국의 반대로 심의가 되지 못하여 결국 백지화되었다.

② 구성

TCM 협약안은 범위와 적용, 복합운송인의 의무, 복합운송증권, 운송화물의 멸실과 손상에 대한 복합운송인의 책임, 복합운송증권의 양도성, 지연손해, 제소기간, 복합운송인에 적용될 국내법과의 관계 등 전문 17개 조항으로 구성되어 있다.

③ 적용과 책임 범위

TCM 협약안은 해상, 내수, 항공, 철도, 도로 기타의 운송방법 가운데 적어도 두 종류 이상에 의한 2국간의 운송에 적용된다(TCM 협약안 제1조). 그리고 본 협약안의 적용은 임의이지만 일단 본 협약안을 따르기로 하면 이는 강행적으로 적용된다.

본 협약에서 복합운송인은 운송물을 수령할 때부터 최종 수하인에게 인도될 때까지 자기 또는 사용인 등의 귀책사유로 인해 발생하는 멸실, 손상, 지연손해에 대한 책임을 부담한다(제9조).

④ 책임 주체와 자격요건

복합운송인(Combined Transport Operator)은 복합운송증권을 발행하고 물품을 수령할 때부터 인도할 때까지의 전 기간을 통해 증권에 표시된 수령지로부터 인도지까지 전 운송구간을 인수할 뿐 아니라 전 운송과정의 어떤 구간에서 운송화물의 멸실이나 손상이 발생하면 협약이 정하는 책임원칙에 따라 복합운송증권의 소지인이나 증권에 지정된 자에게 일차적으로 책임을 부담한다.

특징적인 것은 TCM 협약안에서는 복합운송인의 사용인, 대리인, 하청운송인이 하주로부터 직접 화물의 손상에 대한 청구를 받는 것을 방지하기 위하여 이들이 운송인 발행의 B/L 하에서는 운송인과 동일한 면책과 책임제한을 받는다는 취지를 규정한 히말라야 약관(Himalaya Clause)을 규정하고 있다는 점이다. 이것은 복합운송에서 하청운송인 등에 의한 화물의 손상에 대해 하주가 직접 그 하청운송인 등에게 청구하지 못하도록 한 것이다.

한편, 복합운송인의 자격요건에 대하여는 복합운송인의 영업행위를 규제하는 각 체약국의 국내법에 따르도록 하고 있다.

⑤ 책임 원칙과 책임 체계

TCM 협약안은 복합운송인이 무과실을 입증하지 못하면 책임이 있는 것으로 추정하는 추정과실 책임원칙을 적용하고 있다. 또한 TCM 협약안은 발생구간이 확인되지 않은 손해는 제9조 내지 11조에 규정을 두고 있고 발생구간이 확인된 손해는 제12조에 규정을 두고 있으며, 제9A조~12A조에서는 발생구간이 확인되지 않은 손해와 확인된 손해에 대하여 구별을 두지 않고 단일책임원칙을 적용할 것을 규정하고 있다.

2. UN 국제물품복합운송협약

1) 제정 과정

TCM 협약안은 CMR 협약, 헤이그 규칙, 헤이그-비스비 규칙의 조합물로 탄생된 것이기 때문에 선진국들에게 매우 유리하게 규정되어 있었다.

이에 개발도상국들은 TCM 협약안은 하주 측의 이익이 충분히 반영되지 않았다는 것을 이유로 반대하였고, 1972년에 UN/IMCO가 공동으로 주최한 국제컨테이너운송회의에서 이를 부결시킴으로써 TCM 협약안은 결국 백지화되었다.

TCM 협약안이 백지화되어 국제복합운송협약으로 채택되지 못하게 됨에 따라, UN은 컨테이너 혁명과 국제복합운송이 개발도상국의 경제에 미치는 영향 등에 관한 연구를 권고하면서 UNCTAD가 이 작업을 수행하도록 추천하였다.

이에 따라 국제협약에 대한 작업이 UNCTAD 산하 68개국 정부간 대표로 구성된 국제복합운송에 관한 정부간준비그룹(Inter·Governmental Preparatory Group)에서 1973년부터 다시 시작되었다.

정부간 준비그룹은 동 작업에 착수한 이후로 1977년까지 6차례의 회의를 거친 끝에 1979년 3월 독자적인 UN 국제물품복합운송협약(United Nations Convention on International Multimodal Transport of Goods : UNCIMTG, 1980, UN 협약 또는 MT 협약)을 작성하여 11월 12일 제네바에서 개최된 UN회의에 제출하였다.

이 회의에서는 그룹간의 의견대립으로 채택되지 못하였지만 그 이후 1980년 5월에 개최된 제3차 제네바 회의에서는 이 협약안이 정식 채택되었다.

2) 주요 내용

첫째, UN 협약은 운송화물의 수령지 또는 인도지가 체약국 내에 있는 2국간의 복합운송계약을 적용대상으로 한다.

둘째, UN 협약하의 복합운송인은 운송화물을 자기의 관리 아래로 수령한 때로부터 이를 인도할 때까지 전 운송기간 내지 운송구간에 걸쳐 책임을 부담해야 한다. 이는 복합운송인 한 주체에게 책임을 집중시킴으로써 하주의 손해에 대한 배상청구대상을 단순하고 명확히 해두기 위함이다.

셋째, UN 협약은 복합운송과정에서 발생한 물품의 손해와 관계하여 복합운송인은 운송화물의 멸실, 손상 또는 인도지연의 원인으로 된 사고가 운송화물이 그의 관리하에 있는 동안에 발생한 경우에는 그 멸실, 손상 또는 인도지연으로 인하여 발생한 손해에 대해 복합운송인이 모든 책임을 부담하도록 규정하고 있다.

3) 구성과 내용상의 특징

UN 협약은 기본적인 목표와 원칙을 선언하는 전문과 제1장 통칙(제1조~제4조), 제2장 증권(제5조~제13조), 제3장 복합운송인의 책임(제14조~제21조), 제4장 송하인의 책임(제22조~제23조), 제5장 청구와 소송(제24조~제27조), 제6장 보칙(제28조~제31조), 제7장 통관문제(제32조), 제8장 최종조항(제33조~제40조) 등 총 8개장 40개 조문과 통관운송에 관한 6개 조문의 부속서로 구성되어 있다.

UN 협약이 가지고 있는 내용상의 특징은 다음과 같다.

첫째, 이 협약은 법률이 아니기 때문에 운송서류에 동 규칙에 준거한다는 것을 명시한 경우에 한하여 적용된다. 그리고 이 협약은 어느 한 당사국이라도 체약국이면 그 운송계약에 강제적으로 적용된다.

둘째, 이 협약에서 채택한 복합운송인의 책임원칙은 물품의 멸실, 손상 및 지연에 따른 손해의 발생은 운송인의 과실이 있는 것으로 추정하여 이에 대해서 운송인이 책임을 지도록 하는 과실책임주의를 채택하고 있다.

셋째, 이 협약은 TCM 협약안, 헤이그-비스비 규칙과 함부르크 규칙을 기초로 하고 있으며 책임체계는 수정된 단일책임체계를 적용하고 있다.

넷째, 이 협약에서 운송인의 책임기간은 화물을 복합운송인의 관리 하에 인수한 때로부터 인도할 때까지의 기간으로 되어 있어 책임기간이 육상까지 연장되었다.

4) 평가와 전망

UN 협약은 30여 년간에 걸친 사적 단체 및 정부간 노력의 결정체이며, 복합운송인과 송하인간의 책임에 대한 중요한 해석기준이므로 정식 발효될 경우 현재의 무역매매 및 복합운송과 관련된 운송, 보험, 금융의 이해관계자들에게 막대한 영향을 미칠 것으로 판단된다. 이 협약은 규정상 30개국의 정부가 비준, 승인, 승낙 또는 가입한 날로부터 12개월 후에 발효되도록 되어 있다(UN 협약 제36조).

그러나 선진국과 개도국 그리고 선주국과 하주국의 이해가 상반되고 UNCTAD 산하의 개도국이 주축이 되어 성안한 것이기 때문에 가입 또는 비준한 국가가 아직까지 극소수이어서 현재까지 발효되지 못하고 있다.

미발효된 가장 핵심적인 원인은 협약의 준비과정에서 실무업계를 대표했던 국제상공회의소는 복합운송인의 책임에 대해 이종책임체계(network liability system)를 지지한데 반해, UN 협약은 수정된 단일책임체계(modified uniform liability system)를 채택하여 운송인의 책임을 대폭 강화시킨 함부르크 규칙을 모태로 구상하였기 때문에 선진 해운국들의 반발이 지속되고 있기 때문이다.

3. ICC 복합운송증권 통일규칙

1) 제정 과정과 구성

(1) 제정 과정

복합운송에 관한 국제규칙으로 기대를 모았던 TCM 협약안이 백지화되어 국제간의 합의가 도출되지 못하게 되었고 UN 국제물품복합운송협약도 세계 각국으로부터 광범위한 지지를 얻지 못해 발효가 요원하였다.

이에 국제협약을 대신하는 국제민간차원에서 복합운송증권에 대한 통일규칙의 연구가 시작되었다. 특히 실업계를 대표하는 국제상업회의소(ICC)는 1973년 초 통일규칙을 작성하기 위한 작업반을 두고 작업을 시작한 결과 1973년 10월에 복합운송증권에 관한 통일규칙(ICC Uniform Rules for a Combined Transport Document, ICC Brochure No.298, 1973, 1975 Revision, 복합운송증권 통일규칙)을 확정하였고 이것은 이후 11월에 개최된 ICC 이사회의 승인을 거쳐 정식 공표되었다.

이 규칙은 1975년 5월에 일부 수정되어 1991년 말까지 적용되어 오다가 1992년에 UNCTAD/ICC 복합운송증권 규칙으로 대체되었다.

(2) 구성

이 규칙은 일반규정, 정의, 유통증권과 비유통증권, 복합운송인의 책임, 당사자의 권리와 의무, 멸실이나 손상에 대한 책임, 지연에 대한 책임, 보충규정, 소멸시효 등 10개 항목 총 19개 조항으로 구성되어 있다.

2) 내용상의 특징

이 규칙의 내용상의 특징은 다음과 같다.

첫째, 이 규칙은 TCM 협약안과 같이 강행법규의 국제협약이라기보다는 복합운송에 적용될 최소한도의 표준적 조건과 해석기준을 제시하여 임의적으로 채용할 수 있도록 한 민간적 차원의 합의 내지 규칙이다.

둘째, 이 규칙에서는 복합운송인의 책임에 관하여 손해원인을 크게 멸실, 손상과 지연으로 구분하고, 멸실, 손상과 지연손해는 각 운송구간 이종책임체계와 과실책임원칙을 따르도록 하였다.

셋째, 이 규칙은 헤이그 규칙과 각종 복합운송 규칙의 제정에 절대적인 영향을 미쳤던 Tokyo Rules과 TCM 협약안의 내용을 기초로 하여 작성되었고 1992년에 UNCTAD와 ICC가 복합운송증권에 관한 통일규칙을 제정할 때 그 기초를 제공하였다.

4. UNCTAD/ICC 복합운송증권 규칙

1) 개요

UNCTAD/ICC 복합운송증권 규칙은 UNCTAD와 ICC 합동위원회가 헤이그 규칙, 헤이그-비스비 규칙, ICC 복합운송증권 통일규칙을 기초로 1991년 11월 프랑스 파리의 국제상업회의소(ICC) 이사회에서 제정한 '복합운송증권에 관한 UNCTAD/ICC규칙(UNCTAD/ ICC Rules for Multimodal Transport Documents, 1992, UNCTAD/ICC 복합운송증권 규칙)'을 말한다.

이 규칙은 UN 국제물품복합운송협약이 각국으로부터 광범위한 지지를 얻지 못해 발효가 지연되자 UNCTAD 사무국이 복합운송인의 책임에 관한 통일적이고 공평한 조항을 포함하여 UN 국제물품복합운송협약이 의도했던 목표를 실현할 수 있다는 다른 방안을 국제상업회의소(ICC)와 공동으로 모색한 결과로 탄생된 것이다.

2) 제정 과정과 구성

국제해사법위원회(CMI)가 1969년에 작성한 Tokyo Rules과 1971년에 발표된 TCM 협약안을 기초로 1973년에 제정된 ICC 복합운송증권 통일규칙은 이후에 발틱국제해운동맹과 FIATA 복합운송서류(FBL) 등 많은 표준증권에서 널리 채용되어 왔다.

그러나 1980년 UN 국제물품복합운송협약의 발효를 앞두고 1988년에 UNCTAD 사무국은 국제상업회의소와 합동으로 작업반을 조직하여 헤이그 규칙과 헤이그-비스비 규칙은 물론, FBL이나 1973년 ICC 복합운송증권통일규칙과 같은 기존의 통일규칙과 UN 국제물품복합운송협약의 내용을 바탕으로 한 복합운송증권에 관한 새로운 국제통일규칙의 모형을 제시하였다.

무역업계의 다양한 의견들을 반영하는 3년간의 작업과정을 거친 후, 1991년 6월에 이 규칙은 정식으로 채택되었고 1992년 1월에 'UNCTAD/ICC Rules for Multimodal Transport Documents(복합운송증권에 관한 UNCTAD/ICC 규칙 또는 UNCTAD/ICC 복합운송증권 규칙, 1992)가 최종 공표되었다.

이 규칙은 서언(introduction)과 규칙의 해설(explanation of the rules) 외에 ① 적용 ② 용어정의 ③ 복합운송증권에 기재된 정보의 증거력 ④ 복합운송인의 의무 ⑤ 복합운송의 책임 ⑥ 복합운송인의 책임한도 ⑦ 복합운송인의 책임제한권의 상실 ⑧ 송하인의 책임 ⑨ 물품의 멸실이나 손상의 통지 ⑩ 제소기한 ⑪ 복합운송인에 대한 본 규칙의 적용 ⑫ 복합운송인의 사용인, 대리인 및 기타 당사자에 대한 본 규칙의 적용 ⑬ 강행법규 등 총 13개 조로 구성되어 있다.

3) 내용상의 특징

첫째, 이 규칙은 Hague 규칙과 Hague-Visby 규칙을 기초로 작성되었고, UN 국제물품복합운송협약과 같이 운송인의 입증책임을 전제로 한 과실책임원칙(principle of liability with fault)을 적용하고 있다.

둘째, 이 규칙에서는 복합운송계약, 복합운송인, 송하인, 수하인 등 동 규칙을 해석하는데 문제의 발생소지가 있는 용어들을 대폭 정비하여 각 용어마다 구체적인 정의(definitions)를 명확히 규정하고 있다.

셋째, 이 규칙에서 복합운송인은 복합운송증권을 발행하고 전 운송구간에 대해 책임을 부담하도록 하였으며 이종책임체계(Network Liability System)를 채택하여 손해발생구간이 판명된 경우와 판명되지 않은 경우로 구분하여 운송인의 책임을 규정하고 있다.

넷째, 이 규칙은 단일운송이나 복합운송의 여부에 관계없이 운송계약에 포함하여 적용할 수 있도록 하였다.

다섯째, 이 규칙에서 운송인은 사용인의 항해과실, 본선관리상의 과실, 고의 또는 과실에 의한 화재가 아닌 경우, 그리고 면책되고 내항성 결여시 주의의무를 다 했음을 입증하게 되면 면책되도록 하였다.

여섯째, 이 규칙에서 운송인의 책임한도는 종가운임이 지불된 경우를 제외하고, 포장 당 666.67 SDR 또는 kg당 2 SDR(약 USD 3.00) 가운데 큰 금액을 초과하지 않도록 하였다. 컨테이너 화물의 경우 그 적입단위가 증권에 기재되면 그 단위를 책임한도의 산정단위로 간주하도록 하였다.

일곱째, 이 규칙에서 외관상 나타난 화물의 멸실이나 손상 등은 화물 인도시에, 외관상 나타나지 않는 멸실 또는 손상은 인도 후 6일 이내에 서면으로 고지하지 않으면 정상 인도로 간주하도록 하였다. 또한 화물 인도 후 9개월 내에 소송이 제기되지 않으면 운송인은 모든 책임으로부터 면제되도록 하였다.

여덟째, 이 규칙은 복합운송계약의 관습적인 내용의 일부만을 다루고 있기 때문에, 이 규칙을 기초로 작성된 복합운송계약을 체결하고자 하는 복합운송인은 그의 특정한 필요성을 충족시키기 위하여 이 규칙과 상충되지 않는 범위 내에서 이 규칙에서 다루고 있는 문제에 유치권(lines), 공동해손, 재판관할권(jurisdiction) 등 새로운 조항을 추가하여 사용할 수 있도록 하였다.

아홉째, 이 규칙은 하나의 지침에 지나지 않기 때문에 복합운송계약에 적용될 수 있는 국제협약이나 국내법의 강행규정은 이 규칙에 우선하여 적용받도록 하였다.

이 규칙은 범세계적인 무역거래에 적용될 수 있고 ICC가 제정한 UCP 600의 내용과도 일치되기 때문에 국제무역과 금융업계에서 널리 받아들여지고 있다.

제2절 복합운송과 무역거래

1. 복합운송과 인코텀즈

1) 복합운송조건의 제정 배경

(1) 컨테이너운송의 발전과 복합운송의 등장

국제무역환경의 변화에 따라 무역관행은 변화되어 왔다. 특히 제2차 세계대전 이후 컨테이너혁명은 복합운송체제를 등장시킴으로써 문전에서 문전까지의 서비스를 가능하게 하였다. 복합운송은 매매당사자의 위험과 비용부담의 분기점, 물품의 인도와 인수의 시기와 장소가 기존의 전통적인 무역조건의 관습과 판이하게 다르다.

즉, 운송인의 책임한계도 종래의 '선적항과 양륙항'으로부터 CFS나 CY의 형태로 변형됨으로써 위험부담의 범위가 육상 및 항공구간에까지 연장되었고 해상운송에서 발생하지 않았던 위험들도 새로 발생하게 되었다.

이는 곧 FOB나 CIF 등 기존의 해상운송조건만으로는 복합운송거래를 뒷받침할 수 없는 한계가 발생하기 때문에 이에 적합한 새로운 무역조건의 제정이 요구되었다.

(2) 복합운송에 적용 가능한 무역조건의 부재

컨테이너에 의한 복합운송방식은 화물의 인도이행이 선적지의 CFS나 CY에서 수입지의 CFS나 CY를 근간으로 이루어진다. 그러나 수출입자들이 컨테이너를 이용한 복합운송방식을 채용하여 화물운송을 하고자 하였더라도 마땅히 컨테이너 화물의 복합운송에 적용될 정형화된 무역조건이 존재하지 않았다. 복합운송이 발전함에도 불구하고 거기에 적합한 무역조건이 존재하지 않은 것은 새로운 복합운송조건을 제정하게 된 근본적인 배경이 되었다.

(3) 기존 계약조건의 복합운송 적용상의 한계점 노출

오늘날 가장 널리 이용되고 있는 FOB규칙이나 CIF규칙은 해상운송구간만을 그 적용대상으로 하고 있는 해상매매조건이기 때문에 복합운송에까지 그 적용을 확대하여 적용하기는 곤란하였다.

기존의 무역조건을 복합운송방식에 그대로 적용하게 되면 각종 운송수단의 선택, 운송용구의 채비, 위험과 비용부담의 분기점, 화물의 인도장소, 운송인의 책임구간 등 실정에 맞지 않는 규정이 기존의 무역조건 속에 포함되어 있다. 따라서 복합운송방식을 FOB, CFR, CIF계약조건으로 이행할 경우에는 많은 문제점들이 발생하게 되었다.

2) 복합운송조건의 정형화 과정

(1) ICC가 제정한 무역조건 시안

1960년대 후반 컨테이너의 혁명적 등장은 국제운송체계에서 커다란 변혁을 일으켰으며, 이로 매개로 하여 복합운송방식이 발달함에 따라 전통적인 기존의 무역조건 즉, 1953년 INCOTERMS로는 해결할 수 없는 문제들이 발생하였다.

이에 국제상업회의소(ICC)는 이러한 문제점들을 감안하여 복합운송에 적용할 수 있는 새로운 무역조건을 검토하기에 이르렀다.

즉, ICC는 1970년대 초반 처음으로 컨테이너화물의 운송에 적용이 가능하도록 컨테이너를 FCL화물과 LCL화물로 나누고 각각 물품인도장소를 매도인의 지정장소, CY와 CFS, 매수인의 지정장소로 분류한 다음과 같은 6개 종류의 복합운송에 적용이 가능한 무역조건의 시안을 제정하였다.

먼저 FCL(full container load) 화물의 경우에는 물품의 인도장소를 ① 매도인의 공장 또는 영업소 ② 수출국의 선적항 CY ③ 수입국의 양륙항 CY ④ 매수인의 창고 또는 영업소의 4개 장소로 구분하고, 각각 이행지에 따라 FCL화물에 적용될 수 있는 계약조건을 4종류의 무역조건을 제정하였다. 그것이 ① [(지정매도인영업소) 컨테이너적재인도조건][(Free in container(named seller's premises)] ② [(수출국에 있는 지정복합운송인 및 지정항) 선적항 컨테이너야적장인도조건(Free CT-CY port shipment (named CY and port in the country of exportation)] ③ [(수입국에 있는 지정복합운송인 및 지정항) 도착항 야적장인도조건(Free CY port arrival (named CY and port in the country of importation)] ④ [(지정매수인영업소) 컨테이너도착지인도조건(EX-container duty paid (named buyers premises)]이며, 이것을 간단히 각각 컨테이너적입인도, 선적 CY인도, 도착 CY인도, 매수인창고인도라고 불렀다.

LCL화물의 경우에는 그 인도장소를 ① 수출국의 선적항 CFS ② 수입국의 양륙항 CFS의 2개 장소로 정하고 각각 이행지에 따라 2종류의 거래조건을 제정하였다

(2) 컨테이너 이용규칙 초안

이상과 같이 ICC의 노력으로 FCL 화물이나 LCL 화물에 적용되는 새로운 무역조건이 제정되었다. 그러나 이 조건들이 세계의 모든 수출입자들에게 철저하게 주지되고 인코텀즈와 같이 상거래상의 준수원칙으로 당연히 받아들임으로써 실무상에 폭넓게 사용되기 까지는 상당한 기간이 소요될 수밖에 없었다.

이에 ICC는 컨테이너에 의한 복합운송방식에 적용될 수 있는 새로운 무역조건이 제정되기까지의 잠정적인 조치로서, 컨테이너를 이용하는 매매당사자들이 재래규칙 즉, 1953년 INCOTERMS상의 무역조건을 이용하는 경우 그 적용이 용이하도록 소위 '컨테이너 이용규칙 초안(Draft rules on the uses of container)'을 제정하였다.

이것은 컨테이너에 의한 복합운송이 점차 보편화되면서, 이를 위한 매매계약에 준용되는 무역조건이 많은 무역업자들에 의해 임의대로 사용되는 위험성을 감안하여 제정된 것이었다. 그러나 그 사용이 보편화되지는 못하였다.

(3) 1980년 INCOTERMS상의 복합운송조건

기존의 FOB, CFR(C&F) 및 CIF조건은 지정된 선적항에서 양륙항까지를 운송대상으로 하는 해상매매조건이다.

그러나 1970년대 들어 컨테이너수송방식의 발전과 협동일관운송체제가 행해짐으로써 이종운송수단의 결합에 의한 복합운송이 새롭게 대두되게 되었다.

이어 따라 여기에 적합한 각종 국제규칙들도 개정이나 제정되었는데, 우선 1968년에 국제해사위원회(International Maritime Committee, IMC)는 Draft Convention on Combined Transport(일명 Tokyo Rules)를 발표하였다. 이것은 이후 국제물품복합운송에 관한 UN조약이 제정되는 토대가 되었다.

그리고 국제상업회의소는 복합운송증권통일규칙을 제정하였고 이와 함께 종래의 선하증권 조약, 해상적하보험약관, 화환신용장통일규칙 등의 국제규칙도 개정되었다.

이러한 상황에서 무역계약분야에서도 이러한 운송환경에 변화에 대응하고 국제규칙을 수용하는 새로운 무역조건(trade terms)을 기대하는 소리가 높게 제기되었다.

운송실무에서도 복합운송의 특성상 물품의 출하지점이 항구가 아닌 국내의 내륙에서부터 복합운송이 개시되기 때문에 기존의 무역조건으로는 적용하기에 곤란한 점이 발생하였다. 이에 따라 기존의 FOB, C&F, CIF조건에 대신할 수 있는 새로운 무역조건의 제정이 필요하게 되었다.

이러한 운송방식의 변화와 기존 무역조건의 복합운송 적용상의 한계는 결국 국제상업회의소(ICC)로 하여금 INCOTERMS를 크게 개정하는 요인으로 작용하였다.

이러한 상황에서 1979년 12월 국제상업회의소는 여러 가지 무역조건을 검토한 결과, 1953년 INCOTERMS에서 많이 이용되어 왔던 FOB, C&F, CIF조건들의 근본적인 성격이나 골격은 변경하지 않으면서도 기존 무역조건들과 상호 대응하여 컨테이너에 의한 복합운송방식에 사용될 수 있는 두 가지 새로운 무역조건이 1980년 INCOTERMS의 개정을 통해 신설되었다.

그 조건이 [(지정장소) 운송인인도조건(Free Carrier....(named point : FRC))]와 [(지정목적지) 수송비보험료지급조건(Freight or Carriage and Insurance Paid to....(named point of destination : CIP)이다.

또한 1953년 인코텀즈에서 규정되어 이미 도로, 철로, 내수로운송 등에 사용되고 있던 [(지정목적지) 운송비지급조건(Freight or Carriage and Paid to....(named point of destination : DCP)]조건을 복합운송방식에 의한 무역거래에 적용할 수 있는 내용으로 대폭적으로 수정하여 1980년 INCOTERMS에 포함시켰다.

이와 같이 국제상업회의소(ICC)가 복합운송방식에 적용이 가능한 이들 세 가지 무역조건 즉, 운송인인도조건(Free Carrier, FRC), 수송비지급조건(Freight or Carriage Paid to, DCP), 수송비·보험료지급조건(Freight or Carriage and Insurance Paid to, CIP)을 제정하여 1980년 3월부터 정식으로 시행됨에 따라 비로소 '인코텀즈 1980' 때에 와서야 완전한 형태의 복합운송조건이 탄생하게 되었다.

한편, 1969년에 개최된 국제상업회의소 총회에서 미국 대표는 1919년에 제정된 이후 1941년에 한 차례의 개정을 거쳐 그동안 미국에서 이용되어 왔던 미국개정외국무역정의(RAFTD)의 개정은 앞으로 이루어지지 않을 것이기 때문에 업계는 이 규칙을 사용하는 대신에 새로 개정한 인코텀즈 1980을 사용할 것을 권고하였다.

따라서 1980년 INCOTERMS에 복합운송방식에 적용하도록 새로이 제정된 세 가지 정형무역조건의 사용은 더욱 국제성을 인정받게 되었다.

(4) 1990년 INCOTERMS상의 복합운송조건

1980년 인코텀즈에 수록되어 있는 FRC, DCP, CIP조건들은 재래선 운송방식에 의한 거래관습인 FOB, CFR 및 CIF조건에 각각 대응하여 제정된 복합운송계약을 위한 전용조건들이다.

그러나 FOB, CFR 및 CIF조건들이 19세기부터 사용되어 온 긴 역사를 가지고 있기 때문에, 무역거래에 종사하는 사람이면 누구나가 숙지하고 있는 거래관습(usage of trade)이 된 것에 반해, 새로 제정된 FRC, DCP 및 CIP조건은 장기간에 걸쳐 생성 및 발전된 거래관습이 아니라 ICC가 제정한 임의의 새로운 통일적 해석기준이었다.

이러한 점에서 FRC, DCP 및 CIP조건은 실무상에서 그 이용이 거의 전무하였다. 그럼에도 이 세 가지 복합운송조건들이 1980년 인코텀즈에 수록된 이후에도 컨테이너 화물과 복합운송과 관련된 국제무역관습은 계속 변화되었기에 제정 이후 3년에 걸친 광범위한 심의 작업을 거쳐 10년 만에 다시 개정을 맞이하게 되었다. 이것이 1990년 7월부터 시행하게 된 'INCOTERMS 1990'이다.

인코텀즈 1990에서는 가급적 단일 운송형태에만 적용되는 거래조건들을 축소하여 복합운송방식을 포함한 모든 운송형태에도 포괄적으로 사용될 수 있도록 종전 복합운송에 대비해 제정하였던 FRC조건을 모든 운송수단에 적용이 가능하도록 변경하였다.

동시에 1980년 인코텀즈 상의 개별 운송수단별로 규정되어 있던 FOA와 FOR/FOT 조건들을 하나의 조건으로 흡수·통합하여 FCA조건으로 단일화하였다.

이 조건에서는 위험과 비용의 분기점을 과거 해상운송중심의 FOB나 CIF와 같이 본선의 난간이 아니라 '지정된 지점에서의 운송인에게 인도'로 규정함으로써 복합운송에 따른 무역관습의 변화를 대폭 수용하였다.

또한, 인코텀즈 1980의 DCP조건은 국제부호(Code)를 CPT로 변경하여 'Freight or carriage paid to'가 Carriage paid to로 되었고, CIP조건은 1980년의 국제부호는 변경하지 않은 채 그 용어의 정의만을 'Freight or carriage and insurance paid to'에서 'Freight and insurance paid to'로 변경하여 보다 단순화하였다.

이상과 같이 개정된 INCOTERMS상의 세 가지 복합운송조건들은 그 용어 및 내용에 있어 이전 INCOTERMS 1980에 비해 단순화, 통일화, 명료화되었지만 그 내용을 구성하는 본질적인 내용은 종전의 것과 동일성을 유지하도록 하였다.

(5) 2000년, 2010년, 2020년 INCOTERMS상의 복합운송조건

인코텀즈 2000, 2010, 그리고 2020에서는 FCA, CPT, CIP 등 3개의 복합운송조건들의 큰 틀은 그대로 유지하면서 인도내용이 보다 더 명확하게 개정되었다.

즉, 대표적인 복합운송조건인 FCA조건에서 수출자가 화물을 수입자에게 인도할 때 운송수단에 적재(loading)과 양하(unloading) 의무를 명확히 규정하였다.

역사적으로 인코텀즈는 1936년 11개의 무역조건에서 시작되어 그 이후 국제무역환경의 변화에 맞추어 1953년에는 분쟁의 소지가 많았던 2개의 조건을 삭제한 9개의 조건으로, 1967년에는 2개의 조건의 추가되어 다시 11개로, 1976년에는 1개의 조건의 추가되어 12개로, 1980년에는 14개의 무역조건이 규정되어 있었다.

1990년에는 복합운송의 발전과 거래조건의 명확화를 위해 2개의 조건(FOR 및 FOA)을 삭제하였고 1개의 조건(DDU)을 추가하여 총 13개의 무역조건으로 개정되었다.

인코텀즈 2000에서는 인코텀즈 1990과 마찬가지로 13개의 무역조건은 변하지 않은 채 수출입통관과 관련하여 현실에 맞지 않는다는 논란이 있어 온 FAS와 DEQ의 내용만을 일부 수정하였다.

이어 인코텀즈 2020에서는 인코텀즈 2010상의 DAT규칙을 DPU규칙으로 대체하였으나 전체 조건은 인코텀즈 2010과 같이 11개의 무역조건으로 규정되어 있다.

3) 인코텀즈 2020상 모든 운송규칙

(1) EXW [Ex Works(insert named place of delivery)]

"공장인도"는 매도인이 다음과 같이 한때 매수인에게 물품을 인도하는 것을 의미한다. ▷ 매도인이 물품을 (공장이나 창고와 같은) 지정장소에서 매수인의 처분하에 두는 때, 그리고 ▷ 그 지정장소는 매도인의 영업구내일 수도 있고 아닐 수도 있다.

본 규칙은 선택되는 어떤 운송방식이 있는 경우에 그것이 어떠한 단일 또는 복수의 운송방식인지를 불문하고 사용될 수 있다.

(2) FCA [Free Carrier(insert named place of delivery)]

'운송인인도'는 매도인이 물품을 매수인에게 다음과 같은 두 가지 방법 중 어느 하나로 인도하는 것을 의미한다. 첫째, 지정장소가 매도인의 영업구내인 경우, 물품은 다음과 같이 된 때 인도된다. ▷ 물품이 매수인이 마련한 운송수단에 적재된 때 둘째, 지정장소가 그 밖의 장소인 경우, 물품은 다음과 같이 된 때 인도된다. ▷ 매수인의 운송수단에 적재되어 ▷ 지정장소에 도착하고 ▷ 매도인의 운송수단에 실린 채 양하준비된 상태로 ▷ 매수인이 지정한 운송인이나 제3자의 처분하에 놓인 때.

(3) CPT [Carriage Paid to(insert named place of delivery)]

'운송비지급인도'는 매도인이 다음과 같이 매수인에게 물품을 인도하는 것을 - 그리고 위험을 이전하는 것을 - 의미한다. ▷ 운송인에게 물품을 교부함으로써 ▷ 매도인에 의해 계약이 체결된 ▷ 또는 그렇게 인도된 물품을 조달함으로써.

CPT에서는 두 곳이 중요하다. 물품이 (위험이전을 위하여) 인도되는 장소 또는 지점(있는 경우)이 그 하나이고, 물품의 목적지로서 합의된 장소 또는 지점이 다른 하나이다(매도인은 이 지점까지 운송계약을 체결하기로 약속하기 때문이다).

(4) CIP [Carriage and Insurance Paid to(insert named place of Destination)]

'운송비·보험료지급인도'는 매도인이 다음과 같이 매수인에게 물품을 인도하는 것을 - 그리고 위험을 이전하는 것을 - 의미한다. ▷ 매도인에 의해 계약이 체결된 ▷ 운송인에게 물품을 교부함으로써 ▷ 또는 그렇게 인도된 물품을 조달함으로써.

매도인은 물품을 인도지로부터 합의된 목적지까지 운송계약을 체결해야 한다. 또한 매도인은 인도지점으로부터 목적지까지 매수인의 물품의 멸실이나 손상위험에 대해 보험계약을 체결해야 한다. 또한 인코텀즈 2020 CIP하에서 매도인은 협회적하약관 (C)에 의한 제한적 담보조건이 아니라 협회적하약관 (A)이나 그와 유사한 약관에 따른 광범위한 담보조건으로 부보해야 한다는 것을 매수인은 유의해야 한다.

(5) DAP [Delivered at Place(insert named place of destination)]

'도착지인도'는 다음과 같이 된 때 매도인이 매수인에게 물품을 인도하는 것을 - 그리고 위험을 이전하는 것을 - 의미한다. ▷ 지정목적지 내에 또는 ▷ 어떠한 지점이 합의된 경우에는 그 지점에서 ▷ 물품이 매수인의 처분상태로 놓인 때 ▷ 도착운송수단에 실어둔 채 양하준비된 상태로. 매도인은 물품을 지정목적지까지 또는 지정목적지 내의 합의된 지점까지 가져가는데 수반되는 모든 위험을 부담한다.

(6) DPU [Delivered at Place Unloaded(insert named place of destination)]

'도착지양하인도'는 다음과 같이 된 때 매도인이 매수인에게 물품을 인도하는 것을 - 그리고 위험을 이전하는 것을 - 의미한다. ▷ 지정목적지 내에 또는 ▷ 어떠한 지점이 합의된 경우에는 그 지점에서 ▷ 물품이 ▷ 도착운송수단으로부터 양하가 완료된 상태로 ▷ 매수인의 처분상태로 놓인 때.

매도인은 물품을 지정목적지까지 가져가서 그곳에서 물품을 양하는데 수반되는 모든 위험을 부담한다. DPU는 매도인이 목적지에서 물품을 양하하도록 하는 유일한 인코텀즈 규칙이다. 따라서 매도인은 자신이 그러한 지정장소에서 양하를 할 수 있는 입장에 있는지를 확실히 해야 한다. 당사자들은 매도인이 양하의 위험과 비용을 부담하기를 원하지 않는 경우에는 DPU를 피하고 그 대신 DAP를 사용해야 한다.

(7) DDP [Delivered Duty Paid(insert named place of destination)]

'관세지급인도'는 다음과 같이 된 때 매도인이 매수인에게 물품을 인도하는 것을 의미한다. ▷ 물품이 매수인의 처분상태로 놓인 때 ▷ 수입통관을 필하여 ▷ 도착운송수단에 실어둔 채 ▷ 양하준비된 상태로 ▷ 지정목적지에서 또는 지정목적지내의 어떤 지점이 합의된 경우에는 그 지점에서.

매도인은 물품을 지정목적지까지 또는 지정목적지 내의 합의된 지점까지 가져가는데 수반되는 모든 위험을 부담한다. DDP에서는 인도가 도착지에서 일어나고 매도인이 수입통관과 해당되는 세금의 납부책임을 부담하므로 DDP는 11개의 모든 인코텀즈 규칙 중에서 매도인에게 최고수준의 의무를 부과하는 규칙이다.

여기에 '조달한다'고 규정한 것은 특히 일차산품거래에서 일반적인 수차의 걸쳐 연속적으로 이루어지는 매매(연속매매)에 대응하기 위함이다. 매도인은 자신의 운송계약상 인도장소/목적지에서 양하에 관하여 비용이 발생한 경우에 당사자간에 달리 합의되지 않는 한 그러한 비용을 매수인으로부터 별도로 상환받을 권리가 없다.

DDP에서는 매도인은 해당되는 경우에 물품의 수출통관 및 수입통관을 수행해야 하고 또한 수입관세를 납부하거나 모든 통관절차를 수행해야 한다.

2. 복합운송과 신용장거래

1) 운송서류의 종류

운송서류는 운송인이 하주와 운송계약을 체결하고 화물을 본선에 적재, 발송, 수탁하였음을 증명하기 위해 발급하는 서류이기 때문에 운송방식만큼이나 다양한 종류가 있다. 화물을 수송하는 방식은 해상, 육상, 항공, 복합운송방식이 있으나 현재 가장 많이 이용되고 있는 방식은 선박을 이용한 해상을 통한 화물운송이다. 따라서 가장 널리 사용되고 있는 대표적인 운송서류는 해상선하증권이다.

2) UCP 500과 운송서류

UCP 500에서는 운송서류를 운송방식별로 해상선하증권(ocean bill of lading), 비유통성 해상화물운송장(non-negotiable sea waybill), 용선계약부 선하증권(charter party document), 복합운송서류(multimodal transport document), 항공운송서류(air waybill), 도로/철도/내수로 운송서류(road, rail or inland waterway transport documents), 우편수령증(post receipt)/우편발송증명서(certificate of posting)/특사수령증(certificate of courier) 등으로 나누어 별도의 수리요건을 규정하고 있다.

3) UCP 600과 운송서류

UCP 600은 운송서류를 복합운송서류(multimodal transport document), 해상선하증권(ocean bill of lading), 비유통성 해상화물운송장(non-negotiable sea waybill), 용선계약부 선하증권(charter party document), 항공운송서류(air waybill), 도로/철도/내수로 운송서류(road, rail or inland waterway transport documents), 특사배달, 우편수취증 또는 우송증명서 등으로 나누어 별도의 수리요건을 규정하고 있다.

4) UCP 600과 복합운송서류

Door to Door Service를 본질로 하고 육상, 해상 및 항공 중 적어도 두 가지 이상의 형태로 조합되어 복합운송될 때 발행되는 운송서류(운송장)를 복합운송증권 또는 복합운송서류(multimodal transport document)라고 한다.

복합운송서류는 실제의 해상운송인만이 발행하는 것이 아니고 경우에 따라서는 포워더(Forwarder)도 발행할 수 있다. 제6차 개정된 신용장통일규칙(UCP 600) 제19조는 신용장이 두 가지 이상의 운송방법(선박, 철도, 항공기, 자동차 등 종류가 다른 운송수단 중 두 가지 이상의 조합에 의해 이루어지는 운송)을 표시하는 복합운송서류를 요구하는 경우 은행이 수리할 수 있는 서류의 요건을 상세하게 규정하고 있다.

5) 복합운송서류의 수리 요건

UCP 500 제26조에서는 '복합운송서류(multimodal transport document)'라는 명칭을 사용하여 그 서류의 수리 요건을 규정하고 있었다. 그러나 UCP 600 제19조에서는 '적어도 두 가지의 상이한 운송수단을 표시하고 있는 운송서류'라는 명칭으로 변경하여 그 서류의 수리 요건을 다음과 같이 규정하고 있다.

첫째, 적어도 두 가지 이상의 서로 다른 운송방식을 표시하는 운송서류(복합운송서류)는 그 명칭에 관계없이 운송인의 명칭을 표시하고 운송인, 선장 또는 그 지정대리인이 서명한 것으로 나타나야 한다. 그 서명은 서명자가 운송인, 선장 또는 대리인인지 그 신원이 밝혀져야 하고, 대리인의 서명인 경우 운송인을 대리한 것인지 또는 선장을 대리한 것인지를 표시해야 한다.

이것은 '그 명칭에 관계없이(however named)'라는 단어가 의미하는 것처럼, 서류의 표제가 아니라 그 내용이 중요하다는 것으로, 신용장이 복합운송서류를 요구한 경우에는 복합운송서류의 명칭과 관계없이 적어도 두 가지의 다른 운송방식(복합운송)을 표시하는 운송서류의 요건을 모두 충족한다면 수리된다는 것이다.

둘째, 물품이 발송(dispatch), 수탁(taking in charge) 또는 본선적재(loading on board) 되었음을 사전 인쇄된 문언 또는 발송, 수탁 또는 본선에 적재된 일자를 표시하고 있는 스탬프나 표기로 명시하고 있는 서류이어야 한다.

셋째, 신용장에 명시된 발송, 수탁 또는 본선적재지 및 최종목적지와 다른 발송, 수탁 또는 본선적재지 및 최종목적지가 명기되어 있거나 선박과 적재항, 양륙항에 관하여 '예정된' 또는 이와 유사한 제한표시가 있다고 하더라도 신용장에 명시된 발송, 수탁 또는 본선적재지 및 최종목적지를 표시하고 있는 서류이어야 한다.

넷째, 단일의 원본서류 또는 두 통 이상의 원본으로 발행된 경우 운송서류상에 표시된 대로 전통이 제시되어야 한다. 즉, 단일의 원본이나 수통의 원본으로 발행된 복합운송서류는 그 운송서류상에 표시된 대로 전통이 제시되어야 한다는 것이다.

다섯째, 운송의 제 조건을 포함하고 있거나 운송의 제 조건을 포함하는 다른 자료를 참조하고 있는 서류이어야 한다. 즉, 은행은 운송에 관한 이면약관이 있는 정식 복합운송서류(Long Form MTD)뿐 아니라 그 약관이 없는 약식 복합운송서류(Short Form MTD)도 수리한다는 것이다.

여섯째, 용선계약 의한 운송의 어떠한 명시도 없는 것이어야 한다. 즉, 신용장에서 용선계약서를 요구하거나 허용한 경우를 제외하고는 용선계약에 의한 운송이라는 어떠한 명시가 있는 용선계약 복합운송서류는 수리가 거절된다는 것이다.

3. 복합운송과 해상보험

무역거래에서 화물의 운송과정 중 발생 가능한 여러 가지 위험들을 커버하기 위해 화물을 피보험목적물로 하여 적하보험에 부보하는 것은 복합운송이 발달하기 이전부터 운송화물의 위험을 관리하는 전통적인 방식이었다.

복합운송이 발전하고 있는 현 상황에서도 국제협약이나 국제규칙에 의한 책임제한 사항이나 법률로 정한 면책사항은 단일책임으로 운송하는 복합운송의 경우라 하더라도 복합운송인이 모든 책임을 다 부담하는 것은 아니기 때문에 하주들로서는 운송인의 책임범위를 넘는 부분의 위험에 대한 별도의 부보가 필요하다.

복합운송에서도 해상적하보험에 부보를 해야 할 당위성과 필요성은 다음과 같다.

첫째, 손해배상 청구절차가 복잡하여 신속한 손해배상이 이루어지기 않을 수 있다. 즉, 복합운송인의 책임구간 내에서 손해가 발생한 경우 복합운송인은 운송계약에 따라 손해를 배상해야 하지만, 손해배상 청구절차가 매우 복잡하여 현실적으로는 화물손해가 발생한 시점부터 배상금을 수령하는 시점까지 단일운송보다 상당한 시간이 소요되기 때문에 신속한 손해배상이 이루어지지 않는 경우가 있다.

둘째, 복합운송인의 귀책사유로 인한 손해발생인 경우에도 복합운송인의 책임부담액이 제한되어 있다. 그것은 국제복합운송협약에는 복합운송인에게 개별 운송화물의 손해에 대해 일정액을 한도로 하여 배상하도록 하는 책임제한 조항을 두어 개별적 유한책임을 부담하도록 하고 있기 때문이다.

셋째, 복합운송인의 면책사유로 손해가 발생하는 경우에는 당연히 복합운송인에게 손해를 배상해야 할 어떠한 의무도 없다. 따라서 이러한 경우에 하주는 손해발생에 대한 배상을 복합운송인 이외의 자 즉, 보험자로부터 보상받도록 하여야 한다.

넷째, 현행 신용장통일규칙상 무역금융제도의 담보 기능을 위해서는 선하증권과 아울러 해상보험증권(marine insurance policy)이 반드시 첨부되어야 한다.

컨테이너운송은 재래식에 비하여 안정성, 신속성, 경제성 등 여러 면에서 운송의 혁명적 발전을 이룩하였다. 그러나 컨테이너화물의 운송 특성상 일단 컨테이너에 화물이 적입된 다음 최종목적지에 도착하여 확인할 때까지는 컨테이너 적입화물의 손해를 확인하기 어려울 뿐 아니라 손해의 발생구간도 확인하기가 매우 어렵다.

이러한 이유로 재래식 운송과 마찬가지로, 컨테이너에 의한 국제복합운송에서도 하주는 복합운송인에 의한 귀책사유의 손해이든 면책사유의 손해이든 상관없이 손해발생 시 보상 받을 수 있는 안전장치로서 해상적하보험을 부보해 두어야 한다.

부 록

1. Hague Rules (1924)
2. Hamburg Rules (1978)

1 Hague Rules (1924)

Article 1

In this Convention the following words are employed with the meanings set out below :

(a) "Carrier" includes the owner or the charterer who enters into a contract of carriage with a shipper.

(b) "Contract of carriage" applies only to contracts of carriage covered by a bill of lading or any similar document of title, in so far as such document relates to the carriage of goods by sea, including any bill of lading or any similar document as aforesaid issued under or pursuant to a charter party from the moment at which such bill of lading or similar document of title regulates the relations between a carrier and a holder of the same.

(c) "Goods" includes goods, wares, merchandise and articles of every kind whatsoever except live animals and cargo which by the contract of carriage in stated as being carried on deck and is so carried.

(d) "Ship" means any vessel used for the carriage of goods by sea.

(e) "Carriage of goods" covers the period from the time when the goods are loaded on to the time they are discharged from the ship.

제1조

이 협약에서 다음의 용어는 아래에 설명한 의미로 사용된다.

(a) "운송인"은 송하인과 운송계약을 체결하는 선주(船主) 또는 용선자(傭船者)를 포함한다.

(b) "운송계약"은 선하증권 또는 해상물품운송에 관하여 사용되는 한 이와 유사한 권원증권에 의해서 증명되는 운송계약에만 적용한다. 용선계약에 의하여 발행되는 선하증권 또는 유사한 증권에 관해서는 그 증권이 운송인과 선하증권 소지인과의 관계를 규율하는 때로부터 이를 적용한다.

(c) "물품"은 살아있는 동물과 운송계약에 의하여 갑판적재 화물이라고 기재되고 또 그렇게 운송되는 화물을 제외한 모든 종류의 물품, 제품 및 상품을 포함한다.

(d) "선박"은 해상운송에 사용되는 모든 선박을 뜻한다.

(e) "물품운송"은 물품이 선박에 적재된 순간부터 선박으로부터 물품이 양하되는 기간을 말한다.

Article 2

Subject to the provisions of Article 6, under every contract of carriage of goods by sea the carrier, in relation to the loading, handling, stowage, carriage, custody, care and discharge of such goods, shall be subject to the responsibilities and liabilities, and entitled to the rights and immunities hereinafter set forth.

제2조

제6조의 규정을 제외하고, 운송인은 모든 해상물품운송계약에 있어서 해당 물품의 선적, 취급, 적부, 운송, 보관, 관리 및 양륙에 관하여 책임과 의무를 부담한다. 또 다음의 규정에 따라 권리 및 면책을 누린다.

Article 3

1. The carrier shall be bound before and at the beginning of the voyage to exercise due diligence to:
   (a) Make the ship seaworthy.
   (b) Properly man, equip and supply the ship.
   (c) Make the holds, refrigerating and cool chambers, and all other parts of the ship in which goods are carried, fit and safe for their reception, carriage and preservation.
2. Subject to the provisions of Article 4, the carrier shall properly and carefully load, handle, stow, carry, keep, care for, and discharge the

제3조

1. 운송인은 발항 전과 발항 당시에, 다음의 사항에 관하여 상당한 주의를 다하여야 한다.
   (a) 선박이 내항능력이 있도록 하는 일
   (b) 선박에 대하여 선원의 승선, 선박의 의장 및 선용품의 보급을 적절하게 하는 일
   (c) 선창, 냉동실, 냉장실 기타 운송물을 적부하는 선박의 모든 장소를 물품의 수령, 운송 및 보존을 위하여 적당하고 안전하게 두는 일
2. 제4조의 규정에 달리 정하지 아니하는 한, 운송인은 운송되는 물품의 선적, 취급, 적부, 운송, 보관, 관리 및 양륙을 적절하고 주의깊게 행해

goods carried.

3. After receiving the goods into his charge the carrier or the master or agent of the carrier shall, on demand of the shipper, issue to the shipper a bill of lading showing among other things :
   (a) The leading marks necessary for identification of the goods as the same are furnished in writing by the shipper before the loading of such goods starts, provided such marks are stamped or otherwise shown clearly upon the goods if uncovered, or on the cases or coverings in which such goods are contained, in such a manner as should ordinarily remain legible until the end of the voyage.
   (b) Either the number of packages or pieces, or the quantity, or weight, as the case may be, as furnished in writing by the shipper.
   (c) The apparent order and condition of the goods. Provided that no carrier, master or agent of the carrier shall be bound to state or show in the bill of lading any marks, number, quantity, or weight which he has reasonable ground for suspecting not accurately to represent the goods actually received, or which he has had no reasonable means of checking.
4. Such a bill of lading shall be prima facie evidence of the receipt by the carrier of the goods as therein described in accordance with paragraph 3(a), (b) and (c).
5. The shipper shall be deemed to have guaranteed to the carrier the accuracy at the time of shipment of the marks, number, quantity and weight, as furnished by him, and the shipper shall indemnity the carrier against all loss, damages and expenses arising or resulting from inaccuracies in such particulars.
   The right of the carrier to such indemnity shall in no way limit his responsibility and liability under the contract of carriage to any person other than the shipper.
6. Unless notice of loss or damage and the general nature of such loss or damage be given in writing to the carrier or his agent at the port of discharge before or at the time of the removal of the goods into the custody of the person entitled to delivery thereof under the contract of carriage, or, if the loss or damage be not apparent, within three days, such removal shall be prima facie evidence of the delivery by the carrier of the goods as described in the bill of lading.
   If the loss or damage is not apparent, the notice must be given within three days of the delivery

야 한다.

3. 운송인, 선장 또는 운송인의 대리인은 물품을 수령한 후 송하인의 청구가 있으면 특히 다음의 사항을 기재한 선하증권을 송하인에게 교부해야 한다.
   (a) 화물의 선적개시 전에 송하인이 서면으로 통지한 것과 동일한 화물임을 증명하는 데 필요한 주요 하인(荷印)
   다만, 이러한 하인은 무포장일 때는 동(同) 화물 자체에, 그리고 포장화물일 때는 화물이 들어 있는 상자나 포장에 항해가 끝날 때까지 통상 읽어볼 수 있도록 남아 있게 명확히 압인(押印)되거나 그 밖의 방법으로 표시되어야 한다.
   (b) 송하인이 서면으로 통지한 내용과 같은 포장 및 개품의 수 또는 경우에 따라 수량이나 중량
   (c) 화물의 외관상태
   다만, 운송인, 선장 또는 운송인의 대리인은 화물의 하인, 수량, 용적 또는 중량이 실제로 인수한 화물을 정확히 나타내지 못한다는 상당한 의문의 근거가 있거나 또는 이를 검사할 적절한 방법이 없는 경우에는 선하증권에 이를 기재하거나 표시할 의무가 없다.
4. 이와 같은 선하증권은 전기 (3)의 (a), (b)와 (c)에 따라 기재된 대로 운송인이 화물을 인수하였다는 추정적(推定的)인 증거가 된다.
5. 송하인은 선적시 운송인에게 자기가 통지한 대로 하인, 숫자, 수량 및 중량의 정확성을 보증한 것으로 간주하며 또한 송하인은 이러한 사항의 부정확성의 결과로 야기되는 모든 손실, 손상 및 비용에 대해서 운송인에게 보상하여야 한다. 이러한 손해배상에 대한 운송인의 권리가 운송인이 송하인 이외의 모든 자에 대한 운송계약상의 의무와 책임에 대해서는 어떠한 방법으로도 제한하지 않는다.
6. 운송계약에 의해서 화물을 인도받을 권리가 있는 자에게 화물이 이전(移轉)보관되기 이전 또는 이전 보관시에 양하항에서 운송인 또는 그의 대리인에게 서면으로 멸실, 손상과 또 이러한 멸실 및 손상의 개략적인 설명에 대한 통지를 하지 않는 한, 또 만일 멸실이나 손상이 외관상 분명치 않는 경우에는 3일 내에 이러한 통지를 하지 않으면 이러한 화물의 이전은 선하증권에 기재된 대로 동(同) 화물을 운송인이 인도하였다는 추정적 근거가 된다. 멸실이나 손상이 불명확한 경우에는 화물의 인도 3일 이내에 통지가 이루어져야 한다.

of the goods. The notice in writing need not be given if the state of the goods has, at the time of their receipt, been the subject of joint survey or inspection.

In any event the carrier and the ship shall be discharged from all liability in respect of loss or damage unless suit is brought within one year after delivery of the goods or the date when the goods should have been delivered.

In the case of any actual or apprehended loss or damage the carrier and the receiver shall give all reasonable facilities to each other for inspecting and tallying the goods.

7. After the goods are loaded the bill of lading to be issued by the carrier, master, or agent of the carrier, to the shipper shall, if the shipper so demands, be a "shipped" bill of lading, provided that if the shipper shall have previously taken up any document of title to such goods, he shall surrender the same as against the issue of the "shipped" bill of lading, but at the option of the carrier such document of title may be noted at the port of shipment by the carrier, master, or agent with the name or names of the ship or ships upon which the goods have been shipped and the date or dates of shipment, and when so noted, if it shows the particulars mentioned in paragraph 3 of Article 3, shall for the purpose of this Article be deemed to constitute a "shipped" bill of lading.
8. Any clause, covenant, or agreement in a contract of carriage relieving the carrier or the ship from liability for loss or damage to, or in connexion with, goods arising from negligence, fault, or failure in the duties and obligations provided in this Article or lessening such liability otherwise than as provided in this Convention, shall be null and void and of no effect. A benefit of insurance in favour of the carrier or similar clause shall be deemed to be a clause relieving the carrier from liability.

Article 4

1. Neither the carrier nor the ship shall be liable for loss or damage arising or resulting from unseaworthiness unless caused by want of due diligence on the part of the carrier to make the ship seaworthy and to secure that the ship is properly manned, equipped and supplied, and to make the holds, refrigerating and cool chambers and all other parts of the ship in which goods are carried fit and safe for their reception, carriage and preservation in accordance with the provisions of paragraph 1 of Article 3. Whenever loss or damage has resulted

화물의 인수 당시 동 화물의 상태에 관하여 공동조사나 검사의 대상이 되었을 경우에는 서면통지는 필요하지 않다.

실제로 화물이 인도된 날로부터 또는 동 화물이 인도되었어야 할 날로부터 1년 내에 소송이 제기되지 않으면 운송인 및 선박은 어떠한 경우에 있어서도 멸실 및 손상에 대한 모든 책임으로부터 면제된다.

현실적으로 또는 추정적 멸실이나 손상이 발생한 경우에는 운송인과 수하인은 화물의 검사와 검수를 위해서 모든 합리적인 편의를 상호 제공해야 한다.

7. 화물이 선적된 후 운송인, 선장 또는 운송인의 대리인이 송하인에게 교부하는 선하증권은 송하인의 요구가 있는 경우에는 "선적" 선하증권이어야 한다. 단, 송하인이 이 화물에 대한 다른 어떤 권리증서를 수령하였을 경우에는 "선적" 선하증권의 교부와 상환하여 동 권리증서를 반환하여야 한다.

   그러나 운송인의 재량에 따라 운송인, 선장 또는 운송인의 대리인은 동 권리증서에 화물이 선적된 선박명과 선적일자를 선적항에서 기재할 수 있으며, 이와 같이 기재된 권리증서가 제3조 제3항에 규정된 사항을 표시할 경우 이러한 권리증서는 본조의 취지에 따라 "선적" 선하증권의 요건을 구비한 것으로 간주한다.

8. 본 협약에 규정되어 있는 의무를 태만, 과실 또는 불이행하여 발생된 화물의 멸실, 손상 또는 화물에 관련된 멸실, 손상에 대한 책임으로부터 운송인 또는 선박을 면제시키거나, 본 협약의 규정과 달리 이러한 책임을 경감시키는 운송계약상의 일체의 조항, 계약 또는 합의사항은 무효로 한다.

   보험의 이익을 운송인에게 양도하는 조항 또는 이와 유사한 모든 조항은 운송인의 책임을 면제하는 조항으로 간주한다.

제4조

1. 제3조 1항의 규정에 따라 선박을 감항상태로 하고 선박의 승조원(乘組員) 배치, 의장(艤裝) 및 필수 보급품들을 적절히 하고 선박의 창내, 냉동실, 냉기실 및 물품운송에 사용되는 그 외의 모든 부분을 화물의 인수, 운송, 보관에 적합하고 안전하게 하는 데 있어서, 운송인이 상당한 주의를 하지 않은 데에 그 원인이 있지 않은 한, 선박의 불내항성의 결과로 발생되는 멸실 또는 손상 등에 대한 책임은 운송인이나 선박이 공히 지지 않는다.

   선박의 불내항성 때문에 멸실이나 손상이 발생

from unseaworthiness the burden of proving the exercise of due diligence shall be on the carrier or other person claiming exemption under this Article.

2. Neither the carrier nor the ship shall be responsible for loss or damage arising or resulting from:
   (a) Act, neglect, or default of the master, mariner, pilot, or the servants of the carrier in the navigation or in the management of the ship.
   (b) Fire, unless caused by the actual fault or privity of the carrier.
   (c) Perils, dangers and accidents of the sea or other navigable waters.
   (d) Act of God.
   (e) Act of war.
   (f) Act of public enemies.
   (g) Arrest or restraint or princes, rulers or people, or seizure under legal process.
   (h) Quarantine restrictions.
   (i) Act or omission of the shipper or owner of the goods, his agent or representative.
   (j) Strikes or lockouts or stoppage or restraint of labour from whatever cause, whether partial or general.
   (k) Riots and civil commotions.
   (l) Saving or attempting to save life or property at sea.
   (m) Wastage in bulk or weight or any other loss or damage arising from inherent defect, quality or vice of the goods.
   (n) Insufficiency of packing.
   (o) Insufficiency or inadequacy of marks.
   (p) Latent defects not discoverable by due diligence.
   (q) Any other cause arising without the actual fault or privity of the carrier, or without the actual fault or neglect of the agents or servants of the carrier, but the burden of proof shall be on the person claiming the benefit of this exception to show that neither the actual fault or privity of the carrier nor the fault or neglect of the agents or servants of the carrier contributed to the loss or damage.
3. The shipper shall not be responsible for loss or damage sustained by the carrier or the ship arising or resulting from any cause without the act, fault or neglect of the shipper, his agents or his servants.
4. Any deviation in saving or attempting to save life or property at sea or any reasonable deviation shall not be deemed to be an infringement or breach of this Convention or of the contract of carriage, and the carrier shall not be

하는 경우에는 상당한 주의를 기울였다는 입증책임은 본조(本條)의 규정에 따라 면책을 주장하는 운송인 또는 그 밖의 자(者)에게 있다.

2. 운송인 또는 선박은 다음의 사유에서 생긴 멸실·손상에 대하여는 책임을 지지 아니한다.
   (a) 항해 또는 선박의 관리에 관한 선장, 선원, 도선사 또는 운송인의 사용인의 작위, 부작위 또는 과실
   (b) 화재(운송인의 실제의 과실 또는 고의로 인한 것을 제외)
   (c) 해상 기타 항행할 수 있는 수면에서의 재해, 위험 또는 사고
   (d) 천재지변
   (e) 전쟁행위
   (f) 공적행위
   (g) 군주, 관헌 또는 인민에 의한 억류·강제 또는 법률절차에 의한 압류
   (h) 검역상의 제한
   (i) 송하인 또는 운송물의 소유자, 그의 대리인 또는 그 대표자의 작위 또는 부작위
   (j) 동맹파업, 폐쇄, 노무정지 또는 노무방해 단, 원인의 여하를 묻지않고 또한 부분적인가 또는 전체적인가를 묻지 아니한다.
   (k) 폭동과 내란
   (l) 해상에서의 인명 및 재산의 구조 또는 구조의 기도(企圖)에 의한 손실
   (m) 화물고유의 하자 및 화물의 품질 또는 결함에 의한 용적 또는 중량의 감손(減損)이나 그 밖의 일체의 멸실 또는 손상
   (n) 포장의 불충분에 의한 손실
   (o) 하인(荷印)의 불충분 및 부적합에 의한 손실
   (p) 상당한 주의를 하여도 발견할 수 없는 하자에 의한 손실
   (q) 운송인의 사실상의 과실이나 고의에 의하지 않거나 또 운송인의 대리인이나 고용인의 과실이나 태만에 의하지 않은 그 밖의 모든 원인, 그러나 화물의 멸실이나 손상이 운송인의 사실상의 과실이나 고의 또는 운송인의 대리인이나 고용인의 과실이나, 태만에 의하여 발생하지 않았다는 입증책임은 이러한 면책의 혜택을 주장하는 자에게 있다.
3. 송하인은 운송인이나 선박이 입은 멸실이나 손해에 대하여 송하인, 그의 대리인 및 그의 고용인의 행위, 과실 또는 태만에 그 원인이 있지 않는 한 책임을 지지 않는다.
4. 해상에서 인명 또는 재산을 구조하거나 이러한 구조를 하기 위한 이로나 그 외의 합리적인 이로는 본 협약이나 운송계약의 위반이나 침해로 간주하지 않으며, 운송인은 이러한 결과로 발생된 일체의 멸실이나 손상에 대하여 책임을 지지

liable for any loss or damage resulting therefrom.

5. Neither the carrier nor the ship shall in any event be or become liable for any loss or damage to or in connexion with goods in an amount exceeding 100 pounds sterling per package or unit, or the equivalent of that sum in other currency unless the nature and value of such goods have been declared by the shipper before shipment and inserted in the bill of lading.
   This declaration if embodied in the bill of lading shall be prima facie evidence, but shall not be binding or conclusive on the carrier. By agreement between the carrier, master or agent of the carrier and the shipper another maximum amount than that mentioned in this paragraph may be fixed, provided that such maximum shall not be less than the figure above named.
   Neither the carrier nor the ship shall be responsible in any event for loss or damage to, or in connexion with, goods if the nature or value thereof has been knowingly misstated by the shipper in the bill of lading.
6. Goods of an inflammable, explosive or dangerous nature to the shipment whereof the carrier, master or agent of the carrier has not consented with knowledge of their nature and character, may at any time before discharge be landed at any place, or destroyed or rendered innocuous by the carrier without compensation and the shipper of such goods shall be liable for all damage and expenses directly or indirectly arising out of or resulting from such shipment. If any such goods shipped with such knowledge and consent shall become a danger to the ship or cargo, they may in like manner be landed at any place, or destroyed or rendered innocuous by the carrier without liability on the part of the carrier except to general average, if any.

Article 5

A carrier shall be at liberty to surrender in whole or in part all or any of his rights and immunities or to increase any of his responsibilities and obligations under this Convention, provided such surrender or increase shall be embodied in the bill of lading issued to the shipper.

The provisions of this Convention shall not be applicable to charter parties, but if bills of lading are issued in the case of a ship under a charter party they shall comply with the terms of this Convention. Nothing in these rules shall be held to prevent the insertion in a bill of lading of any lawful provision regarding general average.

않는다.

5. 운송인이나 선박은 어떠한 경우에도 화물의 멸실이나 손상이나 화물에 관련된 멸실이나 손상에 대하여 송하인이 선적 전에 이러한 화물의 성질과 가격을 고지하여 선하증권에 기재하지 않은 경우에는 포장당 또는 단위당 100파운드를 초과하거나 다른 통화로 100파운드 상당액을 초과하는 경우에는 책임을 지지 않는다.
   이와 같이 화물의 성질과 가격이 선하증권에 구현되어 있을 경우 이러한 기재는 추정증거로 한다. 그러나 이러한 기재가 운송인을 구속하거나 결정적 증거가 되는 것은 아니다. 운송인, 선장 또는 운송인의 대리인과 송하인은 합의에 의하여 본 조항에 규정되어 있는 금액과 다른 최고금액을 정할 수도 있다. 단, 이러한 협정최고액은 위에 언급된 금액보다 적어서는 안 된다.
   송하인이 화물의 성질과 가격을 고의로 허위통지하여 선하증권에 잘못 기재되는 경우 에는 운송인이나 선박은 화물의 멸실이나 손상 또는 화물에 관련된 멸실이나 손상에 대하여 어떠한 경우도 책임을 지지 않는다.
6. 인화성, 폭발성 또는 위험성이 있는 선적된 화물로서 운송인, 선장 또는 운송인의 대리인이 동 물품의 이러한 성질 및 특징을 알았다면 선적을 허용하지 않았을 화물에 대하여 운송인은 양하전 언제 어디서도 손해보상의 책임 없이 양하하거나 파괴 또는 무해화(無害化)시킬 수 있다. 그리고 이러한 화물의 송하인은 이러한 화물선적으로 인하여 직접 또는 간접적으로 발생하는 모든 손해와 비용에 대해서 책임을 진다. 운송인이 이러한 화물의 성질을 알고 또 송하인에 선적된 경우에도 만일 이러한 화물이 선박 또는 적하에 위험하게 될 경우 위에 언급된 방법으로 운송인은 아무런 책임 없이 어떤 장소에든지 양하시키거나 파괴 또는 무해화시킬 수 있다. 단, 공동해손이 성립되는 경우에는 그러하지 아니하다.

제5조

운송인은 본 협약에 규정된 그의 권리와 면책의 전부 또는 일부를 포기하거나 그의 의무와 책임을 증가시킬 수 있는 자유를 갖는다. 단, 이러한 포기나 증가는 송하인에게 교부한 선하증권에 구현(具現)되어 있어야 한다.

본 협약의 규정은 용선계약에는 적용되지 않는다. 그러나 용선계약하에서도 선하증권이 발행되는 경우에는 이러한 선하증권은 이 협약의 규정에 따른다. 본 규칙의 어떠한 규정도 공동해손에 관한 합법적 조항을 선하증권에 삽입하는 것을 못하게 하지는 않는다.

Article 6

Notwithstanding the provisions of the preceding Articles, a carrier, master or agent of the carrier and a shipper shall in regard to any particular goods be at liberty to enter into any agreement in any terms as to the responsibility and liability of the carrier for such goods, and as to the rights and immunities of the carrier in respect of such goods, or his obligation as to seaworthiness, so far as this stipulation is not contrary to public policy, or the care or diligence of his servants or agents in regard to the loading, handling, stowage, carriage, custody, care and discharge of the goods carried by sea, provided that in this case no bill of lading has been or shall be issued and that the terms agreed shall be embodied in a receipt which shall be a non-negotiable document and shall be marked as such.

Any agreement so entered into shall have full legal effect. Provided that this Article shall not apply to ordinary commercial shipments made in the ordinary course of trade, but only to other shipments where the character or condition of the property to be carried or the circumstances, terms and conditions under which the carriage is to be performed are such as reasonably to justify a special agreement.

제6조

전기 각조의 규정에도 불구하고 운송인, 선장 또는 운송인의 대리인과 송하인은 어떠한 특정화물에 관하여도 동 화물에 대한 운송인의 의무와 책임 또한 동 화물의 운송인의 권리와 면책에 관하여 이러한 약정이 공공질서에 반하지 않는 한 내항성에 대한 운송인의 의무, 해상운송화물의 선적, 취급, 선내작업, 운송, 보관, 관리 및 양하에 대한 운송인의 사용인 또는 대리인의 주의 등에 관하여 어떠한 조건으로도 자유로이 협약을 체결할 수 있다.

다만, 이러한 경우 선하증권을 발행하지 않았거나 발행하지 않는 것을 조건으로 하여 약정된 비유통성 증서라고 명시된 화물수취증에 구현되어 있어야 한다. 이와 같이 체결된 약정은 완전한 법적 효력을 갖는다.

단, 본 조항은 통상의 상거래에 의하여 선적되는 통상의 상업적 적하(積荷)에 적용되는 것이 아니고 운송해야 할 재산의 특성과 상태 또는 운송이행에 따르는 사정과 조건에 대하여 특약할 만한 정당한 이유가 있는 그 밖의 적하에 한하여 적용한다.

Article 7

Nothing herein contained shall prevent a carrier or a shipper from entering into any agreement, stipulation, condition, reservation or exemption as to the responsibility and liability of the carrier or the ship for the loss or damage to, or in connexion with, the custody and care and handling of goods prior to the loading on, and subsequent to, the discharge from the ship on which the goods are carried by sea.

제7조

본 협약의 어떠한 규정도 해상운송화물의 선적 전과 양하 후에 있어서 화물을 보관, 관리, 취급할 때 또는 이에 관련하여 발생되는 멸실 또는 손상에 대한 운송인 또는 선박의 의무 및 책임에 관하여 운송인이나 송하인이 어떠한 협정, 계약, 조건, 유보 또는 면책을 체결하는 것을 못하게 하지는 않는다.

Article 8

The provisions of this Convention shall not affect the rights and obligations of the carrier under any statute for the time being in force relating to the limitation of the liability of owners of sea-going vessels.

제8조

본 협약의 제 규정은 항해선박 선주의 책임을 제한하는 데 관계되는 현행법상의 운송인의 권리와 의무에 영향을 미치지 않는다.

Article 9

The monetary units mentioned in this Convention are to be taken to be gold value. Those contracting States in which the pound sterling is not a monetary unit reserve to themselves the right of translating the sums indicated in this Convention in terms of pound sterling into terms of their own monetary system in round figures.

제9조

본 협약에서 언급되는 화폐단위는 금본위가액으로 한다. 파운드 스털링이 화폐단위로 사용되고 있지 않는 계약당사자 국가들은 본 협약에 파운드 스털링으로 표시된 금액을 자국의 화폐제도에 따라 개수(概數)로 환산할 권한을 유보한다.

The national laws may reserve to the debtor the right of discharging his debt in national currency according to the rate of exchange prevailing on the day of the arrival of the ship at the port of discharge of the goods concerned.

채무자는 국내법에 의해 관계된 화물을 실은 선박이 양하항에 도착하는 당일의 환율시세에 따라 자기의 채무를 자국통화로 변제할 권리를 유보한다.

Article 10

The provisions of this Convention shall apply to all bills of lading issued in any of the contracting States.

제10조

본 협약의 규정은 어느 계약당사국에서나 발행되는 모든 선하증권에 적용된다.

Article 11

After an interval of not more than two years from the day on which the Convention is signed, the Belgian Government shall place itself in communication with the Governments of the High Contracting Parties which have declared themselves prepared to ratify the Convention, with a view to deciding whether it shall be put into force.

The ratifications shall be deposited at Brussels at a date to be fixed by agreement among the said Governments. The first deposit of ratifications shall be recorded in a procès-verbal signed by the representatives of the Powers which take part therein and by the Belgian Minister of Foreign Affairs. The subsequent deposit of ratifications shall be made by means of a written notification, addressed to the Belgian Government and accompanied by the instrument of ratification.

A duly certified copy of the procès-verbal relating to the first deposit of ratifications, of the notifications referred to in the previous paragraph, and also of the instruments of ratification accompanying them, shall be immediately sent by the Belgian Government through the diplomatic channel to the Powers who have signed this Convention or who have acceded to it. In the cases contemplated in the preceding paragraph, the said Government shall inform them at the same time of the date on which it received the notification.

제11조

본 협약이 서명된 날로부터 2년의 기간이 경과하기 전에 벨기에 정부는 본 협약의 시행 여부를 결정하기 위하여 협약비준의 준비를 선언한 체약(締約) 당사국 정부와 연락을 취하도록 한다.

협약비준서는 체약국 정부간에 합의로 정한 일자에 Brussels에 기탁(寄託)되어져야 한다.

비준서의 제1회 기탁은 이에 참가한 국가의 대표들과 벨기에 외무부장관이 서명한 의사록(議事錄)에 기록되어진다.

그 이후의 비준서의 기탁은 벨기에 정부 앞으로 비준서가 첨부된 서면통지로 이루어진다.

비준서의 제1회 기탁에 관한 의사록, 전항에서 언급한 통지 및 이에 첨부된 비준서 등의 인증사본(認證寫本)은 벨기에 정부가 외교통로를 통하여 본 협약에 서명하거나 승락한 국가에 즉시 송부하도록 한다.

전항에서 언급된 방식(서면통지)으로 비준이 이루어지는 경우에는 벨기에 정부가 그러한 통지를 접수하는 동일한 일자에 이들 국가에게 알리도록 한다.

Article 12

Non-signatory States may accede to the present Convention whether or not they have been represented at the International Conference at Brussels.

A State which desires to accede shall notify its intention in writing to the Belgian Government, forwarding to it the document of accession, which shall be deposited in the archives of the said Government.

The Belgian Government shall immediately forward to all the States which have signed or acceded to the Convention a duly certified copy of the notification and of the act of accession, mentioning the date on which it received the notification.

제12조

비서명(非署名) 국가는 벨기에 부르셀 국제협의회에 대표를 파견하였든 안하였든 관계없이 본 협약에 가입할 수 있다.

가입을 희망하는 국가는 이러한 의향을 벨기에 정부에 서면으로 통지하여야 하며, 벨기에 정부 문서록에 기탁될 가입동의문서를 동 정부에 발송하여야 한다.

벨기에 정부는 본 협약에 서명하거나 가입 동의한 모든 국가에서 이러한 통지서 접수일자를 표시하여 가입동의서 및 통지서의 인증사본을 즉시 송부하도록 한다.

Article 13

The High Contracting Parties may at the time of signature, ratification or accession declare that their acceptance of the present Convention does not include any or all of the self-governing dominions, or of the colonies, overseas possessions, protectorates or territories under their sovereignty or authority, and they may subsequently accede separately on behalf of any self-governing dominion, colony, overseas possession, protectorate or territory excluded in their declaration. They may also denounce the Convention separately in accordance with its provisions in respect of any self-governing dominion, or any colony, overseas possession, protectorate or territory under their sovereignty or authority.

제13조

체약 당사국은 본 협약을 서명, 비준, 동의시에 본 협약의 승인이 자국의 주권 및 권력하에 있는 자치령(自治領), 식민지(植民地), 해외속령(海外屬領), 보호령(保護領), 또는 지배령(支配領)의 전부 또는 그 일부에 대해서는 적용되지 않음을 선언할 수 있으며, 또 동 선언에서 제외된 자치령, 식민지, 해외속령, 보호령 또는 지배령을 대신하여 개별적으로 가입의할 수도 있다.

동 규정에 따라 그들의 주권·권력하에 있는 자치령, 식민지, 해외속령, 보호령 또는 지배령에 대해서 개별적으로 협약을 폐기할 수도 있다.

Article 14

The present Convention shall take effect, in the case of the States which have taken part in the first deposit of ratifications, one year after the date of the protocol recording such deposit.

As respects the States which ratify subsequently or which accede, and also in cases in which the Convention is subsequently put into effect in accordance with Article 13, it shall take effect six months after the notifications specified in paragraph 2 of Article 11 and paragraph 2 of Article 12 have been received by the Belgian Government.

제14조

본 협약은 비준서의 제1회 기탁에 참가한 국가의 경우에는 동 기탁은 기록한 의정서 일자로부터 1년 후에 효력을 발생한다.

추후에 본 협약에 비준하거나 동의한 국가에 관하여는, 그리고 제12조에 따라 본 협약이 추후에 시행될 경우에는 벨기에 정부가 제11조 제2항 및 제12조 제2항에 규정된 통지서를 접수한 날로부터 6개월 후에 효력이 발생한다.

Article 15

In the event of one of the contracting States wishing to denounce the present Convention, the denunciation shall be notified in writing to the Belgian Government, which shall immediately communicate a duly certified copy of the notification to all the other States, informing them of the date on which it was received. The denunciation shall only operate in respect of the State which made the notification, and on the expiry of one year after the notification has reached the Belgian Government.

제15조

체약국 중 어느 한 국가가 본 협약의 폐기를 원하는 경우에는 그러한 폐기의사를 서면으로 벨기에 정부에 통지하여야 하며, 벨기에 정부는 다른 모든 체약국에서 폐기통지서의 접수일자를 알리는 동 폐기통지의 인증본을 즉시 전달하여야 한다.

협약의 폐기는 그러한 의사를 통지한 국가에 대하여 통지서가 벨기에 정부에 도착된 후 1년을 경과한 때에 효력을 발생하게 된다.

Article 16

Any one of the contracting States shall have the right to call for a fresh conference with a view to considering possible amendments. A State which would exercise this right should notify its intention to the other States through the Belgian Government, which would make arrangements for convening the Conference.

DONE at Brussels, in a single copy, August 25th, 1924.

제16조

체약국 중 어느 나라도 가능한 협약개정안의 심의를 하기 위하여 새로운 회의를 제기할 권리를 갖는다. 이러한 권리를 행사하려는 국가는 회의소집을 준비하게 될 벨기에 정부를 통하여 그러한 의사를 다른 체약국에게 통지하여야 한다.

1924년 8월 25일, 부르셀에서 본서 1통을 작성하였음.

PROTOCOL OF SIGNATURE

At the time of signing the International Convention for the Unification of Certain Rules of Law relating to Bills of Lading the Plenipotentiaries whose signatures appear below have adopted this Protocol, which will have the same force and the same value as if its provisions were inserted in the text of the Convention to which it relates.

The High Contracting Parties may give effect to this Convention either by giving it the force of law or by including in their national legislation in a form appropriate to that legislation the rules adopted under this Convention.

They may reserve the right :

1. To prescribe that in the cases referred to in paragraph 2(c) to (p) of Article 4 the holder of a bill of lading shall be entitled to establish responsibility for loss or damage arising from the personal fault of the carrier or the fault of his servants which are not covered by paragraph (a).
2. To apply Article 6 in so far as the national coasting trade is concerned to all classes of goods without taking account of the restriction set out in the last paragraph of that Article.

DONE at Brussels, in single copy, August 25th, 1924.

서명의정서

선하증권에 관한 몇 가지 규칙의 통일을 위한 국제협약을 서명함에 있어서 아래 서명한 전권위원(前權委員)은 본 의정서의 규정이 본 의정서가 관련되어 있는 본 협약의 원문에 삽입되어 있는 것과 동일한 효력을 갖는 본 의정서를 채택한다.

체약 당사국은 본 협약에 법률효력을 부여하거나 국내법에 본 협약이 채택한 규정을 적절한 형식으로 편입시킴으로써 본 협약의 효력을 발생시킬 수 있다.

체약당사국은 다음과 같은 권리를 유보할 수 있다.

1. 제4조 제2항 (c)에서 (p)까지 언급된 경우에 있어서는 (a)호에 포함되어 있지 않은 운송인 자신의 과실이나 그 사용인의 과실로 인한 멸실 또는 손상에 대한 책임을 확정할 권리가 선하증권 소지인에게 있음을 규정한다.
2. 국내 연안무역에 관련되는 경우는 제6조의 마지막 항에 기재되어있는 제한을 고려하지 않고 모든 종류의 화물에 대해서 제6조의 규정을 적용시킨다.

1924년 8월 25일, 부르셀에서 본서 1통을 작성하였음.

2 Hamburg Rules (1978)

PREAMBLE

THE STATES PARTIES TO THIS CONVENTION, HAVING RECOGNIZED the desirability of determining by agreement certain rules relating to the carriage of goods by sea, HAVING DECIDED to conclude a convention for this purpose and have thereto agreed as follows:

전문

이 협약의 체약국은 해상화물운송에 관한 약간의 규칙을 합의에 의하여 결정하는 것이 바람직하다고 인정하여, 이러한 목적을 위하여 하나의 협약을 체결하고, 이에 다음과 같이 합의하였다.

PART I. GENERAL PROVISIONS

제1부 일반 규정

Article 1. Definitions

In this Convention:

1. "Carrier" means any person by whom or in whose name a contract of carriage of goods by sea has been concluded with a shipper.
2. "Actual carrier" means any person to whom the performance of the carriage of the goods, or of part of the carriage, has been entrusted by the carrier, and includes any other person to whom such performance has been entrusted.
3. "Shipper" means any person by whom or in whose name or on whose behalf a contract of carriage of goods by sea has been concluded with a carrier, or any person by whom or in whose name or on whose behalf the goods are actually delivered to the carrier in relation to the contract of carriage by sea.
4. "Consignee" means the person entitled to take delivery of the goods.
5. "Goods" includes live animals; where the goods are consolidated in a container, pallet or similar article of transport or where they are packed, goods includes such article of transport or packaging if supplied by the shipper.
6. "Contract of carriage by sea" means any contract whereby the carrier undertakes against payment of freight to carry goods by sea from one port to another;
   however, a contract which involves carriage by sea and also carriage by some other means is deemed to be a contract of carriage by sea for the purposes of this Convention only in so far as it relates to the carriage by sea.
7. "Bill of lading" means a document which evidences a contract of carriage by sea and the taking over or loading of the goods by the carrier, and by which the carrier undertakes to deliver the goods against surrender of the document.
   A provision in the document that the goods are to be delivered to the order of a named

제1조 정의

이 협약에서,

1. '운송인'이란 스스로 또는 자기 명의로 선적인과 해상화물운송계약을 체결한 자를 말한다.
2. '실질운송인'이란 운송인으로부터 화물운송의 전부 또는 일부의 이행을 위탁받은 자를 말하며, 그러한 이행을 위탁받은 그 외의 자를 포함한다.
3. '선적인'이란 스스로 또는 자기 명의로 또는 대리인으로 하여금 운송인과 해상화물운송계약을 체결한 자 및 스스로 또는 자기 명의로 또는 대리인으로 하여금 해상운송계약과 관련하여 화물을 운송인에게 실제로 인도하는 자를 말한다.
4. '수하인'이란 화물을 인도받을 권리를 부여받은 자를 말한다.
5. '화물'이란 산 동물을 포함한다. 화물이 컨테이너, 파렛트 또는 이와 유사한 운송용구에 통합되어 있거나 또는 화물이 포장되어 있는 경우, 그러한 운송용구 또는 포장이 송하인으로부터 공급되었을 경우에 '화물'은 그와 같은 운송용구 또는 포장을 포함한다.
6. '해상운송계약'이란 운송인이 운임의 지급을 대가로 하여 어느 항구에서 다른 항구까지 화물을 해상으로 운송할 것을 약정하는 계약을 말한다. 그러나 해상운송과 함께 약간의 다른 운송수단에 의한 운송도 포함하는 계약은 단지 해상운송과 관련되는 범위 내에서만 이 협약의 목적상 해상운송계약으로 간주한다.
7. '선하증권'이란 해상운송계약 및 운송인에 의한 물품의 수령 또는 선적을 증명하는 증권으로서, 운송인이 그러한 증권과 상환으로 물품을 인도할 것을 약정하는 증권을 말한다.
   화물을 지명된 자의 지시인 또는 피배서인 또는 소지인에게 인도되어야 한다는 의미의 증권 상의 규정은 그러한 약정에 해당한다.

person, or to order, or to bearer, constitutes such an undertaking.

8. "Writing" includes, inter alia, telegram and telex.

8. '서면'란 여러 가지 중에서, 특히 전보 및 텔렉스를 포함한다.

Article 2. Scope of application

1. The provisions of this Convention are applicable to all contracts of carriage by sea between two different States, if:
   (a) the port of loading as provided for in the contract of carriage by sea is located in a Contracting State, or
   (b) the port of discharge as provided for in the contract of carriage by sea is located in a Contracting State, or
   (c) one of the optional ports of discharge provided for in the contract of carriage by sea is the actual port of discharge and such port is located in a Contracting State, or
   (d) the bill of lading or other document evidencing the contract of carriage by sea is issued in a Contracting State, or
   (e) the bill of lading or other document evidencing the contract of carriage by sea provides that the provisions of this Convention or the legislation of any State giving effect to them are to govern the contract.
2. The provisions of this Convention are applicable without regard to the nationality of the ship, the carrier, the actual carrier, the shipper, the consignee or any other interested person.
3. The provisions of this Convention are not applicable to charter-parties. However, where a bill of lading is issued pursuant to a charter-party, the provisions of the Convention apply to such a bill of lading if it governs the relation between the carrier and the holder of the bill of lading, not being the charterer.
4. If a contract provides for future carriage of goods in a series of shipments during an agreed period, the provisions of this Convention apply to each shipment. However, where a shipment is made under a charter party, the provisions of paragraph 3 of this article apply.

제2조 적용 범위

1. 이 협약의 규정은 다음의 경우에 상이한 두 국가간의 모든 해상운송계약에 적용된다.
   (a) 해상운송계약에서 정한 선적항이 체약국내에 있을 경우, 또는
   (b) 해상운송계약에서 정한 양륙항이 체약국내에 있을 경우, 또는
   (c) 해상운송계약에서 정한 양륙항이 선택권부항구 중의 하나가 실제의 양륙항이고, 또 그 항구가 체약국내에 있을 경우, 또는
   (d) 선하증권 또는 기타의 해상운송계약을 증명하는 증권이 체약국내에서 발행될 경우, 또는
   (e) 선하증권 또는 기타의 해상운송계약을 증명하는 증권이 이 협약의 규정 또는 이 협약의 규정을 시행하고 있는 국가의 법을 해당 해상운송계약에 적용한다는 뜻을 규정하고 있을 경우.
2. 이 협약의 규정은 선박, 운송인, 실제운송인, 송하인, 수하인 및 기타의 모든 이해당사자의 국적에 관계없이 적용된다.
3. 이 협약의 규정은 용선계약에는 적용되지 아니한다. 그러나 선하증권이 용선계약에 따라서 발행된 경우에, 이 협약의 규정은 선하증권이 운송인과 용선자 이외의 선하증권 소지인과의 관계를 규율하는 때에 적용된다.
4. 약정기간 중의 일련의 선적에 있어서 미래의 화물운송에 관한 계약조항이 규정되어 있을 때에 이 협약의 규정은 각 선적마다 적용된다. 그러나 선적이 용선계약에 의하여 이루어지는 경우에 이조 제3항의 규정이 적용된다.

Article 3. Interpretation of the Convention

In the interpretation and application of the provisions of this Convention regard shall be had to its international character and to the need to promote uniformity.

제3조 협약의 해석

이 협약의 규정의 해석 및 적용에 있어서는 이 협약의 국제적 성격 및 통일을 추진할 필요성에 유의하여야 한다.

PART II. LIABILITY OF THE CARRIER

제2부 운송인의 책임

Article 4. Period of responsibility

1. The responsibility of the carrier for the goods under this Convention covers the period during

제4조 책임의 기간

1. 이 협약에 의한 화물운송인의 책임은 화물이 선

which the carrier is in charge of the goods at the port of loading, during the carriage and at the port of discharge.

2. For the purpose of paragraph 1 of this article, the carrier is deemed to be in charge of the goods
   (a) from the time he has taken over the goods from:
      (i) the shipper, or a person acting on his behalf; or
      (ii) an authority or other third party to whom, pursuant to law or regulations applicable at the port of loading, the goods must be handed over for shipment;
   (b) until the time he has delivered the goods:
      (i) by handing over the goods to the consignee; or
      (ii) in cases where the consignee does not receive the goods from the carrier, by placing them at the disposal of the consignee in accordance with the contract or with the law or with the usage of the particular trade, applicable at the port of discharge; or
      (iii) by handing over the goods to an authority or other third party to whom, pursuant to law or regulations applicable at the port of discharge, the goods must be handed over.
3. In paragraphs 1 and 2 of this article, reference to the carrier or to the consignee means, in addition to the carrier or the consignee, the servants or agents, respectively of the carrier or the consignee.

적항에서 운송 중 및 양륙항에서 운송인의 관리 하에 있는 기간에 걸쳐 적용된다.

2. 이 조 제1항의 목적을 적용하기 위하여 다음의 기간에는 화물이 운송인의 관리 하에 있는 것으로 본다.
   (a) 운송인이 화물을,
      (i) 송하인 또는 송하인을 대신하여 행동을 하는 자, 또는
      (ii) 선적항에서 적용되는 법령이나 규칙에 따라서 선적하기 위해 화물을 수령해야 할 당국 또는 기타 제3자로부터 수령한 때로부터
   (b) 운송인이 화물을,
      (i) 수하인에게 화물을 교부함으로써,
      (ii) 수하인이 운송인으로부터 화물을 수령하지 아니하는 경우에는 양륙항에서 적용되는 계약 또는 법률이나 당해 거래의 관습에 따라서 화물을 수하인의 임의처분상태로 넘김으로써, 또는
      (iii) 양륙항에서 적용되는 법령이나 규칙에 따라서 화물을 교부하여야 할 당국 또는 기타 제3자에게 화물을 교부함에 의하여 인도할 때까지.
3. 이 조 제1항 및 제2항에서 말하는 운송인 또는 수하인이란 운송인 또는 수하인은 물론이고 운송인 또는 수하인의 사용인 또는 대리인까지 포함된다.

Article 5. Basis of liability

1. The carrier is liable for loss resulting from loss of or damage to the goods, as well as from delay in delivery, if the occurrence which caused the loss, damage or delay took place while the goods were in his charge as defined in article 4, unless the carrier proves that he, his servants or agents took all measures that could reasonably be required to avoid the occurrence and its consequences.
2. Delay in delivery occurs when the goods have not been delivered at the port of discharge provided for in the contract of carriage by sea within the time expressly agreed upon or, in the absence of such agreement, within the time which it would be reasonable to require of a diligent carrier, having regard to the circumstances of the case.
3. The person entitled to make a claim for the loss of goods may treat the goods as lost if

제5조 책임의 원칙

1. 운송인은 화물의 멸실, 손상 또는 인도지연의 원인으로 된 사고가 제4조에 정의된 운송인의 관리 하에 있는 동안에 일어난 때에는 화물의 멸실, 손상 또는 인도지연으로 인하여 생긴 손해에 대하여 책임을 진다.
   다만, 운송인이 자신, 그 사용인 또는 대리인이 사고 및 그 결과를 배제하기 위하여 합리적으로 요구되는 모든 조치를 취하였다는 것을 운송인이 증명한 경우에는 그러하지 아니하다.
2. 인도지연은 화물이 해상운송계약에 규정되어진 양륙항에서 명시적으로 합의된 기간 내에, 또 만일 그러한 합의가 없는 경우에는 당해 경우의 상황을 고려하여 성실한 운송인에게 요구되는 합리적인 기간 내에 인도되지 아니한 때에 발생한다.
3. 화물이 제2조 2항에 의한 인도기간의 만료일을 경과한 후 60일 이내에 제4조에 의하여 요구되는

they have not been delivered as required by article 4 within 60 consecutive days following the expiry of the time for delivery according to paragraph 2 of this article.

4. (a) The carrier is liable
   (i) for loss of or damage to the goods or delay in delivery caused by fire, if the claimant proves that the fire arose from fault or neglect on the part of the carrier, his servants or agents;
   (ii) for such loss, damage or delay in delivery which is proved by the claimant to have resulted from the fault or neglect of the carrier, his servants or agents in taking all measures that could reasonably be required to put out the fire and avoid or mitigate its consequences.
   (b) In case of fire on board the ship affecting the goods, if the claimant or the carrier so desires, a survey in accordance with shipping practices must be held into the cause and circumstances of the fire, and a copy of the surveyors report shall be made available on demand to the carrier and the claimant.
5. With respect to live animals, the carrier is not liable for loss, damage or delay in delivery resulting from any special risks inherent in that kind of carriage. If the carrier proves that he has complied with any special instructions given to him by the shipper respecting the animals and that, in the circumstances of the case, the loss, damage or delay in delivery could be attributed to such risks, it is presumed that the loss, damage or delay in delivery was so caused, unless there is proof that all or a part of the loss, damage or delay in delivery resulted from fault or neglect on the part of the carrier, his servants or agents.
6. The carrier is not liable, except in general average, where loss, damage or delay in delivery resulted from measures to save life or from reasonable measures to save property at sea.
7. Where fault or neglect on the part of the carrier, his servants or agents combines with another cause to produce loss, damage or delay in delivery, the carrier is liable only to the extent that the loss, damage or delay in delivery is attributable to such fault or neglect, provided that the carrier proves the amount of the loss, damage or delay in delivery not attributable thereto.

대로 인도되지 아니한 경우에는 화물의 멸실에 대하여 배상청구를 할 권리가 있는 자는 화물을 멸실한 것으로 취급할 수 있다.

4. (a) 운송인은,
   (i) 화재가 운송인, 그 사용인 또는 대리인 측의 과실 또는 부주의로 인하여 일어났다는 것을 청구권자가 증명한 때에는 그 화재로 인하여 야기된 화물의 멸실이나 손상 또는 인도지연에 대하여, 그리고
   (ii) 화재를 진화하고 화재로 인한 손실을 방지하거나 경감시키기 위하여 합리적으로 요구되는 모든 조치를 취함에 있어서, 운송인 또는 그 사용인이나 대리인의 과실 또는 부주의로 인하여 야기된 것이라고 청구권자가 증명하는 화물의 멸실, 손상 또는 인도지연에 대하여 책임을 진다.
   (b) 화물에 영향을 미치는 선박상의 화재의 경우 청구권자 또는 운송인이 요망하는 경우에는 화재의 원인과 상황을 밝히기 위하여 해운관습에 따라 검사를 실시하여야 하며, 운송인과 청구권자의 요청이 있는 때에는 그 검사인의 보고서 사본을 이용할 수 있도록 하여야 한다.
5. 산동물에 관하여 운송인은 그러한 종류의 운송에 따른 고유의 특별한 위험으로 인하여 야기된 멸실, 손상 또는 인도지연에 대하여 책임을 지지 아니한다.
   운송인이 산동물에 관하여 송하인으로부터 받은 특별한 지시에 따랐다는 것 및 당해 경우의 상황에서 그 멸실, 손상 또는 인도지연은 그러한 위험의 탓으로 돌릴 수 있다는 것을 증명한 때에는, 그 멸실, 손상 또는 인도지연의 전부 또는 일부가 운송인 또는 그 사용인이나 대리인 측의 과실 또는 부주의로 인하여 야기된 것이라는 증거가 없는 한, 그 멸실, 손상 또는 인도지연은 그러한 위험으로 인하여 야기된 것으로 추정한다.
6. 운송인은 공동해손의 경우를 제외하고, 인명을 구조하기 위한 조치 또는 해상에서의 재물을 구조하기 위한 합리적인 조치로 인하여 야기된 멸실, 손상 또는 인도지연에 대하여는 책임을 지지 아니한다.
7. 운송인 또는 그 사용인이나 대리인 측의 과실 또는 부주의가 다른 원인과 경합하여 멸실, 손상 또는 인도지연을 야기 시킬 경우에 운송인은 그러한 과실 또는 부주의의 탓으로 돌릴 수 있는 멸실, 손상 또는 인도지연의 범위 내에서만 책임을 진다.
   다만, 이 경우에 운송인은 그러한 과실 또는 부주의의 탓으로 돌릴 수 없는 멸실, 손상 또는 인도지연에 의한 손해액을 증명하여야 한다.

Article 6. Limits of liability

1. (a) The liability of the carrier for loss resulting from loss of or damage to goods according to the provisions of article 5 is limited to an amount equivalent to 835 units of account per package or other shipping unit or 2.5 units of account per kilogram of gross weight of the goods lost or damaged, whichever is the higher.
   (b) The liability of the carrier for delay in delivery according to the provisions of article 5 is limited to an amount equivalent to two and a half times the freight payable for the goods delayed, but not exceeding the total freight payable under the contract of carriage of goods by sea.
   (c) In no case shall the aggregate liability of the carrier, under both subparagraphs (a) and (b) of this paragraph, exceed the limitation which would be established under subparagraph (a) of this paragraph for total loss of the goods with respect to which such liability was incurred.
2. For the purpose of calculating which amount is the higher in accordance with paragraph 1 (a) of this article, the following rules apply:
   (a) Where a container, pallet or similar article of transport is used to consolidate goods, the package or other shipping units enumerated in the bill of lading, if issued, or otherwise in any other document evidencing the contract of carriage by sea, as packed in such article of transport are deemed packages or shipping units. Except as aforesaid the goods in such article of transport are deemed one shipping unit.
   (b) In cases where the article of transport itself has been lost or damaged, that article of transport, if not owned or otherwise supplied by the carrier, is considered one separate shipping unit.
3. Unit of account means the unit of account mentioned in article 26.
4. By agreement between the carrier and the shipper, limits of liability exceeding those provided for in paragraph 1 may be fixed.

Article 7. Application to non-contractual claims

1. The defences and limits of liability provided for in this Convention apply in any action against the carrier in respect of loss of or damage to the goods covered by the contract of carriage by sea, as well as of delay in delivery whether the action is founded in contract, in tort or otherwise.

제6조 책임의 한도

1. (a) 제5조의 규정에 의한 화물의 멸실 또는 손상으로 인하여 야기된 손해에 대한 운송인의 책임은 1 포장당 또는 1 선적 단위당 835 계산단위, 또는 멸실 또는 손상된 화물의 총중량 1kg당 2.5 계산 단위에 상당하는 금액 중 높은 금액으로 제한한다.
   (b) 제5조의 규정에 의한 인도지연에 대한 운송인의 책임은 지연된 화물의 대가로 지급되는 운임의 2배 반에 상당하는 금액으로 제한된다. 그러나 이는 해상화물운송계약에 따라서 지급되는 총운임을 초과하지 아니한다.
   (c) 어떠한 경우에도 이 항 (a) 및 (b)호에 의한 운송인 책임의 총액은 화물의 전손에 대한 책임이 발생된 경우 그 전손에 대하여 이 항 (a)호에 의하여 확정되는 한도액을 초과하지 못한다.
2. 이 조 제1항 (a)호에 의한 고액을 산정하기 위하여 다음의 원칙을 적용한다.
   (a) 컨테이너, 파렛트 기타 이와 유사한 운송용구가 화물을 통합하기 위하여 사용되는 경우 이러한 운송용구에 적재된 것으로 선하증권이 발행되었거나, 또는 기타 해상운송계약을 증명하는 증권이 발행된 경우에는 그러한 선적단위로 본다.
   앞의 이와 같은 경우를 제외하고는 이러한 운송용구 내의 화물을 하나의 선적단위로 본다.
   (b) 운송용구 자체가 멸실 또는 손상된 경우 그 운송용구를 운송인이 소유하거나 또는 공급한 것이 아닌 때에는 이를 하나의 별개의 선적단위로 본다.
3. 계산단위는 제26조에서 언급된 계산단위를 의미한다.
4. 운송인과 송하인 간의 합의에 의하여 제1항에 규정된 책임한도를 초과하는 한도를 정할 수 있다.

제7조 비계약적 청구에 대한 적용

1. 이 협약에서 정하는 책임에 관한 항변 및 한도는 소송이 계약에 의거한 것이거나 불법행위 및 기타에 의거한 것이거나 묻지 아니하고 해상운송계약이 적용되는 화물의 멸실 또는 손상은 물론이고, 인도지연에 관한 운송인에 대한 모든 소송에 적용된다.

2. If such an action is brought against a servant or agent of the carrier, such servant or agent, if he proves that he acted within the scope of his employment, is entitled to avail himself of the defences and limits of liability which the carrier is entitled to invoke under this Convention.
3. Except as provided in article 8, the aggregate of the amounts recoverable from the carrier and from any persons referred to in paragraph 2 of this article shall not exceed the limits of liability provided for in this Convention.

2. 이러한 소송이 운송인의 사용인 또는 대리인에 대하여 제기된 경우에, 그러한 사용인 또는 대리인이 그 직무의 범위 내에서 행동하였다는 것을 증명한 때에는, 그 사용인 또는 대리인은 이 협약하에 운송인이 원용할 수 있는 책임에 관한 항변 및 한도를 이용할 권리를 가지게 된다.
3. 제8조에 규정된 경우를 제외하고 운송인 및 이 조 제2항에 관련되어 있는 모든 자로부터 배상을 받아야 할 총액은 이 협약에 규정된 책임한도를 초과하지 못한다.

Article 8. Loss of right to limit responsibility

1. The carrier is not entitled to the benefit of the limitation of liability provided for in article 6 if it is proved that the loss, damage or delay in delivery resulted from an act or omission of the carrier done with the intent to cause such loss, damage or delay, or recklessly and with knowledge that such loss, damage or delay would probably result.
2. Notwithstanding the provisions of paragraph 2 of article 7, a servant or agent of the carrier is not entitled to the benefit of the limitation of liability provided for in article 6 if it is proved that the loss, damage or delay in delivery resulted from an act or omission of such servant or agent, done with the intent to cause such loss, damage or delay, or recklessly and with knowledge that such loss, damage or delay would probably result.

제8조 책임한도의 권리상실

1. 운송인은 멸실, 손상 또는 인도지연이 그러한 멸실, 손상 도는 인도지연을 일으킬 의도로써, 또한 그러한 멸실, 손상 또는 인도지연이 일어나리라는 것을 알면서도 무모하게 행한 운송인의 작위 또는 부작위로 인하여 야기된 것이 증명될 때에는 제6조에 규정된 책임제한의 이익에 대한 권리를 가지지 못한다.
2. 제7조 제2항의 규정에도 불구하고 운송인의 사용인 도는 대리인은 멸실, 손상 또는 인도지연이 그러한 밀실, 손상 또는 인도지연을 일으킬 의도로써, 또한 그러한 멸실, 손상 또는 인도지연이 일어나리라는 것을 알면서도 무모하게 행한 그러한 사용인 또는 대리인의 작위 또는 부작위로 인하여 야기된 것이 증명된 때에는 제6조에 규정된 책임제한의 이익에 대한 권리를 가지지 못한다.

Article 9. Deck cargo

1. The carrier is entitled to carry the goods on deck only if such carriage is in accordance with an agreement with the shipper or with the usage of the particular trade or is required by statutory rules or regulations.
2. If the carrier and the shipper have agreed that the goods shall or may be carried on deck, the carrier must insert in the bill of lading or other document evidencing the contract of carriage by sea a statement to that effect. In the absence of such a statement the carrier has the burden of proving that an agreement for carriage on deck has been entered into;
however, the carrier is not entitled to invoke such an agreement against a third party, including a consignee, who has acquired the bill of lading in good faith.
3. Where the goods have been carried on deck contrary to the provisions of paragraph 1 of this article or where the carrier may not under paragraph 2 of this article invoke an agreement

제9조 갑판적 화물

1. 운송인은 송하인과의 합의, 특정 상거래의 관습 또는 법령화된 규칙이나 규정에 따라 이루어지는 경우에 한하여 화물을 갑판적으로 운송할 권리를 가진다.
2. 운송인과 송하인이 화물을 갑판적으로 운송하여야 한다는 것 또는 갑판적으로 운송할 수 있다는 것을 합의한 경우에 운송인은 선하증권 또는 기타의 해상운송계약을 증명하는 증권에 그러한 의미의 내용을 기재하여야 한다.
그러한 내용이 기재되어 있지 않을 때에 운송인은 갑판적 운송에 관한 합의가 되어있다는 것을 증명할 책임이 있다.
그러나 운송인은 수하인을 포함하여 선의로 선하증권을 취득한 제3자에 대하여는 그러한 합의를 원용할 권리가 없다.
3. 이 조 제1하의 규정에 위반하여 화물을 갑판적으로 운송한 경우, 또는 운송인이 이 조 제2항에 의한 갑판적 운송에 관한 합의를 원용할 수 없는 경

for carriage on deck, the carrier, notwithstanding the provisions of paragraph 1 of article 5, is liable for loss of or damage to the goods, as well as for delay in delivery, resulting solely from the carriage on deck, and the extent of his liability is to be determined in accordance with the provisions of article 6 or article 8 of this Convention, as the case may be.

우에 운송인은 제5조 제1항의 규정에도 불구하고, 오로지 갑판적 운송으로부터 야기되는 화물의 멸실, 손상 또는 인도지연에 대하여 책임을 지며, 이러한 경우 운송인의 책임범위는 이 협약 제6조 또는 제8조의 규정에 의하여 결정된다.

4. Carriage of goods on deck contrary to express agreement for carriage under deck is deemed to be an act or omission of the carrier within the meaning of article 8.

4. 갑판 내 운송에 관한 명시적 합의에 위반된 화물의 갑판적 운송은 제8조의 의미에 해당되는 작위 또는 무작위로 본다.

Article 10. Liability of the carrier and actual carrier

1. Where the performance of the carriage or part thereof has been entrusted to an actual carrier, whether or not in pursuance of a liberty under the contract of carriage by sea to do so, the carrier nevertheless remains responsible for the entire carriage according to the provisions of this Convention.
   The carrier is responsible, in relation to the carriage performed by the actual carrier, for the acts and omissions of the actual carrier and of his servants and agents acting within the scope of their employment.
2. All the provisions of this Convention governing the responsibility of the carrier also apply to the responsibility of the actual carrier for the carriage performed by him. The provisions of paragraphs 2 and 3 of article 7 and of paragraph 2 of article 8 apply if an action is brought against a servant or agent of the actual carrier.
3. Any special agreement under which the carrier assumes obligations not imposed by this Convention or waives rights conferred by this Convention affects the actual carrier only if agreed to by him expressly and in writing. Whether or not the actual carrier has so agreed, the carrier nevertheless remains bound by the obligations or waivers resulting from such special agreement.
4. Where and to the extent that both the carrier and the actual carrier are liable, their liability is joint and several.
5. The aggregate of the amounts recoverable from the carrier, the actual carrier and their servants and agents shall not exceed the limits of liability provided for in this Convention.
6. Nothing in this article shall prejudice any right of recourse as between the carrier and the actual carrier.

제10조 운송인과 실제운송인의 책임

1. 운송의 전부 또는 일부의 이행이 실제운송인에게 위탁된 때에는, 그것이 해상운송계약에 의한 자유조항에 의거하거나 또는 아니하거나 간에 운송인은 이 협약의 규정에 따라서 전 운송에 대하여 책임을 진다.
   운송인은 실제운송인에 의하여 이행된 운송과 관련하여 그들의 직무의 범위 내에서 행위를 하는 실제운송인 및 실제운송인의 사용인 또는 대리인의 작위 또는 부작위에 대하여 책임을 진다.
2. 운송인의 책임을 규율하는 이 협약의 모든 규정은 실제운송인이 이행한 운송에 대한 실제운송인의 책임에 관해서도 역시 적용한다.
   제8조 제2항과 제3항 및 제8조 제2항의 규정은 실제운송인의 사용인 또는 대리인에 대하여 소송이 제기된 경우에 적용된다.
3. 운송인이 이 협약에 의하여 부과되지 아니하는 의무를 인수하거나, 또한 이 협약에 의하여 부여된 권리를 포기한다는 특약은 실제운송인이 명시적으로 또한 문서로 합의한 때에 한하여 실제운송인에 대하여도 그 효력이 미친다.
   실제운송인이 그러한 합의를 하였거나 하지 아니하였거나를 묻지 아니하고 운송인은 그러한 특약으로부터 생기는 의무 또는 권리의 포기에 기속된다.
4. 운송인과 실제운송인이 함께 책임을 지는 경우 또한 그 한도에서 양자는 연대책임을 지게 된다.
5. 운송인, 실제운송인 및 그 사용인 및 그 사용인과 대리인으로부터 배상을 받을 수 있는 총액은 이 협약에 규정된 책임한도액을 초과하지 못한다.
6. 이 조의 어떠한 규정도 운송인과 실제운송인 간의 구상권을 침해하지 아니한다.

Article 11. Through carriage

1. Notwithstanding the provisions of paragraph 1 of article 10, where a contract of carriage by sea provides explicitly that a specified part of the carriage covered by the said contract is to be performed by a named person other than the carrier, the contract may also provide that the carrier is not liable for loss, damage or delay in delivery caused by an occurrence which takes place while the goods are in the charge of the actual carrier during such part of the carriage.
   Nevertheless, any stipulation limiting or excluding such liability is without effect if no judicial proceedings can be instituted against the actual carrier in a court competent under paragraph 1 or 2 of article 21. The burden of proving that any loss, damage or delay in delivery has been caused by such an occurrence rests upon the carrier.
2. The actual carrier is responsible in accordance with the provisions of paragraph 2 of article 10 for loss, damage or delay in delivery caused by an occurrence which takes place while the goods are in his charge.

제11조 통운송

1. 제10조 제1항의 규정에도 불구하고 해상운송계약에서 그 계약이 적용되는 운송의 특정 부분이 운송인 이외의 지명된 자에 의하여 이행된다는 것이 명시적으로 규정되어 있는 경우에는 화물이 그러한 운송부분에서 실제운송인의 관리 하에 있는 동안에 일어난 사고에 의하여 야기된 멸실, 손상 또는 인도지연에 대하여 운송인이 책임을 지지 않는다는 것을 그 계약에 규정할 수 있다.
   그럼에도 불구하고 제21조 제1항 또는 제2항에 의하여 합법적 관할권을 가지는 법원에서 실제운송인에 대한 소송을 제기할 수 없는 경우에는, 그러한 책임을 제한하거나 면제하는 조항은 효력이 없다.
   멸실, 손상 또는 인도지연이 그러한 사고로 인하여 일어났다는 것을 증명할 책임은 운송인이 진다.
2. 실제운송인은 제10조 제2항의 규정에 의하여 화물이 자기의 관리 하에 있는 동안에 발생된 사고로 인하여 생긴 멸실, 손상 또는 인도지연에 대하여 책임을 진다.

PART III. LIABILITY OF THE SHIPPERS

Article 12. General rule

The shipper is not liable for loss sustained by the carrier or the actual carrier, or for damage sustained by the ship, unless such loss or damage was caused by the fault or neglect of the shipper, his servants or agents.
Nor is any servant or agent of the shipper liable for such loss or damage unless the loss or damage was caused by fault or neglect on his part.

제3부 송하인의 책임

제12조 일반 원칙

송하인은 운송인 또는 실제운송인이 입은 손실 또는 선박이 입은 손상이 송하인 또는 그 사용인이나 대리인의 과실 또는 부주의로 인하여 야기된 것이 아닌 한, 그러한 멸실 또는 손상에 대하여 책임을 지지 아니한다. 송하인의 사용인 또는 대리인도 그러한 멸실 또는 손상이 그 사용인 또는 대리인 측의 과실 또는 부주의로 인하여 야기된 것이 아닌 한, 그 멸실 또는 손상에 대하여 책임을 지지 아니한다.

Article 13. Special rules on dangerous goods

1. The shipper must mark or label in a suitable manner dangerous goods as dangerous.
2. Where the shipper hands over dangerous goods to the carrier or an actual carrier, as the case may be, the shipper must inform him of the dangerous character of the goods and, if necessary, of the precautions to be taken.
   If the shipper fails to do so and such carrier or actual carrier does not otherwise have knowledge of their dangerous character:
   (a) the shipper is liable to the carrier and any actual carrier for the loss resulting from the shipment of such goods, and
   (b) the goods may at any time be unloaded, destroyed or rendered innocuous, as the circumstances may require, without payment of compensation.

제13조 위험물에 관한 특칙

1. 송하인은 위험물에 관하여는 적절한 방법으로 위험성을 표시하고 표지 또는 라벨을 달아야 한다.
2. 송하인이 운송인 또는 실제운송인에게 위험물을 교부할 대에는 송하인은 각 경우에 따라서 화물의 위험성 및 필요한 경우 취하여야 할 예방조치를 운송인 또는 실제운송인에게 통지하여야 한다. 송하인이 그러한 통지를 하지 않거나 운송인 또는 실제 운송인이 화물의 위험성을 달리 인식하지 못한 때에는 :
   (a) 송하인은 그러한 화물의 선적으로부터 야기되는 손실에 대하여 운송인 및 실제운송인에게 책임을 지고, 또
   (b) 그 화물은 필요한 상황에서는 배상금을 지급하지 아니하고 언제든지 이를 양화하고 파괴하거나 또 해가 없도록 할 수 있다.

3. The provisions of paragraph 2 of this article may not be invoked by any person if during the carriage he has taken the goods in his charge with knowledge of their dangerous character.
4. If, in cases where the provisions of paragraph 2, subparagraph (b), of this article do not apply or may not be invoked, dangerous goods become an actual danger to life or property, they may be unloaded, destroyed or rendered innocuous, as the circumstances may require, without payment of compensation except where there is an obligation to contribute in general average or where the carrier is liable in accordance with the provisions of article 5.

3. 운송 중 화물의 위험성을 인식하고 그 화물을 자기의 관리 하에 수령한 자는 이 조 제2항의 규정을 원용할 수 없다.

4. 이 조 제2항 (b)호의 규정이 적용되지 아니하거나, 또는 이를 원용할 수 없는 경우에 위험물이 인명 또는 재물에 실제의 위험을 주게 될 때에는, 그 위험물은 필요한 상황에서는 배상금을 지급하지 아니하고, 이를 양화하고 파괴하거나 또는 해가 없도록 할 수 있다.
다만, 공동해손분담금을 부담할 의무를 지는 경우 또는 운송인이 제5조의 규정에 의하여 책임을 지는 경우에는 제외한다.

PART IV. TRANSPORT DOCUMENTS

제4부 운송증권

Article 14. Issue of bill of lading

1. When the carrier or the actual carrier takes the goods in his charge, the carrier must, on demand of the shipper, issue to the shipper a bill of lading.
2. The bill of lading may be signed by a person having authority from the carrier. A bill of lading signed by the master of the ship carrying the goods is deemed to have been signed on behalf of the carrier.
3. The signature on the bill of lading may be in handwriting, printed in facsimile, perforated, stamped, in symbols, or made by any other mechanical or electronic means, if not inconsistent with the law of the country where the bill of lading is issued.

제14조 선하증권의 발행

1. 운송인 또는 실제운송인이 화물을 자기의 관리 하에 인수한 때에는 운송인은 송하인의 요구에 따라 송하인에게 선하증권을 발행하여야 한다.
2. 선하증권은 운송인으로부터 위임을 받은 자가 서명할 수 있다. 화물을 운송하는 선박의 선장이 서명한 선하증권은 운송인을 대신하여 서명된 것으로 본다.
3. 선하증권이 발행되는 국가의 법률에 저촉되지 않는 한 선하증권상의 서명은 자필, 복사인쇄, 천공, 압인, 부호로 하거나 또는 기타의 기계적 또는 전자적 방법에 의하여 할 수 있다.

Article 15. Contents of bill of lading

1. The bill of lading must include, inter alia, the following particulars:
   (a) the general nature of the goods, the leading marks necessary for identification of the goods, an express statement, if applicable, as to the dangerous character of the goods, the number of packages or pieces, and the weight of the goods or their quantity otherwise expressed, all such particulars as furnished by the shipper;
   (b) the apparent condition of the goods;
   (c) the name and principal place of business of the carrier;
   (d) the name of the shipper;
   (e) the consignee if named by the shipper;
   (f) the port of loading under the contract of carriage by sea and the date on which the goods were taken over by the carrier at the port of loading;
   (g) the port of discharge under the contract of

제15조 선하증권의 내용

1. 선하증권에는 무엇보다도 다음의 사항이 포함되어야 한다.
   (a) 화물의 일반적인 종류, 화물의 식별에 필요한 주요 하인, 해당되는 경우 화물의 위험성에 관한 명백한 표시, 포장 또는 그 밖의 표시로 된 수량, 그리고 화물의 중량이나 화물의 수량, 선적인(송하인)에 희해 제공된 모든 그러한 명세들
   (b) 화물의 외관 상태
   (c) 운송인의 명칭 및 주된 영업소의 소재지
   (d) 송하인의 명칭
   (e) 송하인이 지명한 경우에는 수하인
   (f) 해상운송 계약상의 선적항 및 운송인이 선적항에서 화물을 인수 받은 일자
   (g) 해상운송 계약상의 양륙항

carriage by sea;
(h) the number of originals of the bill of lading, if more than one;
(i) the place of issuance of the bill of lading;
(j) the signature of the carrier or a person acting on his behalf;
(k) the freight to the extent payable by the consignee or other indication that freight is payable by him;
(l) the statement referred to in paragraph 3 of article 23;
(m) the statement, if applicable, that the goods shall or may be carried on deck;
(n) the date or the period of delivery of the goods at the port of discharge if expressly agreed upon between the parties; and
(o) any increased limit or limits of liability where agreed in accordance with paragraph 4 of article 6.

2. After the goods have been loaded on board, if the shipper so demands, the carrier must issue to the shipper a "shipped" bill of lading which, in addition to the particulars required under paragraph 1 of this article, must state that the goods are on board a named ship or ships, and the date or dates of loading. If the carrier has previously issued to the shipper a bill of lading or other document of title with respect to any of such goods, on request of the carrier the shipper must surrender such document in exchange for a "shipped" bill of lading. The carrier may amend any previously issued document in order to meet the shippers demand for a "shipped" bill of lading if, as amended, such document includes all the information required to be contained in a "shipped" bill of lading.
3. The absence in the bill of lading of one or more particulars referred to in this article does not affect the legal character of the document as a bill of lading provided that it nevertheless meets the requirements set out in paragraph 7 of article 1.

(h) 2통 이상이 발행된 경우에는 선하증권의 원본의 수
(i) 선하증권의 발행지
(j) 운송인이나 운송인을 대신하여 행하는 자의 서명
(k) 수하인이 지급할 범위의 운임 또는 운임은 수하인이 지급한다는 기타의 표시
(l) 제23조 제3항과 관련된 문언
(m) 해당되는 경우 화물을 갑판적으로 운송하여야 한다는, 또는 갑판적으로 운송되어질 수 있다는 뜻의 문언
(n) 만일 당사자들 상이에서 명확한 합의한다면 양하항에서 물품의 인도날짜와 기간, 그리고
(o) 제6조 제4항에 따라서 합의된 경우에는 증가시킨 한도 혹은 책임의 한도

2. 화물이 선적된 후 송하인의 요구가 있을 때에 운송인은 송하인에게 이 조 제1항에 의하여 필요로 하는 사항에 추가하여 화물이 지정된 선박에 적재되었다는 사실 및 선적의 일자를 반드시 기재한 선적선하증권을 발행하여야 한다.
운송인이 이미 송하인에게 그 화물에 관하여 선하증권 또는 기타 권리증권을 발행한 경우에 송하인은 운송인의 요구에 의하여 선적선하증권과 상환으로 그러한 증권을 반환하여야 한다.
운송인은 이미 발행된 증권을 수정함으로써 선적선하증권에 기재할 것을 요구하는 모든 정보를 포함하고 있는 경우에는 선적선하증권에 대한 송하인의 청구에 응하기 위하여 이미 발행된 증권을 수정할 수 있다.
3. 선하증권에 이 조에서 정하는 사항의 하나 이상이 결여되어 있더라도 제1조 제7항의 규정에 의한 요건을 충족하는 한 선하증권으로서의 증권의 법률적 성질에 영향을 미치지 아니한다.

Article 16. B/L : reservations and evidentiary effect

1. If the bill of lading contains particulars concerning the general nature, leading marks, number of packages of pieces, weight or quantity of the goods which the carrier or other person issuing the bill of lading on his behalf knows or has reasonable grounds to suspect do not accurately represent the goods actually taken over or, where a "shipped" bill of lading is issued, loaded, or if he had no

제16조 선하증권 : 유보 및 증거력

1. 선하증권에 기재된 화물의 일반적 성질, 주요하인, 포장 또는 제품의 수, 중량 또는 수량에 관한 사항이 실제로 인수한 화물 또는 선적선하증권이 발행되어 있는 경우에는 실제 선적된 화물을 정확하게 나타내고 있지 않다는 것을 운송인 또는 운송인을 대신하여 선하증권을 발행하는 자가 알고 있거나, 그렇게 의심할만한 정당한 근거가 있을 경우, 또는 그러한 사항을 확인할 적당한 방법

reasonable means of checking such particulars, the carrier or such other person must insert in the bill of lading a reservation specifying these inaccuracies, grounds of suspicion or the absence of reasonable means of checking.

이 없는 경우에 운송인 또는 운송인을 대신하여 선하증권을 발행하는 자는 이러한 부정확성, 의심할만한 근거 또는 적정한 확인방법의 결여에 관하여 명시하는 유보조항을 선하증권에 삽입하여야 한다.

2. If the carrier or other person issuing the bill of lading on his behalf fails to note on the bill of lading the apparent condition of the goods, he is deemed to have noted on the bill of lading that the goods were in apparent good condition.

2. 운송인 또는 운송인을 대신하여 선하증권을 발행하는 자가 선하증권상에 화물의 외관상태를 표시하지 아니한 경우에는 화물이 외관상으로 양호한 상태에 있었다는 것을 선하증권에 표시한 것으로 본다.

3. Except for particulars in respect of which and to the extent to which a reservation permitted under paragraph 1 of this article has been entered:
   (a) the bill of lading is prima facie evidence of the taking over or, where a "shipped" bill of lading is issued, loading, by the carrier of the goods as described in the bill of lading; and
   (b) proof to the contrary by the carrier is not admissible if the bill of lading has been transferred to a third party, including a consignee, who in good faith has acted in reliance on the description of the goods therein.

3. 이 조 제1항에 의하여 허용되는 유보사항 및 그 유보의 범위를 제외하고 :
   (a) 선하증권은 운송인이 선하증권에 기재된 대로 화물을 인수하였다는 것 또는 선적선하증권이 발행된 경우에는 선적하였다는 사실에 대한 추정증거가 된다. 또한
   (b) 선하증권이 수하인을 포함하여 그 화물의 기재사항을 신뢰하고 행한 선의의 제3자에게 양도되어 있는 경우에는 운송인에 의한 반증은 허용되지 아니한다.

4. A bill of lading which does not, as provided in paragraph 1, subparagraph (k), of article 15, set forth the freight or otherwise indicate that freight is payable by the consignee or does not set forth demurrage incurred at the port of loading payable by the consignee, is prima facie evidence that no freight or such demurrage is payable by him. However, proof to the contrary by the carrier is not admissible when the bill of lading has been transferred to a third party, including a consignee, who in good faith has acted in reliance on the absence in the bill of lading of any such indication.

4. 제15조 제1항 (k)호에 규정된 바에 따라서 운임을 기재하지 아니하거나 또는 기타의 방법으로 운임을 수하인이 지급한다는 것을 표시하지 아니하거나, 또는 수하인이 선적항에서 발생된 체선료를 지급한다는 것을 기재하지 아니한 선하증권은 수하인이 운임 또는 그러한 체선료를 지급하지 않는다는 추정적인 증거가 된다.
그러나 수하인을 포함하여 선하증권에 그러한 표시가 없는데 대하여 신뢰하고 행한 선의의 제3자에게 선하증권이 양도되어 있는 경우에는 운송인에 의한 반증은 허용되지 아니한다.

Article 17. Guarantees by the shipper

1. The shipper is deemed to have guaranteed to the carrier the accuracy of particulars relating to the general nature of the goods, their marks, number, weight and quantity as furnished by him for insertion in the bill of lading. The shipper must indemnify the carrier against the loss resulting from inaccuracies in such particulars. The shipper remains liable even if the bill of lading has been transferred by him. The right of the carrier to such indemnity in no way limits his liability under the contract of carriage by sea to any person other than the shipper.
2. Any letter of guarantee or agreement by which

제17조 송하인에 의한 보증

1. 송하인은 선하증권에 기재하기 위하여 자기가 제출한 화물의 일반적 성질, 그 하인, 번호, 중량 및 수량에 관한 사항이 정확하다는 것을 운송인에게 보증한 것으로 본다.
송하인은 그러한 사항의 부정확으로 인하여 야기된 손실에 대하여 운송인에게 보상하여야 한다.
송하인은 선하증권을 양도한 경우에도 그 책임을 져야 한다.
그러한 보상에 관한 운송인의 권리는 해상운송계약에 의하여 송하인 이외의 모든 자에 대한 운송인의 책임을 결코 제한하지 못한다.
2. 선하증권에 기재하기 위하여 송하인이 제공한 사

the shipper undertakes to indemnify the carrier against loss resulting from the issuance of the bill of lading by the carrier, or by a person acting on his behalf, without entering a reservation relating to particulars furnished by the shipper for insertion in the bill of lading, or to the apparent condition of the goods, is void and of no effect as against any third party, including a consignee, to whom the bill of lading has been transferred.

3. Such a letter of guarantee or agreement is valid as against the shipper unless the carrier or the person acting on his behalf, by omitting the reservation referred to in paragraph 2 of this article, intends to defraud a third party, including a consignee, who acts in reliance on the description of the goods in the bill of lading. In the latter case, if the reservation omitted relates to particulars furnished by the shipper for insertion in the bill of lading, the carrier has no right of indemnity from the shipper pursuant to paragraph 1 of this article.
4. In the case of intended fraud referred to in paragraph 3 of this article, the carrier is liable, without the benefit of the limitation of liability provided for in this Convention, for the loss incurred by a third party, including a consignee, because he has acted in reliance on the description of the goods in the bill of lading.

항 또는 화물의 외관상태에 관하여 운송인 또는 운송인을 대신하여 행하는 자가 유보조항을 삽입하지 아니하고 선하증권을 발행함으로써 야기된 손실에 대하여 송하인이 운송인에게 보상할 의무를 진다고 약정하는 어떠한 보증서 또는 합의서도 수하인을 포함한 선하증권의 양도를 받은 제3자에 대해서는 무효로 한다.

3. 운송인 또는 운송인을 대신하여 행하는 자가 이 조 제2항에 규정된 유보조항을 생략함으로써 수하인을 포함하여 선하증권상의 화물에 관한 기재사항을 신뢰하고 행하는 제3자를 기만할 것을 목적으로 한 경우를 제외하고, 그러한 보증서 또는 합의서는 송하인에 대해서는 효력이 있다. 후자의 경우 그 생략된 유보조항이 선하증권에 기재하기 위하여 송하인이 제공한 사항에 관한 것인 경우에 운송인은 이 조 제1항에 의하여 송하인으로부터 보상을 받을 권리를 가지지 못한다.
4. 이 조 제3항의 규정에 의한 기만하고자 하는 의도가 있는 경우에 운송인은 수하인을 포함하여 선하증권상의 화물에 관한 기재사항을 신뢰하고 행한 제3자가 입은 손실에 대하여 이 조약에 규정된 책임제한의 혜택도 없이 책임을 진다.

Article 18. Documents other than bills of lading

Where a carrier issues a document other than a bill of lading to evidence the receipt of the goods to be carried, such a document is prima facie evidence of the conclusion of the contract of carriage by sea and the taking over by the carrier of the goods as therein described.

제18조 선하증권 이외의 증권

운송인이 운송화물의 인수를 증명하기 위하여 선하증권 이외의 증권을 발행한 경우에 그러한 증권은 해상운송계약의 성립과 운송인이 화물을 그 증권에 기재된 대로 인수하였다는 추정증거가 된다.

PART V. CLAIMS AND ACTIONS

Article 19. Notice of loss, damage or delay

1. Unless notice of loss or damage, specifying the general nature of such loss or damage, is given in writing by the consignee to the carrier not later than the working day after the day when the goods were handed over to the consignee, such handing over is prima facie evidence of the delivery by the carrier of the goods as described in the document of transport or, if no such document has been issued, in good condition.
2. Where the loss or damage is not apparent, the provisions of paragraph 1 of this article apply correspondingly if notice in writing is not given within 15 consecutive days after the day when the goods were handed over to the consignee.

제5부 청구 및 소송

제19조 멸실, 손상 또는 지연의 통지

1. 화물이 수하인에게 인도된 날의 바로 다음 거래일 중에 수하인이 운송인에게 문서로 멸실 또는 손상의 일반상황을 명기하여 통지를 하지 아니한 경우에는 그러한 인도는 운송인이 화물을 운송증권에 기재된 대로, 또는 그러한 증권이 발행되지 아니한 때에는 양호한 상태로 인도하였다는 추정적인 증거가 된다.
2. 멸실 또는 손상이 외관상으로 확인되지 아니한 경우로서 화물이 수하인에게 인도된 날로부터 연속되는 15일 이내에 문서로 통지가 되지 아니한 경우에는 이 조 제1항의 규정이 그대로 적용된다.

3. If the state of the goods at the time they were handed over to the consignee has been the subject of a joint survey or inspection by the parties, notice in writing need not be given of loss or damage ascertained during such survey or inspection.
4. In the case of any actual or apprehended loss or damage, the carrier and the consignee must give all reasonable facilities to each other for inspecting and tallying the goods.
5. No compensation shall be payable for loss resulting from delay in delivery unless a notice has been given in writing to the carrier within 60 consecutive days after the day when the goods were handed over to the consignee.
6. If the goods have been delivered by an actual carrier, any notice given under this article to him shall have the same effect as if it had been given to the carrier; and any notice given to the carrier shall have effect as if given to such actual carrier.
7. Unless notice of loss or damage, specifying the general nature of the loss or damage, is given in writing by the carrier or actual carrier to the shipper not later than 90 consecutive days after the occurrence of such loss or damage or after the delivery of the goods in accordance with paragraph 2 of article 4, whichever is later, the failure to give such notice is prima facie evidence that the carrier or the actual carrier has sustained no loss or damage due to the fault or neglect of the shipper, his servants or agents.
8. For the purpose of this article, notice given to a person acting on the carriers or the actual carriers behalf, including the master or the officer in charge of the ship, or to a person acting on the shippers behalf is deemed to have been given to the carrier, to the actual carrier or to the shipper, respectively.

3. 화물이 수하인에게 인도될 때에 그 화물의 상태가 양당사자들에 의한 공동의 조사 또는 검사의 대상이 된 경우에는 그 조사 또는 검사 중에 확인된 멸실 또는 손상에 관하여는 문서에 의한 통지를 요하지 아니한다.
4. 멸실 또는 손상이 실제로 일어난 경우이거나 또는 일어났을 것이라는 의심이 있는 경우에 운송인 및 수하인은 화물의 검사 및 검수를 위하여 상호간에 상당한 편의를 제공하여야 한다.
5. 화물이 수하인에게 인도된 날로부터 연속되는 60일 이내에 운송인에게 문서에 의한 통지를 하지 아니한 경우에도 인도지연으로부터 야기된 손실에 대한 배상금을 지급하지 아니한다.
6. 화물을 실제운송인이 인도할 경우에는 이 조에 의하여 실제운송인에게 행한 어떠한 통지도 운송인에게 행한 경우와 동일한 효력을 가지며, 또 운송인에게 행한 어떠한 통지도 실제운송인에게 행한 경우와 동일한 효력을 갖는다.
7. 멸실 또는 손상이 발생한 날 또는 화물을 제4조 제2항에 따라 인도한 날 주 늦은 날로부터 연속되는 90일 이내에 운송인 또는 실제운송인이 송하인에게 문서로 멸실 또는 손상의 개황을 명기하여 통지를 하지 아니하였다면, 그러한 통지의 불이행은 운송인 또는 실제운송인이 송하인 또는 그 사용인이나 대리인의 과실 또는 부주의로 인하여 멸실 또는 손상을 입지 아니하였다는 추정 증거가 된다.
8. 이 조의 적용에 있어서 선장 및 선박의 관리를 하는 고급선원을 포함한 운송인 또는 실제운송인을 대신하여 행하는 자 또는 송하인을 대신하여 행하는 자에 대한 통지는 각각 운송인이나 실제운송인 또는 송하인에 대하여 한 것으로 본다.

Article 20. Limitation of actions

1. Any action relating to carriage of goods under this Convention is time-barred if judicial or arbitral proceedings have not been instituted within a period of two years.
2. The limitation period commences on the day on which the carrier has delivered the goods or part thereof or, in cases where no goods have been delivered, on the last day on which the goods should have been delivered.
3. The day on which the limitation period commences is not included in the period.
4. The person against whom a claim is made may at any time during the running of the

제20조 소송의 제한

1. 법적절차 또는 중재절차가 2년 이내에 개시되지 아니한 때에는 이 협약에 의한 화물운송에 관한 어떠한 소송도 무효로 된다.
2. 제한기간은 운송인이 화물의 전부 또는 일부를 인도한 날 또는 화물의 인도가 되지 않은 경우에는 화물을 인도하였어야 할 최종일에 개시한다.
3. 제한기간이 개시되는 날은 그 기간에 포함되지 아니한다.
4. 배상청구를 받은 자는 제한기간의 진행 중에 언제라도 배상청구자에게 문서로 통고함으로써 그

limitation period extend that period by a declaration in writing to the claimant. This period may be further extended by another declaration or declarations.

5. An action for indemnity by a person held liable may be instituted even after the expiration of the limitation period provided for in the preceding paragraphs if instituted within the time allowed by the law of the State where proceedings are instituted. However, the time allowed shall not be less than 90 days commencing from the day when the person instituting such action for indemnity has settled the claim or has been served with process in the action against himself.

기간을 연장할 수 있다. 이 기간은 그 후의 다른 통고에 의하여 다시 연장할 수 있다.

5. 책임을 져야 하는 자에 의한 구상청구소송은 앞의 제항에 규정된 제한기간의 만료 후에라도 소송절차를 개시하는 국가의 법률에 의하여 허용된 기간 내에는 이를 제기할 수 있다. 그러나 그러한 허용기간은 그러한 구상청구소송을 제기하는 자가 자기에 대한 청구를 해결한 날 또는 자기에 대한 소송에서 소장의 송달을 받은 날로부터 기산하여 90일 미만에는 허용되지 아니한다.

Article 21. Jurisdiction

1. In judicial proceedings relating to carriage of goods under this Convention the plaintiff, at his option, may institute an action in a court which according to the law of the State where the court is situated, is competent and within the jurisdiction of which is situated one of the following places:
   (a) the principal place of business or, in the absence thereof, the habitual residence of the defendant; or
   (b) the place where the contract was made, provided that the defendant has there a place of business, branch or agency through which the contract was made; or
   (c) the port of loading or the port of discharge; or
   (d) any additional place designated for that purpose in the contract of carriage by sea.
2. (a) Notwithstanding the preceding provisions of this article, an action may be instituted in the courts of any port or place in a Contracting State at which the carrying vessel or any other vessel of the same ownership may have been arrested in accordance with applicable rules of the law of that State and of international law. However, in such a case, at the petition of the defendant, the claimant must remove the action, at his choice, to one of the jurisdictions referred to in paragraph 1 of this article for the determination of the claim, but before such removal the defendant must furnish security sufficient to ensure payment of any judgement that may subsequently be awarded to the claimant in the action.
   (b) All questions relating to the sufficiency or otherwise of the security shall be deter-

제21조 재판관할권

1. 이 협약에 의한 화물운송에 관한 소송절차에 있어서 원고는 자기의 선택에 의하여 법원소재국의 법률에 따라 정당한 재판관할권을 가지고 또 다음 장소의 하나가 그 관할권 내에 소재하는 법원에 소송을 제기할 수 있다.
   (a) 피고의 주된 영업소의 소재지 또는 그런 곳이 없는 때에는 피고의 평소의 거주지, 또는
   (b) 계약체결장소, 다만, 이 경우에는 피고가 그 곳에 계약을 체결한 사무소, 지점 또는 대리점이 있는 곳이어야 한다. 또는
   (c) 선적항 또는 양륙항, 또는
   (d) 해상운송계약에서 그 목적을 위하여 지정하고 있는 추가장소
2. (a) 이 조 전항의 규정에 불구하고 체약국의 법률 및 국제법의 적용 가능한 규칙에 따라서 운송선박 또는 이와 같은 소유권하에 있는 다른 선박이 압류되어 있는 체약국내의 어떠한 항구 또는 장소의 법원에서도 소송을 제할 수 있다. 그러나 이 경우에는 피고의 신청이 있으면, 청구권자는 자기의 선택에 따라 당해 청구의 결정을 위하여 이 조 제1항에 규정된 관할법원 중의 한 곳으로 소송을 이송하여야 한다. 그러나 그러한 이송 이전에 피고는 당해 소송에서 후에 청구권자에게 선고 될지도 모르는 판결에 대한 지급을 보장하기 위한 충분한 담보를 제공하여야 한다.
   (b) 담보의 충분성 또는 기타의 담보에 관한 문제는 압류가 된 항구 또는 장소의 법원이 이를

mined by the court of the port or place of the arrest.

3. No judicial proceedings relating to carriage of goods under this Convention may be instituted in a place not specified in paragraph 1 or 2 of this article. The provisions of this paragraph do not constitute an obstacle to the jurisdiction of the Contracting States for provisional or protective measures.
4. (a) Where an action has been instituted in a court competent under paragraphs 1 or 2 of this article or where judgement has been delivered by such a court, no new action may be started between the same parties on the same grounds unless the judgement of the court before which the first action was instituted is not enforceable in the country in which the new proceedings are instituted;
   (b) For the purpose of this article, the institution of measures with a view to obtaining enforcement of a judgement is not to be considered as the starting of a new action;
   (c) For the purpose of this article, the removal of an action to a different court within the same country, or to a court in another country, in accordance with paragraph 2 (a) of this article, is not to be considered as the starting of a new action.
5. Notwithstanding the provisions of the preceding paragraphs, an agreement made by the parties, after a claim under the contract of carriage by sea has arisen, which designates the place where the claimant may institute an actions, is effective.

Article 22. Arbitration

1. Subject to the provisions of this article, parties may provide by agreement evidenced in writing that any dispute that may arise relating to carriage of goods under this Convention shall be referred to arbitration.
2. Where a charter-party contains a provision that disputes arising thereunder shall be referred to arbitration and a bill of lading issued pursuant to the charterparty does not contain special annotation providing that such provision shall be binding upon the holder of the bill of lading, the carrier may not invoke such provision as against a holder having acquired the bill of lading in good faith.
3. The arbitration proceedings shall, at the option of the claimant, be instituted at one of the following places:
   (a) a place in a State within whose territory is

결정한다.

3. 이 협약에 의한 화물운송에 관한 소송절차는 이 조 제1항 및 제2항에 명시되어 있지 아니한 곳에서는 이를 제기할 수 없다.
   이 항의 규정은 예비적 또는 보전적 조치를 위한 체약국의 재판관할권에 대한 장애로 해석되지 아니한다.
4. (a) 소송이 이 조 제1항 및 제2항에 의하여 정당한 재판관할권을 가지는 법원에 제기되어 있거나 또는 그러한 법원이 판결을 선고한 경우에는 처음의 소송이 제기된 법원의 판결이 새로운 절차가 제기된 국가에서 집행할 수 없는 경우가 아닌 한 동일 당사자간에 동일한 근거로 새로운 소송을 개시할 수 없다.
   (b) 이 조의 적용에 있어서 판결의 집행을 얻기 위한 수단의 제기는 새로운 소송의 개시로 인정하지 아니한다.
   (c) 이 조의 적용에 있어서 동일국가내의 다른 법원으로의 이송 또는 이 조 제2항 (a)호에 의한 타국의 법원으로의 이송은 새로운 소송의 개시로 인정하지 아니한다.
5. 앞의 제항의 규정에 불구하고 해상운송계약에 의한 청구가 발생한 후에 청구권자가 소송을 제기할 수 있는 장소를 지정하는 당사자에 의하여 이루어진 합의는 유효하다.

제22조 중재

1. 이 조의 규정에 따라서 당사자는 이 협약에 의한 화물운송에 관하여 야기되는 어떠한 분쟁도 중재에 맡겨야 한다는 것을 문서로 증명된 합의에 의해 규정할 수 있다.
2. 용선계약서에 용선계약에 따라 발생하는 분쟁을 중재에 맡겨야 한다는 규정이 포함되어 있고, 이러한 용선계약에 따라 발행되는 선하증권에 그러한 규정이 선하증권 소지자를 구속한다는 특별한 주기사항이 포함되어 있지 아니한 경우에 운송인은 선의로 선하증권을 취득한 소지인에 대하여 그러한 규정을 원용할 수 없다.
3. 중재절차는 신청인의 선택에 따라 다음 장소 중의 한 곳에서 이를 제기하여야 한다.
   (a) 일국의 영토 내에 소재하는 다음 장소 :

situated:
(i) the principal place of business of the defendant or, in the absence thereof, the habitual residence of the defendant; or
(ii) the place where the contract was made, provided that the defendant has there a place of business, branch or agency through which the contract was made; or
(iii) the port of loading or the port of discharge; or
(b) any place designated for that purpose in the arbitration clause or agreement.
4. The arbitrator or arbitration tribunal shall apply the rules of this Convention.
5. The provisions of paragraphs 2 and 4 of this article are deemed to be part of every arbitration clause or agreement, and any term of such clause or agreement which is inconsistent therewith is null and void.
6. Nothing in this article affects the validity of an agreement relating to arbitration made by the parties after the claim under the contract of carriage by sea has arisen.

(i) 피신청인의 주된 영업소의 소재지 또는 그런 곳이 없는 때에는 피신청인의 평소의 거주지, 또는
(ii) 계약이 체결되는 장소, 다만, 이 경우에는 피신청인이 그 곳에 계약을 체결한 사무소, 지점 또는 대리점이 있는 곳이어야 한다. 또는
(iii) 선적항 또는 양륙항, 또는
(b) 중재조항 또는 중재협약에 의하여 그 목적을 위하여 지정된 장소
4. 중재인 또는 중재판정부는 이 조약의 규칙을 적용하여야 한다.
5. 이 조 제3항 및 제4항의 규정은 모든 중재조항 또는 중재합의의 일부인 것으로 보여, 그러한 규정에 저촉되는 중재조항 또는 중재합의의 규정은 무효로 한다.
6. 이 조의 어떠한 규정도 해상운송계약에 의한 청구가 발생된 후에 당사자에 의하여 이루어진 중재에 관한 합의의 효력에 영향을 미치지 아니한다.

PART VI. SUPPLEMENTARY PROVISIONS

Article 23. Contractual stipulations

1. Any stipulation in a contract of carriage by sea, in a bill of lading, or in any other document evidencing the contract of carriage by sea is null and void to the extent that it derogates, directly or indirectly, from the provisions of this Convention. The nullity of such a stipulation does not affect the validity of the other provisions of the contract or document of which it forms a part. A clause assigning benefit of insurance of goods in favour of the carrier, or any similar clause, is null and void.
2. Notwithstanding the provisions of paragraph 1 of this article, a carrier may increase his responsibilities and obligations under this Convention.
3. Where a bill of lading or any other document evidencing the contract of carriage by sea is issued, it must contain a statement that the carriage is subject to the provisions of this Convention which nullify any stipulation derogating therefrom to the detriment of the shipper or the consignee.
4. Where the claimant in respect of the goods has incurred loss as a result of a stipulation which is null and void by virtue of the present article, or as a result of the omission of the statement referred to in paragraph 3 of this article, the carrier must pay compensation to

제6부 보칙

제23조 계약조항

1. 해상운송계약 중의 조항 또는 선하증권 또는 기타의 해상운송계약을 증명하는 증권에 포함된 조항은 이 협약의 규정을 직접 또는 간접으로 해하는 범위 내에서 이를 무효로 한다.
이러한 조항의 무효는 그것이 일부를 형성하고 있는 계약 또는 증권의 다른 규정의 효력에 영향을 미치지 아니한다.
화물에 관한 보험의 이익을 운송인을 위하여 양도한다는 조항 또는 기타 이와 유사한 조항은 무효로 한다.
2. 이 조 제1항의 규정에도 불구하고 운송인은 이 협약상의 자기의 책임 및 의무를 증가시킬 수 있다.
3. 선하증권 또는 해상운송계약을 증명하는 기타의 증권이 발행되는 경우에는 당해 운송이 송하인 또는 수하인의 불이익으로 이 협약을 해하는 조항을 무효로 한다는 이 협약의 규정에 따른다는 뜻의 기재사항을 포함하여야 한다.
4. 화물에 관한 청구권자가 이 조에 의한 무효조항 때문에 또는 이 조 제3항에서 정하는 기재의 누락 때문에 손실을 입은 경우에 운송인은 청구권자에게 화물의 멸실, 손상 또는 인도지연에 대하여 이 협약의 규정에 따라 배상을 하기 위하여 요

the extent required in order to give the claimant compensation in accordance with the provisions of this Convention for any loss of or damage to the goods as well as for delay in delivery. The carrier must, in addition, pay compensation for costs incurred by the claimant for the purpose of exercising his right, provided that costs incurred in the action where the foregoing provision is invoked are to be determined in accordance with the law of the State where proceedings are instituted.

구되는 범위 내에서 손해배상을 하여야 한다. 또한 운송인은 청구권자가 그 권리의 행사를 위하여 발생된 비용에 대하여도 배상을 하여야 한다. 그러나 위의 규정이 원용되는 소송에서 발생된 비용은 당해 소송이 제기된 국가의 법에 따라서 결정된다.

Article 24. General average

1. Nothing in this Convention shall prevent the application of provisions in the contract of carriage by sea or national law regarding the adjustment of general average.
2. With the exception of article 20, the provisions of this Convention relating to the liability of the carrier for loss of or damage to the goods also determine whether the consignee may refuse contribution in general average and the liability of the carrier to indemnify the consignee in respect of any such contribution made or any salvage paid.

제24조 공동해손

1. 이 협약의 어떠한 규정도 공동해손의 정산에 관한 해상운송계약 또는 국내법의 규정의 적용을 방해하지 아니한다.
2. 제20조의 규정이 적용되는 경우를 제외하고 화물의 멸실 또는 손상에 관한 운송인의 책임에 관한 이 협약의 제 규정은 수하인이 공동해손 분담금을 거절할 수 있는가의 여부를 결정하고, 부담한 그러한 분담금 또는 지급한 구조료에 관하여 수하인에게 배상할 운송인의 책임을 결정한다.

Article 25. Other conventions

1. This Convention does not modify the rights or duties of the carrier, the actual carrier and their servants and agents provided for in international conventions or national law relating to the limitation of liability of owners of seagoing ships.
2. The provisions of articles 21 and 22 of this Convention do not prevent the application of the mandatory provisions of any other multilateral convention already in force at the date of this Convention relating to matters dealt with in the said articles, provided that the dispute arises exclusively between parties having their principal place of business in States members of such other convention. However, this paragraph does not affect the application of paragraph 4 of article 22 of this Convention.
3. No liability shall arise under the provisions of this Convention for damage caused by a nuclear incident if the operator of a nuclear installation is liable for such damage:
   (a) under either the Paris Convention of 29 July 1960 on Third Party Liability in the Field of Nuclear Energy as amended by the Additional Protocol of 28 January 1964, or the Vienna Convention of 21 May 1963 on Civil Liability for Nuclear Damage, or

제25조 기타 협약

1. 이 협약은 항해선박의 소유자의 책임제한에 관한 국제조약 또는 국내법에 규정된 운송인, 실제운송 및 운송인과 실제운송인의 사용인과 대리인의 권리 또는 의무를 변경하지 아니한다.
2. 이 협약 제21조 및 제22조의 규정은 동 조에서 취급되는 문제와 관련하여 이 협약의 성립 일에 이미 실시되고 있는 기타의 강행규정의 적용을 방해하지 아니한다.
   다만 이러한 분쟁은 오로지 그러한 다른 협약의 회원국에 주된 영업소를 가진 당사자간에 발생하는 경우이어야 한다.
   그러나 이 항은 이 협약 제22조 제4항의 적용에 영향을 미치지 아니한다.
3. 원자력 사고로 인하여 야기된 손해에 대하여 원자력시설의 운영자가 다음의 협약 또는 국내법에 의하여 책임을 지는 경우에는 이 협약의 규정에 의한 책임은 일체 발생되지 아니한다.
   (a) 1964년 1월 28일의 추가의정서에 의하여 개정된 원자력분야의 제3자 책임에 관한 1960년 7월 29일의 파리조약 또는 원자력손해에 대한 민사책임에 관한 1963년 5월 21일의 비엔나 조약, 또는

(b) by virtue of national law governing the liability for such damage, provided that such law is in all respects as favourable to persons who may suffer damage as is either the Paris Convention or the Vienna Convention.

(b) 그러한 손해에 대한 책임을 규율하는 국내법, 다만 그러한 국내법이 모든 점에서 파리조약 또는 비엔나 조약에서와 같이 손해를 입은 자에게 유리한 것이어야 한다.

4. No liability shall arise under the provisions of this Convention for any loss of or damage to or delay in delivery of luggage for which the carrier is responsible under any international convention or national law relating to the carriage of passengers and their luggage by sea.

4. 운송인의 해상여객 및 그 수화물의 운송에 관한 국제협약 또는 국내법에 의하여 책임을 지는 수화물의 멸실, 손상 또는 인도지연에 대하여는 이 협약의 규정에 의한 책임은 일체 발생되지 아니한다.

5. Nothing contained in this Convention prevents a Contracting State from applying any other international convention which is already in force at the date of this Convention and which applies mandatorily to contracts of carriage of goods primarily by a mode of transport other than transport by sea. This provision also applies to any subsequent revision or amendment of such international convention.

5. 이 협약에 포함된 어떠한 규정도 체약국이 이 협약의 성립 일에 이미 실시되고 있고 또 주로 해상운송 이외의 이루어지는 화물운송계약에 대하여 강제적으로 적용되는 모든 다른 국제협약을 적용하는 것을 방해하지 아니한다.
이 규정은 그러한 국제협약의 다음에 있을 모든 수정 또는 개정에 관하여도 역시 이를 적용한다.

Article 26. Unit of account

1. The unit of account referred to in article 6 of this Convention is the special drawing right as defined by the International Monetary Fund. The amounts mentioned in article 6 are to be converted into the national currency of a State according to the value of such currency at the date of judgement or the date agreed upon by the parties.
The value of a national currency, in terms of the special drawing right, of a Contracting State which is a member of the International Monetary Fund is to be calculated in accordance with the method of valuation applied by the International Monetary Fund in effect at the date in question for its operations and transactions. The value of a national currency, in terms of the special drawing right, of a Contracting State which is not a member of the International Monetary Fund is to be calculated in a manner determined by that State.

2. Nevertheless, those States which are not members of the International Monetary Fund and whose law does not permit the application of the provisions of paragraph 1 of this article may, at the time of signature, or at the time of ratification, acceptance, approval or accession or at any time thereafter, declare that the limits of liability provided for in this Convention to be applied in their territories shall be fixed as 12,500 monetary units per package or other shipping unit or 37.5 mone- tary units

제26조 계산단위

1. 이 협약 제6조에 규정된 계산단위는 국제통화기금(IMF)에서 정의된 특별인출권으로 한다.
제6조에 의한 금액은 판결의 선고일 또는 당사자에 의해 합의된 날의 국내 통화가치에 따라서 그 국가의 국내통화로 이를 환산한다.
국제통화기금의 회원인 체약국의 특별인출권에 의한 국내통화가치는 그 운영과 거래에 관하여 당해 일자에 실시되고 있는 국제통화기금에 의해 적용되는 평가방법에 따라서 이를 산출한다.
국제통화기금의 회원이 아닌 체약국의 특별인출권에 의한 국내통화가치는 그 국가에 의해 결정되는 방법으로 이를 산출한다.

2. 그러나 국제통화기금의 회원이 아닌 국가로서 그 국가의 법률이 이 조 제1항의 규정의 적용을 허용하지 아니하는 국가는 서명시나 비준, 승낙, 승인 또는 가입시 또는 그 후 어느 때라도 자국의 영토내 에서 이 협약에서 규정하는 책임한도를 다음과 같이 결정한다는 것을 선언할 수 있다.
1포장 당 또는 기타의 선적 단위당 12,500 화폐단위 또는 화물의 총중량의 1kg당 37.5 화폐단위

per kilogram of gross weight of the goods.

3. The monetary unit referred to in paragraph 2 of this article corresponds to sixty-five and a half milligrams of gold of millesimal fineness nine hundred. The conversion of the amounts referred to in paragraph 2 into the national currency is to be made according to the law of the State concerned.
4. The calculation mentioned in the last sentence of paragraph 1 and the conversion mentioned in paragraph 3 of this article is to be made in such a manner as to express in the national currency of the Contracting State as far as possible the same real value for the amounts in article 6 as is expressed there in units of account. Contracting States must communicate to the depositary the manner of calculation pursuant to paragraph 1 of this article, or the result of the conversion mentioned in paragraph 3 of this article, as the case may be, at the time of signature or when depositing their instruments of ratification, acceptance, approval or accession, or when availing themselves of the option provided for in paragraph 2 of this article and whenever there is a change in the manner of such calculation or in the result of such conversion.

PART VII. FINAL CLAUSES

Article 27. Depositary

The Secretary-General of the United Nations is hereby designated as the depositary of this Convention.

Article 28. Signature, Ratification, Acceptance, Approval, Accession

1. This Convention is open for signature by all States until 30 April 1979 at the Headquarters of the United Nations, New York.
2. This Convention is subject to ratification, acceptance or approval by the signatory States.
3. After 30 April 1979, this Convention will be open for accession by all States which are not signatory States.
4. Instruments of ratification, acceptance, approval and accession are to be deposited with the Secretary-General of the United Nations.

Article 29. Reservations

No reservations may be made to this Convention.

Article 30. Entry into force

1. This Convention enters into force on the first day of the month following the expiration of one year from the date of deposit of the twentieth

3. 이 조 제2항에 규정된 화폐단위는 순도 1,000분의 900의 금 65.5mg에 상당한다.
   제2항에 의한 금액의 국내통화로의 환산은 관련 국가의 법률에 따라서 이루어진다.
4. 이 조 제1항 말미에 규정된 산출 및 이 조 제3항에 규정된 환산은 가능한 한 제6조에 계산단위로서 표시되어 있는 금액과 동일한 실질가치를 체약국의 국내통화로 표시할 수 있는 방법으로 이루어져야 한다.
   체약국은 이 조 제1항에 의한 산출방법 또는 이 조 제3항에 규정된 환산의 결과에 관하여 각 경우에 따라서 서명시 또는 비준서, 승낙서, 승인서 또는 가입서를 기탁할 때, 또는 이 조 제2항에 규정된 선택권을 이용할 때 및 그러한 산출방법 또는 그러한 환산의 결과에 변경이 있을 때에는 수탁자에게 이를 통지하여야 한다.

제7부 최종조항

제27조 수탁자

국제연합의 사무총장을 이 협약의 수탁자로 지정한다.

제28조 서명, 비준, 승낙, 승인, 가입

1. 이 협약은 1979년 4월 30일까지 모든 국가의 서명을 위하여 뉴욕에 있는 국제연합본부에 이를 개방한다.
2. 이 협약은 서명국에 의한 비준, 승낙 또는 승인이 있어야 한다.
3. 1979년 4월 30일 후에는 이 협약은 서명국이 아닌 모든 국가들의 가입을 위하여 이를 개방한다.
4. 비준, 승낙, 승인 및 가입의 문서는 국제연합 사무총장에게 기탁하여야 한다.

제29조 유보

이 협약에는 어떠한 유보조항도 첨부될 수 없다.

제30조 발효

1. 이 협약은 제20번째의 비준, 승낙, 승인 또는 가입의 문서의 기탁일로부터 1년이 경과된 다음 월의 초일에 효력이 발생한다.

instrument of ratification, acceptance, approval or accession.

2. For each State which becomes a Contracting State to this Convention after the date of the deposit of the twentieth instrument of ratification, acceptance, approval or accession, this Convention enters into force on the first day of the month following the expiration of one year after the deposit of the appropriate instrument on behalf of that State.

3. Each Contracting State shall apply the provisions of this Convention to contracts of carriage by sea concluded on or after the date of the entry into force of this Convention in respect of that State.

2. 제20번째의 비준, 승낙, 승인 또는 가입의 문서를 기탁한날 이 후에 이 협약의 체약국이 된 국가에 대하여는 이 협약은 그 국가를 위하여 적절한 문서가 기탁된 후 1년이 경과된 다음 월의 초일에 효력이 발생한다.

3. 각 체약국은 자국에 관하여 이 협약의 발효일 이후에 체결되는 해상운송계약에 대하여 이 협약의 규정을 적용하여야 한다.

Article 31. Denunciation of other conventions

1. Upon becoming a Contracting State to this Convention, any State Party to the International Convention for the Unification of certain Rules relating to Bills of Lading signed at Brussels on 25 August 1924 (1924 Convention) must notify the Government of Belgium as the depositary of the 1924 Convention of its denunciation of the said Convention with a declaration that the denunciation is to take effect as from the date when this Convention enters into force in respect of that State.
2. Upon the entry into force of this Convention under paragraph 1 of article 30, the depositary of this Convention must notify the Government of Belgium as the depositary of the 1924 Convention of the date of such entry into force, and of the names of the Contracting States in respect of which the Convention has entered into force.
3. The provisions of paragraphs 1 and 2 of this article apply correspondingly in respect of States Parties to the Protocol signed on 23 February 1968 to amend the International Convention for the Unification of certain Rules relating to Bills of Lading signed at Brussels on 25 August 1924.
4. Notwithstanding article 2 of this Convention, for the purposes of paragraph 1 of this article, a Contracting State may, if it deems it desirable, defer the denunciation of the 1924 Convention and of the 1924 Convention as modified by the 1968 Protocol for a maximum period of five years from the entry into force of this Convention.
   It will then notify the Government of Belgium of its intention. During this transitory period, it must apply to the Contracting States this Convention to the exclusion of any other one.

제31조 기타 협약의 폐기

1. 1924년 8월 25일 브뤼셀에서 서명된 선하증권에 관한 약간의 규칙의 통일을 위한 국제협약(1924년 협약)의 당사국은 이 협약의 체약국이 됨과 동시에 1924년 협약의 수탁국인 벨기에 정부에 대하여 이 협약이 자국에 대하여 효력이 발생하는 날로부터 폐기의 효력이 발생한다는 것을 선언함으로써 1924년 협약의 폐기를 통고하여야 한다.
2. 제30조 제1항에 의하여 이 협약이 발효된 때에는 이 협약의 수탁자는 1924년 협약의 수탁국인 벨기에 정부에 대하여 그 발효일 및 협약의 효력이 발생하게 된 체약국명을 통고하여야 한다.
3. 이 조 제1항 및 제2항의 규정은 1924년 8월 25일 브뤼셀에서 서명된 선하증권에 관한 약간의 규칙의 통일을 위한 국제협약을 개정하기 위하여 1968년 2월 23일에 서명된 의정서의 당사국에 대하여도 마찬가지로 적용된다.
4. 이 협약 제2조의 규정에도 불구하고, 이 조 제1항을 적용하는데 있어서 체약국은 그것이 바람직하다고 볼 때에는 1924년 협약 및 1968년 의정서에 의하여 개정된 1924년 협약의 폐기를 협약의 효력이 발생하는 날로부터 5년을 개정된 1924년 협약의 폐기를 협약의 효력이 발생하는 날로부터 5년을 최장 기간으로 하여 연기할 수 있다.
   이 경우 그 체약국은 벨기에 정부를 그러한 뜻을 통고하여야 한다. 이 잠정기간에는 체약국에 대하여는 다른 모든 협약을 배제하고 이 협약을 적용하여야 한다.

Article 32. Revision and amendment

1. At the request of not less than one third of the Contracting States to this Convention, the depositary shall convene a conference of the Contracting States for revising or amending it.
2. Any instrument of ratification, acceptance, approval or accession deposited after the entry into force of an amendment to this Convention is deemed to apply to the Convention as amended.

제32조 개정 및 수정

1. 이 협약의 체약국의 3분의 1 이상의 요청이 있으면 수탁자는 협약을 개정하거나 수정하기 위하여 체약국의 회의를 소집하여야 한다.
2. 이 협약의 개정에 효력이 발생한 후에 기탁된 비준, 승낙, 승인 또는 가입의 문서는 개정된 협약에 적용되는 것으로 본다.

Article 33. Revision of the limitation amounts and unit of account or monetary unit

1. Notwithstanding the provisions of article 32, a conference only for the purpose of altering the amount specified in article 6 and paragraph 2 of article 26, or of substituting either or both of the units defined in paragraphs 1 and 3 of article 26 by other units is to be convened by the depositary in accordance with paragraph 2 of this article. An alteration of the amounts shall be made only because of a significant change in their real value.
2. A revision conference is to be convened by the depositary when not less than one fourth of the Contracting States so request.
3. Any decision by the conference must be taken by a two-thirds majority of the participating States. The amendment is communicated by the depositary to all the Contracting States for acceptance and to all the States signatories of the Convention for information.
4. Any amendment adopted enters into force on the first day of the month following one year after its acceptance by two thirds of the Contracting States. Acceptance is to be effected by the deposit of a formal instrument to that effect with the depositary.
5. After entry into force of an amendment a Contracting State which has accepted the amendment is entitled to apply the Convention as amended in its relations with Contracting States which have not within six months after the adoption of the amendment notified the depositary that they are not bound by the amendment.
6. Any instrument of ratification, acceptance, approval or accession deposited after the entry into force of an amendment to this Convention is deemed to apply to the Convention as amended.

제33조 책임한도액, 계산단위 또는 화폐단위의 개정

1. 제32조의 규정에도 불구하고 수탁자는 이 조 제2항의 따라서 제6조 및 제26조 제2항에 규정된 금액을 변경하거나, 또는 제26조 제1항과 제3항에서 정의된 단위의 하나 또는 양자를 다른 단위로 대체하는 목적만으로 하는 회의를 소집한다. 금액의 변경은 그 실질가치의 중요한 변경을 이유로 하는 경우에만 할 수 있다.
2. 수탁자는 체약국의 4분의 1 이상이 요청하는 때에는 개정회의를 소집한다.
3. 회의의 모든 결정은 참가한 국가의 3분의 2의 다수결에 의하여 이루어진다. 수탁자는 개정사항을 모든 체약국에 대하여는 그 승낙을 위하여, 또한 모든 서명국에 대하여는 그 정보를 위하여 통지한다.
4. 채택된 모든 개정사항은 체약국의 3분의 2에 의한 승낙시로부터 1년이 지난 다음 월의 초일에 효력이 발생한다. 승낙은 그 취지의 공식문서를 수탁자에 기탁함으로써 이루어진다.
5. 개정의 효력이 발생한 후에 개정을 승낙한 체약국은 개정의 채용 후 6개월 이내에 수탁자에 대하여 개정에 의하여 구속받지 않는다는 것을 통지하지 아니한 체약국과의 관계에서 개정된 협약을 적용할 권리가 있다.
6. 이 협약의 개정의 효력이 발생한 후에 기탁된 비준, 승낙, 승인 또는 가입의 문서는 개정된 조약에 대하여 적용되는 것으로 간주한다.

Article 34. Denunciation

1. A Contracting State may denounce this Convention at any time by means of a notification in writing addressed to the depositary.

제34조 폐기

1. 체약국은 언제든지 수탁자에게 송부된 문서에 의한 통고에 의하여 이 협약을 폐기할 수 있다.

2. The denunciation takes effect on the first day of the month following the expiration of one year after the notification is received by the depositary. Where a longer period is specified in the notification, the denunciation takes effect upon the expiration of such longer period after the notification is received by the depositary. Done at Hamburg, this thirty-first day of March, one thousand nine hundred and seventy-eight, in a single original, of which the Arabic, Chinese, English, French, Russian and Spanish texts are equally authentic

2. 폐기는 수탁자가 통고를 받은 후 1년이 경과된 다음 월의 초일에 효력이 발생한다.
통고에서 이 기간보다 장기간을 명시하고 있는 경우에는 폐기는 수탁자가 통고를 받은 후 그러한 장기간이 경과된 때에 효력이 발생한다.
1978년 3월 31일 함부르크에서 동등한 정본인 아랍어, 중국어, 영어, 프랑스어, 러시아어 및 스페인어의 원문을 1통으로 작성되었음.

참고문헌

▣ 국내 문헌

남풍우, 무역영어, 도서출판 두남, 2017.08.
남풍우, 신무역실무, 도서출판 두남, 2011.02.
박귀환·이재학 외, 화물운송론, 경록, 2009.07.
방희석, 국제운송론, 박영사, 2013.03.
백종실·김영민 외, 국제운송론, 도서출판 두남, 2015.08.
송선욱, 국제운송론, 도서출판 두남, 2014.08.
송채헌·박종은, 국제 물류운송론, 탑북스, 2011.03.
심종석 외, 신체계 무역운송론, 도서출판 두남, 2013.08.
여기태, 해상운송론, 도서출판 두남, 2013.12.
오원석, 국제운송론, 박영사, 2004.02
윤일현·유창권, 운송물류론, 도서출판 두남, 2004.03.
이시환, 신무역운송론, 대왕사, 1999.07.
이원동, 실무 화물운송론, 도서출판 두남, 2015.02.
이제홍, 국제운송물류론, 청람, 2017.12.
임석민, 국제운송론, 삼영사, 2017.07.
전순환, 국제운송물류론, 한올, 2016.08.
한상현 외, 국제무역운송론, 도서출판 두남, 1998.08.
한상현, 국제무역보험론, 도서출판 두남, 2017.03.
한상현, 국제운송·해상보험, 도서출판 두남, 2018.03.
한상현, 무역실무, 관세국경관리연수원, 2012.10.

▣ 국외 문헌

宮本 榮, 図解 船舶·荷役の基礎用語, 成山當書店, 2008.03.
森 隆行, 外航海運概論, 成山當書店, 2016.05.
松井 孝之, 設問式 定期傭船契約の解説, 成山堂書店, 2012.12.
松井 孝之·黒澤 謙一郎, 設問式 船荷証券の実務的解説, 成山堂書店, 2016.11.
新日本有限責任監査法人, 海運業, 第一法規, 2010.10.
池田 良穂, 海運と港湾ー基礎から学ぶ, KAIBUNDO, 2017.09.
今井 昭夫, 国際海上コンテナ輸送概論, 東海大学出版会, 2009.02.
拓海広志, 新訂 ビジュアルでわかる船と海運のはなし, 成山當書店, 2017.03.

찾아보기

ㅅ

ㅇ

ㅈ

ㅊ

ㅋ

ㅌ

ㅍ

ㅎ

A

B

C

D

E

O

P

R

S

T

U

V

W

Y

저자 소개

한 상 현(韓祥鉉)

- 건국대학교 무역학과 졸업(상학사)
- 건국대학교 대학원 무역학과(경제학 석사)
- 건국대학교 대학원 무역학과(경제학 박사)
- 강남대학교 경제통상학부 조교수(겸임)
- 건국대학교 상경대학 국제무역학과 교수(강의)
- 남서울대학교 국제통상학과 조교수, 부교수
- Indiana University-Purdue University Fort Wayne, Indiana, Visiting Professor
- 기획재정부 세제발전심의위원회 위원
- 관세사자격심의위원회 위원
- 일반관세사, 특별관세사시험 출제위원, 선정위원
- 관세청 전문관시험 출제위원 및 선정위원
- 관세청 관세공무원 자격시험 출제위원, 선정위원
- 인천공항본부세관 과세전적부심사위원회 위원
- 서울본부세관 이의신청심의위원회 위원
- 안산세관 이의신청심의위원회 위원
- 관세청 품목분류위원회 위원
- 관세청 전문경력관 공무원 출제위원
- 중앙인사위원회 관세직 5급, 7급, 9급 공무원시험 출제위원, 선정위원, 면접위원
- 산업통상자원부 전문임기제 공무원 심사위원
- 충남도청 정책자문위원
- 충남도청 임기제 공무원 면접시험위원
- 사)한국관세학회 논문편집위원장
- 사)국제e-비즈니스학회 논문편집위원장
- 사)한국무역연구원 국문 논문편집위원장
- 사)한국관세학회 회장, 명예회장

[현재]

- 남서울대학교 글로벌무역학과 교수
- 관세인재개발원 운영심의회 위원
- 관세청 심사위원회 위원
- 수원세관 정책자문위원, 심사위원회 위원
- 천안세관 심사위원회 위원
- 평택직할세관 심사위원회 위원
- 한국관세사회 위원회 위원
- 사)한국관세학회 고문
- 사)국제e-비즈니스학회 부회장
- 사)한국국제상학회 부회장
- 사)한국무역학회 부회장
- 사)한국통상정보학회 부회장
- 사)한국무역금융보험학회 부회장

국제운송론 – 개정판

초　판 1쇄 발행 —— 2018년 8월 30일
개정판 1쇄 발행 —— 2021년 2월 10일
개정판 2쇄 발행 —— 2022년 2월 1일
개정판 3쇄 발행 —— 2023년 1월 15일
개정판 4쇄 발행 —— 2024년 1월 25일
개정판 5쇄 발행 —— 2025년 8월 5일
지은이 —— 한 상 현
펴낸이 —— 전 두 표
펴낸곳 —— 도서출판 두남
서울시 강동구 성내로 6길 34-16 두남빌딩
신 고 : 제25100-1988-9호
TEL : 02) 478-2066, 2067
FAX : 02) 478-2068
E-mail : dnbooks@dunam.co.kr
http://www.dunam.co.kr

정가 30,000원

ISBN 978-89-6414-900-3　93320